体育运动概论与常见球类运动

主　编　李志明　常璐艳　潘桂芝
副主编　陈　玮　赵小坤

中国纺织出版社

U0747435

内 容 简 介

随着经济社会的不断发展与人们生活水平的不断提高，体育运动越来越成为人们生活的重要组成部分，越来越多的人参与到体育运动中来，这种现象更是成了一种社会的时尚和文化趋势。在体育运动中，球类运动拥有特别广泛的群众基础，并且具有本质的稳定性、内容的延展性、形态的多样性、体验的直观性等文化特征。本选题大概分为两个部分的内容，第一部分是理论篇，阐述了体育运动的一些基本概念与体育运动的欣赏、营养、保健、卫生、评价等内容；第二部分为实践内容，分别讲述了足球、篮球、排球、乒乓球、羽毛球、网球等常见的一些球类运动，包括这些球类运动常见的技术、战术、运动训练、运动损伤处理、身体素质训练等。

图书在版编目（CIP）数据

体育运动概论与常见球类运动 / 李志明，常璐艳，潘桂芝主编 . -- 北京：中国纺织出版社，2018.10

ISBN 978-7-5180-3622-6

Ⅰ . ①体… Ⅱ . ①李… ②常… ③潘… Ⅲ . ①体育运动—高等学校—教材②球类运动—高等学校—教材 Ⅳ .
① G819 ② G84

中国版本图书馆 CIP 数据核字 (2017) 第 119252 号

责任编辑：武洋洋 　　　　　　责任印制：储志伟

中国纺织出版社出版发行
地址：北京市朝阳区百子湾东里 A407 号楼　　邮政编码：100124
销售电话：010-67004422　传真：010-87155801
http://www.c-textilep.com
E-mail：faxing@e-textilep.com
中国纺织出版社天猫旗舰店
官方微博 http://www.weibo.com/2119887771
北京虎彩文化传播有限公司印制　各地新华书店经销
2018 年 10 月第 1 版第 1 次印刷
开本：787×1092　1/16　印张：25
字数：636 千字　定价：118.00 元

前　言

在社会不断进步和经济迅速发展的带动下，我国的体育事业也得到了较大发展。球类运动作为体育运动的重要组成部分，不仅在世界范围内得到了广泛普及，在高校也受到了有关方面的高度重视，并得到较好的发展。球类运动以其对抗激烈、趣味性强、形式多样等特点，受到高校大学生的欢迎和喜爱。

随着现代社会的不断发展，科学技术日新月异，对未来社会发展的接班人——大学生的综合素质也提出了更高的要求。良好的身体素质和健全的心理素质是社会所需人才的基本条件，球类运动正是帮助大学生实现强心健体目标的重要途径。鉴于此，为了指导大学生更好地进行球类运动的学习和锻炼，我们编写了《体育运动概论与常见球类运动》一书。

本书分为两个部分，第一部分为第一至第七章，该部分主要从理论的角度出发，对体育运动的概念与注意事项等进行了阐述，主要包括体育运动综述（体育运动概述、现代体育文化）、体育运动与体育能力的发展（体育与健康、发展体育能力的方法与评价）、大学生体质健康与体育运动原理（大学生体质健康测量、体育运动的科学原理与方法）、体育运动与健康（认识健康、有氧运动、体育锻炼、常见运动损伤及处理）、体育运动的科学基础（身体素质与运动技能、运动机能规律、体育运动的基本原理）、体育运动中的医务监督与心理健康（体育运动中的医务监督、体育运动与心理健康）、大学生球类运动的营养与科学基础（大学生球类运动的营养保健、大学生球类运动的科学基础）等内容。第二部分为第八至第十三章，本部分主要从实践的角度出发，对篮球、足球、乒乓球、排球、羽毛球、网球等运动进行了详细阐述，并对技战术训练等方面进行了分析。在理论的指导下，实践部分的内容更显得有理可据。

本书逻辑清晰，内容丰富，具有非常重要的理论价值和实践价值。理论的发展最终是为了指导实践，希望本书能够在人们探索球类运动的道路上尽到微薄之力。

本书在编写过程中，对前人有关体育运动与球类运动的资料进行了借鉴和吸收，在此对其作者表示诚挚的谢意。由于时间仓促，水平有限，书中难免会有遗漏和不妥之处，恳请广大读者朋友批评指正。

编者
2017 年 3 月

目　录

第一章　体育运动综述

第一节　体育运动概述

一、源远流长的体育

人类的本能需要是体育产生的根源，亦是体育赖以发展的根本推动力。劳动是人类生存最基本的实践活动，是人类最主要的生活、生产方式。原始人类的生存条件非常严酷，他们必须与自然灾害和野禽猛兽作斗争，必须不断发展跑、跳、投、攀爬、游泳等基本活动能力，发展自己的智力和体力。不仅如此，人类还有适应生存环境的需要，抵抗同类袭击的自身防卫的需要。如渔猎、生产、教育、军事、娱乐等，这些人类基本生存需求归纳起来，需要有健壮的身体，需要有强身健体的活动来保障。为了使这些原始的技能代代相传，人们逐渐地把劳动中的一些技能抽取出来，并逐渐演化成非直接用于生产劳动的身体运动形式。这些经原始教育演化和发展而来的身体运动，就是人类最早的体育，由此构成体育产生的动因和萌芽。

随着原始人类的不断发展，原始社会后期出现的文化、艺术和教育成为推动体育向前发展的主要动力。人们从事一些宗教祭祀活动，以各种动作抒发对神灵的崇拜、感激之情，从而发展成舞蹈艺术，人们在休闲时为了精神的愉快，进行一些娱乐活动，发展成游戏，今天的体育竞赛亦来源于游戏。由于部落之间的冲突，出现了各种搏击格斗的动作，今天的武术、拳击、击剑等都可以在早期人类的活动中找到它们的雏形。

社会发展到现代，随着科学技术的进步，生产力的不断提高，人们开始意识到自身的一切活动都是为了更好地满足人类生存发展的需要，是人类进行一切活动的终极目的。在现代社会，人们越来越认识到不仅劳动是人类生存的必要条件和内容，而且休息、娱乐、体育运动同样对人类生存具有积极的意义。体育运动在防治现代"文明病"，在促进身体机能水平和保持身体健康方面，有着不可替代的作用。体育运动将成为现代人健康生活方式不可缺少的组成部分，并将发展成人们闲暇生活的第一需要。

（一）体育的概念

体育又称体育运动。是在人类社会发展中，根据生产和生活的需要，遵循人体身心的发展规律，以身体练习为基本手段，达到增强体质，增进健康，提高运动技术水平，进行思想品德教育，丰富社会文化生活而进行的一种有目的、有意识、有组织的社会活动。

体育是一个总概念，国外称为"身体文化"（Physical culture）或"体育与运动"（Physical education and sports）。它包括三个组成部分：即体育教育（Physical education）、竞技体育（Competitive sport）和大众体育（Sports for all）。

1. 体育教育

体育教育是发展身体，增进健康，增强体质，传授锻炼身体的知识、技能，培养道德和意志品质的教育过程；是培育和塑造人的教育过程；是教育的重要组成部分；是培养人全面发展的重要方面。

2. 竞技体育

以战胜对手和自我，取得优异运动成绩为目的，最大限度地发挥和提高个人、集体在体能、心理及运动能力等方面的潜力所进行的科学的、系统的训练和比赛。竞技体育有如下特点：

充分调动和发挥运动员的身体、智力和心理等方面的潜力；

按照统一的规则竞赛，具有国际性，成绩得到公认；

激烈的对抗性和竞争性；

参加者表现出高超的技艺和充沛的体能，娱乐性和观赏性。

3. 大众体育

大众体育亦称社会体育或群众体育。指娱乐身心、增进健康、增强体质、防止疾病、延缓衰老和培养后备人才，是在社会上广泛开展的体育活动的总称。

（二）体育的功能

体育是人类生存发展的产物，体育作为教育的组成部分，担负着向后代传授劳动技能的重要使命。随着社会的不断进步和发展，人类需求的层次亦不断地提高，体育本身的特征及其与各种社会现象之间相互影响、相互作用的规律不断为人类所认识。体育作为一种特殊的文化现象，正在社会诸多领域里发挥着新的作用，人类对体育的功能的认识更加广阔和深刻。

1. 体育的教育功能

教育是人类文明发展的杠杆。人类早期的教育是为了有效地将前人在极其严酷的生存条件下，生存、劳动以及与自然、野兽、人类自身搏斗的经验和技能等传授给下一代。这一早期教育，究其手段和内容，包含着大量的身体训练和劳动技能的培养。从某种意义上说，人类早期教育是在体育教育的基础上发展起来的。

现代的体育教育，已广泛地纳入各国的教育体系中，它不仅成为学校教育中不可缺少的重要组成部分，而且对整个社会所产生的影响也是非常深刻的。

体育教育不仅是促进人们身体良好发育，增进健康、增强体质、掌握体育运动的技能，而且着重培养人们终身体育的意识、观念和习惯，提高人类生活质量和适应现代社会发展的需要。在传授人体健康的科学知识和教导人们遵守社会规范，促进人的社会化方面也体现了体育的教育功能。

由于体育具有国际性、群众性、礼仪性、竞争性的特点，它在激发人们的爱国热情，振奋民族精神，提高民族威望，增强凝聚力以及培养人们的社会公德等优秀品德方面，具有不可低估的社会教育作用。

2. 体育的健身功能

体育可以改善和提高中枢神经系统的功能，使人大脑清醒，思维敏捷；促进血液循环，提高心脏功能，预防心血管疾病；改善呼吸系统的功能；促进骨骼、肌肉结实有力；使人心情舒畅，精神愉快；控制体重，保持健美的体形；培养健康的个性，防治疾病，延缓衰老。

3. 体育的娱乐功能

"All work no play makes Jake a dull boy"（只工作，不玩耍，聪明的孩子也变傻）。这句美国谚语形象地说出娱乐对人类生活的重要。从人的生理、心理和社会化的需求来看，娱乐是人们精神生活的重要内容。体育运动以其动作的高难度、惊险性，造型的艺术性，形式及内容的丰富多彩，给人以健、力、美的享受。体育比赛的激烈性和比赛结果的不确定性，给予参与者和观赏者一种强烈的情感的体验，感到精神得到振奋，思想得到升华。当你参与一项自己喜爱的体育活动，在战胜自我，征服自然的成功中，你可以得到一种妙不可言的心理满足和快感，达到了自我价值的充分展示，增强自己的自尊心、自信心和自豪感。

体育吸引越来越多的人自觉地投身其中，丰富了社会文化生活，满足了人们的精神需要，成为人们余暇生活的重要组成部分。

4. 体育的政治功能

体育的政治功能首先体现在提高民族威望和国际地位上。大型的国际比赛，直接影响着国家的荣辱，世界上许多国家都将体育竞赛作为显示本国社会经济制度，表现本民族意识的舞台和窗口。人们往往把体育竞赛看成是和平时代的战争。它对维护世界和平，促进各国人民之间的了解，在人类社会的自我调节的机制中发挥着独特的作用。20世纪70年代初，中国乒乓球队访问美国，打开了中美建交的大门，小球推动了大球，才有了今天我国政治经济的大好形势。

我国成功取得2008年奥运会举办权，极大地振奋了民族精神，增强了民族的自豪感和凝聚力，鼓舞全国人民为祖国的繁荣、富强而忘我工作。

每到有重大赛事，城市里的治安就会好了许多，发案率较平时有所下降。人们到赛场或在电视机前宣泄自己的压力和情感，体育起到了为社会安全减压的作用。

5. 体育的经济功能

社会经济的发展取决于社会生产力提高，人是生产力中最具决定性的因素，人的健康和体质的强弱是人的综合素质的物质基础。体育锻炼能够增强体质和发展健康，从而大大提高劳动生产率，促进社会经济的发展。

体育的经济功能还表现在它的传媒作用上，各种竞赛的冠名和宣传、电视的转播权、出售门票、发行体育彩票、收取广告费都可获得巨额的收入。随着人们对体育需求不断增长，体育产业和体育商品经济已经成为现代社会的朝阳产业。国际的大型比赛，不仅可以对一个国家的建筑、娱乐、旅游、旅馆酒店业、餐饮业、运动器材等带来极大的经济效益，而且可以带来非常可观的就业机会。1984年洛杉矶奥运会，全部效益达到32.9亿美元。2008年的北京奥运会，促进了北京的城市建设，对于我国经济的振兴，中华民族的崛起都有着巨大的推动作用。

二、体育锻炼促进人体健康

健康是人类永恒的主题，适应是人类必然的要求。每一个人都希望健康幸福，并将健康与自己的幸福连接在一起，每个人都在努力适应社会，并把适应社会看作生存的需要。

（一）健康的概念

健康是人类最大的财富，它的重要性几乎人人皆知。马克思提出把健康作为人的第一权利，作为一切人类生存和人类历史的第一前提。英国教育家洛克认为：没有健康，便没有什么幸福可言。德国哲学家叔本华说的更是深刻而幽默，一个健康的乞丐比有病的国王更幸福。1988年。世界卫生组织总干事马勒博士强调了这样的思想：健康不代表一切，但失去了健康，便失去了一切。

对于什么是健康，长期以来，人们通常认为身体不生病，不打针吃药，身体不虚弱就是健康。随着社会的进步，科学技术的飞速发展和边缘学科的兴起，人们对健康的要求日益提高，人们对健康的认识更加深刻和全面。联合国世界卫生组织（WHO）在其宪章中提出："健康不仅仅是没有疾病或不虚弱，而是身体的、精神的健康和社会适应良好的总称。"因此，健康的概念大大的超过了无病的范围，这是人们对健康认识的一个极大的进步和突破。1989年WHO又将道德健康与生殖健康注入到健康的概念中。

现代健康概念中，心理健康和社会性健康是对"健康"的创新和发展。它突破了千百年来人们对健康认识的局限性，使人的自然属性和社会属性得到了统一。它既重视健康对人的价值，又强调人对健康的作用，并且将两者有机的统一起来。自16世纪以来，自然科学有了很大的进步。由于各种学科的形成，人们得以用生物学的观点解释生命现象。人们在判断健康和疾病时，医疗诊断主要是测量人体的生物变量，以阳性体征和实验室数据为诊断依据，形成了生物—医学模式。20世纪以来，越来越多的研究证明，人的健康和疾病不但受到生物因素影响，而且越来越多受到社会、心理和社会适应因素的制约。这就可以解释我们在生活中，为什么有的人体壮如牛，却胆小如鼠，有的人膀大腰圆，却心胸狭窄。昨天还被检查身体健康的同学，今日却因心理障碍而跳楼自杀。生物—心理—社会医学模式的提出，概括了影响人类健康的各种因素，突出了因社会心理因素而导致疾病的作用，使人们对待健康和疾病的认识更加全面和深入。随着科学技术的发展和人类认识能力的提高，健康的概念还将不断变化、更新和发展。

（二）现代健康观的内涵

现代的健康观包括身体健康、心理健康、社会适应良好和道德健康。只有这四个方面都健全，才能算是一个健康的人。

1. 身体健康

联合国世界卫生组织确定了健康的10个标准可供参考。
（1）有充沛的精力，能从容不迫地担负日常生活和繁重的工作而不感到过分紧张。
（2）处事乐观，态度积极，勇于承担责任，事无巨细，不挑剔。
（3）应变能力强，能较快地适应外界环境的各种变化。
（4）善于休息，睡眠良好。

（5）能抵抗普通感冒和传染病。

（6）体重适当，身体匀称，站立时头、肩、臀位置协调。

（7）头发有光泽，头屑少。

（8）眼睛明亮，反应敏锐，眼睑不易发炎。

（9）牙齿清洁，无龋齿，无疼痛，牙龈无出血而颜色正常。

（10）肌肉丰富，皮肤富于弹性。

世界卫生组织又把健康的概念细化为"五快"和"三良"的通俗的解释。这"五快"分别是：

吃得快。吃饭时，食欲好，能很快地把一餐饭吃完，而不挑剔食物，这证明内脏功能正常。

便得快。能快速地排完大小便，且感觉轻松自如，这说明消化功能良好。

睡得快。上床后能很快熟睡，而且睡得很深，起床后头脑清醒，精神饱满，这说明中枢神经系统兴奋与抑制协调功能良好。

说得快。说话流利，语言表达清晰，这表明头脑清楚，思维敏捷，肺功能正常。

走得快。行动快速，动作灵活敏捷，充满活力，这表明精力充沛旺盛。因为任何病变和衰老都是由两腿开始，如患有肝炎和心脏病的人下肢常有深重感。

"三良"分别是：

良好的人格。性格温和，意志坚定，感情丰富，心胸坦荡。

良好的处世能力。自我控制能力强，客观现实地对待问题，能够适应复杂多变的社会环境，对事物的变迁保持良好的情绪，能够保持对社会环境和人体内环境的平衡。

良好的人际关系。能够与人为善，乐于助人，与周围的人关系融洽，不斤斤计较。

现在，越来越多的人已开始注意到人的健康不仅是指生理的健康，而且还包括心理健康和社会性适应的良好状态。健康是"人体各器官系统发育良好，功能正常，体质强壮，精力充沛旺盛，并具有健全的心理和社会适应能力"。

2. 心理健康

人们对健康的理解有一个从传统到现代的转变过程。如果我们对身体生理上的不适，比如感冒发烧、头痛咳嗽、胸闷腹泻和牙齿疼痛，我们明显地感到得了病，应该去找医生。但心理上的不适，比如由于社会生活压力产生的精神紧张、焦虑、抑郁、孤独、悲观、精神空虚等，不会想到这些也是不健康的表现。

祖国医学和现代医学研究表明，人作为一个整体，心理健康和身体的健康是不可分的。从某种意义上说，心理因素的影响超过了生理因素。身体上的疾病许多是由于精神心理因素引起的。祖国中医认为，由于人的七情（情绪）波动过度和持续过久，可使阴阳失衡，气血不和，经络堵塞，肺腑功能失调而引起疾病。现代医学认为，心理情绪的异常变化，如过分激动会使大脑皮层过分兴奋，从而导致神经植物系统内分泌系统紊乱，使人的循环系统、呼吸系统、免疫系统的机能失去平衡，而导致疾病。这也说明了心理健康与生理健康的联系。生理学家巴甫洛夫指出："一切顽固沉重的忧郁和焦虑足以给各种疾病大开方便之门。"研究表明，在一切不利的条件下，对人威胁最大的莫过于不良的情绪和恶劣的心情。对此，世界卫生组织提出了一个响亮的口号："健康的一半是心理健康。"

什么是心理健康？国内外的专家和学者对此作了非常深入的研究。心理学家英格里斯（H. B. English，1958）认为："心理健康是指持续的心理情况，当事者在那种情况下能进行良好的适应，具有生命的活力，并能充分发挥其身心的潜能。"

社会学家玻肯（W. W. Bochm，1955）认为："心理健康就是合乎某一水准的社会行为，一方面为社会所接受，另一方面能够为自身带来快乐。"

1946年第三届国际心理卫生会议指出，心理健康是指在身体、智能以及情绪上能够保持与他人的心理不相矛盾，并将个人心境发展成为最佳的状态。

我国的陈忐认为：心理健康是指心理发育正常，心理状态保持平衡，心理适应良好，心理潜能能够得到发挥。

3. 社会适应健康

社会适应是指个体独立处理日常生活与承担社会责任，达到他的年龄和所处社会文化条件所期望的程度，是个体对所处的自然环境和社会环境的一种平衡状态。进化论学说的创始人达尔文指出：大自然的法则就是优胜劣汰，适者生存。我国古人也说过：识时务者为俊杰。环境是人类赖以生存的场所，人们必须尽最大的努力去适应环境，才能生存和发展。

每一个人一生中，会不断面临新的情况和环境，每一个发展阶段都对我们提出新的要求，比如对父母心理和经济的独立，人格的发展，生活学习环境的改变，职业的选择，人际关系的处理，婚姻、家庭、退休等。社会适应是一个毕生的过程。

4. 道德健康

道德健康是指处在一定社会环境的人在行为处事、与人交往时，要遵循一定的社会规范和行为准则。它着重于健康的维护和促进。个人道德健康不仅要求对自身的健康负责，而且要自觉维护和促进社会整个人群的健康。例如，不在公共场所吸烟、吐痰；在听音乐会、看电影、听演讲时，不大声喧哗，自觉地关掉手机；为灾区人民募捐，为抢救他人的生命义务献血等等。只有在不损害社会和他人利益的前提下，才能满足个人的需要。

与之相反，如果一个人缺乏良好的思想品德和人格低下，经常处在紧张、恐惧、内疚之中，就会给个人造成沉重的心理压力，并影响健康心态的形成和发展。研究表明，贪污的官吏和犯罪的人由于沉重的心理压力，常常导致高血压、心血管疾病和癌症的发生。

如果我们都具有助人为乐和与人为善的高尚品格，将产生良性的生理和心理效应，这将大大地促进我们的健康。

5. 生殖健康

世界卫生组织对生殖健康下的定义为：人类在整个生命过程中，与生殖有关的一切活动，应该在生理、心理和社会适应诸方面都处于良好的健康状态。

生殖健康包括建立正确的性观念，避免婚前性行为，避免未婚先孕、人工流产，预防性病和艾滋病，避孕节育等性保健。

科学研究表明：在现代社会，由于生态环境的不断恶化与生活方式不当的影响，男性生殖器官发育异常，生殖细胞变异等现象日趋严重。根据调查统计，由于生理、心理、病理和社会文化观念的等方面的原因，全世界共有一亿多男性患有性功能障碍，据我国权威的统计数字表明，现在40岁以上的男性，至少有8000万人被性功能障碍所困扰，已婚夫妇中约有10%患有不育症，其中因丈夫原因导致不孕占50%。由此产生的种种问题已直接影响家庭的和睦与社会的稳定。世界各国政府已开始关注被忽视的男性生殖健康。

三、影响人类健康的因素

影响人类健康的原因是多方面的，主要有环境因素、生物因素、生活方式因素与卫生保健服务因素。

（一）环境因素

环境是人类生存和繁衍的基本前提和保证。环境包括自然环境和社会环境。科学研究表明，生活在自然条件好，风景优美，空气清新，远离工业污染和大都市环境的人，其寿命远远超过人们的平均寿命。生活在前苏联高加索的人们有许多在100多岁以上，还能进行一般的爬山、劳动等活动。相反，生活在环境恶劣，污染严重的环境，不但身体健康有问题，而且由于工业污染，得了许多怪病，如20世纪60年代，日本的经济高速起飞，由于忽视了环境保护，工业废水流入江河湖泊，人们吃了水中的鱼，造成了汞、铅、铬中毒，许多人过早死亡。在社会环境中，政治制度的变革，社会经济的发展，文化教育事业的进步与人类的健康紧密相连。因此，人类要在地球上生存和发展，必须善待我们的共同家园，保护好环境。

（二）生物因素

在生物因素中，影响人类健康最重要的是遗传因素和心理因素。现代医学发现：遗传病不仅种类繁多，大约有二三千种之多，而且发病率高达20%。因此，应重视遗传对健康的影响。心理因素与人的健康关系更为密切，消极的心理因素能引起许多疾病，积极的心理状态是保持和增进健康的必要条件。医学临床实践和科学研究表明，不良的情绪，如悲伤、恐惧、焦虑、愤怒等可以使人体各系统机能失调，导致失眠、血压升高、胃痉挛、心动过速、食欲减退、月经失调等疾病。良好的情绪和心理状态，使人在挫折与失意时，保持心理的平衡。心理状态是社会和生活环境的反映，是影响健康的重要因素。

（三）生活方式因素

生活方式是指人们长期受一定的文化、民族、经济、社会、风俗、家庭影响而形成的一系列生活习惯和生活意识。人类在漫长的发展过程中，虽然很早就认识到生活方式与健康有关，但由于危害人类生命的各种疾病一直是人类死亡的主要原因，而忽视了生活方式因素对人类健康的影响。进入现代社会以来，由于科学技术的飞速发展，社会经济水平的不断提高，许多传染病和以前的疑难病已被人类所攻克，人们逐步发现生活方式因素在全部死因中的比重越来越大，例如，1976年美国死亡人数中，50%的人与不良的生活方式有关。可见，养成良好的生活习惯对于健康是多么重要。

（四）卫生保健服务因素

卫生保健服务也是健康的重要的因素。世界卫生组织将卫生保健服务分为三级：初级、二级和三级，实现初级卫生保健服务是现在世界各国的共同目标。

初级目标的基本内容是：

健康教育；

提供符合营养要求的食品；

提供安全用水和基本环境卫生设施；

妇幼保健和计划生育；

开展预防接种；

采取适用的治疗方法；

提供基本药物。

四、现代健康观念的发展趋势

从现代社会发展总趋势来看，人类正面临着自身生活、消费方式引起的健康问题。人类为了自身的幸福和长寿，更加关注自身的健康。身心健康将成为人们生活价值观中首要追求的目标。社会调查表明，人们在追求生活目标的选择中，健康总是被列在首位。体育锻炼将成为人类生活中的重要内容。现代人对健康的观念呈现下面的发展趋势。

（一）健康第一观念

随着科学技术的迅速发展和边缘学科的出现，人类对健康的认识日益深入，对健康的要求不断提高。人们将更加注重身体的锻炼、卫生保健，人们越来越认识到体育锻炼对身体健康的重要性。无论是青少年还是中老年人，将更多地从事步行、跑步、游泳、舞蹈、健身操等有氧运动。中国的太极拳，被认为是改善人体微循环，增强心血管功能，保持身心平衡的最佳方式。

女同学在进行瘦身和健美锻炼时，不再像 20 世纪那样追求苗条，而是更加注重保持健康状态和强壮的身体。体育健身器材和保健用品已逐步进入千家万户。

营养过剩已引起人们的警惕，科学饮食，营养平衡将成为人们自觉的行动，健康食品和绿色食品倍受青睐。吸烟、酗酒等不良的嗜好有所下降。

（二）注重物质生活和精神生活的平衡观念

人们将努力寻求一种物质生活和精神生活和谐平衡的生活方式。在以快节奏、多变化、竞争空前激烈的现代社会，在追求物质生活的同时，保持心理的平衡和健康，已成为现代人提高生活质量的重要课题。

（三）终身体育的观念

终身体育是指一个人终身从事体育锻炼和接受体育的指导。终身体育是依据人体发展变化的规律，身体锻炼对人的作用，以及现代社会发展对人的要求，伴随着终身教育的发展而发展起来的。人体的活动规律表明，要保持健康的状态就必须坚持体育锻炼，并持之以恒，否则就不能产生持续的锻炼效果。人们生活水平和文化素质的提高，使体育锻炼成为人们日常生活的重要组成部分。闲暇时间的增多使人们的生活方式发生了很大的变化，利用闲暇时间参加体育锻炼，开展各种有益于健康的活动，防止各种现代"文明病"的发生，体育锻炼已成为现代人生活不可缺少的内容。终身体育将成为现代人的一种追求。

第二节 现代体育文化

一、体育文化概述

(一) 体育文化的含义

文化是指人类所创造的物质财富与精神财富的总和及其创造过程。体育文化则是关于人类体育运动的物质、制度、精神文化的总和，大体包括体育认识、体育情感、体育价值、体育理想、体育道德、体育制度和体育的物质条件等。体育的技术方法属于体育认识的范畴，它是人类认识过程的一种特殊形式。各种运动形式（如奥林匹克运动项目）、各种竞赛规则、运动服装、运动场地、运动器材以及奥林匹克仪式、奥林匹克精神等，都属于体育文化。

一般情况下，文化包括心理、行为、物质三个方面（不同层面）的要素。体育文化也不外乎三个层面：体育文化的心理要素，也就是文化的精神、观念层面，有时称之为精神文化；体育文化的行为要素，也就是文化的行为方式、制度规范层面，有时称之为行为制度文化；体育文化的物质要素，也就是文化的物质实体层面，有时称之为物质文化，包括凝结体育文化特质的各种物质产品。一般而言，物质文化是最外表的层面，行为制度文化次之，精神文化是内核。

(二) 体育文化的表现形式

从体育的不同活动主体、不同活动方式、不同活动目标来分析，体育文化表现为：学校体育文化、竞技体育文化和社会体育文化。学校体育文化是以培养学生的体育意识、体育精神和体育技能为主要形式，以增进学生身心健康和提高学生的体育素养为主要目标的文化过程，它主要是作为文化教育的一部分而存在的；竞技体育文化是人类追求生命价值过程中不断验证自身极限的一种文化过程；社会体育文化是以大众参与为主要特征，以健身健美为主要目的的社会文化生活过程，它是社区文化最重要的内容之一。

从体育发展演进的历史过程来看，体育文化表现为古代体育文化、近代体育文化和现代体育文化三大类。古代体育文化的宗教性、民族性、地域性、自发性和工具性较强，而其商业性和自觉性较弱。近代体育文化以学校体育文化的崛起为主要特征，其宗教性基本消失，民族性、地域性弱化，商业性、工具性和自觉性都明显增强。现代体育文化具有鲜明的国际性、产业化和人性化特点，内容更加全面，形式日益丰富，影响不断扩大，它已是现代人生活方式的重要组成部分。

从体育的空间分布来看，体育文化既可以从最大的方面表现为东方体育文化和西方体育文化两大类，也可以从国别的层次将中国体育文化表现为：中东部体育文化和西部体育文化，体育文化还可以从较小的方面表现为企业体育文化、社区体育文化、军营体育文化、校园体育文化和村镇体育文化等。区域性文化的交融与发展已成为现代人体育文化和生活的主旋律。

体育文化从内在品质上表现为体育观念、体育思想、体育理论、体育科学、体育精神、体育艺术、体育道德、体育法规和体育风尚等若干方面。体育观念是在三大体育实践活动中形成的一般的体育意识，它对人们的体育活动有一定的影响和制约；体育思想是体育观念的进一步升华，是指导人们从事体育活动的高级的体育意识，比体育观念更加全面、系统；体育理论是体育实践经验的科学总结，是理论化、系统化的体育观念和揭示体育本质和规律的体育思想，在这个意义上也有人把体育理论称为体育哲学；体育科学是侧重于技术上研究体育现象之间内在的、本质的、必然的联系的科学，它与体育理论的区别在于它是技术科学，而体育理论是理论科学；体育精神是人们在长期的体育实践活动过程中形成的一种内涵厚重、指向明确、易于体验、认同率高的人类精神，是一种顽强拼搏、公平竞争、团队协作、超越自我的精神。现代奥林匹克之父顾拜旦曾明确提出"奥林匹克精神首先是一个文化概念"，这是关于体育精神的文化性质的权威论断；体育艺术是体育、艺术高度完美的结合，是在体育活动过程中展现出来的人有意无意之中创造的独特的美；体育道德是体育活动过程中规范人与人之间关系的行为准则和主体意识；体育法规则是保证体育活动有序进行的强制手段，正是由于这种内在自觉和外在约束的统一才使体育活动能够按照一定的程序和习惯顺利开展；体育风尚是由于学校体育的有意识教育和竞技体育的有效引导，而在大众体育中表现出来的人们从事体育活动的阶段性、区域性重点倾向和特别嗜好。

从体育活动所依附的文化载体上看，体育文化表现为体育场馆文化、体育用品文化和体育影视文化等若干方面。体育场馆文化是由体育建筑艺术、体育竞赛的氛围和现场媒体宣传（包括广告艺术）等内容构成的综合文化。体育场馆文化建设是体育文化硬件建设与软件开发的最佳结合点。体育用品文化主要包括体育器材文化、体育服饰文化、体育纪念品文化，这是现代体育文化繁荣的一个十分重要的方面，也是体育文化产业化的最具前景的增长点。体育影视文化是现代影视文化非常重要的内容之一，它不仅是指那些以反映体育题材为主要内容的影视作品，而且也包括体育现场直播、现场采访和现场评论。体育影视文化的崛起为体育文化提供了最有效的手段。

二、中国传统体育文化

（一）中国传统体育文化概述

中国传统体育文化是以儒家"天人合一"为哲学基础，以保健性、表演性为基本模式，以崇尚礼让、宽厚、平和为价值取向的体育活动。中国传统体育文化根植于"天人合一"、阴阳、八卦、五行等理论之中，而西方竞技体育文化是在西方哲学重外在、重分析、重与自然的斗争等观念的指导下形成和发展的。中国传统体育文化的整体观强调人体自身的统一性及与自然界的和谐，带有某种经验、直觉、模糊的性质，而西方竞技体育文化是科学实验、解剖学、生理学、现代医学等的综合运用。中国传统体育文化重节奏、韵律、神韵、内涵、和谐美，重朦胧、抽象、含蓄美，而西方竞技体育文化重阳刚的力量、速度之美，重外在、形体美。中国传统体育文化讲求娱乐性、表演性和礼仪性，注重个人修养，形成以追求"健"与"寿"为目的的民族性格，融进了以身心合一、动静结合的导引养生、武技的发展，却削弱了体育运动中的竞争性，西方竞技体育文化始终向着竞争性、惊险性、公开性、健美性、趣味性方向发展，注重人的全面发展，而忽视了竞争中的道德教育，容易产生暴力倾向。中国传统体育文化通过身体锻炼来以外达内，由表及里，由身体有形的活动来促成无形精神的升华，实现理想人格的塑造。西方竞技体育文化则重人体胜于重人格，注重人本身的价值，让人在运动中，在各种力的交汇中去实现人体的塑造，进而实现理想的人生。

由于市场经济的发展和对外开放政策的实施，中国的政治、经济、文化出现了勃兴。在新的环境下，中国传统体育文化注入了新的血液。因此，西方的竞争观念，自我价值的彰显也成为中国传统体育文化的追求。同时，西方一些专家、学者也开始致力于东方体育文化的研究，试图从其处世之道和养生方法中寻求精神的解脱。一些运动项目，如篮球、排球、足球、田径、体操、乒乓球等项目已在中国深入民心，得到了中国大众的喜爱。而中国传统体育项目，如武术、太极拳、气功、秋千、龙舟竞渡等项目，开始向西方移植，打破了西方体育一统天下的格局。中国传统养生思想为西方所接受，西方竞争观念为我们所认可。中国传统体育文化的生命观、健康观和与此相适应的保健体育，蕴含着有关人体科学的丰富内容，如注重身心统一、内外协调、动静结合等许多辩证思想，对指导当今的人类保健活动，仍具有重要的现实意义。西方竞技体育所表现的竞争观念与现代社会是相吻合的，正被中国传统体育所接受和认可。

（二）中国传统体育文化的内涵

从我国传统文化中孕育、培植和发展起来的传统体育文化，无处不闪现出传统文化博大精深的文化内涵。无论其指导思想、理论基础和练习实践都形成了自己独特的、有别于西方的思想体系、理论体系和实践体系。中国传统体育文化之所以能绵延数千年，其根本原因在于它们蕴含着深刻的东方哲学，揭示出人与自然相互依存的关系。主要表现在：

1. 天人合一，顺应自然

"天人合一"思想是传统哲学中一个极为重要的观点，这种思想深深地渗透到传统体育文化之中。传统的天人合一思想，强调了天人之间的统一性与合理性。老子讲："人法地、地法天、天法道、道法自然"。孟子提出"万物皆备于我，上下与天地同流"，"始生人者，天也；始生地者，天也"。甚至把人的伦常和情感贯注于"天道"，并将其拟人化："天亦有喜怒之气，哀乐之心，与人相副。以类合之，天人一也。"这种天人感应、阴阳互补的理论不胜枚举。

我国传统体育科学理论的构建直接来源于天人合一的哲学思想，阴阳理论在传统体育思想中根深蒂固。如汉代蹴鞠中的圆鞠与方墙，传统武术中的动静、虚实、刚柔、进退等的演化，无一不是在阴阳理论的指导下衍生而来的。在传统的养生术中，阴阳更成为其核心的理论基础。至于太极图说更是最终演变为整个传统体育科学的理论依据。"无极而太极。太极动而生阳，动极而静，静而生阴，静极复动。一动一静，互为其根。"这一理论很好地解释了天体的演变和人体在自然力的影响下的功能变化。最能代表中国传统文化的体育项目是太极拳。太极拳的全部运行机制，都是按一物两体、和谐稳定的模式来进行的。太极拳所呈现的动静、开合、形神、虚实、刚柔构成了一个互补系统。所以说，传统体育追求的不是人与自然的对立、挑战与对抗，而是强调两者的融合与顺遂，追求身体与精神在同一过程中得到颐养。

2. 礼仪为先，道德先行

"礼"是中国传统文化价值体系的中心范畴和文明进化的主旋律。孔子是中国礼文化的先驱，他提出了一整套以礼为核心的学说："不学礼，无以立"，"非礼勿视、非礼勿听、非礼勿言、非礼勿动"。

中国传统体育作为传统文化的重要组成部分，必然受制于礼文化的约束。如唐代盛行的"十五柱子戏"，柱子上就分别标有"仁、义、礼、智、信、温、良、恭、俭、让"等红字和"慢、傲、佞、贪、滥"等黑字，木球击中红字者为胜，击中黑字者为败。从这一小小的游戏中就充分体现了体育活动中的道德规范和价值观念。"礼和让"一直伴随着中国传统体育文化的交往活动。如果上下级交手，下级的让即是"礼"，上级若是技高一筹，也礼让三先。即便是在较为激烈的武术竞技中，也只能是"点到为止"。因此，在传统体育文化中难以看到激烈而震撼人心的对抗场面，通常只是在一定范围内技艺的切磋而已。

3. 修身养性，愉悦身心

传统体育着重于修身养性，愉悦身心，而轻于定时定量的运动规程和模式，以及对人体极限的冲击。内外兼修，形神兼备，注重武德是武术文化的第一宗旨。在武术运动的练习中无处不显示出自强进取、自我修养、人格完善的传统文化精神。杨继业、岳飞、戚继光、花木兰……一大批文武兼备的民族英雄，都得益于武术文化的熏陶。

愉悦身心、宣泄情感是传统体育文化的表现形式之一，民间的体育和女子体育尤甚。"将军自起舞长剑，壮士呼声动九垓。功成献凯见明主，丹青画像麒麟台。"以剑寄情，报效国家的雄心壮志和建功立业的决心彰显无遗。"香销宝鸭月如霜，欲罢去蒲故拙行。卷起局边伴数子，暗抬星眼掷儿郎"，一幅其乐融融的家庭体育娱乐的画面展现在眼前。"丽质盈盈，巧语嬉嬉，争簇秋千架"，更是把宋代女子荡秋千的心态勾画得活灵活现。

4. 心静神凝，延年益寿

传统文化把心理平衡、延年益寿、生活情趣构成了一个互感的有机体。它认为，如果一个人无欲无求，少思少虑，退避自守，在心理上也就能清净空灵，在生理上也就能长寿。"静"作为传统体育文化中修身养性的第一要诀，"知止然后有定，定而后能静，静而后能安"。静是体力上、精神上的放松，静则气和、志正体直。如武术中内功的修炼和气功中的行气，都要求排除杂念，全神贯注，意守丹田。要做到视而不见，听而不闻；泰山崩于前而不动，猛虎啸于后而不惊。只有心静神凝，内气才能磅礴腾挪、上下鼓荡、击流不息，以达到强身益智、祛病增寿的养生效果。

总之，中国传统体育文化，尤其是武术文化和养生文化，以其深层次的哲学思想、成熟的训练方法、完美的艺术形象和回归大自然的情趣为世人所瞩目。这两种文化虚实相宜，实用性与观赏性并举，浅表行为与深层哲理紧密衔接，为全人类的发展提供了极好的运动方式和思维轨迹，至今仍不失为人类体育文化中的精品，值得弘扬与发展。

三、奥林匹克运动文化

奥林匹克运动文化，包括奥林匹克运动的全部思想体系和活动内容，是奥林匹克运动在实践过程中所创造的物质财富与精神财富的总和。物质财富即物质文化，主要指奥林匹克运动对人体技能的改造、发展，以及所采用的各类场馆、器材等设施和由此产生的文化形态。精神财富即精神文化，主要指奥林匹克运动对人的内心世界、社会行为的影响以及与之相关的各项文化艺术活动。古代及现代奥林匹克运动都蕴藏着丰富的物质文化与精神文化。

(一) 奥林匹克运动文化概述

奥林匹克运动历经100多年的风风雨雨，已发展成为迄今为止人类历史上最盛大的社会文化现象。回顾奥林匹克运动产生与发展的历程，我们不能不追溯它最早的源头——古代奥林匹克运动会，它那追求和平、友谊和神圣休战，坚持公平竞争的体育原则，组织比赛的竞技模式，对世界体育及现代奥林匹克运动的发展产生了深刻的影响。古希腊被称为欧洲文明的发源地，也是古代奥林匹克运动会的发祥地，这个古代奥运会的竞技场遗址就是我们奥运火炬熊熊燃起的地方。

古希腊是一个城邦割据的国家，各城邦之间争夺吞并。在长期的斗争中，人们不满意这种互相厮杀的局面，希望能有一个至高无上的君主来造就一个和平统一的希腊，并寄托于神的力量，于是产生了全希腊崇奉的万神之首——宙斯神。在祭奉宙斯神时，体育竞技成为祭奉宙斯神的活动之一。古代奥运会是希腊人献给万神之首的祭礼赛会，他们认为只有同维持天地间秩序的神建立起和善的关系才有利于生存，神灵降福于人类的方式就是在神面前展示人的力量、速度、协调、健美，从而形成了祭礼竞技。

公元前776年，宗教和体育竞技合为一体，组织了大规模的体育祭礼活动，并决定在奥林匹克每四年举行一次。这样，公元前776年举行的奥林匹克运动会被正式载入史册，到公元394年历时1170年，由于奥林匹克运动会期间实行神圣休战，使奥林匹克运动会没有间断地举行了293届，创造了人类文明史上的奇迹。古代奥林匹克运动会体现的公平竞争的原则，"永远争第一""在生活的一切领域追求最高成绩"的拼搏意识，竞技优胜者技艺高强、道德高尚、知识丰富、内心充实、体魄健美、举止优雅的身心、和谐发展的思想都对现代奥林匹克运动产生了积极的影响。

现代奥林匹克运动的产生是在一个广阔的时代背景下长期孕育的结果。14～18世纪，欧洲大陆出现了三次大的思想文化运动，为奥林匹克运动的兴起奠定了思想基础。资本主义工业化生产和资产阶级教育方式为奥林匹克运动的兴起提供了土壤。资产阶级教育家把体育作为培养人才的重要手段加以大力提倡，不仅恢复了古希腊的体育制度，还进一步制定了锻炼身体的各种措施，使体育成为培养全面发展人才不可缺少的教育活动。随着对古代奥运会遗址的发掘，人们进一步认识了古希腊的体育精神和价值。

法国教育家顾拜旦是公认的奥林匹克运动的创始人，他为奥林匹克运动的诞生和发展做出了卓越的贡献。在他的不懈努力下，1894年6月16日～24日，"国际体育运动代表大会"在巴黎索邦神学院举行，这次大会唤起了与会者对古代奥运会的神往，与会代表一致同意顾拜旦的主张，决定复兴奥林匹克运动会，并通过了复兴奥运会的决议。1896年4月6日～15日，第一届现代奥林匹克运动会如期在雅典举行。发展至今，实际举办了31届，至2016年里约奥运会，参加的国家和地区达到207个。现代奥林匹克运动其影响力远远超出了体育范畴，在当代世界的政治、经济、哲学、文化、艺术和新闻媒介等诸方面，产生了一系列不容忽视的影响。奥林匹克运动不仅构成了现代社会所特有的体育文化景观，还以其特有的文化魅力愉悦人们的身心，更以其强烈的人文精神催人奋进，它已成为人类社会友谊、团结的象征，为维护世界和平和人类社会的进步做出了巨大贡献。

（二）奥林匹克运动文化的表现形式

奥林匹克运动是在奥林匹克主义指导下，以体育运动和四年一度的奥林匹克庆典为主要活动内容，促进人的生理、心理和社会公德全面发展，增进各国人民之间的相互了解，在全世界普及奥林匹克主义，维护世界和平的国际社会活动。奥林匹克运动包括以奥林匹克主义为核心的思想体系，以国际奥委会、国际单项体育联合会、各国奥委会为骨干的组织体系和以奥运会为周期的活动体系。它是以体育为载体的社会文化现象，其文化表现形式有以下几方面。

1. 以奥林匹克主义为核心的思想文化内涵

奥林匹克运动之所以长盛不衰，其主要原因就是它在发展过程中逐渐形成了以奥林匹克主义为核心的思想体系，它为奥林匹克运动注入了灵魂，使奥林匹克运动有了坚实的思想基础和明确的指导方针。奥林匹克文化和文化内涵集中表现为以奥林匹克主义为核心的思想体系，这一体系主要由奥林匹克主义、奥林匹克宗旨、奥林匹克精神、奥林匹克格言、奥林匹克名言所组成。

奥林匹克主义是将身心和精神方面的品质均衡地结合起来，并使之得到提高的一种人生哲学。它将体育运动与文化和教育融为一体。奥林匹克主义的中心思想是人的和谐发展，它将体育运动作为人和谐发展的途径，并与教育和文化紧密结合赋予它极强的教育价值和文化价值。

奥林匹克宗旨是通过没有任何歧视，具有奥林匹克精神——以友谊、团结和公平精神相互了解的体育运动来教育青年，从而为建立一个和平和更美好的世界做出贡献。奥林匹克运动力图通过体育运动增进各国人民之间的相互了解，达到减少战争，促进和平的目的。

奥林匹克精神就是相互了解、友谊、团结和公平竞争的精神。对文化差异的容忍和理解是奥林匹克精神所着重强调的，四年一度的奥运会将世界上所有的体育文化集中在一个窄小的空间和时间范围内，建立和谐的文化氛围，使人们摆脱各自文化带来的种种偏见。在不同的文化的展现中，看到的不是各种文化的差异和排斥，而是人类文化百花齐放、千姿百态的壮丽图景，从而使奥林匹克运动所提倡的国际交流真正得以实现。竞技运动的公平与公正同样是奥林匹克精神的主旨之一，只有在公平的基础上竞争才有意义。

"更快，更高，更强"是奥林匹克运动的格言，具有丰富的文化内涵，它充分表达了奥林匹克运动不断进取、永不满足的奋斗精神和不畏艰险、勇攀高峰的拼搏精神。在比赛场上，面对强手发扬勇往直前的大无畏精神，敢于斗争，敢于胜利。对自己则是永不满足，不断战胜自己，超越自己，实现新的目标。对自然要敢于征服，挣脱自然的束缚，从而取得更大的自由。

"参与比取胜更重要"是奥林匹克运动广为流传的名言。参与的可贵之处在于参与者有着高尚的品质、真诚的态度、奉献的精神和对理想的追求，其意义远远超出了名次和奖牌。在参与中，运动员们才能不断地超越自己和超越他人，才能在"更快，更高，更强"之中寻找自我，实现自我。参与意识是各国大多数运动员奥林匹克运动的精神支柱，正是由于参与的精神，奥林匹克运动才能发展到今天这样的规模，其意义才能大大超出体育的范围。

2. 独特与鲜明的象征性标志

奥林匹克运动是表示人类社会团结、进步、友谊的"一个伟大的象征"，具有崇高目标和丰富内涵的奥林匹克运动的思想体系，皆物化成一系列独特而鲜明的象征性标志，如"奥林匹克标志""奥林匹克会旗""奥林匹克圣火""奥林匹克会歌""奥林匹克奖牌""奥林匹克吉祥物"等等。这些标志有着丰富的文化含义，形象化地体现了奥林匹克思想的价值和文化内涵，用一些简明的艺术形象、符号表达了奥林匹克思想的基本点，将抽象的概念变为可见的、可听的、可触的物质文化，反映了人们对奥林匹克运动认识的深化。例如，奥林匹克标志五环，其颜色为蓝、黄、黑、绿、红，五种颜色象征五大洲，其中蓝色代表欧洲，黄色标志着亚洲，黑色意指非洲，绿色喻作澳洲，红色象征美洲。奥林匹克的会旗和五个环的含义，代表着全世界的运动员在奥林匹克运动会上欢聚一堂，而且强调所有参赛运动员应以公正、坦诚的运动员精神在比赛场上相见，充分体现了奥林匹克主义的内容——"所有国家、所有民族"的"奥林匹克大家庭"主题。奥林匹克圣火象征着光明、团结和友谊，象征着和平和正义。吉祥物表示奥运会吉祥如意，表达主办国祝愿奥运会圆满成功，祝福选手们取得好成绩的良好愿望。

3. 奥林匹克仪式

奥林匹克仪式是奥林匹克文化中最具特色和魅力的组成部分，吸引着全世界几十亿人的目光，体现了人类渴望和平，追求创造美好和平世界的崇高理想。如第27届悉尼奥运会开幕式，澳大利亚女子400米世界冠军弗雷曼站在水中，点燃奥运主火炬的刹那，第27届奥运会开幕式的和平主题也随着熊熊的火焰喷射出来。当火炬台沿着奥林匹克体育场水逆流而上，这个和平的主题得到了升华。自古水火不能相容，而从希腊奥林匹亚山传来的圣火，却与水交融在一起。水火都能交融在一起，还有什么不能通过和平的方式解决？当韩国和朝鲜运动员在半岛旗下共同走进体育场时，全场震动了，突然间，在悉尼主体育场的11万观众爆发出震耳欲聋的掌声。时任国际奥委会主席的萨马兰奇在主席台上站起来，给这个相互隔绝了半个世纪、如今走到一起的代表团鼓掌，在场的无数人激动地流下了热泪，有人感动不已地说"这是和平的力量"。当运动员全部进入会场之后，一条巨幅白绢从主席台正对的看台上飘然而下，渐渐覆盖到上万名运动员身上，一束灯光洒落在白绢之上，映出一个清晰的口衔橄榄枝的和平鸽的图案，这些运动员来自全球200多个国家和地区，几乎遍布了全球每个角落，和平鸽"飞"在他们头上，降落在他们的头顶。在奥运圣火中，一切战争将失去理由，在悉尼的奥运圣火里写满了和平的祝福。

顾拜旦为实现把现代奥运会办成一个神圣的体育祭坛，一个与多种形式合为一体的盛大文化节日的目标，他强调现代奥运会要体现出美和尊严。在这种思想指导下，奥运会逐渐形成了一整套特有的恢弘、庄严、华彩而凝重的传统仪式，如作为奥运会前奏的圣火传递，放飞和平鸽，运动员和裁判员的庄严宣誓，严肃而热烈的授奖仪式，欢快而充满激情的闭幕式，这些仪式的作用在于为这一盛会创造一种崇高而神圣的意境，以此来净化人们的心灵，体现人类美好的向往。

4. 奥运会展示的人体美与拼搏精神

奥运会是奥林匹克运动的主旋律，它是世界各国体育竞技的一次最高检阅，是世界各国人民和平、团结、进步和奋发向上精神的象征，同时也是盛大的文化庆典。顾拜旦认为："体育运动必须创造美，并为美提供机会，它创造美是因为它创造了活生生的雕塑——运动员，通过建筑、场景和庆典带来美。"奥运会向世人展示第一流的人体美，我们可以看到篮球运动员高大修长的身材，游泳运动员丰满匀称的体态，田径运动员健壮发达的身体，举重运动员隆起的肌肉显示出无穷的力量，体操运动员小巧玲珑的身影……加之各国运动员精心设计的运动服的颜色搭配，更显示出无穷的魅力。

奥运比赛展示的竞技美，如美国篮球"梦之队"出神人化的技战术配合，巴西足球精巧细腻令人叹为观止的艺术足球，田径场上百米决赛刮起的"黑色旋风"，艺术体操如诗如画的韵律美，举重运动员"力拔山兮气盖世"的力量美等等，同样显示着奥运竞技文化的内涵。

运动员精湛的技术，拼搏进取的精神，最大限度地挖掘自身潜力，向自身体能生命的极限挑战，创造一种在努力中求得欢乐幸福、身心愉悦的形象，体现出更快、更高、更强、奋发向上的精神。人们在观赏奥运会竞技比赛，参与奥林匹克运动的过程中接受美的熏陶。

5. 内涵丰富的艺术节

奥林匹克运动力图从不同的角度和不同的层次，去挖掘、展示人类社会中一切美好的东西，以促进人的健美的身体与健全的精神和谐发展。奥林匹克宪章规定奥委会必须制定文化活动计划，并至少须贯穿在奥运村开放期间，这种文化展示活动就是奥林匹克艺术节。它向人们展示一个五彩缤纷的艺术天地，这里有气势磅礴的奥林匹克建筑，形象生动的绘画、雕塑等视觉艺术，有优美的声乐、器乐等听觉艺术，有文学、诗歌等想象艺术，有戏剧歌舞等综合艺术。充分展示举办国和世界各种文化特色的文化活动，使音乐、舞蹈、文学、绘画、雕刻、摄影、戏剧、建筑艺术、体育集邮等各种文化形式争奇斗艳，各类艺术珍品交相辉映。奥林匹克运动综合地反映了人类文明，并推动着人类文明的进步。

四、大众体育文化

(一) 大众体育文化概述

大众体育文化或称群众体育文化，是通过民间传统体育和现代体育，集娱乐和健身为一体的、多种多样的现代体育文化生活。

大众体育文化作为社会文明的有机整体，成为调节社会文化生活、善度闲暇时间的重要组成部分。由于大众体育文化反映的是生活在不同区域人民的劳动生活，因而具有强烈的民族传统体育特点，又融入了现代体育的竞技性。大众体育文化，不仅是广大民众强身健体的有效手段，而且是喜庆节日的文化娱乐内容。

　　大众体育文化以其本身的特点和社会的需要传播着体育文化，主要体现在：

　　（1）大众体育文化是促进健康、增强体质的重要途径。

　　（2）大众体育文化极大地丰富了社会文化生活，是全面建设小康社会的重要组成部分。

　　（3）大众体育文化是促进民族传统体育和国际交流的需要。由于其目的的多样性、对象的广泛性、时间的业余性、形式的灵活性、项目的随意性、效益的社会性、组织管理的复杂性和活动的娱乐性，因而它是一项容量大、吸引力强、涉及范围极广的社会文化活动。

（二）大众体育文化的表现形式

　　1. 大众体育文化的民族性表现

　　一般情况下，大众体育能够植根于民众之中的往往是民族体育，而大众体育文化也正是一部民族兴衰与发展的文化史。因为，不论哪个民族的文化都是人类发展史中的一部分，都展现着不同地域和民族的不同辉煌，所以民族传统体育文化都以不同的方式走向世界，也以不同的方式推动历史的文明和社会的发展。事实上，被称为文化的东西，常常就是一个国家和民族在漫长的历史发展过程中逐步创造、沿袭、进化而形成的传统和习惯，其表现形式多种多样。它们往往具有强烈的民族性、地域性、历史积淀性和继承性以及丰富的文化个性。

　　大众体育文化的民族性，恰恰带有浓厚的民族文化色彩。比如，武术、赛马、中国式摔跤、秋千、蹴鞠、马球、捶丸、龙舟、舞狮……其民族体育文化主要表现在：

　　（1）适合本区域民族的身心特点、环境气候和资源的利用。

　　（2）在喜庆节日中，为丰富文化生活，大多开展的内容是以娱乐为主的竞赛活动。

　　（3）振奋民族精神，促进对外交流，弘扬民族精神和传统文化。中国民间传统的体育活动，在新疆、内蒙古、西藏、云南、贵州等各少数民族地区尤为盛行。

　　2. 大众体育文化的传统性表现

　　传统一般是指世代相传，既有古代的传统体育文化，也包括现代人的体育文化生活。

　　我国传统的武术和养生术，一直以中国"功夫"传承着中华民族的传统文化。在古代经典小说《西游记》中的孙悟空，《水浒传》和《三国演义》中的众多英雄豪杰，以及为他们修建的庙宇和墓碑等，通过各种不同的形式，塑造着栩栩如生的人物性格、德操和高强的武功，弘扬传统文化。在现代影视中，以反映中国古代社会进程的传奇英雄和武林高手为体裁的作品受到各年龄段、各层面，乃至全世界的欢迎；以古代英雄建造的寺庙，成为各旅游线路中驻足观光的重要景点。

　　在现代人的体育文化生活中，我们把长期开展体育活动的单位、院校，称为体育传统单位和学校，并据此制定了系列法规进行评比和确认。如长期以来，我国开展的《社会体育评比制度》《群众体育工作评定制度》《争创体育先进制度》和《田径之乡评比制度》等，为推动我国大众体育文化的开展起到了保障作用。

3. 大众体育文化的时尚性表现

时尚是指当时被一部分人认可的最新的风尚。大众体育文化的时尚性不仅仅是某一运动项目的传人和兴起，而且往往伴随着一种意识、思想和文化的传播。近几十年先后流行于全国的气功、呼啦圈、迪斯科、台球、保龄球、网球、冰雪运动和健身操等，既是对民间传统文化的挖掘和对它们功能的重新认识，又引异了社会的变迁与新文化的发展。

大众体育文化的时尚性主要表现在：

（1）人们的好奇心，促使着人们去体验和感受新兴体育。

（2）在紧张的学习、工作和生活之余，可以让人们的身心得到调整和放松。

（3）通过娱乐的形式，掌握一项技能，使自己的生活更充实而有意义。

（4）大众体育文化的时尚性，尤其是以它的文化性，被一部分人所接受。虽然只有少部分人直接参与到运动中来，对大多数人而言，开始只能是街头巷尾谈论的话题，但是，随着时间的推移，人们对新兴体育的认识会与日俱增。

4. 大众体育文化的实效性表现

大众体育之所以能形成文化，是人类源于生产、生活实践，人们通过身体的活动，向大家传递一种思想、一种意识，在娱乐中达到锻炼身体的文化活动。大众体育文化的实效性主要表现在：

（1）鲜明的特点。大众体育文化，以鲜明的特点，反映出民族性、地域性、娱乐性和健身性。

（2）传播快。当某一新颖的大众体育文化现象出现时，即使不借助媒介，也会在短时间内家喻户晓。例如，20世纪80年代在中国兴起的呼啦圈现象。

（3）适宜性强。适宜不同的群体，不同年龄段的人群，可以说有很多大众体育项目是老少皆宜的，如羽毛球、网球和游泳等。

五、校园体育文化

（一）校园体育文化的含义

校园文化是一个多层次、立体化的有机整体，作为这个整体的重要组成部分的校园体育文化，是推动校园文化发展的最有力的催化剂，同时它是具有深刻内涵和丰富外延的一种独特的文化现象，对于加强学校的精神文明建设，提高校园文化质量，全面推进素质教育和全民健身计划的落实，以及师生终身体育意识的培养都具有十分重要的意义。

校园体育文化是指在学校这一特定的范围里，人们在历史实践过程中所创造的体育精神财富和物质财富的总和。它有广义和狭义之分，广义的校园体育文化指所有的学校师生员工在体育教学、健身运动、运动竞赛、体育设施建设等活动中形成和拥有的所有的物质和精神财富。狭义的校园体育文化指学校师生员工们的体育观念和体育意识。校园体育文化和校园德育、智育、美育文化等一起构成了校园文化群，它又与竞技运动文化、群众体育文化一起组成了广义的体育文化群。根据校园体育文化要素的不同，可将其分为三大类，即意识文化、行为文化和物质文化。这三类文化均能有助于人们的心理调节，满足师生员工对精神文明生活的需要。

校园体育文化包括体育教学、健身锻炼、运动竞赛、体育表演、道德行为、制度规范等。通过多种多样的体育手段和方法，可以锻炼学生意志品质，催人奋发进取，培养集体观念，加强组织纪律，协调人际关系，消除精神烦恼，给人愉悦，使人身心得以和谐、健康。同时，可以拓宽学生的知识和思维视野，最终达到培养创造精神，丰富课余文化和促进德、智、体全面发展的目的。

（二）校园体育文化的表现形式

校园体育文化是通过身体运动的方式进行的，它要求人体直接参与活动，这是校园体育活动最本质的特点之一，它决定了校园体育具有促进学生身心健康的功能。其表现形式为有以下几种。

1. 校园体育文化的创新性表现

体育运动有一个重要特征，就是鼓励和要求不断创新，正是这种"鼓励创新"的精神，体现出体育运动的文化特质。开展校园体育活动是实现学校体育目标的重要途径，是培养学生"终身体育"和"健康第一"思想的重要环节。《全国普通高等学校体育课程教学指导纲要》指出："为实现体育课程目标，应使课堂教学与课外、校外的体育活动有机结合，学校与社会紧密联系。要把有目的、有计划、有组织的课外体育锻炼、校外活动、运动训练等纳入体育课程，形成课内外、校内外有机联系的课程结构。"通过课外体育活动与课堂教学互补，从而实现课内外一体化。

目前，各学校发展体育俱乐部和体育协会，是课余锻炼的有效组织形式，向学生提供活动时间、场地、器材及辅导教师。学生在体育俱乐部和体育协会活动中，选择自己的锻炼项目，不仅能充分调动学生的积极性和兴趣，促进技术、技能的掌握，养成自觉锻炼的习惯，而且能提高学生的组织活动能力与社会实践能力，逐步实现学校体育向"终身体育"的过渡。

学校体育俱乐部不仅是大众体育的组织形式，它还在高水平竞技的层面上，其功能与作用已超过了体育教学的本身，使校园体育文化更富有创新意识，加速了学校体育文化的整体发展。

2. 校园体育文化的开放性表现

在校园体育文化中，学生已经从已往的封闭式校园走向社会，参加各种体育活动，观看和参加世界大学生体育比赛和国内高水平比赛，如全国大学生 CUBA 篮球联赛、全国大学生足球联赛、全国大学生田径锦标赛，以及省内高校校际间的各项体育比赛。通过学校之间，学校与社会之间频繁而广泛的以体育为内容的交流和接触，增进学生对社会的了解，开阔眼界。同时，学校体育文化还应该根据素质教育的要求，组织学生开展户外活动，如滑冰、滑雪、旅游、远足、野外生存等，培养学生学会自我生存本领，磨炼自己的意志品质，提高自己在不同环境中的适应能力和社会交往能力，吸取社会文化中的有益成分，弥补校园文化的不足。这种开放性特征本身就蕴含着一种教育功能，并且起到完善学生身体健康的新形象。

3. 校园体育文化的层次性表现

校园体育文化既具有表面丰实的内容，又具有深层的结构和丰富的底蕴，这种深层的东西在一定程度上难于言说，但往往能使生活在这个体育文化氛围中的不同人都能受到影响。另一方面，校园体育文化本身具有不同的层次，雅俗共赏，能够适应不同层次大学生的要求。

高等学校具有体育场地、器材设施相对齐全，师资力量雄厚，图书资料丰富的优势。这对完成高校体育教学任务，开展好校园体育文化，推动全民健身运动和校园精神文明建设提供了物质保证。加之广大师生的知识水平，这就决定了高校校园体育文化的高层次特征。

体育竞赛作为校园文化的重要内容，是在全面发展身体，最大限度地挖掘和发挥人的体力、心理、智力等方面潜力的基础上提高运动技术水平。通常以课外体育竞赛为龙头，多种体育锻炼形式并存。每年各学校要举行 8 ~ 10 个项目全校性球类、田径、健美操、武术等比赛，同时开展小型多样活动，以院、系、专业、小班为单位的趣味运动会，及各种友谊对抗赛，进行多方位的体育交流。使学生在热烈的校园体育文化中，增加团队精神，提高竞争的意识。另外，还鼓励学生积极参加课外体育锻炼，如课间操、各种球类、健美、田径运动等。在不同的季节里选择适合自己的活动方式，如春天郊游，夏天游泳，秋天登高，冬天滑冰、滑雪等。

近些年来，大学校园内蓬勃兴起的体育文化节、体育科技知识讲座、球迷协会、体育摄影、体育知识竞赛、体育征文等，这些都为体育活动锦上添花，增添了无穷的魅力。

4. 校园体育文化的聚散性表现

体育文化对一个学校的发展具有"内聚和外散"的互动功能，丰富多彩的校园体育文化，对广大师生员工有着巨大的吸引力，各种体育活动的开展和参与，不仅使人们彼此之间的感情和心灵得到沟通，而且是学生素质教育中最理想的课程。

通过体育竞赛以及各种方式的活动，培养学生公开竞争、尊重裁判、尊重对方、遵守规则的良好体育道德风尚。比赛中，场上运动员顾全大局，积极配合，场下的观众呐喊助威，群情激昂，场上场下升腾着强烈的集体荣誉感，就会形成一种无形而又巨大的内聚力，对加强校园的精神文明建设起到了积极的作用。参加一些全国、全省性的高校和地方组织的体育比赛和交流，运动员的竞技水平和道德风貌等都会向社会传播，对于树立学校的形象，反映学校的精神风貌，扩大学校在社会的影响，都会产生积极而深远的影响。

六、勇敢者体育文化

（一）勇敢者体育文化的概述

勇敢者体育文化是指人类在与自然的融合过程中，借助于现代高科技手段，最大限度地发挥自我身心潜能，向自身挑战的娱乐体育项目。勇敢者体育除了追求竞技体育超越生理极限的"更高、更快、更强"外，更强调参与和勇敢精神，在跨越心理障碍时所获得的愉悦感、成就感。同时，它还体现了人类反璞归真、回归自然和强调绿色环保、生态平衡的美好愿望与要求，因而被誉为"未来体育运动"。

勇敢者体育文化的核心是极限运动。现在，体育史学家们纷纷预言，21世纪将成为"极限运动"的时代。21世纪的体育文化将是勇敢者的精神家园。在悬崖峭壁上闪转腾挪，在汹涌的大海中劈波斩浪，在茫茫雪原上风驰电掣……这是21世纪的"新人类运动"。它正以一种反叛姿态向传统体育运动提出强有力的挑战，对于新一代年轻人来说，勇敢者体育文化是一种新的生活方式，一种新的运动哲学，一种真正的奥林匹克精神的回归。

一般而言，勇敢者体育文化可分为两大类，一类是以所谓"B3"（滑板、轮滑、BMX小轮车）为代表的"街区运动文化"，其特点是活动场所主要分布在城市街区中。另一类则是由攀岩、攀冰、登山、蹦极、冲浪、水上摩托、高山滑雪、滑板滑雪、溯溪与溪降等项目组成的"绿色运动文化"，其特点是强调在大自然环境中进行运动。

从起源上看，勇敢者体育的文化性在许多项目上与人类早期历史的生产劳动和娱乐活动有关，像滑雪、冲浪、攀岩等等。因此，对于这些项目的历史甚至可追述到几千年前。但作为严格意义上的体育运动项目，勇敢者体育既源于古老的传统文化，又是一项朝阳运动，因为大部分项目的历史都较短，是近几十年才发展起来的。所以，虽然勇敢者体育中有的单项组织出现较早，但直到1995年ESPN组织第一届极限运动会，才标志着综合性的极限运动组织正式诞生。

（二）勇敢者体育文化的表现形式

1. 健身性与自然性表现

勇敢者体育的所有项目都是全身性运动，对参与者身心的各个方面都提出了较高的要求。因此，经常参加勇敢者体育，将极大地改善心、肺的生理功能，促进人体力量、耐力、灵敏、柔韧等身体素质的全面协调发展，达到强身健体之功效。勇敢者体育文化体现的是人与自然的完美结合。人类在自然的怀抱中创造了文明，文明却正在使人类远离自然。随着越来越多的人口聚居于大城市，人们的空间日益狭小，生命被禁闭于钢铁与水泥构筑的一个又一个方格和容器之中，情感世界日益空虚，人的身心被压抑和禁锢。强调在户外自然环境中发挥人的生命极限，是勇敢者运动的一大特征。大街小巷，高山溪流，蓝天大海都是勇敢者运动的表演场所。在这样一种自由、宽松的文化状态下，人们再也不需要压抑和克制自己的感情，不需要用政治和道德的面孔伪装自己，不需要掌握形形色色的保护手段。而是把自己潜在的灵性、激情、想像、无束缚等感觉力量显现出来，把欲望、追求、本能、冥想、诗意和生命深处更为真实的冲动引入了人的感觉过程，发展出一种新的感性，使人从单一、贫乏的状态下解脱出来，回归到了合乎自然本性的方面来，回归到了属于人的那种感性的结构状态中。在感受自然、驾驭感受文化的同时，身心的释放达到了极致。

2. 主动性与娱乐性表现

伴随着人的观念和意识的巨大转变，它使人的需要系统从低级走向高级、从单调走向丰富、从人生的被动状态走向人生的不断主动与自觉。对新的人生经验的开发和对新的生存形式的感受与体验，是现代人重视生存过程价值的深刻表现。当代人渴望感性的生存方式，渴望满足生命深处的冲动和憧憬，渴望新颖多变的生活状态，因而他们选择了过程，选择了体验。他们渴望每一个生活瞬间的感性宣泄和满足，希望回归和呈现生命的需要、生命的欲望和生命的冲动。只有在这种选择与体验、参与的过程中，人的需要、趣味和欲求才升华到主导性位置。人的情感生活及要求才能从被动、受教和制约的状态转向主动、自觉和自由的状态。

勇敢者体育文化是一种大众文化的运动。勇敢者体育文化在很多项目上不需要大力士般的强壮，短跑运动员般的速度，篮球运动员般的高大，足球运动员般的默契技战术配合，对体能和身体素质也没有严格要求。对于该项运动来说，更多的需要只是完美的控制它所驾驭的运动，如滑板、雪橇、皮艇等，因而普通人都能参与，尤其是越来越多大学生的参与，提升了勇敢者体育的文化性。尝试无疑催生和激发了人的无限丰富的欲望，人们追寻快乐的足迹也伸展到极限运动的每个领域，无形中满足了当代人"参与"和"游戏"的欲望，"休闲"和"体验"的渴求，"娱乐"和"享受"的要求。勇敢者体育文化不仅为体验者提供了丰富的情感变化模式和状态，而且使人能沉浸和消融于这种情感体验的过程中，从不愉快走向愉快、从压抑走向松弛、从抑制走向兴奋。

3. 危险性表现

勇敢者体育文化的危险性同时又可以说成"刺激性"，正是由于充满了危险，运动本身才充满了刺激。如果没有亲身经历，很难想象得出从事勇敢者体育文化的人会面临怎样的危险。除了我们从事其他运动经常遇到的一般性损伤外，很多伤害往往是致命的。比如在登山运动中，登山者同时会遇到严寒、缺氧、雪崩等多重威胁，稍有不慎就会危及生命。仅攀登珠穆朗玛峰，遇难者的人数已超过200人。

现代人的生活节奏变得越来越快，工作压力越来越大，生存空间越来越小。紧张的工作使得现代人感到应接不暇，持续的、不断增多的刺激，使人的感觉阈限也不断提高。原来感觉比较强烈的刺激，现在感觉不强烈了，不能适应需要了。勇敢者体育文化需要的是勇力和冒险精神，释放的是震撼和征服后的快感。且勇敢者体育文化的大部分项目是个体项目，只有极少数的是集体项目。勇敢者体育文化的很多项目都具有较强的娱乐性，如轮滑、小轮车、滑板、冲浪等，通过这些运动，可使人们从平时紧张、繁重的学习和工作中解脱出来，达到放松身心的目的。因此，最大限度地自我表现与自我实现，在该项运动中得到愉悦和成就感是勇敢者体育文化的最为本质的特征。勇敢者体育文化带给人的感受和震动，能以强大的驱动力，摧动着人的整个生命，渗透到人的整个灵魂，使人全身的血液都沸腾起来，从而使人展现出新的性质和高度。正是由于勇敢者体育文化迎合了现代人，特别是城市人走向自然、追求刺激、个人参与和实现自我的需要，表现出了鲜明的运动休闲和体育旅游特征，因而又被称为传统健身活动与竞技运动之外的"第三类运动"或"另类运动"。

4. 借助器械

几乎所有的勇敢者体育项目都是借助工具来进行的。雪板、滑板、轮滑鞋等，成为勇敢者体育不可或缺的辅助工具。由于这些器材的高科技含量，使得每样器材都价格不菲。

同时，又因为这些运动的高科技含量，从一块价格几百美元的轮滑板到一件价格高达上千美元的皮质旱地雪橇比赛服，从电脑设计出来的高性能小轮车到高分子材料构成的各种登山器具，都成为人类体验极限刺激和快乐的好帮手。也正是因为这些高科技运动器材，以及民间传统器材和材质的选用，形成了"极限运动"特有的文化含量。

第二章　体育运动与体育能力的发展

第一节　体育与健康

一、概述

（一）体育的功能

随着社会的进步，生产的发展，人类需要层次的提高，特别是近年来体育科学的发展，体育自身的特征及其与其他各种社会现象之间关系的规律不断被揭示出来，体育的功能也在不断地被认识、被开发。体育的功能主要从促进社会的物质文明和精神文明两个方面表现出来，体育的功能可以归纳为两个方面，即健身功能、社会综合教育功能。

1. 健身功能

强身健体是体育最主要的功能，体育以身体运动为基本表现形式。通过身体锻炼的方式给各器官系统以一定的强度和量的刺激，使身体在形态结构、生理机能和生化等方面发生一系列的适应性反应，从而对身体各系统、组织、器官起到积极有效的影响。

（1）体育运动对神经系统的作用：人体的各器官活动是在神经系统的调节下进行的。神经系统是人体最重要的系统，它是由中枢神经和周围神经两部分组成的，中枢神经是调节人体运动的中枢器官，周围神经是中枢和身体各部分器官的连接纽带，神经系统在人体运动中起着控制、调解、指挥的作用，从而使身体适应外界的各种变化。

①改善脑部供血，提高大脑皮质神经细胞的耐受力。中枢神经系统由脑和脊髓，是人体神经系统的最主体部分。左中枢神经系统内大量神经细胞聚集在一起，有机地构成网络和回路。长时间地看书学习，致使大脑皮层长时间处于兴奋状态而产生疲劳，造成工作效率下降，因而产生注意力不集中、精神恍惚等神经性反应。经常参加体育运动，会加快全身血液循环，使单位时间内流经脑部的血液量增加，从而改善脑部的供血状况。因此，大脑皮质神经细胞获得较多的氧气和其他的营养物质，同时脑部的代谢产物排出的速度加快。所以经常锻炼可以提高脑细胞的活动能力和工作学习效率。

②提高人体对外界环境的适应能力和对疾病的抵抗力。经常在自然环境条件下进行体育运动，能够很好地锻炼神经系统在各种地理、气候条件下的适应能力，也提高了神经系统的反应能力和灵活性，如在冬季里锻炼，人受到寒冷袭击时毛孔收缩和表皮血管收缩，体内新陈代谢等防御性保护性反射增强，在炎热的季节或环境中，就能迅速加快全身的散热，舒展表层血管，提高皮肤温度散发热量等。长期参加体育运动的人对外界的适应能力

及对疾病的抵抗力要比一般人强。

（2）体育运动对心血管系统的作用：

①促进心脏结构与机能的良性变化。体育运动能使心肌血红蛋白的含量增加，心肌中的毛细血管增生，供血量增加，组织代谢加强，其结果是心肌变粗，心脏的体积和重量都能有所增加。同时，安静时心搏表现缓慢，一般人心率为 70～80 次/min，而经过体育运动锻炼的人心率为 50～60 次/min。

②促进血液中红细胞增加、血液质量的提高和血管结构的变化。参加体育运动时，在神经系统的调节下，动用了蕴藏在肝、脾内的血液参与循环，保证了肌肉活动时血液分配供给，使血液中红细胞数和血红蛋白的含量增加，这样可大大提高血液运输氧和二氧化碳的能力，可更多地中和运动中产生的乳酸，从而提高了血液的质量。经常参加体育运动，血管壁弹性增大，血流的外周阻力减小。从事体育运动的人肌肉活动状态良好，收缩有力，收缩与放松呈有规律的转换，使人的静脉血液回流心脏加快，供心脏冠状动脉自身营养程度增大，有利于预防冠状动脉硬化和心血管疾病的发生。

③体育运动对呼吸系统的作用。由于体育运动是比较剧烈的肌肉活动，需要消耗大量的氧，同时也产生大量的二氧化碳，这样就促进呼吸肌加倍工作，以适应活动的需要，经常锻炼的吸吸肌，力量增强，肺活量有明显增加，从而提高了呼吸系统机能水平，对改善人体的活动能力有较大的促进作用，提高了人体长时间活动和工作的耐受力，同时对预防呼吸系统的疾病也有明显的作用。

2. 社会综合教育功能

体育作为一种社会现象，既是文明社会的产物，也是促进现代文明的因素之一。体育的综合教育功能主要表现在如下几个方面。

（1）全民健身，强国强民：健身是体育的本质功能，也是体育能在人类社会中长盛不衰和持续不断存在的原因。通过体育手段来实现增强体质的目的，促进人体机能全面地发展，也是体育区别于其他社会活动和事物对人和社会作用的根本点，并且具有不可替代的基本特征。人的身体素质是思想道德素质和科学文化素质的物质基础，也是一个民族和国家强盛的基础。体育最基本的作用和本质功能恰恰是作用于一个人、一个民族的身体素质，对人民的健康和身体素质提高以及民族的强盛具有独特作用。通过体育达到增强体质、全民健身、强国强民的目的，这也是当今世界各国普遍重视体育运动的根本原因。

（2）培养勇敢顽强、克服困难、超越自我的意志品质：人们在进行体育运动时，特别是在运动训练过程中，要适应许多由体育运动训练而产生的特有的身体刺激，体验到很多在正常条件下不可能获得的身体感受。这也是人们在从事其他活动过程中很难体会到的身体感受。它对一个人的内在意志品质具有特殊的培养和陶冶作用。体育的这些功能对大学生意志品质的培养作用尤为重要，也为今后的学习和工作打下了坚实的基础。

（3）培养竞争、团结、协作的社会意识：竞赛是体育运动的一个最显著的特征。体育竞赛能有效地培养人们的竞争意识和团结协作精神。没有强烈的取胜欲望和良好的团结协作精神，在体育竞赛中不可能取得胜利。现代社会充满着激烈竞争，需要团结和协作精神。体育竞赛，特别是在集体项目的竞赛过程中，要想取得胜利，既要有力争胜利的顽强竞争意识，又要懂得与同伴和队友的团结协作，才可能达到目的。

（4）丰富社会文化生活，提高生活质量：人们通过参加和欣赏体育运动不仅能增强体质还能够愉悦身心，丰富文化生活。世界上还没有其他任何一种活动能像体育竞赛那样有规律地举行，特别是以奥运会为最高层次的国际体育竞赛已经成为现代人们关注的焦点和欣赏的热点。各种不同形式和类型的体育竞赛，以它独有的形式和方式为人类社会生产出丰富多彩的精神文化食粮。提高人类的生存和生活质量。体育改变了当今人们的生活方式，改善了人们的生活质量。

（5）激发爱国热情，振奋民族精神：体育运动不受国界和地理区域的限制，没有种族、语言障碍，因而具有广泛的全民性、国际性，且极富有竞争性和对抗性。进入近代社会以来，体育运动在激发人们的爱国热情、振奋民族精神方面发挥着积极的教育作用。国际运动场上的体育竞赛已成为展示一个国家和民族的兴衰和精神风貌的象征，体育渗透到国家的政治、经济、科学文化和人民群众的生活之中，在国际赛场上运动员取得的每一个胜利、每块奖牌、每一次的国歌响起和国旗的升起，可以激发荣誉感，鼓舞上进心，它激励着本国人民的民族自尊心、自信心、自豪感和荣誉感，焕发起人们的爱国热情和革命精神。这是其他任何形式的社会活动和手段所不能代替的。

（6）体育的交流功能：在体育运动过程中，能增强人与人之间的交流和交往，是促进人们的友谊和增强团结的重要手段。通过体育活动，能够扩大人们的情感交流，增加人与人之间的相互了解，改善人际关系，共同创造和谐文明的社会环境。国际体育交往，还能够促进国与国之间、不同民族之间的相互了解和相互信任，有利于人类社会的和平与发展。

（7）体育的经济功能：体育是人的活动，特别是体育成为一种很多社会成员参加的经常性活动后，总是在一定的物质消费的基础上进行的，必然要消耗一定的人力、物力和财力。因此，与体育活动相关的服装、器材、装备和体育场地设施等就会随之而产生，体育服务等社会行业就必然会出现。特别是在现代社会，体育中的很多内容已经发展成为人类社会的第三产业，在社会经济生活中发挥着越来越大的作用，这些都充分说明了体育的经济功能。

（8）体育的娱乐功能：体育运动能得到广大社会成员的喜爱，一个重要原因是体育与文化、艺术等活动一样具有较强的娱乐功能。人们在体育运动的过程中能体验到乐趣，并能消除工作、劳动后的疲劳，因而它也成为人们娱乐的一种形式。

（二）现代社会对体育的需求

马克思曾说过："现代社会对体育的需要是由生产力发展的客观要求决定的。在物质生产发展的基础上使社会成员享受各种权益，在体力、身心、精神、道德和个性等诸方面全面发展，这种全面发展的实现和社会对体育的需要，不是以人们的愿望和主观意志为依据，而是由社会生产发展的客观规律所决定的。随着社会生产力的发展，体育将越来越显示出它的独特地位和重要性。

1. 社会发展离不开体育

随着工业化、信息化、知识科学技术和生产力的发展，人们在生产劳动过程中的脑力劳动起主要作用。在生产劳动中科学技术含量运用程度大大地提高，人们的体力劳动逐渐被脑力劳动所代替。并且还有不断发展的趋势，使人们在生产劳动过程中紧张程度不断提高和工作压力逐渐地加大，日常生活和劳动中的体力活动大幅度减少，从而给人们的身体健康带来了诸多不利的影响。同时，现代社会的生产劳动对人们的身体素质和科学知识提出了更高的要求，它要求人们具有更丰富的知识，掌握更复杂的技术，更要具有充沛的精力和体力，为此，人们只有通过体育运动才能获得健康的心理、强壮的体魄、充足的精力和体力，以适应现代社会劳动和工作的需要。

2. 体育是现代社会主要的生活方式

随着科学技术的发展，社会生产方式的变革，科学、健康、文明的现代生活方式正在形成。体育自身的娱乐价值构成了现代生活方式的重要内容并发挥着积极的影响，以满足社会不断增长的物质精神文化生活的需要。通过体育锻炼、体育竞赛、体育欣赏等活动以及进行这些活动所处的自然环境，丰富了人们的闲暇生活。在闲暇时，人们通过自身从事体育娱乐消遣，充分感受体育带给人们的快乐。

随着生产力和科学技术的不断提高，人们的体育健康意识不断增强，体育的价值越来越被重视，人们改变了体育的观念；随着人们工作的时间越来越少，闲暇时间越来越多，人们有充裕的闲暇时间来满足和丰富人类本身的精神、文化、娱乐和休闲等生活方面的需要，因此，人们参加各种健身俱乐部、登山、划船、钓鱼、旅游和观看各类体育比赛等生活方式也将越来越丰富多彩。

3. 体育是现代的健康需求

如今，随着社会自动化和机械化程度的提高，人们在生产劳动过程中脑力劳动大大增加，人们日常体力活动大幅度地减少，而且社会分工越来越细，竞争更加激烈，工作压力越来越大；现代社会快节奏、高效率的生产生活方式，给劳动者带来身心上的高度紧张与疲劳；科学技术高度发达给现代人类生活带来的种种急剧变化，造成"神经衰弱、肥胖症、心血管疾病和糖尿病"等所谓现代"文明病"急剧上升；环境污染，生态平衡被破坏，也对人类的身体健康带来了严重的影响。所以人们不得不寻求办法来消除现代科学技术给人类自身发展带来的不利影响。而体育锻炼和体育运动正是预防和治疗这些"文明病"、缓解压力和消除疲劳的有效良方和积极手段，它不仅促进人们身体健康和改善健康状况，还对延年益寿、智力发展和提高人们生活质量有特殊功效，有助于促进工作和学习，提高效率。

现代社会对体育的需求，是因为体育对人和社会的发展有积极的功能和作用。现代社会需要体育，体育也能满足现代社会人类的一定需求。人对自身身体健康的需求是人类社会中最根本的需求，人们享受体育运动给人带来的乐趣则是较高层次的需求，体育对人和人类社会需求的满足是多层次的。当代体育运动在全球范围内获得极大的发展，体育已经成为现代人类社会生活方式中的重要内容，对人们的生活和健康产生着积极的影响，使得个人和社会对体育运动的重视程度越来越高，体育对人类社会的发展将会产生出越来越大的作用。

（三）健康的概念

人们对世界、生命的认识不同，当然对健康在不同的历史阶段有着不同的理解，并给予健康不同的内涵。随着生产力的提高，生物学和医学、自然科学的发展和进步，人们赋予健康的内涵不断在发展、改变和升华。健康的各种定义也相继出现，那么什么是真正的健康？

1. 健康的概念

世界卫生组织（WHO）提出了新的健康概念就是指人在身体、精神、道德、社会适应上完全处于良好的状态。也就是说健康包括四个方面：①生理健康；②心理健康；③道德健康；④社会适应健康。这四个方面构成了完整的健康概念。

2. 亚健康

在现实生活中，常会有自我感觉很不舒服，可到医院却检查不出毛病的时候，把身体感觉不适、心里不快、遇事紧张、精力不足、注意力分散、胸闷气短、心悸、失眠、健忘、颈肩腰背酸痛等这种介于健康与疾病之间的状态叫"第三状态"，中国学者和中华医学会把健康称为"第一状态"，把疾病称为"第二状态"，"第三状态"为亚健康状态，亚健康状态一般是指机体虽没有器质性病变指标，但却呈现出免疫力下降、生理功能低下、适应能力不同程度减退的一种生理状态。

（四）体育与健康的关系

1. 体育是健康的保证

健康问题是人类生存的第一大事，是人类共同的愿望，问题的解决必然涉及如何发挥体育的健康作用。体育运动能促进大脑皮层和中枢神经系统的兴奋性增强，提高神经系统的均衡性、灵活性和综合分析能力；促进内脏器官机能提高，心肌增强，心脏发达；对呼吸系统影响很大。能使胸围、呼吸差和肺活量增大；增强人体自身免疫系统对一般感冒和传染病的免疫力。体育运动对增进健康有其得天独厚的优势，也是其他任何药物所不能代替的，它是获取健康的最有效途径，也是保障健康的最有效手段。

2. 体育是促进人体健康的最佳手段

体育运动对人体中的细胞、组织、器官、系统各层次之间功能起到协调的作用，使身体机能从上至下得到协调统一地锻炼或增强。体育运动能促进人体从整体机能、系统器官、细胞分子自上而下统一协调地锻炼，使人体各级机能得到全面提高，使人体产生良好的健康效应，各个层次之间的功能关系得到全面的协调和锻炼。所以，没有任何一种保健品、任何一种药物能具备这种整体性的功能，唯有体育锻炼是人体健康的最佳手段。

3. 体育是人体抵抗疾病的有效手段

积极从事体育运动是人类健康的根本保障，体育不仅从身体方面、机能方面能促进健康，同时也是人与人之间相互交流、沟通，释放心理压力、调解心理情绪的有效手段。

健身运动和良好的体质对疾病治疗有显著作用，经常性的运动和良好的体质可以减轻病症促进康复。此外，还可以增强心肌，降低血压，促进血液循环并增强心脏的功能。

4. 体育是促进心理健康和智力发展的必要手段

心理健康是健康的重要部分，任何条件下进行体育活动，就必然使人们产生显著的心理活动。经常体育运动，能锻炼人的意志，增加心理坚忍性，并具有减轻应激反应以及降低紧张情绪的作用。通过群体的体育活动，增加人与人之间接触，使社会交往增加，得到身心欢快，有助于消除孤独症和人际关系障碍症，并从中获得社交需要和满足感。

智力是在掌握人类知识经验和从事实践活动中发展的，体育运动和智力有着密切的联系。体育运动需要我们有高度的接受筛选信息的能力，具有良好的思维能力以及丰富的想象力和创造力，体育运动中任何运动技术、技能的掌握过程，都是人的智力和体力活动相结合的过程，它不仅需要逻辑思维能力，而且也需要运动思维能力，包括动作思维、战术思维等。运动员能用灵活多变的技术和战术战胜对手，也是智力高度发展的体现。

二、体育与健康

科学地进行体育锻炼对体质的增强是最积极有效的因素。增强体质就是要提高人体的质量。具体反映在身体的发育水平、生理水平、身体素质发展水平、基本活动能力水平、心理发展水平、适应自然环境的能力等方面。

（一）体育与生理健康

1. 体育锻炼对运动系统机能的作用

运动系统是人们从事劳动和运动的器官，主要由骨骼、关节、肌肉三部分组成。

经常从事体育锻炼可以促进骨质增强，骨骼是人体的支架，其生长发育不仅对人体形态有重要的影响，而且对内脏器官的发育，对人的劳动能力和运动能力都有直接影响。体育锻炼中由于肌肉对骨骼的牵拉和重力作用，使骨骼不仅在形态方面产生变化，而且使骨骼的机械性能也得到提高，肌肉附着处的骨突增大，骨外层的密质增厚，而里层的骨松质在排列上则能适应肌肉拉力和压力的作用。这就使骨骼变得更加粗壮和坚固，可以承担更大的负荷，提高了骨骼抵抗折断、弯曲、压缩、拉长和扭伤方面的机械性能；经常进行体育锻炼，加快了血液循环，增加骨骼生长所需要的营养物质，加速造骨过程，对身体长高有一定促进作用。科学研究证明，经常从事体育活动的青少年比一般青少年身高增长要快；经常从事体育锻炼，可使关节囊、韧带和肌腱增厚与加强、伸展性增加，关节活动范围增大，灵活而又牢固。

肌肉是人体进行运动的条件，任何运动都是通过肌肉的工作来完成的，肌肉本身又是人体美的重要体现，发达而结实的肌肉能提高劳动力和运动能力。体育锻炼时，肌肉工作加强，血液供应增加，蛋白质等营养物质的吸收与贮存能力加强，肌纤维增粗，因而肌肉逐渐变得更加粗壮、结实，肌肉力量增强，肌纤维与肌腱的联结，肌腱与骨骼的联结也比一般人结实。通过长期锻炼，由于对骨骼、关节、肌肉的良好影响，人体表现出体格和形态的变化，促进人体长高、四肢发达、胸围增大、肌肉中脂肪减少等。

2. 体育锻炼对呼吸系统机能的影响

人体的一切活动，都需要消耗一定的能量，能量来源于人体内的能源物质。把这些物质变成能量，需要一个氧化过程。所以人体必须不断从外界吸进氧气，排出氧化后产生的二氧化碳。人体参与呼吸的器官，总称为呼吸系统，包括鼻、喉、气管、支气管和肺脏。其中肺脏是气体交换的场所，而其他都是气体交换的通道，总称为呼吸道，体育锻炼对呼吸器官的功能有良好的作用。在体育锻炼过程中，肌肉活动的能量增加，就要消耗大量的养料和氧气，排出大量的二氧化碳，这就促进呼吸器官加倍工作，从而使呼吸器官得到锻炼，机能得到改善，具体有以下主要作用。

（1）呼吸肌得到了锻炼：呼吸肌主要有膈肌、肋间肌，此外还有腹壁的肌肉。在深呼吸的时候，肩部、背部的肌肉也起辅助作用，体育锻炼使呼吸肌增强，因而胸围也增大，呼吸动作的幅度加大。一般人的呼吸差只有 5~8cm，而经常锻炼的人，呼吸差可增加到 9~10cm。

（2）肺活量增大：普通成年男性肺活量约为 3 500 mL，女性约为 2 500 mL。经常参加体育锻炼的人肺脏弹性大大增加，呼吸肌力量加大，肺活量比一般人大 1 000 mL 左右。

（3）呼吸深度加深：一般人的呼吸浅而急促，安静时每分钟大约呼吸 12~18 次。而经常参加体育锻炼的人，呼吸深而缓慢，每分钟约 8~12 次，这就使呼吸肌有较多的时间休息。锻炼使呼吸机能提高，呼吸加深，在相同的条件下，呼吸频率稍有增加，就可以满足气体交换的需要，因此工作耐久，不易疲劳。体育锻炼还能够提高人体的缺氧耐力，在缺氧条件下，仍能坚持复杂的肌肉运动。

3. 经常进行体育锻炼，能提高心血管系统的机能

心血管系统是由心脏和血管组成的，它的作用是使血液在血管里不断流动，把氧气和营养物质源源不断地运给各组织、细胞，同时把组织、细胞在新陈代谢过程中产生的二氧化碳和废物运送到肺、肾和皮肤等处，排出体外。经常进行体育锻炼，能提高心血管系统的机能，使心肌变得肥厚，心动徐缓和血压降低。

作用之一是心脏增大，心肌发达；二是安静时频率减慢；三是心脏工作的"节省化"；四是剧烈运动，心脏机能可提高到较高水平。

4. 体育锻炼能提高神经系统机能和大脑的工作能力

神经系统是由中枢神经和周围神经部分组成的。中枢神经主要由脑和脊髓组成，大脑是人体的司令部，人体的一切活动都是在神经系统的调解下进行的。经常参加体育锻炼。可使大脑皮质兴奋性增强，抑制加深，抑制更加集中，神经过程的灵活性提高，对体内外刺激的反应更迅速、更明确，因而能提高运动和工作效率，以及对外界环境的适应能力。

大脑重量约占人体重的 2%，但是它需要的氧气却要由心脏总流出血量的 20% 来供应。进行体育活动，可以改善大脑供血、供氧情况，可以促使大脑皮层兴奋性增强；抑制加深，兴奋和抑制更加集中，神经过程的均衡性和灵活性加强，对体外刺激的反应更加迅速、准确；大脑分析综合能力加强，整个有机体的工作能力提高。

5. 体育锻炼能全面发展身体素质，提高人体的基本活动能力

任何人都具备一般的身体素质，只是各人程度不同而已，经常参加体育锻炼可以提高各种身体素质，这是因为身体锻炼是在特殊条件和特殊环境下进行的，有机体必须最大限

度地动员和发挥身体各器官系统机能。如神经调节、呼吸加强、血液循环加快，这样天长日久，各种身体素质会不断提高。

6. 体育锻炼能提高适应能力，促使精力充沛

体育活动能增强身体的免疫力，提高对疾病的抵抗能力，它所提供的许多使人体处于非常态的状况（如倒立、悬垂、滚翻等），还能提高人体适应现代生活的能力。同时，体育活动往往是在各种外界环境和条件下进行的，如严寒、酷暑等。因而使机体得到锻炼，适应能力不断提高，特别是青少年学生，身体的可塑性大，这种提高就更明显。总之，体育活动能使青少年学生生长发育健全、体型健美、姿态端正，提高人体各个器官系统的功能水平，发展各项身体素质和各种运动能力，增强人体的适应能力，消除躯体和精神方面的不良反应，达到活跃情绪、精力充沛、增进健康的目的。

（二）体育与心理健康

当今有一句话很时尚，叫"请人吃饭不如请人出汗"，"出汗"就是指体育锻炼。实际上，"出汗"还令人有"快感"呢！在我们身边，有很多爱好体育锻炼的人，他们精力充沛、活力四射、乐观向上的精神面貌时时会感染周围的人。

1. 体育锻炼与心理健康的关系

心理健康是有一种积极适应与发展的心理状态。适应是个人通过做出身心调整，在现实生活环境中维持一种良好、有效的生存状态的过程。发展是指个体的才能和品质在时间上所发生的积极变化。而体育活动无论是在预防和治疗心理疾病，还是促进个体发展方面都有着十分明显的作用。体育锻炼有助于增强体质，增进心理健康，保持身心无疾病的良好状态，还可以减轻或消除人的紧张烦躁或忧虑情绪；有助于培养竞争意识和拼搏精神以及形成群体意识和团队精神；有助于培养自尊心、自信心、顽强的毅力和审美鉴赏能力；有助于促进社会交往和提高对社会环境的适应能力。同时还可以体验到成功的喜悦，胜利的欢愉，产生心旷神怡的愉快心境，从而陶冶人的情操，培养良好的情感，促进个性的完善和发展，全面提高心理素质。

2. 体育锻炼对增进心理健康的积极作用

（1）提高智力功能：经常参加体育锻炼，对提高脑细胞的功能有着很好的促进作用，为智力发展提供了生理基础。研究表明，一般情况下大脑耗氧量是人体耗氧量的25%，运动时可达到32%，因此，经常参加体育锻炼有利于头脑清醒、精力充沛，有益于血液循环和神经细胞兴奋与抑制的交替，更有助于人的注意力集中稳定、知觉敏锐精确、想象力丰富、思维灵活，提高人的智力水平。

（2）改善情绪状态：不良情绪是导致生理和心理不健康的重要因素之一，人们生活在错综复杂的社会中，经常会产生忧愁、紧张、压抑等情绪反应，而体育锻炼能直接给人带来愉快和喜悦，缓解紧张和不安，使人从烦恼和痛苦中摆脱出来，从而调节人的情绪，改善心理健康状况。据温伯格（Weinberg）等人研究报道，一次30min的跑步可以显著地改善紧张、困惑、焦虑、愤怒和抑郁等不良情绪状态，长期有规律的中等强度的体育锻炼有助于情绪的改善。在体育活动中的情感体验强烈而又深刻，成功与失败、希望与失望、欢

乐与痛苦、忧伤与憧憬相互交织，而且人们的感情表现也相互感染、融合。这种丰富的情感体验，有利于人们情感的成熟，有利于情感自我调节的发展。

（3）强化自我概念和自尊：自我概念是个体主观上对自己的身体、思想和情感的整体评价，由许许多多的自我认识所组成，包括"我是什么人""我主张什么""我喜欢什么""我不喜欢什么"等。而自尊是建立在自我概念的基础上的，对自己各方面能力的自我评价和情感反应，如"我对自己优异的学业成绩感到自豪""我对自己富有吸引力的身体感到非常满意"等。

身体自尊是自我概念和自尊的一个重要组成部分之一，如果个体对身体形象不满意，就会降低他的整体自尊，并产生不安全感和抑郁等不良情绪。据有关报告显示，54%的大学生对他们的体形不甚满意。与男性相比，女性倾向于高估她们的身高和低估她们的体重，这就表明，在心理上，她们还不太接纳她们的身体形态，而且，身体肥胖的个体更可能有身体表象和身体自尊方面的障碍。而体育锻炼则可以塑造一个健美的躯体，增强身体自尊。长期坚持体育锻炼还可以使锻炼者体格强健、精力充沛，对体育锻炼者的自我概念及自尊产生良好的影响，从而促进健康心理的形成。

（4）培养坚强的意志品质和自信心：在参加体育锻炼的过程中，总是伴有强烈的情绪体验和明显的意志努力，即既要不断克服客观困难（如气候条件的变化、动作的难度或意外的障碍等），又要不断战胜主观困难（如胆怯、畏惧心理、疲劳和运动损伤等）。因此，通过体育锻炼可以培养学生顽强拼搏、吃苦耐劳、坚持不懈、克服困难的精神作风。

（5）消除疲劳：疲劳是一种综合性症状，既有生理性的，也有心理性的。个人的情绪低落，任务过于繁重等等，都会在心理上和生理上会产生疲劳，造成身心疲劳和神经衰弱。参加中等强度的体育锻炼，则可以提高身体素质和运动能力，提高身体抗疲劳的能力，同时还可以使心灵的紧张得到缓解，使身心得到放松。

（6）协调人际关系，提高社会适应能力：体育锻炼总是在一定的社会环境中进行，与人群发生着交往和联系，因而，人们在运动中能够较好地克服孤僻，忘却烦恼和痛苦。协调人际关系，扩大社会交往，促进自身心理健康，提高社会适应能力。

3. 参加体育锻炼，促进心理健康

（1）明确心理健康的意义，掌握体育锻炼的方法：真正的健康包括身体健康、心理健康，其中身体健康是心理健康的物质基础。心理健康能使生理健康产生更大的价值。同时，我们还应了解心理健康的标准、影响因素，进一步掌握体育锻炼的心理保健方法，才能及时而恰当地调节自己的心态，并养成经常参加体育锻炼的好习惯，在运动中寻求快乐，陶冶情操，保持心理健康。

（2）锻炼要因人而异，加强锻炼的针对性：了解自身的个性特点、兴趣爱好、运动技术水平以及身体素质状况，并因人而异地选择具有针对性的体育锻炼项目，促进心理健康发展。例如对于孤僻、性格怪异的人，适宜选择篮球、足球、排球、集体接力、拔河等项目；对优柔寡断的人，可多参加球类的活动，如篮球、排球、足球、乒乓球、羽毛球、网球等项目；对腼腆、胆怯的人，可选择武术、体操（单杠、双杠、跳马等）以及篮球、足球等项目的锻炼；对急躁、易怒的人，则适宜选择下棋、太极拳、慢跑、长距离的步行以及游泳等项目；对缺乏信心的人，应选择一些简单、易做的项目，如跳绳、俯卧撑、广播操、跑步等；对遇事易紧张的人，可以多参加激烈的比赛，特别是足球、篮球、排球项目；对自负、逞能的人，可选择一些难度较大、动作较复杂的技巧性项目，如健美操、跳高、跨栏等项目。

（3）要安排合理的体育锻炼方式和运动负荷：体育锻炼有运动类型、运动强度、运动持续的时间和运动频率之分，从运动类型来说，能产生良好的心理效应，令人愉快有趣的运动，有体育游戏、钓鱼、爬山等；从运动强度来讲，目前大多数研究认为，中等的运动强度较能改善情绪状态以及缓解焦虑、抑郁、紧张和疲劳，相反，大强度的运动却可能增加紧张、疲劳；从运动持续时间来看，有关研究认为，对一个身体健康的人来说，每次运动时间不少于 20 ~ 30min 能较好的放松心情，产生愉快的感觉，60 ~ 90min 也会产生良好的锻炼效果。当然具体的锻炼时限要根据个体的身体状况而定。

（三）体育与社会适应

社会适应能力的提高，也是一个从幼儿开始的自然人，经过社会、家庭、学校的教育逐渐学习社会知识、技能与规范，从而形成自觉遵守、维护社会秩序，以及价值观念与行为方式的社会人。体育活动对提高人的社会健康水平、成为社会人，具有重要的促进作用，这是由体育活动的社会特征所决定的。人们在体育活动或竞赛当中，既有互相协作配合，又存在相互竞争，又必须遵守一定规则进行比赛活动，这种在体育活动中形成的交往合作、竞争、遵守规则的意识和行为会迁移到日常社会生活、学习、工作中去，有利于社会适应能力的培养。

1. 体育活动有利于提高人体适应各种自然环境的能力

人类生活在大自然中，面对季节变化，气候变化，寒冷温热，大风暴雨，电闪雷击，自然界的动物、植物都必须适应自然界的这种变化，才能生存发展；不适应自然环境的恶劣变化，又无法改变自然环境，只有灭绝淘汰。但是，人是有创造力的，能千方百计地适应这种自然变化：一是改变自然环境条件，如改变居住条件，改善生态环境，提高水和空气的质量；二是加强人类自身的适应能力。体育活动、体育锻炼是提高人体适应自然环境的最佳方法之一。长期进行体育锻炼，增进了健康，强壮了体格，身体的各个组织系统在中枢神经支配下，承受外界刺激和协调各组织系统能力都将得到增强。如体质调节能力弱，缺乏身体锻炼基础的人夏季就容易中暑。在大自然环境中进行体育锻炼，能使机体得到锻炼，适应能力不断提高。如冬季在户外锻炼，甚至用冷水擦身或进行冷水浴、冬泳、冰上运动等都能增强机体抗寒能力。

2. 体育活动有利于促进人际关系的发展

人际交往是指在社会活动中人与人之间进行信息交流和情感沟通的联系过程。它反映了个人或团体满足其社会需要的心理状态，人际交往的发展变化决定于双方社会需要的满足程度。良好的、融洽的、和谐的人际关系，是大学生生活的需要，从跨入大学之门到走上工作岗位，在短短的几年中要完成本专业的基本知识和技能，又要涉猎相关学科的必要知识，来充实完善自己的知识结构。在这繁重的学习任务之中，除了教师的指导，自己努力之外，健康和谐的人际关系、轻松愉快的学习氛围也是必不可少的。良好的人际关系是心理健康的表现之一，是每一个大学生健康发展的"软"环境，不良的人际关系会导致心理障碍和心理疾病。良好的人际关系是青年学生心理发展的需要。青年学生正处在心理发展的一个重要时期，渴望友谊，寻找知音，广交朋友，是这一时期青年学生的显著特点。这个时期如果自己与同学之间交往是正常的，关系是和谐的，自己会感到有一种存在的安全感和心理上的满足感，相反与同学之间关系冷漠、紧张，内心深处会有一种莫名其妙的失落感和压抑感，所以，良好的人际关系反映了大学生心理发展的客观需要。良好的人际关系又是大学生全面成材的需要，从近几年学生就业情况来看，用人单位看重的往往是那些除了具有扎实的专业知识和动手能力外，同时又具备开拓创新意识、吃苦耐劳和团结协作精神，善于处理各种人际关系的毕业生。原因就在于，一个单位要使自己在竞争中处于不败之地，并获得不断发展，除依靠本单位的协同努力外，必须广泛寻求本行业内外的合作伙伴。所以学生时期良好的人际关系，有利于培养他日在工作上建立良好的伙伴关系。

（1）体育活动对人际关系发展的心理作用：体育活动、比赛能增加人与人接触和交往的机会，缩短互相之间的距离，进行互相沟通。中美建交，首先以乒乓球打开封闭20年的中美隔阂。体育历来是人生的友谊使者，如果我们原本互不相识，通过一次球赛，一次体育活动对彼此有了初次的了解，搭起了沟通的桥梁。这对于一些外向型的人就可以进一步通过体育活动，使社会交往得到满足；而性格内向者则可通过多次积极参加体育活动，忘却心中的烦恼与痛苦，消除孤独感，逐步形成与人交往的意识和习惯，使个性逐步得到改变。

（2）体育活动有助于培养良好的合作精神：合作是建立在团体成员对团体目标的认识相同的基础上，合作被认为是有价值的行为。在合作的社会情景中，个人所得有助于团体所得，合作的优越性体现在个人与他人一起合作时所获得的社会效益，如增加交流、相互信任等。合作的心理品质不可能通过讲座和讨论形成，合作需要通过某一种活动，通过人与人交往的过程，通过共同完成任务和对各种结果的经历以及成果的共同分享和责任共同承担的关系去培养。集体项目如篮球、足球、排球的合作会使活动更为有效，因为团体要获得成功，团体成员就必须相互协作，共同努力完成。集体运动项目是培养和发展合作意识的有效工具，现代社会需要有合作精神，一个人的力量微不足道，一个人要想在社会中取得成功和成就，就需要与他人合作，需要得到他人的帮助，孤军作战，即使个人有再大的本事，终难成大业。合作能力既是体育活动参与者的必备条件，也是通过体育活动需要发展的能力。从事体育活动，特别是从事集体性的体育活动需要个体与他人通力合作，并且以各自不同的角色，达到协调配合的目的，如篮球的前锋、后卫，各自以不同的地位作用的发挥，达到提高篮球比赛群体作战效率，使每个成员都感到满足。这是因为群体内每个角色都是互相关联的。为了达到某个目标而结成的相互促进关系，这种关系可以强化成员之间相互支持和相互信赖，稳定每个角色的地位，发展协同与合作精神，使集体目标得以实现。经常性地参加体育活动，有利于个体加强合作的意识，有利于个体培养团队精神。

（3）体育锻炼有助于形成竞争意识：竞争与合作相对立，指为了自己的利益和需要而同他人争胜的行为。在竞争的社会情景中，一方的得益会引起另一方的利益损失，而且个人对个体目标的追求程度高于对集体目标的追求程度。现代社会竞争日趋激烈，竞争观念在现代社会中是一个重要的价值观念。竞争既是体育的特征之一，又是体育精神的重要内容之一。现代奥林匹克运动口号:"更快、更高、更强"就是竞争的体现。市场经济社会就是竞争的社会,各行各业的竞争归根到底是人才综合素质(科技文化、思想品德、体质)的竞争,竞争过程也是他们身心素质、知识、能力的自我展示,优胜劣汰的筛选过程。竞争是体育运动主要特征之一,在体育运动中,时时处处充满着竞争,既有对自己运动能力的挑战,如长跑到达"极点"时,是坚持下去还是半途而废?既有人与人之间的竞争,也有团体与团体之间的竞争,这种竞争,必须讲究良好的体育道德,取胜主要靠自己的能力,而不是通过不择手段地伤害他人来达到。体育运动与保守性格势不两立,强烈的竞争性督促着每一个参与者不断去创新和变革。在体育运动中,不讲门第,不排世袭,不序尊卑。在竞争活动中不承认除个人身体、心理以外的任何不平等。体育运动最讲法制,不徇人情,最讲现实,不论资历,最讲务实,不图虚妄,它以"公平竞争"为宗旨,培养人一些这样的意识和观念:权利和义务、成功和失败,机会和风险,对所有人应该是均等的。通过体育活动的竞争来培养自己积极进取竞争意识,为日后走出校门,走向社会,面对日益激烈的竞争,提高思想上应变能力。

3. 体育锻炼有利于提高社会生活的适应能力

(1)体育运动对锻炼个人承担社会角色的作用:社会是一个由政治、经济、文化等因素构成的交互场所,每一个人在社会当中都不同地充当几种、甚至多种的社会角色。在不同的场合以不同的身份与他人交往,能根据不同的社会环境进行相应调整,作出恰当地、合乎角色地反应,这是社会适应能力的重要表现。而体育运动场合,恰好能为人们学会承担社会角色提供优越的环境与适宜的条件。如某个班在分组进行篮球赛时,两个组各自的边锋、中锋、后卫等各个角色都在自己所处的位置上,通过与该地位相适应的角色行为而产生相互的社会关系。由体育而结成的社会关系中,每个角色都有获胜的权利、获得嘉奖的权利和按照规则进行技术动作的权利,同时也有遵守体育法律规范、道德规范和技术规范的义务。社会角色是完成社会活动的必要的社会形式和个人的行为方式。通过体育角色的学习使同学们懂得了社会角色是与人们的某种社会地位、身份相一致的一整套的权利义务的规范与行为模式,它是人们对具有特定身份的人行为的期望,有利于人们懂得"做什么像什么"的社会意义,为将来走向社会适应各行各业的需要,干好本职工作打下思想基础。通过体育活动角色的学习,还可以使同学们体会到经过个人努力是可以成功扮演各种角色的,从而体验出人的主观努力是改变社会地位的重要途径。对于现代青年来说,这一点尤为重要。

(2)体育活动培养人对社会节奏的适应性:随着社会开放的进一步深入,经济发展的速度加快,社会运动的时间节奏越来越充分展现出由慢到快的变化趋势。我国在2011年的劳动生产率是1980年的8倍,一方面劳动生产率快速增长,另一方面人们休闲余暇也不断增多,必然导致工作生活节奏的加快。高效率的工作社会节奏,既给社会带来了物质财富和精神财富,也给人们带来了许多健康方面的麻烦,如心理紧张、情绪压抑等,引起了人们的重视。体育活动和娱乐活动是人们调整顺应新的生活节奏的重要辅助手段。一些社会实验和社会调查证明:运动员、经常从事体育运动的人,对生活节奏的改变有较强的适应性,这是因为在体育活动中,人们所掌握的多种活动技能和快速活动方式,有利于人们准确、协调、敏捷地完成各种生产、生活动作,既可避免多余动作，又不会力不胜任。体育对人体的神经系统、心血管系统的锻炼，更可以提高人体对快速节奏生活的应变能力，此外，体育活动和娱乐消遣还可以克服人们对快节奏生活的抵触、恐惧、怨烦和焦虑等心理障碍，可以稳定心理情趣，抑制身心紧张，控制"A"型反应，以增加人们在快节奏生活中的自信心及对社会的应变能力。

三、运动损伤的预防与处理

（一）运动损伤概念

体育运动过程中受到机械性和物理性方面因素所造成的伤害，即由体育运动或训练引起的肌肉、骨骼、内脏等部位的损伤称为运动的损伤。

（二）运动损伤的分类

1. 按损伤程度分类

按损伤程度，可把运动损伤分为轻伤、中度损伤和严重损伤。

①轻伤。伤后影响机体活动在 24 ~ 48 h 之内，做一般治疗即可痊愈。

②中度损伤。伤后影响机体活动在 1 ~ 2 周之内，需做常规治疗及短期康复训练才可恢复正常活动。

③严重损伤。软组织损伤影响活动在 2 周以上，骨折、脑震荡、半月板撕裂、内脏损伤均属重度损伤，需做特殊治疗及较长时间的康复训练才能恢复正常的体育活动。

2. 机体解剖学结构改变导致的运动损伤

因损伤部位力量作用方向致机体解剖学结构改变的运动损伤可分为拉伤、挫伤、扭伤、骨折和骨裂等。

①拉伤。损伤力量使肌肉、韧带、关节向外延伸，致使局部解剖学结构改变的损伤。

②挫伤。损伤力量钝力方向使肌肉、韧带、关节向内延伸（下压）引起机体局部解剖学结构改变的损伤。

③扭伤。损伤力量方向与肌肉、韧带、关节呈角扭转外延引起局部解剖学结构改变的损伤。

④骨折、骨裂。机体骨组织受外力作用（或病理），造成骨连贯性中断的损伤。骨裂是不完全折断。柳枝骨折是儿童骨折的一种特殊状态。

3. 损伤部位有无创口与外界相通分类

按损伤部位有无创口与外界相通，可分为开放性损伤和闭合性损伤。

①开放性损伤。有创口与外界相通。皮肤的擦伤、裂伤、刺伤、切割伤、贯通伤等均为开放性损伤。

②闭合性损伤。无创口与外界相通。一般的肌肉、韧带、关节损伤均是闭合性损伤。

4. 按运动损伤发生的过程分类

按运动损伤发生的过程，可分为急性损伤和劳损（细微损伤）。

①急性损伤。在体育活动过程中一次性产生的机体损伤。

②劳损。在长期、多次的体育训练中，由于局部组织重复单一的超负荷活动又没有及时改善局部负担而造成机体局部组织的细微改变所致的损伤。如髌骨软骨软化症、肩袖劳损、髌骨张肌末端病等。

（三）运动损伤的原因

产生运动损伤的因素是多方面的，往往由多个因素造成机体损伤的结果。在一次运动损伤结果中，总有一个因素是主要的，其他几个因素则是次要的，诱发性的。因此，对运动损伤发生原因的分析应该是综合性的。

1. 主观因素

参加体育运动的人是体育活动的主体。每一个体育活动的参与者，在参加体育活动时思想上不认真，不遵守活动规则，不讲运动道德，不认真做好准备活动，活动中不按科学方法练习，技术动作不正确，超负荷（动作难度、活动强度、运动量超过身体水平）活动，心理压力大，身体状态欠佳（过度疲劳、病后、睡眠休息差）等情况，均有可能导致运动伤害事故的发生。在某些活动中，运动者没有掌握好自我保护的方法，往往成为重大伤害的主要原因，如体操练习、跳水中发生的颈部、腰部损伤。

2. 客观因素

运动时的客观条件情况不够良好，也会导致运动伤害事故的发生。

（1）运动环境：恶劣的天气情况（雨、风、沙、冷、热、光）、疯狂的观众、场边秩序混乱。

（2）场地设备：运动场地不平，质地太硬，场边有杂物障碍，器械不合格（次品、失修、不标准），服装不合适，护具不合格（击剑、拳击、散打等运动尤为重要）等。

（3）组织安排不合理：运动量不适宜（过大），活动次序不科学（前后安排不合理），活动时间、饮食时间、休息时间不科学（饥饿时间练长跑、考试时间搞比赛）等。

（4）运动对手：对抗性运动中对手过强，对手故意犯规，对手技术动作不正确等。

（5）执行规则：对抗性活动中，特别是在摔跤、拳击、散打、篮球、足球等项目中，若裁判执行规则不严不公，极易造成对方的伤害，以致造成严重的后果。

3. 心理素质

从事冲撞性较强的运动时，如果注意力不集中或集中持续时间不长，发生损伤的危险性增加。情绪不稳定、易急躁、急于求成，或在运动中因畏难、恐慌或害羞而犹豫不决的人，容易造成运动损伤。

（四）运动损伤预防

1. 运动损伤的特点

①运动损伤与运动项目有很大关系。田径运动中，下肢损伤较为多见。在跑类项目中，膝关节损伤占40%，足和踝关节损伤占10%，足跟部、髋、臀部损伤占15%，腰背

部损伤占5%；跳类项目中，腰、跟部肌肉伤较易发生；投掷类项目中，肩、肘、躯干、膝部伤病较多。在体操运动中，上肢损伤、躯干部损伤较易发生，特别是肩、腕、腰损伤常见。而"网球肘""摔跤耳"更是网球、古典式摔跤的专项损伤。在进行篮球活动时，常见手指关节挫伤等。膝关节髌骨软骨软化症是运动性劳损，也常在篮球、排球运动员中出现。

②运动损伤中闭合性软组织损伤多见，开放性损伤不多。

③运动损伤中轻伤常见，中度伤不多，严重伤极少。

④运动损伤多发生在青少年人群中多。

2. 运动损伤预防的重点

①根据运动损伤与运动项目有关的特点，做好专项损伤的预防。

②根据学校体育特点，做好轻伤，特别是手、足关节损伤的预防。

③做好急性损伤的治疗，防止慢性损伤的发生。

④科学训练预防劳损的发生。

⑤消除场地设备隐患，防止重大伤害事故发生。

3. 运动损伤的预防原则和一般方法

（1）预防原则：

①重视预防运动损伤的宣传教育工作。

②加强身体全面训练。

③科学地组织教学、训练、比赛。

④切实做好体育活动过程中的保护工作。

⑤开展和加强体育运动中的医务监督工作。

（2）预防运动损伤的一般方法：

①体育活动的参与者都要学习、掌握预防运动损伤的理论和方法。

②体育活动的参与者要有合适的服装和必要的护具，活动时不佩戴装饰品。

③体育活动的参与者要建立自我保护意识，要有良好的心态，掌握自我保护的方法。

④活动前，要认真做好准备活动，活动中要集中思想，活动后要做好放松活动。

⑤按规定标准做好场地设备的建造、维修、检查和保养工作。

⑥对抗性练习或比赛中要有规则，并做到严格执行，不枉不偏。

⑦建立医务监督制度、运动伤病登记制度，做好伤病调研，探索规律，总结经验，逐步完善运动伤病预防措施。

（五）常见运动损伤

1. 肌肉拉伤

肌体的肌肉活动是体育活动中的本体原动力，肌纤维的快速活动（收缩、放松）使身体各部位产生激烈的位移，当肌纤维沿着力的方向远离肌肉的附着点，超过了肌纤维的强度，那么，肌纤维的部分或全部就发生解剖学的结构改变——撕裂或断裂。这就是一般的肌肉拉伤。

（1）症状：

①有明确的受伤史。

②局部疼痛、肿胀、压痛，肌肉活动受限。

③肌纤维断裂时，可有"撕裂"感，随即失去控制相应关节活动的能力。

④由于断裂肌肉的收缩，在断裂处可见（摸）到明显的凹陷。

（2）处理：

①手臂、小腿和足部拉伤，用 12~14℃ 的冷水浸泡 15~20min。

②其他部位肌肉拉伤，用冰块在伤处按压 10~15min。

③场地急救应用冷雾剂时，注意用量适中，无痛即止。

④然后，患处外敷中草药，包扎固定，抬高患肢。

⑤伤后 48h，视病情换药、做按摩、理疗或热敷。

⑥根据病情，尽早做康复训练。练习时戴好护具。

⑦肌肉断裂伤，应当加压包扎、固定伤肢，必要时尽早手术治疗。

（3）预防：

①肌肉拉伤发生的时间，一般在运动刚进入基本阶段和结束阶段，必须控制好该时段的活动量和集中注意力。

②肌肉拉伤的部位，大部分发生在肌肉的中、上 1/3 处的肌束，下 1/3 部分拉伤少见。

③充分的准备活动，特别是做好专项活动的各项辅助练习更具重要性。

④认真做好活动后的放松练习，可避免肌肉发硬，提高肌肉活动功能。

⑤自我按摩、相互按摩对活动前、活动后都是必需的。

⑥准备活动后，戴好合格的护具（弹性绷带等），可减少拉伤的发生。

⑦避免草率地投入快速、激烈的活动。

⑧运动过程中，要注意保暖，休息时间不要过长。

⑨洗热水浴是运动后放松肌肉的有效方法。

2. 挫伤

身体某一部位被钝力打击或身体碰撞在坚硬物体上，而发生受打击部位机体解剖学结构破坏的伤害，称为挫伤。橄榄球运动中股直肌中 1/3 处的顶撞伤，跨栏过栏时，胫骨前肌的撞击伤，是较为常见的挫伤。

（1）症状：

①轻度挫伤，以皮肤、皮下组织受损，淋巴管和小血管破裂为主要病理变化。

②重度挫伤，可伤及肌肉，而使部分肌纤维受损或断裂，组织内出血，血液聚积形成血肿（有波动感）。

③胸部和腹部的挫伤可累及内脏器官，而发生呼吸困难、休克等严重病症。

④无内脏损伤的挫伤，主要是局部疼痛、肿胀、淤血、功能障碍。

（2）处理：

①急救处理。有皮肤外伤首先处理皮肤伤。冷敷方法同肌肉拉伤，但有皮肤伤口者不

能水泡。然后，外敷中草药，加压包扎，抬高患肢，卧床休息。

②胸、腹部挫伤者、头部挫伤者，立即送医院诊治。

③股直肌、胫骨前肌挫伤者24h后可做热敷处理，48h后做相应的理疗。停止活动4~5天，第6天开始做康复练习。

④按摩时注意，不要在直接打击部位（伤处）做深度按摩，多在肌肉两端做指压式按摩，尽量活动两端关节，促进血液循环，防止骨化肌炎发生。

（3）预防：

挫伤一般发生在对抗性较强及有障碍的运动项目中，人与人相撞或人与器械碰撞均会造成受力的机体组织受压致伤。因此，预防挫伤就要注意以下几点。

①做好准备活动后，必须戴上相应的合格护具，如足球的护胫、篮球的护膝、护腿等。

②掌握正确的技术动作和避让、缓冲动作。

③加强道德教育，不能故意用肘、膝顶撞对方。

3. 关节韧带损伤

关节是机体活动的枢纽，其活动幅度均有一定的范围，常被称之为生理范围。韧带是关节的稳固组织，由于其起止点的结构关系，在一定角度的位置上呈现紧张，在另一角度的位置上便放松，自然地抑制着一定的肌肉群，故关节不能过度活动。当外力作用于关节，突然产生超过关节生理范围的活动时，就可能使关节及其周围的韧带、肌肉、关节囊发生损伤。运动损伤中最常见的关节韧带损伤是踝关节和指关节。单纯的韧带、关节损伤少见，多数是关节及其周围软组织的复合损伤。

（1）症状：

关节韧带损伤可分为拉伤、挫伤、扭伤及韧带撕裂、关节囊伤。

①损伤部位可发生在韧带的中段，也可发生在其附着于骨处（撕脱性）。

②患处红肿、疼痛、局部压痛、关节活动障碍。

③患处关节偶有被拉开和松动现象，侧向活动时可有松动感。

④韧带断裂时，关节外形有变化，呈内翻或外翻状。

（2）处理：

①急救程序同肌肉损伤。

②韧带撕脱要用手法复位，然后用棉垫绷带压缚（重伤者要用夹板）。

③伤后症状严重肿胀，疼痛剧烈、活动障碍大，宜尽快送医院进行X光透视检查。

④韧带、关节损伤治疗期较长，康复练习特别重要。

4. 踝关节损伤

踝关节损伤是运动外伤中较为多见的关节韧带损伤，在田径、球类、重竞技、跳水、体操等各项体育活动或比赛中都会发生这种伤害。踝关节损伤中，外侧副韧带损伤要占该关节损伤总数的80%左右。之所以会产生这种情况，是同该关节的结构分不开的。外踝比内踝长，距骨体前宽后窄，当足处于跖屈时，踝关节活动度较大，而且足的内翻肌群的力量又大于足的外翻肌群。活动中，人体处于离地状态时，足部自然成跖屈内翻位，因此，落地时，因场地不平、重心不稳，就会造成内翻位韧带损伤。

踝关节损伤的急诊处理必须及时有效，治疗必须彻底。康复练习中跳绳活动对恢复踝关节的力量和提高踝关节的坚韧性、灵活性有良好的作用。

5. 膝关节半月板损伤

膝关节半月板位于膝关节内胫骨平台与骶骨髁之间，内外各一块，外缘厚内缘薄，上面凹下面平。外侧半月板较小，其活动范围大于内侧半月板。半月板外缘损伤有修复能力，其余部位的软骨体撕裂不易愈合。膝关节半月板的主要功能是减少股骨和胫骨关节面的摩擦，增强膝关节的稳定性。

膝关节在屈位，突然遭受旋转、屈伸外力时，半月板活动的顺应性被破坏，易被卡入胫股关节之间，使半月板受到扭转、挤压、辗磨合力而发生撕裂伤。

内侧半月板损伤多发生于膝关节半屈、小腿固定位时，突然伸膝扭转，使内侧半月板向膝中央和后侧移位，受到挤压、辗磨而致伤。同理，股骨髁因外力突然外旋伸直时，则易发生外侧半月板破裂。

膝关节半月板损伤与运动项目有很大关系。滑冰、滑雪、足球、蛙泳等运动项目中，半月板损伤以内侧居多，而在排球、篮球、体操、田径等项目中，是外侧半月板损伤较多。

膝关节半月板损伤的典型症状是股四头肌萎缩、上下楼梯时膝关节痛、膝关节肿胀，膝关节缝有明显压痛。膝关节半月板损伤的治疗，可按其损伤部位来决定方法，边缘损伤者可进行保守疗法（按摩、理疗、外敷中药等），中部损伤或关节功能障碍大的损伤，早期采用手术疗法为好。康复训练对膝关节半月板损伤的治疗有重要的意义，特别是膝关节的静力练习对损伤半月板的修复及增强膝关节的稳定性有良好的作用。

6. 关节韧带损伤的预防

①增强关节肌肉的力量练习，特别是加强对弱侧关节的训练。静力练习很有实效。
②提高关节灵活性练习的质量，在坚强灵活上下功夫。跳绳练习是个好方法。
③认真做好准备活动，特别是专项训练的辅助练习，寒冷天气更要做开关节活动。
④注意关键运动技术的合理性、正确性，及时纠正错误动作。
⑤场地设备必须认真检查、合理布置，消除隐患。
⑥配备合格护具，易伤的小关节要正确使用胶布包扎。

7. 骨折与脱位

骨折就是在力的作用下，引起局部软组织损伤，并使骨组织的连续性遭到破坏。由于创伤与或病变，使关节正常的骨性关系（位置）全部或部分发生改变，关节功能障碍，称为脱位。骨折和脱位，均是严重的伤害，在剧烈的运动比赛中或特殊的练习中偶有发生，一般体育活动中很少出现。

（1）症状：
①患处变形，功能障碍，异常活动。
②疼痛剧烈，面色苍白。
③局部有红肿和淤血斑。

④伤处压痛锐利。

（2）处理：

①止血与防止休克。

②及时固定患处，防止骨折移位和加重伤情。

③尽快就近送医院诊治。

④严禁按摩。

⑤拍 X 片检查。

⑥复位、固定。

⑦药物与按摩治疗。

⑧康复练习。

⑨卧床病人需预防褥疮发生。

（3）预防：

①掌握正确的自我保护方法，特别是倒地姿势，滚翻与滚动是必须学好的。

②增强关节肌肉、韧带力量练习，提高抗击打能力。

③加强运动道德教育，不做违规动作及伤害性阻击。

④做高难度空中动作，必须有相应的保护措施。

8. 胫腓骨疲劳性骨膜炎

胫腓骨疲劳性骨膜炎又称应力性损伤，为长期、反复、快速、轻微的外伤应力，累积于骨骼的某一部位，逐渐发生的慢性损伤。好发于运动新手，跳、跑运动员，长途行军的新兵，舞蹈演员等人群中。

多数患病者是由于跑跳动作不正确，训练方法不科学，跑、跳过多或者长期在过硬的场地练习，使小腿肌肉长期处于紧张状态，刺激骨膜血管扩张、充血、水肿或骨膜下出血，久之，骨膜出现血肿机化、增生等骨膜炎性改变。千万不能小看这个骨膜炎性改变，如果继续加大负荷刺激，则可使骨质受损，最终发展成疲劳性骨折。

也有人通过生物力学分析认为，在跑跳时人体重力与地面反作用力的焦点，主要集中于胫骨前面弯曲处，长时期的反复作用，可在弯曲度最大处引起应力性损伤，形成疲劳性骨膜炎，乃至骨折。

（1）症状

①一般无明显外伤史，逐渐出现胫骨前或小腿后外侧痛。

②活动量增大或走路多、上下楼梯时疼痛加重。

③运动后蹬腿时感乏力，且疼痛加重。

④严重时，走路也痛。

⑤胫骨内侧或外踝上方有局限性肿胀，皮肤发红有光、灼热。

⑥胫骨内侧缘的中、下段有明显压痛，可摸到硬节、高低不平。

（2）处理

①出现胫腓骨骨膜炎症状时，应立即减少下肢活动量，调整训练内容，患肢小腿用弹性绷带包扎。练习后，必须在局部做热敷或照红外线。

②患处有肿胀发光、红、灼热者，需敷中药治疗。

③患肢有后蹬痛、走路疼痛者要停止下肢练习，加重消肿活血药物外敷，配合按摩、针灸治疗。

④硝酸亚汞铝法。用2%的硝酸亚汞溶液浸于锡纸上，锡纸大小同患处，贴于疼痛部位，用胶布把锡纸贴紧皮肤，不可有漏气，避免烧伤皮肤。待 1~2h 后取下，每日 1 次，3~5 次为一个疗程，有良好疗效。皮肤有伤口时不能用。

（3）预防

①对初学田径运动及平时活动少的人，跑跳练习要逐渐加大活动量。

②不要在过硬的场地上做长时间的、单一的跑跳练习。

③不宜穿钉鞋做过多的使小腿肌肉紧张度高的专门练习。

④学会在跑跳练习时能自如地放松小腿肌肉，不要使它始终处于紧张状态。

⑤每次练习后，都要认真做好小腿部的自我按摩、热敷。

第二节　发展体育能力的方法与评价

一、发展体能的方法

健康体能以增进健康和提高基本活动能力为目标。对于学习压力日趋加重的现代的大学生来说，坚持适当地进行身体锻炼不仅可以增进健康，还可以预防疾病、提高运动素质。在选择发展健康体能的手段、方法时，要考虑到自身的特殊需要，以自身的身体健康和运动能力为基点，结合自己所学专业及未来职业选择的特殊需要，考虑未来事业与生活的理想追求以及所能利用的现有客观物质条件，制定出短期与长期的自我锻炼计划。

1. 有氧锻炼法

有氧锻炼法是指锻炼者在锻炼过程中没有负氧的情况下进行身体锻炼的方法。这种锻炼方法运动负荷适中，可以有效地提高心血管和呼吸机能，促进新陈代谢，并能减少脂肪的积累。如长跑、竞走、游泳、骑自行车、耐力体操及节律操、徒步旅行等。

2. 娱乐消遣法

娱乐消遣法是指为了寻求生理上的放松，欢度余暇而进行的锻炼方法。这种锻炼方法运动强度不大，令人轻松愉快，具有消除疲劳的特殊功能。如散步、旅游、郊游、踏青、登山、日光浴等。

3. 保健养生法

我国古代流传下很多保健养生法，如气功、导引等都是中华民族的宝贵遗产，在健身强体上流传至今，深受广大锻炼者的喜爱。这种锻炼方法讲究内外统一，神形兼顾，要求身体的外部活动与内在气血运行一致，使身体与卫生保健结合，达到健身祛病，延年益寿的目的。

4. 早操锻炼法

早操是一种培养学生良好的生活习惯、有益于学生身心健康的活动。通过早操可以使学生以清醒的头脑、充沛的精力和饱满的热情迎接一天的学习和工作，从而提高学习、工作效率。早操的内容应是简单易行的跑步、打拳、做操等项目。早操的时间一般是15～20min，运动负荷不宜大，以免影响学生文化课的学习。

5. 课间操锻炼法

课间操是在每天上午第 2～3 节课之间开展的课余体育锻炼活动，时间一般安排15～20min。课间操内容主要是广播体操和学校的自编体操。现在有条件的地方和学校还根据自己的具体情况，积极创编形式新、内容新、带有地方民族特色的体操，以丰富学生课间操活动内容，如武术操、哑铃操、姿态操、素质操、韵律操以及各种不同类型的持轻器械体操。

6. 下午课外活动时间的锻炼

根据人体生物钟节律，运动最佳时间是下午 5 点钟和接近黄昏的时间。此时，绝大多数人体力、动作的灵活性、协调性、准确性以及适应能力均处于最佳状态。而且，人体内的糖分也增至最高峰，进行各种健身运动时，不会产生能源代谢紊乱和器官机能运转超负荷的现象。

有几个原因可以解释人的体温表现在黄昏或夜晚差异较大。例如，有很多训练的表现与体温有紧密联系。体温在黄昏和傍晚时最高（一天中体温通常会在 1℃～2℃ 不断变化，在凌晨 5 点达到最低）。研究也表明人的体温在黄昏时最高。但是研究发现这种体温变化极小，除非你是竞技运动员，否则它不会对你产生多大影响。而对于竞技运动员来说，体温的微小变化都会影响是否能达到自己的最佳水平。顺便提一下，当你为竞赛做准备时，专家建议最好训练时间要与比赛时间相同。这可使你的身体节奏更适应这个时间以及环境因素（如户外的气温和污染程度）。

7. 睡前的身体活动

睡前锻炼也收效甚佳。这是因为，睡前身体活动的作用，能在睡眠全过程中得到维持，尤其是做一些加深呼吸的运动，如活动膈肌或扩胸动脉。这种运动能使人体整个系统充氧，处于较好充氧状态的人，不仅睡眠好，而且对解除白天疲劳的速度也会大大加快，使身体得以很好的恢复。特别是对失眠的人，睡前锻炼可治愈失眠症。睡前活动给身体带来的热量排放不仅能调节全身的代谢，而且运动后的良性疲劳会通过一夜的睡眠得到恢复。特别是睡前锻炼后洗个淋浴，将使你非常舒服地进入梦乡，这对有神经衰弱的患者无疑是最好的入睡良方。锻炼项目如散步、做操等。

二、提高身体素质的方法

传统上，身体素质一般是指人体在活动中所表现出来的力量、速度、耐力、灵敏、柔韧等机能。身体素质是一个人体质强弱的外在表现。

身体素质经常潜在地表现在人们的生活、学习和劳动中，自然也表现在体育锻炼方面。一个人身体素质的好坏与遗传有关，但与后天的营养和体育锻炼的关系更为密切。通过正确的方法和适当的锻炼，可以从各个方面提高身体素质水平。

（一）提高力量素质的方法

由于肌肉收缩有等长和等张的两种形式，所以肌肉力量亦可分为静力性和动力性两种形式。

1. 提高静力性力量

静力性力量是肌肉做等长收缩时产生的力量，称为静力性力量或等长性力量，即肢体不产生明显的移位，而是维持或固定肢体于一定位置或姿态。练习方法有：

（1）对抗性静力练习：根据发展某部分肌肉力量的需要，确定一定的姿势，身体姿势保持静止不变，利用克服身体自身的重量，发展力量。

（2）负重静力练习：根据发展某部分肌肉力量的需要，确定一定的姿势，负一定重量，身体姿势保持固定不变。

（3）慢速动力练习：练习时动作速度很慢，不能借用反弹和惯性力，而靠肌肉的紧张收缩来完成动作。

2. 提高动力性力量

动力性力量是肌肉做等张收缩时所产生的力量，所以也称等张性力量，即身体产生明显的位移，或推动别的物体产生运动。动力性力量可分为重量性力量（如举重）和速度性力量（如投掷、起跑、踢球等）。爆发力是速度性力量的一种。

按人体表现出的力量与本人体重的关系，可分为绝对力量和相对力量两种。绝对力量是不考虑体重的因素的最大力量；而相对力量，是指每公斤体重所表现的力量，即：

$$相对力量 = 绝对力量/本人体重$$

（1）提高绝对力量：一般以本人最大负荷的 85% ~ 100% 进行锻炼，也就是以较少的重复（1~3 次），完成最大负荷或接近最大负荷的练习。

（2）提高速度力量：因速度力量是肌肉在短时间内快速收缩的能力，因此，锻炼的方法应以中等或中、小重量（最大负荷的 60% ~ 80% 左右），练习的重复次数较少，以最快的速度来完成。速度力量最典型的表现形式是爆发力，从事跑、跳、投掷等运动项目，对这种力量有特殊要求。

（3）提高力量耐力：一般采用最大负重量的 60% 或不到 60%，重复练习要达到 12 次以上，不追求完成动作的速度，但要求重复次数和坚持时间，力求做到极限。经常做俯卧撑、仰卧起坐等是发展上肢和腰腹力量耐力的有效练习。

3. 提高力量素质注意事项

①进行力量练习前，注意力要集中，准备活动要做充分，重量可从轻到重，动作速度从慢到快。

②提高力量的一般规律是举一定重量—增加次数和组数—增加重量—再增加次数和组数—再增加重量。如此循环往复，不断提高水平。

③提高力量素质贵在坚持不懈，一般三五天以上不坚持锻炼，力量就会开始消退。有人把参加力量练习的人分成两组，一组采用隔日练习，另一组每天练习，经过一段时间，统计两组力量的增长率，发现隔日练习组的力量增长率为 77.6%，而每日练习的力量增长

只有74%。根据这一试验，隔日进行发展力量素质的练习较好。

④提高力量素质练习，应结合速度练习和放松练习进行。如每组力量练习的间隙，可结合进行快频率的短距离跑步（或小跑步，高抬腿跑）练习。有人研究肌肉放松练习对速度力量发展的影响，他们把年龄相同、力量素质水平相仿的少年分为两组，一组进行肌肉的放松练习，另一组不进行放松练习，其他条件一致，经过一段时期，用肌张力计测发现，经过放松练习的实验组，肌肉随意放松的能力比原来增长了8倍，而对照组只增长了1.3倍，并且从单腿三级跳、行进间30m跑和100m跑的成绩增长上，可以看到肌肉放松练习有助于速度性力量的发展。

⑤少年儿童参加发展力量素质的练习，应多采用以克服自身体重和发展速度力量为主的练习，适当采用轻器械练习。

⑥提高力量素质，应重视全面发展身体的各个部位的力量，包括上肢力量、躯干力量（腹肌、背肌、腰部两侧肌肉的力量）和下肢力量，以及举、提、蹲、负重和跳跃的能力。进行力量练习身体各部分交替进行或各种动作交替进行效果较好。在各种力量练习中，都要注意形成正确的姿势和掌握正确的动作。

（二）提高速度素质的方法

1. 提高反应速度

反应速度是指人体对外界刺激反应的快慢。利用一定信号（哨声、击掌等）让练习者做出相应的反应动作是最常见的方法。

2. 提高动作速度

动作速度是指人体完成某一动作的快慢。提高动作速度的练习方法有：

①减小练习难度，加助力法。如顺风跑、下坡跑等。

②加大练习难度，发挥反效作用法。如跳远前的负重跳，推标准铅球前的加重铅球练习，紧接着做跳远或推标准铅球的练习。

③时限法。如按一定的音响节拍或跟随在动作节奏快的人后面跑步，以改变自己的动作节奏和速度。

④缩小完成练习的空间和时间界限，如球类利用小场地练习可以限制活动的时间及活动范围，从而提高完成动作的速度。

3. 提高移动速度

移动速度是指在单位时间内人体位移的距离，一般指跑步、游泳等周期性运动项目。提高移动速度的练习方法有：

（1）最大速度跑：如短距离重复跑、接力赛跑、让距追逐游戏等。进行这类练习时，时间不能过长，重复次数不应过多，每次练习一般控制在20s以内，负荷强度掌握在85%~95%。

（2）加快动作频率练习：如快频率的小步跑、计时计数的高抬腿跑、快速摆臂练习等。

（3）提高下肢爆发力量：如负重跳、单脚跳、跨跳等。

4. 发展速度素质应注意事项

①速度练习应在体力充沛、精神饱满、运动欲望强的情况下进行，以利于形成动作快速的条件反射。这样练习的效果比较好，而且也不易出现伤害事故。

②提高速度素质与增强力量、提高灵敏和完成动作的协调性是紧密相关的。周期性动作的每个动作效果（如跑步的步幅、游泳的划幅等）是提高移动速度的重要因素。

③速度提高到一定程度时，常会出现进展停滞、难以提高的现象，称为"速度障碍"。因此，除要坚持系统地、长期地进行练习外，还应积极采用牵引跑、变速跑、下坡跑、带领跑、顺风跑等手段予以克服。

④少年儿童时期是发展速度能力的最好时机，10 岁以后，发展速度能力效果比较明显。

（三）提高耐力素质的方法

1. 提高有氧耐力

有氧耐力练习的负荷强度，心率可控制在 140～170 次/min 之间。这个练习强度对提高人体心脏功能尤为有效，对改进肌肉的供血能力、改进肌肉的直接吸收氧的能力也有特殊意义。据研究，心率控制在这个水平线上，机体的吸氧量可达到最大值的 80% 左右，心输出量增加，促进骨骼肌、心肌中的毛细血管增生。如超过这个界限，心率在 170 次/min以上，机体就要产生氧债，使练习效应发生变化。如低于这个界限，心率在 140 次/min 以下，心输出量达不到较大值，同时吸进的氧气也少，则会影响练习的效果。

有氧耐力练习的负荷数量，取决于练习者的训练水平，水平高的人可承受较大负荷量，如可持续跑 1h 以上，水平低的人只能承受较小的负荷量。一般来讲，有氧耐力练习持续时间最少 5min，多在 15min 以上。

发展有氧耐力的方法主要有：
①各种形式的长时间跑。如匀速持续跑、越野跑、变速跑、法特莱克跑。
②长时间进行的其他周期性运动。如跳绳、滑冰、划船、自行车、游泳等。
③长时间重复做某一非周期性运动。如排球运动中多次做滚动练习。
④反复做克服自身体重的练习，坚持较长时间的抗小阻力的练习。
⑤循环练习。

2. 提高无氧耐力

为了保持快速跑的能力，多进行无氧耐力的练习。它对提高短距离跑（后程）的能力有显著效果，如 100m 跑、200m 跑、400m 跑等。在进行无氧耐力练习时，由于强度大，心率一般控制在 160 次/min 以上，应十分重视医务监督。

3. 提高耐力素质注意事项

①应从一定的时间、距离和数量开始，然后逐渐加长时间和距离，逐步达到"接近极限负荷"的要求（即超过原来耐力的水平）。耐力练习负荷量的大小，取决于练习的绝对强度（位移的速度等）、练习的持续时间、休息的间歇时间、休息的性质（积极的还是消

极的以及积极性休息的形式)、重复练习的次数等。这些因素不同的结合运用，对人体的作用也不同。

②由于力量与耐力有着密切的关系，因此发展力量的一些方法可用来发展耐力，但要减轻阻力的作用，增加反复的次数和练习的时间。

③只有克服一定的疲劳，耐力才会得到发展，因此耐力练习对学生的意志品质提出了较高的要求。在进行耐力练习时，要注意培养学生吃苦耐劳、坚忍不拔的意志品质。

④少儿进行耐力练习时，运动负荷要适当，年龄越小越应以有氧耐力练习为主。

(四) 提高灵敏素质的方法

①让学生在跑、跳当中迅速、准确、协调地做出各种动作，如快速改变方向的各种跑、各种躲闪和突然起动的练习，各种快速急停和迅速转体的练习。

②各种调整身体方位的练习，如利用体操器械做各种较复杂的动作等。

③专门设计的各种复杂多变的练习，如立卧撑、十字变向跑及综合变向跑等。

④各种改变方向的追逐性游戏和对各种信号做出复杂应答的游戏等。

提高灵敏素质应注意以下几点：

①提高灵敏素质应在准备活动后，体力比较充沛时进行。疲劳时不宜发展灵敏素质。

②提高灵敏素质，应遵守从易到难，从简到繁，不断变化动作内容和动作速度的要求。

③提高灵敏素质要结合掌握技术动作，发展速度、力量等运动素质进行。

④提高素质在少儿时期（一般在第二次生长发育高峰出现后的一年左右）发展效果较明显。女生应在青春期前基本解决灵敏素质的发展。

(五) 提高柔韧素质的方法

提高柔韧素质基本上采用拉伸法，分为动力拉伸法和静力拉伸法。

①动力拉伸法是指有节奏地、通过多次重复同一动作的练习使软组织逐渐地被拉长的练习方法。每次动力拉伸练习（如踢腿、摆腿等）一般控制在 5～30 次。

②静力拉伸练习时，先通过动力拉伸缓慢的动作将肌肉等软组织拉长，当拉伸到一定程度的时候暂时静止不动，使这些软组织得到一个持续被拉长的机会。静力拉伸力量的大小，以感到酸、胀、痛为限，并保持 8～10s，重复 8～10 次即可。

③实践中常常把两种方法结合起来，即在拉伸练习时有动有静，动静结合，可以收到更好的效果。如发展肩部、腿部、臂部和脚部的柔韧性，可采用压、搬、劈、摆、踢、绷及绕环等练习；发展腰部柔韧性，可采用站立体前屈、俯卧背伸、转体、甩腰、涮腰（线环）等练习。

提高柔韧素质注意以下几点：

①提高柔韧素质，应在做好准备活动、身体发热后进行，练习时动作幅度应逐渐增大，速度从慢到快，用力从小到大，以防止拉伤。

②柔韧和柔软两者有联系，如两者都指关节活动范围，但柔韧不同于柔软，柔韧是强调"柔中有刚"，要求在加大动作幅度的同时要加快动作的速度和加大动作的力量。因此，在发展柔韧素质时要注意结合发展发展速度和力量。

③提高柔韧素质见效快，消退也快，贵在经常坚持练习。要抓紧 7 岁以前进行柔韧性练习，力争在 12 岁以前使柔韧性得到较好的发展。即使是成年人，也应注意和坚持发展柔韧素质的练习，这对于避免受伤和提高灵活性都有作用。其实，在日常的身体锻炼和生活中，只要注意增大动作的幅度，就能收到发展柔韧素质的效果。

三、体育能力的评价

从狭义上讲，体育能力是指从事身体锻炼的能力，即能够根据条件的变化，选择、运用甚至创造相应的身体练习方法进行独立的体育锻炼，合理地安排锻炼时间，调节运动负荷，实行自我医务监督和正确的自我评价身体状况与锻炼效果。

从广义上讲，体育能力是指人们完成某一活动时所表现的身心统一、协调配合的才能，与其他能力相比具有一定的特殊性，它是由体育知识、运动技术、运动技能和体育智力构成的一种个性身心品质的综合体，表现于参与具体体育活动中的各种锻炼方法和健身手段。伴随着社会和时代的发展，大学生体育能力也将发生变化，可以通过体育能力的发展而培养和完善其他能力。

按照高校大学生的体育能力形成和培养的具体特征，体育能力结构应该由以下五种主要因素构成，即体育的认识能力、身体运动能力、科学锻炼能力、体育适应能力和锻炼评价能力。这五种能力彼此促进、相互联系，共同影响着体育能力的水平。

（一）体育认识能力

体育认识能力是指对体育知识和体育现象的主观反映的本领，是构成体育能力的前提。体育认识能力的强弱直接影响着其体育能力的形成和发展。体育认识能力还应包括以下几个方面：对体育的认识水平、竞技体育与运动欣赏能力、体育意识和观念、主动获取体育学科信息的能力等。

（二）身体运动能力

身体运动能力是指学生在学习生活中，为了满足个人需求和适应社会的需要，在掌握一定的体育知识、技术、技能的前提下，所获得的从事各种运动的本领，是构成体育能力的基础，也是反映学生体育运动总体特征的一种能力，是竞技运动能力与专项运动能力的基础。身体运动能力还包括以下几种能力：身体基本活动能力、运动技能的现有水平、身体素质水平、特长项目的运动水平等。教师在教学过程中应重点注意如下两个方面：

①不断改进教学方法，精讲多练，既要注意运动负荷，又要注意运动强度，还要兼顾练习的密度，不能使教学流于形式。

②为学生上课做好周密的准备，保证让每个学生都能有场地练习、都能有器材使用，为学生创造更多参加锻炼的机会，激发学生锻炼的兴趣，增强他们锻炼的积极性。

（三）科学锻炼能力

科学锻炼能力是指能够依照体育锻炼规律，熟练运用已掌握的运动技能，充分发挥自身的现有水平和潜力，科学地进行身体锻炼的本领。它是构成体育能力的关键，包括有以下能力：即选择和运用锻炼手段的能力、制定和实施以及调整锻炼计划的能力、科学安排负荷量和负荷强度的能力、合理运用体育医疗保健手段的能力等。教师在培养学生该能力时，应从以下几个方面入手：

①自学。培养学生明确体育锻炼的意义，学习体育基本知识和锻炼方法，结合环境和自身条件制定锻炼计划。

②自练。把平时所学到的体育知识、技术和方法，综合运用到体育锻炼实践中去，使自练成为日常生活中不可缺少的一项重要内容。

③自调。学生在身体锻炼中能够根据自己的身体条件和健康水平，掌握和合理地安排运动负荷、运动强度及运动时间，并能进行自我调节。

④自控。学生在身体锻炼效果自我评价基础上，不断修正并实施锻炼计划，自我控制好锻炼计划等因素，做到计划性强、落实和修正锻炼方案效果好等。

（四）体育适应能力

体育适应能力是指身体运动锻炼的过程中，对自然环境和活动条件的变化作出积极反应而坚持体育活动的本领。它是体育能力的保障系统，包括以下几个方面：利用不同季节和气候环境下进行锻炼的能力、选择运动器材和着装的能力、运动技能的理解能力和组织活动与比赛的能力等。

（五）锻炼评价能力

锻炼评价能力是指学生依据体育运动的各种评价标准，对自身或他人的身体状况、锻炼效果、运动水平等加以评价其优劣的本领，是体育能力的监控因素。实践证明：通过科学评价得出的身体锻炼方面的趋势变化，常常是强化体育锻炼动机的重要条件。锻炼评价能力包括以下几个方面：对个人体质和健康状况的评价能力、对锻炼效果的评价能力、对体育技术动作质量与水平的评价能力等。

第三章　大学生体质健康与体育运动原理

本章主要围绕大学生体质健康与体育运动原理进行介绍，内容包括大学生体质健康测量、体育运动的科学原理与方法。

第一节　大学生体质健康测量

一、大学生体质特征

大学生的体质具有鲜明的特征，主要体现在以下四个方面。

（一）身体形态特征

人体进入青春期后 2~3 年的时间内，身高以较快的速度增长，女子在 17 岁，男子在 19 岁，增长的速度才日趋缓慢，直至完成骨化而终止。体重一般是男生 20 岁、女生 18 岁才趋于稳定。其他有关指标，如胸围、头围、肩宽、骨盆宽等生长指标均日趋徐缓。由于大学生年龄阶段已处在青春后期，身体形态发展虽已不断完善，但仍保留青春期的一些特点，即发展的不平衡性和不稳定性。因此仍应重视全面锻炼身体，并随着年龄增长，适当多开展体操、田径、球类、游泳、舞蹈等各种活动，这对发展运动器官，特别是对全面发展身体十分有利，可使体形匀称，体格健壮。

（二）身体机能特征

1. 呼吸系统

大学生的肺脏的横径和纵径都继续增加，肺泡体积也随之增加，男生尤为显著。由于呼吸肌增强，频率减慢，深度加大，肺活量增大，呼吸系统发育日益完善。我国男大学生的肺活量一般为 3400~4000 毫升，女大学生一般为 2500~3400 毫升。在这个时期，可进行耐力练习和适当承担氧债能力的锻炼，以增强肺功能。

2. 神经系统

神经系统一般是人体发育最早、最快，也是成熟最早的生理系统。6~7 岁时，脑的重量已达到成人的90%，到20岁，脑重只增加10%，约达1400克，大学生正处在脑细胞构成联系的上升期。经过智育训练，特别是专业课学习，皮层细胞活动的数量迅速增加，神经元联系扩大，脑回深化，第二信号系统最高调节能力大大增强，第一和第二信号系统的联系完善起来，为思维发展创造了良好的物质条件。所以，大学生在校时期是智力水平、记忆力、抽象思维获得重大发展、分析综合能力明显提高的时期。这个时期，由于内分泌活动发生变化，性腺活动加强，可使神经系统的稳定性受到影响，动作协调能力暂时下降，女生表现更为明显。

3. 心血管系统

大学生的心脏收缩力量增强，收缩压增高。这个时期可以承受一定的运动负荷，但强度不宜过大，尤其对于持续时间长的速度耐力性项目：随着年龄的增长，按照循序渐进的原则，可以逐渐增加运动负荷和强度。

4. 运动系统

大学生骨骼中水分减少，无机盐增多，逐渐进入骨化过程，骨密质增厚，骨骼更加粗壮和坚固，承受能力增大。由于性激素的作用，使肌肉纤维增粗，肌肉的横断面明显增加，肌肉发达，肌力增大。但骨骼的发育一般在 20～25 岁左右完成，肌肉要到 30 岁左右才发育完成。在大学期间，骨骼和肌肉的发展是一个很重要的阶段。

（三）身体素质特征

对于大学生的身体素质，根据调查资料显示：男生各项指标的增长高峰，除速度（50 米跑）在 7～8 岁出现外，其他素质均在 12～16 岁期间出现；女生大部分素质高峰期都出现在 7～9 岁，而柔韧和耐力素质到 18～19 岁又出现高峰。一般来说，到 19 岁以后，无论是男生或女生的各项身体素质都进入了下降期。因此，在大学年龄阶段，仍应加强身体素质的全面锻炼，以促进身体全面发展。

（四）性特征

性成熟是青春期人体的最大变化，它包括生殖器官的形态发育、功能发育和第二性征发育等。

男生的性成熟，主要表现在性器官——睾丸功能的发育与成熟。睾丸的功能是产生精子和分泌雄性激素。睾丸发育时间最早在 10 岁前后，12～16 岁期间迅速增大，17 岁前后达到正常水平。性功能发育，主要表现为遗精，一般为 12～19 岁之间。第二性征发育的表现是开始长胡须、体毛多、喉结增大突出、音调变低变粗、皮下脂肪减少，肌肉显得强健有力。

女生的性成熟，主要表现在性器官——卵巢功能的发育和成熟。卵巢的功能是产生卵子知分泌雌性激素。8～10 岁卵巢发育加快，10～18 岁期间，子宫等器官迅速发育。随着生殖器言的逐渐成熟，出现了月经。第二性征的发育，表现在随着乳腺的发育和脂肪的沉积，乳房逐渐隆起，乳头突出，声调变高，皮下脂肪增厚。

青春期后，人体虽然具有生殖能力，但身体尚未完全发育成熟，骨骼及心、脑等重要器官一般要到 25 岁左右才能发育完善。大学生年龄阶段正处于性成熟时期，根据以上特点，参加各种体育活动，有助于促进身心健康发展。由于女性生理的特殊性，在经期应选择适宜的体育活动内容和运动负荷。

二、大学生健康测量

评价一个人的健康状况可以通过常规医学检查、心理量表检测、体适能检测等方式获得。常规医学检查反映了一个人的基本生理指标，心理量表检测用于鉴别心理健康状况，而体适能检测则体现了身体各机能的能力状况，从体质健康和锻炼效果两个维度进行的评价。下面，我们主要围绕这三者进行具体介绍。

（一）常规医学检查

1. 血压

在未用抗高血压药情况下，收缩压在≥140 毫米汞柱至＜160 毫米汞柱之间或舒张压≥90 毫米汞柱＜95 毫米汞柱之间界定为临界高血压，应引起重视。收缩压≥140 毫米汞柱和舒张压小于 0 毫米汞柱单列为单纯性收缩期高血压。患者既往有高血压史，目前正在用抗高血压药，血压虽然低于 140/90 毫米汞柱，亦应该诊断为高血压。

2. 心肺听诊

脉搏：安静时正常范围是每分钟 60～100 次。心率低于 60 次/min，叫心动过缓；高于 100 次/min，叫心动过速。新生儿心率快，每分钟在 120 次以上；女子的心率较男子稍快；经常锻炼的人，心率较慢，运动员安静心率可低于 60 次/min，有报道耐力型项目的运动员安静心率可减少至 36～40 次/min 以下。

呼吸：正常人 16～20 次/min。呼吸频率在 12 次/min 以下为呼吸减慢，每分钟超过 24 次为呼吸增快。呼吸减慢：常见于代谢率降低、麻醉过量、休克以及明显颅内压增高等。呼吸增快：主要见于肺炎、肺栓塞、胸膜炎、支气管哮喘、充血性心力衰竭、代谢亢进以及神经精神障碍等。

3. 心电图

心电图是反映心脏兴奋的电活动过程，它对心脏基本功能及其病理研究方面，具有重要的参考价值。心电图可以分析与鉴别各种心律失常，也可以反映心肌受损的程度和发展过程和心房、心室的功能结构情况。最广泛的是普通心电图及 24 小时动态心电图。普通心电图可以及时的帮助中年人或幼小患儿发现潜在的心脏疾病或先天性心脏病。24 小时动态心电图能充分反映受检查者在活动、睡眠状态下心脏出现的症状和变化。心电图中最常见的异常情况是 T 波异常，提示心肌缺血，可能与冠心病、高血钾、高血压或检查前过度疲劳有关，必须到心血管专科进行进一步检查，排除心脏病变。

4. 血常规

血常规是临床上最基础的化验检查之一。它包括红细胞、白细胞、血红蛋白及血小板数量等。

红细胞（RBC）：我国正常成人的红细胞数量为，男性（4.5～5.5）×10^{12}/升；女性（3.5～5.0）×10^{12}/升。

血红蛋白（HGB 或 Hb）：男性 120～165 克/升；女性为 110～155 克/升。临床上红细胞与血红蛋白数量上的增减往往相并行。血红蛋白与红细胞数量的减少，则见于各种原因引起的贫血。

白细胞（WBC）：我国正常成人血中白细胞的数量为，（40～100）×10^9/升；儿童（50～120）×10^9/升。而病理性白细胞增多，则常见于各种化脓性的球菌或杆菌的感染，如败血症、肺炎等。

血小板（PLT）：血小板的正常数为（100～300）×10^9/升。血小板减少常见于血小板减少性紫癜及再生障碍性贫血。

5. 尿常规

尿蛋白（PRO）：正常人尿蛋白微量（<150 毫克/24 小时），常规性检查阴性。

尿糖（GLU）：正常人尿糖极微量（100～300 毫克/24 小时），尿糖定性试验阴性。

尿隐血（ERY）：正常人尿中无血红蛋白，尿隐血阴性。

6. 肝功能

谷丙转氨酶（ALT）：参考值 0～45U/L，正常存在于肝细胞内，有多种原因能造成肝细胞膜通透性的改变，如疲劳、饮酒、感冒甚至情绪因素等。但如上原因造成的转氨酶增高一般不会高于 60 个单位。肝炎病毒对肝细胞膜的通透性改变属病理性，对转氨酶值的影响较大，转氨酶值高于 80 个单位就有诊断价值，需到医院就诊。

谷草转氨酶（AST）：参考值 0～45U/L，该酶在心肌细胞内的数量高于肝细胞内，正常反映心肌细胞和肝细胞的疲劳程度。高于正常值一倍以上在病毒性心肌炎中有诊断意义。

血清总蛋白（TP）：正常值 60.0～85 克/升。数值增高，常见于高度脱水症（如腹泄、呕吐，休克，高热）及多发性骨髓瘤。数值降低，常见于恶性肿瘤，重症结核，营养及吸收障碍，肝硬化，肾病综合症，烧伤，失血。

血清白蛋白（ALB）：正常值 35.0～55 克/升。血清球蛋白（G）正常值 25.0～40 克/升。白蛋白/球蛋白（A/G）正常值 1.00～2.50。上述四项指标中白蛋白是始动指标，白蛋白主要在肝脏中制造，白蛋白量越多，人体越健康。球蛋白大部分在肝细胞外生成，球蛋白与人体的免疫有关系，球蛋白要保持一定的量，球蛋白值偏高说明体内存在免疫系统的抗争，偏低说明免疫不足。

7. 血脂

总胆固醇（CHOL）：正常值为 2.4～5.7 毫摩尔/升，如果总胆固醇值明显高于正常值，是心血管病的症兆的判断。

血清甘油三脂（TG）：正常值 0.38～1.71 毫摩尔/升，甘油三脂指标偏高，一方面，可能摄入太多脂肪；另一方面，血脂代谢轻微紊乱。甘油三脂指标偏高的危害在于当它从蛋白质中解离出来时，就附着在血管壁上，容易引起血管壁的粥样硬化、冠心病等。

脂蛋白：载脂蛋白中有高密度脂蛋白和低密度脂蛋白之分，高密度脂蛋白（HDL－C）的正常值 0.98～1.71 毫摩尔/升，如果数值降低，常见于脑血管病，冠心病，高胆固醇血症，严重疾病或手术后，吸烟，缺少运动等。低密度脂蛋白（LDL－C）的正常值 0～3.10 毫摩尔/升。当 LDL－C 值在 3.36～4.14 毫摩尔/升时，为危险边缘；>4.14 毫摩尔/升为危险水平。高密度脂蛋白越高越好，低密度脂蛋白越低越好。

8. 血糖（GLU）

有空腹血糖和餐后血糖的概念。空腹血糖（FPG）：正常值 3.9～6.1 毫摩尔/升，餐后两小时血糖的正常值应低于 7.8 毫摩尔/升。血糖必须保持一定的量，以提供人体的能量和供氧。通过耐糖实验（OGTT），口服葡萄糖 75 克，于空腹、服后 0.5、1、1.5、2、3 小时取血测定，空腹血糖大于 7.8 毫摩尔/升；2 小时血糖大于 11.1 毫摩尔/升的为糖尿病。

9. 肾功能

尿素氮（BUN）：正常值 1.7～8.3 毫摩尔/升。尿素氮指标增高与高蛋白饮食、少尿、肾功能不全、高血压、痛风、多发性骨髓瘤、利尿剂、消化道出血等有关。指标偏低则可能与妊娠、低蛋白饮食、肝功能不全有关。

肌酐（CRE）：正常值 36.00～132 毫摩尔/升。数值增高，见于严重肾功能不全，各种肾障碍，肢端肥大症等。数值降低，见于肌肉量减少（如营养不良，高龄者），多尿。

尿酸（Ua）：是蛋白质代谢的终末产物，正常值 143.0～416.0 毫摩尔/升。血尿酸值高多见于痛风，白血病，红细胞增多症，多发性骨髓瘤，急慢性肾小球肾炎。数值降低，见于恶性贫血及肾上腺皮质激素等药物治疗后。

10. 乙肝表面抗原

乙肝表面抗原（HBsAg）：是乙肝病毒的外壳蛋白，本身不具有传染性，但它的出现常伴随乙肝病毒的存在，所以它是已感染乙肝病毒的标志，正常为阴性。

乙肝"两对半"：如果乙肝表面抗原检测到阳性，需要通过乙肝"两对半"的化验来确定乙肝的具体症状。"二对半"依次为①HBsAg（乙肝表面抗原）、②抗－HBs（乙肝表面抗体）、③HBeAg（乙肝 e 抗原）、④抗－HBe（乙肝 e 抗体）、⑤抗－HBc（乙肝核心抗体）五项，正常值为阴性。人们将第一、三、五项阳性（即 HBsAg、HBeAg 和抗－HBc）称为大三阳，将第一、四、五项阳性（HBsAg、抗－HBe、抗－HBc）称为小三阳。乙肝五项是诊断乙肝感染的基本依据，HBsAg（＋）提示感染了乙肝病毒，但不提示病毒复制及传染性；抗－HBs（＋）表示有保护性抗体，对乙肝有免疫力，注射乙肝疫苗及自然感染痊愈后都可产生抗－HBs；HBeAg（＋）是乙肝病毒复制的指标，提示有传染性；抗－HBe（＋），一般情况下提示乙肝病毒低复制或不复制，少数情况下结合 DNA 检测明确是否存在病毒变异；抗－HBc 提示感染过乙肝。

（二）心理健康测量量表

心理测量在了解影响大学生的心理问题，在科学管理和引导大学生提供直接的策略方面发挥了指导作用，然而，在具体的实践应用中，也存在一些有待完善的问题，特别是网络上的一些所谓心理测试，必须谨慎对待。心理测试不是心理健康的唯一标准，因为心理测试是以心理健康社会常模为标准测试，心理测试的常模标准是动态的，比如国外的测试常模和过去的测试常模不一定符合当代社会的普遍现象。另一方面，当事人在心理测试的时候是一种心态，测试以后可能又是一种心态，心理测试细节应由专家进行再分析，其测试的结果仅供参考。以下是大学生常用心理测量方法。

1. 症状自评量表（SCL－90）

此表由 Derogatis, L. R. 编制（1975），此量表是鉴别心理健康状况较实用、简便而有价值的量表，它能够反映广泛的心理症状，准确地暴露来访者的自觉症状特征，成为目前临床心理评估最常用的自评量表，也是医生评定病人症状的一种方法。该量表共 90 个项目，包括躯体化、强迫观念和行为、人际敏感、抑郁、焦虑、仇恨、恐怖焦虑、偏执观念、精神质等 9 个症状因子，涉及感觉、思维、情绪、意识、行为直至生活习惯、人际关系、饮食睡眠等方面。每一类反映病人的某一方面的情况，因而通过各类的因子得分可了解病人的症状分布特点，以及病情的具体演变过程。SCL-90的使用范围颇广。主要为成年的神经症、适应障碍及其他轻型精神障碍患者，但不适合于躁狂症和精神分裂症。

该表可以评定一个特定的时间，通常是评定1周以内的时间。SCL-90量表一般采取1~5分的5级评分标准。从1分代表无症状到5分代表症状严重，依次递进。总分即为90个项目的得分总和。总分160分为临床界限，超过160分说明测试人可能存在着某种心理障碍。并且，任一因子得分超过2分为阳性，说明可能存在着该因子所代表的心理障碍。

2. 大学生人格健康调查量表（UPI）

UPI是University Personality Inventory的简称，UPI是为了早期发现早期治疗有心理问题的学生而编制的大学生精神卫生、人格健康调查表。该量表1990年由日本大学生学会会长松原达哉介绍给国内，由全国大学生心理咨询专业委员会主持编译的，并组织专家学者开展全国UPI应用课题研究，对UPI的有关条目、筛选标准、实施过程等进行了较为系统的修订。目前，国内已有较多大学的心理咨询机构常备并每年使用。

UPI主要以大学新生为对象，入学时作为心理健康调查而使用。UPI的特点是简便易行，便于团体测验，信息量大，筛选有效性高；测验过程不易引起心理抵抗；对施测人员无特殊要求等。适用于新生心理健康筛选，是有心理问题学生的早期发现的最佳选择调查表，已在我国高校推广。

3. 霍兰德职业倾向测验

霍兰德职业倾向测验是由美国著名职业指导专家J·霍兰德（HOLLAND）编制的，他的职业选择理论把职业分为六种不同类型，即现实型、研究型、艺术型、社会型、企业型、常规型。霍兰德认为每个人都是这六种类型的不同组合。只是占主导地位的类型不同。霍兰德还认为，每一种职业的工作环境也是由六种不同的工作条件所组成，其中有一种占主导地位。一个人的职业是否成功，是否稳定，是否顺心如意，在很大程度上取决于其个性类型和工作条件之间的适应情况。

职业的选择问题是每个学生即将面临或将会面临的现实问题，关系到每个学生的切身利益。该测验能帮助被试者发现和确定自己的职业兴趣和能力专长，帮助大学生认清自身和职业倾向，恰当地认识自己的优势与不足，给自己准确定位。

（三）体适能检测

体适能检测系统是当今运用于体适能教育中的检测设备，主要将心肺功能、肌肉适能、身体成分、骨密度、脊柱机能、平衡能力、体质检测、人体能量、血管机能、心理与营养等十余个与健康体适能有关的指标和因素的测试与评估、运动指导和健康结果反馈结合在一起，形成了具有运动处方专业化、个性化，数据采集多样化，软硬件无缝链接等特点的系统。

体适能检测系统具备综合评定的能力，可以对上述数据进行综合评价和分析并形成最终测试报告和运动处方报告。在其他功能上，它还具备针对特殊人群的测试与分析评价。比如，高血压、高血脂、糖尿病等慢性病人群进行测试，并对测试结果进行分析评价，提供相应运动处方。对青少年各年龄段进行体质、骨龄、体格、神经类型等测试、评定与指导等。

第二节 体育运动的科学原理与方法

在这里，我们所说的体育运动就是指体育锻炼。下面，我们主要围绕体育锻炼的科学原理与方法进行具体阐述。

一、体育锻炼的科学原理

体育运动包括各种与心肺功能、肌肉力量和耐力、柔韧性和身体成分等有关的活动形式，通常是指那些有计划、有规律、重复性的，以增强体能为目的的身体活动。因此，在内容的选择、方法的运用上要遵循体育运动及人体生理活动规律。

（一）生物进化论基础理论

生物进化是一个普遍的过程。关于进化论的理论，主要是指自然选择和用进废退两种进化动力机制的阐述。体育锻炼活动与人类进化的关系在这两种理论中均可得到合理的解释。体育锻炼从总体上适应自然选择规律，在局部上遵循着用进废退的规律。对人类总体而言，体育锻炼提供了一种自然选择的方式，它为人类身体的汰劣留良、发展进化提供了外部条件，使人类能逐代健康地繁衍下去；对于每个发育过程中的个体而言，体育锻炼是一个用进废退的过程。体育锻炼能使个体的运动器官及其他器官得到相应的发展，如肌肉体积和重量的增长、骨骼的增长、皮肤的加厚等。人体器官的用进废退是生物进化过程中的一种保护性反应，它能使生物和人体有效地适应外界环境的变化。

（二）生长发育规律

个体的生长发育过程主要受到遗传过程的控制，包括形态结构、生理机能、运动能力、心理持点直至寿命等各方面都要受到遗传的影响。这种影响是靠遗传程序来制约的。遗传为个体的生长发育确定了大致的方向和水平，但这种程序不是一成不变的，后天环境可以使这种程序发生一定程度的改变，体育锻炼就是调节这种程序的基本手段。人体的生长发育发展过程具有阶段性的特点，在不同的阶段进行不同的健身锻炼，对人的整个生命过程有着举足轻重的影响，生长发育规律对指导身体锻炼具有重要的意义，它不仅指明了不同年龄的个体从事身体锻炼的必要性，而且也说明了身体锻炼必须科学、全面、因人而异，在不同时期要有不同的侧重点。

（三）生理生化机制

生理生化过程是个体生命与外界进行物质、能量和信息三个方面交换的基本形式。它是保证生命存在的生物过程。人体生理生化过程中的新陈代谢，既取决于先天遗传素质，也受后天环境的影响。人是一个有机的活体，维持人体的生命活动需要一定的能量。人作为有机体，要对周围环境做出应答，同时做出各种反应动作。同时，人作为社会的人，也要完成各种各样的有目的的行为，这就需要消耗大量的肌肉能量和神经能量，这些能量的摄取也是人体在进行物质代谢中实现的。体育锻炼的基本功效，在于它是一个消耗体力的过程（即促进体内物质的分解和能量的消耗），由此引起异化作用的加强，它破坏了人体内原有的同化与异化的平衡，导致了体质水平的暂时减弱。然而身体锻炼造成人体的这种消耗并不是到此为止，而是对机体产生一种新的刺激，促使体内同化作用的加强（即同化作用适应异化作用的加强而加强），导致体内组织细胞内物质的补充、增加和积累。其最终结果是导致人的体质和健康水平的提高。

（四）超量恢复原理

根据运动生理学原理，人体在运动中所消耗的能量物质，在运动后不仅可以恢复到原有水平，而且可以超过原有水平。与此相应的，人体各器官和系统的机能也可以超过原有水平，这就是超量恢复。根据这一原理，健身过程可分为三个阶段，即运动时各器官系统工作能力下降阶段、运动后工作能力复原阶段、工作能力超量恢复阶段。人体健身运动就是这样沿着"消耗—恢复—超量恢复"这一过程不断循环往复、逐步适应而达到增强体质的效果的。

因此，为了达到健身的效果，机体在运动中必须承受一定的生理负担，造成一定的疲劳，才能达到健身目的。而且，运动后必须有合理的恢复与休息，这是造成超量恢复的前提条件。

（五）运动时的氧供应

人体的运动需要消耗能量。能量的来源实际上是来自体内能源物质（糖、脂肪、蛋白质）的氧化分解。运动愈剧烈，能源物质分解愈多，消耗的氧也愈大。从运动生理学角度看，人体自供氧能力，即人体摄取、运输和利用氧的能力，是决定以有氧代谢供能为主的耐力运动能力的基础，也是决定人体体能水平的基础。氧气的摄取和运输是通过呼吸、血液循环来联合实现的，它们合称为氧运输系统。呼吸系统把氧气从体外吸入人体内，氧气进入血液与血液中的血红蛋白结合，由心脏这个血液循环的动力站不停推动，使血液流遍全身，将氧送到各组织器官，所以人体有氧能力的提高依赖于摄氧量的提高。摄氧量也叫吸氧量或耗氧量，是指人体吸进体内并被组织细胞实际消耗利用的氧量。最大摄氧能力的高低，主要取决于心脏泵血功能即心脏输出量的大小和肌细胞的摄氧能力。

安静时，人体每分钟的摄氧量为 0.25 ~ 0.30 升，与安静时每分钟的需氧量的数值一样，运动时摄氧量随着运动强度的加大而增加。从事剧烈运动时，因受到循环、呼吸系统等机能的限制，每分钟摄氧量增加到一定限度就不能再增加，即达到摄氧量最高水平，故称为最大摄氧量，即运动时每分钟能够摄入并被身体利用的氧的最大数量。一般成年人最大摄氧量为每分钟 2 ~ 3 升，而有训练经验的运动员可达 4 ~ 5 升，优秀的耐力运动员可达 6 ~ 7 升。

经常参加体育锻炼，特别是耐力性质的锻炼可使心脏的贮备能力以及肌细胞利用氧的能力提高，最大摄氧量通过锻炼可提高 5% ~ 2%，个别人通过锻炼可提高 25% 以上。最大摄氧量的提高与锻炼次数有关，如果每周少于 2 次锻炼，最大摄氧量的变化不显著，短期为锻炼不能提高人体的有氧适应能力，最少需要 10 周到 20 周才能见效。提高最大摄氧量最低阈值，应为"最大心率储备"的 60% 左右（50% 的最大摄氧量）。最大心率储备是指最大心率与安静时心率差，再加上安静时的 1/2 的心率。对青年人来说，大约相当于心率达到 130 ~ 150 次/分的水平。老年人此值可低至 110 ~ 120 次/min。最近研究表明，年龄不是耐力锻炼的障碍，中老年人最大摄氧量的变化与青年人相似，只是年龄大的人需要更长的时间，才能适应锻炼。

（六）运动时的能量供应

1. 磷酸原系统（三磷酸腺苷 – 磷酸肌酸，简称 ATP – CP）

磷酸原系统是由细胞内的 ATP 和 CP 这两种高能磷化物构成的，它的特点是供能绝对值不大，持续时间很短，但是它供能快速，ATP 是细胞唯一能直接利用的能源，其能量输出的功率也最高。在体育运动中短跑（40～60 米）、跳投、旋转、冲刺等爆发性的动作，全部依靠 ATP – CP 的贮备供能。

2. 乳酸能系统

乳酸能系统也叫无氧糖酵解系统，它是在机体处于缺氧的情况下的主要能量来源。乳酸能系统对人体进行能量供应，它的作用与磷酸原系统一样，能在暂时缺氧的情况下迅速供能。如田径运动中的 400 米、800 米跑主要靠乳酸能系统来供能。

3. 有氧氧化系统

在氧供应充分的条件下，糖完全分解生成二氧化碳和水，所产生的能量可以合成大量的 ATP；此外，脂肪和蛋白质的氧化也可以为合成 ATP 提供能量。

有氧氧化系统生成丰富的 ATP，且不生成乳酸这类导致疲劳的副产品，它是人进行长时间耐力活动的主要供能系统，如田径运动中的长跑项目、马拉松等主要靠有氧氧化供能。作为一般的健身跑，如 10～15min 或半小时慢跑也是靠有氧氧化系统供能。

在运动中所需要的 ATP 分别由三种不同的能源系统供给。人体在不同运动强度下，根据需氧量的不同，表现出不同的供能方式。两者紧密相连不可分割，只是比例不同。短时间的快速爆发依靠 ATP – CP 的贮备供能，当 ATP – CP 的贮备耗竭时，无氧糖酵解系统开始提供能量供应，且有氧供能与无氧供能紧密配合，比例相当。当运动以持续运动几十分钟（一般认为 20min 以上）甚至几个小时的运动，有氧供能将逐渐占主导地位。

二、体育锻炼的原则与方法

（一）体育锻炼的原则

1. 自觉性原则

自觉性原则是指体育锻炼参加者在充分理解体育锻炼目的、意义的基础上，自愿、主动、积极地进行健身活动。健身锻炼是一种自愿行为，目的明确和主动积极是参加并坚持身体锻炼的首要条件。在体育运动中，健身的效果是逐步取得的、波浪式发展的，并不与锻炼活动同步，而且锻炼者本身的感觉也并不明显。同时，人的情绪、心境与世事境遇和客观环境的影响，也会对锻炼效果及其成效的判断带来影响。如果对体育锻炼评价为正向效果，则会对行为产生增力效应。反之，如果评价身体锻炼无效或负向效果，则会对行为产生减力效应，以至于完全停止。因此，要通过多种形式对身体锻炼效果加以检查与评价，并以此作为调动锻炼积极性的有力手段。

2. 全面性原则

全面性原则是指身体锻炼过程中，运用多种内容、方法和手段，统筹兼顾，使身体各部位、各器官系统的机能，各种身体素质和活动能力以及心理品质都得到全面均衡地发展。

3. 循序渐进原则

循序渐进原则是指体育锻炼必须遵循人体自然发展、机体适应的基本规律，从不同的主客观实际出发，合理安排运动负荷，在渐进的基础上提高锻炼水平。在体育锻炼过程中，运动技能的学习应由易到难、由简到繁，运动量的安排应由小到大、逐渐提高。运动负荷具有个人的特异性和时效性。运动负荷是否适宜，对锻炼效果的好差起很大的作用。即便是同一个人，在不同的机能状态、不同的时间。人体对负荷的承受能力也不尽相同。因此，进行体育锻炼时应循序渐进，随时调整运动负荷。逐步提高锻炼水平。

4. 个性化原则

体育锻炼时，要根据每个锻炼者的年龄、性别、爱好、身体条件、职业特点、锻炼基础、地区风俗等不同情况做到区别对待，运动模式做到个性化的发展和因人而异。大学生可进行对抗性强、运动较剧烈的球类运动、登山、自行车等户外运动，有职业能力需求的，可以根据职业的身心特质取长补短。体质不好的学生可以打太极拳、跳健身操，身体有疾病的学生还可以制定特殊的运动处方，有针对性地进行康复训练。

5. 经常性原则

经常参加体育活动，锻炼的效果才明显、持久，所以体育锻炼要经常化。虽然短时间的锻炼也能对身体机能产生一定的影响，但一旦停止体育锻炼后，这种良好的影响作用会很快消失。一次性体育活动可以提高人体的免疫机能，增强人体的抗疾病能力，但这种作用在体育锻炼后的第二天或第三天就消失了。所以要想保持身体旺盛的体力和精力，就必须坚持参加体育锻炼。

6. 安全性原则

（1）不要盲目进行体育锻炼，请体育教师或运动学专家根据你身体健康状况设计相应的运动处方，指导你有目的、有计划地进行安全、科学的锻炼。

（2）在制定或实施自己的锻炼计划前，一定要经过体检和医生的认可。如果你患有某种疾病或有家族遗传病史，需要找大夫咨询，在有医务监督的情况下按照体育教师和医生的建议进行锻炼。

（3）每次锻炼前必须做好充分的准备活动，克服内脏器官的生理惰性，提高运动的适应能力，预防运动损伤的发生。

（4）体育锻炼要全身心投入，体育锻炼过程中不要开玩笑，这对于青少年尤为重要，有时稍不注意，就可能出现运动损伤。

（5）饭后、饥饿或疲劳时应暂缓锻炼，生病初愈不宜进行较大强度的锻炼。

（6）在进行跑步、健美操等体育锻炼时，最好不要在沥青马路和水泥地面上进行，以防出现各种劳损症状。

（7）在锻炼的过程中，不要大量饮水，以免加重心脏的负担或引起身体及肠胃的不适反应。运动后，不宜即刻洗冷水澡。

（8）每次锻炼后，要注意做好整理、放松活动。这样有利于促进身体的恢复，以便迅速投入到学习生活中去。

（二）体育锻炼的方法

体育锻炼的效果，在很大程度上取决于训练方法的正确运用。体育锻炼的方法有许多，但选择体育锻炼方法的一个重要原则是，应根据从事活动对身体要求的特点来决定。下面介绍一些体育锻炼的方法。

1. 变换锻炼法

变换锻炼法是在体育锻炼过程中，采用变换条件、变换环境、变换要求等，来提高锻炼效果的一种锻炼方法。采用变换锻炼法可以有效地调节生理负荷，提高锻炼情绪，强化锻炼意志，克服疲劳和厌倦情绪。运用变换锻炼法时，常采用各种辅助性、诱导性和转移性练习，配合乐曲，利用日光、空气和水。

运用变换训练法要注意以下几点。

（1）要以锻炼的实际需要为前提。在进行变换锻炼时，应根据锻炼的具体目标，有目的地变换练习的运动负荷、技术动作的组合、练习的环境和条件等。运用变换法时容易打破原有的锻炼习惯和行为定势，机体对此要有一个适应的过程。要根据长远计划的安排采用变换锻炼法。

（2）加强锻炼过程的自我监督，注意积累有关材料和反馈信息，视身体反应，随时对锻炼计划加以调整。

（3）在采用变换锻炼法时，要把注意力集中到所要解决的任务上，并及时恢复到正常情况下练习。

2. 重复锻炼法

重复锻炼法是指按一定负荷标准，重复进行某项练习的方法。重复锻炼的次数和时间是决定健身效果的关键，确定和调节重复的次数和时间，应考虑项目的特点和锻炼者的身体状况。

采用重复锻炼法时应注意以下几点。

（1）合理确定练习重复的要素。其中包括：重复练习的总次数、每次重复练习的时间距或时间、每次重复练习的强度（速度或重量等）、各次重复练习之间的间歇时间等。

（2）切实保证每次重复练习的质量。不能因重复次数多而降低动作要求，也不能由于疲劳出现而减少计划所规定的练习数量。

（3）克服厌倦情绪，防止机械呆板。在采用这一方法时，一方面要加强意志锻炼，克服重复练习造成的枯燥感；另一方面，可安排调整措施，如在练习前后穿插轻松活泼的辅助练习等。

3. 间歇锻炼法

间歇锻炼法是指在进行重复锻炼基础上，两次之间按照严格规定的时间进行休整，它是提高锻炼效果的一种常用的锻炼方法。间歇时间长短，主要以运动负荷价值阈为准。负荷超过上限时，间歇时间应长些，以防止负荷继续上升，造成过多地消耗体力；负荷在下限时，间歇时间应短、密度应大。后次锻炼应在前次锻炼的效果未减退时进行。体育锻炼有效价值范围的心率在 120 次/min ~ 140 次/min 之间，运动中此心率至少持续 5min 以上才能达到健身效果。

采用间歇锻炼法时应注意以下几点。

（1）间歇时间的长短，要根据个人身体状况和锻炼水平来决定。锻炼水平较差，承担的生理负荷较大，则间歇时间应长些。反之，则间歇时间应短些。

（2）在间歇期，应该进行积极性休息和放松，安排轻微活动，如进行慢跑、按摩肌肉和深呼吸运动等，以此促进静脉血流回心脏，帮助排除代谢所产生的废物，保证机体的氧气供给等。

（3）要加强对负荷承担情况的监测，如有不适，可及时调整锻炼方案。

4. 循环锻炼法

循环锻炼法是指把各种类型的动作，具有不同练习效果的手段，建立若干练习站（点），组成一组锻炼项目，锻炼者按照一定的顺序循环往复地进行锻炼的方法。

采用循环锻炼法时应注意以下几点。

（1）循环锻炼法所布置的各个练习点，内容搭配要选用已经掌握的简单易行的动作，并有目的地突出重点，同时要规定好练习的次数、规格和要求。

（2）针对特点，因人而异地确定负荷。初次锻炼者或体弱者，练习的时间不宜过长。

（3）根据自己在练习中的体力状态和身体反应，及时调整运动强度和练习方式，以防止运动损伤和过度疲劳。

（4）强调每组动作质量，防止片面追求运动密度和数量的倾向。

5. 综合锻炼法

综合锻炼法是在进行身体锻炼的过程中，为促进身体全面发展，把能对身体各个部位起到不同健身效果的几个或更多的运动项目联系起来，形成一个可影响身体数个部位乃至全身所有部位的运动方法。如慢跑—单足跳—掷实心球—立卧撑—跳绳等综合锻炼法。

采用综合锻炼法时应注意以下几点。

（1）根据身体锻炼的任务，选定练习组合的各项内容，使之相互配合，取长补短。

（2）采用综合锻炼法时，既可将各个练习平均分配，求得均衡发展；也可确定一个中心项目，其余项目围绕此项做出适当安排，合理确定各项练习的数量和次序。

（3）综合锻炼法有两种间歇方法，练习间间歇和组合间间歇。练习间间歇时间较短，既是上一项练习后的休息和体力恢复，又是为下一项练习做准备。而组合间间歇则可稍长，保证机体得到较充分的休息。

6. 自然力锻炼法

（1）森林浴：森林浴就是沐浴森林里的新鲜空气。森林里树木参天，落叶铺地，景色优美，行走其间，辅之以潺潺流水，啾啾虫鸣，充满着诗情画意，仿佛置身于世外桃源之中。森林浴能使人的紧张精神得到松弛，并可焕发人的青春活力，激发热爱生活的情趣。这种良好的精神状态，有利于人体的健康长寿。森林浴对疲劳的消除、体力的恢复以及调节生活节奏具有特殊功效。目前，森林浴已作为一种医疗手段得到推广。不少国家开设了森林医院，专门收治生活在大都市中的"文明病"患者。那些因工作压力过重而导致身心发展障碍的人，经过 3~4 周的锻炼，可彻底消除身心疲劳。有的学者研究证明，森林浴可向儿童提供新鲜的自然空间，有利于改变性格，让一些平素寡言、胆小的儿童在森林里逗留一周，能重塑他们积极向上的自信心。此外，森林浴还可借助绿色的作用调节人的神经系统，使大脑皮质和视网膜组织通过光学作用来调节内脏器官，从而达到消炎利尿的目的。

①森林浴环境的选择：做森林浴，其一要选择空气清新，不含有毒物质，无菌，无灰尘的环境；其二，要绿树成荫，林中凉爽，气候宜人；其三，林中小道或集中沐浴场具有松软的落叶层或地下有厚厚的地皮、草、叶等；其四，有鸟叫蝉鸣，并伴有溪间流水之声，形成自然和谐的气氛；其五，树叶和树形美观，景色秀丽。

②森林浴注意事项：森林浴的活动内容包括登山观景、林中逍遥、荫下散步和郊游野餐等广泛接触森林环境的健身活动。做森林浴时，可以在森林中悠闲散步，静思养神；也可以跑步、做操，或攀高涉水上下爬动，适当加大活动量，速度要以边走边与人正常交谈为宜，但要尽量出汗，以有疲劳感为最好，一般每次以 2～3 小时为宜。在夏季，以上午凉爽时出行为好；在冬季，以太阳当空时外出为宜。着装最好以棉织料为主，穿防滑的运动鞋。在做森林浴时，最好配合深呼吸运动，有利于吸入新鲜空气和树木的芳香物质，排出体内的浊气，使大脑和机体得到充分休息，消除工作和学习带来的疲劳，并能增进食欲，这样收效更大。

置身于幽林深处，面对连接天际的壮丽森林，或仰望千年巨木，敬畏之心油然而生，神秘、喜悦、悲伤等情感涌上心头，这是人与大自然的无声对谈，这时候自然而然的静思最舒松身心。

（2）泥沙浴：泥沙浴分为泥浴和沙浴。泥浴又分为天然泥浴和人工泥浴。泥沙浴就是将人体的局部或全身埋在泥沙里，利用泥沙的温热和按摩作用来强身健体、防病治病。中医认为，泥沙浴实际上是一种集多种疗法于一体的综合疗法。做泥沙浴时，充足的紫外线起到了光疗作用；灼热的细沙是很好的热疗材料，具有理疗效果；热沙与皮肤摩擦又起到按摩的作用。经此综合作用，能使全身末梢血管扩张，促进血液循环，加快新陈代谢，网状内皮质系统活跃，加强神经系统功能的激活。因此，泥沙浴具有重要的养生意义。泥沙浴对某些疾病具有特殊的疗效。如各种类型的关节炎、慢性腰腿痛、坐骨神经痛、关节周围炎及血管栓塞性脉管炎等。沙浴有利于渗出液、炎症的吸收和瘢痕的软化，还可增强胃肠的蠕动，所以能引起机体局部和全身的变化。也有学者认为，沙浴之所以能治病，是因为经过太阳暴晒的沙子能使热量渗透到全身关节和五脏六腑之中，将身上的寒湿之气"吸"出来，从而达到祛风湿、强体力的目的。实践证明，沙浴疗法对某疾病的疗效已明显超过单纯的药物治疗和室内理疗。

①泥沙浴的场所：天然泥浴是在矿泉的中心地带形成的特有的天然热矿泥中进行，其温度一般在 42℃～65℃，泥中含有大量的胶体物质、盐类和气体等。热矿泥可做全身或局部埋浴、擦浴，以刺激和调节机体的神经和体液，具有消炎、止痛、解痉挛等作用。人工泥浴在国外很常见，其作用与天然泥浴相似。沙浴是将人体的局部或全身埋在沙里，利用沙的温热和按摩作用来强身健体、防病治病。沙浴多在海滨沙滩以及有沙丘的地方进行。我国有着漫长的海岸线，海水浴场星罗棋布，这既为我们提供了优美的风景点和避暑胜地，又为我们提供了沙浴的天然场所。

②泥沙浴的注意事项：患有各种皮肤感染、开放性换伤及患有严重器质性病变者，妇女经期、孕期、儿童、年老体弱者，急性炎症、有出血倾向者，均不宜进行泥沙浴。

洗泥浴前要休息充分，切勿空腹或酒醉后进行；人浴前应该进行必要的体检如测体温、脉搏、血压、体重等；泥浴过程中可以用冷毛巾敷住头部，如果出现头晕、恶心、大汗等身体不适症状，要立即停止泥浴；泥浴当天应该避免剧烈运动和强烈的日光浴；黑泥具有强力吸附性，几乎在 15～20min 内就能完成对肌肤的作用，但超过 20min 后会使肌肤产生失水现象，所以要注意时间；出浴后要注意休息，多喝能够补充糖分和盐分的饮料，进食高蛋白、高热量的食物，如蛋、肉等。

沙浴的理想季节是每年 6～8 月，开始时沙疗的时间不宜过长，一般每天 1～3 小时。进行沙浴时可用一条湿毛巾盖在脸上，把眼、鼻、嘴、耳捂住，这样既可以防止面部和头部被烈日晒伤，又可防止沙子进入"七窍"，且能在阳光下保持阴凉感，可预防中暑。沙浴时宜适当饮水，以补充体液。埋沙时沙面宜盖得适中，太厚有压迫感，太薄会使皮肤灼伤，且因热量不能透入体内而达不到效果。身体外露部分要用遮阳小帐篷或布伞遮挡。

三、体育锻炼的科学安排

体育锻炼只有持之以恒，才能取得理想的健身效果。因此，锻炼者在体育锻炼前应根据自身条件、健身目的，制定出一个长期稳定而又切合实际的锻炼计划。在制定体育锻炼计划时，至少应考虑锻炼者的健身目的、年龄和季节等多方面的因素。

（一）根据目的科学安排体育锻炼

在进行体育锻炼前，每个人都有较明显的健身目的，这是人们科学安排体育锻炼的重要依据。如果是为了单纯性的增强体质，提高健康水平，那么，安排体育锻炼的内容和时间就比较灵活一些，可以跑步、打球、练习武术等，时间可长可短。如果是为了提高肌肉力量，发展肌肉块，就应该以力量练习为主，每周训练 3 次，其余时间用于身体机能的全面发展。增加肌肉力量要有科学、现实的目标，制定目标时不要太高，要留有余地，目标过高，肌肉力量增长过快，不仅对肌肉本身不利，反而会破坏机体的协调发展。如果以减肥为主要目的进行体育锻炼，就应该以有氧运动为主，运动的时间相对较长，以使体内的多余脂肪充分消耗，通过体育锻炼减肥，每月减体重 2 千克比较合适。如果女性为了保持优美的身材和体形所进行的体育锻炼，就应该多做一些健美操运动。

（二）根据季节科学安排体育锻炼

不同季节的气候条件对安排体育锻炼也有影响，锻炼者应根据季节气候的变化规律安排运动训练，选择锻炼的内容。

1. 春季锻炼

春季科学地进行运动训练可以为一年的运动训练和身体健康打下较好的基础。春季进行运动训练，主要是以加强体内的新陈代谢为主，逐渐提高各器官的机能水平，运动形式多为长跑、自行车、跳绳、爬山、球类等。在春季进行运动训练时，要做好准备活动，充分伸展僵硬的韧带，以减少运动损伤。同时，要注意脱穿衣服，防止感冒。

2. 夏季锻炼

夏季天气炎热给体育活动带来很大不便，但如果夏季停止运动训练又破坏了运动训练的连续性。所以，夏季既要坚持运动训练，又要掌握锻炼的强度和时间。夏季最理想的运动是游泳，这项运动不仅可以提高身体机能。同时又可防暑解热。夏季可供人们选择的运动训练项目还有慢跑、散步、太极拳、羽毛球等。在进行这些项目的运动时，最好是在清晨和傍晚进行，运动后要注意水分的补充，以防身体脱水和中暑。

3. 秋季锻炼

秋高气爽是运动训练的大好季节。体育运动中许多重大的国际比赛都安排在秋季进行，说明秋季适合多种体育活动的开展，如篮、排、足三大球，长跑、武术、自行车等。一些冬季锻炼项目，如冬泳、冷水浴等，也应该从夏末秋初就开始准备，以便使身体有一定的适应过程。秋季进行运动训练时，由于天气变化无常，早晚气温较低，锻炼时要注意及时增减衣服。另外，秋天的天气干燥，锻炼前后要补充水，以保持黏膜的正常分泌和呼吸道的湿润。

4. 冬季锻炼

冬季参加运动训练，不仅可以提高身体的一般健康水平，更重要的是可以提高身体的抗寒能力，预防各种疾病的发生，所谓的"冬练三九"就是这个道理。冬季运动训练的内容非常丰富，一般可进行长跑、足球、拔河等，北方还可练习滑雪、滑冰。冬季锻炼时身体生理机能惰性较大，肌肉组织容易受伤，所以要做好准备活动。运动吸气时最好采用舌尖顶住上颚，让冷空气从舌根下进入口腔的方式，防止冷空气直接刺激口腔黏膜。

（三）因人、因年龄科学安排运动量

体育锻炼时，运动量是影响锻炼效果的重要因素。运动量过小，锻炼效果不明显；运动量太大，会对身体机能产生不利影响。处于生长发育时期的青少年，随着年龄的增加，身体机能不断提高，这就要求锻炼者的活动量不断增加，以使运动量不断适应日益提高的身体机能。成年人的身体机能较为稳定，进行体育锻炼主要是为了保持身体机能，预防各种疾病。在体育锻炼的开始阶段，活动量可逐渐增加，当身体机能达到一定水平后，就应保持原运动量。

（四）疲劳恢复期的科学安排

运动训练一段时间后人体必然会产生疲劳，疲劳是一种生理现象，任何运动训练都会产生疲劳，只有通过运动训练产生人体疲劳，才能出现身体机能的超量恢复。但是，疲劳的不断积累也可能造成身体的过度疲劳，后者会对机体产生不利影响。如果运动训练后感到身体轻松、舒畅，食欲和睡眠情况较好，说明这种疲劳是正常反应。如果运动训练后感到头昏、恶心、胸闷、食欲减退，身体明显疲劳，甚至产生厌恶感，说明疲劳程度较重。

（五）体育锻炼中断后的重新恢复

由于生病、受伤、家庭意外事件等这样或那样的原因而中断一定时间的体育锻炼常常发生，那么，再开始体育锻炼时，就要根据中断体育锻炼的原因、时间长短和锻炼者的身体情况，重新制定一个短时间的恢复性体育锻炼计划。对于大学生来说，由于其身体机能好，代谢旺盛，过渡性锻炼的时间可短一些，一般有一周左右的时间就足够了。

（六）体育锻炼的禁忌人群

（1）发高烧、高热的病人。

（2）心、肺、肾、肝脏和胃肠疾病的急性期。

（3）具有出血倾向的疾病，如咳血、消化道出血及急性软组织损伤后的出血阶段。

（4）恶性肿瘤病人。

以上四类人不要参加体育锻炼，病好后可在医师指导下进行适量的体育锻炼。

四、运动处方的制订

20 世纪 50 年代，美国生理学家卡波维奇研究指出，人们在进行运动锻炼时，应对运动项目、内容、方法进行科学的选择，才能取得良好的锻炼效果。并最先提出了"运动处方"的概念。1969 年，WHO 也采用了"运动处方"这个名词，此后，"运动处方"这个概念在国际上得到了广泛应用。运动处方的完整定义：康复医师或体疗师，对从事体育锻炼者或病人，根据医学检查资料（包括运动试验和体力测验），按其健康、体力以及心血管功能状况，用处方的形式规定运动种类、运动强度、运动时间及运动频率，提出运动中的注意事项。运动处方最大的特点是因人而异，针对性强，能对锻炼者提出具体的运动负荷量度和运动方式，从而保证身体锻炼的科学性、安全性和有效性。

运动处方的制订包括以下几个步骤。

（一）健康体适能诊断

1. 健康调查与评价

健康调查是为了了解参加锻炼者或病人的基本健康状况和运动情况，健康调查应包括以下内容。

（1）询问病史及健康状况，包括：既往病史、现有疾病、家族史、身高、体重、目前的健康状况、疾病的诊断和治疗情况。

（2）了解运动史，包括：参加锻炼者或病人的运动经历、运动爱好和特长、目前的运动情况（是否经常参加锻炼、运动项目、运动量、运动时间、运动中、运动后的身体反应等）、在运动中是否发生过运动损伤等。

（3）了解运动目的，包括：应了解参加锻炼者和病人的健身或康复明确目的、对通过运动来改善健康状况的期望等。

（4）了解社会环境条件，包括：参加锻炼者或病人的生活条件、工作环境、基本的经济状况、可利用的运动设施和条件、有无健身和康复指导等。

以上调查的目的是对受试者的健康状况作出初步评价，评价范围包括身体的健康状况、精神状态、社会适应能力、锻炼动机等。

2. 运动试验

运动试验是评定心脏功能、制定运动处方的主要方法和重要依据。检测和评定锻炼者对运动负荷的承受能力，以心肺功能为主，进行安静和运动状态下的生理功能检测，主要有心率、血压、肺活量、运动时的最大摄氧量等指标。

3. 体力测试

体力测试主要是对锻炼者的身体素质状况进行检测和评定，内容包括锻炼者的身体各部分的力量、速度、耐力、灵敏、柔韧等。为了便于评价，常要将该受试群体的较大样本指标进行数理统计，建立起数学模型，然后将该受试者的指标与数学模型加以对照，以确定其各项指标的水平和优劣。

通过以上几个步骤，可以对受试者的健康状况、体力水平和运动能力等有全面的了解。根据以上结果便可制订处方。制订处方时要按照处方的内容逐项决定运动目的、运动种类、运动强度、运动密度、持续时间、运动时间带、注意事项等。其中强度应设定出安全界限，运动时间应设定出必要的运动时间。

（二）设置锻炼目标

确立短期、长期的目标对设计运动处方十分重要，目标能促使大学生去实施某一个锻炼方案，而达到目标后又能进一步提高自信心，从而激励自己终身从事有规律的体育锻炼。由于每个人的身体情况不同，锻炼的目的也不同。有健身的、娱乐的、减肥的、治疗的等多种类型，因而运动处方的目标应带有个人差异特征。同时，一个人在不同时期，其运动处方的目标也应有不同，要体现出阶段性特征。此外，还要考虑设置一些坚持锻炼的目标，即设置保证每周专门有几天用来锻炼的目标。坚持锻炼的目标很重要，因为只有规律地锻炼，体能水平才能维持和提高。

在设置个人的锻炼目标时，请遵循以下几点建议。

（1）确立现实的目标。要设置一些自己能达到的锻炼目标，因为实现不了目标会使人灰心泄气。设置一些现实的短期目标很关键，它能激励自己继续进行锻炼。当达到某个锻炼目标后，再设置一个新目标。除短期和长期目标外，还要考虑设置一个体能维持目标，维持目标有助于自己终身坚持体育锻炼。

（2）用书面形式写出目标。大学生应该将设置好的目标写在纸上，然后，把这些目标置于自己每天都能看得见的地方，这有助于提醒自己目标尚未达到，还应继续努力。此外，应该对目标定期进行评估，如果需要的话，也可对目标进行调整。

（3）对达到目标的障碍有预见性。在执行锻炼方案前，应该认识到锻炼中碰到的各种困难均属正常现象，要时刻告诫自己不能打退堂鼓。坚持锻炼，必有收获。然而，需注意的是设置目标固然重要，但朝着目标所做出的努力则更加重要。

（三）选择运动模式

运动模式包括运动方式、强度、时间和频率，这些内容又被称为运动处方四要素。

1. 运动方式

现代运动处方的运动方式包括以下三类。

（1）有氧耐力运动项目，如步行、慢跑、速度游戏、游泳、骑自行车、滑冰、越野滑雪、划船、跳绳、上楼梯及功量自行车、跑台运动等。

（2）伸展运动及健身操，包括广播体操、气功、武术、舞蹈及各类医疗体操和矫正体操等。

（3）力量性锻炼，如自由负重练习、部分健美操等。

在运动处方中，要根据运动参加者的目的选择有针对性的运动项目。如以健身或改善心脏功能为主要目的，多参加走、慢跑、游泳、自行车等耐力性项目；为了增强肌肉，宜选择力量性项目；为了松弛精神，缓解神经衰弱，可选择太极拳、保健按摩、散步和放松体操等。

2. 运动强度

运动强度指在单位时间内完成的运动量。由于运动强度对锻炼者的机体影响最大，因此它的安排恰当与否是影响运动处方效果的关键。运动处方的制定，要根据不同人的不同的运动能力，以个性化为原则。在运动处方中，运动负荷强度要根据心率、自感用力度、最大吸氧量贮存百分比进行定量化设计和监测。

运动强度的设定，不要过高也不要过低，应该是有一定难度，而通过努力是可以实现的。此外，对负荷强度目标达到的程度要进行定期评价，并根据自身的条件和现状，及时进行调整。

3. 运动时间

运动时间指每次运动所持续的时间，即达到运动处方强度后必须保持的时间，运动时间的长短，要根据个人体质、医学检查情况来确定。运动持续时间和运动强度关系密切，即由两者的配合来共同决定，在总运动量确定时，运动强度与运动时间成反比。运动强度较大则运动时间较短，运动强度较小则运动时间较长。

有的研究认为，运动时间阈值应不少于3min，最长运动时间一般不超过60min；有的研究认为，每次进行20～60min的耐力性运动是比较适宜的；从运动生理学的角度来说，5min是全身耐力运动所需的最短时间，60min是坚持正常工作的最大限度时间；库珀认为，心率达到150次/min以上时，持续5min即可收到效果，如果心率在150次/min以下时，就需要5min以上才有效果。

4. 运动频率

对体能较低的人来说，一周进行3次运动锻炼就足以增进有氧适能，但随着运动强度和运动持续时间的渐增，要继续改善有氧适能，运动频率也必须增加。对训练的研究表明，当排除强度、持续时间和原先的体适能水平的影响后，体适能的变化与运动频率有直接的联系，每周运动6天的效果不只是每周3次的两倍，所以，为了增进体适能或控制体重，要考虑适当地增加运动频率。人体对训练刺激做出反应需要时间，在进行长时间的运动后，需要一定时间来消除疲劳以恢复运动能力，为此可以选择隔天一次的运动来提高运动的持续时间。

（四）明确注意事项

（1）实施过程要循序渐进。从最简单的运动着手，以渐进的方法逐渐增加运动难度，强调由慢到中速的，再到快的运动原则。

（2）做好准备活动及整理活动。在运动前，做好肌肉和关节的伸展活动。在运动中，要逐渐增加活动强度。在活动进行到最后时，要有短时间的整理活动，包括慢速步行及伸展运动。整理活动的目的如下。

①使锻炼者的血液从肌肉返回心脏。如果不能及时将沉淀在工作肌中的大量血液返回，锻炼者就会感到头晕甚至昏倒。防止血液沉淀的最好办法是对工作肌进行低强度的练习。

②尽管一次整理活动不能完全消除肌肉酸痛，但会减低酸痛的程度。

③整理活动还有助于体温逐步降低，恢复正常。

（3）及时监控与检查。在运动处方制定及实施过程中，运动处方制定者和锻炼者要对处方所引起的生理反应进行观察，了解其生理反应是否正常（如心率反应是否在目标心率范围、呼吸、出汗量、劳累程度如何等）。根据观察结果对处方进行修改和调整，以使锻炼者找到最适合自己条件的运动处方。

第四章 体育运动与健康

本章主要对体育运动与健康进行介绍，内容包括认识健康、有氧运动、体育锻炼以及常见运动损伤及处理。

第一节 认识健康

一、健康的内涵

健康是人类生存和发展最基本的条件，也是创造社会物质文明和精神文明的基础。历史上许多伟大的思想家对"健康"都做过精辟的论述。马克思把健康称为人的第一权利，一切人类生存的第一前提；法国物理学家居里夫人指出，科学的基础是健康的身体；美国哲学家爱默生认为，健康是人生的第一财富；英国教育家洛克强调，若没有健康，就不可能有什么幸福而言；德国哲学家叔本华则形象地指出，健康的乞丐比有病的国王更幸福。的确，没有健康，人生的一切就会黯然失色。1978 年 9 月国际初级卫生保健大会发表的《阿拉木图宣言》中强调指出："健康是基本人权，达到尽可能高的健康水平，是世界范围内一项最重要的社会性指标"，要求人们重视健康的价值，树立"人人为健康，健康为人人"的正确观念。

（一）健康和亚健康

1. 健康的概念

人类对健康的需要和认识是随着历史的发展而不断提高、不断深化的。概括起来，人类历史上对健康的认识大致可以分为四个阶段，这四个阶段中产生了四种不同的认识模式："神灵医学模式""自然哲学医学模式""生物医学模式"和"现代医学模式"。在古代，人们认为生命系神所赐，患病是神的惩罚，保护健康和治疗疾病，主要依赖于求神问卜，祈求神灵的保佑，此阶段为神灵医学模式阶段。随着生产力的提高，对于疾病与健康的认识也有了发展。如古希腊医学家波克拉底认为："人体存在血液、粘液、黑疸、黄疸四种体液，如各体液配合正常，人就健康，配合不正常，人就生病。"我国传统医学的阴阳五行和内因、外因的病因学说，已将健康、疾病与人类生活环境相联系，凭经验来调整人体内外环境的平衡，以达到治疗疾病保持健康的目的，这称之为自然哲学医学模式。到16 世纪中叶，自然科学有了明显的进步，生物科学和医学有了重大发展，使人类有可能以生物学观点进一步阐述生命现象，从器官和细胞层次上来寻找疾病时的组织损害或生物分子结构和生化代谢方面的变化，并逐步探明生命过程中许多内在复杂的联系，这称之为生物医学模式。生物医学模式在人类与疾病作斗争以及指导、促进和保护人类健康的历史进程中发挥了重要的作用，做出了重大贡献。然而，生物医学模式是将人作为生物进行研究，在处理人体健康与疾病时，仅重视生物理化因素及躯体疾患，常将人体结构及功能的完好程度作为衡量健康的唯一标准，而忽视了非生物因素对健康的重要作用。进入 20 世纪，特别是 20 世纪 50 年代以后，越来越多的研究表明，人的健康与疾病，不单纯受生物因素的影响，即使是以生物因素为主的传染病，也日益受社会心理因素和个人生活方式的制约。生物医学模式忽视了这些因素的作用，从而暴露了它的局限性。美国学者恩格尔在 20 世纪 70 年代首先提出了生物医学模式应转向生物—心理—社会医学模式，亦称为现代医学模式。这一模式几乎概括了影响人类健康的各类因素，突出了社会心理因素在导致疾病中的作用，使人们对疾病和健康的总体认识有了根本的改变。

　　1948 年世界卫生组织（World Health Organization，WHO）在宪章中指出："健康不仅是免于疾病和虚弱，而且是保持身体上、精神上、和社会适应方面的完美状态"。身体上的健康是指躯体、器官、组织及细胞的形态、机能的完整；心理上的健康是指精神与智力处于完好状态，内心世界丰富充实，适应外界的变化；社会上的健康是指有良好的人际交往和社会角色功能。1989 年 WHO 又进一步深化了健康的概念，认为健康还应包括道德健康，即从道德的观念出发，每个人不仅对自己的健康负有责任，同时也对他人和社会健康承担义务（例如，不在公共场所吸烟）。从而把人们对健康的认识提高到一个崭新的水平。目前，世界各国学者公认 WTO 的健康概念是一个全面的、明确的、广泛适用的、科学的健康概念。

　　2. 亚健康的状态

　　亚健康是近年来新提出来的概念。亚健康状态是介于健康与疾病之间的一种状态，又叫"第三状态"或"灰色状态"，是指机体在内外环境不良刺激下引起心理、生理发生异常变化，但尚未达到明显病理性反应的程度。从生理学角度来讲，就是人体各器官功能稳定性失调尚未引起器质性损伤，医学检查所得各项生理、生化指标均无明显异常，医生无法作出明确诊断。在此状态下如能及时调控，可恢复健康状态，否则会发生疾病。亚健康状态基本上是由于机体组织结构的退化（老化）及生理功能减退所致，因而目前将人体衰老的表现也列入亚健康状态的一种类型。

　　亚健康在临床上常被诊断为疲劳综合症、内分泌失调、神经衰弱、更年期综合症等。其在心理上的具体表现是：精神不振、情绪低沉、反应迟钝、失眠梦多、白天困倦、注意力不集中、记忆力减退、烦躁、焦虑、易惊等。在生理上则表现为疲劳、乏力、活动时气短、出汗、腰酸腿疼等。此外，还有可能出现心血管系统变化，如心悸、心律不齐等。

　　国内外研究表明，现代社会完全符合健康标准的人只有大约 15% 左右，有疾病在身的人大约 15% 左右，其余近 70% 的人都处在不同程度的亚健康状态。打个比方，如果健康和疾病是生命过程的两端的话，它就像一个两头尖的橄榄，中间突出部分就是处于健康与有病之间的亚健康状态。亚健康包含前后衔接的几个阶段，即：与健康紧临的可称为"轻度身心失调"，常表现为疲劳、失眠、胃口差、情绪不稳定等，约占人群的 25%～28%。这种失调者持续发展，可进入"潜临床"状态，即已呈现出发展某些疾病的高危倾向，人群中这种状态的人超过 1/3，他们除了表现为身心失调外，还常伴有慢性咽痛、反复感冒、精力不支等。另有 10% 的人处于潜临床和疾病之间，即"前临床"状态，已有了病变，但症状还不明显，已从健康驶向疾病。造成亚健康的原因有以下四种。

（1）过度疲劳：过度疲劳是指因生活、工作节律加快，竞争的日趋激烈，使人们用脑过度，身心长时期处于超负荷紧张状态，造成机体身心疲劳。表现为疲劳、精力不足、注意力不集中、记忆力减退、睡眠质量不佳、颈背腰膝酸楚疼痛、性机能减退等。长期下去，必然造成内脏功能过度损伤、机能下降而出现亚健康状态。

人在运动中承受的运动量及适应能力是有限的，剧烈运动对人体有不利影响。因剧烈运动对糖酵解系统要求较高，会迅速消耗肌糖元，如长期得不到恢复会导致慢性疲劳症状，即慢性训练综合症。表现为运动成绩下降、肌肉力量、协调性及本人的最大工作能力下降，食欲降低，体重下降，肌肉软弱，精神萎靡或过敏，有时恶心，睡眠紊乱，安静心率上升，血压升高等。过度训练常伴随自主神经系统的异常反应，明显的内分泌功能紊乱以及免疫系统机能降低，这是比较明显的亚健康状态。

（2）自然衰老：人体成熟以后，大约30岁左右就开始衰老，到了一定程度，人的机体器官开始老化，出现体力不足、精力不支、社会适应能力降低等现象。譬如女性出现更年期综合症时，生理功能紊乱、精神和情绪躁乱；男子虽然更年期综合症状不明显，但是也会产生机能减退、精神烦躁、精力下降等综合症状。这时人体是没有病变的，但是已经不完全健康，属于亚健康状态。

（3）身心疾病：现在世界各国公布死亡前三位病因，几乎都是心、脑血管疾病和肿瘤。在这些病发病前的相当长时期内，机体也可能处于亚健康状态，人体内脏系统虽然没有显著病变，但已经有功能性障碍，如胸闷、气短、头晕目眩、失眠健忘、心悸、无名疼痛等。各种仪器和化验手段都不能发现阳性结果，没有对症的药，也没有合理的解释。

（4）人体生物周期中的低潮时期：即使是一个健康的人，在某一特定的时期也可能处于亚健康状态。人的体力、精力、情绪都有一定的生物节律，有高潮也有低潮，脑力和体力都有很大的反差。在低潮时期，就会表现出亚健康状态。

（二）健康的价值

1. 健康是个人享有生活、奉献社会的前提条件和基础资源

从古到今，各个时代、各个民族都把健康视为人生最可宝贵的财富。世界卫生组织前总干事马勒博士指出：健康并不代表一切，但丧失了健康就丧失了一切。这充分说明了健康对于人的价值。道理就是这样的简单：当你拥有健康时，你并不刻意地珍惜它。如果一旦失去健康，你即使有再高的道德修养、再高的知识创新能力也无法展示并服务于社会；你即使有再优越的生活环境条件也无法享受。对于个人来讲，健康是你享受生活、奉献社会的最基本的前提条件和基础资源。所以健康是人生最可宝贵的财富，我们应时时珍惜它。

2. 健康是社会进步的标志和动力

马克思认为：任何社会的发展和经济的繁荣都直接取决于人民的强健和创造性。许多国家和地区的社会发展实践证实了这样一个道理：国民健康与社会发展相互影响。国民健康水平高，社会的劳动生产率高，社会医疗消费负担小，社会财富积累，经济繁荣，社会发展；国民健康水平低，社会的劳动生产率低，社会医疗消费负担大，社会财富消耗过大，对社会的经济发展产生不良影响。反过来社会发展程度对国民健康水平亦有影响。社

会发展程度高，国民教育程度与生活水平高，社会卫生服务水平高，人民健康水平亦高；社会发展程度低，人民健康水平亦低。因而，世界公认健康是社会进步的重要标志和社会发展的潜在动力。

3. 人民健康是社会发展目标中的基本目标

人民健康是社会发展和国家繁荣的重要前提之一。促进人民健康就是发展社会生产力。1995 年世界卫生组织总干事中岛宏在社会发展世界首脑会议预前会开幕式上强调："卫生是社会发展的核心。"他指出："没有卫生就不可能有社会发展和经济增长。""换成最通俗的话来说，卫生事业的发展才能保证孩子们能长大、上学、学会技术、受雇工作、独立地生活并履行对家庭和社会的义务。""卫生是社会发展目标中的基本目标，它也为政治稳定提供土壤。为了预防贫穷、失业和增进社会团结，在发展战略中，必须把卫生作为行动的核心。"

二、影响健康的主要因素

1974 年加拿大政府出版了《加拿大人民健康的新前景》，首次把死亡与疾病归因于不良生活行为方式、环境因素、生物学因素和卫生服务四大因素，这个观点得到了世界各国学者的一致赞同。

（一）生活行为方式

1. 生活方式

生活方式是指人的生活样式，是生活活动的总和。包括生活态度、生活水平、生活惯常行为。20 世纪 70 年代英国布瑞斯洛教授经调查得出结论：人的期望寿命、健康水平与七项行为有关，从而肯定了行为和生活方式与健康的关系。

作为一种致病因素的不良行为和生活方式，是指人们自身的不良行为和生活习惯给个人、群体和社会的健康带来直接或间接的危害。这种危害具有潜袭性、累积性和广泛性的特点。有报告称美国前十位死因疾病中，行为和生活方式在致病因素中占 70%。美国通过近 30 年的努力，使冠心病的死亡率下降 40%、脑血管疾病的死亡率下降 50%，其中 2/3 是通过改善行为和生活方式而取得的。现在人们通常把行为和生活方式致病因子所致的疾病如心脏病、中风、癌症等慢性病称之为"生活方式病"。1993 年 4 月在北京召开的 WHO 慢性非传染病控制综合规划中心主任会议预计，到 2015 年死于生活方式病的人数占发展中国家总死亡人数的 60%，发达国家达到 75%，生活方式病将成为人类的头号杀手。

生活方式病主要是由不良饮食习惯、精神紧张、吸烟、酗酒及减少运动等不健康的生活方式造成的。有调查研究表明，目前人群疾病谱和死亡谱已发生很大变化。疾病的病因按生活方式、行为因素、人类生物学因素、环境因素、卫生保健服务因素等方面划分，生活方式、行为因素几乎占 50%。世界卫生组织的专家指出：因生活方式疾病（如高血压、心脏病、中风、癌症和呼吸道疾病等）而导致死亡的人数，目前在发达国家占总死亡人数的 70%～80%，在不发达国家中也占 40%～50%。据估计，到 2015 年，发达国家心血管病的每年死亡人数将从 1985 年的 1320 万增至 2450 万，同时，发展中国家死于此病的人数也将由720万增至1670万。目前，全球每年大约有700万新的癌症病例，并有500万例死亡。美国科学家在经历55年对生活方式疾病的研究发现，超过自身标准体重25%的青少年肥胖者，最终受害在成年之后。也就是说男子在70岁以前极易发生冠心病、动脉粥样硬化、中风、结肠癌等疾病，其死亡率近似普通患者的2倍；女子在70岁以前则易得关节炎、动脉粥样硬化及丧失劳动能力等。

我国前十位死因中，不良生活方式、不良行为在致病因素中占44.7%，尽管慢性非传染性疾病是多种因素作用的结果，但不吃早餐、长期吸烟、过量饮酒、熬夜、不当的膳食和缺少体育活动等不良生活方式仍是发生这些疾病的主要因素，据统计，肿瘤、脑血管病、呼吸系统疾病、心脏病、损伤和中毒已成为我国死亡顺位的前五名。对死亡原因的分析表明，生活方式、行为因素已成为与死亡相关的第一位原因。与此同时，吸毒、性传播疾病、心理和精神障碍导致的疾病正呈上升趋势，这些疾病都无法单纯依靠药物和手术治疗得以治愈，只有通过健康方面的教育，改变生活态度和行为方式，才是控制上述疾病最有效的手段。

2. 行为和生活方式致病因素

行为和生活方式致病因素涉及范围十分广泛，如不良的生活习惯、不合理的饮食、缺少身体运动、吸烟、酗酒和药物滥用、不良的性行为、有害的职业性行为等。

（1）吸烟：吸烟是目前危害人类健康最严重的不良行为因素之一。把吸烟称为"现代的鼠疫"一点也不过分。烟草可以说是一种慢性自杀剂，它的化学成分十分复杂，仅有毒物质就有20多种。香烟点燃后产生的烟雾中，竟有多达750种以上的刺激和毒害细胞的物质。据统计，肺癌的发病率与开始吸烟的年龄有直接的关系，如20～26岁开始吸烟者，肺癌的发病率为不吸烟者的10倍，15～19岁开始吸烟者为不吸烟者的15倍，少于15岁吸烟者为不吸烟者的19倍。15岁以前开始吸烟者比25岁开始吸烟者死亡率高55%，比不吸烟者高1倍多。每年全球死于吸烟相关疾病的人数达300万。我国是世界烟草消费第一国，现在的吸烟人数超过3亿，为全球吸烟者的1/4。英国牛津大学皮托预测：如果中国人的吸烟习惯不改，40年后因吸烟造成的死亡人数每年由目前的10万增加到200万。另有预测2050年我国将有500万人死于吸烟相关疾病，其中低龄和女性的比例将增加。

吸烟对健康的主要危害有以下五方面。

其一，是多种疾病的独立致病因素。吸烟者可患肺癌和唇、舌、口腔、食道和膀胱等多种癌症；慢性阻塞性肺病、冠心病、溃疡病等一系列吸烟相关性疾病。

其二，吸烟者污染环境，使不吸烟者被动吸烟。遭受被动吸烟的危害并不亚于主动吸烟。孕妇吸烟殃及胎儿，造成围产期死亡、自发性流产、早产、低体重新生儿；父母吸烟殃及儿童，造成儿童气管炎、肺炎、哮喘。丈夫吸烟殃及妻子，造成妻子多种吸烟相关疾病的发生。

其三，吸烟者造成环境污染。从烟草中分离出的有害物质在1200种以上，它们对人体造成多方面的危害。如血氧含量降低、血压升高、免疫机能下降、性功能障碍。同时香烟烟雾作为载体，与大气中其他有害污染物产生引入和协同催化作用。

其四，增加意外恶性事故发生。如我国1987年大兴安岭森林火灾，造成400人死亡和5万人无家可归，其起因就是吸烟。美国居民火灾半数是吸烟引起的。

其五，吸烟诱发的疾病医疗和缺勤误工造成了巨大的社会经济损失。美国吸烟每年的经济损失达 60 亿～80 亿美元，法国为 260 亿法郎，澳大利亚为 4 亿美元。据美国疾病控制中心诺瓦特里对中国吸烟流行病学调查，1986 年中国吸烟造成的经济损失高达 2.16 亿美元。

前 WHO 总干事马勒博士指出："吸烟这一不良习惯必须彻底摒弃，它已成为严重的社会危害，使人们越来越无法接受和容忍。"并从 1988 年起设立世界无烟日，推动全球控制吸烟行动。我国政府对此做出积极响应。

（2）吸毒：毒品通常指能使人成瘾的药物，种类很多，各国因其流行的种类不同而设定不同的范围。我国在 1990 年 12 月 28 日全国人大常委会颁布的《关于禁毒的决定》中，根据当时的情况将毒品定义为"鸦片、海洛因、吗啡、可卡因以及国务院规定管制的其他能够使人形成瘾癖的麻醉品和精神药品"。"毒品、吸毒"是我国的习惯讲法，而国际上只讲麻醉品、精神药品的滥用。毒品对人体健康的危害主要有如下几个方面。

①毒品对消化系统的危害：绝大多数毒品均有抑制食欲作用。部分吸毒成瘾者就是误认为毒品可以用来减肥而开始吸毒的，毒的抑制食欲作用不仅引起身体消瘦，还可以引起某些人体必需的维生素和矿物质缺乏，从而引起一系列营养不良综合症。

②毒品对神经系统的危害：吸食伴有掺杂物的海洛因后，会引起一系列的神经系统病变，如惊厥、震颤、麻痹、周围神经炎、弱视、远离注射部位的肌功能障碍。长期吸毒可以引起智力减退和个性改变，以及海洛因过量引起的呼吸抑制，造成脑缺氧。另外静脉注射拌有掺杂物的毒品，也可直接引起脑栓塞。可卡因滥用还可引起颅内出血、抽搐、持续性或机械性重复动作、共济失调和步态异常等。

③毒品对心血管系统的危害：很多毒品可以对心血管系统产生直接毒性，吸毒经常引起各种心律失常、血管痉挛、冠状动脉痉挛导致心肌梗塞。可卡因还可引起冠状动脉粥样硬化，使血小板聚集引起小血管内血栓形成，进而引起栓塞。

④毒品对呼吸系统的危害：吸毒可通过三种主要途径对呼吸系统造成严重破坏。经呼吸道滥用毒品对呼吸道有直接刺激；通过不同途径进入体内的毒品对呼吸道有特异性毒性作用；由吸毒引起的营养不良和感染也可能波及呼吸系统。海洛因过量或中毒时可发生海洛因性肺水肿，如抢救不及时往往引起死亡。

⑤吸毒容易成瘾：毒品的成瘾是指人对毒品产生强烈的渴求欲望，并反复地使用毒品，以取得快感或避免出现痛苦，使吸毒者处在一种特殊的精神和身体病态中。毒品成瘾可分精神依赖性和身体依赖性两种。精神依赖性亦称心理依赖性，俗称"心瘾"。这是毒品对中枢神经系统作用所产生的一种特殊的精神效应，毒品使用者处于一种追求使用毒品的强烈欲念下，这种欲念强迫吸毒者不顾一切去寻求毒品，以满足自己的欲望，使吸毒者身不由己。陷入不能自拔的深渊。身体依赖性又叫生理依赖，这是中枢神经系统对长期使用成瘾性毒品所产生的一种适应性状态。这时候身体必须在足量毒品维持下，才能保持正常状态，一旦停止使用毒品后，生理功能就会发生紊乱，出现一系列严重反应，称戒断症状。以海洛因为例，其戒断症状表现为哈欠、流泪、流涕、皮肤起鸡皮疙瘩、出汗、瞳孔散大；肌肉、骨、关节疼痛、寒战、体温升高、焦虑、烦躁不安；严重者嚎叫、撞墙、在地上打滚，甚至出现自杀行为。

（3）酗酒和嗜酒：酒的主要成分是酒精（乙醇）。一般啤酒含酒精浓度为 3%～5%；果酒 10%～20%；白酒 38%～65%。长期酗酒将形成慢性酒精中毒，对人体的危害极大。据联合国提供的资料表明，20 世纪 90 年代世界酗酒死亡 75 万人，长期大量嗜酒者死亡率比一般人高 1 至 3 倍。酗酒使俄罗斯男性公民平均寿命由 64.9 岁下降至 58 岁。酒能损害口腔、胃、肠黏膜，诱发胰腺炎、食道炎、胃及十二指肠溃疡，还会使肝脏及结缔组织增生，从而导致肝硬化。在西方国家，20%～25% 的肝硬化是嗜酒引起的。酗酒和嗜酒还损伤神经系统功能，如酒精性神经症、小脑萎缩等。

酒对肺也有影响，饮下的酒一部分是从肺部排出的，呼吸道受到刺激，就会降低其防御功能。据调查，常饮酒的人肺结核的发病率比正常人高 9 倍。长期饮酒还会使血管失去弹性，管壁变窄，从而造成动脉硬化、高血压，诱发心肌梗塞和脑出血。酒精对生殖系统也有毒害，由于酒精影响内分泌水平，引起染色体畸变、性功能障碍、精子畸形，导致胎儿发育缺损，智能低下。据统计，在我国低能儿中，父母有嗜酒史者大约在 50% 以上。妇女酒后受孕，可使胎儿畸形或智力迟钝。对于学生来说，最大的危害是损害脑细胞。喝酒后在短时间内会产生兴奋，甚至感情冲动，粗鲁无理，但很快即转入抑制，神志迷糊，这种抑制过程可以持续很长时间。经常酗酒的人必然会导致智力下降、记忆力减退，严重的甚至会引起酒精中毒性精神病。

（4）不合理的膳食结构和不良的饮食习惯：心血管病、脑血管病、高血压、非胰岛素依赖型糖尿病、各种癌症及其他肠胃疾病和肝脏疾病都与不合理膳食有关，可统称为"与饮食有关的非传染性疾病"。这类疾病的患病率与社会经济生活的变化密切相关。据发达国家经验，国民生产总值人均在 1000～2000 美元之间时，心血管疾病死亡率构成比出现猛增，国民生产总值人均在 1000～4000 美元之间时，肿瘤死亡率构成比猛增。其原因是当人民跨过温饱线后，膳食结构出现以高脂肪、高糖、高蛋白为特征的"三高膳食结构"。这种膳食结构造成的肥胖症成为心血管、肿瘤等疾病的危险因素。另外，暴饮暴食、冷饮烫食、不按时进餐等不良饮食习惯都可能引起消化系统的各种疾病。

（5）缺乏运动的不良生活习惯：每个人都必须靠运动来维持生命，凭借运动来促进人体的新陈代谢，不断调适人的体能、情绪、心智和社会压力等，长期疏于运动，会使身体机能退化，出现种种危机，极易导致神经衰弱、心血管疾病、糖尿病、肥胖症等多种非传染性疾病的发生。

据我国七市一省调查，20～60 岁人群不参加运动的比例为 56%。威海市在 1996—1997 年，一年间静坐生活方式增加 5 个百分点达到 35%。缺乏运动生活方式在我国正在逐渐流行。在文明社会中，有人过于依赖自动化带来的便利，懒动脑子，四肢懈怠，甚至每天有五分之四的时间是在床上或座椅上度过的。这种不良生活习惯对人体的主要影响有以下几方面。

①思维迟钝：长期缺乏运动，大脑得不到积极性休息，长此下去，大脑功能渐渐退化，思维智能逐渐迟钝，分析判断能力下降，怕烦喜静，懒散健忘。

②四肢能力退化：家里有洗衣机、电饭煲、电冰箱、吸尘器，大大地减少了家务劳动的强度；外出乘车，上下楼乘电梯，出差乘飞机，旅游登山乘缆车。致使四肢不勤，手脚软弱无力，动辄感到疲劳。

③内脏功能衰退：缺乏运动可直接导致心肺功能和消化系统功能降低。

（6）不良的性行为：不良的性行为是传播性疾病的危险因素和主要途径。在我国性传播疾病死灰复燃，1981 年全国报告性传播疾病 166 例，到 1996 年增至 398 512 例。1989 年首次报告艾滋病毒感染在静脉吸毒人群中流行，1994 年疫情大范围急速上升，1997 年 5 月卫生部公布检出艾滋病毒感染者累计数为 5990 例，估计实际感染人数至少有 10 000 例。

性传播疾病不仅严重危害个人身心健康，而且殃及下一代。预防性传播疾病是国家的一项重要卫生任务。在学校中开展青春期性教育是预防性传播疾病的重要措施。在进行性生理知识教育的同时加强性心理、性道德和性法制教育已成为大家的共识。

目前国际上列为性病的病种已逾 20 种，我国重点防治的性病有 8 种，即淋病、梅毒、生殖器疱疹、非淋菌性尿道炎、尖锐湿疣、软下疳、性病淋巴肉芽肿、艾滋病等。当性病患者与健康人进行性接触时，病原体很容易侵入健康人体而感染。但有些病原体亦可通过非性接触途径传染，如被病原体污染的毛巾、内衣、便器、浴盆、注射器针头等，或通过输血、注射血制品、接受器官或组织移植而感染。此外，某些性病还可以在妊娠和分娩过程中，由母体传给胎儿或新生儿。下面主要谈谈艾滋病的危害和预防。

①艾滋病的危害：被称为"世纪瘟疫"的艾滋病与人们的性生活、性行为密切相关，它是一种主要由性接触和血液传播的传染病。发病原因是感染了逆转录病毒，当这种病毒进入人体后，很难被人体的免疫系统识别和清除，反过来专门破坏人体用于抗御疾病侵袭细胞，最后造成人体对疾病的防御能力全面崩溃，引起各种恶性肿瘤、真菌和霉菌感染与神经系统疾病交替发生，病人最后死于感染和衰竭。自 1981 年在美国首次发现以后，目前已在全世界蔓延开来。

②艾滋病的预防：艾滋病是一种很难对付又很可怕的疾病，但它的传播途径非常明确，所以也比较好预防。首先，要洁身自爱、遵守性道德，自觉抵制"性自由""性解放"等思潮的侵袭，避免婚前和婚外恋性行为，摒弃卖淫、嫖娼。如患有性病，要及时治疗，否则破损处会增加感染艾滋病病毒的机会。其次，拒绝任何毒品，已吸毒者要坚持戒毒。避免与吸毒者发生性关系。未戒毒品的人要避免与他人共用针具静脉注射毒品。再次，避免不必要的输血和注射，必须接受注射时，使用一次性并经过严格消毒的注射针头，"做到一人一针、一管一用一消毒"不与别人共用牙刷、剃须刀，不用未消毒的器具穿耳孔、拔牙、纹身、美容。最后，感染了艾滋病的妇女应避免怀孕和哺乳，男方是艾滋病病毒感染者应考虑不要孩子。

（二）环境

环境包括自然环境和社会环境。有害的环境对人类健康造成巨大影响，甚至威胁到人类的生存与发展。

1. 自然环境

自然环境是人类生存的物质基础。人类的生活活动、生产活动使自然环境的构成及状态发生变化，扰乱和破坏了生态平衡，对人的健康产生直接、间接或潜在的危害称之为环境污染。环境污染对健康的危害具有机制复杂、周期长、范围大、后果重的特点。当前属于全球性环境问题的有：二氧化碳过量排放造成的温室效应；镉、汞、硫、氮氧化物过量排放造成的酸雨；氟里昂造成的臭氧层空洞和放射性污染问题等。这些污染严重地破坏地球的生态系统，直接威胁着人类的生存和发展。例如，酸雨使全世界森林面积每年以 2000 公顷的速度递减，加速了土地的沙化，每年沙化土地面积达 40 多万公顷。

噪声、大气、水体、土壤污染无时不在困扰着人们的日常生活。1990 年我国 31 个大城市调查，交通噪声超过 75 分贝的城市约占半数，有 40% 的居民在噪声超标中生活。噪声对健康的危害主要是听力损伤及链锁反应。噪声使胎儿发育不良、使儿童语言能力发展障碍，使成人精神紧张、工作能力降低、出现神经衰弱、植物神经功能紊乱、内分泌失调，甚至导致精神疾患。汽车尾气排放含铅气体使土壤含铅过高，在此环境下的儿童血铅高，影响智力发育。大气中的污染物主要是飘尘、二氧化硫、一氧化碳、氮氧化合物和多环芳烃等，大气污染的慢性中毒常引发呼吸道炎症、哮喘和肿瘤。大气污染对低年龄人群有更大的威胁。水体污染可造成流域人群集体中毒。

由于环境污染造成的整个区域灾害性问题亦屡见不鲜，如 1952 年英国伦敦光烟雾事件，由于二氧化硫和飘尘污染大气导致 4000 人死亡。1984 年印度博帕尔市毒气泄露事件造成 3000 多人死亡，几十万人受害。1986 年前苏联切尔诺贝利核电站的核泄漏事件，当年造成 18 000 人死亡，受放射污染人数已超过 10 万，相继的 6 年中又有 6000 ~ 8000 人因核污染死亡。1968 年日本北九州米糠油事件，因多氯联苯污染米糠油受害者 13 000 人，有数十人死亡，毒物通过胎盘进入胎儿，造成新生儿患有"油症"。

环境污染治理与环境保护是全人类面临的重大问题。我国政府把保护环境定为基本国策，实行可持续发展政策。环境教育是学校健康教育的重要内容。

2. 社会环境

社会环境包括政治、经济、文化、教育等多种因素。不良社会环境直接或间接地危害着人们的健康。

政治制度对健康至关重要。新中国成立后，人民生活健康水平有了很大提高，以 1994 年与 1949 年统计指标相比，变化显著；以 1980 年前后统计指标与世界相比，已接近发达国家水平。

经济是社会进步和社会生活的基础。人们的劳动方式、生活方式、营养状况和人口动态无不受经济的制约。大量调查证明，社会经济状况与人民健康水平成正比。就发达国家与发展中国家而言，人民健康水平存在明显差距。每年全球低体重出生儿 2200 万，其中 95% 是在发展中国家。就国家内部的不同阶层而言，其健康水平也是差距明显。如 1983 年英国第二阶层婴儿死亡率为 0.61%，而第五阶层婴儿死亡率为 1.28%，高于前者两倍多。随着我国经济发展，人民营养状况明显改善。抽样调查居民人均每日从食物中摄取的热量 1952 年为 2270 千卡，1990 年增长到 2630 千卡，已接近世界平均水平。

文化是社会的上层建筑，享有文化和接受教育的权利是人全面发展的重要前提，也是享有健康的前提。人群的文化水平与人群的健康水平之间存在着正相关关系。受教育程度和文化素养决定着人的健康观和健康价值观，决定着人是否能做出有益于健康的决策。不良的行为和生活方式常与较低的教育程度相联系。目前普遍认为，教育水平是婴幼儿死亡率的重要预测因素。美国研究表明，受 16 年以上教育的母亲低体重新生儿发生率为 4.9%，受教育不足 9 年者为 9.9%，文盲妇女低体重新生儿发生率是受 10 年以上教育妇女的 2.5 倍。我国人口生育抽样调查显示，随文化教育水平的增高妇女生育数明显下降。

心理社会因素与健康关系极为密切。凡能引起不愉快情绪，导致身心健康受损的因素被称为心理社会因素。现代社会生活节奏加快，竞争加剧，迫使人们处于紧张状态。美国学者霍尔姆斯发现有 70 种以上的生活事件构成心理社会刺激因素，给人们造成强烈或持久的消极情绪。有资料表明心理紧张状态和恶劣情绪可导致多种身心疾病的发生。如不同心理紧张程度，高血压、冠心病有不同的发病率。

（三）生物学因素

引起传染性疾病和感染性疾病的病原微生物和导致遗传性疾病和伤残与障碍的遗传和非遗传的内在缺陷，归类为生物学致病因子。虽然，目前人类疾病谱和死因顺位的变化，把关注健康问题的目光引向了"生活方式病"和行为致病因子，但生物因子对健康的危害依然存在，而且不断出现新问题。

WHO 最近发表报告警告说：艾滋病、埃博拉、结核病、淋巴腺鼠疫和黄热病等新出现的或卷土重来的传染病对人类健康的威胁正在上升。而且病原微生物的抗药性已成全球性问题，一些简单的感染有时很难找到有效的治愈方法。据 WHO 估计全世界已有艾滋病病毒感染者 1400 万，艾滋病患者 200 多万；全世界每年各种传染病患者有 6 万人。一些新的病原微生物被确认，如引起出血性结肠炎 O157：H7 大肠杆菌，与溃疡病有肯定关系的螺杆菌，导致淋巴腺癌的非洲淋巴细胞瘤病毒等。今天我们对病原微生物的危害仍不可忽视。

由生殖细胞或遗传物质突变所引起的疾病称遗传病。出生时伴有非遗传因素造成的缺陷称先天性疾病，如母亲感染风疹病毒造成的胎儿患先天性心脏病。目前已知遗传性、先天性疾病有 4000 种以上。我国新生儿出生缺陷率为 1.307%，即每年约有 26 万缺陷儿出生，其中 70%～80% 由遗传因素导致。遗传因素在影响人类健康时，常与环境因素、行为因素共同作用、相互制约。如精神分裂症发病，遗传因素占 2/3，环境因素占 1/3。许多遗传病并未表现出临床症状，便成为异常基因库，它对人类的健康产生更大影响。

遗传性疾病是指由于生殖细胞或受精卵的遗传物质（染色体或基因）或基因发生突变（或畸形）而引起的疾病。该类疾病一般都是垂直传递的，且具有家族性、先天性和终身性的特点。遗传病对人类健康的威胁日益严重。在疫源性疾病得到基本控制以后，遗传病的相对发病率正在增长。据估计，一岁以内婴儿的死因，先天畸形占首位；活婴儿有遗传疾病者 23%～25%。有 10% 的孕妇流产是因为染色体异常。3% 的儿童有智力发育不全，其中 4/5 为遗产病所引起。全世界受遗传病危害的人占世界总人口的 15%。许多严重威胁人类健康和生命的常见病，如肿瘤、心血管疾病、高血压、糖尿病、精神疾病等均于遗传有关。随着研究分析技术的不断提高和改进，因染色体异常而引起的疾病被不断发现，现已达数千种之多。我国把计划生育、优生优育作为国策，对提高民族素质将起良好作用。

（四）卫生服务

卫生服务是指卫生机构和卫生专业人员针对个人、群体和社会的健康需要，所提供的必要的、可能的服务。良好的卫生服务对健康起促进作用，反之则危害健康。良好的卫生服务包括健全的医疗卫生机构、完善的服务网络、充足的卫生资源及其合理配置与平等分配。但是，卫生服务的投入与效益并非成正比。个人对卫生服务的利用能力是影响卫生服务投入效益比的重要因素。

第二节　有氧运动

一、有氧运动的特点

（一）有氧运动的概念

有氧（Aerobics）运动一词，是由美国空军运动研究室的库珀博士（Dr Kenneth H. Cooper）于1968年提出来的，是指在运动时，人体内随时都有充分摄取的氧气，而其运动系统所需的能量，主要是以有氧反应方式来供给。衡量一个人有氧耐力的高低，是以最大耗氧量（VO2max）来表示。当时，他在美国空军医学研究所从事研究工作，在对空军士兵及NASA（美国太空总署）的太空人所做的训练计划过程中，完成了这一划时代的运动理论。

库珀根据大量的实验得出结论：人在20岁到60岁这一时期若缺乏有氧运动，将使组织器官受损，心脏、胃肠、肌肉、骨骼的功能、身体的抵抗力都将下降30％。在经过多年的研究、探索以后，他创造了闻名世界的"有氧运动法"及其运动处方。这一方法一经问世，立即风靡全球，成为得到人们广泛认同和实行的运动健身方法。

库珀认为，健康的标准并不是通常认为的"肌肉发达、外表强壮"，而只有心、肺功能健康才是真正的健康。因为要维持身体内多得惊人的细胞的营养供应，维持其功能正常，就要求为它们提供足够的氧气和营养物质，就必须有健康的心、肺功能才能使得全身各组织、器官保持在良好的功能状态，且需要有一定的功能储备（耐力）。

有氧运动实际是指长时间地进行运动（耐力运动），使得心（血液循环系统）、肺（呼吸系统）得到充分的有效刺激，提高心、肺功能，从而使全身各组织、器官得到良好的氧气和营养供应，维持最佳的功能状况。因此，有氧运动应该是指有较长时间的（大于20min，最好是30~60min）慢跑、游泳、骑自行车、步行、原地跑、有氧健身操等等各种有益于提高心、肺功能的运动形式。

而静力训练、举重或健身器械、短跑等运动则称之为无氧运动。尽管它们能够增强人的肌肉及爆发力，但由于它们不能有效地刺激心、肺功能，其健身效果不如有氧运动。

有氧运动给人们带来的好处是全方位的。锻炼时，运动者的全身都动员起来，心跳速度加快，心脏功能得到了锻炼，把更多的血液输送到全身；呼吸的深度和频率增加，使气体交换增加，血液氧含量增加；血液循环速度加快，新陈代谢加快；废物排泄增加；脂肪消耗增加；全身脏器也处在一种和谐的运动中；肌肉和骨骼在运动中得到强化；神经系统也在运动中得到加强……这样长期坚持下去，奇迹就会发生：运动者的心脏将变得强有力，肺活量加大，气体交换能力加强，血压、血脂和血糖将会调整到最佳状态，骨骼密度增加，骨质疏松减轻，多余脂肪被消耗，体格变得健美，心理状态也随之得到改善。

（二）有氧运动、无氧运动、混合氧运动

简单地说，以有氧代谢供能为主的运动形式是有氧运动；以无氧代谢供能为主的运动

形式是无氧运动；以有氧代谢、无氧代谢混合供能为主的运动形式是混合氧运动。

那么，什么是有氧代谢、无氧代谢呢？要从能量的来源上说起。人体肌肉细胞的细胞质中有一种细胞器，叫"线粒体"，线粒体内部有许多高低不平的突起，使其有很大的表面积。在这些高低不平的突起表面，附着有许多酶，在这些酶的作用下，人体的能量物质之一——葡萄糖，被氧化分解，并释放出一种叫ATP（三磷酸腺苷）的能量物质（葡萄糖中的能量被转化到了ATP中），而ATP正是肌肉纤维收缩运动时，所直接能够利用的能源物质。这就是细胞中的能量代谢。

在葡萄糖的分解过程中，有以下两个步骤。

第一步：葡萄糖分子在没有氧参与的条件下，直接断裂，分解成两个丙酮酸分子，并释放出少量的ATP。由于这一过程没有氧的参与，所以被称之为"无氧代谢"。无氧代谢的特点是产生ATP速度快，无须氧的参与，但是产生ATP的数量却比较少。

第二步：丙酮酸分子在氧的参与下，继续氧化分解，最终生成二氧化碳（CO_2）和水（H_2O），并释放出大量的ATP。由于这一过程需要有氧的参与，所以被称之为"有氧代谢"。有氧代谢的特点是产生ATP的数量比较多，需要有氧的参与，但是产生ATP的速度却比较慢。

对于短时间的运动（如百米赛跑、跳高、跳远、举重等等），肌肉在很短时间内需要充足的ATP，所以，这时的代谢大多是以无氧代谢为主。对于较长时间的运动（如长跑、马拉松、划船、有氧操等等），肌肉在较长时间内需要大量的ATP，所以，这时的代谢大多是有氧代谢。但是，实际上有氧和无氧是相互制约又相互滋生的关系，代谢中不可能只有"无氧代谢"而没有"有氧代谢"，或者只有"有氧代谢"而没有"无氧代谢"，而是"有氧"与"无氧"同时存在，混合供能，只是以哪一种为主罢了。

（三）有氧运动的特点

我们首先应明确的是，并不是所有运动都能达到增进健康的目的。很多的科学研究表明，对人体来说最科学、最有效的运动方式是"有氧运动"。很多人听说过"有氧运动"这个名词，但对其含义却不太了解。所谓"有氧运动"，是指能增强人体内氧气的吸入、输送和利用的耐久性运动。可用12个字概括其特点，即"低强度、长时间、不间断、有节奏"。

在有氧运动过程中，机体吸入的氧气量要大致等于机体所消耗的氧气量，可使身体在运动的过程中处于"有氧"的状态之下。而有些运动在高强度和短时间内完成，在运动过程中，机体吸入的氧气量远不能满足机体所消耗的氧气量，也就是说，机体内的氧气"入不敷出"，人体处于缺氧的状态之下，长期从事这种"无氧运动"对人体健康是不利的。

有氧运动使人略感气喘，又不至于上气不接下气；使人稍微出汗，又不至于大汗淋漓；使人感到全身舒展，又不觉得肢体劳累。好的有氧运动应该是全身性运动，而不是上肢或下肢的局部运动。如果有氧运动再伴随着悠扬、悦耳的音乐，使人陶醉忘怀，就更让人容易坚持投入，更容易取得良好的效果。

因此，有氧运动具有如下特性：

1. 较长时间的运动

有氧运动应该要能持续20～60min，运动所需的能量主要通过氧化体内的脂肪或糖等物质来提供。

2. 全身性的大肌肉活动

有氧运动时全身参与的肌肉越多越好，最好有 2/3 的肌肉群都参与运动（至少不得少于 1/6）。相反，如果是局部性的小肌肉运动，一方面容易引发局部疲劳，使运动中断，故不能持久，另一方面不易形成足够的氧气消耗量，当然就难得有心、肺循环系统的刺激效果了。

3. 有一定的强度

有氧运动应该维持在某一个特定强度（中、低等之间），且持续时间为 20min 以上或更长。

4. 有律动性

有氧运动是一种有律动的肢体活动。具有节律性的运动，运动强度比较容易控制稳定，才可能将运动强度维持在合适的有氧运动强度的范围内，效果最好。断续性的运动，运动强度变化大，不太理想。

二、有氧运动的内容和方法

（一）有氧运动的内容

1. 有氧运动的项目

有氧运动的项目包括氧舞蹈、交谊舞、爵士舞、街舞、广场舞蹈、踏板操、韵律操、有氧器械运动、负重徒步走、远足、自行车、登山、攀岩、飞盘、高尔夫、慢跑、跳绳、篮球、足球、壁球、手球、曲棍球、滚轴滑冰、划船、划板运动、滑冰、滑雪、游泳、溜冰、橡皮艇、独木舟等等。但无论是哪一种运动项目，如果运动不连续或运动强度过大，那么它们就不是有氧运动。

2. 有氧运动的形式

有氧运动的形式主要是全身性大肌肉群的运动方式，例如游泳、走路、骑自行车、慢跑、跳舞、跳绳、登山等。面对这么多的运动项目，除了自己的兴趣爱好，必须优先考虑的是个人骨骼肌肉状况与运动伤害的问题。例如慢跑、跳绳与有氧舞蹈虽然对增加肌耐力、消耗热量很有帮助，然而这类运动对承重关节却会造成冲击力，脊椎有问题、下肢关节炎或是体重过重的人就不适合。同样道理，爬山或是爬多层楼梯也不太适合这样的人群。这些人必须选择载重小且不会对关节造成冲击力的运动，好比骑自行车、游泳，不会游泳的人可在水中走路或做做伸展操，也能达到健身效果。对老年人来说，散步、骑自行车或是水上运动、太极拳等都是不错的选择。

3. 有氧运动的频率

有氧运动的频率是指每周运动的次数。医学文献已经证实，1 周运动次数若少于 3 次则无法减轻体重，对心、肺耐力的改善也无明显效果。

4. 有氧运动的持续时间

有氧运动的持续时间是指每次运动的时间长短。一次完整的运动持续时间应该包含"准备活动 5～10min、主要运动 20～60min、整理活动 5～10min"。

5. 有氧运动强度

有氧运动强度是指运动负荷量的大小。有氧运动既要有强度，也要讲适度。一般来说，有氧运动的强度必须达到最大心率的 60% 以上。

完整的运动流程中，准备活动可以做些全身的柔软性和关节活动，小量的快走或慢跑直到身体发热，微微出汗到小喘气的程度；在进入主要运动阶段的过程中，运动强度需要维持在预定的目标心率，预定目标心率可以依个人体能的程度定在高强度、中强度、低强度。高强度约为 85% 的最大心率，适合运动员和年轻的健康人；中强度约为 75% 的最大心率，适用健康状况良好的中老年人；低强度约为 65% 的最大心率，适用一般体弱者。真正实际的目标强度须依个人的情况进行适当的调整。

测量心率的方法是在进行主要运动时，每隔 10～15min 量 1 次，10 秒钟的脉搏乘以 6即是心率。但由于大多数人很难在活动时准确测量自己的心率，因此，有人采用"自觉用力评分法"来控制运动强度。"自觉用力"的字面意思是"用力时的自我感觉"。大凡体力活动，随着活动强度的加大，人们会有从"很轻松""比较轻松"逐步过渡到"有点累""比较累"以至于"很累"的感觉。活动中感到"有点累"的强度实际上已经达到有氧运动强度的要求。换句话说，"有氧运动"就是人们在活动时感到"有点累"的运动，此时，正常人的运动心率大约在最大心率的 70%～75% 之间。

另外，"谈话试验"也是防止运动强度过大的一种方法。所谓"谈话试验"是指进行有氧运动时，锻炼强度如果适中，则锻炼者还能与身边的同伴进行交谈。总之，"有点累"和"谈话试验"对适度地掌握运动量都是行之有效的。

（二）几种常见的有氧运动

有氧运动的内容很广，运动项目也很多，在这里简单介绍几种以健身为目的、大众化、简单易行的常见的项目。

1. 慢跑健身

慢跑又称健身跑，是采用较长时间、慢速度、较长距离的有氧锻炼方法。它有别于一般的长跑和较激烈的跑步，其技术特点简单、易掌握，是一种轻松愉快、自由自在、男女老少都可以参加的运动。慢跑健身不受场地、器材限制，可在田径场、公路、树林、公园及田间小路等地练习，是我国群众性体育活动中普遍开展的项目之一。慢跑作为强身健体的手段已风靡世界，成为获得智慧、健美、永葆青春的法宝，也成为现代生活中防治疾病的一种手段，为越来越多的人们所选用。

慢跑对锻炼心、肺功能颇有好处。可加强和改善心脏的泵功能，提高心肌的兴奋性，使心脏收缩力增强，心跳变慢，心排血量增加，并可扩张冠状动脉和促进冠状动脉的侧支循环，增加冠脉血流，改善心肌营养，可防止或减少心绞痛发作，对防治冠心病有较好的作用；能改善大脑皮质功能，调节皮质和内脏的联系，改善各系统器官的协调性，调节血管收缩、舒张功能，使血管弹性增加，有利于血压的稳定；慢跑时吸入的氧气量比静坐时多8倍，可使肺活量明显增加，肺泡得以充分地活动，可有效地阻止肺组织弹性的衰退，改善和提高肺功能；很多人在刚跑步的时候，会边跑边咳嗽，因为在跑步时，整个呼吸系统必须吸进大量的氧气，以应付生理所需，此时，支气管中残留的痰与肺部所累积的脏东西会随之代谢出去，达到深层清洁的作用；慢跑可降低体重，改善脂肪代谢，降低血中三酰甘油和胆固醇的含量，并能促进已经沉积在动脉壁上的胆固醇逐渐消退，故对防治高血脂症、肥胖症、冠心病、动脉硬化、高血压病等疾病大有好处。

慢跑时应注意如下几点。

（1）在跑步之前，应做5~10min的热身准备活动，缓慢地活动一下肢体，使全身肌肉放松。

（2）根据自己的健康状况和体力来决定运动的负荷量。运动目标心率一般掌握在最高心率的60%~80%之间。青少年每周4~5次，每次20~25min，距离3000米左右；中老年每周3次，每次15~20min，距离为1500米左右。每天跑的运动量可根据本人身体状况，稍有增减。

（3）在跑步时要自然放松，并保持一定的节奏，上体稍微前倾，双臂摆动自然。要用鼻子吸气，用鼻子和嘴呼气，呼吸要深长、细缓、有节奏，每跑2~3步吸气1次，再跑2~3步呼气1次。健身跑的速度为每min120米~130米，以自己不觉得难受、不气短、能边跑边与别人说话为宜。初次锻炼时，可慢跑5~10min，逐步适应后可增至15~20min。最好是每日坚持锻炼1次，有困难者每周至少锻炼3次，每次逐渐增加到30~40min。对于体质较差或以前缺乏锻炼的老年人，可先采取走、跑交替的方式，待逐渐适应后再行全程慢跑。跑步的距离由近到远，速度由慢到快，以自我感觉全身舒畅为度。

慢跑结束后不宜马上停下来，而应缓慢步行或原地踏步做些放松整理活动，逐渐恢复到安静状态。

如在泥土或柏油路面慢跑，宜稍用前脚掌着地，利用下身的弹性较为合适。不过，用前脚掌跑步容易疲劳，短距离尚无妨，长距离跑还是用脚后跟着地及时过渡到前脚掌比较好，这样不容易感到疲劳。

（4）天气、地形和穿着也要考虑。当上坡或逆风时要跑得慢一些，使身体在整个跑步的过程中感觉是一样的。所穿的衣服应宽松，以棉质为佳。鞋子宜宽而软，鞋底宜厚而软，尤其是在较硬的路面上跑，鞋子更应有弹性，才能防御外伤。跑步时间最好选在每天清晨（老年人则可选择在下午3~4点钟进行），应以慢跑为主，并要量力而行。如遇雨雪、大风天气或因其他原因不能外出锻炼时，可在室内进行原地跑锻炼。

（5）慢跑之后，千万要更换衣服，勿将有汗水的湿衣服继续穿在身上。有条件的最好洗个温水浴，特别应注意脚的卫生，用温水多洗几次，也可配合做些简单的按摩。

2. 有氧健身操

有氧健身操（有氧操）就是具有"有氧运动"特点的健身操，即在音乐的伴奏下能够锻炼全身的健身运动。它也必须是运动连续时间至少12min以上。1~5min的工间操、广播操等不能称为有氧健身操。广播操、工间操的锻炼效果远没有有氧操的效果大。

有氧健身操是融体操、舞蹈、音乐为一体，经过再创造，按照全面协调发展身体的要求，组编成操，达到增进健康、培养正确体态、塑造美的形体、陶冶美的情操的一种有氧运动。

有氧健身操的特点是活动时间长、强度适中、能有效控制体重、能有效提高各种身体素质，对场地要求不高，四季都能开展，对人体的心肺功能、耐力水平都有很大的促进作用。练有氧健身操应注意的事项如下。

（1）锻炼前应做好身体各部关节、韧带、肌肉的准备活动，使之适应操练。锻炼结束要做整理活动，使身体各部逐渐转入安静状态，休息至少 20min 以后，方可洗澡和进餐。

（2）练习者应根据自身的体质和活动承受能力，控制和安排锻炼动作的速度、力度、重复次数、组数、间隙时间等，每周一般参加 3 次左右的锻炼，运动心率保持在自己最大心率的 60% ~85% 左右。初练者每次锻炼后，应以少量出汗、略有疲劳感、心率一般在 130 次/分左右为宜，总的练习时间不超过 1 小时。有了一定的锻炼基础后，随着锻炼水平的提高、体质的增强，运动强度和运动总量都可以适当增加。锻炼情绪饱满，疲劳中能获得满足感，心率最高不超过 150 次/分。

（3）如安排在早晚间锻炼，运动量不宜过大，以免影响学习、工作以及正常睡眠。

（4）锻炼场所选择空气清新、安静的户外地点，也可在家庭进行锻炼。

（5）要根据个人的具体条件，确定锻炼目的，选择有针对性的操练方法。

（6）练习中保持情绪愉快，精神专注、姿势正确、动作要领准确，以保证练习质量和锻炼效果。

（7）慢性病人应在医生的指导下进行锻炼。

（8）做好定期身体测量，以便检查阶段性的锻炼效果和调整不适宜的锻炼计划。

3. 有氧搏击操

有氧搏击操，英文名为 Kickboxing，最早是由一名黑人搏击世界冠军创造的，近年才在国内发展起来。其具体形式是将拳击、空手道、跆拳道、功夫，甚至一些舞蹈动作混合在一起，即在激烈的音乐中，进行一些拳击和跆拳道的基本拳法和腿法练习。健身者在出拳、踢腿的过程中，随着音乐挥动双拳，动作刚劲有力，让健身者尽情地发泄，尽情地出汗，并在不知不觉中减掉全身多余的脂肪。

对现代人来说，有氧搏击操是一种好玩而不伤害任何人的发泄法。因为健身者不是跟别人搏击，也无需任何器材，而是利用身体面对镜子向空中挥拳、踢腿。

有氧搏击操不但运动量大，能够帮助健身者消耗热量，对促进心血管健康也有所帮助，同时还可缓解身心压力，很适合现代人。

搏击操的步法和姿势是从一系列的自我防卫训练中发展而来的，这些训练包括空手道、拳击和太极，形成一项轻松、充满活力的运动。当您走进教室的一刻，就能够了解和感觉到为什么这个项目称为搏击操的原因了。越兴奋，肾上腺素就越快产生，而运动强度也会越快增加到如你所愿的程度。这个项目无论在精神上还是体力上都能让人获益良多。参加者会以充满动力和爆发力的步法来刺激神经系统，减少精神压力，提高综合健康水平，增强自信心。

由于有氧搏击操动作多变，包括直拳、勾拳、摆拳、正踢、侧踢、侧蹬等搏击动作，而且在做每个动作时要求迅猛，有爆发力，所以，健身者在锻炼全身每一块肌肉的同时，身体的弹性、柔韧性及反应速度也将得到前所未有的提高。另外，有氧搏击操运动在出拳时，要求腹肌收缩、大吼一声，可锻炼到平时不易使用的腰腹肌；用力出拳、大吼大叫都是缓解情绪的好方法，通过这种方法宣泄情绪、减轻压力，想像一个假想敌人就在你面前，出拳、踢腿、发泄心中的不满，一个小时之后，心情也会轻松不少，许多做过"搏击操"的人都感觉畅快不已。

在练习有氧搏击操时应该注意，由于有氧搏击操运动强度较大，健身者如果出现腿部疲劳、局部疼痛、身体不适、眩晕、心率过快等情况，则最好停止练习。

4. 有氧舞蹈

有氧舞蹈（Cardio Dance）是中低强度的有氧运动，它结合健美操和各种现代舞、民族舞的内容（特别如拉丁舞、摇摆舞等），幅度相对大些。有氧舞蹈是配合音乐有节奏地舞动身体的有氧运动，一方面能消耗较多热量（初学者跳30min的舞，相当于慢跑3.5公里）；另一方面，还使"舞者"充分吸取运动必需的氧气，将新鲜的氧气运送到全身各处，促进呼吸器官、循环器官和肌肉的活动能力。

有氧舞蹈还把许多舞蹈动作健美操化，通过有氧健美操的锻炼形式，反复或进行组合练习。有氧舞蹈有许多风格，其音乐与舞蹈的结合紧密，锻炼时能达到愉悦身心、陶冶情操的作用，人的创造力、想像力、表现力和艺术修养等综合能力都能得到很大的提高。

比较流行的有氧舞蹈按动作、音乐的不同特点可以分为许多不同风格的有氧舞蹈。

（1）拉丁风格的有氧舞蹈：最早的有氧舞蹈都是带有拉丁舞风格的有氧舞蹈，如爵士舞风格的有氧舞蹈 Jazz Aerobics；以后又出现了萨尔萨有氧舞 Salsa Aerobics，这也是一种比较快的拉丁舞风格的有氧舞蹈，且吸取了许多曼波舞、恰恰舞、探戈、桑巴舞的风格。有些有氧舞蹈的特点就是髋部动作很多，动作优美。

（2）有氧热舞（Cardio Funk/Hip-Hop）：有氧热舞或方克有氧舞是中等强度的有氧舞蹈，它运用流行现代方克音乐，选择许多带有方克舞特点的动作。这种有氧舞能活动全身的许多关节（特别是小关节），在练习时，膝部要求放松、灵活，髋部动作也很多，并且动作幅度大、灵活、潇洒。

（3）方克、街舞风格的有氧舞蹈：方克（Funk）、街舞（Hip-Hop）的有氧舞蹈与Funk/Hip-Hop音乐有很大的关系，这些音乐都比较欢快，使人都有一种跃跃欲跳的感觉。Funk/Hip-Hop是带有自由舞和黑人舞风格的有氧舞蹈。动作放松、自由多变，它能够提高锻炼者的协调性，达到健身的目的。跳 Funk/Hip-Hop 后使人精神非常愉快。所以，这种有氧舞很受青年人的欢迎。

由于有氧舞蹈的节奏快、强度大，有些关节部位的活动范围也比较大，所以稍微不注意就很容易造成脚扭伤、韧带拉伤等等，特别是胫骨、脚、背、膝、踝等部位。所以，进行有氧舞蹈锻炼时要穿适合运动的服装和鞋，充分做好准备活动，掌握好舞蹈技术，循序渐进，不急于求成，还要注意提高自身的基本素质。

5. 街舞

在有氧舞蹈中最特别也是最受现代年轻朋友喜爱的就是街舞。这是一种时尚健身舞，舞姿动作极为夸张，无拘无束、节奏感强。街舞是以有益健康为基础，以有氧运动的理论为指导，以自然、轻松、奔放的感觉为核心，以塑造人的形体、培养活泼开朗的性格为目标，以现代流行舞蹈为手段，以现代科学健身理论为依托的体育锻炼形式。它的主要特点为：具有强烈的时代感，极具娱乐性，运动量可控制，韵律感、美感突出。

街舞（英文名字 Hip－Hop 或 Street Funk），准确地说，它是爵士舞的一种，或者说是爵士舞发展到 20 世纪 90 年代的产物。最早的爵士乐和爵士舞蹈是被非洲奴隶带到美国的，是由黑人街头即兴舞蹈演变而来。它的动作是由各种走、跑、跳及其变化，以及头、颈、肩、上肢、躯干等关节的屈伸、转动、绕环、摆振、波浪形扭动等连贯组合而成的。各个动作都有其特定的健身效果，既注意了上肢与下肢、腹部与背部、头部与躯干动作的协调，又注意了组成各个环节的各部分的独立运动（比如一个上臂动作的完成是从手指、手掌、前臂，直到上臂与肩部的各种活动的有机结合）。因此，街舞不仅具有一般有氧运动改善心肺功能、减少脂肪、增强肌肉弹性、增强韧带柔韧性的功效，还具有协调人体各部位肌肉群，塑造优美体态，提高人体协调能力，陶冶美感的功能。

练习街舞时，其运动强度可根据动作的掌握、对音乐的理解自行调节，可作为提高协调性的减脂运动，最重要的是调节心情、缓解压力、追求与众不同的感觉。

相比于一般的有氧操，街舞的独特魅力在于其自由的风格和脚步动作的迅速多变。音乐特征除了较强的低音效果，更以切分音的大量使用为标志，多数动作在音乐的弱拍完成。也就是在两个相邻的强拍动作之间的弱拍上，增加了动作（有时甚至增加两个动作），这就使街舞的节奏比健身操快了许多。做好街舞动作需要全身动作协调，但上肢动作不被过分强调。在身体姿态方面，想跳好街舞就必须做到全身尽量放松，放弃芭蕾"收紧全身、膝盖绷直"的要领，时刻将双膝保持在弯曲的弹性状态。正因具备了上述的系列特征，有经验的舞者才能对街舞进行即兴的创作和发挥，而这恰恰满足了人们不愿受过多约束的心理。

街舞属于有氧运动，根据美国运动医学会建议，每周应运动 3～5 次、每次运动 30～60min，减肥的效果才比较明显。有资料显示，在街舞锻炼过程中，随着时间的延长，脂肪的供能比例也在增大。如在 40min、90min、180min 三种时段的连续运动时，脂肪的供能分别占总耗能的 27％、37％和 50％，想达到更好的减肥效果，就应适当延长锻炼时间，并且持之以恒。

初学街舞时，切不可一下子就加大运动量，要循序渐进。通常是先做准备活动，将身体的各个关节、韧带，尤其是膝、踝关节要充分活动开，以免跳动时损伤；而后进入一定强度和时间的练习，最好不要少于 30min；最后采用各种伸拉练习使身体放松。这样三个步骤才能取得较好的效果。

由于每个人的年龄、体能和健康状况不同，因而每个人的运动强度各不相同。跳街舞时最适宜的心率是：

$$（220－年龄）×（60％～75％）$$

6. 有氧游泳

游泳是一种很好的全身性运动，水提供了支撑力和浮力，能全面提高心血管系统的功能及增强体质，对提高心、肺功能十分有效。有氧游泳不是游泳训练和比赛，不要追求速度和姿势，只要达到心率要求就可以了，同时要注意足够的摄氧量。有氧游泳可以有定距离、不定速度或定时间、不定距离。

有氧游泳注意事项如下：

（1）游泳者人水前要做好准备活动。如果生理上准备不足，一时适应不了水中环境，易引起头晕、恶心等不适症状，严重者会抽筋或拉伤肌肉等。

（2）饭前、饭后不宜游泳。空腹时体内血糖较低，游泳会引起头晕、四肢乏力，甚至发生意外；饭后消化器官活动增强，游泳时又使大量血液流向四肢，使消化道血液量减少，影响食物的消化吸收。

（3）剧烈运动后不宜游泳。剧烈运动使身体疲劳，肌肉收缩和反应能力减弱，游泳会增加心、肺负担，易发生呛水、抽筋和溺水等意外。

（4）大汗淋漓时不宜游泳。出汗时血管扩张，遇冷水刺激后血管骤然收缩，易引起疾病。

（5）身体不适时不宜游泳。凡患有心脑血管疾病、传染性疾病、外伤炎症和妇女月经期等，均不宜游泳。

（6）注意安全。在陌生水域，如河流、水库等自然水域游泳时，应事先了解水深和水底自然状况及动植物状况，不可贸然下水，以免发生意外。

（7）掌握时间。游泳时间不要过长，一般在水中停留时间以 30~60min 为宜。

（8）注意卫生。游泳结束后应用净水冲身，排出耳内积水，并用眼药水滴眼消毒。

国家体育总局最近推出的30min有氧游泳，可任选游泳姿势，中途可以休息但不能走动，只计完成距离。达标时，为了自身的健康，游速不能太快，应在身体舒服的条件下进行。同时，还要不断提高自己的游泳技术，达标最好采用蛙泳。

7. 水中健身

（1）水中健身是一种新型的有氧健身运动，它结合了不同节奏的身体动作和舞蹈步伐，在齐腰深的水中（约1~1.4米），随着音乐并在教练的带领下，根据不同人群的需要进行不同方式的有氧、形体、康复等训练，即使完全不习水性也可轻松参与。

水中健身练习内容多以水中有氧练习为主，如水中行走、跑步、跳跃、游动等。后来加入了上肢运动、全身运动以及舞蹈的训练元素，逐渐形成了水中有氧健身操。

（2）水中健身有其独特的优势。由于水环境的热传导能力比空气高20多倍，即使人在水中静止不动也要消耗很多能量。水中运动能够提高皮下血管循环功能，有利于新陈代谢增强。人在水中活动的受阻感也是空气的800多倍，和陆上相比，至少要用6倍以上的力量，这对提高心肺能力、皮肤弹性和美容效果都有一定好处，其运动损伤率也非常低。

（3）水中有氧操。水中有氧操是一种新型的，集合了不同节奏的身体动作、游泳动作和舞蹈步法，在水中进行健身的有氧运动项目。在水中进行有氧运动能充分利用水的阻力和浮力。通过水的阻力，可以锻炼人的力量、耐力，塑造完美的形体；通过水的浮力，可以锻炼人的柔韧，减少运动损伤。

水中有氧操是一种耗能的运动，所以应注意以下事项。

①锻炼前要检查身体，注意过去的疾病情况及运动损伤、药物的服用情况。

②不要在水中单独锻炼，包括会游泳的人。

③在下水前应了解水的深浅，跳入浅水中容易产生意外损伤。

④孕妇、发烧或体温过低者及有运动损伤，如崴脚、拉伤者不宜参加水中锻炼。

⑤运动前需要做5~10min的准备活动，让肌肉先预热一下，然后再下水不易受损伤。

⑥要在饭后1小时进行锻炼，运动之后1小时才可以进食，水中运动可以喝水，但不要过量。

8. 跳绳

跳绳简单易学，器械也简单，携带方便，一小块空地就可以锻炼，是一种非常好的有氧运动。

跳绳能在几分钟内提高心率和呼吸频率，所消耗的热量非常惊人。以一个体重55公斤的人来说，跳绳10min大约可以消耗90千卡的热量，远高于打篮球（76千卡）和跑步（74千卡）。此外，跳绳还可以强化心、肺功能，能增强肩膀、背部和手脚的肌力，也能锻炼全身的协调性和灵敏度，有改善身材曲线的作用。

跳绳时，双脚离地面的高度不可太高，只要让绳子能通过就行，大约离地面2.5～3.5厘米左右，当脚着地时，膝盖必须稍微弯曲，并用鞋底前半部轻轻着地，便不会引发足踝和小腿的运动伤害，最好的地方就是木质地板，因为木头本身具有相当的弹性。摇动绳子要利用手腕和前臂的力量，肘关节要保持弯曲与接近腰部，至于肩膀和上臂的动作要尽量减少，保持几乎是纹丝不动的状态。身体要挺直，不要向前弯曲，肩膀要放松，不可向上抬起，呼吸维持平稳的节律。

跳绳时由于心跳在很短的时间会迅速加速，所以，跳绳之前必须做准备活动，如原地踏步和做徒手操3～5min。练习时要循序渐进，不可操之过急。刚开始跳的速度不要太快，特别要注意小腿肌肉的伸展状况，约每分钟跳60下，先尝试跳30秒，然后原地踏步，待身体适应了再继续。原则上每跳一二百下就可以稍稍休息，如此反复练习。若要达到预期的功效，每分钟最少要跳100次。如在跳绳过程中感觉身体不适，要立即停下，慢慢走动，直至身体缓解才可以停止。

第三节　体育锻炼

一、体育锻炼对增强体质的作用

（一）对身体发育与机能发展的作用

人体是一个完整的统一有机体，可分为神经、运动、循环、呼吸、消化、泌尿、生殖、感觉和内分泌九大系统。经常参加体育运动，能促进人体各器官组织的新陈代谢，促进有机体协调发展，对增强体质、提高健康水平起决定性作用。

1. 运动能改善和提高中枢神经系统的工作能力

（1）使人头脑清醒、思维敏捷。人脑是人体的最高指挥部，人体一切活动的指令都是由大脑发出的。大脑只占人体重的2%，但它需要的氧气却要由心脏总血流量的20%来供应，比肌肉工作时所需血流量多15%～20%。进行体育运动，特别是到大自然中去活动，可以改善大脑供血、供氧情况，促使大脑皮层兴奋性增加。此外，体育运动是以肌肉活动为核心，要完成任何一种锻炼活动，相应的肌肉都得有规律而协调地收缩，这不仅要求肌肉有一定的力度，而且对动作的幅度、速度和节奏都有要求，这些实际上都是在神经系统的调节和控制下完成的。这样的一些过程对神经系统是一个很好的锻炼，使兴奋和抑制、传导和反应等都能得以改善，表现为大脑皮层神经过程的兴奋性、均衡性和灵活性提高，反应的潜伏期缩短。大脑及精神系统的机能改善，使经常运动的人精力充沛，动作敏捷，思维灵活，精明果断。

（2）解除疲劳和精神紧张，改善睡眠。经常参加运动的人，由脑垂体产生一种称为内啡肽的物质，这种物质能增加对疼痛的耐受性，对抗紧张。它还能降低血压，抑制食欲，并给运动者以愉快和健康的感觉。

（3）防止脑动脉硬化，维持大脑良好的血液供应。脑动脉的硬化是由血液内胆固醇含量过高所致。研究证明，体育活动可使血液总胆固醇含量降低，尤其是低密度脂蛋白胆固醇降低，提高高密度脂蛋白胆固醇含量，从而清除沉积在血管壁上的胆固醇，防止动脉硬化。

（4）提高体温调节中枢的机能，增强人体耐寒耐热的能力。一个训练有素的人既不畏冰天雪地的严冬，也不怕炎热的酷暑。这是因为运动中神经系统的调节能力得到改善，特别是体温调节中枢的机能加强。在寒冷的环境中进行锻炼，由于下丘脑热中枢的兴奋，提高了机体的产热过程，同时皮肤血管收缩使散热减少。而在酷热的环境中进行锻炼，是因为下丘脑散热中枢的机能加强，使机体散发更多的热量，以便维持正常体温。当然，这一机能的提高是靠长期锻炼的结果。

2. 运动能改善心血管系统的形态结构和机能

（1）提高心肌利用氧的能力。经常参加体育运动，可以使心肌兴奋性增高，收缩力加强，冠状动脉扩张，血流改善，心肌利用氧的能力提高，从而使心脏的功能得以加强。运动时，由于肌肉的活动，心脏的工作量增加，心肌血液供应和新陈代谢加强，心肌纤维增粗，心壁增厚，心肌中的毛细血管口径增粗，数量增多，供血量相应加大，使心脏具有更大的收缩力。同时使心脏增大，一般人心脏重约 300 克，运动员可达 400 ~ 500 克。这种心脏增大称为功能性心脏增大或称为"运动员心脏"。坚持良好的运动，不仅可使心脏收缩力增强，还可增加心腔容量，即增加有氧代谢能力。一般人心脏容量为 465 ~ 785 毫升，运动员可达 1015 ~ 1027 毫升。心脏在收缩前，由于心腔容量的增大，充血量多，心肌纤维伸展较长，心肌收缩有力，使心脏的每搏输出量和每分输出量增加，循环系统机能增加。

（2）提高心力储备。坚持运动，可以提高人体的心力储备，增进健康：心力储备是指心输出量率（每搏输出量×心率）随人体代谢需要而增加的能力，它包括每搏输出量和心率可以发生的最大、最适宜的变化。心脏的良好心力储备表现为长期坚持运动者安静时脉搏频率低，为 40 ~ 60 次/min，一般人安静时为 60 ~ 80 次/min，在运动时脉搏频率升高少，紧张活动时脉搏频率升高很多，运动后脉搏频率能较快地恢复到安静状态。坚持运动还能改善血管壁的结构，改变毛细血管在器官内的分布和数量，有利于器官供血和机能的提高。动物实验证明，体育运动能营养心脏的血管，使冠状动脉口径增粗和重量增加，心肌的毛细血管数量增加，增强心肌供血、供氧能力，使其收缩更为有力，功能增强。

（3）降低血脂，减少心血管疾病的发生率。美国学者对 59 名马拉松赛跑者、85 名健身跑者和 74 名不运动者（年龄为 35 ~ 65 岁）进行血液化验，发现马拉松赛跑者每 100 毫升血液中的高密度脂蛋白胆固醇含量是 6.5 毫克，健身跑者为 5 毫克，不运动者为 4.3 毫克。说明跑步者血液中高密度脂蛋白含量高于不运动者，而这种物质有保护心脏、防止心肌梗塞的作用。国外报道，德国一名82岁的老人经常参加马拉松训练，医生对他的心脏功能进行检测，发现他的心脏比实际年龄至少要年轻50岁。中国学者研究发现：一组50～89岁经常练习太极拳的老人，血压平均为134.1/80毫米汞柱；同年龄不运动组，血压平均为154.5/82.7毫米汞柱，即运动组明显低于不运动组。

3. 促进物质代谢，改善消化系统的功能

经常参加体育运动，机体能量的消耗增多，新陈代谢也旺盛起来。这些消耗的能源物质要通过饮食来补充，于是促进了消化机能的发展。这是因为，一方面运动使消化腺分泌的消化液增多，消化管道的蠕动加强，胃肠的血液循环得到进一步改善，而且由于某些消化酶和代谢中酶的活动也提高了，使得食物的消化和营养物质的吸收进行得更加充分和顺利。另一方面，由于运动时呼吸加深加快，与呼吸有关的呼吸肌（如膈肌和腹肌）的活动也大大加强。膈肌上下移动和腹壁肌肉前后活动，对胃肠起着一种很好的按摩作用。这不仅改善了消化系统的血液循环，而且帮助了胃肠的蠕动，这对提高消化机能，促进食物的消化、吸收是很有利的。这是经常锻炼的人吃得多、消化得好的原因。体育运动促进了人的消化机能，而消化机能的提高又为肌肉工作创造了更好的物质基础，人的体质就是在这样的良性循环中一天天强壮起来的。

（二）对发展身体素质与提高基本活动能力的作用

1. 对发展身体素质的作用

身体素质是指人体在体育锻炼中各器官系统表现出的各种机能的能力，它是衡量体质状况的一个重要标志。身体素质包括力量、速度、耐力、灵敏和柔韧等。

（1）力量素质。力量素质是指身体或身体某部分肌肉在紧张或收缩时克服阻力的能力。力量素质分为静力性力量和动力性力量（速度性力量与重量性力量）两种形式。力量素质是首要的身体素质，是各项素质的基础。缺乏力量，要提高其他身体素质是不可能的。不同项目对力量素质的要求有所不同。体育锻炼能使肌肉力量增强，使身体内部产生肌肉的形态结构和生物化学的变化，以及大脑皮层各相应神经中枢之间形成很好的协调关系等一系列综合变化的结果。

（2）速度素质。速度素质是指人体进行快速运动的能力，即在单位时间内迅速完成某一距离的能力。通过体育锻炼，促进了大脑皮层兴奋和抑制的转换，加速了肌肉收缩和放松的交替，缩短了完成单个动作的时间，加强了无氧代谢过程，增加了体内能量的储备，从而加快了动作频率和动作的反应速度。

（3）耐力素质。耐力素质是指人体长时间内进行肌肉活动的能力。耐力分为肌肉耐力和心血管耐力。通过体育锻炼，可使心脏增大，血压稳定，安静时心率降低，每搏输出量和心血管耐力提高。长期锻炼，使肺脏容积增加，肺泡的通气量增大，从而提高了肌肉耐力，因此，可以培养出包括速度耐力、力量耐力和静力性耐力等不同的耐力素质。

（4）灵敏素质。灵敏素质是指在各种复杂的条件下表现出的对动作的准确、协调、机敏、易变、有高度的操纵能力和迅速改变身体或某一部位运动方向的能力，也是多种运动素质和动作技能的综合表现。在熟练地掌握动作技能的前提下，通过多次重复训练、刺激，熟练掌握各种动作，提高大脑皮层的灵活性，是发展灵敏素质的有效手段。

（5）柔韧素质。柔韧素质是指人的各个关节活动的幅度，以及肌肉和韧带的伸展能力。柔韧素质的好坏取决于骨的结构，关节周围组织的体积，以及韧带、肌腱、肌肉、皮肤的伸展性和弹性。体育锻炼可以提高肌肉、韧带的弹性和关节活动的范围，提高神经支配肌肉收缩和放松的协调能力。

2. 对提高基本活动能力的作用

人体的基本活动能力亦被称为人体本能动作，是指人的各种基本技能，如走、跑、跳、投掷、攀登、爬越、滚翻、负重、搬运、支撑等。这些都是人类生活、学习、劳动、锻炼中的基本动作。

人体基本活动能力的发展，是建立在身体的形态结构、生理机能、身体素质发展基础之上的。人体基本活动能力，取决于机体各组织系统的功能，而体育锻炼是提高各组织器官机能的有效手段。同时，体育活动又是对走、跑、投、跳等基本活动能力的直接锻炼。

人生来都具有一定程度的素质，由于体育运动中要求人们活动达到相当高的程度，身体各部分的机能必须最大限度地得到动员和发挥，所以在体育运动中，发展各项身体素质对提高基本活动能力具有重要意义。

3. 对提高人体适应自然环境能力的作用

外界环境是指自然环境和社会环境两个方面。自然环境包括地理环境、季节变化和气候变化；社会环境包括城市环境的影响，以及社会的其他因素对人的有机体的刺激等。巴甫洛夫说："健康就是人体与自然界的平衡。"这与中医的"天人相应"观点是一致的。人体能否适应外界环境的变化，是衡量人体功能能力的重要标志。

所谓适应能力，实质上是指当人受了外界环境影响，在中枢神经系统支配下，能不断调节机体，使之处于正常的稳定功能活动状态的能力。有体育锻炼基础的人对外界环境适应能力强的基本原因有两点：一是长期进行体育锻炼，增进了健康，强壮了体格，身体的各个组织系统在中枢神经支配下，承受外界刺激和协调各组织系统的能力得到增强。如体温调节能力，缺乏身体锻炼基础的人夏季就容易中暑；二是从事体育锻炼，往往是在各种外界环境和条件下进行的，因而使机体得到锻炼，适应能力不断提高。如冬季在户外锻炼，甚至用冷水擦身或进行冷水浴，以锻炼机体抗寒的能力等。

二、体育运动与营养

（一）运动前的营养

1. 运动前的食物

运动前应以高糖类、低脂肪的食物为主，例如面包、饭、面、水果等，这些食物容易消化，又能提供糖类，作为运动时的能量来源。如果运动的时间超过 $60 \sim 90min$ 以上，可以选择升糖指数（glycemicindex）较低的食物，例如水果、脱脂牛奶、米饭、豆类，这些食物缓慢地被消化成糖类，能够长时间的供应糖类，供运动中的肌肉使用。如果运动的时间短于 $60min$，则可以选择升糖指数高的食物，例如面包、运动饮料，这些食物很快被消化，能够迅速地提供糖类。

高纤维的食物比较容易造成肠胃不适，因为它们需要比较长的时间消化，有些高纤维的食物也富含糖类，例如全麦面包、高纤饼干、某些高纤饮料等，如果这些食物会使你在运动中感觉不舒服，就应该避免在运动前吃这些食物。

2. 运动前的最佳进食时间

进食的时间随着运动的时间和食物的种类而不同，但应遵循的共同的原则是，吃进去的食物可在运动过程中提供充足的营养和能量，而又不至于在运动过程中造成肠胃道不适。

身体上下震动比较大的运动，例如篮球、跑步等等，对胃内的食物通常比较敏感，少量的食物可能就会使人感到不舒服，这时就需要在运动前提早进食，或是减少食物的摄取，以减轻这些症状。一般而言，身体震动比较小的运动，例如自行车选手和游泳选手就比较不会受到胃中食物的影响，进食的时间和食物的选择有较大的弹性。

清晨 8：00 的运动：前一天的晚餐和宵夜必须富含糖类，喝充足的水，但是经过一个晚上，肝脏中肝糖的含量已经降低，在运动前补充糖类可以提高运动能力。在运动前 90 ~ 120min 吃少量的早餐，例如面包夹果酱，或是水果；避免吃含太多脂肪的食物，例如包子、油饼等不容易消化的食物，会在胃中停留较长的时间，也无法提供足够的糖类。有时牛奶也会对某些人造成肠胃不适。若是你习惯吃丰盛的早餐，就需要在运动前 2 ~ 3 小时吃，才有足够的时间消化。如果无法早起，在运动前 10 ~ 30min 也可以喝运动饮料或是吃一两片面包，以补充前一天晚上消耗的体内肝糖。

上午 10：00 的运动：在当天 7 点左右吃丰盛而高糖类的早餐，3 小时的时间足够消化这些食物，补充肝糖，而且不会造成肠胃不适，但是应该避免吃油腻的食物。

午间 12：00 的运动：当天吃丰盛且含高糖类的早餐，若是 8 点吃早餐，在 11 点左右可以再吃一些少量的高糖类点心，例如面包、果汁或水果。若是 9 点吃早餐，运动前 10 ~ 30min 可以再补充一些运动饮料。

午后 4：00 的运动：当天早上 8 点吃丰盛的早餐，中午 12 点吃高糖类的午餐，下午 3 点吃少量高糖类的点心，同时在一天中必须摄取充足的水分。也可以从早上开始每隔 1 ~ 2 小时喝一大杯果汁，补充并维持体内肝糖的含量，运动前 20 ~ 30min 再以运动饮料做最后的补充。

晚间 8：00 的练习或比赛：当天吃丰盛而富含糖类的早餐和午餐，下午 5 点吃丰盛而富含糖类的晚餐，或是下午 6 点吃少量高糖类的晚餐，避免高脂肪的食物，例如油炸的食物、肥肉等。运动前 20 ~ 30min 喝 200 ~ 300CC 的运动饮料或果汁。在一天中都要摄取充足的水分。

（二）运动后的营养

肝糖原是运动时的主要能量来源之一，存在于肌肉和肝脏中。肌肉中的肝糖原只能供给肌肉细胞所用，而肝脏中的肝糖原可以以葡萄糖的形式释放到血液中，供给肌肉以及身体其他器官所需。体内肝糖原存量不足以应付运动所需是造成疲劳、运动能力降低、无法持续运动的原因之一。运动后体内的肝糖原存量会显著地降低，若是没有积极地补充，下次运动时的表现就会受到肝糖原不足的影响而降低。

研究显示，在运动后的两小时内，身体合成肝糖原的效率最高，两小时后则恢复到平常的水准，因此如果在运动后迅速补充糖类，就可以利用这段自然的高效率时段，迅速地补充体内消耗的肝糖。如果下次运动是在 10 ~ 12 小时之内，这段高效率期间特别重要，因为如果错过这个时段，即使在后续的时间补充了足够的糖类，身体可能没有足够的时间完全补充消耗的肝糖原，使得体内的肝糖原储存量一次比一次降低，就越来越容易感觉疲劳。若是下一次运动在 24 ~ 48 小时之后，即使错过这段时间，接下来只要着重摄入高糖类的食物，仍然有足够的时间补充所有消耗掉的肝糖原。

一般的建议是在运动后 15 ~ 30min 之内摄入 50 ~ 100 克的糖类（大约是每千克体重需要补充 1 克糖类），然后每两小时再摄入 50 ~ 100 克糖类。正餐以及其他运动期间的饮食也应该以富含糖类的食物为主。

第四节　常见运动损伤及处理

体育锻炼可以增进健康，防治疾病，延年益寿，但体育锻炼中也常会发生运动损伤。在运动过程中由于机械性和物理性因素造成的伤害，称为运动损伤。损伤直接影响到个人的身体健康、学习和工作，因此要了解运动损伤的起因、预防、急救与保健知识，以科学的方法进行身体锻炼。

一、造成运动损伤的原因

了解运动损伤发生的原因是预防运动损伤的前提。发生运动损伤的原因是很多的，既与锻炼者的运动基础、身体素质有关，也与运动项目的特点、技术难度以及运动环境等因素有关。综合起来，概括为主观和客观两个方面。

（一）主观原因

（1）思想上重视不够，麻痹大意，在体育锻炼时违背了人体运动的规律。

（2）青年学生好胜心强，经验不足，意识里根本没有防伤的概念，忘乎所以，不顾主客观的条件可能，盲目或冒失地进行运动。

（3）一些人在体育锻炼中情绪急躁，急于求成，忽视了循序渐进、量力而行的原则。

（二）客观原因

（1）身体素质差。不经常参加体育锻炼的人，由于身体素质差，技术动作又掌握不好，在练习动作时缩手缩脚，顾前怕后，往往更容易造成损伤。

（2）运动技术不正确。动作上有错误，违反了人体结构功能特点和运动时的力学原理，也易导致损伤。这是训练水平不高或学习新难动作时发生损伤的主要原因。

（3）身体机能状态不好。在睡眠不足或休息不好时，当身体疲劳时，或在受伤和患病的恢复阶段，身体的生理机能下降，力量减弱，动作的准确性、协调性下降，反应迟钝，在这些情况下参加锻炼或比赛，就很容易引起运动损伤。精力不集中或因学习中的问题而忧心忡忡，勉强参加锻炼或比赛，也会引起运动损伤。

（4）缺乏科学正确的准备活动。运动前不做准备活动或准备活动不充分，在神经系统和其他各器官系统的功能活动没有充分动员起来的情况下，就参加紧张的运动，由于此时肌肉的力量、弹性、伸展性较差，身体缺乏必要的协调性，容易造成损伤。尤其是在冬季，末梢血管循环不旺盛，肌肉、韧带粘滞性大，此时若剧烈运动，稍有不慎，极易受伤。另外，准备活动内容与运动的内容结合得不好，或缺乏专项准备活动，运动中负担较重部位的功能没能得到充分的改善，或准备活动安排不当，开始做准备活动时，速度过快，用力过猛，违反循序渐进的原则和功能活动的规律，也可导致损伤。

（5）组织与方法不当。组织工作不当常会导致运动损伤，常见的有：体育锻炼时，缺乏必要的帮助和保护，或保护方法不当；体育器材分布不当，场地上活动的人过多过挤，组织纪律性差，互相打闹、干扰；投掷场地缺乏安全防范措施；竞赛秩序安排不当或时间临时变更，参赛者缺乏必要的心理和生理准备，赛场秩序混乱；或允许有病、身体不合格的学生参加比赛等。

方法不当造成的运动损伤，常见的有：缺乏明确的指导，动作概念模糊，要领不明确，不懂练习方法，盲目地进行练习；没有遵守循序渐进、由易到难的原则，勉强做力所不及的难度较高的练习；集体活动时不区别对待，统一用一个标准；缺乏基础锻炼，搞突击测验；练习时注意力不集中，打闹或恶作剧等。

（6）运动量过大。在体育教学或代表队的训练中，没有充分考虑到学生的生理特点来区别对待，使运动量超过学生可以承受的生理负荷量，尤其是局部负荷过大，引起微细损伤的积累而发生损伤。

（7）场地、器材设备不合乎要求。以下各种场地、器材设备不合乎要求的情况都容易引发损伤事故：场地、器材、设备缺乏定时检查和维护；活动场地狭窄，凹凸不平，周围空间过小；场地内有碎石杂物，过滑过硬；沙坑缺沙或板结过硬，坑沿过高；器材的大小、重量与学生的性别、年龄等不适应；器械的安装不牢固或安放不妥当；运动时，服装和鞋不适；锻炼的人多或几个项目在相近处同时进行。

（8）天气或光线不好。气温过高易产生疲劳和中暑，气温过低易发生冻伤，或因肌肉僵硬使身体的协调性降低而引起肌肉韧带损伤。潮湿的天气易使人出汗，影响体内水盐代谢，发生抽筋和虚脱。光线不良，如风沙太大能见度低而影响视力，使兴奋性降低，反应迟钝而导致受伤。

二、常见运动性损伤的处理

（一）擦伤

1. 原因与症状

因运动时皮肤受搓致伤，如跑步时摔倒，体操运动时身体摩擦器械受伤。擦伤后皮肤出血或组织液渗出。

2. 处理

小面积擦伤，可用红药水涂抹伤口即可。大而积擦伤，先用生理盐水洗净，后涂抹红药水，再用消毒布覆盖，最后用纱布包扎。

（二）撕裂伤

1. 原因与症状

在剧烈、紧张运动时，或受到突然强烈撞击，造成肌肉撕裂。其中包括开放伤和闭合伤两种。常见有眉际撕裂、跟腱撕裂等。开放伤顿时出血，周围肿胀。闭合伤触及时有凹陷感和剧烈疼痛。

2. 处理

轻度开放伤，用红药水涂抹伤口即可。裂口大时，则需止血和缝合伤口，必要时注射破伤风抗毒血清，以防破伤风症。如肌腱断裂，则需手术缝合。

（三）挫伤

1. 原因与症状

因撞击器械或练习者之间互相碰撞造成挫伤。单纯挫伤在损伤处出现红肿，皮下出血，并有疼痛感。内脏器官损伤时，则出现头晕、脸色苍白、心慌气短出虚汗、四肢发凉、烦躁不安、甚至休克。

2. 处理

在24小时内冷敷或加压包扎，抬高患者肢体或外敷中药。24小时后，可按摩或理疗。进入恢复期可进行一些功能性锻炼，如果怀疑内脏损伤，则作临时性处理后，送医院检查和治疗。

（四）肌肉拉伤

1. 原因与症状

通常在外力直接或间接的作用下，使肌肉过度主动收缩或被动拉长时引起肌肉拉伤。特别是在准备活动不充分、动作不协调时以及肌肉弹性、伸展性、肌力差时更易拉伤。损伤后伤处肿胀、压痛、肌肉痉挛，触诊时可摸到硬块。严重的肌肉拉伤是肌肉撕裂。

2. 处理

轻者可即刻冷敷，局部加压包扎，抬高患肢，24小时后可施行按摩或理疗。如肌肉已大部分或完全断裂者，在加压包扎急救后，立即送医院手术治疗。

（五）肩关节扭伤

1. 原因与症状

一般因肩关节用力过猛以及反复劳损所致。也有的因技术错误，违反解剖学原则而造成损伤，如投掷、排球扣球、大力发球时常出现这类损伤。其症状有压痛、疼痛，急性期有肿胀，慢性期三角肌可能出现萎缩，肩关节活动受限。

2. 处理

单纯韧带扭伤，可采用冷敷、加压包扎，24 小时后可采用理疗、按摩和针灸治疗。出现韧带断裂时，应立即送医院缝合和固定处理。当肩关节肿胀和疼痛减轻后，可适当施行功能性锻炼，但不宜过早活动，以防止转为慢性。

（六）踝关节扭伤

1. 原因与症状

运动中跳起落地时失去平衡，使踝关节过度内翻或外翻致伤。在准备活动不充分，场地不平坦的情况下，更易造成这类损伤。主要症状为伤处疼痛、肿胀、韧带损伤处有明显压痛、皮下淤血。

2. 处理

受伤后，应立即冷敷，用绷带固定包扎，并抬高伤肢，24 小时后，根据伤情采取综合治疗，如外敷伤药、理疗、按摩等，必要时作封闭疗法。待病情好转后，施行功能性练习。对严重患者，可用石膏固定。

第五章　体育运动的科学基础

第一节　身体素质与运动技能

一、身体素质

人的一切随意运动，无论是日常生活，还是生产劳动、军事训练或体育运动，都是在大脑皮质支配下的肌肉活动。人体肌肉活动的基本能力可以表现在很多方面，如肌肉收缩力量的大小、完成单个动作频率的快慢、体位移动一定距离的速度、保持肌肉快速工作能力的长短以及长时间持续工作的能力等。通常，我们把人体在运动中所表现出来的力量、速度、耐力、灵敏及柔韧性等机能能力称为身体素质。

短跑训练主要发展速度，但也同时改善人体的力量和耐力。以发展力量和灵巧素质为主的竞技体操，也多少能影响速度和耐力的发展。由于运动技能与专项运动素质具有共同性，所以从事专项运动训练的出色运动员在进行其他运动项目时，都比不从事体育锻炼者表现出更大的工作能力。

（一）力量素质

1. 力量素质的概念

力量是在肌肉紧张或收缩时所表现出来的一种能力。

肌肉力量是由三种因素组成的：

①完成动作时肌肉群收缩的合力，这主要取决于参加运动的每一块主动肌的最大收缩力，它可以通过逐步增加阻力的训练而得到增长。

②主动肌同对抗肌、协同肌、固定肌的协调能力，此因素取决于各有关肌肉群收缩的协调能力，可以通过专门练习得到改进。

③骨杠杆的机械率，这取决于肌肉群的牵拉角度、每个杠杆的阻力臂和力臂的相对长度，有对这个比率可因身体某部位置的改变而向有利方面转变。

由于肌肉收缩有等长和等张两种形式，所以肌肉力量亦分静力性和动力性两种形式。静力性力量是肌肉做等长收缩时产生的力量，称为等长性力量，即肢体不产生明显的位移运动，而是维持或固定肢体于一定位置和姿势，例如体操中的支撑、悬垂、倒立等。动力性力量是肌肉做缩短收缩时所产生的力量，肢体产生明显的位移，使人体或器械产生加速度运动。例如蹬离地面、投掷器械等。

动力性力量又可分为重量性力量和速度性力量。

重量性力量——重量性力量的大小主要由肌肉工作时所推动的器械的重量来衡量，而动作的速度基本上变化很小，例如举重就是如此。

速度性力量——这种情况的器械的重量是衡定的，而依靠肌肉的快速收缩来使器械获得加速度，由器械运动的加速度来评定力量的大小。这种力量称为速度性力量。例如球类运动中的击球、踢球，基本都属于此类。

2. 力量的重要性

力量素质在体育运动中是首要素质，在很多运动项目中，它是取得优异成绩的基础。如果说人体所有的运动几乎都是抗阻力而产生的，那么体育活动就要较日常活动抗更大的阻力。例如，棒球击手如果在快速击球的同时用以更大的力量，将会使球出去更远。踢球也是一样。在球离开脚的一瞬间，球移动的速度取决于踢球的力量大小和速率。很明显，在体育运动中，如果其他方面相同，那么谁有较好的力量素质，谁就能取得较好的成绩。

力量是跑速的一个重要因素，因为使人体的运动达到和保持最高速度需要有足够的力量。

力量还与其他素质有密切的关系，力量也是肌肉耐力增长的一个因素。假设一个人最初能搬重物 100 次，如果他的力量增长 50%，那在以后再搬动此物时就会觉得轻松，从而能搬运更多的次数。

力量也有助于灵敏的发展，因为适宜的力量可更好地控制体重来抵抗地心引力，从而更轻易地操纵身体。

3. 力量素质的生理基础

（1）肌肉的生理横断面：力量的大小与肌肉的生理横断面积成正比。肌肉的生理横断面愈大，肌肉收缩时产生的力量也愈大。经过大量研究工作和实际经验证实，运动训练可使肌纤维增粗，可增加肌肉蛋白质的含量，它的主要成分是肌肉收缩时所用的肌凝蛋白。

（2）神经系统的调节机能：神经系统的调节机能改善制约着力量的增加，具体因素有如下几个方面：

①支配肌肉的神经中枢的机能改善。

②肌肉中每一运动单位发生最大的紧张性变化。

③动员肌肉中更多的运动机能单位参加活动。

④肌肉活动过程中各种肌肉群协调性的改善。

后三方面的机能改善只有支配肌肉的神经中枢的机能得到改善，才有可能实现。要使机肉运动单位发生最大的紧张性变化和动员更多的运动单位活动，大脑皮质的中枢就必须产生强而集中的兴奋过程。皮质神经细胞发放一致的高频率的兴奋冲动，这样才能实现。

坚持训练可以改善神经控制和增强神经冲动的传递，使一些不活动的肌纤维也活动起来。训练水平低的人，肌肉只有 60% 的肌纤维参加活动，而训练良好者，肌肉参加活动的肌纤维可达 90%。可见两块同样大小的肌肉，训练良好者的肌肉力量可以大 30%。

（3）肌肉收缩前的初长度：肌肉收缩时产生的力量与肌肉收缩前的初长度有关。换言之，在一定范围内，肌肉收缩前的初长度愈长，收缩时的力量也愈大。根据这一原理，在体育运动中往往要预先拉长某些肌肉的初长度，以获得较大的肌力。例如投掷运动中的引臂动作。这种牵张反射的机制，是由于肌肉得到来自中枢神经系统附加的一股冲动，使肌肉收缩要比没有这种反射性的冲动强。

（4）肌肉的组织结构：肌肉的组织结构对力量的产生过程也有作用，如毛细血管网、结缔组织、脂肪等等。

力量训练可使肌肉中毛细血管网增加。由于活动而增大肌纤维对氧气和养料供应的需求，而训练可使毛细血管网增多来增加肌肉组织所需的供应，结果也改进了肌肉的功能。

肌肉组织中结缔组织增多，脂肪减少。经常进行体育锻炼或体力劳动的人，除肌肉的体积增大外，还因经常对肌肉的结缔组织造成附加的紧张，因此结缔组织变得厚而坚实，肌纤维变厚。由于力量练习的牵扯，肌腱和韧带的细胞亦增殖、长大和坚实，肌肉经过训练，可以减少肌肉内的脂肪。由于脂肪减少，所以在肌肉收缩时所产生的磨擦也减少，从而提高了肌肉收缩的效率。

（5）三磷酸腺苷酶的活性：动物实验证明，力量训练可使动物肌肉中肌凝蛋白含量增多。肌凝蛋白不仅是肌纤维中的一种收缩蛋白，而且还具有三磷酸腺苷酶的作用，它能催化三磷酸腺苷分解为二磷酸腺苷并释放能量。力量练习能使肌疑蛋白含量增加，所以就改善了肌肉的能量供应。

（6）肌肉的贮氧能力：实践证明，力量训练可导致肌肉中肌红蛋白含量增加，从而使肌肉的贮氧能力增加。

4. 发展力量素质的方法

（1）动力性力量练习：动力性力量练习就是肌肉收缩和放松交替进行的负重练习，如做深蹲起，持壶铃深蹲起，捆砂袋跑步等用来锻炼下肢力量，负重体前屈锻炼腰部力量等均属动力性力量练习。

根据不同专项，所需要的主要力量素质也有所不同，所以必须结合专项特点进行训练。如短跑需要速度性力量，在训练中常采用负砂袋快速高抬腿跑、手持壶铃下蹲快速跳起、拖杠铃片快跑等方法发展速度性力量。投掷运动员为了发展上肢爆发力，常采用快速推杠铃等方法，因为只有快速地做动作，才能训练运动员各个肌肉群具有高度协调性。这一点特别对发展速度性力量和爆发力具有重要意义。

发展力量耐力，常采用重量不太大的负荷，如最大重量的60%。举起时不要求速度，但要求次数或坚持时间。这样，负荷不大，运动神经细胞不易疲劳，工作的持续时间就可以延长；肌肉的活动次数多，就可以使肌肉代谢过程加强，更有效地增加肌肉中蛋白质的含量。

（2）静力性力量练习：静力性力量练习是肌肉在紧张用力时肌肉长度不发生变化的力量练习。静力性力量练习对提高绝对力量作用很大，它可以发展静力性力量和静力性耐力。如双杠上的直角支撑、单杠曲臂悬垂或举起一定重量并持续一定时间，都属于静力性力量。能够持续的时间越长，就越能够发展静力耐力。

静力性练习一般多采用较大重量的负荷进行练习，因为所负的重量越大，由肌肉的感觉神经传至大脑皮质的神经冲动也越强，从而引起大脑皮质指挥肌肉活动的神经细胞产生强烈兴奋，这些神经细胞经常受到这种锻炼，就高提了它们的兴奋强度，就能在每次肌肉用力收缩时，动用更多的肌纤维同时进行收缩，从而提高了肌肉的绝对力量。

静力练习可以训练大脑皮质神经细胞保持长时间兴奋。进行静力性力量练习时，肌肉群长时间持续紧张，使肌肉中血液供应发生困难，因此经过长时间静力训练，肌红蛋白含量增加，肌肉中毛细血管发生囊泡状变形，可以多容些血液，因此，在一定程度上可以弥补肌肉紧张时血液供应的困难。

（3）等动练习：等动练习是利用一种器械进行的力量练习。等动练习器的结构是一个离心制动器上连一条尼龙绳，扯动尼龙绳越快，由于离心制动作用，器械所产生的阻力就越大，所以器械所产生的阻力总是和用力大小相适应。

如果采用动力性或静力性力量练习来发展划水的力量，肌肉群在整个活动过程中所受到的阻力只能是恒定的，这样就不能完全符合游泳运动时的真实情况。用等动练习器进行练习的特点是当骨杠杆处于有利位置时，肌肉便于用力，必然拉得快，器械产生的阻力就加大；当骨杠杆处于不利位置时，力量小，拉动稍慢，阻力就小些。所以，这种训练能在关节活动的整个范围内，都给肌肉最大的负荷，使肌肉所受的训练符合运动实际的需要。

（二）速度与速度耐力素质

1. 速度与速度耐力素质的概念

速度素质是人体进行快速运动的能力，速度素质的表现形式有反应速度、动作速度和周期性运动中的位移速度三种。

反应速度——是人体对各种刺激发生反应的快慢。如短跑从发令到启动的时间，球类运动员根据场上瞬息变化情况反应的快慢等。

动作速度——是指完成单个动作或成套动作时间的长短，如投掷运动员的器械出手速度、跳跃运动员的踏跳速度以及体操和武术运动员完成成套练习的速度等。

周期性运动中的位移速度——是人体通过一定距离的速度，如短距离的跑速。短距离的跑速又包括加速度和最高速度两个因素。

速度耐力是指人体在较长时间内保持快速运动的能力。

2. 速度与速度耐力素质的生理基础

（1）神经调节：跑的速度和速度耐力，取决于步频、步幅以及保持这种最高步频和步幅的能力。步频的加快有赖于大脑皮质运动中枢兴奋与抑制的转换能力。牵引跑、顺风跑、下坡跑等训练法，就是借助外力使步频不得不加快来训练神经系统灵活性的。而维持最高速度的能力，则不仅与大脑皮质对来自本体感受器的高频率传入冲动的耐受能力有关，而且也和中枢系统对酸性代谢产物刺激的耐受能力有关。通过速度和速度耐力的训练，大脑皮质的机能均会得到提高。

（2）中枢神经系统的协调关系：提高各中枢之间的协调性，能增快有关动作的速度，因为如果各协同肌群之间和它们与对抗肌群之间的协调关系得到改善就能减低因对抗肌群紧张而产生的阻力，因而更有利于发展速度。如大腿前摆时的髂腰肌，股直肌收缩而大腿后肌肉群即时放松，减少阻力，才能使步幅加大，提高前进的速度。

（3）肌肉纤维的特点：肌肉纤维可分为快肌纤维和慢肌纤维两种类型。前者呈白色，内含肌红蛋白较少，又称白肌纤维，适于快速用力，但不能持续过久，易疲劳；后者含肌红蛋白较多，故呈红色，又称红肌纤维。据报道，速度素质卓越的短跑运动员的肌肉中白肌纤维占优势，有人认为这是速度训练的结果，是速度素质提高的物质基础。但又有人认为速度训练并不导致肌纤维类型的变化，著名短跑运动员肌肉中白肌纤维所以占优势，是由于自然选择的结果。

（4）能量供应的特点：进行速度和速度耐力项目的运动时，练习时间短，运动强度大，单位时间的能量消耗大，心血管系统和呼吸系统无法在短时间内供应足够的氧，所以速度和速度耐力练习中能量的来源大部分依靠肌肉中无氧代谢供给。

在速度和速度耐力训练中，三磷酸腺苷的再合成绝大部分是依靠无氧代谢释放的能量来实现的。但在速度和速度耐力性练习中，实现三磷酸腺苷再合成的具体途径是有区别的。速度性练习中，靠肌肉中磷酸肌酸分解释放出能量供给三磷酸腺苷的再合成，所以磷酸肌酸是速度素质的物质基础之一。人体肌肉中磷酸肌酸的贮备量不多，据估计，磷酸肌酸分解所释放的能量仅能维持人体的肌肉活动数秒钟。经过训练，随着速度素质的提高，肌肉中磷酸肌酸的贮备增加。

为了保持较长时间内快速运动的能力，仅依靠磷酸肌酸分解供能是不够的，还必须动员肌肉中的糖元进行无氧分解。肌糖元无氧分解中释放出来的能量可供肌肉中的三磷酸腺苷再合成，所以肌糖元及其无氧氧化能力是速度耐力的物质基础。经过训练，随着速度耐力素质的提高，肌肉中糖元的含量增加，同时其无氧分解能力亦增强。

3. 发展速度与速度耐力的方法

关于发展速度和速度耐力的力量训练问题，拿短跑来说，短跑速度取决于步幅和步频，而步幅和步频与运动员的下肢后蹬力量和动作的幅度有关。因此，发展短跑运动员的速度素质就同提高力量，特别是下肢力量有关。所以在短跑训练中要十分注意力量练习。

前面已提到过，大重量训练对发展力量素质有效，因为它能最大限度地提高蛋白质的代谢过程。但对短跑运动员安排力量练习所采用的重量，除了考虑对发展力量的效果外，更应考虑对发展速度的影响。根据实验结果，当采用本人所举起最大重量80%的重量进行练习时，效果最好，因为练习后血乳酸含量在几种重量练习中是最高的。说明这个练习对发展糖无氧代谢最好。如果重量加大，动作速度变慢，血乳酸含量则明显减少；重量减少时，血液中非蛋白氮含量较少，发展力量的作用又较差，所以安排80%的重量，效果最好。

力量练习和重复跑顺序的安排，对训练效果也有影响，如先进行重复跑再接着进行杠铃练习，运动后血乳酸为94.6毫克。所以，从生物化学变化来看，发展速度耐力把杠铃练习放在跑前比放在跑后好。

速度是对一个物体作用力量而产生的。人体代表物体，肌肉的收缩代表力量，若力量大于阻力就产生运动，当力量增大时，该物体运动的速度就会加快。

人体运动速度与作用力和反作用力有密切关系。肌肉收缩时产生作用力，只有克服了人体由于摩擦而产生的空气阻力、引力和惯性形成的反作用力，才能快速前进。因此，无论是反作用力减少或作用力加大，都能使速度加快。

运动员可以对各种情况进行分析，以便决定怎样做才能减小反作用力。游泳运动员为了减少水的阻力，以最小的体表面积接触前进的方向。

研究证明，肌肉反复进行快速动作的训练，能提高肌肉的收缩速率，经过一定时期的训练就可以改善神经对肌肉的支配能力，提高肌肉的工作效率。而运动的速度与肌肉的收缩速率是成正比的。因此，提高协调性，能提高动作的速度。

发展人体无氧代谢的能力，是发展速度和速度耐力的基础。在训练中常采用短于主项的重复训练法来发展速度；用超主项的加速跑、冲刺跑、间隔时间短的间隙跑以及把主项分为若干段落的变速跑等手段来发展速度耐力。

近年来，肌肉放松能力与速度的关系，越来越被教练员和运动员重视。短跑运动中，剧烈的、重复的周期性运动能继续多久，这要取决于运动中被消耗能源的补充程度。正如上述，肌肉收缩时所需要的能量是由三磷酸腺苷的分解提供的，然而肌肉中现成的三磷酸腺苷数量是有限的，因这种快速的能量储备物约在 8~10 秒钟内就用完了，于是短跑运动员就会出现减速现象。所以要想保持较长时间的最高速度，就必须在两次收缩之间，亦即肌肉放松的时间内继续进行三磷酸腺苷的再合成。如有氧的供给，这种再合成的效果就能提高几十倍。而提高肌肉放松速度，由于促进了全身的血液循环，就能给工作中的肌肉输送大量的氧气。因此，短跑运动员对肌肉放松的机能掌握得越好，就越能经济地使用能量，越能尽快地补充被消耗的能量，当然，速度耐力素质也就越好。

(三) 一般耐力素质

1. 一般耐力素质的概念

耐力是指人体长时间进行肌肉活动的能力。也可以看作是对抗疲劳的能力。

从人体是一个完整统一体的观点看，应把耐力看作是全身耐力、肌肉耐力、心血管耐力和呼吸系统耐力的综合。耐力素质在各个运动项目中都是一个重要的基本素质，但不同的运动项目需要的耐力各有其特点，这里只分析一般耐力的生理特点。

2. 一般耐力的生理基础

(1) 大脑皮质的机能：大脑皮质具有长时间保持兴奋、抑制有节律转换的能力，大脑皮质中参加活动的运动中枢之间的协调性得到了改善，其表现为各中枢的兴奋和抑制更加精确。在耐力性练习中，运动机能单位可以轮流参加活动，这也是长时间坚持运动的原因之一。改善运动器官和植物性器官机能之间的协调性，内脏器官的活动强度能很好地适应运动器官的活动强度，吸氧量和需氧量能达到平衡，会出现"稳定状态"。

(2) 内脏器官的机能：内脏器官机能提高，能保证运动时间延长。人在进行耐力性运动时，血液循环、呼吸和排泄等器官的活动必须和运动相适应，以满足肌肉对营养物质和氧的需要，这样人才能长时间地运动。耐力素质好的人，心脑血管系统、呼吸系统、血液和其他器官对维持酸碱平衡的能力都有提高。如果血液中碱贮备含量增多，可及时中和进入血液的乳酸。

(3) 能量供给特征：耐力性练习持续时间长，运动强度较小，单位时间内消耗能量并不太大，心血管系统和呼吸系统可以保证供给每分钟需氧量，所以耐力练习中的能量绝大部分由有氧代谢供给。人体有氧代谢能力的高低，是一般耐力素质的生理基础。

耐力训练可使肌肉中氧化酶的活性增强，肌肉中能源物质的贮备量可得到提高。

3. 发展一般耐力素质的方法

提高心血管耐力，是提高耐力素质的重要因素。心血管耐力，是循环系统保证机体长时间肌肉活动时营养及氧的供应和运走代谢废物的能力。那么，多大的训练负荷量才能达到此目的呢？库珀提出，心率高于每分钟 150 次，最少维持 5min。卡沅南曾推荐，在每一次重复训练中，心率最少要提高到安静时心率加上最大心率与安静时心率之差的 60% 水平。归纳公式如下：

$$运动时心率 - 安静时心率 + （最大心率 - 安静时心率）\times 60/100$$

重复练习的间歇时间，应取决于训练的目的和对象。一般认为，以脉搏频率恢复到每分钟 120~130 次时再进行第二次练习较为适宜。这个时间通常约需要 3~4min，因为这时心血管系统仍保持在较高的机能水平上，这时再进行下一次练习，对增加心输出量有良好的作用。

（四）灵敏和柔韧素质

1. 灵敏素质

灵敏是运动员在运动活动中所表现的一种复杂的综合素质。灵敏素质可以说是运动员的运动技能和各种素质在运动活动过程中的综合表现。它在躲闪、Z 字跑、急停和起动等活动中，以及迅速改变身体位置时都能表现出来。例如，足球运动员晃动后带球灵敏地越过对手，篮球运动员切入、急停、空中跳起投篮；滑雪运动员为了保持正确的技术动作而连续不断地改变姿势来维持平衡和控制动作等。

不同的运动项目，灵敏素质也各有其特点。灵敏素质只有在运动技能掌握熟练后才能表现出来，因为运动技能掌握的数量越多，在运动活动中动作就愈显得灵敏。这是通过大量训练后，大脑皮质的灵活性和可塑性提高的结果。这时，运动员的运动技能就可以随心所欲迅速转换。

灵敏素质的发展与各种分析器的机能改善有密切关系。因此，在动作过程中能够表现出在空间和时间上的定向定时能力，表现出动作准确，变换迅速，提高运动分析器的敏感性，是特别重要的。

在对抗运动中，还要求一种随机应变的灵敏素质。如球类、击剑、摔跤等运动中，必须在不断变化的外界条件下进行活动，因此随着形势改变，动作的性质、强度都要有急骤变化。并且，这些变化还不能事先预料到，而是随着形势的变化来迅速精确地加以判断，并且当机立断地完成各种动作。这种复杂的灵敏素质，只有在极其巩固的运动技能基础上才能实现，并且是第一、第二级信号系统的分析综合能力高度发展的结果。它必须通过比赛环境才能培养出来。

由此可知，要提高运动员的灵敏素质，必须提高大脑皮质神经过程的灵活性。通过让运动员随各种信号改变动作的训练可以提高灵敏素质，同时也能熟练掌握多方面的运动技能，教会运动员在运动环境改变时应如何改变自己的动作。同时，还要具有速度、力量和柔韧性的保证，才有可能充分表现灵敏素质。

影响灵敏素质的其他原因：

（1）年龄与性别：从儿童开始到 12 岁左右，灵敏素质稳定地提高；然后进入（13~14 岁）快速生长期，灵敏素质也随之快速发展，但有时反而降低。快速生长期后，灵敏性又逐渐稳定地提高，一直到成熟期。在青春期以前，一些少年男孩比女孩稍有灵活性，在青春期后，男孩的灵敏性比女孩子高得多。

（2）体重：体重过重会明显影响灵敏素质的发展。体重过重会使身体各部分的惯性加大，降低肌肉的收缩速度，因此在进行改变方向时动作速度会减慢。

（3）疲劳：疲劳的产生必然降低灵敏性，因为疲劳对灵敏的有关因素（如力量、反应时，运动速度和爆发力等）有不良影响，特别是疲劳会使动作失去协调性。

2. 柔韧性

影响柔韧性和关节活动范围的因素有：关节的骨结构；关节周围组织的体积大小；跨关节的韧带、肌腱、肌肉和皮肤的伸展性。第三个因素对提高柔韧性关系最大。

柔韧性不仅决定于结构方面的改变，而且也决定于神经系统支配骨骼肌的机能状态，特别是中枢神经系统调节对抗肌之间协调性的改善，以及对肌肉紧张和放松的调节能力的提高。

肌肉的随意放松能力，与中枢神经系统支配骨骼肌的神经细胞的抑制深度有关。训练程度高的运动员肌肉的随意放松能力很高，这与神经过程分化抑制的发展程度有密切关系。在运动中，肌肉活动的协调性改善，特别是对抗肌之间的协调能力提高，能保证动作幅度加大。此点对某些运动项目有特别重要的意义，因为肌肉的初长度对力量的发挥有重要影响，特别是在速度性力量上表现得更为明显，故柔韧性的提高有助于力量加大。

提高柔韧性可采用拉长肌肉和结缔组织的方法，一般有两种：即爆发式的方法（急骤地拉长）和慢张力的方法（静力性的拉长）。这两种方法均能有效地提高柔韧性，但慢张力法比较好，因为它超越关节伸展限度的危险性较小，不易引起损伤和疼痛，还能有意识地放松对抗肌，使之慢慢拉长。

柔韧性在同一个人身上，随着机体机能状态的不同而有一定的变化，譬如，刚睡醒后柔韧性较差，肌肉活动以后柔韧性明显提高。因此，在训练过程中准备活动也有提高柔韧性的作用，是防止运动中产生损伤的方法之一。

柔韧性与年龄的关系很密切：年龄愈大，柔韧性愈差。因此，保持和发展柔韧性，应当从小就开始。这一点在我国民间体育（如武术）和杂技训练中非常重视。实践证明，必须坚持系统的不间断的训练，才能保持与发展柔韧素质。

二、运动技能

运动技能是指人体运动中掌握和有效地完成专门动作的能力。这种能力包括大脑皮质主导下的不同肌肉的协调性。换言之，运动技能也就是指在特定的时间和空间里准确运用肌肉的能力。这需要用精确的力量和速度依一定的次序和时间去完成所需要的动作。运动技能的发展和提高，有赖于人们对人体机能规律的深刻认识和自觉运用。

（一）运动技能的生理本质

1. 人的随意运动的反射本质：谢切诺夫曾提出"一切随意运动，严格地讲，都是反射"，并指出"脑的活动的一切外部表现，其实都归结为肌肉运动"。其生理机理被认为是：人的随意运动是从感觉开始，以心理活动为中继，以肌肉的效应活动而告终的一种反射。以后巴甫洛夫在《所谓随意运动的生理机制》一文中，从理论上阐明随意运动的生理机理是暂时性神经联系。他用狗建立食物—运动条件反射实验证明，大脑皮质动觉细胞可与皮质所有其他中枢建立暂时性神经联系，包括内、外界刺激引起皮质细胞兴奋的代表区在内。

实验还证明，切除了狗的任何两个肢体，经过 20 ~ 30 天后，狗能用残留的两肢重新学会走路，甚至能跑。此时如果把狗的大脑皮质切除，结果新获得的运动技能全部消失。如先把狗的大脑皮质切除后再切除两个肢体，则实施手术后再也不能恢复运动。

类似这样的事实，在人体上也能观察到。由于某些外伤造成肢体残废的人，经过长期训练仍可获得很多运动技能。而脑血管病变患者由于大脑皮质的兴奋不能向外传导，从而造成肢体瘫痪，不可能再形成新的运动技能。

综上所述，随意运动的生理基础是以大脑皮质为活动暂时性神经联系。因此，学习和掌运动技能，其生理本质就是建立运动条件反射的过程。

2. 人的运动条件反射形成的生理基础：在初生婴儿身上可以观察到许多先天的简单的非条件反射活动，如食物反射（吸吮、吞咽等）、防御性反射（对寒冷、疼痛、强光反应等）。以后，随大脑和各感觉器官的发育，在这些非条件反射的基础上，通过视觉、听觉、触觉和本体感觉与条件刺激物多次结合，就形成了简单的运动条件反射。例如，为使幼儿尽快学会某一动作，大人总是耐心地手把手地帮助幼儿做动作，这些被动的肌肉活动对形成运动条件反射具有重大意义。又如，让婴儿学会自己有抓握奶瓶吃奶的动作时，最初总是先给他奶瓶看（视觉刺激），而后把奶瓶放在他手中，帮助他抓紧并且推放到他的嘴旁（被动动作），然后他才吸吮到奶汁（无条件刺激强化）。多次这样结合之后，孩子看到了奶瓶就会伸出双手来抓紧奶瓶，并送到口中吸吮，于是这个动作就学会了。

在皮质中，因为视觉刺激引起相应的视觉中枢兴奋接着由于肌肉运动（被动或主动运动）引起相应的运动中枢兴奋，最后由于食物强化引起食物中枢兴奋。因为刺激多次恒定地出现，冲动按一定的顺序和间隔进入皮质使相应的神经中枢兴奋，各兴奋灶之间就会建立起暂时性联系，这时这个包括两个环节的运动条件反射就建成了。暂时性联系接通以后，每看到奶瓶，婴儿就会连续发生抓握动作及食物性运动和唾液分泌的反应。

随幼儿的生长发育，就能在旧的简单运动条件反射基础上，形成抓握奶瓶坐着吃奶或更为复杂的运动条件反射。

人不仅能对具体的刺激建立条件反射，而且还能对抽象的刺激（语言、文字）建立条件反射，这也是人与动物建立条件反射的根本区别。人的思维活动便是在语言、文字条件反射的基础上发展起来的，它是形成概念、判断和推理的过程，是感性认识飞跃到理性认识产生正确思想的物质基础。所以，人建立条件反射的条件是极其丰富的，借助于第二信号系统的活动可以建立无数高级的、精细的、复杂的条件反射，因此，我们可以看到许多体育项目中出现的独特、惊险、优美和熟练的高难动作。

研究证明，运动技能的形成，有别于建立一般的运动条件反射。其不同点有下列三个方面：

其一，参与形成运动条件反射活动的中枢不是一两个，而是许多个既有运动中枢，又有视、听、皮肤感觉和内脏活动中枢参与活动，这种反射是复杂的。

其二，反射活动不是单一的，而是一连串的，一个接一个，前一动作的结束便是后一动作的开始，彼此连锁。

其三，在条件反射过程中，肌肉的传入冲动（本体感受性冲动）起重要作用。没有这种传入冲动，条件刺激得不到强化，同时由运动中枢发放神经冲动传出至肌肉效应器官引起活动，这个复杂过程的条件反射就不能形成，运动技能就不能掌握。

由此可见，形成运动技能就是建立复杂的、连锁的、本体感受性的运动条件反射。在学会运动技能以后，大脑皮质运动中枢内支配的部分肌肉活动的神经元在机能上进行排列组合，兴奋和抑制在运动中枢内有顺序地、有规律地、有严格时间间隔地交替发生，形成了一个系统，成为一定的型式和格局，使条件反射系统化。大脑皮质机能的这种系统性称为运动动力定型。运动动力定型建立后，能使肌肉的收缩和放松有顺序地、有规律地、有严格时间间隔地进行，并符合动作要求的规格。因此可以更确切地说，运动技能的形成就是建立运动动力定型的结果。

这种运动动力定型越巩固，就越能轻松自如地完成动作。虽然，旧的动力定型表现有一定的巩固性，但是只要新的环境条件长时间地代替旧的环境条件，新的动力定型也会形成，这就是大脑皮质机能的可塑性。大脑皮质所建立起来的动力定型越多，动力定型的改建就越容易，大脑皮质的机能灵活性也越高。

运动实践证明，基本技术掌握得越多，愈熟练，则不仅学习新的运动技能越快，而且战术运用自如，在实践中才会有丰富的创造力，形成独特的技术风格。

（二）形成运动技能的过程

运动技能的形成，是由简单到复杂的建立过程，实质都是在大脑皮质上建立暂时性神经联系的过程，并有其建立、形成、巩固和发展的阶段性变化和生理规律。只是每一阶段的长短，随动作的复杂程度而不同。一般说来，可划分为相互联系的三个阶段，或称三个过程。

1. 泛化过程

学习任何一个动作的初期，通过教师的讲解和示范以及自己的运动实践，只能获得一种感性认识，对运动的技能内在规律并不完全理解。由于人体内外界的刺激，通过感受器（特别是本体感觉）传到大脑皮质，引起大脑皮质细胞强烈兴奋，另外因为皮质内抑制尚未确立，所以大脑皮质中的兴奋与抑制都呈现扩散状态，使条件反射暂时联系不稳定，出现泛化现象。这个过程表现在肌肉的外表活动往往是动作僵硬，不协调，不收缩的肌肉收缩，出现多余的动作，而且做动作很费力。这些现象是大脑皮质细胞兴奋扩散的结果。在此过程中，应该抓住动作的主要环节进行练习，不应过多强调动作细节，这样才有助于更快掌握动作。

2. 分化过程

在不断地练习过程中，初学者对该运动技能的内在规律有了初步的理解，一些不协调和多余的动作也逐渐消除。此时，大脑皮质运动中枢兴奋和抑制过程逐渐集中，由于抑制过程加强，特别是分化抑制得到发展，大脑皮质的活动由泛化阶段进入了分化阶段。因此练习过程中的大部分错误动作得到纠正，能比较顺利地、连贯地完成完整动作技术。这是初步建立了动力定型。但定型尚不巩固，遇到新异刺激（如有外人参观或比赛），多余动作和错误动作可能重新出现。在此过程中，应特别注意错误动作的纠正，多体会动作的细节，促进分化抑制进一步发展，使动作日趋准确。

3. 巩固过程

通过进一步反复练习，运动条件反射系统已经巩固，达到建立巩固的动力定型阶段，大脑皮质的兴奋和抑制在时间和空间上更加集中和精确。此时，不仅动作准确、优美，而且某些环节的动作还可以出现自动化，即不必有意识去控制而做出动作来。在环境条件变化时，动作技术也不易受破坏，同时由于内脏器官的活动与动作配合得很好，完成练习时也感到省力和轻松自如。

形成运动技能的三个过程是相互联系的，各过程之间并没有明显的界限。训练水平高的运动员在学习掌握新动作时，泛化过程很短，对动作的精细分化能力强，形成运动技能快。运动新手在学习新动作时，泛化过程较长，分化能力较差，掌握动作较慢。动作越复杂，泛化过程就越明显，分化的难度也就越大，形成运动技能所需要的时间就越长。

但是，动力定型发展到了巩固过程，也并不是可以一劳永逸了。一方面，还可以继续练习巩固的情况下精益求精，不断提高动作质量，使动力定型更加完善和巩固；另一方面，如果不再进行练习，巩固了的动力定型还会消退；动作技术愈复杂，难度愈大，消退得也愈快。在此过程中，除了继续练习巩固之外，再进行一些技术理论的学习，更有利于动力定型的巩固和动作质量的提高，促使动作达到自动化程度。

4. 动作自动化的概念和生理基础

随着运动技能的巩固和发展，暂时联系达到非常巩固的程度以后，动作即可出现自动化现象，所谓自动化，就是练习某一套动作时，可以在无意识的条件下完成。其特征是，对整个动作或者是对动作的某些环节，暂时变为无意识的。例如，走路是人类自动化的动作，在走路时可以谈话、看报，而不必有意识地想应如何迈步，如何维持身体平衡。又如熟练的篮球运动员在比赛时运球等动作往往也是自动化的动作。

自动化动作的生理机理是以巴甫洛夫所揭示的高级神经活动的基本规律为基础的。人类一切随意运动都必须在大脑皮质参与下方能实现，但是在大脑皮质参与下所实现的机体反应活动并不一定都是有意识的。换言之，在无意识完成自动化动作时，仍然必须在大脑皮质参与下才能实现。在皮质参与下所实现的有机体的反应，有的是有意识的，有的可以是无意识的。

巴甫洛夫在分析有意识和无意识的生理机理时认为，只有在当时条件下具有最适宜兴奋的皮质部位所完成的活动才是有意识的。通过这种部位最容易建立新的暂时联系，也最容易形成新的分化相。当运动技能达到第三过程后，动作各环节的条件反射已逐步达到巩固过程。凡是已巩固的动作可以由皮质被抑制的区域或兴奋较低的区域来完成。按巴甫洛夫的话说："这时在有相应的刺激出现时就刻板式地产生以前所形成的反射，是由大脑皮质上兴奋性低落和不适宜的部分实现的。皮质上这些部位的活动，被称为无意识的、自动化的活动。"

此外，在运动技能已经巩固的时候，第一和第二信号系统之间的联系，已经成为运动动力定型的统一机能体系。第一信号系统的兴奋可以选择性地扩散到第二信号系统，所以运动员可以精确地意识到自己所完成的动作，并可以用语言表达出来。

当动作出现自动化现象时，第一信号系统的活动已经从第二信号系统的影响下相对地"解放出来"。完成自动化动作时，第一信号系统的兴奋不向第二信号系统传递，或者只是不完全地传递，这时的动作是无意识的，或是意识不完全。

自动化动作也并不是永远无意识进行的，当接受外界刺激异常时，大脑皮质的兴奋就会提高，对自动化动作又会产生意识。例如，在崖上行走时，步行就成为有意识的了。此外，当运动员想要体会自己动作的某环节或肢体的某部分动作时，对这些动作则产生意识。例如，有训练的游泳运动员在加速前进游时，若注意腿的用力，这时支配腿部肌肉的运动中枢则处于最适宜的兴奋状态，腿的动作就能意识到，而此时两臂的动作则成为无意识的，当快达到池边时，运动员开始注意手的动作，适宜的兴奋性就转移到支配手臂的相应皮质运动中枢，而腿的动作则改为无意识的了。

动作达到自动化后，第二信号系统的活动就可摆脱第一信号系统的束缚，随着外界环境的复杂化，能更灵活地调整全身活动。例如，篮球运动员对基本动作掌握熟练技巧后，根据比赛时的复杂变化，第二信号系统的活动可以专注于战略的变化。此时，运动员常能将各种已熟练的单个技术组成联合的动作，来适应当时比赛条件的要求。

要想提高运动成绩，必须使动作达到自动化程度，但不应认为动作达到自动化后，质量就得到保证。虽然动力定型已经非常巩固，但由于进行自动化动作时第一信号系统的活动经常不能传递到第二信号系统中去，因此，如果动作发生少许变动，也可能一时未觉察，等到一旦觉察，可能变质的动作已因多次重复而巩固下来。所以，动作达到自动化以后，仍应不断检查动作质量，精益求精。

正如上述，在体育运动实践中，运动技能形成过程并不是截然划分的，而是逐渐过渡的，各过程的出现和持续时间的长短，受许多因素的影响，既与教学方法、训练水平有关，又与学生学习的积极性和目的性有密切关系。

（三）影响运动技能形成的因素

运动技能形成的快慢，受很多因素影响，如运动项目的特点、动作的性质和难度、学生或运动员的身体素质的差异、训练程度和个性特征以及教师或教练员的教学和训练方法等，都会影响运动技能形成。在运动实践中，许多体育教师和教练员同学生和运动员一起创造了很多成功的经验，从生理角度来分析，可归纳为以下几个方面。

1. 充分利用各感觉机能间的相互作用

运动技能的形成过程，就是在多种感觉机能参与下同大脑皮质动觉细胞建立暂时的神经联系。特别是本体感觉，对形成运动技能尤有特殊意义。人体各种感觉都可帮助肌肉产生正确的肌肉感觉，没有正确的肌肉感觉就不可能形成运动技能。所以在运动实践中只有勤学多练，反复实践，才能建立精确的分化，区别正确动作和错误动作的肌肉感觉，才能巩固正确动作，消除错误动作。

在体育锻炼和运动训练中，充分发挥视觉与本体感觉之间的相互作用，能强化正确动作，消退错误动作，如在体操、举重和武术项目中，学习某些动作可以看着镜子练习，以便及时纠正错误动作，强化正确动作。在有些田径项目中，为了建立正确动作出现的时间，往往采用附加标记的方法，如在跳远的起跳点附近设置明显的标记，以强化合理的起跳时间。在跨栏跑练习中，在过栏时要求运动员在适当的位置开始做上体下压动作，也可以设置明显标记，以掌握做下压动作的时间，尽快掌握合理技术。

在运动技术学习和运动训练中，应充分发挥听觉与本体感觉间的相互作用，建立正确动作的频率和节奏感，如中长跑运动员在练习中，常常随着有节奏的声响调节跑的频率，建立跑的正确节奏，体操运动员常用音乐伴奏，以增强体操运动员的节奏和韵律感，以利于掌握动作。

在运动技术学习和训练中要充分发挥位觉与本体感觉间的相互作用。运动员在完成高难动作，如空中完成翻腾或旋转动作时，对位觉空间三度（上下、左右、前后）的适应能力要求很高，只有本体感觉对时间和空间的感知具有精确的分化，才能在空中完成复杂的动作，如体操、跳水运动员为尽快掌握空中动作，往往先降低高度或用保护带，反复练习，使运动员体会和建立空间三度感觉，来增强位觉机能敏感性。

在运动技术训练中也要充分发挥皮肤感觉与本体感觉间的相互作用，以建立正确的动力定型，如初学爬泳者下肢打水的幅度不是过大，就是过小，为了尽快掌握正确的动作幅度，可用一个限制圈控制下肢打水的幅度，通过皮肤的触觉，消除下肢动作幅度过大或过小，强化正确的本体感觉。又如推铅球在做出手动作时容易出现左肩后撤的错误动作，这时教师可在学生推球出手的瞬间，用手顶住学生的左肩，以帮助学生体会正确的肌肉感觉，形成正确的动作。如果练习的难度较大，学生不能独立完成，教师可以用助力帮助学生完成动作，使学生获得完成动作时的肌肉感觉。有时采用减小难度的方法，如高杠上的体操动作完不成，可先在低杠上做，学生能在低杠上完成动作获得正确的肌肉感觉后，再到高杠上就容易掌握了。因此，在练习中设法获得正确的肌肉感觉，对建立运动条件反射可以起到有力的强化作用。

如上所述，在形成运动技能时，除视觉、听觉、位觉、皮肤感觉起重要作用外，同时也与内脏感觉机能有着密切的联系。在完成任何动作时各感觉机能都同时起作用，只不过根据运动项目的特点，对某一种感觉机能要求更高一些。所以在运动实践中，要尽量多实践，充分发挥各感觉机能作用，以便有效地加速运动技能的形成。

2. 充分利用两个信号系统的相互作用

运用两个信号系统相互作用的规律，可以加速运动技能的形成和发展。研究证明，大脑皮质适宜的兴奋性，是建立条件反射和形成运动动力定型的良好条件。若大脑皮质的兴奋性过高，兴奋点扩散，难于集中；若大脑皮质兴奋性过低，暂时联系也不易接通。因此，运动技术训练学习中要做好思想工作，充分调动学生或运动员的自觉性和积极性，使大脑皮质有适宜的兴奋性。这是掌握运动技能的首要条件。

发挥第一信号系统的作用，多利用具体的直接的形象刺激，是建立条件反射的基本条件。如教师的正确示范、直观图解或模型以及形象地讲解等，都有助于使学生获得明晰的印象，建立正确的动作概念。特别是对于儿童少年，因为他们的第二信号系统发育尚不完善，在训练中更应多利用直观性教学方法。

实践证明，在注意利用第一信号系统的同时，更要发挥第二信号系统的作用。如在学生的动作做得正确时，"做的对""正确""好"等语言可以起到强化运动动力定型的作用。如果学生把练习中获得的感性认识上升为理性认识，利用抽象思维叙述出自己的正确体会，这种效果会更好。正如毛主席在《实践论》中所指出的："感觉到了东西，我们不能立刻理解它，只有理解了的东西才能更深刻地感觉它。"

运动实践也证明了"想练结合"的方法是行之有效的，如许多运动员在比赛前（练习前）集中精力想象即将进行的技术动作和战术要求，在练习或比赛后，回想完成动作的质量和运用的战术是否恰当，这样想练结合对于改进动作，提高战术意识都有促进作用。

从生理学角度来看，想象练习虽然并没有进行实际练习，但同样可以使这一运动技能的暂时联系再一次接通，即等于接受了一次强化，因此可促进运动技能的形成和巩固。

3. 促进分化抑制的发展

分化抑制属于内抑制，是纠正错误动作、建立正确动作的重要神经过程。特别在掌握动作的初期，大脑皮质暂时神经联系尚未形成，易出现多余动作。此时，应该用明确的语言，以促进分化抑制的发展，尽快形成精细的分化。动作做得正确，应立即给予肯定的语调来进行强化；对错误动作，应及时以"不对！"来分化。与此同时，应特别注意对动作细节的分化，如做体操动作时，对主要动作环节掌握后，应注意动作的细节（并腿、伸直、绷脚尖），以培养正确体操意识。又如武术运动中，手、眼、身、步等动作的配合都要达到精细分化，不断改进和提高动作质量。实践中采用增加动作难度的方法来提高分化能力，也可以使运动技能更加完善和精确，如篮球运动员练习投小篮圈或进行比赛性训练等，就可以使运动员在更复杂的情况下完成正确动作，促进运动技能的巩固和完善。

此外，还可以用正误对比的方法，加速分化抑制的发展。在实践中，教师做正确示范可以起强化作用。同样也可以做错误动作示范，以分化正确与错误动作。特别是在学习动作的初期，在运动员还意识不到自己错误动作时可采用正误对比方法，但应以正确示范强化为主。参观比赛和练习，都有助于尽快掌握动作。

4. 消除防御性反射

在学习难度较大的动作时，特别是在器械上做难度较大的动作时，往往由于过度紧张和疲劳，造成失误或意外等而产生防御性反射和害怕心理。在初学时，应适当降低动作难度或高度，消除害怕心理。这只是一种过渡手段，当运动员对动作有了初步的体验时，应及时过渡到高难动作练习，以防形成错误动作，有些高难动作非有一定高度不能完成空中动作，这时就要加强保护措施，如使用保护带、海绵坑或弹网等来消除学员的害怕心理，增强信心，专心思考空中动作。同时要提倡大胆、心细，不依赖保护措施而独立完成动作。在练习中要认真总结做动作的优缺点，找出完成动作的关键，此时往往稍接受一些指点，借助一臂或一指之力即可完成动作。

在运动实践中因某种原因已造成运动员防御性反射和害怕心理时，要及时找出产生防御性反射和害怕心理的原因，克服畏难情绪，认真总结经验和教训。同时，要制定消除防御性反射和害怕心理的具体措施，必要时可暂避开此练习，或降低动作难度和器械高度，加强保护措施等，消退防御性反射和害怕心理。等到恢复了做动作的信心后，再逐渐恢复正常训练。

5. 充分利用运动技能间的相互影响

在各项运动中都有很多基本环节相同的动作或附属细节相同的动作，在练习中，运动技能彼此会产生相互影响。其影响有好的方面，也有坏的方面，在运动实践中应消除不良影响，善于利用良好影响，以加速运动技能的形成。

运动技能之间的良好影响，表现为原有的运动技能可以促进新的运动技能形成；当同时学习几种运动技能时可以彼此促进；新的运动技能的形成有助于原有运动技能的巩固和完善等。

在运动实践中，运动技能之间产生良好影响的例子很多。训练程度、年龄和身体条件相近的两组运动员在学习吊环前摆上的动作时，原来已经掌握双杠前摆上动作的一组，学习起来就比较容易，掌握新运动技能也比较快。学会单杠前上之后，对双杠屈伸上就有良好作用。在其他运动项目中，也有类似的现象。其所以能起良好作用，是由于动作之间的基本环节相同，而细节部分不同，学习与原有动作结构相似的新动作时，大脑皮质内原已形成的运动条件反射中的基本环节，即可作为新的运动动力定型的基础。只需补充一些附属环节的运动条件反射，新的运动动力定型即可形成。

有些动作结构虽然相同，但仍不能产生良好的影响。例如，百米和万米赛跑在动作结构上虽然相同，但这两种运动神经过程特征，在植物性机能反应方面，以及在神经与肌肉之间的机能联系方面，都有显著不同，如果很好地掌握了其中一种技能，则另一种运动的成绩反而可能降低。因此，在分析运动技能之间的相互影响时，还应当进行全面分析。

运动技能之间的不良影响表现在：原有的运动技能妨碍新的运动技能形成，新形成的运动技能破坏原有的运动技能，当同时形成几种运动技能时，彼此妨碍。

在运动实践中，运动技能之间发生不良影响的现象也是很多的。例如，在体操教学中，运动员掌握了单杠挂膝上的动作之后，常常对学习骑上的动作产生不良影响；初学滑冰的新手，开始时往往用冰刀的前端蹬冰，这是受走路技能的影响；几种运动技能主要环节不同，而附属环节相同时，彼此之间往往产生不良影响。开始环节相同的两种运动技能往往相互混淆，这是由于两套动力定型如果开始部分相同，则总是实现比较容易的或已经巩固的那套动力定型。因此，往往学习骑上时，却总是出现已学会的挂膝上动作。

运动技能之间的相互影响是比较复杂的，一般说来，为了促进运动技能迅速建立，可以把基本部分相同的动作编成一组进行学习。选用诱导练习也应考虑此原理，诱导练习动作的基本部分应该接近或与正式动作相一致，这样才能起良好的作用。

运动技能的相互影响规律，对安排动作学习顺序是有意义的。例如，游泳时，先学爬泳，后学仰泳等就较快，原因是爬泳姿势比较接近人在生活中的基本动作，同时具备其他几种姿势的某些基本环节。

第二节　运动机能规律

运动机能规律是指生命有机体在运动过程中的功能变化规律。人体在运动过程中发生一系列机能变化，这些变化可分为准备活动、进入工作状态、稳定状态、疲劳和恢复五个阶段。研究和掌握各个阶段的规律，并把它运用到实践中去，对于增强体质，提高运动成绩和防止伤害事故发生都具有重要意义。

一、准备活动

在正式训练或比赛之前所进行的各种身体练习叫做准备活动。进行准备活动的目的，是为正式训练或比赛做好身体机能上的准备。

（一）准备活动的作用

1. 使体温上升，提高代谢水平

准备活动在英语中也叫做"Warm up"，有人把它译做"热身"。表明过去的运动员和教练员非常重视体温上升的作用。

体温升高之后，可以使肌肉粘滞性下降，提高肌肉的收缩和舒张的速度，增加肌力。在较高体温情况下，血红蛋白和肌红蛋白释放更多的氧，从而增加了肌肉组织的兴奋性。肌肉中温度升高还可使其中小血管扩张，减少外周阻力，增加肌肉中的供应。同时，体温升高可增加肌肉及韧带的伸展性，加大柔韧性，并预防运动损伤。

2. 提高循环、呼吸等内脏器官的机能

有人曾做过一种实验，让受试者进行两次同样的活动，前一次活动代表准备活动，观察它对后一次活动时肺通气量的影响。在前一次活动结束后，先前肺通气量恢复到安静时水平，再开始后一次运动。从实验结果来看，进行后一次活动时，5min 内的肺通气量都大于前一次活动时 5min 内的数值。这说明前一次活动提高了呼吸系统的机能后，经过休息，肺通气量虽然已恢复到安静时水平，但在大脑皮质的呼吸中枢内留下了兴奋升高的痕迹。在这个兴奋性提高的基础上又开始的肌肉活动能使呼吸中枢在第二次活动中产生较强的兴奋，所以肺通气量较大，这样就有利于第二次活动时得到充分的氧供应。

3. 促进参与运动有关中枢间的协调

使运动技能的条件反射联系多次接通，专门性准备活动在这方面起着极其重要的作用。

此外，准备活动还可调节赛前状态，使大脑皮质兴奋性处于适宜水平。

（二）准备活动的方法

准备活动重要作用是它们对身体各器官、系统引起的痕迹效应。这种痕迹效应牵涉到神经系统的兴奋后作用、内分泌腺某些激素的分泌，以及体温升高产生的温度效应。

"痕迹"在体内残留的长短依存于准备活动刺激强度的强弱和准备活动与正式运动间的间隔时间长短。因此准备活动的量及强度，与正式运动间隔长短是十分关键的问题。

一般来说，准备活动的量与强度应较正式运动小，以免由于疲劳影响运动成绩。根据对各种项目的准备活动的调查发现，项目差异和个体差异都很大。每个运动员可以根据项目特点、个人习惯，季节气候及赛前状态，编制适宜的准备活动。通常以微微出汗及自我感觉已活动开为宜。

间隔时间多长合适，是个值得研讨的问题。古巴一名棒球教练曾用超量恢复理论研究了棒球投手试投（专门性准备活动）与正式投的最佳间隔时间为 3~6min。这使我们得到启示，如果准备活动经过休息后，身体机能水平正好处于超量恢复的上升阶段，就是最好的间隔时间。因此，教练员和运动员可以根据实验或总结以往的经验找到这一最佳间隔时间。准备活动的内容大都包括一般性准备活动和专门性准备活动。专门性准备活动的动作结构、节奏、强度等与正式运动相近，许多项目的专门性准备活动十分重要（如球类、体操等）。有人研究篮球运动员如果只做一般性准备活动与不做准备活动相比，投篮命中率增加37%；如果一般性及专门性准备活动都做了，投篮命中率就增加到58%，有明显的不同。

二、进入工作状态

无论在日常生活、生产劳动或进行体育运动时，人的机能能力和工作效率都不能在活动一开始就达到最高水平，而是在活动开始后一段时间内逐步提高的。这个逐步提高的过程叫进入工作状态。

如果各器官、系统进入工作状态加快，就能发挥出更大的工作效率，训练时可提高效率，比赛时可提高成绩，生产时可提高产量。

进入工作状态在比赛中表现得非常明显，以篮球为例，投篮命中率在比赛开始后数分钟才能达到最高水平；百米跑到四五十米处才能达到最高速度。

（一）产生进入工作状态的原因

人体运动是有惰性的，这种惰性主要是生理上的。克服这些惰性需要一定的时间。人体的生理惰性表现在以下两个方面。

1. 反射活动需要一定的时间

人的一切活动都是反射活动，完成任何一项反射活动都需要一定的时间。动作越复杂，有关中枢之间传递所需的时间就越长，神经系统各中枢机能协调起来所需的时间也就越长。

2. 内脏器官的生理惰性

肌肉活动时，内脏器官的活动也跟着发生变化，而植物性机能的惰性比躯体性机能的惰性大。植物性神经系统活动的惰性大于躯体性神经系统的原因之一，是结构上的不同。躯体性神经系统的兴奋由大脑皮质直达脊髓，由脊髓前角细胞发出的神经支配肌肉。而植物性神经系统的兴奋冲动由大脑皮质发出后，需经过很多的皮质下中枢，最后传达到所支配的内脏器官，它所需时间较长。另外，植物性神经传递冲动的速度也比躯体性神经慢。

此外，内脏器官的活动是由神经和神经—体液共同调节的。在调节内脏器官产生持续活动上，神经—体液的调节作用更为重要，而骨骼肌的活动主要靠神经调节。在神经—体液调节中，首先由神经系统调节内分泌腺分泌激素，激素随血液循环到达所支配的器官，改变其机能状态。这一系列的活动比神经调节的惰性大得多。例如，在不做准备活动的情况下，跑1500米时，呼吸、循环系统的活动要在运动开始后 2~3min 才能达到最高水平；而运动器官只要二三十秒钟就可发挥出最高效率。

（二）影响进入工作状态的因素

进入工作状态需要的时间，取决于工作的性质和个人的特点。一般来说，肌肉活动越复杂，进入工作状态需要的时间就越长；训练程度差的运动员比高级运动员长。随着训练水平的提高，进入工作状态的时间也会缩短，而运动前做好充分的准备活动，调整好赛前状态，使大脑皮质处于良性兴奋状态，就能有效地缩短进入工作状态的时间，更快地提高工作效率。所以，准备活动和进入工作状态这二者之间有着密切的联系。

（三）极点与第二次呼吸

在进行剧烈运动时，由于在运动开始阶段内脏器官的活动赶不上运动器官的需要，往往产生一种非常难受的感觉。此时感到呼吸困难、肌肉酸疼、动作迟缓、精神低落，简直不愿再继续运动下去，这种状态叫"极点"。

"极点"的产生是由于内脏器官的活动跟不上肌肉活动的需要，造成氧供应不足，大量乳酸等物质在血液中积累，这些化学物质的刺激引起呼吸循环系统活动失调（如呼吸频率、心率急剧加快，动脉血压升高等）。这些机能失调导致强烈刺激传入大脑皮质即引起动力定型的暂时紊乱，运动中枢中抑制过程占优势。因此，"极点"出现时，动作慢而无力，且不协调。

"极点"出现后，应该继续坚持运动。这样，体内可以产生下列各种变化：其一，植物性中枢逐渐适应，逐步提高机能，其惰性也得到克服，内脏器官的活动也就逐渐赶上运动器官的需要；其二，由于内脏器官活动加强，氧供应改善，血乳酸产生减少；其三，"极点"出现后，运动速度降低，运动器官中不但对氧需要量暂时减少，这些原因减少了传向大脑皮质的刺激，从而躯体性和植物性神经中枢间动力定型的协调关系得以恢复，就出现了所谓的"第二次呼吸"状态。此时呼吸变得均匀和深长，动作又感到轻松，不舒适的感觉消失。说明进入工作状态业已结束，人体各种活动在指定的运动强度中开始进入了一种稳定状态。

三、稳定状态

在一定强度的周期性运动中，当进入工作状态结束以后，各器官系统的机能活动就达到了一种稳定状态。例如，心率、血压、心输出量、肺通气量和耗氧量指标均处于变动不大的水平上，这时工作能力也稳定在一个相应的水平，这种机能状态就称为稳定状态。稳定状态又分为真稳定状态和假稳定状态。

（一）真稳定状态

在进行亚极量运动（低于 VO2max 的运动）时，如马拉松跑或强度较低、时间长的有氧练习中，摄氧量可满足需氧量的要求，运动中依靠有氧供能，几乎没有氧债的积累，这时各器官系统的机能活动水平所处的稳定状态称为真稳定状态。

真稳定状态下的运动可维持很长时间。据报道，优秀的耐力运动员以 66％ VO2max 的强度运动可维持 8 小时；以 47％ VO2max 的强度运动可维持 24 小时。这是因为在有充足氧供应情况下，不会有过多的乳酸在血液中积累，血液中酸碱平衡不致受到扰乱，有了这种稳定的内环境，就可以保证人体能进行长时间的运动。

（二）假稳定状态

当运动的需氧量超过人体实摄氧水平时，尽管呼吸与循环系统的机能活动已达到很高水平，但机体摄入的氧量仍满足不了需氧量的要求，有氧债积累。在这种缺氧的条件下无氧酵解参加供能，使乳酸大量产生。这时虽然各项生理机能仍表现为稳定状态。但因氧的供应仍不能满足运动的需氧量，故为假稳定状态。

在假稳定状态下进行运动会使人感到吃力，不能坚持很长时间。

四、疲劳

疲劳是人人经历过的一种生理现象。自从 1880 年生理学家莫索研究人类的疲劳开始，对人类疲劳的研究已经一个多世纪，人们对疲劳的认识正不断深化。

（一）运动疲劳的生理学说

运动疲劳是指人体在运动过程中，运动能力及身体功能能力暂时下降的正常生理现象。运动后出现的正常疲劳对身体并无损害，而且正是对身体的一种保护性信号或称保险阀。它提示人们注意不要过度疲劳。

疲劳是由多方面原因引起的。譬如，体内能源物质消耗过多会引起疲劳；肌肉运动收缩时产生的某些代谢产物的积聚会引起疲劳；长时间工作，大脑神经细胞转为抑制会引起疲劳；长时间运动时出汗过多，体内水盐代谢紊乱及内环境稳定性失调等均可能引起疲劳的发生。

生理学家的研究认为，运动疲劳是一个综合性的复杂过程。它与人体多方面的因素及生理变化有关。

其一，运动能力与身体素质的变化是导致运动疲劳的因素。人体的运动能力和身体素质与身体各器官系统功能紧密相关。身体素质就是人体各器官系统的功能在肌肉工作中的综合反映，各器官功能的下降，必然影响运动能力与身体素质。譬如，长时间肌肉活动导致肌肉功能下降时，力量、速度等当然会下降，于是在完成运动练习时，往往会力不从心而觉得疲劳；在耐力性运动中，如果心肺功能下降，承受耐力负荷的能力当然会降低，机体就会疲劳而降低工作能力。

其二，体内能源贮备的减少和身体各器官功能的降低，是导致疲劳的重要原因。不少实验研究表明，当人体从事运动导致疲劳时，往往伴随体内能源物质消耗较多，如快速性运动 2~3min 至非常疲劳时，肌肉内的磷酸肌酸可降低至接近最低点。长时间的持续运动中，由于糖的大量消耗，肌糖元及血糖均下降。能源贮备的消耗与减少，会引起各器官功能的降低。加上肌肉活动时代谢产物的堆积及水盐代谢变化等影响，机体工作能力就会下降而出现疲劳。

其三，精神意志因素也与疲劳密切有关。运动中人体各器官系统的活动都是在神经系统指挥下完成的，神经系统功能的降低，神经细胞抑制过程的加强都会使疲劳加深。但是人的情绪意志状态对人体功能潜力的充分动员关系极大。事实上，人体往往在感到疲劳时，机体尚有很大功能潜力，能源物质远未耗尽，良好的情绪意志因素可起到动员机体潜力，推迟疲劳发生的作用。因此，进行运动时，应全身心投入，保持积极的情绪，这对推迟疲劳发生，提高锻炼效果有重要作用。

当身体达到一定程度疲劳时，往往主观上会出现疲劳感觉，这种疲劳感也可以说是疲劳的主观信号。

体育锻炼的项目多种多样，不同的项目导致疲劳的原因的侧重面会有所不同，如短距离跑导致疲劳的原因可能主要是大脑运动区神经细胞的保护性抑制；缺氧程度深的中跑导致疲劳的主要原因可能是代谢产物堆积过多及内环境稳定性失调；超长距离跑等耐力项目，则可能主要是体内能源物质消耗过多而引起疲劳。

（二）如何推迟运动疲劳的出现

在体育锻炼时，如果运动疲劳出现得迟一些，对提高锻炼效果会有益。怎样才能推迟疲劳的出现？一般情况下有如下几种解决方法。

（1）平时注意坚持经常的锻炼和运动训练，努力提高自己的身体素质。锻炼或运动训练时，注意内容的合理安排，避免因局部负担过重产生局部疲劳，而过早影响全身整体工作能力的下降。因此，在平常锻炼时，注意内容的交替。使身体各部位活动负荷合理交换，有助于推迟疲劳的出现。

（2）注意发展与运动项目相适应的供能能力。不同的运动项目，供能系统各有特点，如短跑主要供能系统是 ATP－CP 系统（磷酸原系统），中跑主要是乳酸能系统，长跑主要是有氧代谢系统等。发展不同的供能系统的练习方法各有特点，在锻炼中如能了解这些特点，着重发展该系统能力，则对该项目疲劳的推迟会有帮助。

（3）加强意志品质训练，提高心理素质，有利于疲劳时精神意志因素的改善，从而有助于推迟疲劳的出现。

（4）饮食营养的合理安排。这对体内能源的充分贮备有积极意义。

（三）消除疲劳的措施

锻炼后产生的运动疲劳，如得不到及时消除，体力恢复不充分，势必影响到继续锻炼及工作学习的精力。因此，在运动疲劳之后，为加速疲劳的消除，有下列措施。

1. 良好的睡眠与安静休息

锻炼导致身体疲劳之后，保证良好而充分的睡眠是使身体得到恢复的重要措施。同时，身体劳累之后，坐下或躺下作安静休息，也有助于疲劳的消除。

2. 活动性休息

19 世纪，生理学家就发现，当局部肢体疲劳之后，可通过使另一部分肢体肌肉的适当活动来加速已疲劳的肌肉的体力恢复，故称为活动性休息。以后很多生理实验研究证实，当局部疲劳后，可利用未疲劳的另一些肌肉进行一些适当活动，借以促进全身代谢过程，加速疲劳消除。当全身疲劳时，也可通过一些轻的、兴趣高的体力活动，来达到加速消除肌肉代谢产物的目的。

3. 物理性恢复手段

按摩、光疗、电疗等对促进疲劳肌肉的代谢过程，加速疲劳消除有积极意义。此外，如热水浴、吸氧、空气负离子吸入等对疲劳消除也有益。

4. 合理补充营养

在运动疲劳后饮食中要有较充分的糖和蛋白质补充。如果是长时间的锻炼，体内能源供给有较大部分来自脂肪，这类耐力性运动疲劳后，应根据负荷的程度适当食用一些脂类食品。此外，疲劳后要注意维生素和无机盐的补充，维生素 C，B，B_2，A，E 等对疲劳的消除有重要作用。同时，各种高能运动饮料、电解质运动饮料及一些营养滋补剂等对体力恢复也有益。

5. 心理调节

情绪因素对疲劳的消除也有不容忽视的作用，积极向上、乐观愉快的情绪有助于加速疲劳的消除，如欣赏优美动听的音乐，做些自我心理控制与放松调节等对体力恢复都有促进作用。

值得注意的是，单独采用以上任何一种方法消除运动疲劳，其效果都不理想。必须根据每个人的具体情况，进行综合运用，才能获得较好的消除疲劳的效果。

五、恢复

运动中所消耗掉的物质和各器官系统下降了的机能，通常经过一段时间休息都能恢复到运动前水平。这一段时间所发生的机能变化叫做恢复过程。运动的恢复过程和运动本身一样重要。各次训练或竞赛之间如果恢复得不完全有可能导致过度训练。

需要说明的是，所消耗掉的物质及各种机能并不是只在运动结束之后才开始恢复。实际上，在运动过程中，随着能量物质分解后的再合成就开始了恢复。

（一）恢复过程的阶段性

恢复过程简要地可分为三个阶段。

第一阶段，运动时物质的消耗过程占优势，恢复过程虽也在进行，但当时是消耗大于恢复，所以使能量物质减少，各器官系统的工作能力下降。

第二阶段，运动后消耗过程减弱，恢复过程占明显优势。这时能源物质及各器官、系统的机能能力逐渐回复到原来水平。

第三阶段，在这阶段运动时消耗掉的物质及各器官、系统的机能恢复得超过原有水平。这个阶段也叫超量恢复阶段。超量恢复保持一段时间之后又回到原有水平。

（二）超量恢复

超量恢复的程度和出现的早晚和所从事的运动量有密切的关系。运动量大时，消耗的物质必然越多。能源物质消耗得越多，出现的超量恢复程度越明显，但出现的时间延迟；反之运动量较小，消耗的物质亦少，超量恢复效果也就不甚显著，但出现得较早。

超量恢复是客观存在的规律，但如何在训练中应用，仍是当前亟待解决的课题。国外利用活检技术对运动员某些能源物质的超量恢复进行了一些研究。如让两名受试者各站在自行车功率计的一侧进行单腿蹬踏自行车练习。当股外肌运动到力竭时，肌糖原贮备下降几乎到零。运动后连续三天，给受试者补充富糖膳食，且不进行运动。三天后练习腿肌肉中糖原的贮备相当于对照腿的两倍。

有资料报导，人在进行运动后，不同的物质出现超量恢复的时间不同。如跑 100 米后 CP 的超量恢复在第 $2 \sim 5min$；在进行短时间大强度的运动后，肌糖原约在第 15min 出现超量恢复，蛋白质的超量恢复比糖原恢复更晚。跑马拉松后，脂肪的恢复要到第三天。游泳运动员在进行大运动量训练后的第 $1 \sim 3$ 天，身体机能明显下降，到第 $3 \sim 5$ 天恢复到原来水平，第 5 ~ 8 天才出现超量恢复。

（三）促进恢复的几种措施

1. 整理活动

整理活动是消除疲劳，促进体力恢复的一种有效措施。在运动之后做整理活动，可使人体更好地由紧张的运动状态过渡到安静状态。例如，在运动以后内脏器官还得继续高水平地工作，以补偿运动时缺少的氧。如果不做整理活动而突然完全静止不动，那么，身体的静止姿势首先就妨碍了强烈的呼吸动作，影响氧的补充。同时因为影响了静脉回流，心输出量骤然减少，血压急剧下降，造成暂时的脑贫血，产生一系列的不舒适的感觉，甚至休克。整理活动还有促使肌肉放松的作用。总之，整理活动不是可有可无的练习，请大家务必重视。

2. 营养

运动时所消耗的物质要靠饮食中的营养物质来补充，安排好膳食有助于恢复过程。在长时间耐力训练后，体内糖原大量消耗，休息期的饮食中应增加糖类食物。举重运动员应增加蛋白质，每天可增至 150 克。调节体内代谢的维生素和无机盐也应适当增加，如维生素 B、维生素 C、钠、磷、铁。另外，一些特殊饮品也应常用于运动员的恢复过程，如中草药、营养补剂等。

3. 物理方法

采用按摩、桑拿浴、热水浴、电兴奋、电睡眠等方法，都能加速疲劳的消除，促进恢复过程。

第三节　体育运动的基本原理

一、刺激与适应性的改变和增强

体育锻炼实际上就是对身体施加的一种运动刺激。在运动的刺激下，引起了机体的多种反应，并随着刺激次数的增加与时间的延续、负荷量与强度的增长，使人体在形态、机能、素质、体能等方面，产生适应性的变化和增强。原则上讲，有了这种刺激，人体才可能产生这些变化；没有这种刺激，人体就不可能产生这些变化。

二、运动疲劳与疲劳恢复

体育锻炼的过程就是：运动—疲劳—休息—恢复。有人讲"没有疲劳，就没有锻炼"，这话是有一定科学道理的。运动中只有出现疲劳，才可能通过休息，使体力得以恢复，并进而提高身体对疲劳的耐受力。例如，在长跑锻炼中，一个人在开始的一段时间里跑一千多米就感到体力不支，而他通过一个时期的锻炼，能跑两三千米仍不感到十分疲劳。可见，人的体力及各种运动能力，必须通过运动所产生的疲劳锻炼才能得以增强和提高。所以，我们不应害怕疲劳，担心自己的体力会用光。因为，人体通过一定量与强度的运动刺激，使机体出现疲劳，而在休息之后，机体的代谢能力与体力状况会出现超量恢复现象，可以恢复到比运动前更高的水平之上。人的各种运动素质与体能，就是在这种"超量恢复"的多次出现与重复中提高起来的。在体育锻炼中，我们应有意识地运用这一规律，以增强锻炼的效果。

三、用进废退

人的各种运动能力，人体各组织、器官、系统的生理机能，无一不遵循着"用进废退"的自然法则。就拿我们大、中、小学体育教材中都有的"前滚翻"动作来说，其实这是还不会走路的幼儿在床上很容易做出的动作，然而，在大学的体育课上，却有学生做不出这一简单动作，而有的学生却能很快地学会头手翻、前手翻，甚至更为复杂的动作。这不能不使我们吃惊地看到，人的各种原本就有的运动能力，是能够在不使用、不锻炼中渐渐消退的；而这些能力又能在经常的锻炼中得到惊人的提高和发展。这就是游泳运动员的肺活量为什么会比一般人大得多，球类运动员的反应比一般人快得多，体操运动员能做出令人叹为观止的难新动作的最基本道理。

第六章　体育运动中的医务监督与心理健康

第一节　体育运动中的医务监督

一、运动锻炼中的卫生常识

（一）选择适宜的体育锻炼时间

1. 清晨锻炼

对于清晨时间较宽松的体育锻炼者来说，清晨不失为理想的锻炼时间。首先是由于清晨的空气新鲜，早锻炼有助于体内的二氧化碳排出，吸入较多的氧气，有利于体内的新陈代谢加强，提高锻炼的效果；其次，清晨起床后大脑皮层处于抑制状态，通过一定时间的体育锻炼，可适度提高大脑皮层的兴奋性，从而有利于一天的学习与工作。经常参加体育锻炼的人多有这样的体会，如果清晨不进行体育锻炼，一天都觉得无精打采，提不起精神；再次，早锻炼时，凉爽的空气刺激呼吸道黏膜可增强机体的抵抗力，以适应外界环境的变化，不易发生感冒等病症。所以有人说，早晨动一动，少闹一场病。

由于清晨锻炼多在空腹情况下进行，所以运动量不要太大，时间也不宜长。否则，长时间的运动会造成低血糖，不仅影响锻炼效果，而且会使身体产生不适感。另外，对工作学习紧张、习惯于晚起床的人来说，没有必要每天都强迫自己进行早锻炼。每天开窗的时间应该为早上的 9~11 点，下午的 2~4 点，因为 9 点以后空气里边的致癌物质下沉了，而且没有反流现象。《黄帝内经》提到：没有日光不锻炼。因此早晨锻炼应选择在有阳光的天气，否则户外二氧化碳浓度过高，对身体影响不好；阴天、雾天不提倡锻炼（雾是微生物的载体）。

2. 下午锻炼

下午锻炼主要适合有一定空余时间的人进行体育锻炼，特别适合大、中、小学的师生，经过一天紧张的工作后，下午进行一定强度的体育锻炼，不仅可以增强体质，而且可使身心得到调整。下午进行体育锻炼时，运动强度可大一些，青年学生可打球、做游戏，老年人可打门球、跑步。对心血管病人来说，下午运动最安全。医学研究表明，心血管的发病率和心肌劳损的发生率均在上午 6~12 点最高，所以，为了避免这一"危险"时辰，运动医学工作者认为，心血管病人的适宜锻炼时间应在下午。

3. 傍晚锻炼

晚饭后也是体育锻炼的大好时光，特别是对那些清晨和白天工作、学习十分忙的人来说更是如此。傍晚进行适当的体育锻炼，既可以健身强体，又可以帮助机体消化吸收。傍晚运动的主要形式为散步，一些地区在傍晚集体跳广场舞，也适合于中老年人的活动特点。傍晚进行体育活动的时间可长可短，但一般不要超过 1 小时，运动强度也不可大，心率应控制在 120 次/分。强度过大的运动会影响胃肠道的消化吸收，同时，傍晚锻炼结束与睡觉的间隔时间要在 1 小时以上，否则会影响夜间的休息。

（二）运动前后的准备活动与整理活动

1. 运动前的准备活动

准备活动是指在运动或比赛前所进行的各种身体练习，其目的主要是使人体为即将进行的运动或比赛做好机能上的动员和准备，使体内各器官系统机能迅速地进入工作状态。准备活动分一般性准备部分和专项性准备部分。一般性准备部分是为了牵拉肌肉，提高神经系统和内脏系统兴奋性；专项性准备部分是在专项运动前做的一些准备活动。

准备活动的作用在于调节心理状态，提高中枢神经系统的兴奋性；扩大肌肉、肌腱和关节的活动范围；克服内脏器官机能的惰性，加强心血管和呼吸器官的活动能力，使机体各方面的功能达到适应运动或比赛时的要求，预防或减少肌肉、关节和韧带的损伤。准备活动的大小和时间的长短要适宜，准备活动有以下注意事项。

（1）准备活动的内容：一般人体育锻炼时只需进行一般性准备活动，无需进行专门性准备活动。一般性准备活动主要是指全身性热身身体练习，如跑步、踢腿、弯腰、活动脚踝及手腕等。

（2）准备活动的时间和运动量：主要由体育锻炼的内容而定，同时应根据年龄、运动强度以及季节气候的不同而有所差异，一般达到微微出汗，身体各大肌肉群和韧带、关节都得到适量的活动。半小时的体育锻炼，其准备活动的时间一般为 10min 左右。气温较低时，准备活动的时间可适当长一些，运动量可稍大一些；气温较高时，准备活动的时间可稍短一些，运动量可小一些。心率逐渐增加到 110 ~ 140 次/min，感到身体灵活、舒适即可。

（3）准备活动与正式锻炼阶段的时间间隔：一般人参加体育锻炼，准备活动后接着进行体育锻炼即可，中间不必休息，否则会降低准备活动的效果。

2. 运动后的整理活动

整理活动是指在正式练习后所做的旨在加速机体功能恢复的较轻松的身体练习，其目的是使人体由紧张激烈的运动状态平稳过渡到安静状态，是加速疲劳消除、促进体能恢复的必要措施，而不是可有可无的事。

整理活动的作用有：促进肌肉局部血液循环，促进乳酸在骨骼肌和心肌内氧化；加速全身血液循环，运送代谢产物到肝脏，经糖异化作用合成糖原。这些都有利于加速偿还活动中所欠的氧债。另外，整理活动还可以预防骤然停止活动可能引起的机体功能失调。

整理活动的注意事项：

（1）任何形式运动后都可以做一些放松跑、放松走等形式的下肢运动，促进下肢静脉血的回流，防止体育锻炼后心输出量的过度下降。

（2）通过"转移性活动"，加速疲劳的消除。所谓转移性活动是指在下肢活动后，进行上肢性整理活动，右臂活动后做左臂的整理活动，通过这种积极性休息使身体机能尽快恢复，大量研究已经证实转移性活动确实可起到加速疲劳消除的作用。

（3）整理活动运动量不要过大，否则，整理活动又会引起新的疲劳。在进行整理活动时，应当有一种心情舒畅、精神愉快的感觉。如果体育锻炼本身的运动量不大，如散步等，就没有必要进行整理活动。

（4）大强度体育锻炼后，如长距离跑、球类比赛后，应当进行全身性整理活动，必要时，锻炼者之间可进行相互间的整理活动和放松活动。

（三）运动过程中的监控

1. 确定适宜的运动强度

为增强体质而进行的体育锻炼主要是为了提高人体的健康水平，而不是为了创造运动成绩，所以体育锻炼的运动强度不宜过大。体育锻炼中控制运动强度最简单的办法是测定体育锻炼时的脉搏。用"180 减去年龄"的值作为体育锻炼者的最高心率数，是体育活动中经常使用的也是最简便的方法之一。而最科学的方法是运用靶心率来获得最佳运动效果并能确保运动的安全。

靶心率的计算方法是以心率强度设定的心率数。靶心率 = 最大心率 × 60% ~ 80% 之间的范围（最大心率 = 220 - 年龄）。比如一位 20 岁的朋友，最大心率为 220 - 20 = 200。则 200 × 60% ~ 80% = 120 ~ 160，即心率保持在 120 ~ 160 左右的锻炼才有效并安全。对于刚参加体育锻炼的人来说，一开始锻炼的时间宜短不宜长，以后随身体机能的适应，锻炼时间可逐渐加长。

2. 及时测定运动时的脉搏

在体育锻炼时或体育锻炼后即刻，立即测 10 秒钟的心率和脉搏，就一般体育锻炼者来说，运动后即刻的心率最好不要超过 25 次/10 秒。因为一般体育锻炼者的身体感觉有时并不敏感，所以及时心率监控意义非常大，可以避免因运动量过大，心脏负担过重，而出现的一些意外事故，如运动中猝死等。

3. 养成锻炼间隙时的好习惯

体育锻炼后，特别是剧烈运动的间隙，有些人习惯于坐在地上，或是直接躺下来休息，认为这样可以加速疲劳的消除，其实，这样不仅不能尽快地恢复身体机能，反而会对身体产生不良影响。人体在进行体育活动时，心血管机能活动加强，骨骼肌等外周毛细血管开放，骨骼肌血流量增加，以适应身体机能的需要，而运动时骨骼肌的节律性收缩，又可以对血管产生挤压作用，促进静脉血回流。当人体在停止运动后，如果停下来不动，或是坐下来休息，静脉血管失去了骨骼肌的节律性收缩作用，血液会由于受重力作用滞流在下肢静脉血管中，导致回心血量减少，心输出量下降，造成一时性脑缺血，出现头晕、眼前发黑等一系列症状，严重者会造成休克。因此，对于体育锻炼者来说，剧烈运动后切勿立即坐下休息。

（四）注意运动环境的卫生

人体健康与周围环境有着密切的关系。运动环境是指人们进行体育运动时身临的空气、水、土壤、气候、运动场馆、运动器材等外界条件。它们的状况构成了对人体的生理机能、身体健康、锻炼效果不同程度的影响。人体有适应环境的能力，但当环境的某些状况超过人体的适应能力时，这些状况就成了对人体有害的因素，如过高或过低的气温、湿气、空气污染、运动场馆光线过暗、不透风等，都会对人体造成不良刺激，妨碍生理机能正常运行，易造成伤害事故。

1. 运动场地的卫生要求

（1）运动场地周围应合理栽种各种树木花草，这样可以改善体育场地的空气环境。

（2）体育馆应有完善的通风和照明设备，体育馆内应经常保持清洁卫生。馆内应设有更衣室和厕所。室内外体育器材，必须经常检查是否安全可靠，器材陈旧或损坏时要及时更换或维修。

2. 运动服装

服装能保护人体免受外界环境的各种不良影响。服装的保温性、透气性、吸湿性、溶水性和其他性能，均具有重要的卫生作用。经常从事体育锻炼的人，要勤洗勤换运动衣裤，尤其是内衣裤，以免汗液和细菌污染机体健康。合适的运动服和鞋子，不仅有助于体育锻炼和提高运动成绩，而且可以避免伤害事故的发生。

（五）女大学生运动锻炼卫生常识

1. 女大学生运动锻炼的一般要求

女子在青少年时期，骨盆尚未发育完全，不要过多地进行负荷过大的练习或做过量的负重练习，最好避免采用剧烈震动和引起腹内压升高的身体练习，如高跳下、举重和憋气的练习。青春后期可多从事一些增强腰背肌、腹肌、盆底肌肉的练习和增强上肢力量的练习。女性在解剖生理上有自己的特点，在体形方面，女子肩部较窄，骨盆较宽，躯干相对较长，这使女子的身体重心较低，有利于维持平衡，对完成下肢支撑的平衡动作较为有利。从内脏器官生理功能水平来看，女性的心脏体积和容积较小，肺活量比男性少1000毫升左右，呼吸深度浅、频率快，容易产生疲劳。女子还有月经期，因此，必须选择合适的项目合理安排好运动量，既要考虑到生理长处，又要照顾到生理的薄弱方面，采用积极手段和选择科学的锻炼方法，才能收到良好的锻炼效果。女生参加体育活动练习应遵循以下几点。

（1）可多做些平衡性、柔软性、节律性、动力性的动作，对于两臂支撑、悬垂、静力性等练习要适当降低要求。

（2）女生皮下脂肪较多，在水中的浮力高于男生，较适宜从事游泳等运动。

（3）根据女性爱美心理和柔韧性较好的特点，可多选择一些节奏性较强、轻松活泼的练习，如艺术体操、舞蹈及球类等项目。

（4）为塑造形体美，可多选择一些增强腰背肌、腹肌和骨盆底肌的练习，如仰卧起坐、仰卧举腿等。

（5）要重视全面身体素质锻炼，克服和改善女性的生理弱点，努力提高力量、耐力等身体素质，使之终身受益。

2. 女大学生月经期锻炼的要求

月经是女性的正常生理现象，在月经期间，人体一般不出现明显的生理机能变化。因此，对于身体健康、月经正常、平日又有一定锻炼水平的女性，月经期间可以参加适当的体育活动，如做简易体操、羽毛球等活动。通过这些活动，不仅可以改善盆腔的血液循环，减轻盆腔的充血现象，而且运动时腹肌与骨盆底肌的收缩与放松活动对子宫所起的柔和的按摩作用，还有助于经血的排出。此外，丰富多彩的体育活动还可以调节大脑皮层的兴奋和抑制过程，从而减轻全身的不适反应。但在开始阶段应减小运动量，使身体逐步适应，运动量的增加要循序渐进，并应加强医务监督。女大学生月经期进行体育锻炼有以下要求：

（1）月经期间运动量的安排要适当减少，活动时间不宜过长。月经期间一般不宜参加比赛，因为比赛时，活动强度较大，精神过于紧张，体力及神经系统都不能适应，易导致卵巢功能失调引起经血过多或月经紊乱。

（2）对于月经初潮的少女，由于她们的性腺内分泌周期尚不稳定，运动量的掌握更要慎重，不宜过大，要循序渐进，使她们逐步养成经期锻炼的习惯；对月经紊乱以及痛经和患有内生殖器炎症的女生，在经期间应暂停体育活动。

（3）月经期间应避免做剧烈的、大强度的或震动大的跑跳动作（如疾跑、跨跳、腾跃、跳高、跳远等），以及使腹内压明显增高的屏气和静力性动作（如推铅球、后倒成桥、收腹、倒立、俯卧撑等），以免子宫受到过大的震动或由于腹内压过于增高而使子宫受压、受推，造成经血过多或引起子宫位置的改变。

（4）月经期间除应注意经期一般卫生外，还不宜游泳。因为，此时人体全身与局部对病菌侵袭的抵抗力下降，游泳时病菌可能侵入内生殖器官，进而引起炎症。

（5）月经期间也应避免寒冷刺激，特别是下腹部不应受凉，冷水浴锻炼也应暂停。

（6）女性运动员中，有时出现月经紊乱，其中有人是由于运动量安排过大而引起的，在调整运动量之后，月经就可以恢复正常。有的人是由于训练或比赛环境的改变，中枢神经系统和内分泌系统机能暂时不稳定而造成的，经过一段时间，身体逐步适应以后，往往会自行恢复。如果排除以上因素，月经仍不能恢复正常者，则应及时进行检查治疗。

二、运动中常见生理反应的预防与处理

（一）延迟性肌肉酸痛

延迟性肌肉酸痛通常在运动后 24 小时之内出现，主要症状为肌肉僵硬、酸痛和自觉酸痛部位肿胀，有压痛，多发生于双下肢主要伸、屈肌群，而肌肉远端和肌肉—肌腱移行处常常症状较重，严重者肌肉全长发生疼痛，且以肌腹为主。24～48 小时之内，酸痛达到高峰，之后可自行缓解，5～7 天消失。

1. 发生原因

由于运动时肌肉活动量过大，导致局部肌纤维及结缔组织的细微损伤，以及部分肌纤维的痉挛所致。这种酸痛不是发生在运动结束后的即刻，而是发生在运动结束后的 1 ~ 2 天，因此称为延迟性疼痛。由于这种酸痛现象只是局部肌纤维的细微损伤和痉挛，不影响整块肌肉的运动功能。因此，酸痛后经过肌肉内部对细微损伤的修复，肌肉组织会变得更加强壮，以后同样负荷将不易再发生酸痛。

2. 预防

运动时，要充分做好准备活动，要循序渐进。把握运动强度及运动量的递进性原则，根据自身的身体状况安排锻炼负荷，尽量避免局部肌肉负担过重。锻炼后，要对主要的工作肌肉进行推拿按摩。

3. 处理

对酸痛部位进行热敷或按摩，还可配合做一些伸展练习，也可口服维生素 C 以缓解症状，另外，针灸、电疗、热水浴等也有一定作用。

(二) "极点" 与第二次呼吸

在中长跑时，由于运动量较大，机体短时间不能适应突然增大的运动量，特别是当下肢回流血量减少，使脑的供血、供氧产生暂时性不足，出现呼吸困难、胸闷、动作迟缓、肌肉酸痛等症状，甚至不想继续运动，这种现象在运动生理学中被称为 "极点"。

克服 "极点" 的方法有：第一，准备活动要充分，使自主神经提前兴奋。第二，当 "极点" 出现后，一般不用停止体育锻炼，稳定情绪后，可适当降低运动强度并加深呼吸，一般几分钟后，上述生理不适即可得到缓解或消失。这是由于一方面氧供给逐步得到加强，另一方面，机体的适应性使身体功能得到改善，从而使运动能力得到提高，动作重新变得协调、有力，标志着 "极点" 逐渐被克服，生理过程出现新的平衡。此现象在运动生理学上称为 "第二次呼吸"。

"极点" 与 "第二次呼吸" 是中长跑运动中常见的生理现象，无需疑虑与恐惧，即使是一位优秀的中长跑运动员，也会有 "极点" 出现，随着运动水平的提高，上述生理反应将得到逐步推迟或减轻。

(三) 肌肉痉挛

肌肉痉挛俗称抽筋，是指肌肉发生不自主的收缩反应。运动中小腿腓肠肌和大腿后群肌肉发生痉挛较为常见。痉挛的肌肉僵硬，剧烈疼痛、肿胀，肌肉的运动能力和柔韧性降低，肌肉痉挛所涉及的关节功能也会发生一定的障碍。

1. 发生原因

(1) 长时间或大强度的运动训练，会引起肌肉结构的损伤，肌肉的血液循环和能量物质代谢发生改变，肌肉中大量的乳酸和代谢废物堆积，肌肉收缩与放松不能协调地交替进行，从而引起肌肉痉挛。

（2）运动中大量排汗，特别是在高温条件下长时间的剧烈运动，使电解质从汗液中大量丢失，肌肉的兴奋性增高，发生肌肉痉挛。

（3）其他因素。如肌肉受到寒冷刺激，兴奋性会增强，易发生强直性收缩；肌肉突然受到外力的猛烈打击等，也会产生强烈收缩而引起痉挛。

2. 处理

一般肌肉痉挛只要向相反的方向牵引痉挛的肌肉，即可缓解或消失。牵引时用力宜缓慢、均匀，切忌用暴力，以免拉伤肌肉。大腿后群肌肉、小腿腓肠肌痉挛，可尽力伸直膝关节，用力将踝关节充分背伸，尽可能拉长痉挛的肌肉。缓解后，配合局部按压、揉捏、点掐、针刺有关穴位等，效果会更好。

（四）运动中腹痛

运动性腹痛多发生在中长跑运动中，部位在右上腹。

1. 发生原因

（1）饭后过早参加运动，胃受食物的充盈引起牵扯疼和胀疼，或是锻炼前大量喝水，特别是饮凉水引起胃痉挛。

（2）准备活动不充分，内脏器官不能适应急剧的肌肉工作，造成肝脾淤血肿胀，牵扯其腹膜，引起疼痛。

（3）呼吸节律受到破坏，造成缺氧，胸内压上升，静脉血回流受阻，血液在肝、脾淤滞，引起右上腹疼痛。

2. 处理

对运动时出现腹痛的运动员要慎重对待。首先要了解腹痛的性质、部位，根据腹痛的部位与运动负荷的关系，来判断是由疾病引起的，还是与运动有关的生理原因引起的，做到有的放矢。运动中发生腹痛时，应立即降低负荷强度，适当减慢速度，调整呼吸和动作节奏，再用手按压疼痛部位，如果无效或疼痛反而加重，应立即停止运动，请医生诊治。

（五）运动性昏厥

在运动中，由于脑部突然血液供给不足而发生的暂时性知觉丧失现象，称为运动性昏厥。运动性昏厥表现为全身无力、头昏耳鸣、眼前发黑、面色苍白、失去知觉、突然昏倒、手足发凉、脉搏慢而弱、血压降低、呼吸缓慢等。

1. 发生原因

其发生原因是由于剧烈运动或长时间运动，使大量血液积聚在下肢，回心血量减少所致，也和剧烈运动后引起的低血糖有关。

2. 预防

平时要经常坚持体育运动，以增强体质；久蹲后不要突然起立；不要带病参加剧烈运动；疾跑后不要立即停下来；不要在饥饿的情况下参加剧烈运动。

3. 处理

应迅速使患者平卧，足略高于头部，并进行由小腿向心脏方向推摩或拍击。同时用手指点压人中、合谷等穴位，必要时给氨水闻嗅。如有呕吐，应将患者头偏向一侧。如停止呼吸，应马上进行人工呼吸。轻度休克者，应由同伴搀扶慢慢走一段时间，帮助进行深呼吸。

（六）运动性中暑

由于人体运动时产生的热超过了身体的散热能力而发生的高热状态，称为运动性中暑。在炎热的夏季进行训练和比赛较易出现此种现象。运动性中暑可分为热射病、日射症、热痉挛和循环衰竭四种类型。

1. 发生原因

热射病：热射病是发生在高热环境中的一种急性病。运动时，体内产热较多，如果天气温度和湿度较高，且空气不流通，散热就会受到影响，热量在体内大量积累，会造成体温大大升高，水、盐代谢出现紊乱，严重影响体内的生理机能以及中枢神经系统的机能活动。

日射症：由于阳光直接照射头部而引起的机体强烈反应。

热痉挛：运动中机体大量排汗，失水失盐过多以致电解质平衡紊乱，发生肌肉疼痛和痉挛。

循环衰竭：由于运动时机体失水过多，使血容量减少，如果心脏功能和血管舒张调节不能适应，可导致周围循环衰竭而发生中暑。

2. 处理

一旦出现中暑，首先必须降温，迅速将患者移到凉爽、通风的地方，平卧休息，头部稍垫高，松解衣服，全身扇风，头部冷敷，用温水或酒精擦身，服饮盐开水或清凉饮料，必要时服解热药物。肌肉痉挛者主要是牵引痉挛的肌肉，补充盐和水。头痛剧烈者，针刺或点太阳穴、风池、合谷、足三里等穴。如有昏迷，可刺激人中急救，对四肢进行重推摩和揉捏，必要时一面急救，一面迅速送医院治疗。

（七）运动性贫血

我国成年健康男性每100毫升血液中含血红蛋白量为 12.5～16 克，女性为 11.5～15 克。若低于这一生理数值，被视为贫血。因运动引起的这种血红蛋白量减少，称为运动性贫血。

1. 发生原因

（1）由于运动时机体对蛋白质与铁的需求增加，一旦需求量得不到满足时，即可引起运动性贫血。

（2）运动时，脾脏释放的溶血卵磷脂能使红细胞的脆性度增加，加上剧烈运动时血流加快，易引起红细胞破裂，从而导致运动性贫血。

（3）由于偏食或爱吃零食，影响正常营养摄入或长期性腹泻而影响营养吸收，运动时常出现贫血现象。运动性贫血发病缓慢，平时表现头晕、恶心、气喘、体力下降，运动后出现心悸、心率加快、脸色苍白等。

2. 处理

如运动中（后）出现头晕、无力、恶心等现象时，应适当减少运动量，必要时暂停运动。补充富含蛋白质和铁的食物，口服硫酸亚铁片剂和维生素 C，对缺铁性贫血的治疗有明显的效果。如果在运动中有昏迷现象，应立即停止运动，并进行下列处理：将脚抬高加速血液的回流；松解衣服，加速血液流动。昏迷时要使其侧卧以保障呼吸的畅通。

（八）游泳性中耳炎

游泳时，当水进入外耳道后，使鼓膜泡软，可引起鼓膜破损，细菌进入中耳而形成。此外，游泳时呛水，细菌也可能从咽鼓管进入中耳而引起，主要表现为耳内剧烈疼痛，有时还会引起发热和头痛，也可见黄色液体从外耳道流出。出现中耳炎症状后应立即停止游泳，用生理盐水和络合碘清洗消毒，送医院治疗。

平时可采取预防措施，在游泳中用耳塞堵住外耳道口，防止水进入耳道内。若耳内灌水，可采用头偏向耳朵有水一侧，用同侧腿进行原地跳的方法使水震动排出，然后再用棉花擦干外耳道，切忌挖耳。患感冒、上呼吸道感染时应停止游泳。

三、常见运动损伤的预防与处理

（一）运动损伤的发生原因

体育运动过程中受到机械性和物理性方面因素所造成的伤害，称为运动损伤。运动损伤的发生绝非偶然，有许多方面的原因和一定的规律性，掌握了发生的原因和规律，就能杜绝或减少运动损伤的发生。造成运动损伤的原因是多方面的，既与锻炼者的运动基础、体力水平有关；也与运动项目、技术难度、运动环境等外部因素有关，其主要原因有：

（1）思想麻痹大意，对预防损伤的意义认识不足，上课精力不集中或争强好胜，盲目冒失，忘乎所以，这是造成运动损伤最主要的因素。

（2）缺乏必要的运动损伤知识。

（3）运动前准备活动不充分。

（4）技术不合理，动作粗野或违反规则。

（5）身体状况不佳，缺乏自我保护能力。

（6）运动环境不好，场地器材不合规格。

（7）组织教法不当，运动量过大或过于激烈。

（8）旧伤未好，过早参加训练或比赛。

（二）运动损伤的预防措施

运动损伤不仅使人不能进行正常的训练和比赛，影响运动能力的提高，严重时还可使人残废，甚至死亡。目前，世界各国都把防治运动损伤作为一个重要的课题进行研究。关于运动损伤的预防主要有以下措施。

（1）全面发展身体素质，特别是注意发展踝关节、膝关节及大腿、小腿肌群的力量和柔韧性。对易伤部位要进行专门训练。例如，加强肱四头肌力量练习，对预防髌骨软骨病会起到重要作用，亦能增强膝关节的稳定性。同时注意自我保护动作的训练。加强技术练习，正确掌握各种技术并能熟练运用，此外还要注意合理安排运动负荷，防止过度疲劳的产生和局部负荷过重。

（2）比赛及训练中严格执行保护运动员身体健康的有关规定，同时注意场地及器材要符合比赛和训练的要求。

（3）运动损伤的初步急救非常关键，处理得当可以大大减少以后的并发症，加快损伤的好转和愈合，使运动员较快地恢复健康。若急救处理不当，轻者会加重伤情，发生感染，延长治愈时间；重者则可能造成残废。所以，教练员、运动员掌握一些运动损伤的初步急救方法非常必要。

（4）平时要注意加强防伤观念的教育，在教学、训练和比赛中，认真贯彻"预防为主"的方针。加强对学生、运动员进行组织性、纪律性教育，培养他们良好的体育道德风尚。

（5）根据年龄、性别、健康状况、训练水平和各项运动项目的特点，个别对待，循序渐进，合理安排运动负荷。在教学、训练和比赛前，应充分做好准备活动。

（6）对学生或经常参加体育活动的人，均应定期进行体格检查。参加重大比赛的前后，要进行身体补充检查或复查，以观察体育锻炼、比赛前后的身体机能变化。对体检不合格者，则不允许参加比赛，伤病初愈的人参加体育或训练时，应取得医生的同意，并做好自我监督。

（三）常见运动损伤的处理

1. 闭合性损伤

（1）挫伤：
①原因：运动时因撞击器械或练习者之间相互碰撞而造成。
②症状：局部疼痛、肿胀、皮下淤血、压痛，内脏器官有损伤时，则出现头晕、脸色苍白、心慌气短、出虚汗、四肢发凉、烦躁不安甚至休克。
③处理：受伤后应马上进行局部冷敷、外敷新伤药等，适当加压包扎，并抬高患肢，以减少出血和肿胀。肱四头肌和小腿后群肌肉的严重挫伤多伴有部分肌纤维的损伤或断裂，组织内出血形成血肿，应将肢体包扎固定后，迅速送医院诊治。头部、躯干部的严重挫伤可能会伴有休克症状，应认真观察呼吸、脉搏等情况，休克时应首先进行抗休克处理，使伤员平卧休息、保温、止痛、止血，疼痛甚者，可口服可卡因，或肌肉注射杜冷丁，并立即送医院诊治。
（2）肌肉拉伤：
①原因：当肌肉猛烈收缩，超过它可承受的负荷或突然被拉长超过了它伸展限度时会被拉伤。准备活动不充分，技术不正确，活动过猛，或气温太低，场地条件差等，容易产生肌肉拉伤。

②症状：局部肌肉疼痛、肿胀、压痛、肌肉僵硬紧张，并可摸到肿块，产生功能性障碍。严重的肌肉拉伤是肌肉撕裂。

③处理：轻者停止运动、用自来水冲或采用冰块、氯乙烷镇痛喷雾剂等进行局部冷敷，加压包扎，抬高患肢等措施以止痛、止血、减轻肿胀。并将受伤肌肉置于放松位置，24 小时后做伤部按摩。如果肌纤维断裂严重，在加压包扎急救后，立即送医院手术治疗。

（3）关节扭伤：

①原因：运动中关节发生异常扭转，引起关节囊、关节周围韧带和关节附近的其他组织结构损伤。

②症状：伤处疼痛、肿胀，活动受限，皮下淤血，行动困难。

③处理：受伤后应立即冷敷或用自来水冲淋，抬高患肢，检查是否有错位、骨折，在确诊没有问题时可固定伤位、敷药，24 小时后热敷、按摩。如怀疑有骨折、骨裂时应及时送医院拍 X 光片确诊。

（4）急性腰扭伤：

①原因：运动时因腰部受力过重，肌肉收缩不协调，或脊椎运动超过正常生理范围而致伤，严重时可发生错位并压迫神经。

②症状：疼痛、腰部肌肉痉挛、运动受限、神经受压迫时下肢酸麻，甚至失去知觉。

③处理：腰部急性损伤后，让患者平卧，一般不应立即扶动。如果疼痛剧烈，则用担架送医院诊治。处理后，应该睡硬板床或者腰后垫一个高度合适的枕头，使肌肉韧带处于放松状态，24 小时后方可施行按摩、针灸、外敷等。若是轻度损伤，则停止运动，稍作休息，等自行恢复后，加强腰部肌肉的训练。

（5）腰部肌肉筋膜炎：

腰肌筋膜炎，即腰肌劳损，其病理改变是多种多样的，包括神经、筋膜、肌肉、血管、脂肪及肌腱的附着区等不同组织的变化。

①原因：通常多系急性扭伤腰部后，治疗不彻底即参加运动，逐渐劳损所致。另外，锻炼中出汗受凉也是重要成因之一。

②症状：有局部酸疼发沉等自发性疼痛，最常见的疼痛部位是腰椎 3、4、5 两侧骶棘肌鞘部，不少患者同时感觉有疼麻放射到臀部或大腿外侧；大部分伤者尚能坚持中小运动量的锻炼，一般表现为练习前后疼痛；在脊柱活动中，尤其是前屈时常在某一角度内出现腰痛。

③处理：可采用理疗、按摩、针灸、封闭、口服药物、用保护带及加强背肌练习等非手术治疗手段；对顽固病例可手术治疗。

（6）关节脱位：

关节面失去正常的联系，叫做关节脱位。关节脱位时，通常伴有关节囊撕裂，关节周围的软组织损伤或破裂。关节脱位后，受伤关节疼痛，有压痛和肿胀，关节功能丧失，受伤的关节完全不能活动，出现畸形，关节内发生血肿。如果复位不及时，血肿会机化而发生关节粘连，增加关节复位的困难。

①原因：由于外力使关节完整接连受到破坏。关节脱位常伴随韧带及关节囊的撕裂，甚至损伤神经。

②症状：关节脱位后常出现关节畸形，局部疼痛、肿胀，失去正常功能，甚至发生肌肉痉挛等现象。

③处理：用夹板固定伤肢，如没有夹板可将伤肢固定在自己的躯干或健肢上，防止震动，及时送医院做复位治疗。

（7）骨折：

①原因：运动中身体受到暴力撞击，造成骨折。骨折是严重损伤，可分为完全性骨折和不完全性骨折。

②症状：骨折发生后，患处立即出现肿胀，皮下淤血，剧烈疼痛，活动时疼痛加剧，肢体失去正常功能，肌肉产生痉挛。骨折部位可能变形，移动时可听到骨摩擦声。严重骨折时，伴有大出血、神经损伤及休克等，开放性骨折还可能导致感染，发烧直至休克。

③处理：a. 骨折固定前最好不要移动伤肢，以免增加伤员的痛苦和伤情，应尽快固定伤肢，限制骨折断端的活动。对大褪、小腿和脊柱骨折应就地固定。b. 对有伤口或开放性骨折的伤员，首先要止血，止血多采用止血带法和压迫法。然后，用消毒巾或纱布包扎后，及时送医院治疗。同时要注意，对已暴露在伤口外的骨折断端不要放回伤口内，以免引起感染，也不可任意去除。c. 如有休克和大出血等危及生命的并发症时，应立即抢救休克和止血，给予伤员较强的止痛药物，平卧保暖，针刺人中等，这时可以采取简要的止休克措施。d. 使用固定用具，长短宽窄要合适，长度须超过骨折部的上、下两个关节，夹板与皮肤之间要有垫衬物固定，先固定骨折部的上面和下面，再固定上下两个关节。e. 伤肢固定后要注意保暖，检查固定是否牢靠。四肢固定时要观察肢端是否麻木、疼痛、发冷、苍白或青紫，如出现这些情况则说明包扎过紧，需要放松一些。

如骨椎端穿破皮肤，直接与外界相通，即为开放性骨折。这种骨折容易感染，发生骨髓炎与败血症。复杂性骨折，即骨折断端刺伤了血管、神经等主要的组织与器官，发生严重的并发症，引发危及生命的一些症状。

（8）脑震荡：

①原因：头部受到外力打击后，使大脑的膜半规管、椭圆囊、球囊等感受器机能失调。轻则引起意识和功能的一时性障碍。

②症状：患者神志昏迷，脉搏徐缓，肌肉松弛，瞳孔稍大但尚对称；神经反射减弱或消失；清醒后，常有头痛、头晕、恶心呕吐感，注意力不集中，耳鸣、心悸、多汗、失眠、记忆力减退，情绪烦躁等。

③处理：立即让患者平卧，头部冷敷。如昏迷则指压人中，内关、合谷穴。若呼吸障碍，立即进行人工呼吸。如仍反复出现昏迷，或耳、口、鼻出血，瞳孔放大且不对称，则表明病情严重，应立即护送医院抢救。运送过程中应固定头部，避免颠簸。轻度脑震荡只要注意休息可以自愈。无须住院治疗，但要注意休息和必要的药物治疗，保持情绪安定，减少脑力劳动。在恢复过程中，可定期做脑震荡平衡试验，以检查病况进展。其方法是：闭目、单腿站立、两臂平举。如果能保持平衡，表明脑震荡已基本治愈。这时，可适当参加体育锻炼，但要避免滚翻或旋转性动作。

2. 开放性损伤

（1）擦伤：

擦伤指在运动时，因摔倒或皮肤受器械摩擦致伤。擦伤后皮肤出血或组织液渗出。

（2）撕裂伤：

撕裂伤指在剧烈运动时突然受到强烈撞击，造成肌肉撕裂。常见的有眉际撕裂、跟腱撕裂等。

（3）刺伤：

刺伤是因为尖细物刺入人体所致。特点是伤口较小但是较深，可能伤及深部组织器官，或者异物带入伤口深处，容易引起感染，如田径运动员中的鞋钉和标枪的刺伤。

（4）切伤：

切伤是因为锐器切入皮肤所致，如冰刀切伤等。切伤伤口边缘整齐，多成直线，出血较多，但是周围组织创伤较轻。深的切伤能切断大血管、神经、肌腱等组织。

撕裂伤、刺伤和切伤，轻者可先用碘酒、酒精将伤口周围消毒，然后在伤口撒上消炎粉，用消毒纱布包扎。裂口较长和感染较重者，应该清除伤口内的污物，切除坏死的组织，彻底止血，缝合伤口，凡伤情和感染较重者，应该口服或者注射适当的抗菌素，预防感染；凡被不洁物致伤较深者，应该注射破伤风抗毒素，预防破伤风。

第二节　体育运动与心理健康

一、体育锻炼对心理健康的影响

（一）心理健康的内涵与标准

1. 心理健康的内涵

世界卫生组织对健康的科学定义，使人们认识到心理健康是人体健康不可缺少的一部分。根据《简明不列颠百科全书》解释："心理健康是指个体心理在本身及环境条件许可范围内所能达到的最佳功能状态，不是指绝对的十全十美状态。"简单地讲，心理健康是个体自我良好、对环境适应良好的一种状态，是一种积极、丰富而持续的心理状态。

心理健康是一个相对概念，它不像人的躯体健康那样有明显的生理指标。在现实生活中，心理异常与心理正常难以截然分开，二者之间没有不可逾越的鸿沟。常态与病态只是程度上不同，二者界限很细微。心理正常的人也可能有突然性、暂时性的心理异常，随时随地可能产生心理问题。心理冲突在当今社会像感冒发烧一样不足为奇，但心理健康的人能及时处理心理问题且恢复常态。

马克思早已指出："一种美好的心情，比十付良药更能解除生理上的疲惫和痛楚"。同时，大量的临床事实表明，凡具有乐观、开朗、心情舒畅等良好心情的人，可促进人体的新陈代谢，增加抗病力。而具有焦虑、忧郁、恐惧等不良心情的人，将使各器官功能受到阻抑，削弱其体质和抗病力。所以，保持良好的心理状态是维护身心健康的重要条件。为了保持良好的心理状态，在日常生活中，我们要注意心理活动的调控。心理学家认为，如果一个人同时碰上失意和得意两件事，得意的事即可减轻失意所造成的痛苦。因此一旦遭到失败或挫折时，可以想到以往一些得意愉快的事，即可获得精神上的满足和胜利，以补偿心理上出现的倾斜，达到心理上恢复平衡的目的。

2. 心理健康的标准

关于心理健康的标准，诸多心理学家都有着自己的看法。其中，美国心理学家马斯洛提出的 10 条标准得到了较多的认可。他认为，心理健康主要有以下标志。

（1）充分的适应力。

（2）能充分的了解自己并能对自己的能力做恰当估价。

（3）生活目标切合实际。

（4）不脱离周围现实环境。

（5）能保持人格的完整与和谐。

（6）善于从经验中学习。

（7）能保持良好的人际关系。

（8）能适度地宣泄和控制情绪。

（9）在不违背集体利益的前提下，能有限度地发挥个性。

（10）在不违背社会规范的前提下，能适当地满足个人的基本需求。

当然，心理健康标准是相对的，不是绝对的。各学者提出的心理健康的标准应该说是一种理想的状态，人们很难达到这种状态，所以，更确切地说它是人们在心理健康方面努力的方向。现实当中人们的心理状态是动态的，不是一成不变的，心理健康是一个过程，而不是一种结果，在健康与不健康之间没有十分明确的分界线，而是程度的不同而已。明白了这一点，我们每个人都应该有自己的心理健康标准，并要对自己的心理健康发展有着实际的效用。

（二）体育锻炼的心理效应

1. 体育锻炼与情绪

情绪是人对事物的态度的体验，是人的需要得到满足与否的反映。情绪状态是衡量体育锻炼对心理健康影响的最主要的指标。研究表明，无论是坚持长期锻炼，还是一次性体育锻炼活动，都能对人的情绪产生良好的影响。人们早已注意到，身体锻炼能够产生良好的情绪体验。一项对 123 名大学生的调查发现，体育运动是"流畅体验"的主要来源。观察也表明，在许多体育锻炼活动中，会出现一种类似"跑步者高潮"那样的"体育锻炼快感"，当它出现时，往往会使运动者感觉到自身与情境融为一体，身体轻松，忘却自我，充满活力，超越时空障碍。也有研究证实，心理自我良好感与体育锻炼活动呈正相关关系，积极参加锻炼者比不锻炼者的自我感受和评价更积极，其中女子比男子的相关程度更高。在现实生活中人们也可以通过体育锻冻改善和调节自己的情感状态。

2. 体育锻炼与人的全面发展

体育锻炼能发展人多方面的能力：协调能力、操作思维能力、直觉思维能力、应急能力等。体育锻炼还能磨练人的个性，使人变得坚强、乐观。人们通过各种不同项目的运动方式进行不同的锻炼，并在其中学会控制自己的需要与性格，学会延缓需要的满足，学会解决动机与斗争的矛盾，从而使自己的个性倾向性更趋于成熟。体育活动还是一种很好的增加人与人之间相互接触的形式。通过与他人的接触，又可以使个体忘却烦恼和痛苦，消除孤独感。人们在体育活动中还必须学会遵守规则，尊重裁判，尊重对手，这些观念如果迁移到更广泛的社会生活中，则能有效地促进人的社会化进程，使人的个性日趋完善。在参与体育运动的整个活动中能使人学会竞争，学会表现自己的才能与实力；体育运动也能使人学会合作，学会相互配合，使许多个人凝聚成一个整体，为了共同的目标去努力，去夺取成功。

3. 体育锻炼与意志品质

意志品质是指一个人的果断性、坚韧性、自制力以及勇敢顽强和主动独立等精神，意志品质既是在克服困难的过程中表现出来的，又是在克服困难的过程中培养起来的。意志品质的培养，需要两个极其必要的条件，即"明确目的"和"克服困难"，而健身锻炼活动则同时具备上述两个条件。人们在具有明确目的的健身锻炼活动中，常常需要不断克服客观困难（如气候条件的变化，动作的难度或意外的障碍等）和主观困难（如胆怯和畏惧心理，疲劳或运动损伤等），这就需要足够的意志力量。只有不断地克服这些困难，才能逐步养成身体锻炼的习惯。对于青少年学生来说，健身锻炼是对其进行意志品质教育的一种重要而有效的手段。同时，在参加体育锻炼时，常常意味着竞争，意味着要达到某级运动水平或锻炼标准，而这一过程总是伴随着强烈的情绪体验和明显的意志努力。

4. 体育锻炼与动机

动机是推动一个人进行活动的心理动因或内部动力，其基本意义是能够引起人的活动，并使活动导向一定的目标，以满足个体需要等。动机和行为既可以由需要引起，也可以由环境因素引起。人们带着不同的心理需要投身于健身锻炼，因此，人们的锻炼动机具有不同的层次、不同的指向、也具有不同的深广度。比如有的人参加健身锻炼，既可能是出于维护个人健康的需要，也可能是由于周围朋友或同事的带动而起，还可能是上述两种因素的共同作用。根据唯物辩证法的基本观点，自身需要是活动的内因，环境因素则是外因，外因通过内因而起作用。一般来说，某一时刻最强烈的需要构成最强的动机，而最强的动机则推动着人们的行为。人们参加健身锻炼的动机不是单一的、一成不变的，常常是各种动机综合在一起发挥作用。

对于各种群体而言，参加体育锻炼活动的动机主要有这几方面：为强身健体而锻炼；为满足精神需求而锻炼；丰富社会经验，结交新朋友或维护和扩大现存的友谊关系；为丰富自己的审美情趣，或出于减肥需要；消遣和寻求刺激而锻炼；为磨练意志而锻炼。

5. 体育锻炼与兴趣

参加体育锻炼活动的兴趣，是人们对身体锻炼活动所形成的一种个性意识倾向，它是产生参加健身锻炼动机的重要的主观原因。活动兴趣的产生，既与人们对活动目的的认识直接相关，也与活动所具的外部特征有联系。对于青少年和儿童来说，活动本身的趣味性是引起兴趣的直接因素，而兴趣又是他们保持健身锻炼热情的促进因素；老年人对体育锻炼活动的兴趣，则更多地建立在对活动目的的本质认识上。国内外的心理调查表明，大中小学生对趣味性、娱乐性、竞争性、对抗性较强的体育活动具有较高的倾向性。即使是成年人、老年人的健身锻炼，亦不能忽视培养兴趣这个因素。兴趣是形成习惯的主要内在因素，而良好生活方式的确立则需要靠习惯来维持。参加健身锻炼必须从小养成习惯，这是形成终身体育的重要前提。良好的身体锻炼习惯可以使人终身受益。健身锻炼的习惯可以形成稳固的条件反射，促使机体的内分泌腺准时地参与活动，使人产生参加健身锻炼的生理要求。

（三）体育锻炼对大学生人格的影响

1. 体育锻炼对学生人生观、价值观的影响

人生观、价值观是看待、了解自然社会和社会现象的基本观点，是个体进行行为调节和控制的参照系。通过各种体育活动，如在体育比赛过程中，学生要辩证思考、公正观察，分析问题遵从事物的客观规律，运用自己的智慧、技巧找出解决问题的方法，凭借自己的实力和人格理念、体育精神战胜活动中遇到的困难，取得最好的成绩。因此，体育锻炼能积极引导学生树立科学的世界观、人生观、价值观，激发他们的学习兴趣，找准人生的目标，端正人生的航向，去追求不同的目标和理想。

2. 体育锻炼对学生凝聚力的培养及正确行为习惯养成的影响

体育锻炼能使学生由于共同的价值取向和群体意识而凝聚在一起，在集体性体育项目上表现得更加突出，如足球、篮球等项目活动中，学生为了集体利益、集体荣誉而紧密团结在一起。

体育活动是在严格的规则约束下进行的健康文明活动，体育具有严格的规则与行为规范，学生在体育活动中遵守规则，遵守纪律，辨别是非，尊重事实。对的、好的就支持，错的、坏的就批评摒弃。通过体育活动加强学生组织性的教育，对广大学生的思想和行为起着约束的作用。比如在体育游戏中，学生必须按照约定的规则进行活动，这样就使学生养成自觉地遵守社会制度的习惯，从而培养学生爱憎分明的人格精神。

3. 体育活动对学生意志力的培养

体育活动可通过培养学生情感、意志、毅力、信念来达到育人的作用。在体育活动中，通过正确、规范、优美的技术动作，激发学生的学习兴趣和活动的欲望，增加他们对活动的决心，培养他们吃苦耐劳、不怕困难、不怕失败的意志品质和顽强的毅力。在体育活动中，要求锻炼者身体力行，全身心投入到锻炼中去。在疲劳时要咬紧牙关，坚持到底；在遇到困难时坚韧不拔，持之以恒；在失败时不气馁，顽强拼搏；在胜利时不骄傲自满，冷静对待；从而获得健全的道德力量。

4. 体育对学生获得成就感的激励作用

体育锻炼能给学生精神上带来愉快感受。学生通过努力学习和拼搏，一旦完成了自己预先设定的锻炼目标，或取得锻炼效果，他们就会获得成就感、自豪感。这种成就感会使他在学习、工作、生活中充满信心，取得成就。正因为大多数体育活动具有竞争特点，它能激发学生的好胜心、上进心，培养他们奋力拼搏、勇往直前的优秀品质。所以通过体育比赛，有助于培养学生奋发向上，敢争天下先的精神。

5. 体育锻炼对促进学生个性发展的影响

在体育活动中，无论是个人项目自己练习，还是集体项目大家一起练习，都必须学会尊重别人，也要尊重自己，建立正确的道德观，养成良好的个人行为和道德风尚。体育活动在培养学生自尊、自爱、自强不息，积极参与的过程中，要遵循青少年身心发展的客观规律，从学生主体出发，充分发挥学生个人的体育特长，重视学生的主动参与，挖掘学生个体潜能，发展学生个性品质，强调学生的民主合作，从而促进学生个性的最优发展。

（四）体育锻炼对大学生社会适应能力的影响

1. 体育活动可以增进交流

体育交流是人们日常生活中一种重要的交往手段，也是人们参与社会的一种最简单有效的方式。人们在体育活动中不仅可以锻炼身心，而且可以发展人际关系。由于体育参与比较简单易行，又具有经常性，所以体育参与常被视作一种衡量社会参与程度的标志。

首先，在体育运动的参与过程中，所有人处于相对平等的地位，他们通过体育竞技的公平手段来获胜。不论是在游戏还是在竞赛中，人们都需要尊重他人，尊重自己，在社会关系中诚实待人，这是体育文化的本质所在。就是在这样一种条件下，所有人可以敞开心扉，真诚的进行沟通与交流。

其次，体育活动还是一种充满活力的文化活动，它向人们灌输着乐观主义精神，鼓励人们要有拼搏精神，要有责任感，要有一种渴望提高和成功获胜的愿望。通过体育活动的参与，不仅可以改变自身的精神状态，还可以用自己的努力感染别人，赢得别人的尊重。

再次，体育活动都有着严格的规则与比赛制度，体育的这种特质贯穿于锻炼与比赛活动中，成为每个参与者所信守的原则，它完善了人们的言行和人格，改善了家庭成员的关系，使家庭更加融洽，形成了相互尊重和友好相处的人际关系。

2. 体育活动可以提高人际关系

一个人的沟通能力及其与他人关系的状况，是其生活品质最主要的方面。个人生活的丰富、事业的成功，与别人稳定情感关系的建立和维持，都离不开沟通。影响人际关系改善的主要因素有沟通能力、对身体语言的理解和使用能力、自我意识水平和移情能力等。而体育锻炼对影响人际关系改善的主要因素具有直接作用，所以，应当重视采用体育锻炼方式，以培养和增强人际交往能力。

首先，在体育教学和体育锻炼中，每一个技术动作，都是在老师的讲解、示范和参与者的练习实践中进行的。因此，时时存在对动作技术纠正的沟通，处处存在相互练习中自我完善的沟通，同时还存在相互配合的默契沟通。这种沟通不仅具有直观性、及时性和准确性，而且也是主动性沟通、注意力集中性沟通和信息交流充分性沟通的典型体现。所以，经常参与体育锻炼，对提高人的沟通能力，形成良好的人际关系，会产生积极的影响。

其次，体育锻炼可以改善自我意识水平，提高社交技能。自我意识水平在制约人际关系中的作用是具有针对性的，现代社会中人与人之间的关系往往表现得非常含蓄，甚至表现为虚伪。例如，明明我们能力平平，某人却说我们能力超群，实际上这个人并不接受我们，只是为了表明彼此之间有很密切的关系。特别是在一个人的社会地位越来越高时，他更得不到有关自我的真正反馈，从而使其更脱离真实世界，并导致其自我意识水平越来越低，社交技能越来越简单，最终形成自以为是、唯我独尊的个性。在体育活动中，尤其集体项目，每个队员都有着一定的权利和义务，他们与同伴协作和配合，完成训练任务。在这一过程中，老师或教练的评价是阶段性的，观众的评说又带有滞后性，随时随地进行自我意识的体会，就成了自己改进动作技术、调整比赛战术的直接动因。通过体育运动所形成的自我意识行为，在运动实践中将不断变成一个人的自觉行动，将这种能力运用到社会交往中，就可以了解自己的真实面目和别人对自己言行的真实情况的反映，提高自身的社交技能。

再次，体育锻炼可以增强对身体语言的理解和使用能力。身体语言是人际沟通的有效方式之一，是社交过程中必须具备的能力。体育对提高人的身体语言表达能力是无与伦比的。即使是普通的体育活动，也提高着参与者的协调和柔韧性，使参与者在练习中寻找美的身姿，使参与者在练习中体会动作外观与内涵的统一。所以，体育锻炼可以发展自己的身体语言，使之在社会的人际交往中发挥作用。

3. 体育运动有助于形成社会需要的个性

体育锻炼可以形成社会需要的个性并胜任相应的社会角色，是体育的重要功能之一。个性指的是个人在其生理和心理素质的基础上，在一定社会环境条件下，通过实践锻炼和陶冶，逐步形成的观念、态度、习惯和行为。它是一个人比较稳定的心理、生理素质和社会行为特征的总和，是一个人能否适应社会或能否被社会接受的关键因素。体育活动对人的个性的形成具有重要影响作用。

首先，体育活动对人的个性形成具有调整功能。体育锻炼需要有体力、智力、情感和行为的参与，同时还要求人们有较高的体能和技能。因此，在每次体育锻炼时要求人们必须接近和突破自己的极限。正是由于这一过程，又使得每一位锻炼者在锻炼过程中有许多机会发现自己个性中的优秀部分，找到自己的不足，从而决定采用何种方式发展自己的个性。

其次，体育锻炼还对人的个性形成具有约束作用。参加体育活动尤其是集体项目时，每一位参与者在活动中，都不同程度地接受团队活动的约束、限制、督促与激励，促使每一位锻炼者适应群体的需要。这其中不仅是技术的、技能的，而且还包括精神的。在团队活动中，优异者将得到赞扬和激励，反之，则会受到贬斥和忽视。体育锻炼者正是为了取得与自己相适应的地位而不遗余力。在群体活动中，不遵守群体规范的行为，可能要受到比较严厉的制裁或惩罚。为了与群体保持一致，人们总是心甘情愿地接受来自群体的约束。这些约束迫使成员不得不改变自己的某些特性。

再次，体育锻炼可以增强人们的情感体验。体育活动丰富着人类的情感要素，激励着参与者以高度的责任感，来达到与同伴合作的目的；以约定俗成的道德规范着人们的行为；以执着的追求感，驱动着人们竭尽体力、技术和全部能力，去实现自己奋斗的目标；以复杂而快速的转移感，让人们领略着成功的欢欣和失败的痛苦。体育运动给人们提供的情感体验是复杂多样的，顺应了现代人对情感的多方面的需求。

最后，体育锻炼可以使人形成积极向上的个性。体育活动对参与者个性形成所起的作用，虽源于锻炼者在自我意识的调整下，所表现出的主动、积极、自觉的锻炼需求。但是，此目标的实现，又必须依靠重复的努力，持久的练习。在日复一日、年复一年的艰苦磨练中，提高自己的技能和战术水平。这种顽强、拼搏、进取的精神，对个性的形成与发展具有重要的意义。

4. 体育活动可以促进协作意识的形成

协作意识是体育竞赛的精髓所在，它是体育意识的基本内容之一。协作即协同配合、齐心协力。协作可以凝聚集体的力量。而这个集体的形成和保持，则取决于每一个成员是否具有强烈的协作意识和群体精神。一些体育活动具有集体性的特点，这为培养参与者的协作意识、群体精神提供了有利条件。如接力比赛和团队集体项目决定了参与者必须以高度的协作意识、熟练的协作行为，承担起参赛角色的义务和责任并享受相应的权利。胜利需要集体力量的协作。然而，协作意识的形成并不是一朝一夕的，必须通过参与练习、竞赛等活动，不断地磨练，才能在潜移默化中，逐步培养与增强这种协作意识，并使之"生活化"，进而融入工作、学习之中，改善参与者的社会适应性。

现代社会协作日益紧密，所以，协作意识、协作能力是决定一个人的事业成功的重要因素。接力项目都是在同伴的配合下进行的。只靠个人技术、个人的拼搏是不够的，必须遵循有序性、有机关联性等规律。通过全体队员之间的默契合作、齐心协力，并运用周密娴熟的竞技战术，才能使这个集体协作运转，获得整体效益，达到比赛所期望的目的。

5. 体育活动可以培养竞争意识和竞争手段

当今社会，各行各业的竞争日趋激烈。面对如此激烈的竞争环境，大学生为了求生存、求发展，必须培养自己的竞争意识，具备应有的竞争手段。而体育活动正是可以培养人们适应社会需要的竞争意识和竞争手段的一种活动。

首先，在体育比赛中，所有参与者都要经过严格的训练，不断提高自己的身体技能、心理素质和战术意识，并具备把握机遇的能力，才能取得比赛的胜利。没有任何人，可以不劳而获。因此，每一位参与者都将从体育比赛中懂得优胜的结果来自强大的实力和强大实力背后的努力的汗水，并教育人们艰苦的努力是获胜的唯一的正当途径。

其次，任何体育竞争，不论是游戏还是比赛，都要在严格的规则和比赛制度约束下进行，所以，体育竞赛讲规则，而不徇私情，它不承认除个人身体、心理以外的任何不平等性。从这个意义上讲，体育竞赛教育每一位参与者必须养成公平竞争的意识，并以公平的竞争方式应对人生旅途中一次又一次的竞争。

再次，体育竞赛可以培养个体的挫折承受能力。挫折是指个体的行为遇到障碍或干扰，致使自己的动机和目的无法实现时产生的情绪。在体育活动中，小到游戏，大到奥运会，无不以强健体魄、增进心理健康和追逐胜利为目的。然而，体育竞赛的残酷性又往往表现在成功和胜利只是相对的、暂时的，而挫折和失败才是经常的、普遍的。只有经过无数次的失败，才有可能取得最后的成功，是体育竞争内在的规律性。所以，对于大学生来说，要积极参与体育活动，不断提高自身应对失败的挫折的能力。

6. 体育活动是培养人们胜任社会角色的有效途径

在社会结构中，需要有各司其职的多种特定权利、义务和行为规范的人员。每一个社会角色，都代表着有关的行为期望与规范。在体育活动中，能为人们学习社会角色提供优越的环境与适宜的条件，可为人们提供尝试社会角色的各种机会。

在体育运动中，个体由在体育活动而结成的社会关系中所处的不同地位，形成了各种角色，比如，足球守门员和场上队员，由于承担的角色不同，守门员可以在规定的区域内用手触球，而场上其他队员则只能用手和手臂以外的其他部位触球。在由体育而结成的社会关系中，每个角色都有获胜的权利、因获胜而受嘉奖的权利和按照规则进行技术动作行为的权利。同时也有遵守体育规范、道德规范和技术规范的义务。与此同时，群体内的每个角色或位置，又是相互关联的。群体的目标实现，是以每个成员的能力被群体成员接受为前提的，也检验和督促每个角色能力的提高。使得每个成员在群体的关联中，获得信赖，并决定每个角色的地位。通过体育角色的学习，可以使练习者懂得社会角色是与人们的某种社会地位、身份相一致的一整套权利、义务的规范与行为模式。也可使练习者体会到经过个人努力是可以成功扮演各种社会角色的，从而体验出人的主观努力是改变社会地位的重要途径。

总之，社会适应的过程是一个人不断社会化的过程。从一个生物意义上的人成为一个具有社会属性的人，就必须适应社会的变化，在与他人的交往与互动中逐渐形成自我概念，协调人际关系；要学习和体验社会角色，学会承受各种挫折；面对各种冲突学会妥协和顺应，合作与竞争；学习各种规则和价值观。这种学习和不断调适的过程就是一个个体适应社会，不断提高社会适应能力的过程。体育活动本身所具有的如竞争与协同、胜利与失败、求胜欲望与规则限制、强烈的情绪体验与复杂的互动关系种种特殊性及矛盾特征，使得体育活动在促进个体社会化、提高社会适应能力方面具有不可替代的特殊功能。

二、体育锻炼行为的理论及干预

（一）体育锻炼行为概述

1. 人类行为的特点

（1）连续性：个体的行为发展是一个连续的过程，不可能跳过其中的某一阶段而进入下一阶段。因此可以说个体现在的行为是过去行为的延续，而将来的行为又必然是现在行为的延续。

（2）阶段性：个体行为发展在某一阶段内呈量变，这种量变积累到一定程度后发展为质变，进入行为发展的下一阶段。在不同的年龄阶段，行为特征与规律有不同的表现。

（3）不均衡性：尽管人类行为的发展按一定的模式进行，但在个体行为的发展过程中存在着个体差异和发展的不平衡性，即同一个体在不同阶段行为发展速度不同，而不同个体间即使处在同一发展阶段，行为发展的程度也因人而异。

2. 行为的发展与适应

（1）行为的发展：在人的整个生命周期中，行为发展可分为四个阶段。

①被动发展阶段（0~3岁）。通过遗传、本能力量的驱使，以及无意识的模仿来发展行为，多种动作、简单语言、基本情绪及部分社会行为初步形成。

②主动发展阶段（3~12岁）。开始主动模仿、探究，行为发展带有明显的主动性，对本能冲动的克制能力迅速提高，婴幼儿期形成的行为进一步发展。

③自主发展阶段（12岁至成年）。人们开始通过对自己、他人、环境、社会进行综合认识，调整自己的行为发展。

④巩固发展阶段（成年以后）。人的行为定式已经形成，行为发展主要体现在巩固、完善、适当调整几个方面。

（2）行为的适应：行为的适应指的是个体与环境之间保持动态平衡的过程。人类个体为了适应环境，就需要认识环境、与其他个体交流，从而发展了语言、感知觉、思维与智力，这种发展反过来又提高了人类适应环境的能力。在这一循环发展过程中，需要是人类行为产生和发展的基础，也是行为适应的必要条件。

行为发展与适应的理论对于行为干预有着重要意义，它给我们的启示就在于要从小培养健康的行为。同时，健康行为的培养不仅仅是个体的事，还需要家庭、学校、社区和各社会团体的共同努力并营造健康的文化环境。

（二）大学生体育锻炼行为的干预

1. 大学生体育锻炼行为的影响因素

在体育锻炼的过程和行为中，个体是受一定的因素或条件所影响的。这些影响因素主要有个体因素和社会因素。在科学健身的要求下，我们要合理调配、全面考虑，以最佳的状态去进行体育活动。

（1）个体因素：

①体力基础因素。人们只有具备一定的体力基础以后，才可能参加体育运动。人的体力基础主要包括：走、跑、跳的基本能力，力量、耐力等基本素质和时空感知能力等。参加田径健身活动对体力也有着一定的要求，而且可以根据自身的体力特点进行运动符合的调整。体育健身负荷只有与锻炼者的体力相适应，才有积极效果。一般人的体力呈波浪式变化，但变化幅度并不大。在异常情况下，体力会急剧变化，锻炼时要及时调整负荷。

②心理因素。心理因素对锻炼积极性有着重要的影响作用。在运动锻炼时，情绪高涨则锻炼积极性高，运动感觉良好，动作轻松协调，负荷总量容易加大；反之，心理状态不佳，情绪不佳，则使人倦怠，不想参与运动。心理因素包括以下几方面。

a. 价值观。价值观是一个人世界观、道德观、审美观的综合表现。在每个人的心目中，都存在一系列的价值评价标准。价值观决定着个人对人和事的接近或回避、喜爱或厌恶、积极或消极。因此，行为科学很重视价值观对人的行为的影响。

b. 态度。人在社会生活中无论是处理事物或是改造客观事物，都会有这样或那样的态度，态度是人对待客观事物稳定的心理与行为倾向性。态度对人的行为起调节作用，人所形成的态度在很大程度上决定人对外界影响的选择和人的行为方向。

c. 体育素养因素。体育素养，指的是在人生经历中所受到的体育教育程度与水平，它包括体育知识、技能的掌握程度、身体素质水平等。一个人的体育素养一旦形成，其对运动项目的选择性，对健身运动的倾向性以及对人的运动行为等均会有所影响，从而影响到体育健身的过程。

④作息制度因素。一般人们从事健身运动，都在余暇时间进行，余暇时间的多少，对体育锻炼有着直接的影响作用。时间充裕的锻炼者，锻炼形式较为自由，并且有足够的锻炼时间和休整相间；时间较紧的锻炼者，多采用集约化安排方式，注重提高单位时间的锻炼效益。如果缺乏整块余暇时间的人，也可以分散安排，积零成整，亦有效果。许多学者研究认为，"高质轻负"（即负荷不大，提高运动质量）的安排方式，对现代人是有利的。

田径运动锻炼耗时一般不要太多，应根据自身的呼吸频率进行时间调节，在运动后，尽量安排一定时间的慢走，对于体力恢复有着良好的功效。

⑤饮食营养因素。在运动锻炼的过程中，饮食营养的基本原则是保持机体同化与异化的平衡。当营养不足或空腹运动时，则负荷安排宜小，以降低因血糖低而引起的不适；当营养过剩时，要适当加大负荷，特别要注意延长运动时间，促进脂肪的消耗。此外，还应注意饮食平衡和饮食卫生。

⑥劳动负担因素。体育活动和劳动是人体能量消耗的主要方式，所以，劳动量和劳动强度的大小，直接影响到健身活动的安排。当劳动强度过大时，运动更多地带有调整和放松的性质；而当劳动强度小时，运动多带有锻炼因素，就应适当加大锻炼强度和运动量。同时，劳动性质和部位对运动锻炼过程的影响也很大，健身锻炼时劳动肢体要注意放松，非劳动肢体要加强锻炼，脑力劳动者在锻炼过程中，需进行全身性的锻炼，以加强肢体的活动性。

（2）社会因素：

①社会舆论。社会舆论会在很大程度上影响个人的运动行为，它既能鼓舞人的运动行为，也会抑制人的运动行为。舆论对个人运动行为的影响主要表现在以下几点：指出行为方向；强化正当的个人行为；能改变个人对自己行为的认知。

②风俗与时尚。风俗是指一定地区内社会多数成员比较一致的行为趋向。风俗起着社会规范的作用，对人们的行为有一定的约束力量。时尚是指人们一时崇尚的行为方式。时尚又叫"时髦"。时尚对人是一种新异刺激物，人们通过对这种新异刺激物的追求，会获得某种心理上的满足，如当前对保龄球、网球、健身操等运动时尚的追求。时尚流行对人们的行为具有强大的诱惑力，促使人们的行为与时尚求同。它对人们的行为影响是：促使人们自然地遵从；直接影响人们的审美价值观；时尚对人们的行为影响存在差异。

③团体及他人的影响。学生是社会的一员，其对待事物的态度、价值观和所采取的行为都不同程度地受周围人的影响，获取他们的帮助以适应社会需求。每个人在成长过程中都要受到来自社会各方面因素的影响，重要的是这些影响改变着每一个人的成长道路。人处在团体中常常不知不觉地受到团体的压力，而迫使自己的知觉、判断、信仰及行动上表现出对团体中多数人的服从，有时甚至做出与个人意愿相反的行为选择。

此外，在一个人的成长过程中，家长对孩子的影响是多方面而且深刻的。步入青年后，同学、同伴的影响上升到了第一位。教师、教练、医生和其他人员也对学生的成长产生影响，这些人的行为、语言都是影响学生运动行为的社会因素。

2. 大学生体育锻炼行为干预的理论

（1）知行统一的理论：现代健康教育着眼于人们的行为改变，强调"知、信、行"的统一。在通常情况下健康行为的形成，知识是基础，信念（态度）是动力。然而，值得注意的是，人类行为的形成受生物、心理、社会等众多因素的制约，是一个非常复杂的过程。知识、信念（态度）与行为之间虽然有着密切的关系，但并非是必然的因果关系。在许多情况下，人们的知识、信念、态度与行为之间并不完全协调，常常会出现一些"知而不行、行而不知"的现象。

①知而不行。"知而不行"是指知晓健康信息，但并没有采纳相应的健康行为。根据心理学理论，"知而不行"产生的原因是认知不协调，即知识、信念、态度、价值观、自

我效能判断等认知元素之间发生了矛盾，从而导致了知识与行为的脱节。

②行而不知。"行而不知"是指人们由于受传统习俗、个人习惯、社会规范、经济条件、自然环境等因素影响而采取了健康行为，但并不了解与其相关的健康知识。"行而不知"现象在运动行为方面比较普遍。例如，没有接受过系统体育锻炼科学知识教育的人们，虽然常年坚持体育锻炼，但却不知以健康为目的的运动的频度、强度、时间和适应自己身体状况的运动项目等。还有，引起现代文明病的高脂饮食、缺乏锻炼等不良生活方式在一些贫困地区表现并不突出，但他们对这方面的知识同样也知之甚少，相反这些不良生活方式对他们却存在着强烈的诱惑力。

③知行统一的实践。针对"知而不行"者，学校必须进一步深化体育与健康的教育，要在分析影响学生健康行为障碍的前提下，通过体育与健康课程，运用健康信念模式、价值期望理论、行为矫正等现代健康教育理论和方法，帮助学生树立信心、转变观念，促使其自觉采纳健康行为，只有这样才能具有针对性地强化学生的健康行为。针对"知而不行"还应该进行有针对性地、反复地宣传教育，教育内容不应该是标语、口号式的，要尽量讲清道理，使学生真正理解哪些行为是属于健康行为，这些健康行为对身体有哪些益处。对于某些操作技术性较强的健康行为，还应辅以讲解、示范等，以巩固其健康行为并保证其行为的科学性、规范性和有效性。另外学生还应了解与健康行为相反的不良行为究竟有哪些危害，以巩固其健康行为，彻底改变目前普遍存在的"知而不行"的现象。

"行而不知"现象的主要问题是，由于体育与健康的教育不到位，或学生不重视对有关理论知识的学习，学生对已经采取的健康行为不理解，容易导致行为的不规范，产生行而无效或行而有害的结果，而且有的健康行为还可能随着客观环境的改变，转向不健康行为。因此，广大体育教师和学生应给予高度的重视，绝不能因为行为已经形成这一表面现象，而使健康教育内容在体育健康课程中留有空白。

（2）态度的形成与转变理论：

①态度的形成。首先，态度的形成与人的需要的满足紧密联系在一起。当客观事物满足个人的某种需要时，便会使人产生积极的、肯定的态度；而当客观事物与满足个人的需要无关或不能满足人的一定需要时，它就不会被人所注意，或引起消极的、否定的态度。其次，人的态度的形成是多次经验的结果。人的态度一般不是一次经验形成的，而是在多次接触同类事物的过程中形成的，如有的同学害怕上体育课，是由于他多次在体育课上受到歧视，有失望的感受所造成的。再次，人的态度是由浅入深、由特殊到一般逐步发展的。个人与某一客观事物的初次接触，往往只能使人产生不十分清晰的或喜欢或厌恶的心理倾向性，当与这一客观事物接触多了，个体的这种心理倾向性才逐步明晰起来并固定在人的意识中，然后所形成的态度逐步由特定的事物扩大到同类的一般事物。

②态度的转变。态度的转变就是采取一定方法或手段改变人的态度的过程。行为科学把人的态度转变分为两种情况：一致性的转变和不一致性的转变。

一致性转变是改变原有态度的强度而不改变其方向。例如，某学生虽然喜欢参加体育活动，但主动性、积极性不够，经过诱导工作使他参加体育活动的主动性、积极性提高了，这并没有从根本上改变他对体育运动的态度，只是增加了"喜欢"的强度。

不一致性转变，即以新的态度代替旧的态度，这种转变既是方向上的转变，又是强度上的转变，如某学生对体育反感，不愿意参加体育运动，但通过教育和引导，使其原来消极的态度转变为积极的态度。这类转变无论是方向上还是强度上都发生了改变。

③行为科学关于态度改变的理论。认知失调理论是费斯汀格于 1957 年提出的。这一理论所谓的认知涵义很广泛，包括人的知识、观点、观念、意见、信念等等。认知元素的关系可分为三类：不相关、协调关系和不协调关系。

认知失调理论认为，当个人发现自己有两种或两种以上的认知元素出现不协调关系时，内心就会出现不舒服、不愉快的紧张状态，这时他会驱使自己的心理实现协调关系，以消除心理紧张，保持愉快和舒服状态，这种内驱力就推动人改变自己的态度。解除或减轻失调状态的办法，费斯汀格认为有以下三种：①改变某一认知元素，使之与其他元素的不协调关系趋于协调。②增加新的认知元素，加强协调关系。③强调某一认知元素的重要性，加强协调关系。

3. 体育锻炼行为的保持与强化

对体育锻炼行为的保持与强化的目的是促进人们终身锻炼、终身健康。在学生时代培养自己的运动行为，养成积极锻炼的行为习惯和对身体健康的不懈追求，可预防非传染性疾病，增强身体健康素质，提高学生的健康水平和生活质量。

（1）激发体育锻炼行为的方法：

①注意锻炼过程而不要太在乎锻炼结果。只要有科学的锻炼过程，健康的锻炼结果一定会实现的。

②制订的锻炼计划或设定的锻炼目标一定要切实可行，而且是稍加努力即可达到。

③在家里、宿舍或工作地点布置一些健身的图片或名言警句。

④经常收看一些健身节目，特别是残疾人运动的影像定会激发你的锻炼欲望。

⑤学会自我测评身体健康状况的方法，每学期至少测评一次。

⑥尽量使你的运动行为得到同班、同宿舍同学的支持并与你一起参加锻炼。

⑦参加力所能及的体育表演或竞赛，感受运动的内涵和乐趣。

（2）体育锻炼行为的保持与强化：保持体育锻炼行为，强化体育锻炼习惯，应该从以下三方面做出努力：

①在学校体育实践中应给予认知和情感领域更多的时间和关注，解决今后从事体育锻炼中的理论和方法问题，促进正确的体育意识和态度的形成。

②培养自己的体育能力，感受体育能力的成功体验对强化经常参加体育活动的行为是有效的。当感觉自己具有体育能力时，才有可能坚持终身体育锻炼。

③正确对待身体健康素质的测试，熟悉各项测试内容的目的和意义并能够对自己的测试结果进行科学地、富有积极意义地解释。如有问题或疑惑应寻求教师或同学的帮助。

三、大学生常见心理疾病的运动疗法

（一）体育锻炼治疗心理疾病的基本原理

体育锻炼被公认为是一种效果较好的心理疾病治疗方法。美国的一项调查显示，1750 名心理医生中，80% 的人认为体育锻炼是治疗抑郁症的有效手段之一，60% 的人认为应将体育锻炼作为一种治疗方法来消除焦虑症。

一般来说，人的大脑与肌肉的信息是双向传导的，神经兴奋可以从大脑传至肌肉，也可以从肌肉传至大脑。肌肉活动积极，从肌肉向大脑传递的冲动就多，大脑的兴奋水平就高，情绪就会高涨。反之，肌肉愈放松，从肌肉向大脑传递的冲动就愈少，大脑的兴奋性就降低，情绪就不会高涨。体育运动之所以能有效地调节人的情绪，也就是运用、遵循了这一原理。大多数学者认为，不论哪一种治疗技术，都试图影响这一运动神经即"最终通路"，都遵循下列的基本神经生理法则。

（1）中枢神经系统有可塑性，即大脑在损伤后可以自行调整，以代偿损伤的功能。因此，体育治疗就是要发掘大脑中的这种潜能。

（2）运动可以由感觉来调整，运动系统在相当大的程度上依赖于感觉系统对外界环境的有效反应，通过控制本体感觉输入，可以抑制或促进运动输出。

此外，每个人的心理不是孤立的，心与身是相互联系、相互作用的，人的心理与人周围的环境、与周围的人也是相互协调、相互影响的。而体育活动则为人提供了一块珍贵的活动空间，在这一空间中，人的心与身、人与环境、人与周围的人能充分地交融在一起，从而促进主体对环境的适应、促进人际关系，使人达到身心平衡，获得身心健康。

（二）大学生常见心理疾病的运动疗法

经常参加体育运动，特别是参加那些自己喜爱和擅长的运动项目，可以增强人的自信、自尊以及自豪感，解除烦恼、不安和自卑等不良情绪，对于减轻和治疗各种心理疾病的作用是其他药物治疗不可替代的。因此，大学生运用体育疗法进行自我调节与治疗心理疾病是十分可行且有效的良好手段。

1. 焦虑症的治疗

（1）症状：焦虑是一种情绪反应，是个体对眼前或未来预感到的挫折的一种十分复杂的消极情绪状态。其主要原因是大学生对新的学习生活环境以及人际关系敏感造成的，如新生对环境和学习不适应；基础差的同学遇到困难和失败产生的自卑心理；毕业生对面临的择业和对未来前途的担心忧虑；不合群的孤独感或恋爱问题上受挫折等，都会导致此症的发生。它主要表现为患者终日惶惶不安，心烦意乱，提心吊胆，似乎预感到灾难将至，且经常无病呻吟、苦恼、自责，甚至恐惧，并伴有心悸、心慌、头昏、胸闷、呼吸困难、口干等症状。

（2）治疗：对于焦虑症的治疗，可选择一种趣味性较强或者患者感兴趣的活动项目作为治疗活动项目，如羽毛球、乒乓球、排球、篮球、游泳、爬山等，并采用强度大、速度快、幅度适中的动作练习。大强度活动时，心率应达到160次/min。活动后要做足够的放松练习，让全身得到充分放松。放松手段可采用小步慢跑，深呼吸走，敲、拍、抖全身肌肉等。

2. 失眠症的治疗

通过体育运动，失眠症者的身体可以得到适宜机体代谢，心理重负得到缓解，不良情绪得到释放，无论从身体、心理还是情感上对失眠症者都会有很好的帮助。一般情况下，应选择运动强度相对较小、运动负荷小的项目，如跑步、有氧健身操、羽毛球、乒乓球等。体育疗法的初期，失眠严重者适当使用镇静和安眠药物是必要的，但随着病情好转，必须逐渐减药，最后停药。保持乐观的情绪，对失眠症患者特别重要。忧心忡忡，心理和精神紧张，只能造成失眠症恶化，导致内分泌系统功能失调，而引发其他病症。常言道"笑一笑，十年少"，保持健康的心境，则可提高疗效，加快康复。

3. 抑郁症的治疗

（1）症状：抑郁症是一种以心境低落为主要表现，对挫折情景产生的一种自我保护或防御性反应。大学生在遇到生活中的不幸遭遇，学习上的困难，家人的意外事件或恋爱上的失意，尤其是在老师或同学面前自尊心受到打击而产生自我保护或防御性反应。抑郁症与个体的性格也有密切的关系，大多数患者是性格不开朗、好思虑、多愁善感和依赖性强的人。此症主要表现为患者对身边发生的事麻木冷漠、情绪低落、意志消沉、思维停滞、缺乏进取精神、随波逐流。

（2）治疗：选择一些技巧性的集体项目，男生可进行足球、篮球、排球、乒乓球双打等运动为主，女生可以以羽毛球、健美操、形体舞蹈为主，运动强度中等，运动时间1小时左右，练习内容变化多样。指导者要有意识安排有抑郁症的同学与他人努力合作去完成任务，使其体验到合作后取得成功的喜悦，并以此提高练习兴趣，树立信心，调节情绪，改善睡眠，有条件可每天练习一次。运动后要及时补充水分和糖分。平时，教师应了解患者的思想动态，帮助他们树立正确的人生观，引导他们把主要精力用于学习上，同时又加强体育锻炼，让他们身心得到全面健康发展。

4. 神经衰弱的治疗

（1）症状：神经衰弱是大学生中较常见的一种神经症。它是由于某些精神因素使得大脑神经活动长期持续过度紧张，导致大脑兴奋和抑制功能失调而产生的，如大学生中常见的学习问题、人际关系问题、恋爱问题，在不能得到及时解决时，易导致该症的发生。此外，学习和生活的组织安排不当，忙乱无绪，或者生活环境的突然改变，居住环境长期吵闹，影响生活和休息的规律性等，也易患神经衰弱。它主要表现为注意力不易集中，记忆力差，心情紧张烦恼，头昏头痛，夜间不眠多梦，白天无精打采。

（2）治疗：进行娱乐性较强的健身活动，如轻松优美的舞蹈，健身健美的韵律操，活泼快乐的体育游戏等都可以起到治疗和减缓神经衰弱的作用；跑步、太极拳等，更适合于学习紧张时心烦、头痛的学生。参加跑步锻炼者，要求跑速适当，跑的过程中有意识地两步一吸，两步一呼，时间为20～30min，每天坚持早晚两次。练习后心率可达130次/分左右。活动后做足够的放松练习，感到充分松弛为止。放松练习是治疗的关键，方法可以多种多样，因人而异，如做体前屈、双臂体前交叉放松摆动；体直立，体前两臂交叉摆动，左右腿抬膝放下；体直立，两手交叉触摸抬起的双膝，平衡触摸抬起的双膝等体操放松练习法和按摩练习法等。由于人的大脑中枢分工不同，运动肢体时，用于学习的大脑就会自动停止工作，不参与运动的指挥，这使紧张学习的大脑有时间得到休息。只有坚持参加锻炼，经常做这样的调节运动，大脑得到了充分的休息，紧张程度就会降低，神经衰弱也就逐渐减弱，甚至消失。

5. 心理缺陷的治疗

必须根据心理缺陷的类型选择相应的运动项目，并有一定的强度、质量和时间。

（1）急躁、易怒：倘若你发现自己遇事急躁，感情容易冲动，那就应多参加下棋、打太极拳、慢跑、长距离步行、游泳和射击等缓慢、持久的项目。这些体育活动能帮助你调节神经活动，增强自我控制能力，稳定情绪。

（2）遇事紧张：遇到重要的事情便紧张的人，不妨多参加一些公开的、激烈的体育竞赛，特别是足球、篮球、排球等项目。因为球场上情势多变，只有冷静沉着地对付，才能取得优胜。若能经常在这种激烈的场合接受考验，遇事就不会过分紧张，更不会惊慌失措，从而给学习、工作带来益处。

（3）孤独、怪僻：觉得自己不合群，不习惯与同伴交往，那就应选择接力跑、拔河、篮球等集体项目。坚持参加这样的锻炼，会帮助你慢慢地改变孤僻的习性，逐步适应与同伴的交往，并热爱集体。

（4）腼腆、胆怯：如果你胆小，做事怕冒风险，难为情，就应多参加游泳、溜冰、滑雪、举重、摔跤、单双杠、跳马、平衡木等活动。这些活动能使你不断地克服害怕摔倒等胆怯心理，以勇敢无畏的精神去战胜困难，越过障碍。

（5）自负、逞强：自负、好逞强的人可选择一些难度大、动作复杂的活动，如跳水、体操、马拉松跑、艺术体操等体育项目，也可找一些实力水平超过自己的对手下棋、打乒乓球或羽毛球、篮球一对一斗牛，不断提醒自己山外有山，千万不能自负、骄傲。以上运动项目，每次锻炼时间在 30min 左右为宜，运动量应从小到大，循序渐进。

第七章　大学生球类运动的营养与科学基础

大学生在进行球类运动的过程中，盲目地进行运动不仅不会起到运动的效果，如果没有进行科学的锻炼，有时候的效果甚至是适得其反。因此，了解大学生球类运动的营养保健知识以及球类运动的科学基础就显得尤为重要。

本章，我们就大学生球类运动的营养与科学基础进行详细解析。

第一节　大学生球类运动的营养保健

一、营养与营养素的基本知识

（一）营养素

营养素，就是食物中包含的人体所必需的有效成分，能在体内消化吸收，具有供给能量、构成集体组织和调节生理功能，为机体进行正常物质代谢所必需的物质，是维持机体生长发育和新陈代谢的物质基础。没有营养素，生命就不复存在。

人体所需要的营养素约有 40 多种，归纳起来有七大类：水、脂类、蛋白质、维生素、矿物质、膳食纤维、碳水化合物。其中，人体需要的能量主要来自蛋白质、脂类和碳水化合物这三大类产能营养素。除此之外，还有许多对人体健康有益的、具有生物活性的成分，学术界称其为植物化学物质。

1. 水

水是体内各种正常生理功能得以顺利进行的物质基础。人类所摄取的饮食上，没有哪种具有比水更重要的作用，只要失掉 15% 的水，生命就有危险。没有食物，人可能存活 2～3 周；而没有了水，人几天后就会死于脱水。人在孤立无助的困境中，只要有水，生命就会维持较长时间；生病时若无法进食，需要补充的首先是水。水的功能主要有以下几点。

（1）参与代谢，人体内的每一种代谢都离不开水。

（2）水是运输营养和废物的载体。

（3）水是体温调节剂。

（4）水可以维持体内酸碱度的平衡。

（5）水是肌肉、关节的润滑调节剂。

（6）水能够起到滋润身体细胞的作用。

（7）水能维持腺体器官的正常分泌。

水对人类如此重要，然而，在生活中水却常常被人们所忽视。医学专家认为，人体一天平均摄取 2.5 升水是适当的。而这些水首先应该从饮水获得，其次才从食物中获得。只有摄入充足的水后，血液、淋巴液的循环才会呈现良好状态。这样，既可保证供给身体所需的营养物质，又能溶解废物，消除毒素，进而增进内脏功能，皮肤也会滋润、光滑。这对大学生的健康是非常重要的。

2. 脂类

脂类是一种很重要的有机化合物，是人体必不可少的组成成分之一，主要由碳、氢、氧3种元素组成，脂类是脂肪和类脂的总称。脂肪主要是脂肪和油；类脂是磷脂、糖脂、类固醇及固醇、酯类、脂蛋白等，在人体内只占5%左右。因此，通常所说的脂类就是脂肪。

大多数天然食物中都含有脂类，主要分为动物性脂肪和植物性脂肪，它们由于所含化学元素的种类、数量以及结构不同，而各有各的功能和营养价值。脂肪的每日适宜摄入量应占总热量的20%～30%（大学生适宜摄入量），而其中饱和脂肪、单不饱和脂肪及多不饱和脂肪的比例为1：1：1。

脂类的主要作用有：

（1）供给量与来源，每日饮食中有50克脂肪就能基本满足人体的需要。一般认为脂肪应占每日热能供给量的17%～20%，不宜超过30%。脂肪来自动物性食物，如猪油、牛油、羊油、奶油等；同时也来自植物性食物，如芝麻、大豆、花生等。

（2）生物学功能。能够供给热能，脂肪是高热能物质，1克脂肪和体能氧化燃烧可产生37.65千焦的热能；组成机体的重要成分，脂肪组织分布在皮下、内脏和关节周围，有储存热能、调节体温和支持、保护脏器的作用；促进脂溶性维生素的吸收和利用。

（3）供给必需脂肪酸。必需脂肪酸是细胞的重要构成物质，在体内具有多种生理功能。它能促进发育，维持皮肤和毛细血管的健康，并与精子的形成有密切关系，与胆固醇的代谢也密切相关。

（4）促进脂溶性维生素的吸收。维生素 A、维生素 D、维生素 E、维生素 K 不能溶于水，却能溶于脂肪，因此，必须通过脂肪来促进它们的吸收。

（5）维持体温。脂肪是热的不良导体，可帮助身体表面的散热，在冬天又起到保温作用。

（6）提高饮食的饱腹感与美味感。脂肪在胃中停留的时间长，产生饱腹感。此外，脂肪还有润滑肠道的作用。

3. 蛋白质

蛋白质是一切生命的基础，是构成人体组织、调节各种生理功能不可缺少的物质。它由碳、氢、氧、氮、硫及磷等元素组成。蛋白质约占人体重量的16%～19%。可促进机体生长发育，维持体内水分的正常分布，参与许多重要物质的转运，并供给热能。每克蛋白质可提供4千卡的热量，每日摄取的蛋白质应该相当于全天热量摄入总量的10%～15%。

蛋白质由各种不同的氨基酸组成，而人体组织存在着20种不同的氨基酸，其不同的组合可制成各种蛋白质，在人体内发挥不同的功效。在这20种氨基酸中，有9种是"必需氨基酸"（赖氨酸、色氨酸、苯丙氨酸、蛋氨酸、苏氨酸、异亮氨酸、亮氨酸、缬氨酸和组氨酸，其中组氨酸为婴儿必需氨基酸），不能由人体自行制造，必须从饮食中取得。

蛋白质的质量就是以这9种必需氨基酸的含量和比例而定的，不同食物所提供的蛋白质质量会有所不同。其他几种氨基酸为"非必需氨基酸"（包括精氨酸、甘氨酸、丙氨酸、谷氨酸、鸟氨酸、瓜氨酸、脯氨酸、羟脯氨酸、酪氨酸、天门冬氨酸、二碘酪氨酸），可通过人体内的必需氨基酸来合成，满足身体需求，并非一定要从食物中摄取。

球类运动中，人体在剧烈运动时，体内细胞的破坏与新生也相应增加。红细胞的组成成分是蛋白质和铁，若不足，可发生运动性贫血，影响运动时氧代谢能力，降低耐久力。因此，及时地、适量地补充蛋白质是很有必要的。

蛋白质的主要作用有：

（1）修护和制造身体组织，包括皮肤、头发、指甲、骨骼、肌肉、器官等，促进身体生长。

（2）制造酶及激素，促进身体各种机能。

（3）供给量与来源。

（4）制造抗体，加强免疫力，抵抗细菌和感染。

（5）帮助输送氧气和养分。

（6）调节人体内的水分平衡，维持体液。

（7）具有抗疲劳作用。

大学生中也存在着蛋白质缺乏的现象，尤其是刚步入校园的，正处于成长期的大学生会更敏感。根据大学生的年龄和生理状况特点，蛋白质的供给量一般占热能供给总量的 10% ~ 12%。

蛋白质缺乏的常见症状是代谢率下降，对疾病抵抗力减退，体质较弱而易生病，远期效果是器官的损害，常见的是大学生的生长发育迟缓、体质下降、淡漠、易激怒、贫血以及水肿，并因为易感染而继发疾病。

4. 维生素

维生素，顾名思义，就是维持人体正常生理机能所必需的要素。它们是维持人体正常物质代谢所必需的一类低分子有机化合物。一些维生素可以在体内合成，一些维生素在体内无法合成，必须从食物中获取。所以，为了保证人体各种机能的正常，应当注意补充体内无法合成的和合成数量不能满足生理需要的维生素。维生素主要存在于水果和蔬菜中。如果维生素的量供给不足，人体就会出现相关生化指标异常和生理机能降低现象，严重时会引起组织病变。各种维生素功能各异，不能相互代替，见表7-1所示。

表7-1　维生素功能表

名称	主要生理功能	来源	缺乏症
维生素 A	维持正常视力，促进骨骼、牙齿正常发育	动物肝脏、胡萝卜、菠菜等	夜盲症、干眼病
维生素 D	促进肠道钙、磷的吸收、促进生长和骨骼钙化	肝、乳、蛋黄等；皮肤经日光照射合成	骨软化病
维生素 E	与生殖功能有关，抗氧化作用	食物油、奶、蛋等	不育症

名称	主要生理功能	来源	缺乏症
维生素 B_1	参与糖代谢，维持神经系统正常功能	谷类、杂粮、瘦肉、蛋等	食欲差、疲劳、脚气病
维生素 B_2	参与氨基酸、脂肪酸和糖类的代谢	动物肝、肾脏、青菜	口角炎
维生素 PP	与细胞呼吸有关，形成和维持骨胶原	动物肝、蛋奶类、谷类	糙皮病
维生素 C	促进伤口愈合，解毒，增强免疫功能。造血	水果、叶菜类、谷类等	牙龈肿胀、疲劳、体力下降、抵抗力下降

5. 矿物质

人体内的各种元素，除碳、氢、氧、氮以外的存在于体内的其他各种元素。矿物质是人体必需的营养素。它不能被人体合成，且在新陈代谢过程中每日都有一定的量被排出体外，因此必须由饮食摄入。

矿物质的主要作用有：

（1）作为人体组织的组成部分，如硫、磷参与蛋白质的组成，钙、镁参与骨骼、牙齿的组成。

（2）是体液的重要成分，通过渗透压调节水分的储存和流动。

（3）维护机体酸碱平衡；参与酶和激素等活性物质组成。

（4）是生物产生电和生理的物质基础；维持神经、肌肉兴奋性。

（5）完成某些特殊功能，如铁参与血红蛋白的构成，对输送氧起重要作用。

矿物质用量虽少，但生理作用很大，一种矿物质的比例失调，就会影响到所有的矿物质，引起连锁反应，导致体内化学反应失去平衡，人体出现疾病。

6. 膳食纤维

膳食纤维素是植物中不能被人体消化、吸收和利用的多糖类碳水化合物。它包括纤维素、半纤维素、果胶和木质素等。纤维素本身不能提供能量，没有营养价值，但是对调节胃肠的消化、吸收、排泄，降低胆固醇，减缓糖类的吸收速度起着重要作用，是预防多种慢性病的重要物质，被称为"肠道的清道夫"。联合国粮农组织颁布的纤维食品指导大纲指出，健康人每日常规饮食中应有 30～50 克（千重）纤维素。

膳食纤维的主要作用有：

（1）降低体内胆固醇和甘油三酯，预防心脑血管疾病。

（2）减缓葡萄糖的吸收速度，防治糖尿病。

（3）刺激肠蠕动并保持水分，增大粪便体积，软化粪便，促进排便，防治便秘。

（4）促进毒素排泄，预防肠癌，具有养颜功效。

人体内缺乏膳食纤维，就会出现消化不良、口臭、脸上长痘、便秘等现象，有些人患上心脑血管疾病、癌症和糖尿病等，也与体内长期缺乏膳食纤维有很大关系。因此，高脂饮食者，本人或直系亲属有糖尿病者，以及膳食中缺乏粗粮、水果和蔬菜的人群，应当多注意膳食纤维的补充。

7. 碳水化合物

碳水化合物又称糖类，包括常见的葡萄糖、果糖、蔗糖、淀粉等，是由碳、氢、氧三种元素组成的一类化合物。它是由植物的叶绿素借光合作用，利用空气中的碳和氧以及土壤中的水分合成的。膳食中的碳水化合物主要由粮谷类、根茎类、薯类、豆类供给。

碳水化合物的主要作用有：

（1）供给热能。碳水化合物在人体细胞内通过生物氧化放出能量。1克碳水化合物在体内完全氧化，可放出4千卡热量，同时产生二氧化碳和水。

（2）构成人体组织。人体内的多种有机物质均由糖蛋白、核糖和糖脂等构成。

（3）保肝解毒功能。人体主要的糖原储存于肝脏，当肝糖原储备较充足时，肝脏对一些化学毒物，如对四氯化碳、乙醇、砷等有较强的解毒作用。

（4）增强胃肠道功能。果胶、抗性淀粉等抗消化碳水化合物，可刺激肠道蠕动，增加结肠发酵童，有助于正常消化和排便。

（二）营养的重要意义

营养是保证大学生正常生长发育的重要因素。大学生健康的保障、生活质量的提高、正常的生长发育等，都与营养密不可分。同时，合理的营养是增进健康、防止疾病、增强运动抵抗力的有效手段之一。此外，良好的营养也是球类运动中大学生运动机能水平提高的重要因素之一。

随着体育科学的发展，球类运动更加受到大学生的关注和喜爱，这就要求大学生对营养的认识不能单纯地认为是用来维护人的身体健康的，而是进一步研究如何根据参与不同球类运动项目，根据其体内代谢的特点，科学地利用营养素来促进提高运动能力，达到强身健体的目的。

二、大学生球类运动的营养消耗与补充

（一）球类运动的营养特点

我国的球类运动开展得比较普遍，在高校中比较受大学生欢迎的球类运动项目有篮球、排球、足球、羽毛球、乒乓球、网球等。这些运动对身体各种素质要求较全面，力量、速度、耐力和灵敏性等素质要求均较高，除快速跑动外，注意力必须高度集中，反应要敏捷。球类运动能培养灵敏速度、力量、爆发力、耐力等素质和迅速判断周围情况的能力。各项球类运动有许多基本动作，根据不同情况灵活运用。通过参加球类运动，可使视觉、听觉、本体感觉、平衡感觉等得到提高。球类运动是一项无氧代谢与有氧代谢混合供能的运动，不同运动项目无氧运动和有氧运动所占比重不同，因此，食物中的糖、蛋白质、磷、维生素B和维生素C等营养素供给均应充分。足球运动员热能消耗量较篮球、排球高，一场足球赛所跑动的总长度可达10～15千米，因此，食物的发热量应当充足。球类运动的比赛间歇中一般不必进食，口渴时可服用少量含水果酸及维生素C的饮料。如有饥饿感，可在饮料中加些葡萄糖。

（二）球类运动的营养消耗

1. 球类运动的基础营养消耗

新陈代谢是人体生命活动的基本特征，新陈代谢包括物质代谢和能量代谢。正常生命活动要消耗能量，能量的消耗和补充称为能量代谢。影响能量代谢的因素，首先是基础代谢，其次是肌肉活动，另外还有精神活动、食物的特殊动力作用和环境温度等因素。

维持人体生命活动的代谢是基础代谢，基础代谢是人体在清醒而又极端安静的状态下，不受肌肉活动、环境温度、食物及精神紧张等因素影响时的能量代谢。单位时间内的基础代谢叫基础代谢率。正常情况下，人的基础代谢率变化不大，一旦有较大的变化，可能是某些疾病（糖尿病、红细胞增多症、白血病、肾病综合及伴有呼吸困难的心脏病等）或者环境变化造成的。不同年龄正常基础代谢率的平均值见表7-2所示。

表7-2 不同年龄正常基础代谢率平均数

千焦／（平方米／小时）

性别	年龄						
	11～15岁	16～17岁	18～19岁	20～30岁	31～40岁	41～50岁	>50岁
男	195.5	193.4	166.2	157.8	158.7	154.1	149.1
女	172.5	181.7	154.1	146.4	142.4	142.4	138.6

2. 球类运动的营养消耗

球类运动中的能量消耗主要取决于运动类型、运动强度、运动持续时间以及个人的体重，因此，不同球类运动有着不同的能量消耗，如表7-3所示。

表7-3 不同球类运动的能量消耗

千卡／（分／千克）

项目	能量消耗	项目	能量消耗
羽毛球	0.097	曲棍球	0.134
棒球	0.068	高尔夫	0.086
篮球	0.139	手球	0.139
台球	0.040	冰球	0.209
板球	0.059	足球	0.130
墙球	0.212	乒乓球	0.068
网球	0.110	排球	0.051

与此同时，任何球类运动都伴随着肌肉活动，因此，肌肉活动对能量代谢影响最为显著。肌肉活动的强度也就是运动或劳动强度。不同活动或运动所消耗的能量也不同，如表7-4所示。

表7-4 不同活动能量消耗表

活动类型	消耗能量（卡/时）	具体活动
平常性活动	80～100	阅读、书写、用餐、看电影电视、缝纫、玩扑克牌、打字和其他坐着无须动手或很少动手的办公室工作
轻度体力活动	110～160	烹饪、洗餐具、使用吸尘器、手洗小件衣物、熨衣服、散步、需站着做的工作、快速打字，坐着但操作强度较大的工作
中度体力活动	170～240	铺床、擦地板、大扫除、打蜡、使用洗衣机、轻松的园艺工作，中等速度步行、一些站着用手臂的中等活动、坐着但手臂需做较剧烈活动的工作
重度体力活动	250～350	繁重的洗刷、手洗大件衣服、挂晒衣服、换床单、快速步行、玩保龄球、玩高尔夫球、园艺工作、其他繁重工作
剧烈活动	360～450	游泳、打网球、跑步、骑脚踏车、跳舞、溜冰、踢足球

（三）球类运动的营养补充

1. 球类运动的营养补充原则

营养和运动锻炼是维持与促进健康的两大要素。营养是构成机体组织、保障生长发育、调节生理机能的物质基础；而球类运动是增强体质、促进生长发育、改善生理机能的有效手段，两者同样重要，不可偏废，只注意营养，缺乏运动，不利于人体机能向健康的方向改善，可能造成肌肉松弛、肥胖无力、机能减弱等现象；只进行球类运动而不注重营养，体内物质消耗得不到应有的补偿，也会使机能减弱、妨碍发育，还可能引发营养缺乏症，影响到身体健康。合理的营养，不仅能保持体内能量的平衡，还有助于运动能力的提高，消除疲劳、恢复体力，提高锻炼效果。

食物进入人体后，在各种消化酶的作用下消化分解，再合成蛋白质、脂肪和碳水化合物等能量物质。能量物质在运动过程中进行氧化或无氧酵解，释放出人体可直接利用的能量。正常大学生每天消耗的能量，男生约3000千卡，女生约2800千卡。经常参加球类运动的大学生，每天则消耗3000～6000千卡热量，因此，补充营养显得尤为重要。参加球类运动，可增加能量消耗，所以，必须靠全面合理的营养补充作保证，才能在学习和生活中保持充沛的精力，同时还能增强体质和健康。

球类运动营养补充的原则是：

（1）注意补充人体运动需要量高的营养素，如碳水化合物、蛋白质、维生素、矿物质（铁、钙、镁）等。

（2）碳水化合物、蛋白质、脂肪三者较为适宜的比例为4:1:1，根据运动项目不同，这个比例可做适当调整，如力量型球类运动，蛋白质摄入量可适当增加，而以耐力锻炼为主的人，摄入糖的比例要增加。

（3）长时间运动，注意水和能量物质的补充。

（4）运动后应及时补充帮助恢复的营养品。

（5）注意补充可提高抗过氧化物和增强免疫力的营养品。

（6）合理安排好饮水和进食时间。

2. 球类运动的营养补充内容

一些小包装的轻食，如高纤维饼干、葡萄干、麦片等，有些大学生误认为运动后代谢加快，就可以大吃大喝。事实上，通过球类运动想达到增强体质和发展技能水平，更应该选择正确的饮食。因球类运动后的几小时内，身体正忙着移除肌肉中未用完的肌糖原。此刻你不妨吃些富含糖类的食物，如谷类、新鲜水果、淀粉类、蔬菜等。尤其是晚餐，更要克制自己少吃一点，因为在晚上人的新陈代谢率较低，为避免囤积多余的热量，必须控制自己的食量。

运动后的恢复不应该是顺其自然的，而应是主动积极地补充运动时所消耗的能量和营养，为以后的学习和水平的提高做好充分的准备。所以，进行球类运动后的营养补充主要应着重以下几方面。

（1）水分的补充：水在球类运动中的作用十分重要，人体通过排汗将许多废弃物排出体外，大学生在球类运动时会大量排汗，通常4小时长跑出汗量可达4.5升之多，大量出汗会使体液减少，体液减少会产生不同程度的脱水，轻度脱水时心率和体温明显升高，增加了血液黏稠度，血液流速降低，导致运动能力下降；重度脱水可能引起热痉挛、中暑、昏迷等。因此，及时补充水，保持水代谢平衡是大学生应当重视的问题。在饮水时应注意几个主要方面，首先，饮水要及时、少量、多次为宜，最好是间隔 15～20min 喝 200～300 毫升饮料。其次，开始运动前 10～15min 要适量饮水。再次，水温在 8℃～14℃ 为宜。最后，饮料最好是接近血浆渗透压的淡盐水或运动饮料。

如损失体重的 3% 的水分，就会显著地影响运动的表现，即使在运动中已经补充了水分，通常都少于流失的水量。因此在球类运动后，绝大部分的人都处于不同程度的缺水状态，需要积极地补充水分。

有两种方法可以了解自身水分缺失多少，第一种是计算运动前和运动后的体重差别，以此作为估计水分流失的参考依据，然后依照这一数据，每减少 1 千克的体重，就至少需要补充 1 升的水，甚至更多。因为大学生在球类运动后，仍然会持续流汗和排尿。若是不方便测量体重，也可以根据口渴的感觉来补充水分。但是人的口渴感觉并不灵敏，即使身体已经处于缺水状态，仍然不会觉得口渴，或是虽然喝了水．却不足以完全补充流失的水分，但是已经足以缓解口渴。所以，在长时间的、出汗较多的球类运动当中，千万不要等到口渴或有机会时才想到摄取水分，应有计划地补充水分。即使已经不觉得口渴了，至少还需要再喝 2～3 杯的水，才能补充足够的水分。第二是自身的排尿情形。如果在运动后 1～2 小时内，排尿量很少或是完全没有，而尿液的颜色很深，就表示身体正处于缺水的状态，需要赶快补充水分，直到排尿量恢复正常，且尿液颜色变成很淡或是无色，才表示身体已经有了足够的水分。

（2）电解质的补充：汗液中主要的电解质是钠和氯离子，还有少量的钾和钙。除了长时间的球类运动，或是在酷热的天气下连续剧烈运动数小时。大部分运动只会流失体内非常小部分的电解质，而体内的储存会自动释放到血液中，以维持电解质的恒定。因此在一般的球类运动后，不需要特别补充电解质。对于例外情形，可以在运动后，以稀释的盐水或是含高钠的运动饮料来补充水分和电解质。但一些含有酒精或咖啡因的饮料，因会增加人体的排尿，不仅会降低人体内的水分，减少肝糖原的合成，而且还会影响受伤组织的复原，对运动后的恢复有非常大的副作用，所以并不是理想的水分补充饮料。

然而，一些经常参加球类运动的大学生，汗液中的电解质含量也会变得较少，或是常在酷热天气下进行球类运动的人，即使他们的流汗量和平常人一样多，其流失的电解质也要比平常人少。

（3）糖原的补充：糖原是运动时的主要能量来源之一，存在于肌肉和肝脏中。肌肉中的糖原，只能供肌肉细胞所用，而肝脏中的糖原则可以葡萄糖的形式释放到血液中，供肌肉及身体其他器官所需。因此，体内肝糖原的存量不足以应付运动时的所需，是造成人体疲劳、运动表现降低、无法持续运动的原因之一。若运动后体内肝糖原的存量显著降低，而又没有得到及时的补充，那么人体在下次运动时的表现，就会因肝糖原不足而受到影响。

据研究显示，在运动后的 2 小时内，身体合成肝糖原的效率最高，而 2 小时后，则会恢复到平时的水准。因此运动后，应迅速地补充运动中体内消耗的肝糖原。具体方法有以下几种。

①在较激烈的如足球、篮球等球类运动的 30min 内，摄取含高碳水化合物的餐点。

②视需求情况，在长时间球类运动中提供适当的食物和饮料。

③依照自己的体重，每 2 小时供给 10~100 克的碳水化合物（每千克体重约需 1 克的碳水化合物），直到恢复正常的饮食。

④在恢复期进行运动时，对碳水化合物的需求将会增加。因此，每千克体重每天需摄取 8~10 克的碳水化合物，以维持肌肉最佳的肌糖原储存量。

⑤肌肉受伤会影响体内肌糖原的储存量，因此，可于恢复期最初的 24 小时内，增加碳水化合物的摄取量。

⑥含碳水化合物的饮料、运动营养补充品以及单糖类食物，可以为球类运动提供一个实际及综合的碳水化合物来源。

⑦少量多餐可以帮助运动者在减少肠胃不适的情况下获得较高的碳水化合物，而当需要考虑摄取的总热量及胃肠舒适度时，必须限制高脂肪饮食和过量蛋白质食物的摄取。

⑧含营养密度高的碳水化合物食物及饮料，因其可以提供其他的营养素，因此，这类食品对于球类运动后的恢复过程是很重要的。

（4）强壮食品的补充：强壮食品是指既能强身又能提高运动效率的食品。它与兴奋剂不同。兴奋剂大多属于激素一类的药物，人体在注射或服用后，虽能在运动时发挥最高的运动效率，但对身体极端有害。因此，国际奥委会明令禁止使用兴奋剂。而强壮食品是一些用来补充运动时体内消耗的营养物质，所以它对身体是有益无害的。强壮食品一般包括葡萄糖、维生素、麦芽油、天门冬氨酸盐、碱盐等，它们对提高运动的效率有一定的作用。

①麦芽油。在国外最流行的强壮食品是麦芽油，它是一种从小麦胚芽中提取出来的油类，其主要有效成分是 28 碳醇。此外，还有少量的亚油酸、胆碱、维生素 E 及植物固醇等。人若长期服用麦芽油，能明显提高运动效果，增强机体的活动能力。国外学者认为，麦芽油还能增强人的条件反射能力，使人的反应更灵敏。

②碱盐。大学生在进行剧烈的球类运动时，体内会产生大量的乳酸，使大学生的血液和肌肉呈酸性。而乳酸堆积过多，人就容易疲劳。若这时服用一定量的碱盐如碳酸氢钠，则能起到中和作用，使血液和肌肉的酸碱度得到改善和趋于正常。有关学者提出，球类运动时，大学生如果处于过于紧张的状态下，水果和蔬菜的摄取量应达到总热量的 10%~20%。因为这些食品是碱性的，可对剧烈运动时增加的酸度起中和作用，从而有助于疲劳

的消除。

③天门冬氨酸盐。瑞典一些运动生理学者，曾让运动员在马拉松赛跑时服用天门冬氨酸盐，结果发现在运动时，它不仅能消除运动员的疲劳，且能增强运动员的意志。因此他们建议，天门冬氨酸盐可作为在运动中防止与治疗疲劳的强壮食品。

④中药。我国的中药，如人参、银耳、田七、灵芝、麦冬、五味子、刺五加等一些扶正培本、补气活血的药物，均具有改善神经系统功能、减轻疲劳、提高锻炼和比赛的功效，但对于其机理，还需做进一步的研究。

（5）不宜补充食物：许多大学生在进行球类运动后，常会有肌肉发胀、关节酸痛、精神疲乏感。为了尽快解除疲劳，他们就会买些鸡、鱼、肉、蛋等大吃一顿，以为这样可补充营养，满足身体的需要。其实，球类运动后不宜吃这些食物，因为此时食用这些食品不但不利于解除疲劳，反而对身体有不良影响。

①由于人类的食物可分为酸性食物和碱性食物，而判断食物的酸碱性，并非根据人们的味觉和食物溶于水中的化学性，而是根据食物进入人体后所生成的最终代谢物的酸碱性而定的。通常含有钾、钠、钙、镁等金属元素，在体内代谢后生成碱性物质。能阻止血液向酸性方面转化的食物为碱性食物，如蔬菜、海带、西瓜等。所以，酸味的水果一般都为碱性食物而非酸性食物。而鸡、鱼、肉、蛋、糖等食品，味虽不酸，但却是酸性食物。

②因为正常人的体液是呈弱碱性的，大学生在进行球类运动项目后，之所以会感到肌肉、关节酸胀和精神疲乏，其主要原因是由于运动时，人体内的糖、脂肪、蛋白质被大量分解，而在分解过程中，会不断地产生乳酸、磷酸等酸性物质，刺激人体组织器官，致使人感到肌肉、关节酸胀和精神疲乏。如果此时单纯食用富含酸性物质的肉、蛋、鱼等食品，反而会使体液更加酸性化，不利于疲劳的解除。但若食用蔬菜、甘薯、柑橘、苹果之类的水果，由于它们的碱性作用，可以消除体内过剩的酸，降低尿的酸度，增加尿酸的溶解度，从而减少酸在膀胱中形成结石的可能性。

所以，大学生在进行球类运动后，应多吃一些碱性的食物，如水果、蔬菜、豆制品等，以利于保持人体内酸碱度的基本平衡，保持人体健康，尽快消除球类运动带来的疲劳。

三、大学生球类运动的科学饮食

（一）科学饮食的概念

对大学生来说，科学饮食是保证身体正常发育、增进健康、防治疾病和提高运动机能的重要外因之一。权威的营养学家曾经指出：科学饮食可使人的寿命延长20年。科学饮食对参加球类运动的大学生来说具有提高运动能力、增强身体体质和消除运动性疲劳的积极作用。

科学饮食，指饮食中根据科学依据和大量的实验证明，对所含营养素数量充足、种类齐全、比例适当，并且与机体的需要保持平衡。平衡的饮食不仅表现为由多种食物构成，能提供足够的热能和各种营养素，满足人体正常生理的需要，而且还表现为保持各种营养素之间数量的平衡，以利于消化和吸收。

（二）科学饮食的原则

1. 科学饮食的调配

合理的膳食调配就是供给比例合适的各种营养素，使其相互配合而增加其营养价值。在调配过程中应注意以下几个方面。

（1）平衡饮食：按照热量和营养素标准，选择食物的种类和数量，组成平衡饮食。其中食物可以简单地分为四大类：

①粮食类，供给人体淀粉、蛋白质、无机盐、B 族维生素和纤维素。

②肉、鱼、蛋及大豆类，供给人体优质的蛋白质、脂肪、部分无机盐和维生素。

③水果和蔬菜类，供给人体维生素、无机盐及膳食纤维素。

④奶或奶制品类，供给人体优质的蛋白质、脂肪、维生素 A、维生素 B 和钙等。

（2）饮食全面化：科学的饮食要注意食物的色、香、味以及多样化，只有这样才能增加就餐者的食欲，有利于消化和吸收。

（3）季节饮食：各类食物应该根据气候、季节和环境的变化进行调配。夏季应选用清淡爽口、具有酸味和辣味的食物；冬季应以口味浓重的食物为宜，适当多些油脂。

（4）适应用餐人的习惯：选择用餐人喜爱的食物品种，按其最习惯的方法烹调，以利于食物的消化、吸收和利用。同时，用餐人也要克服暴饮、暴食和偏食等不良习惯。

2. 科学饮食的制度

科学饮食制度是指把全天的食物定质、定量、定时地分配给人们食用的一种制度，包括严格的饮食时间、饮食质量和饮食分配。

一天中的不同时间段，人体所需热量和各种营养素的量不尽相同。科学的饮食制度有助于机体建立条件反射，对于有规律的用餐时间，大学生就会产生食欲，并预先分泌适合各餐饮食的消化液，以利于对食物的充分消化、吸收和利用。科学的饮食制度，应该注意以下几点。

（1）注意胃、肠道的消化能力：大学生在进行剧烈的球类运动后，消化能力减弱。因为运动时，体内血液集中于运动器官，消化器官相对缺血，此时进食不利于消化，应停止运动 30min 后再进食。进食后应休息 1.5～2.5 小时才能剧烈运动。因为进食后，胃、肠道被食物充盈，不利于球类运动；加之球类运动也会影响消化功能的正常。

（2）合理的用餐时间：若两餐间的间隔时间太长，则会引起强烈的饥饿感和血糖浓度的下降，明显影响学习和工作效率；若两餐间的间隔时间太短，就会使人食欲降低。混合性食物在胃中排空的时间为 4～5 小时，故两餐间的间隔时间至少也应为 4～5 小时。每日最好能用四餐，同时注意用膳时间应和生活规律、工作制度相配合。

（3）用餐分配合理：一般早餐提供的热量占全天总热量的 25%～30%、午餐占 40%、晚餐占 30%～35% 是比较合理的。对参加球类运动的大学生，一日三餐食物的分配原则如下。

①运动前的一餐，食物不宜过多，但要提供一定的热量，要易消化，含有较多的糖、维生素和磷，少含脂肪和纤维素。

②运动后的一餐，量可以大些。

③晚餐不宜过多，且不宜吃含脂肪和蛋白质过多以及刺激性较强的食物，以免影响睡

眠；早餐应含丰富的蛋白质和维生素。

（三）科学饮食的内容

各国的营养和健康专家经过多年的研究发现，目前欧美、日本等国家居民的饮食结构存在着比较大的问题，主要问题是动物性脂肪摄入过多，而以谷物、稻米为主体的碳水化合物及高纤维天然食物的摄入量偏低，导致了这些国家大学生中患有高血压、高血糖、高血脂的人数明显增加。为此，专家对健康饮食提出了如下的建议。

1. 鱼、红肉的食用

鱼肉是优质蛋白质，鱼肉中的脂肪比较低（脂肪含量为5%），且多含有不饱和脂肪酸，在一定程度上可以降低动脉粥样硬化，而牛、羊、猪肉中的脂肪含量要远大于鱼肉，分别是6.8%、13.6%和28.8%（这还是瘦肉中的数据），且多为饱和脂肪酸，容易形成动脉粥样硬化。所以专家建议要控制红肉的摄入，若要吃肉也要首选禽肉和鱼肉。

2. 盐、糖的食用

盐是人体必需的矿物质，钠离子在人体电解质参与生化反应过程中有重要作用，但是过量摄入食盐可以引起高血压、冠心病，而且与胃溃疡、胃癌的发病也有一些关系。糖品对人体健康来说，除了能为机体增加一些机体并不缺乏的热量之外，再没有什么益处了。

3. 脂肪、粮食的食用

据一项大规模调查研究结果表明，大学生肥胖的原因不仅在于饮食数量，还有饮食的品种、结构和质量。研究中发现国内大学生摄取热量比美国大学生少20%，美国大学生肥胖人数比中国大学生肥胖人数多25%。中国大学生摄取的脂肪人数是美国大学生的1/3，而纤维素是美国大学生人数的3倍。

谷类食物是中国等东方民族人民的饮食主体。随着经济的发展、生活水平的提高，人们倾向食用更多动物性食物，有些大学生的动物性食物消费量已经超过谷类消费量，这种"西方化"饮食提供的能量和脂肪过高，而谷物、稻米等传统农业生产的粮食（碳水化合物）的摄入量偏低的饮食方式，对预防一些慢性病十分不利。

4. 水果、蔬菜的食用

蔬菜、水果和薯类食品（白薯、红薯及马铃薯）等含有多种维生素、矿物质和植物纤维，对保护心血管健康，增强抗病能力，减少发生干眼病和预防癌症，起着十分重要的作用。蔬菜水果的品种很多是维生素、无机盐和膳食纤维的主要来源，也是科学饮食的主要副食品。水果还能提供一些果胶和有机酸，利于食物消化。同时，因粮谷类和动物类食物都是酸性食物，应该补充足够的蔬菜水果类碱性食物才能保持饮食的酸碱平衡，防止发生饮食性酸中毒。蔬菜和水果在膳食中应占饮食总量的30%～40%，大学生每天应摄入500克左右的蔬菜和200克左右的水果。且品种要多样化，有色蔬菜和叶菜类应占50%左右。

5. 奶品、豆类的食用

奶品除含有丰富的蛋白质和维生素外，含钙量大，且体内吸收率也较高，是天然钙质和蛋白质的最佳来源。

总之，为指导大学生合理营养，营养专家提出了食物指南，主要是每日饮食中应当包含"粮、豆类""蔬菜、水果""奶和奶制品""禽、肉、鱼、蛋"四类食物

（1）粮豆类食物：它是科学饮食的基础，应占饮食中的最大比重。大学生每日粮豆类食物摄取量为 400～500 克，粮食与豆类之比为 10∶1。

（2）蔬菜和水果：蔬菜和水果在每日饮食的四类食物中占据着相当重要的地位。每日蔬菜和水果摄入量为 300～400 克，蔬菜与水果之比为 8∶1。

（3）奶和奶制品：每天食用这类食品，可以帮助提高蛋白质的摄入量，补充部分钙，以及摄取 B 族维生素，每日摄取量为 200～300 克。

（4）动物性食品：主要提供蛋白质、脂肪、B 族维生素和无机盐。禽、肉、鱼、蛋等动物性食品每日摄入量为 100～200 克，其中在饮食过程中要放入少量的盐和糖类。谷类、蔬菜和水果等碳水化合物食物应提供人体所需能量（热量）的 65%，奶制品、动物性食品在食物中的脂肪应提供人体所需能量（热量）的 25%，其中蛋白质应提供人体所需的剩余能量，约占人体总能量的 10%。

（四）科学饮食习惯

1. 合理安排早餐

很多大学生有不吃早餐就运动的习惯，这样运动时可能会感觉很累。这主要是因为经过一个晚上，人体内糖类的供应量不足所致。所以早上进行球类运动应适当补充一些能量，比如吃一些苹果、全麦谷片等低升糖指数的食物。补充糖类的最佳时间应是在进行球类运动前 10～30min，但在运动前和运动期间要避免吃太多的脂类食物。

2. 球类运动前的饮食

球类运动前应以高糖类、低脂肪的食物为主，如面包、饭、面和水果等。因这些食物容易消化，又能提供糖原。如运动超过 1 小时，应以单、双糖食物，如水果、奶、米饭为主，这些食物易被消化并及时供能。高纤维的食物也含糖类（如全麦面包），但这些食物消化时间长，球类运动时易造成肚子不适。

3. 食品种类多样化

球类运动大多属于智力性运动，此时大脑正处于交感神经兴奋的应激状态，消化机能较弱。所以，在面对食品种类多样化的同时，要克服挑食、偏食的习惯，做到每样都要吃，这样才能摄入较为全面的营养。在球类运动前，最好吃一些易消化的食品，会有利于运动能力的提高，较快消除疲劳。由此可见，不同种类食物在体内的消化时间，对于大学生的运动能力有着重要的影响。食物中脂肪的消化时间最慢，糖最快。

4. 正确的饮食时间

球类运动前的饮食时间，应根据球类运动的时间和不同食物的消化时间来决定。但基本原则是：球类运动前所进的食物能在比赛过程中供给运动所需的充足的营养和能量，而又不会在运动过程中造成大学生的肠胃不适。高热量或高脂肪的食物，往往需要较长的时间才能被消化。

一般而言，正常的一餐食物需 3～4 小时的消化时间，才不至于使大学生在运动中感

到肠胃不适，而食量较少的一餐需 2 ~ 3 小时的消化时间。少量的点心只需 1 小时就能被消化。但这些情形依照个人在球类运动时对胃中食物的感觉不同而会有差异。因此，如果你做的是身体上下震动较大的运动，如篮球、排球等，会对胃中的食物很敏感，过量的食物会令你感到饱胀不适，那么就需要在运动前更早进食，让食物有更长的时间被消化，或者减少对食物的摄取，以减轻这些症状。

所以，球类运动前的饮食和进食时间应因人而异。每个人都需要在运动时进行体验，找到最合适、最有效的食物和进食时间。但最好不要在比赛时尝试在日常训练中没有试食过的食物，以免造成不必要的负面影响。

5. 球类运动的健康配方

（1）晨间球类运动：如果起床后，食欲不佳或没有立刻吃早餐的习惯，那么空腹运动也无妨。若有点饿又不太饿，可以喝些饮品，如牛奶、果汁、豆浆等，既可以补充水分，又可使人产生饱腹感。如果你还想再多吃一点，则可以加一片高纤维饼干或吐司。而如果运动前已吃过轻食（以碳水化合物为主的食物），那么运动后的早餐分量不妨少一些。因为"不过饱"是运动饮食的原则，所以如果你正在减肥，更要注意运动前后热量的控制，以免摄取多余的热量。

（2）午间球类运动：经过一早上的辛勤工作后，为避免运动时"饿得头晕眼花"，不妨在接近中午时吃些轻食补充体能，以维持血糖的浓度。如果不是太饿，暂时不吃也无妨，可在运动后再吃午餐，但要记住运动前后需补充水分。一般来说，球类运动前吃含碳水化合物的轻食，能使运动时精力充沛，运动得更有劲。结束有氧运动后，不妨吃点含碳水化合物的食物，这是帮助肌肉燃烧脂肪的动力来源，如谷类、豆类等，都可以维持肌肉中的肌糖原。如果做的是肌力一类的球类运动，则应多吃含蛋白质的食物，它们能帮助肌肉组织生长。

（3）晚间球类运动：可在下午 4 ~ 5 点时吃些点心，以维持血糖的浓度，储备运动精力。为此，可以先准备一些小包装的轻食，如高纤维饼干、葡萄干、麦片等，但别以为运动后代谢加快，就可以大吃大喝。事实上，通过球类运动想达到强壮的体魄和较高的运动技能，就更应正确地吃。因运动后的几小时内，身体正忙着移除肌肉中未用完的肌糖原，此刻你不妨吃些富含糖类的食物，如谷类、新鲜水果、淀粉类、蔬菜等。尤其是晚餐，更要克制自己少吃一点，因为在晚上人的新陈代谢率较低，为避免积攒多余的热量，必须控制自己的食量。

四、女大学生球类运动的卫生保健

（一）女大学生的生理特征

步入大学后女子在心脏、呼吸、骨骼和肌肉等方面的发育和功能与男子的区别越来越显著。从时间上看，女子的快速生长期比男子早两年，因而多项形态指标与男子有明显差异。

1. 体形

（1）女大学生在体形上有明显变化。逐渐形成肩部较窄、骨盆较宽、躯干相对较长、下肢较短、上臂较细而大腿较粗、皮下脂肪较多的体型特点。这种体型的身体重心低，有利于维持平衡，对完成下肢支撑的平衡动作有利，但不利于跳跃和速度的发挥。

（2）女大学生的骨骼较细，抗压抗弯能力仅为男子的2/3。肌纤维较细，肌肉力量较弱，易产生疲劳，且消除疲劳的时间较长；关节囊和韧带的弹性较好，椎间盘较厚。所以，四肢、脊柱活动范围较大，柔韧性好。但肩带肌、前臂肌力量弱，做悬垂、支撑和摆动动作较吃力。

2. 内脏器官

在内脏器官的大小、形态和生理机能方面，女大学生有以下几个特点。

（1）心脏血管系统：女大学生的心脏重量较男子轻10%～15%，心脏容量较男子小150～200毫升，心脏体积较男子小18%，血液量占体重的7%，而男子则占8%。安静时女大学生心脏收缩较快，我国男子平均脉搏频率为75.2次/min，女子为77.5次/min。女大学生血压较男子低，收缩压平均低10.5毫米汞柱，舒张压低5.1毫米汞柱。心脏每搏输出量和每分输出量也较男子少。肌肉工作时，女大学生主要靠心脏收缩次数的增加来增大心脏的每分输出量。肌肉活动时，女大学生血压的增高，也不如男子明显，而且恢复期较长。女大学生红细胞数量及红蛋白含量均低于男子。

（2）呼吸系统：女大学生胸廓较小，呼吸肌力量较弱，胸围及呼吸差亦较小，且多为胸式呼吸。安静时，女大学生呼吸频率较快，每分钟较男子快4～6次。肺活量为男子的70%。女子最大吸氧量较男子小500～1000毫升。肌肉活动时，肺通气量也较男子小。

（3）生殖器官：女大学生子宫位于骨盆正中，呈前倾位，其正常位置的维持，依靠子宫韧带及腹壁、盆底肌肉的张力。

（4）运动器官：女大学生的肌肉不如男子发达，其重量约为身体总重量的25%～35%，而男子则为35%～45%。系统地从事球类运动有利于女大学生肌肉体积的增大。女子肌肉力量较差，进度与速度耐力也较差，均为男子的80%。肌肉中红、白肌纤维的比例，男、女大致相同。女子关节韧带的弹性较好，椎间盘较厚，四肢、脊柱活动范围较大，故柔韧性较好。

（二）女大学生球类运动卫生保健的内容

1. 女大学生球类运动的一般卫生保健

大学期间，女生体格发育、内脏器官功能水平及身体素质方面逐渐落后于男子，并出现明显差别。因此，在球类运动的要求上，男、女性应有一定的区别。如在球类运动中应男、女分开运动，其中运动项目与要求，男女生区别对待；对女生球类运动标准、运动成绩的要求应低于男生等。在球类运动项目的选择上，按国家规定的女子运动项目开展球类运动。同时，也可根据本地区、本民族的优秀传统球类项目选择适宜于女子锻炼的运动项目。如乒乓球、台球、羽毛球等球类运动项目，适宜于女生的球类运动。另外，女大学生选择球类运动项目及从事运动锻炼时必须注意以下几点。

①不宜过多地做从高处跳下的练习。尤其地面太硬时，对身体产生过分震动，易影响骨盆的正常发育和盆腔内器官的正常位置。

②在运动负荷上，应注意女生相对于男生小一些，以适合女生的心血管、呼吸系统功能的承受力。

③注意有目的、有步骤地加强肩带肌、腹肌、腰背肌、盆底肌等肌肉的锻炼。选择乒

乒球、羽毛球、台球等；有条件者，可进行网球、高尔夫等球类运动项目。

④由于女大学生体脂相对男生来说较多些，且肌体氧的利用率和调节体温能力高于男子，对热应激的适应能力较好且脱水较少。在单位时间内，能量消耗较少，故在较长时间或距离的项目中，女生具有一定的优越性。

2. 女大学生月经期与球类运动

女大学生在性成熟后，在卵巢激素周期性分泌的影响下，子宫内膜发生一次脱落、出血、修复和增生的周期性变化，称为月经周期，也称女性生殖周期。子宫内膜脱落、发生阴道流血现象，称为月经。每次月经持续的时间称为月经期，一般持续 2～7 天。每次月经的出血量约为 20～100 毫升。出血的第 1 日为月经周期的开始，两次月经第 1 日的间隔时间为一个月经周期，约 28 天左右，提前或延后 7 天左右，亦属正常。

（1）月经周期的划分：根据子宫内膜在一个周期中的变化特点，可以分为月经后期（也称卵泡期、增生期）、月经前期（也称黄体期、分泌期）以及月经期三个时相。月经周期的长短及其生理特点有较大的个体差异，但其生理过程机制是一致的。

（2）运动能力与月经期：女子月经周期对运动能力的影响早已引起注意，不少学者做了这方面的研究，但存在不同的研究报告。由于检测时间上的差异，或确定月经时相不够精确；也可能是使用不同的生理测试方法或受试者的训练水平有差异等原因，使得准确解释测定结果十分困难。但总体看来，目前的研究多倾向于月经周期中女子的运动能力发生相应的变化。大多数研究报道女子机体所能达到的最大工作负荷在黄体期达到最大，工作时间亦最长；其次为卵泡期、排卵期，而在月经期的前几天和月经期中运动能力最差。

3. 女大学生月经期球类运动的卫生保健

在月经正常的情况下，人体一般不出现明显的异常变化。因此，月经正常的女大学生在月经期间，可以参加适当的球类运动。如运动量不大的羽毛球、乒乓球、台球等活动。通过这些活动不仅可以改善盆腔的血液循环，减轻盆腔的充血现象，而且使腹肌与盆底肌有节律地收缩与舒张活动，对内生殖器官起到轻柔的按摩作用，从而有利于经血的排出。此外，球类运动还可以调节大脑皮质的兴奋和抑制过程，改善机体的神经——体液调节，从而减轻全身的不适反应，有利于身心的健康。

从生理状况来看，女大学生在月经期间，其身体的反应能力、适应能力、肌肉力量及神经调节的准确性、灵敏性等均有一定程度的下降。此时在球类运动方面应注意有关卫生要求。

①运动负荷应较平时小些，运动时间不宜过长。尤其对于月经初潮的女子，运动负荷的大小更应慎重，不宜过大。要循序渐进使她们逐步养成经期参加球类运动的习惯。

②避免做剧烈的、高强度的或震动大的跑跳动作如疾跑、跨跳、腾跃、起跳等。

③避免做使腹内压明显增高的屏气和静力性动作如收腹、倒立、俯卧撑、下后腰等，以免子宫受到过大的震动或腹内压过于增高而使子宫受压，造成经血量过多或引起子宫位置的改变。

④在月经期间，能否参加球类比赛的问题应持慎重态度，一般不宜参加剧烈球类运动或比赛。因为比赛时运动强度大，精神紧张度高，容易引起内分泌失调而导致月经紊乱、痛经或闭经。但对于长期参加球类运动的女大学生来说，平时在月经期有参加球类运动比赛经历的，可以考虑参加比赛。

此外，对于月经紊乱、痛经和患有内生殖器炎症的女子，月经期应暂停球类运动。

第二节　大学生球类运动的科学基础

一、大学生球类运动的生理学基础

（一）大学生的生理特点

青年是人生最宝贵、最有特色的黄金时期。人们把青年比作早晨八九点钟的太阳，说明这是一个阳光、活泼、充满激情的时期。世界各国对青年期的划分有所不同。我国通常把青年期划分为青年初期（14～18岁）、青年中期（17～22岁）、青年晚期（13～28岁）3个阶段。我国大学生年龄一般为20～24岁，相当于青年中期、晚期年龄阶段。此阶段生理特点主要有以下几个方面。

1. 身体发育

刚步入大学的学生的身高、体重、胸围等外部形态，逐渐转入缓慢发展阶段。根据相关调查研究，大学生已进入人体生长发育的稳定期，变化幅度甚微，但也有随年龄增长而略增长的现象（表7-5）。

表7-5　城、乡男女身体发育状况

	身高（厘米）	体重（千克）	胸围（厘米）
城男	173.3	60.1	86.7
城女	161	51.2	76.1
乡男	169.4	58.6	87.3
乡女	158	51.8	81.1

在此年龄段，由于性激素的作用，肌肉纤维变粗，向横径发展。肌肉中水分逐渐减少，蛋白质、脂肪、糖和无机物含量都明显增多，肌肉的横断面、肌肉重量和肌肉力量都明显增加，接近成年人水平。男女青年在外部形态上出现明显差异。男生喉结突出，声带加宽，发音低沉，肩部增宽，胸部呈前后扁平，须毛丛生，显得壮实。女生乳房突出，声带变长，嗓音尖细，臀部增大，肢体柔软而丰满。这些第二特征的出现，表明生理发育的逐渐成熟，为担负繁重的脑力和体力劳动，适应各种困难的环境变化，心理素质的健康发展奠定了物质基础。

2. 心肺功能

大学生的心脏，无论是在形态结构上，或是在功能作用上，均达到成年人水平，而且是一生中最健康的时候。心脏重量约为300～400克，心脏容积达到240～250毫升，心跳频率每分钟65～75次，血液占体重的7%～8%。对绝大多数男女生来说，心脏系统是可以承受激烈的、能量消耗大的各项球类运动的。有些人会出现高血压现象，那是由于心脏发育过早、过快，从而使血管发育处于相对落后状态，加以内分泌变化的影响所致，而且有起伏状态，舒张压则保持在正常范围，这种现象称为青春性高血压。据统计，青年期高血压的始发年龄为 11～12 岁，随年龄增长稍有增多，高峰年龄在 15～17 岁，大约有 3%～4% 的比例，其中男生高于女生，乡村高于城市。出现青春性高血压的人，如果过去一向有体育运动的习惯，且运动后无不良反应，可以依然正常从事健康体育运动和体力劳动，只要适应注意运动量和医务监督即可。随年龄增长和身体内环境的协调平衡，这种现象会自然消失。

大学生的心肺功能已经达到最健康的状态并接近了成年人。大学生肺的结构和机能迅速发育，呼吸频率逐渐减慢，呼吸深度相应增加。根据调查，大学生呼吸频率每分钟约16次左右，男女青年平均肺活量分别是 4124 毫升和 2871 毫升左右。

心肺功能的健康程度是人体血液循环和气体交换能否更好工作的保证。从生理发育角度看，大学生这些器官已达健全程度，可以进行旺盛的新陈代谢，以保证繁重的脑力运动和剧烈的球类运动中能量消耗的补充。

3. 神经系统

神经系统是人体发育最早、最快并且成熟最早的系统。六七岁时脑的重量已达成人的90%，20 岁时，脑重量只增加 10%，但脑细胞内部结构和机能的复杂化过程高度发展，达到非常完善的阶段。大学生正处在脑细胞发育的关键时期，经过合理的教学，特别是多参与球类活动，因为这类活动既能培养良好的团队合作精神，又能使大脑灵活地运用。在智商和情商方面给予最大的提高。此外，球类运动对皮层细胞活动的数量迅速增加，神经元联系扩大也有帮助，为思维发展创造了良好的物质条件。因此，大学时期智力、学习能力、逻辑思维能力强，是加快发展速度、提高分析综合能力的时期。

4. 生殖系统

人们从出生开始，生殖器官就已经完备，但不成熟，直到进入青春期，生殖器官在脑垂体分泌的促进腺激素的作用下迅速发育，并分泌性激素。性激素促进性器官发育成熟，促使第二特征出现，使男性身体壮实、女性体态丰满。大学生的生殖器官及其机能已达成熟程度，具备生殖能力。

（二）球类运动对生理的影响

1. 神经系统的影响

人体各器官、系统的活动，都是直接或间接地在神经系统的调节、控制下完成的。可以说神经系统在人体内起着主导的作用。神经系统的调节繁复错杂，如神经的兴奋与抑制、心脏的收缩与舒张、肺的吸气与呼气、人体的产热与散热等，而神经的兴奋与抑制是这些矛盾中的一对最主要的矛盾，它在人体各器官系统中占据着统帅地位。人体的一切活动，都是在神经系统调节、支配下进行的。反之，各种运动对神经系统也会产生相应的影响，使其身体机能发生一定的变化。球类运动往往要求身体完成一些比平时身体锻炼更为复杂的动作。所以，中枢神经系统就必须迅速地动员和发挥，使各个器官、系统的机能更好地工作，使之协调以适应肌肉活动的各种需要。

在球类运动中，对力量、速度、耐力、灵活性、柔韧性、协调性、平衡性等方面的素质要求很高，这些不同的运动方式都对中枢神经系统产生一定的影响。因为神经系统的基本活动方式是反射活动，反射就是人体在神经系统的参与下对内、外环境刺激的反应。通过反射的方式来调节各器官、系统的活动，使人体与外界环境相适应。实现任何一个反射活动，在中枢神经系统中一定有一些相应的神经中枢产生兴奋，表现为反射活动的出现和加强；另一些神经中枢产生抑制，即反射活动的减弱和停止。兴奋和抑制在神经系统中总是同时存在、紧密联系、相互影响，并在不断运动变化着。

以足球中的跑为例，臂和腿各关节的交替屈伸以及各种急停和变向，就是屈肌中枢和伸肌中枢发生兴奋和抑制过程的交替。运动使中枢神经系统的灵活性得到改善、运动中枢兴奋与抑制的转换速度提高、跑步的步频加快。

经常参加球类运动可以使肌肉丰满发达，由于肌肉内所含的肌红蛋白量增高，身体又能获得更大的能量储备。因此只有经常参加球类活动，增强体质，才能保证大脑的健康和提高大脑的工作效率。

事实证明，运动对中枢神经系统的影响大致表现在以下几方面：

（1）神经调节功能改善：参加激烈的球类运动，能产生强有力的兴奋过程，使这些中枢中的神经细胞发放一致的高频率的兴奋冲动，肌肉中的每一运动单位发生最大的紧张性变化和动员更多的运动单位进行活动。由于运动中枢功能的改善和神经冲动传递能力的提高、增强，使一些不活动的肌纤维也被动员起来。

（2）支配各肌群的神经中枢间的协调改善，神经系统的灵活性得到提高：支配各肌群的神经中枢能准确而及时地产生兴奋和抑制过程，在有节律的运动中，神经中枢的兴奋和抑制过程转速迅速。人体柔韧性得到提高，运动速度更快、动作更协调。

（3）提高大脑神经细胞对刺激的承受能力：在长时间的冲动作用下不易转入抑制状态，从而能长时间地保持兴奋、抑制有节律地转换能力，使肌肉劳动节律化，节省神经劳动。人体表现为耐力提高。

总之，健身运动使神经细胞的工作能力提高，中枢神经系统的调节功能改善，神经过程的灵活性、均衡性和分析综合能力高度发展，运动器官和内脏器官协调配合。能在内、外环境发生变化时，迅速地对情况做出判断，并据此发动、制止或修改动作和其他功能。这就是青年时期的反应速度、力量等各项素质都能达到最佳程度的原因。

因而大学生要注意加强健身锻炼，特别要有意识地参加一些意识和身体锻炼相结合的运动，如足球、篮球、排球等。因为意识和身体锻炼相结合的运动，都是在神经系统兴奋性提高的情况下完成的，它使大脑皮层形成一个特殊的兴奋网，而其他区域则处于抑制状态，使大脑得到充分的休息、修复，改善高级中枢神经功能。

2. 运动系统的影响

运动系统是人们工作、劳动和运动的器官，由骨骼、关节和骨骼肌所组成，是在中枢神经系统的控制下产生的，但运动又强化了神经系统，使神经系统的调节作用更为灵敏和精确。

骨骼是人体内部坚硬但又有一定弹性的器官，骨的里面有造血细胞和丰富的血管及神经，它具有修补骨骼的能力。骨质内的血管是经骨膜进入的，骨膜下面是一层结构很坚实的骨密质，骨密质愈厚，力量就愈强。在骨的内层和长骨两端是结构疏松的骨松质，骨松质的形态像海绵状，它是由骨小梁纵横交错，按照受力方向排列，以保持骨的坚固而不过重。

大部分球类运动对骨的刺激，引起骨的吸收和形成，改变了骨的内部结构和性能。不同的球类运动项目的运动负荷是通过不同的途径对骨骼产生影响的，其中骨骼的受力方向起着重要的作用。通过运动中肌肉收缩对骨骼的拉力、挤压力、剪切力等作用，可使骨密度增加。直径增粗，骨密质增厚，肌肉的附着处显著突起，骨小梁线系加强，骨的矿物质含量增加等变化，提高了骨的机械性能。如提高骨的抗拉伸、抗压缩、抗弯曲、抗剪切、抗扭转、抗复合载荷等性能。

球类运动能够促进血液循环，促进神经体液调节，利于血钙向骨内输送和破骨细胞向成骨细胞转变。适宜的运动可以促进肠道中钙的吸收并促进胃肠蠕动，促进消化功能，提高饮食营养物质的吸收率，尤其是钙的吸收率，从而促进了骨的钙化。

球类运动对肌肉的锻炼和影响也非常大，当肌肉经过较大负荷的运动之后，不仅毛细血管的口径增大，而且，也大量开放"备用"的毛细血管。这时每立方毫米肌肉开放的毛细血管可增至 2000～3000 条，比安静时增加 30 多倍。因此，血量大增，使肌肉血液供应良好，新陈代谢旺盛。另外，在运动过程中，机体内产生一系列的生化反应，肌肉中的水分减少，蛋白质以及肌糖原等物质增多，这就使肌肉能得到更多、更充分的营养物质的供应，从而使肌纤维变粗。肌肉体积增大，这样，肌肉就发达而有力量。健康的球类运动，还可以提高神经系统对肌肉的控制能力，同时，肌肉对神经刺激所产生的反应，也会更加迅速和准确，使身体的各部肌肉得以协调地配合。肌肉由于结构的变化、酶致机能提高，表现为肌肉收缩力量大、速度快、弹性好、耐力强、活性强，以及神经调节的改进。

骨骼肌是运动器官系统的动力部分，约有 95% 的肌肉都附着在骨骼上，另有少部分肌肉或肌肉的一部分附着在筋膜、韧带或关节囊上。人体的骨骼肌 600 多块，约占人体重量的 40%，是人们进行健身运动的动力来源。

人体骨骼肌纤维类型的分布是混杂的，不同肌肉中快慢肌纤维有较大差异。一般人股外肌快慢肌纤维百分比各占 50%，比目鱼肌中慢肌纤维较多，腓肠肌中慢肌纤维较少。但人体骨骼肌纤维类型的分布有较大的个体差异，如股外肌快慢肌纤维平均各占 50%，而慢肌纤维高的占 85%，低的占 15%。通过球类运动可以引起肌纤维类型适应性的变化，增加肌纤维收缩蛋白的含量，引起肌肉体积增加，肌纤维面积增大，表现出明显专门性特征。耐力练习引起慢肌纤维面积的选择性增大，而速度、力量练习则引起快肌纤维面积增加。一般人进行力量练习后，肌纤维的百分比并没有明显的改变，但肌肉力量肌纤维面积都有明显增加。长期进行球类运动后，快慢肌纤维对练习有适应性的变化，耐力练习提高了受试者的最大摄氧量、慢肌纤维面积和肌肉有氧代谢酶活性。而速度练习后显示相似的结果，肌肉内无氧代谢酶的活性提高。

力量练习可以影响生长激素的分泌和释放，其中运动强度是影响生长激素释放的关键因素，在极限力量练习后，血清生长激素水平明显提高。生长激素能促进肌肉蛋白质合成，增加萎缩肌肉体积，改善肌肉功能。

健身运动对骨骼肌纤维的动员，在肌肉接受刺激收缩时，并不是以整块肌肉为单位参与工作，也不是以单个肌纤维为单位参与工作，而是以一个神经元及其支配的一组肌纤维为单位参与工作。运动时不同类型肌纤维参与不同强度工作是相对的，在小强度的运动中，当慢肌纤维疲劳时，快肌纤维也将参与工作，以维持肌肉的正常工作。而在一些大强度运动中，当快肌纤维工作能量下降时，慢肌纤维也被动员参与工作，但肌肉力量和工作特征也会发生相应变化。在进行中等强度的长时间运动中，肌肉收缩力量相对较小，神经系统将动用适合于耐力性工作的慢肌纤维和部分快肌纤维参与收缩，当运动中这些肌肉中能量物质被大量消耗时，快肌纤维将大量参与工作，以保证身体以同样的运动强度保持长时间运动。

3. 呼吸系统的影响

新陈代谢是生命的基础。人体在新陈代谢过程中，不断消耗氧气，生成二氧化碳。人体如果不能从外界不断地得到氧气，并不断将代谢过程中所产生的二氧化碳排出体外，也就不可能维持正常的生命活动。这种吸入氧气和排出二氧化碳的过程，称为气体交换。呼吸系统的生理功能，就是完成这种气体交换。进行气体交换的各器官，叫作呼吸器官，整个系统称作呼吸系统。呼吸系统包括鼻、咽喉、气管、支气管（总称呼吸道）和肺。反复进行气体交换的动作，叫呼吸运动。呼吸运动主要由呼吸肌的收缩、舒张而牵引胸廓的扩大或缩小来完成的。呼吸肌包括膈肌、肋间肌以及腹肌、肩带肌、背肌等。

呼吸运动在人体生命活动过程中始终在进行着，并随着人体活动情况而改变呼吸的深度和频率，从而保持血液内氧气充足，而适应人体活动中新陈代谢的需要。平静呼吸时，肺进行气体交换：的呼吸面积约为 40 平方米；而运动时，由于肺血流量，开放的毛细血管数量，已开放的毛细血管的口径以及肺泡通气量均增加，进行气体交换的呼吸膜面积可增加至 70 平方米以上。

经常进行球类运动，可以动员多种肌肉参与人体呼吸运动。提高人体呼吸机能，使胸腔内容气量增大，吸气量增大，肺活量增大。

由于呼吸能力的增强，因而胸围、呼吸差和肺活量（以最大努力吸气之后，再以最大努力呼气，所能呼出的气体总量）也就增大。人体进行气体交换的场所是肺小泡，两肺内的肺小泡总数约 7.5 亿个。在安静时人体每分钟需氧量为 0.25～0.3 升，这样，只需要 1/20 的肺小泡扩张就足以满足人体的需要。平时没有经常锻炼的人在运动时，他每分钟最多能摄取 2.5～3 升的氧气，只比安静时大 10 倍。而经常锻炼的人在运动时，则摄氧量可达 4.5～5.5 升。比安静时大 20 倍，这是因为经常锻炼，细胞的新陈代谢相应加强，气体交换的需要量也将随之提高。这样呼吸肌就必须更加有力地收缩，使更多的肺泡张开，扩大气体交换的接触，保证人体运动的需要。经常进行健康体育锻炼增强了呼吸肌的力量，扩大了胸廓的活动范围，使充满气体的肺泡增多，因可肺活量增大。肺活量的增大，反映了肺储备能力和适应能力的增强。

处于青年期的大学生肺的结构和机能迅速发生变化和提高，呼吸肌力量逐渐加强，呼吸差接近成人，呼吸频率逐渐减慢，一般约为 16 次/min，呼吸深度相应增加，呼吸系统正处于健全程度。

通过球类运动，可促进呼吸系统的健全和完善。使其构造和机能发生良好的变化，可保持肺组织弹性，胸廓肌肉发达，改进了胸廓活动度，呼吸肌得到锻炼，呼吸深度加深，胸腔内容气量加大，肺活量增加。一般男子肺活量为 3500 毫升左右，女子为 2500 毫升左右，呼吸差只有 5~8 厘米。而经常进行锻炼的男子肺活量可达 4000~7000 毫升，女子可达 3500 毫升左右，呼吸差达到 9~16 厘米。同时呼吸系统的通气和换气功能也得到提高。在安静时一般人的呼吸频率为 12~18 次/min。肺通气量（系指呼出或吸入肺内的气体总量）4~7 升，经常锻炼者呼吸频率仅为 8~12 次/min 就可达到同样的肺通气量。在定量工作时，呼吸机能还能表现出节省化现象。能较强地保持工作能力不下降，并且具有很大的机能储备力，能适应健身运动中呼吸系统机能的要求。

4. 心血管系统的影响

心血管系统的作用是使血液在血管里不断地流动。血液只有不断地循环流动，才能从肺部获得氧气，从消化系统获得营养物质，供全身组织、细胞新陈代谢，然后，把组织、细胞在代谢过程中产生的二氧化碳以及废物从肺、肾、皮肤等处排出体外。全身内分泌腺也要通过血液循环把激素运输到身体组织发挥作用。所以心血管系统和呼吸、消化、泌尿等系统有十分密切的关系。心血管系统的任务是将血液不停地运送到身体各部分。为了完成这一任务，它不但要有运送血液的管道——血管，还应具备完成一个推动循环的动力站，这个动力站就是心脏。

1899 年，瑞典医生汉森首次发现运动员心脏的体积比一般人大。但这种肥大不同于高血压、心瓣膜患者病理性心脏肥大。它将这种心脏称为"运动心脏"或运动员的心脏，并对"运动心脏"的径线、体积做了大量的研究。我国北京运动医学研究所曾对我国 300 名运动员心脏面积进行调查，调查表明：108 名运动员心脏面积增大 10% 以上的占 36%；有 173 名运动员的心脏横径增大 10% 以上，占 57.6%。

近年来，通过一系列对运动员进行超声心动图研究，我们得出这样一个结论，那就是不同的运动项目直接影响运动员的心脏增大多少。例如：静力及力量性运动为主的投掷、摔跤、举重运动员心脏的适应性增大以心肌增大为主；而游泳、中长跑以耐力性为主的运动员心脏的增大却以心室增大为主。

生理学研究表明，运动性增大的心脏，重量、直径、容积比一般人大，外形丰实，心肌弹性好，收缩力强，心力储备高，心脏具有更强的工作能力。这是对长时间运动负荷产生良好适应的结果。病理性增大的心脏是扩张、松弛、收缩时射血能力减弱、心力储备低，两者在功能上有极显著的差别。

经常进行球类运动的人，运动性心脏重量、容量以及心脏直径的增大，是心脏对剧烈的血液循环与大量输氧的形体性与功能性的适应。正常人的心脏横度是 11~12 公分，而经常锻炼的人是 13~15 公分，心脏重量可由一般人的 300 克，增加到 400~450 克，心容量可由一般人的 765~785 毫升，增加到 1015~1027 毫升。心脏运动性肥大的原因，是因为在经常的锻炼中，心肌经常进行强烈的收缩，同时由于血压升高冠状动脉（供应心脏本身血液的血管）舒张，增加了冠状动脉循环的血流量，心脏的氧气和营养物质得到充分的供应。例如：平时冠状动脉的血流量约占心输出量的 8%~10%。在运动时心输出量增加，冠状动脉的血流量也增加，可达安静时的 10 倍左右。锻炼使心肌纤维变粗，心容积增大，收缩力增强，这些对维持心脏的高度工作能力 - 有很大的作用。

长年坚持耐力训练一般可使安静时的心率减慢。优秀的中长跑运动员安静时的心率可降低到 36 ~ 40 次/min，甚至更少，这种现象称为窦性心动过缓。凡是窦性心率，每分钟低于 60 次都称为窦性心动过缓。

窦性心动过缓是多年的训练过程中，控制心脏活动的心迷走中枢紧张性增强、心交感中枢的紧张性减弱的结果。至于耐力训练为什么使心血管中枢紧张性改变，目前还不清楚，运动员窦性心动徐缓，使心脏每次收缩后的间歇时间很充分，心脏可得到足够的休息。这是经过长期训练心功能得到改善的良好适应，有些运动员停止训练多年，心率可恢复到接近正常值的水平。

根据调查，安静时两者每分输出量相等．但运动员心率较低，故心每搏输出量较大。说明运动员因迷走神经紧张性增强，交感神经紧张性减弱使心率减慢，心肌通过自身调节作用或在神经、体液作用下加强收缩力、增加心每搏输出量，以保证每分每搏输出量可达 35 升左右。无锻炼者心每搏输出量从安静时 60 毫升增加到 113 毫升，每分输出量只提高到 22 升左右。可见心搏量是决定每分输出量大小的主要因素。

心每搏输出量增多的意义在于，心每搏输出量与最大吸氧量正相关。一般都认为训练增加心脏容积和心肌收缩力，使每搏量增加，从而提高人体有氧工作能力。

经常进行球类运动可以预防心血管系统的疾病，也可以作为治疗的一种手段。冠心病的发生，一般是由于冠状动脉内膜受损，血脂沉积，血管内皮增生，冠状动脉粥样硬化，致使冠状动脉管腔狭窄或阻塞。由于冠状动脉粥样硬化的进一步发展，容易引起栓塞、心肌严重缺血。因而，引起心肌局部坏死。适当地进行球类运动，可以促进新陈代谢，增加脂肪的利用而不积存，增加纤维蛋白的溶解酶的活动，这就有利于控制动脉粥样硬化的进一步发展。还可以使患冠心病的人的心脏功能得到改善。扩张冠状动脉，有利于侧支循环的形成，改善心肌供氧状况。无论是高血压或冠心病患者，适当地进行球类运动无疑是有益的。但关键在于"适当"。

二、大学生球类运动的心理学基础

（一）大学生的心理特点

大学生的心理状态是极其复杂的、动态发展的，随着生理发育的渐渐成熟，受生活环境和社会环境的影响，特别是大学生的固有的学习和生活方式，使他们的心理在发生诸多变化，以下是表现突出的四个特点。

1. 个性形成

人的心理活动并不是遗传的，而主要是后天的社会生活环境影响和社会实践活动中逐步形成和发展起来的。但是，一个人的气质、能力、性格和神经系统的活动特点，有些部分是受到遗传因素的影响。大学时期，学生精力充沛，兴趣广泛，能够积极主动地参与到各项球类运动当中去，并且具有明确的方向性和选择性。同时，大学生的意志品质也得到了较大的发展。通过球类运动的特点可以促使大学生性格逐步形成，处于稳定方向发展。青年时期大学生的人生观也基本确立，但是由于缺乏社会经验，情绪上不是相对稳定，易于变化，有时会产生悲观消极的心态，通过参加各种球类运动，可以消除这种心态。

2. 智力提高

大学生的注意力达到相当水平，有意注意占主导地位，观察力显著提高，想象力极为丰富，记忆力和理解力突出发展，特别是大学生的思维方式，逐步转向理论型逻辑思维，并占有主导地位。他们在思考和讨论问题时，不满足于现象罗列，要求提示事物的本质规律，要求有理论深度，因此，他们思维的独立性、批判性、创造性大大增强。由于辩证唯物主义的理论基础还不坚实，社会经验不丰富，识别能力不够高，在观察和分析事物时，难免出现主观片面、固执已见、盲目自信的现象。

3. 情绪多变

大学生热情奔放，容易激动，有着丰富、复杂而又强烈的情感世界，具有明显的两极性。与中学生比较，大学生在学习、生活、运动、人际交往方面，知识经验日益丰富，对情绪和情感的控制逐渐增强。因此，大学生有时会因不同情况，出现不良情绪的反应，在极端的情况下很难控制情绪，和成人相比，情绪还显得动荡多变，具有不稳定性。大学生在参加球类运动过程中，通过团队之间的配合以及双方的互相尊重，会使学生在情绪的控制上增强，人际交往经验更加丰富，逐步形成一个稳定的性格。

4. 意识增强

大学生对自我形象的理解是丰富多彩的．面对社会对他们的期望，深思自己的情况，设计自已未来的发展。人我关系意识增强，力求了解别人对自己的评价。自我评价能力有较大发展并具有一定的自我教育能力。自尊心、自信心和独立感明显增强。喜欢发表自己的见解和表现其才能，唯父母、师长之命，人云亦云的现象大为减少，要求别人尊重自己，厌恶他人对自己言行的干涉，希望成为自己命运的主人。因而顽强、坚毅、坚忍不拔、做竞争的强者等优良心理品质获得较大发展。大学生中自我意识的发展有着很大的个体差异，也有不少人表现自命不凡，脱离集体，追求虚荣，个人主义以及形成遇事反对的逆反心理，导致做出一些蠢事和坏事。

（二）球类运动对心理的影响

1. 智力的影响

运动可以促进大脑的发育和改善神经系统的工作能力，使锻炼者的注意、反应、思维、记忆和想象等能力得到提高。运动所引起的一些非智力成分的良好变化，如情绪稳定、性格开朗、疲劳感下降等，均对智力的提高有重要的促进作用。研究表明，运动能有效地促进血液循环，增强心肺功能，使大脑获取更多的氧气，给大脑的记忆和思维能力提供必要的物质保障，进而提高脑力劳动的效率。运动还可以提高人的视觉、听觉、本体感觉、神经传导速度、神经过程的均衡性和灵活性，促进神经系统功能的增强。

2. 情绪的影响

情绪状态的调控能力是衡量运动对心理健康影响的最主要指标。个体在复杂多变的社会环境中，常常会产生紧张、压抑和忧愁等不良情绪反应。运动可以使人从烦恼痛苦中解脱出来。研究表明，经常参加运动的人，其焦虑、抑郁、紧张和心理紊乱等消极的心理变量水平明显低于不参加运动者，而其愉快和轻松等积极的心理变量水平则明显要高一些。

运动之所以能够调节情绪，是因为运动的参与者能体验到运动带来的愉快感。心理学家认为，适度负荷的运动能够促进人体释放一种多肽物质——内啡肽，它能使人获得愉快、兴奋的情绪体验。当人们参与自己喜爱或擅长的时尚运动时，更可以使人从中得到乐趣，振奋精神，缓解压力，从而产生良好的情绪体验。

3. 人格的影响

随着大学生知识经验的丰富、能力的提高，他们的道德感获得了高度的发展，并且日趋成熟，逐渐形成具有个性的人格特点，在球类运动中大学生珍惜集体荣誉，崇尚团结、正义，并且希望在运动中获得人与人之间更真挚的友谊。因此，不同的球类运动，形成了大学生不同的性格特点，并且能在社会生活中将坚韧顽强的意志品质、勇于拼搏的精神表现出来，有助于个体形成积极进取、乐观向上的生活态度。

4. 人际关系的影响

现代社会生活节奏的加快和网络的高速发展，使人们越来越缺乏直接的社交机会，从而导致人际关系越来越疏远。运动则打破了这种失衡状态，让不同职业、年龄、性别、文化素质的人相聚在运动场上，进行平等、友好、和谐的交往，使人们相互之间产生信任感，有效地进行情感和信息的交流。研究表明。增加与社会的联系，会给个体带来心理上的益处，可使个体忘却烦恼痛苦，消除孤独感，同时能有效地提高与他人协作的能力。

5. 心理疾病的影响

社会竞争的日益激烈和生活压力的增加，可能会使人们产生悲观、失望的情绪，进而导致忧郁、孤独和焦虑等各种心理障碍的产生。人们积极参加运动，会使身体素质得到改善，个体会以自我锻炼反馈的方式将其成就信息传递至大脑，从而获得自我成就的认知和情感体验，产生愉快、兴奋和幸福感。因此，适宜的运动能克服心理障碍，使个体获得心理满足。

运动作为一种心理治疗手段已在国际普遍流行。临床研究表明，通过参加一些如慢跑、打球、体操等身体练习，能有效减轻焦虑和抑郁症状，增强自信心。通过运动，不仅可以减缓或消除挫折引起的焦虑和抑郁等症状，为不良情绪的宣泄提供一种合理、有效的手段，而且也能防止和克服心理障碍或疾病的发生。

三、大学生球类运动与大学生健康

（一）大学生的健康标准

根据健康的概念要订出普通运用的健康指标是比较困难的。例如，服兵役的健康检查标准和新生入学的检查标准、选长跑运动员和芭蕾演员的健康标准是不相同的，他们有一般要求和特殊要求。一般地要订出健康指标，如身高、体重、心跳、脉搏、肺活量、血压、血细胞数等标准是困难的。由于人的年龄、性别、地域、民族都存在着一定的差异，因此，很难用一个具体指标去衡量。一般说来，人体的健康指标也只能起参考作用。

（1）身体健康主要指：没有疾病；身体正常发育；有良好的食欲，夜间睡眠好；体态好，外貌形态发育健康，有精神；能很好地进行日常活动，消除疲劳快。

（2）精神健康主要指：能与家庭成员、朋友、伙伴协力合作；理解人生的意义，对生活充满希望；有正确的判断能力。

（3）社会健康主要指：大自然中包含的有危害的东西，如某些致病的微生物（细菌、病毒），污染水体中的有害成分，污染空气中的一氧化碳等。再如，气候的酷暑严寒以及空气的温度、湿度、气流、气压的突变，都影响着人体的健康。

（二）大学生的健康现状

健康、长寿、智慧是人类的美好愿望。从几千年前的上古起，人们就一直在探求防御疾病、抵抗衰老、延长寿命的奥秘。因此，人们发明了不同种类的球类运动，比如足球、篮球、排球等。

进入 21 世纪，人们更加珍惜生命和注重、追求生活的质量。大学生更有自己的追求和理想，但由于学生时期，没有意识到健康的重要性，很多人都忽略了健康问题。

根据相关调查表明我国学生体质健康逐步改善，青少年"豆芽菜"体形有所好转，反应速度、力量的素质指标有所提高，龋齿、贫血等常见疾病的患病率有所下降。但是学校体育卫生工作仍存在着面向全体学生、全面增进学生身心健康等方面措施不力、学生体质健康方面存在耐力素质下降、心理素质不高、抗挫折能力差等问题。

在大学阶段，身体素质还处于增长后期，仍然存在继续提高的可能。所以在巩固、提高身体素质的前提下，应该培养学生自觉锻炼身体和养成终身锻炼的习惯。大学教育基本上处于学校教育的最后阶段，由于"高等教育的任务是培养具有创新精神和实践能力的高级专门人才"（中华人民共和国高等教育法），所以学校在人才培养上无疑应该树立"使受教育者成为德、智、体等方面全面发展的社会主义事业的建设者和接班人"的目标，同时还要树立"健康第一"的指导思想。因此，对大学生来说，要经常参与球类运动，增强体育锻炼的意识、兴趣、习惯和能力，为其终身体育奠定良好的基础"。

判断身体健康与否，并不是指机体有无疾病而言的。健康是指包括身体的、精神的、社会的以及环境适应等诸方面因素所维持的平衡状态。这些观点早被世界卫生组织所承认。健康的含义是广泛而深远的。危害健康的因素超越了机体自身以外，它可来自精神方面，又可来自社会生活方面。

（三）球类运动对健康的影响

1. 精神健康的影响

（1）精神方面的内容：它包括精神状态、心理变化、感情波动、意志、毅力等方面内容。在青年时期，个人往往会陷入困惑，引起感情波动，影响自身的精神状态。参加球类运动的同时，过分的喜怒哀乐悲惊都可危害健康。每个人都具有自己美好的人生理想，但在实际生活中，大多数人并不能满足这一愿望因此就会产生心理抑制等症状。

（2）精神紧张的危害：在现代高速发展的社会中，时间犹如金钱，激烈竞争的商品经济使工作紧张变化，处于满负荷状态，人们的生活节奏加快，思想压力加大，难免产生精神紧张、心理抑制等。特别是那些从性格上来说容易激动、紧张的类型的人更容易产生一系列不利于健康的多种症状。诸如失眠、神经衰弱、记忆力减退、易疲劳、头痛、忧郁症等。症状轻者只要学会自我放松、尽量脱离环境，做到劳逸结合、遇事想得开，并适当参加体育活动，便能够改善这种状态。但症状严重时，或经常处于恶性环境中受到不良刺激，就会危害健康。

（3）球类运动对精神的作用：美国学者库珀曾指出，有氧代谢运动可奇迹般地逆转精神紧张、忧郁症等恶性症状，结果使自信心增强，焦虑和压抑等情绪障碍得以缓解。有氧代谢运动影响情绪平衡有以下两个方面：

①减缓情绪紧张。运动的意义是排遣这种来自精神方面的不良因素，锻炼人的意志，增强毅力，从而提高机体的抵抗能力。它首先使紧张劳累了一天的人们更换环境，即从紧张状态中解脱出来，轻松愉快地进入运动状态。在运动中，机体的代谢活动增加，有助于消除积蓄的肾上腺素（该激素能使人保持紧张状态）和其他代谢废物，使储存肝、脾等脏器中的血液大量进入循环中，使脑组织、心肌组织等重要脏器的血运良好，有助于它们的营养供应，利于加强功能。

②内啡肽效应。内啡肽是在有氧运动中由脑垂体腺分泌释放的一种强大的吗啡类激素。美国医学家证明了内啡肽具有与吗啡类似的极强的镇痛作用，等量内啡肽比吗啡强200倍。人体在进行长时间运动时（60min以上），体内内啡肽能保持较高水平。我们常见到在激烈的比赛中，许多受了重伤的运动员仍然能坚持比赛并得到好成绩，这种现象就与内啡肽的镇痛作用有关。有的精神病学专家还推荐将有氧代谢运动作为精神性疾病的治疗方法之一，原因就是内啡肽能缓解精神疾患的某些症状，是最好的生理镇静剂。许多坚持锻炼者能经常保持饱满的精神状态和生活信心，大都与内啡肽效应有关。这种效应还能影响到性格，能使人们对精神紧张和来自各方面有害刺激的忍受力加强。

2. 社会健康的影响

健康是和自然环境及社会生活相适应的，并且这种平衡能使人体各种生理功能的发挥处于最佳状态。

（1）自然环境：在自然环境中，包括了气候变化及微生物、动植物等生物学环境。人体的内环境与外环境保持动态平衡状态是健康的前提。运动可使机体内各方面功能提高，使机体保持一定的弹性能力，从而提高对抗外部环境恶性变化的适应能力，强化生存能力，使人体保持旺盛的活力。

（2）社会生活的适应：社会生活环境是指人所处的社会环境，即人与人、人与工作、人与家庭、人与社会等的关系。

①家庭环境。家庭环境对促进人们健康有十分重要的作用。多数科学家认为，合理的饮食结构和体育锻炼，再加上人际关系的协调是构成健康的三大要素。人的一生2/3以上的时间是在家庭中度过的，可见家庭生活对健康的影响是极大的。长期球类运动的参加能使大学生保持强健的体格。假如身体虚弱多病，无疑会给家庭带来巨大的负担、给学习带来很大的影响。球类运动能使人精神饱满，充满生活信心和爱心，这种精神状态可以影响家庭的环境气氛，使家庭生活多彩、和睦。对现在的大学生来讲，长期坚持球类运动还能

使人心胸坦荡，保持乐观主义精神。乐观主义者常善于自我安慰、宽容待人，因此能使亲人的家庭生活安逸。

②社会环境。健康者因具有旺盛的精力而充满活力，对学习充满信心，有高度的责任感和使命感。不注重健康的大学生则不然。甚至有很多大学生在青年时期就得了忧郁症，逃避学习，逃避社会和家庭。这种现象长期发展下去将会变成严重的社会问题。因此，大学生应积极主动地参与到运动当中，尤其是球类运动。

3. 身体健康的影响

有氧代谢运动是指那些以增强人体吸入、输送与利用氧能力为目的的耐力性运动。人体吸入大量摄氧量的能力，实际上决定着有氧代谢的能力。球类运动中的一些持续时间较长的连续性辅助性练习能有效且迅速地提高人体最大摄氧能力。如慢跑、往返跑等耐力性练习。

经过长期的研究总结出有氧代谢运动对全身有下列效果。

①耐力运动能增加血液总量，增强氧的输送能力；增强肺的功能，提高肺活量和摄氧量。

②增强心脏功能心肌功能，提高高密度脂蛋白的含量，防止心脑血管病的发生。

③增加骨骼密度，防止骨质疏松。

④促进脂肪代谢，减少多余脂肪，防止疾病发生。

⑤改善心理状态，能使人的智力提高和心情愉悦。

⑥有规律的有氧代谢运动和平衡的膳食，有助于人际关系的协调发展。

耐力是指人体长时间进行肌肉工作的能力，通俗地说就是抗疲劳能力，也可称之为体力能力。全身耐力即指身体进行全身性运动的能力，大多数的体育项目都是全身性运动，例如跑步、游泳、球类等。

良好的身体素质是适应环境生活的保证，是工作、学习的前提。在日常生活中，诸如步行、上下楼梯等活动，虽不是繁重的体力劳动，但也需保持一定的全身耐力。对如今的大学生来说重视身体耐力对保证身心健康有十分重要的意义。

机体呼吸、循环系统的功能是决定全身耐力的关键。为了增强全身耐力，有必要从改善呼吸、循环系统能力着手。最大摄氧量的大小直接影响着全身耐力，它是运动时每分钟吸入并被体内所利用的氧的最大数值。一般人的最大摄氧量为 $2 \sim 3$ 升/min。职业运动员可达 $4 \sim 6$ 升/min。吸入体内的氧弥散入血液，并迅速与血红蛋白结合，然后供全身肌肉组织进行有氧代谢活动。

在进行球类运动时，常会发生身体局部（大腿或小腿部）痉挛、麻木、疲劳等症状，而使运动无法进行下去。这种现象在平时缺乏锻炼者身上更易见到，这实际上就是肌肉力低下的表现。

在评价肌肉耐力时，常采用最大肌力的 $1/3 \sim 1/4$ 力量强度，以单位时间内完成一个动作的次数作为指标进行评价。1 次/秒的节律运动时，普通人能完成约 60 次。持久、反复的运动可显著提高肌肉的耐力。临床上运动疗法中增强肌力的方法，同样是使用这种方法有选择地对骨折后的患肢、麻痹的肢体进行增强肌力训练。

通过对各种职业运动员和一般人肌肉耐力的比较。发现中长距离运动员的肌肉耐力最强，其他项目的运动员则几乎和一般人保持相同水准。

　　肌肉耐力与氧供给能量有密切关系。毛细血管血液含量多时，肌肉对氧的利用率就高。运动锻炼能增加毛细血管的数量和血液含量，因此，坚持长期的锻炼能提高肌肉耐力。另外。肌肉中红肌与白肌含量比例不同，氧利用率也不同。红肌较白肌与氧的利率高，当肌肉中红肌含量高时，肌肉耐力也强；相反，白肌比例高时，则爆发力强。

第八章　篮球运动

篮球运动到现在已经有百余年的历史，它以比较强的健身性、娱乐性和竞争性等特点深受人们的喜爱和欢迎。篮球运动的演进和发展与时代有着很密切的关系，与时代背景也是分不开的，在现代竞技体育快速发展的时代，竞技篮球运动也相应地得到了快速的发展，对于篮球运动的热爱，不仅仅是平时的爱好，甚至已经成为他们生活中必不可少的一部分。

第一节　篮球运动概述

一、篮球运动的起源和发展

（一）篮球运动的起源

篮球运动是在一定的历史条件下产生与发展的，伴随着 19 世纪中叶工业革命的进行，人们的思想观念发生了重大的变化，追求健康、文明、进步和富裕的生活方式成为时代发展的新潮流。另外，美国由于经济的发展和国力的增强，科教文化事业也受到了空前的重视。这些都为篮球运动的产生奠定了必要的基础。

1885 年，在美国马萨诸塞州的斯普林菲尔德学院中，有一位体育教师名叫詹姆斯·奈史密斯，他非常重视青少年身心的全面发展，主张通过体育锻炼来达到培养学生心智的目的。

但是由于马萨诸塞州的地理因素，导致这个地区的冬季通常较为寒冷，又刚好赶上了特大的暴风雨，因此使得在美国比较流行的棒球运动不得不暂时停止，一到这个季节，原本在户外的体育课就不得不转为在室内进行古典体操运动。

从参与古典体操运动的学生数越来越少的情况来看，学生们普遍对这项运动感到厌烦。为解决这一问题，史密斯博士根据学生在大学时代大多都有运动经历的特点和冬季室外开展活动困难的情况，考虑设计一项适合冬季在室内进行比赛的运动项目。这一运动项目就是现代篮球运动的雏形。

詹姆斯·奈史密斯博士根据当时的实际情况，为篮球运动的设计提出了 3 个基本要求：

1. 保持文明

去除野蛮，将人们对当时的体育运动（如橄榄球运动）中各种粗野行为的恐惧心理消除掉。

2. 不受外界因素影响

新设计的运动应不受季节气候影响而可在室内和晚上进行。

3. 保证每个人的参与权

要不断改进训练内容和方法，让不同年龄、性别的人都参与到运动中来。

在以上几个方面要求的影响下，奈史密斯博士于 1891 年 12 月，从工人和儿童用球向桃篮内做投准的游戏，以及他小时候在家乡玩耍时用石头向立在高处岩石上的石块抛掷"打落野鸭子"的游戏中受到启发，并且综合了曲棍球、橄榄球、足球等游戏的特点，设计了以投掷准确性程度来计分并决定胜负的新游戏。

在此基础上形成一种在一定地面范围的场地两端设置两个竹制桃筐，展开投篮游戏，篮球运动由此而诞生。

综上所述，现代篮球运动是由游戏发展而来的，正是这个在当时看似有趣、可玩性很强的游戏，发展到今天成为在世界范围内最具有影响力的运动之一。

（二）现代篮球运动的发展历程

发展到现在，篮球运动已有一百多年的历史。在这一百多年的发展过程中，篮球运动经历了各种变化，其发展阶段可分为以下几个时期。

1. 初创探索时期

篮球初创探索时期为 19 世纪 90 年代至 20 世纪 20 年代。

篮球运动自产生后很快便广为传播。起初由北美地区开始，最先广泛流行的就是美国和加拿大的许多地方。此后于 1892 年传入墨西哥，1893 年传入法国，1895 年传入英国、中国，1869 年传入巴西，1897 年传入前捷克斯洛伐克等国。1904 年第 3 届奥运会在美国圣路易斯举行，美国青年会男子篮球队首次进行了篮球表演赛。此后，篮球运动逐步在中美洲、亚洲、欧洲和大洋洲开展起来。

这一时期篮球运动发展的主要特点表现在以下两个方面。

（1）没有明确的篮球规则：没有明确的游戏规则，无人数、场地设备限制。初创时期的篮球运动并没有相对明确的规则，而且活动场地也没有限制，活动的人数也有很大的不确定性，当时有的是在一块相对狭长的空地两头放置一个桃筐，参与这项运动的人只是平均分为两队，这两队人员，在两端站成一排，当有人把一种我们称之为"类似篮球"的圆形物体抛向场地的中间时，两端的人便开始跑向这个物体，当这个物体被放到筐中的时候，便计一分，累计得分比较多人队伍便获得胜利，每放到筐里一次，游戏则重新开始。为了使游戏比赛合理进行，1892 年奈史密斯对比赛场地作了分 3 段区域的规定（通常以进攻为例称为后场、中场和前场）。

同时确定了比赛的要求，如不准个人持球跑、限制攻守对抗中队员间身体接触部位，以及对悬空的篮筐装置明确了要求等。

（2）制定场地设备和人数等规则：在活动实践中逐渐增加了一些关于场地设备、人数等的规则要求。具体来说，主要表现在 3 个方面：

①场地有了大小规定。

②篮筐可设置于地面，也可悬于空间靠挂。

③游戏时的动作行为也有了简单的要求等。

关于必须执行的比赛规则，直到 1915 年在美国国内才得到统一，其中比较重要的几项规定有：

①比赛时间分为前后两节，各 15min，节间休息 5min。

②某方队员累计犯规 3 次时，判对方投中一个球。

③可以用单、双手运球，但不允许用脚踢球，也不可以用手或者是脚对对方的球员进行推操或者捶打，如果发生这样的情况就会被记一次违规，当同一个人在一场比赛中出现两次违规的时候，就会被停止参加比赛，直到对方进球之后才允许继续参加比赛。

④产生故意或具有伤害性的犯规时，取消犯规者该场比赛的资格，而且不得换人。

⑤对于掷界外球规定在 5 秒内完成；超过 5 秒时，裁判员可判为违例，由对方发界外球。

⑥比赛结束双方打成平局时，若双方队长同意，可延长比赛时间直至先投进一个球的队为胜等。

后来，随着比赛规则的不断变革，比赛场地也随着得到了进一步的改进，具体来说，主要体现在以下几个方面：

①增画了各种区位的限制线，比如中圈以及罚球线，不久又增加了中线。

②篮圈也使用了较规范的铁圈，篮圈后部的挡网也由木质制作的不规则挡板替代并与篮圈连接，近似于现代所使用的篮板装置。

比赛场地有了进一步的改进之后，受此影响，竞赛程序也有了一定的变化，如改由中圈跳球开始，比赛中的队员也有锋、卫的位置分工，前锋、中锋在前场进攻，后卫负责守卫本方篮筐以及把球传给中场和前场的中锋与前锋。篮球游戏在试行中不断得以完善。

1904 年，美国组队在第 3 届奥运会上举行了国际上第一次篮球表演赛。至 20 世纪 20 年代末，尽管国际上还没有形成统一的规则，但有一些基本的规则已经确定，比如，上场队员已基本定为 5 名，球场有了电灯泡式的限制区，罚球时的攻、守队员分列站位。

但是在 1898—1920 年左右，由于篮球运动显著的趣味性特点，使得其在美国各类学校中得到了迅速的推广，在这样迅速的发展势头下，1926 年职业篮球队联赛开始举办。另外，这一时期，随着美国文化、宗教的扩张，通过基督教青年会组织以及教师、留学生间的交往，篮球运动开始先后向美洲、欧洲、亚洲、澳洲及非洲个别国家和地区逐渐传播，为下一时期的进一步发展打下了坚实的基础。

2. 完善传播时期

完善传播时期为 20 世纪三四十年代，这一时期是篮球运动发展的第二个时期，其发展特点主要表现在以下几个方面。

（1）篮球运动向世界五大洲传播以后，逐渐被各国青年人所喜爱，并于 1932 年在日内瓦成立国际业余篮球联合会。

（2）初步制定了 13 条比赛规则，明确规定了上场参赛的人数和时间，篮球场地、设备进一步规范，进一步划分了比赛场地的不同区域，并在 1936 年第 11 届奥运会上列为男子竞赛的正式体育项圈。

（3）掀起了第一次发展高潮的标志是攻守技术动作增多，开始出现基础战术配合。

在 20 世纪 30 年代以前，篮球运动的技术还较为单调，而且基本没有战术的参与，更多的是依靠强壮的身体和身高优势强行进攻。进入 20 世纪 30 年代以后，篮球运动中单兵作战的基本形式逐渐被掩护、协防等几个人的相互配合所充实。

这一时期，篮球运动中的攻守技术动作增多，基础战术配合也开始出现，这也在一定程度上标志着第一次发展高潮的到来。

1936 年第 11 届奥运会将男子篮球列入正式比赛项目，奥运会后国际业余篮球协会宣告成立，对比赛规则作了统一规定并不断充实。这也标志着竞技篮球运动正式诞生，并成为一项现代竞技运动，开始登上国际竞技舞台。

到了 20 世纪 40 年代，在篮球技术、战术的不断演进、发展和高大队员的涌现这两方面原因的影响下，比赛规则又得到了进一步的充实和修改。其中，改进较为显著的有以下几个方面。

（1）严格了侵人犯规罚则和违例罚则。

（2）篮板有了规范的长方形和扇形两种（图 8 - 1、图 8 - 2）。

　　　　　　　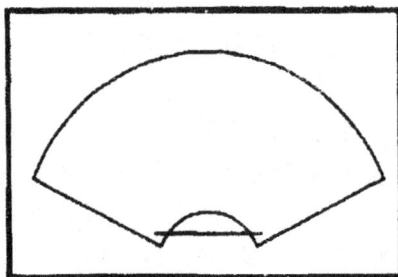

图 8 - 1　　　　　　　　　　　　　图 8 - 2

（3）球场上的中圈分为跳圈和禁圈两个同心圈，球场罚球区的两侧至端线明确分设了争抢篮板球的队员分区站位线等（图 8 - 3）。

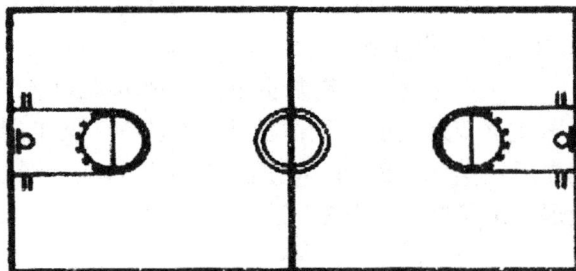

图 8 - 3

除上述 3 点改进外，篮球运动的技战术也得到了较好的发展，并且逐渐形成体系，向着集体对抗性方向发展。到 20 世纪 40 年代末，很多战术阵型和配合打法被世界各国的篮球队所运用，其中较为突出的战术主要有：进攻中的快攻、掩护、策应战术，防守中的人盯人防守、区域联防等，这也标志着篮球运动进入了完善、推广的新时期。

3. 普遍发展时期

普及发展时期为 20 世纪 50—60 年代末。这一时期是篮球运动发展的第 3 个时期，其发展特点主要表现在以下两个方面。

（1）全球近百个国家与地区已经开始广泛流行篮球运动，各大洲国家组织了频繁的竞赛活动，男女世界篮球锦标赛试行，篮球运动逐渐得到广泛普及。

（2）篮球技战术创新发展，比赛场地设施及处罚规则进一步完善，进一步促进运动技术、战术的快速发展，形成了科学的攻防体系。

进入20世纪五六十年代后，篮球运动在全球近百个国家与地区广泛普及，囊括了大部分发达国家和发展中国家。在这一阶段，越来越多的各种级别的篮球赛事被组织起来，其中，代表世界篮球最高荣誉的男女世界篮球锦标赛也开始试举办，篮球运动逐渐家喻户晓。

1950和1953年分别在阿根廷与智利举行了第1届世界男、女篮球锦标赛，这两届比赛均呈现出了高大球员雄霸篮坛的趋势。

这在一定程度上冲击了国际篮球运动，并且使得篮球规则在场地、区域划分和时间上对进攻队加强新的限制，其中表现得较为突出的有：第一，50年代将篮下门字形限制区扩大成梯形限制区（图8-4），一次进攻限制为30秒；第二，进入60年代中期也曾一度取消中场线，至60年代末又恢复了中场线等。攻守区域的限制、高度与速度的交叉渗透互相促进，

有力地推动了攻守技术、战术的全面发展。比如进攻中的"∞"字移动掩护突破进攻、快攻等与防守中的全场人盯人防守，便成为当时以小打大、以快制高的重要手段。到了60年代末，世界篮球运动的战术打法开始呈现出不同的特点，其中，较为显著的有3种类型：一种是以美国队为代表的高度与技巧相结合的美洲型打法，另一种是以苏联队为代表的高度、力量和速度相结合的欧洲型打法，第三种是以韩国、中国队为代表的矮、快、准相结合的亚洲型打法。这3种战术打法的出现标志着篮球运动进入普及与发展时期。

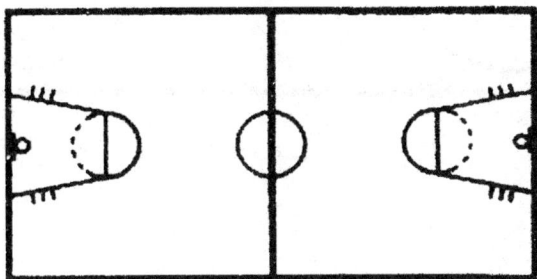

图8-4

4. 全面提高时期

全面提高时期为20世纪七八十年代，这一时期是篮球运动发展的第4个时期，其发展特点主要表现在以下几个方面。

（1）篮球运动员个人高度、技术的有机统一和队伍整体高空战术配合的形成，地面与空间协同组合的战术配合及速度与高度的对抗日趋激烈，高智慧、高技巧、高强度、高对抗、高速度、高比分的抗争成为篮球运动新时期发展的新趋势。

（2）随着篮球比赛规则的数次修改，增加了追加罚球和3分球的规定，调整了进攻时

间，提高了攻防转换速度，重新构建了篮球技战术新体系。

（3）出现第二次发展高潮，其标志是20世纪70年代中期女子篮球运动被列为第21届奥运会竞赛项目，并逐步向男子化靠拢。

进入20世纪70年代以后，身高优势越发被篮球界所重视，2米以上队员大量涌现于篮坛，篮球竞赛的空间争夺进一步激烈。为此，规则对高大队员在进攻时做出了更多的限制与要求，以利于调动防守和身高处于劣势队伍的积极性。

在1973—1978年间，竞赛规则又有了进一步的调整和改进，具体来说，主要体现在两个方面：一方面是对犯规做出了数次调整；另一方面则是增设追加罚球的规定。这促使防守和进攻技术与战术在新的制约条件下，转向既重视高度又重视速度、既促进进攻又鼓励防守，使攻守平衡发展，同时又有力地促使运动员由平常的体能素质、身体形态、技术应用型向技巧、智慧以及多变的综合型方向发展。

尤其是1976年第21届奥运会增加了女子篮球比赛（女篮由此正式列入奥运会竞赛项目）和1978年第8届增加了男子世界篮球锦标赛后，逐渐展示出了现代篮球运动向立体型的当代化发展的新特点、新趋势，具体来说，主要表现为：高身材、高技巧、高速度、多变化、大比分、高空技术。

到20世纪80年代，这一趋势和特点则更为突出与明显，为此，20世纪80年代中期又对篮球竞赛进攻时间、犯规罚则等规则做出了新的修改，场地规定了远投区和三分球规定等（图8−5），现代篮球运动进入更高水平的全面提高和发展。

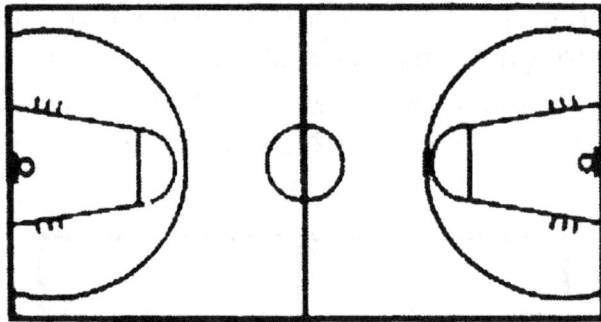

图 8−5

5. 创新发展时期

创新攀登期为20世纪90年代至今。这一时期是篮球运动发展的第5个时期，其发展特点主要表现在以下3个方面。

（1）掀起了第3次发展高潮，世界篮球运动跨向科技化、竞技化、智谋化、多变化、凶悍化、技艺化、职业化、产业化融于一体的当代化方向发展。

（2）篮球规则对比赛场地区域、速度、高空争拼及攻守技术、战术合理的运用，乃至全场比赛的时间、方式都进行了新的规定。

（3）篮球运动技术动作不断创新，战术精湛，力求实效，阵型多变，运动员内外攻守区域分位趋向模糊，高空争夺更趋凶悍，竞技艺术更显观赏性。

进入20世纪90年代，国际奥委会解除了禁止职业运动员参加奥运会的禁令。在此后的第25届西班牙巴塞罗那奥运会上，以乔丹、约翰逊等为代表的美国"梦之队"向世界展示了最高水平的篮球技艺，他们引发了国际篮球界巨大的轰动，将这项运动技艺展现得更加充实完美，战术打法更为精练、多变、实用。

这也标志着世界篮球运动第 3 次发展高潮的掀起，具体来说主要表现为：世界篮球运动跨向了创新、攀登，寓科技化、智谋化、竞技化、技艺化、凶悍化、多变化、职业化、产业化于一体的当代方向发展。同时，这也在一定程度上说明了当代化篮球运动整体内容结构与优秀运动队伍身体和体能结构、综合智能与技能，以及运动员个体的体能、智能与掌握和运用篮球技术、战术的能力结构发生了本质的变化。

在此基础上，针对运动员制空能力增强、空间拼抢激烈等状况，为了达到使比赛空间争夺更合理、更激烈、更安全、更具观赏性的目的，1994 年国际篮球联合会对篮球竞赛规则又作了某些修改。另外，鉴于运动员身体高度的普遍增长、制空争夺凶悍的原因，又缩小篮板周边，并增加胶皮保护圈。

这一时期，不仅男子篮球职业化发展较好，受其影响，女子篮球也有一定程度的发展，并逐步向职业化的方向努力。

美国于 1995 年率先组织了女子职业俱乐部（WNBA），举办了女子职业联赛。欧洲、亚洲等地也陆续出现女子职业俱乐部，并举办女子职业联赛。

1999 年 12 月，国际篮球联合会又决定从 2000 年奥运会后对篮球竞赛规则实行某些新的规定，具体来说，主要表现在以下几个方面：

（1）比赛分为 4 节，每节比赛时间 10min。

（2）将球队每次进攻的时间从 30 秒钟缩短为 24 秒钟。

（3）球由后场进入前场的时间限为 8 秒钟。

（4）各队每节如果有 4 次犯规，对以后发生的所有犯规都要处以两次罚球。

（5）奥运会和世界锦标赛可以实行 3 人裁判制度。

（6）各队交替拥有球权等。

从上述内容可以看出，无论男子或女子，现代篮球运动的发展方向都是智、高、快、全、准、狠、变和技术、战术运用技艺化与各种风格、不同打法以及高度文化性、高度观赏性、高度商业性。

（三）中国篮球运动的发展

1985 年，篮球运动传入我国，当时最早开展这项运动的城市是天津市。天津市也就成为我国篮球运动的发源地。受不同时期政治、经济、文化和教育等各方面因素的影响和制约，我国篮球运动大致可以分为以下三个时期。

1. 缓慢发展时期

在新中国成立前，受多方面因素的影响和制约，我国篮球运动发展比较缓慢。总体来看，这一时期我国的篮球运动基本上处于一种放任自流的状态。

经过近 10 年的传播，篮球运动才逐渐成为 20 世纪初大、中学校的主要体育活动并从学校传入社会。篮球运动得到了初步，的发展和传播，并且开始逐渐开始举办篮球比赛，这也在一定程度上促进了我国篮球运动的进一步发展。

1910 年旧中国举行的第 1 届全运会上，男子篮球被列为表演项目，1914 年第 2 届全运会上，男子篮球被列为正式比赛项目；1924 年第 3 届全运会上，女子篮球被列为正式比赛项目。

此后，在华北等地区性运动会上，篮球运动也最先被列为正式比赛项目。我们国家的男子篮球队参加了很多世界级的篮球运动比赛，并且在 1936 年和 1948 年的两届奥运会上我们国家的男子篮球队都有不俗的表现，这充分表现了我国篮球运动的进步和世界篮球运动的融合。

20 世纪 20 年代初期，我国篮球运动水平非常低下，直到 20 世纪 30 年代后，篮球技术才有了一定程度的发展，出现了多种多样的传球方式，有双手反弹传球、单手勾手和单手背后传球等。

投篮方式也逐步增多，有单手定位投篮、单手勾手投篮、行进间单手投篮和转身跳起双手腹前投篮。运球技术也有所发展，如变向运球等。在战术方面，1927 年以后有了五人分区联防。1930 年，在旧中国第 4 届全运会上，上海队采用了人盯人防守和快攻的自由式打法。1935 年以后流行"8"字战术。

这一时期，我国的篮球运动与军队、革命运动还有一定的联系。20 世纪 30 年代后期，在革命根据地，篮球运动已成为深受广大人民群众和红军、八路军将士喜爱的运动项目。

纪律严明、宗旨明确、体能良好、斗志顽强、打法泼辣、技术朴实是他们共同的特点，这使得革命军人的优良道德品质和战斗风格得到了充分的反映，并给根据地军民留下了深刻的印象。在这样的背景和形势下，我国的篮球运动得到了初步发展。

1945 年抗日战争胜利后，天津、北京、上海以及东北等地区涌现出不少新的篮球队。新中国成立后，我国体育事业的蓬勃发展和群众性篮球运动的普及为篮球运动水平的迅速提高奠定了坚实的基础。

1948 年中国参加了在英国伦敦举办的第 14 届奥运会篮球比赛，本届比赛共有 23 个国家参加，最终经过激烈角逐，中国队获得第 18 名。这一成绩虽然不能算是理想，但是对于起步较晚的中国篮球来说，让人们看到了发展的前景和希望。

2. 普及和复苏的时期

新中国成立后，篮球运动受到政府和领导的高度重视。在"普及与提高相结合"的方针指引下，篮球运动在我国也得到了广泛的开展。

20 世纪 50 年代初，中央体训班篮球队在北京成立，这对于我国篮球运动水平的提高具有重要的意义。

为加强我国篮球运动同其他国家之间的交流，1950 年 12 月 24 日，前苏联国家篮球队访问了我国北京、天津、上海、南京、广州、武昌、沈阳、哈尔滨 8 个城市，与这 8 个城市中的多支队伍进行了共 33 场比赛，比赛结果是我国球队输掉了绝大部分比赛。在交流和对比之下，直接暴露了我国篮球竞技水平整体较为落后的状况。

1956 年，我国曾多次召开篮球训练工作会议，明确提出"积极、主动、快速、灵活、准确"的训练方针，从此以后，我国篮球运动开始走上有计划的系统训练道路，技术水平也得到极大提高。

在以后举行的篮球比赛中，我国篮球运动员都取得了较为理想的成绩，并且逐渐形成了自己的独特风格。1959 年，在新中国举办的第 1 届全国运动会篮球比赛中，四川男队、北京女队分别获得冠军。

1972 年，我国举行了全国五项球类比赛大会，同年底，篮、排、足三大球训练工作会议在北京召开，会议提出了"积极主动，勇猛顽强，快速、灵活、全面、准确"的技术风格。

1975 年，中国篮球协会在亚洲业余篮球联合会取得了合法席位；次年，国际业余篮球联合会通过决议，恢复中国篮球协会的合法席位，并承认中华人民共和国篮球协会是中国唯一合法组织。

1979 年，我国实行改革开放政策，我国篮球界深化改革，严格训练，严格管理，篮球运动进入最佳发展时期，在世界性及洲际性竞赛中不断获得优异成绩。

然而，到了 20 世纪 90 年代中后期，我国的篮球运动整体上呈现出滑坡的状态，具体来说，女篮状态不够稳定，男篮与世界先进水平还有一定差距。

3. 改革创新期

20 世纪 90 年代中期以后，随着市场经济的不断发展，以及改革开放的逐步深入，人们的思想观念发生了重大的变化，在此影响下，我国篮球运动也进入了市场化的快速发展道路。

在 1996 年创造了我国职业化联赛的开端，也是一次大胆的改革尝试，即举办了由前卫体协、吉林、北京体师、上海交大等 8 个省市、部队、学校组队参加的男子"职业"篮球联赛（当时称 CNBA 职业联赛），但遗憾的是，这个联赛开始不久后就因故暂停了。

此后，中国篮协认为联赛是国家篮球水平的基础，决定再一次对联赛竞赛制度进行改革，并以全国男篮甲级联赛赛制改革为基础，以职业化、商业化为导向，全面加速篮球竞赛体制改革的进程。

CBA 联赛的成功进行吸引了各个年龄段的篮球爱好者和社会的关注，特别是在球队实力接近、比赛悬念丛生的 2000—2001 赛季中，以"小巨人"姚明、"追风少年"王治郅、"战神"刘玉栋和"虎王"孙军等人的出色表现，有效地扩大了中国篮球联赛和中国篮球在世界的影响力。

21 世纪后，我国篮球运动的产业化发展步伐进一步加快，开始迈出职业化、产业化发展的新步伐。截至目前，我国男子篮球职业联赛的发展已有差不多 20 个年头，在这 20 年里，我国职业篮球从最初的不完善，到现在成为影响力较大的篮球联赛之一。由此可见，我国篮球运动发展的势头良好，有着非常广阔的发展前景。

二、篮球运动的特点和作用

篮球运动既是一项体育运动项目，也是一种文化表现形式。篮球运动的发展离不开其所具有的独特文化内涵。因此，本节重点就是详细阐述篮球运动的特点和作用，以便人们能够更好地理解篮球运动文化，懂得欣赏篮球运动，进而促进篮球运动更好更快地发展。

（一）篮球运动的特点

1. 组织的集体性

篮球运动是同场对抗性项目，整个运动过程都充满着激烈的对抗，随着篮球运动水平的不断提高，这种对抗性越来越强。

因此，要想在比赛中占据优势和取得胜利，球队不仅要有精湛的个人技术，更要有默契的集体配合。所以，现在的篮球运动队都特别提倡集体主义精神。两者是相辅相成的，共同发展的关系。

2. 运动的快速性

篮球比赛中一次进攻必须在 24 秒内完成，否则就算犯规，这就给篮球运动提出了更快的速度要求。

在保证快速性的前提下，篮球运动要继续加快进攻速度，争取主动控制权；继续提高运用技术和战术间衔接的速度；继续提高攻守转换速度等。这些都赋予篮球新的含义，高质量的快速技术，有节奏的快速转换攻守配合，快速、强攻等成为各国优秀篮球队伍必须努力的奋斗目标。

3. 运动技能的开放性

在篮球比赛过程中，技战术运用的条件和时机存在着较大的差别。技术动作的组合结构与练习过程中的技术动作组合结构总因时间、位置、对手等外部情况的不同而发生变化。

战术配合的安排和运用也不是一成不变的，在大多数情况下都要求运动员根据场上的具体情况做出准确的判断、抉择，灵活地贯彻教练员的意图。由此可见，篮球运动属于一项开放性运动技能项目。在篮球运动中，技术是基础，它直接关系到篮球运动员运动技能水平的提高和全队整体战术的发挥；身体素质则是提高动作质量、难度和保证对抗能力的身体条件。它们只有有机结合起来、相互依托，才能构成外显的竞技能力。

4. 篮球活动的娱乐性

最初篮球运动就是一项活动性游戏，是一种人们喜闻乐见的全民健身娱乐手段。在后来的发展和演变进程中，篮球的娱乐性特征始终占据着一定的位置，是篮球赖以生存和发展的重要因素。

从事篮球运动的人能从中得到自我价值的体现，愉悦身心，促进身心健康发展，而观看篮球比赛的人也能从中得到鼓舞、力量和快乐，丰富了自己的业余生活，使自己得到满足和自信。

5. 比赛的观赏性

篮球运动作为一种社会文化形态，具有很高的技艺性与观赏性，篮球运动能充分展现出人的心灵气质和优美形态。另外，众多篮球明星队员的出现为比赛注入了强心剂，大大增强了比赛的观赏性。篮球运动场上，比赛情况是千变万化的，失败者的沮丧、胜利者的喜悦，都使人难以忘怀，这充分表明篮球运动具有极强的观赏价值，这也是篮球运动赖以发展的基础之一。如 NBA 前球员乔丹、约翰逊等世界优秀篮球运动员，将篮球技术、智慧的运用升华到了艺术的境界，这不仅仅体现了个人的才华，而且又能给人以艺术的享受、智慧的启迪。

6. 篮球战术的多变性

篮球运动是以手控制球，并围绕着投篮得分展开攻守对抗为主要活动形式。因此，技术动作复杂多样，这也就造成了战术多变性的特点。篮球赛场上的情况变化万千，围绕着空间瞬时变化展开的地面与空间、单兵与集体配合相结合的攻守立体型对抗方式，是现代篮球运动的重要特征之一。在大多数情况下，固定的模式、不变的打法是难以应对比赛需要的，篮球战术的运用必须富有灵活性与机动性。运动员要根据比赛的具体实际情况，随机应变，提高临场应变的能力，灵活地运用战术和变换战术，只有这样才能为比赛的胜利打下良好的基础。

7. 竞争的对抗性

篮球运动是一项直接发生身体接触的对抗性项目，攻守的强对抗是其基本规律和特征。这种对抗表现在有球队员之间的对抗；无球队员之间的对抗；争夺篮板球之间的对抗；教练员之间的谋略对抗；双方队员思想作风和意志品质的对抗。对抗是竞争的一种高层次表现形成，通过对抗培养球员的竞争意识和能力，这种意识和能力也是现代素质教育的重要组成部分。

8. 运动的教育性

在篮球运动的发展过程中必然会包含丰富的教育内容，所以我们可以很肯定的说，篮球运动对于提高人们社会素质、加强人们的相互交往以及增强人们的民族意识和国家荣誉的责任感都有一定促进作用。篮球运动是一种集体性的训练和比赛形式，要想获得篮球比赛的胜利一定要靠队员之间的配合与协调以及教练员的战术运用。这种战术动作的配合我们可以把它视作队员之间的一种道德情感、共同的荣誉感和责任感，当你忽略了集体的荣誉感，一味地表现自己，影响了比赛的整体性必将会受到公众的批评和职责。

这种以团队为基础的教学训练，有益于培养人们的集体主义精神，增强人与人之间的良好的道德情感，进而养成正确的人生观和价值观。

9. 运作的商业性

职业篮球运动员可以参加奥运会等世界大赛，对世界篮球运动的进一步发展与提高起到了强大的推动作用。随着篮球运动职业化程度的不断发展，各国相继建立起自己的职业联赛，如 NBA 是当前发展的最为迅速、影响力最大的职业联赛，我国的 CBA 联赛在近年来也得到了快速的发展。职业篮球联赛的发展推动着篮球运动在世界范围内进入商品化，使其走上了商业化的发展轨道，运动员和运动队的技能水平等都将成为商品。

因此，国内外重大篮球竞赛组织者以电视转播、广告宣传、运动服装、体育器材、体育彩票等方面进行体育经纪活动，并通过经纪人开展赢利性经营和操作。这表明篮球运动具有商业性的特点，是篮球运动发展的新趋势之一。

10. 知识的多元性

现代篮球运动具有内容结构的多元性和综合化的特点，形成了自己独特的理论和技术、战术体系。发展到现在，篮球已成为一门交叉性较强的学科课程，篮球运动方面的知识开始向多元化方向发展。知识的多元性要求运动员和运动队必须具备特殊的运动意识、集体的团队精神、个性气质、身体形态条件、生理机能、心理品质、道德作风，全面身体素质、专项技术与战术配合方法体系及实战能力等。

11. 比赛的职业化

自从现代职业篮球俱乐部成立以后，随着竞技运动水平的不断提高和比赛制度的逐渐森严，现代篮球运动在全世界都得到了快速的发展。

运动员智能、体能和技术、战术水平的提高，在篮球运动的职业化进程中起到了重要的催化作用。在 20 世纪末期，职业篮球俱乐部如雨后春笋般涌现，美洲、欧洲、澳洲、亚洲等地区的职业篮球俱乐部相继建立起来，在国际奥委会同意美国 NBA 职业球员参加国际大赛后，现代篮球运动进入了一个新的起点。发展到现在，全球职业化之篮球已发展为一项新的产业。这是篮球运动发展的一个新特点。

（二）篮球运动的作用

篮球运动具有多种功能和价值，大致可概括为身体、心理和社会适应 3 个方面的价值，具体如下。

1. 篮球运动对身体健康的影响

（1）篮球运动对身体形态的影响：

①篮球运动对骨骼的影响：骨化是骨在生长发育中所依赖的重要过程。在青少年时期，骨中含有较多的有机物，具有很大的可塑性，长骨两端有使骨增长的骺软骨。在 12 ~ 18 岁之间，人的骺软骨生长的速度非常快，18 岁以后，骺软骨的生长速度逐渐变缓，甚至不再生长。

而在青少年时期进行适宜的篮球运动锻炼，使骨承受一定负荷的刺激，能够促进血液循环，改善骨的营养供给，加快骺软骨的增生和骨化增长，从而促进骨的生长发育。

骨密质分布于长骨骨干和骨骺的外侧部分。经常参加篮球运动，由于肌肉参与运动对骨的牵拉作用，会使骨表面的隆起更为明显，骨密度增厚，管状骨增粗，使骨的形态结构发生良好的变化，同时也能够使骨抗压、抗弯、抗折断等机械性能得到提高。

许多研究表明，对于发育中的骨骼，较低和中等强度的运动负荷可明显促进其骨密质的形成。

骨松质是大量针状或片状骨小梁相互连接而成的多孔网架结构，网孔即骨髓腔，其中充满骨髓。大量研究表明，篮球锻炼使骨小梁新骨形成增加，骨小梁排列更加有序化。

②篮球运动队肌肉的影响：研究证明，科学的篮球运动锻炼可使骨骼肌的形态、结构及功能发生一系列适应性变化，具体表现在以下几个方面。

篮球运动对肌肉体积的影响：肌纤维又称为肌细胞，是肌肉的主要组成部分，也是肌肉活动的基本功能单位。经常参加篮球运动可使肌纤维肥大，其肌纤维直径或横断面积均大于较少锻炼者。肌肉体积的增大主要表现在肢体的围度增加。以往的研究认为肌肉体积增大、重量增加主要表现为肌纤维增粗，最近也有报道表明，肌肉体积增大还有肌纤维数量增加的因素。研究表明，耐力训练可使快肌纤维向慢肌纤维转化，使肌肉体积增加。

篮球运动对肌肉结缔组织的影响：在篮球运动过程中，通过肌肉的反复牵拉，不仅可以促进肌腱和韧带中的细胞增生，也可使肌外膜、肌束膜和肌内膜增厚，肌肉变得结实，抗牵拉强度提高，从而增强肌肉的抗断能力。研究表明，力量练习可以使肌膜增厚，抗牵拉强度提高。

篮球运动对肌纤维的影响：篮球运动是一项将力量、爆发力、耐力、速度、灵敏性和柔韧性集于一体的运动项目。在篮球运动中，通过激烈的力量对抗可使肌纤维得到最大限度的发展，而且快肌纤维增粗明显，如快攻中快速推进所表现出的速度，可使快肌纤维增粗；而运动中表现出的耐力，可使肌纤维中线粒体的数量增加，体积增大。

篮球运动对肌肉收缩的影响：篮球运动中，运动员时常需要快速起动、变向跑、侧身跑、变速跑、运球变向、急起急停、急停跳投、攻防转换等技术。这些技术都是以人的踝、膝、髋为轴，通过脚蹬碾的力量、腰腹力量、手臂摆动力量带动躯干灵活地运动，从而改变身体位置、方向和速度。在篮球运动中，原动肌、对抗肌、固定肌以及中和肌所起的作用虽然不同，但它们共同收缩、相互配合、共同协调，可确保动作的正确完成。

篮球运动能改善和提高这些肌群的协调性，使肌肉收缩能以最有效、最经济的方式来完成某一动作，肌肉收缩的效率得到充分发挥。

篮球运动对肌耐力的影响：经常参加篮球运动，一方面可以使肌肉中的线粒体数量增多，体积增大，肌肉有氧氧化生成 ATP 的能力增加；另一方面会使肌糖原含量增多，增加肌肉内能源储备，在运动中能保持更长时间的较高功率输出；其次也会使肌红蛋白含量增多，使肌肉中的储氧能力大大提高，减少酸的生成，延缓运动性疲劳的产生，肌肉中毛细血管数量增多，使肌肉血液供给得到改善。

研究发现，肌纤维的毛细血管在锻炼后开放的数量明显增多，为安静时的 20～30 倍，这样可以使肌肉血液供给得到改善，有利于肌肉进行紧张持久的工作。

③篮球运动对身体状况的影响：研究发现，篮球运动对身体状况有重要的影响。通过对男大学生身体在参加篮球运动锻炼训练前后的对比研究发现，上臂皮脂、背部皮脂、腹部皮脂的厚度明显减少。正常人骨骼肌重量约占体重的40%，经长期参加体育锻炼可达到45%～50%。篮球运动对男大学生体形的影响是锻炼后胸围、腰围、大腿围和小腿围的指数都明显低于锻炼前。

另有研究表明，有氧运动可明显增加脂蛋白酶（LPL）的活性。脂蛋白酶活性的增加可促进运动中和运动后体内的脂肪分解，增加脂肪的利用率，促进肌肉发达有力，瘦体重增加，体脂率下降，达到强身健体、保持健美体形的目的。

（2）篮球运动对心血管系统的影响：

①篮球运动对心脏泵血功能的影响：

心肌收缩能力增强：篮球比赛是一项时间相对较长、强度较大的运动项目。在篮球运动中，心的输出量持续保持在一个较高水平，使心肌合成代谢增强，心肌收缩蛋白增加，心肌纤维有不同程度的增粗，心肌肥大，心肌细胞的功能活动增强，同时毛细血管功能活动增强，有利于心肌运动时氧气的弥散与营养物质的供应。研究表明，篮球运动可使心肌细胞内毛细血管分布与功能结构增多。心脏的这些结构与功能的改变，将有利于心肌有氧氧化供能，使心力储备和心肌收缩功能增强，每搏输出量增加。

心腔扩大：在篮球运动过程中，由于肌肉活动需要消耗大量的氧气和营养物质，同时产生较多的二样化碳等代谢产物。与此相适应，必须加快血液循环，输送养料，带走代谢物。因此，经常从事体育运动会使心肌增厚，心腔扩大，包括左右心室及左心房扩大。

静脉回流量增多：人在篮球运动中，由于肌肉和关节的感觉神经传入冲动，使大脑皮质处于强烈的兴奋状态，迷走神经张力减弱而交感神经张力增高，促进肾上腺髓质分泌肾上腺素和去甲肾上腺素增多，运动员的心搏加快、加强，腹腔内脏血管收缩，肌肉血管舒张，使血液循环量增加，血液重新分配。

此外，由于肌肉的物质代谢增强、代谢物堆积，促使肌肉血管舒张，外周阻力下降，冠状动脉因心脏活动增强、代谢物增多而继发性引起呼吸运动的加强，胸内压增高，这些因素都有利于静脉血液回流，使心脏舒张末期的容积增加。

②篮球运动对血液循环系统功能的影响：

对血管壁的影响：经常参加篮球运动锻炼或训练，可以使动脉血管壁的中膜增厚，平滑肌和弹性纤维增多，大动脉的弹性纤维增长占优势，中等动脉的平滑肌细胞增长占优势。

对血管数量的影响：研究发现，运动能使骨骼肌内的毛细血管分布数量增加，有利于器官的供血和功能的提高；经常参加篮球运动能使心脏周围毛细血管的数量增加，心室肌毛细血管密度增大，冠状动脉增粗，有利于心肌的血液供应和对氧的利用。

使血氧饱和度增高：血氧饱和度是指血液中血红蛋白与氧结合的程度。血液中血红蛋白可以结合氧和解离氧，是人体必需的氧载体。血氧饱和度是反映血液运输氧的能力的重要指标。

人体除了红细胞中的血红蛋白可以运载氧之外，肌肉中的肌红蛋白也是一种含铁蛋白质，其性质与血红蛋白一样。篮球运动可以使血氧饱和度增高，肌红蛋白增加，机体内含氧量增强。

③篮球运动对微循环系统的影响：通常情况下，骨骼肌中的迂回通路只有 20%～30% 真毛细血管处于开放状态，其舒缩活动主要与局部代谢物的积累有关。运动时，肌肉中的代谢产物增多，促使真毛细血管开放增多，有利于肌肉获得更多的氧气，以适应代谢的需要。

通常情况下，骨骼肌中的迂回通路只有处于开放状态，其舒缩活动主要与局部代谢物的积累有关。运动时肌肉中的代谢产物增多，促使真毛细血管开放增多，有利于肌肉获得更多的氧，以适应代谢的需要。在直捷通路中后微动脉和后微静脉更加吻合，血液流速增快，动脉和静脉吻合支开放量增加，皮肤的血流量自然也会增多。

（3）篮球运动对呼吸系统的影响：

①篮球运动对肺活量的影响：正常成年人男性的肺活量为 3500 毫升左右，女性约为 2500 毫升。经常参加篮球运动，能使呼吸肌得到发展、胸围加大、呼吸深度加深、肺和胸廓弹性增强、安静时呼吸次数降低、肺活量增大。研究表明篮球运动员的肺活量较常人高，优秀运动员可达 7000 毫升左右。经常参加篮球运动的大学生，肺活量明显增加，有氧运动能力有显著提高，这说明篮球运动对改善机体的生理机能有积极的影响。

②篮球运动对肺泡通气量的影响：一般人在安静时每分钟呼吸 12～16 次，每次呼吸吸入新鲜空气约 500 毫升，每分钟肺通气量约为 6～8 升，而剧烈运动时呼吸次数可增至每分钟 40～50 次，每次吸入空气达 2500 毫升，为安静时的 5 倍，每分钟肺通气量可高达 70～120 升。篮球运动可导致安静时呼吸深度增加，而呼吸频率下降。在相同肺通气量的情况下，运动员的呼吸频率比无训练人员要低，肺泡通气量和气体交换率加大，即肺通气更有效。

③篮球运动对最大吸氧量的影响：在篮球运动中，人体需要通过呼吸系统从外界摄取氧气，并经过心血管系统把氧输送到组织器官。研究表明，经常参加篮球运动可以提高心脏的泵血功能、血液运输氧的能力管理和肌肉利用氧的能力。另外，坚持参加篮球运动锻炼还可以使肌肉中的毛细血管增加，使线粒体的数量增多、体积增大，促进静脉血液回流和有氧氧化酶的活性增加，并可提高肌红蛋白含量和最大吸氧量。

（4）篮球运动对身体健康素质的影响：

①篮球运动可以提高有氧代谢能力：现代篮球比赛中的运动负荷为高密度、大强度，最大强度的心率可超过 210 次/min。由于比赛中经常出现犯规、暂停、换人、球出界等情况而中断比赛，运动员可以利用这些时间获得短暂的休整，心率逐渐下降到 25 次/10 秒左右，所以在比赛中大部分时间都以有氧代谢供能为主。世界一流强队之间的篮球比赛更为

紧张激烈，一场篮球比赛中，运动员跑动的距离约为 5～10 千米，其中只有 8%～18% 的距离是队员以最快的速度运动的，其余大部分时间仍以有氧代谢供能为主，这可使场上运动员始终保持充沛的体力和旺盛的斗志。

一般来说，普通人参加篮球运动或篮球比赛，运动强度远远小于专业篮球运动员，其有氧代谢提供的能量比例更大，一般达到 90% 以上。因此，经常参加篮球运动可以有效提高肺泡通气量，提高呼吸效率，改善心血管机能，促进组织器官中氧化酶活性升高，增强利用氧的能力。

②篮球运动对肌肉的影响：

a. 篮球运动对肌肉力量的影响：

肌纤维增粗。通过长期坚持篮球运动锻炼或训练，可以使骨骼肌组织壮大，其原因与肌纤维增粗、肌原纤维增多和肌纤维数量增加有着密切的关系。

动员更多的运动单位。运动单位是指一个运动神经元（神经细胞）同它所支配的一组肌纤维（肌细胞）。篮球运动是一项全身运动，在运动时强度有大有小，当进行低强度或轻负荷运动时，优先动用慢肌纤维，随着运动强度的不断增加和负荷的加大，快肌纤维也被动员。经过一段时间的锻炼后，神经系统得到较好的适应与协调，逐渐降低或抵消机体的自身抑制机制，动员更多的肌纤维，相同的肌肉就能产生更大的肌力。

b. 篮球运动对肌耐力的影响：

红肌纤维增粗。肌纤维可分为快肌和慢肌两类，其中慢肌又叫"红肌"。红肌中含有较多的红肌蛋白。因此红肌发达的人，有氧耐力运动较好。篮球运动可以增加红肌纤维中的线粒体数量，并使其体积增大，增强氧化酶的活性，从而引起红肌纤维增粗。

合成 ATP 能力增强。三磷酸腺苷（简称 ATP）是提供机体的最终能源形式。篮球运动可使肌肉中 ATP 的含量增加，增强其合成能力，促进肌肉中 CK 酶的活性提高，耐乳酸的能力增强，同时使无氧酵解途径的酶的活性升高，有氧氧化能力提高，线粒体密度和有氧氧化代谢酶的能力提高。

肌肉持续工作时间延长。决定肌肉持续工作能力的主要因素有肌红蛋白增加、耐乳酸能力和有氧氧化乳酸能力增强、神经系统的调控能力提高、能量节省化等。篮球运动可使骨骼肌中肌红蛋白的含量增加，含氧量增加，最大吸氧量提高，并在相同的强度下发挥较高的效能，提高肌肉的耐力。

c. 篮球运动对身体柔韧性的影响：

在篮球运动中，跑、跳、投、传，每一个动作都需要全身的参与。根据篮球运动员在场上位置的不同，对全身各关节柔韧性的要求也有所不同。因此，全身各关节的柔韧性在每一个动作中都有具体作用，哪一个部位不协调都会对技术动作的正常发挥产生不良影响。所以，经常参加篮球运动可以改善身体的柔韧性。

2. 篮球运动对心理素质的影响

（1）篮球运动有助于情商的培养：我们知道篮球运动具有很明显的对抗性、统一性和集体性，适当的参加篮球运动可以有效地培养学生充沛的体力和精力、广泛的社会交往能力以及良好的心理承受能力。以较高的情商去应对学生和生活中的困难。

此外，参加篮球运动，可以培养学生团结拼搏、乐于奉献、积极向上的优良品质；在篮球规则的约束下，有利于学生形成文明的行为方式和良好的体育道德风尚；在篮球竞赛过程中，有利于培养学生克服困难、善于创新的精神，有利于培养学生科学、文明、健康的生活态度。

一场篮球比赛不仅是学生身体和技能的较量，也是学生智慧、意志和协作精神等综合素质的竞争。运动场上学生的表现欲望，反映了学生热爱美、表现美以及追求美的情感与能力，这是当代大学生的情商中所应有的基本内容。

（2）篮球运动有助于提高健康幸福感：健康幸福感又称为心理自我良好感，是指与积极参加身体锻炼有关的某种兴奋、自信和自尊的情绪和态度体验，它是心理健康的重要标志之一。

相关的研究表明，健康和幸福的指数和体育锻炼是分不开的，只有积极的参加锻炼，对于幸福感和健康指数的提高有着很重要的作用，我们不难发现，生活在我们身边的人，能够积极参加运动训练的人和没有积极参加运动训练的人相比，积极参加运动训练的那些人对于自己的感受和评价更加的积极，这种积极性在女子的身上表现的尤其明显，产生这种情况的原因我们不得而知，主要可能是由于锻炼身体产生了心情上的愉悦，其中也有可能是在进行身体锻炼的时候，女子的投入程度要比男子的投入程度更加深入。

积极的参加身体锻炼对于幸福感的产生是有很大影响的，其中的原因我们知道可能有生理上的、心理上的和社会上的，也有可能是三者共同作用的结果。我们需要特别注意的就是健康幸福感的逐渐增加实际上和消极情绪的减少也有一定的关系。有关的研究表明，当人们参加身体锻炼30min，那么，他的紧张、焦虑、愤怒等不良的情绪就会得到明显的改变，同时这个人的精力也会比较旺盛。

所以我们说，当一个人的紧张、焦虑、愤怒等不良情绪减少的时候，本身也就相当于健康幸福指数的增加。在篮球运动中，当一个技术或者战术运用成功之后，甚至是在取得了一场篮球比赛的胜利之后，个人的自我欣赏就会体现出来，并且把这种信息传递到人的大脑中去，紧接着就会产生一种自我认知的成就感，进而在情绪上会产生愉快的表情，这个过程在人的生理反应过程中的时间非常短。

（3）篮球运动有助于减轻焦虑和抑郁症状：焦虑是一种对当前或预计的威胁所反映出的恐惧和不安的情绪状态。与紧张、焦虑等消极情绪相比，它可能是伴随人生价值的失落感而产生的悲伤、恐惧、焦虑及羞愧甚至负罪感，其持续时间更长，给人带来的痛苦更大。

抑郁症的临床特点为悲观、悲伤、失助感、低自尊和绝望，易疲劳、易怒、优柔寡断、回避社交和厌世。

有大量的研究表明，在人们感到焦虑、抑郁或者是愤怒的时候，进行一些短期的身体锻炼，这样有助于减轻人的这种不良情绪，当然减轻的时间是相对较短的，对于那些长期坚持参加体育锻炼的人，在他们身上发生心理疾病或者是焦虑、抑郁或愤怒等不良情绪的几率是非常小的。

身体活动或身体锻炼对焦虑和抑郁症状的改善具有积极作用。对于那些性情比较怪癖、性格内向、不善与人交往的人来说，积极的参加篮球锻炼能够促进人与人之间的自然交流，进而互相信任、相互鼓励，通过参加篮球运动，不仅可以增加人的快乐情绪，而且对于减轻人的不良情绪以及振奋人的精神都有着不可忽视的作用。

所以我们可以说在长期参加篮球运动之后，对于那些神经衰弱或者神经方面有障碍的人来说，具有很大的益处。

（4）篮球运动有助于塑造健全的人格精神：所谓的人格的精神就是指人的气质、能力、动机、人生观等各个方面都能够表现得相当完美，人格作为人的整体精神面貌能够完整地表现出来。

篮球运动我们要从两个方面来看，从宏观的角度来讲，篮球运动是一场群体性的竞争运动，但是我们从微观上来讲的话，篮球运动又是一种两个群体间的每个个体相互竞争的运动。

在进行篮球运动的时候，每一个运动的环节都要求队员在不断发挥个人能力的基础上，然后配合整体的战术，或者我们可以这样说，一个成熟的群体配合离不开这个群体中的每个成员的努力。篮球的运动是复杂多变的，每一个相互转换的瞬间都要求个体能够做出正确的判断，当然战术运用的时机也是非常重要的，个体的失误对于比赛的结果也是有很大的影响。

篮球运动的这种特点很好地说明了在艰难的状况中需要我们表现出巨大的勇气，在常态下需要表现出创新的思想，我们只有在拥有鲜明的个性以及独立的人格之后才能够体现出敢于创新和冒险的精神，进而在极端复杂的情况下与比较有实力的对手进行抗争，并且最终取得比赛的胜利。

在进行篮球比赛的时候，这种竞争精神可以直接表现出人的本质力量，所以，积极参加篮球运动不但能够在精神上锻炼人们的吃苦耐劳、勇于拼搏、敢于进取的精神，而且还能够增加人的自觉性、果断性等，对于身体上的锻炼则是更加直接，增加人们的体质，减少不良情绪和生理疾病的发生，等等，综上所述我们说篮球运动在一定程度上可以实现人的个性的自由发展。

（5）篮球运动有助于创造良好的情绪体验：除了上述情绪功能外，身体活动和身体锻炼还可以为参与者提供一个体验"尖峰时刻"的机会，这种体验可以提高人们的生活质量。"尖峰时刻"包括最佳表现、流畅体验、身体运动快感以及高峰体验等良好的情绪体验，它们是奖励性的、难忘的和强有力的个人体验。"尖峰时刻"经常出现在身体运动中，而且是对身体活动的一种特殊而有价值的自我奖赏。

我们知道，篮球运动从一开始便要求人们要有良好的身体素质、精湛的技术水平以及心理上的平稳等，在规则允许的范围内去攻击对手，并且取得比赛的胜利。篮球运动是富有趣味和激情的比赛，在进行篮球运动的过程中，锻炼者通过娴熟的运球、巧妙的传球以及准确的投篮等，再加上攻守交错、对抗转变一系列战术的运用，会给人一种体育竞技美的感受，无论你是在运动场上参与篮球运动的人，还是在观众席欣赏比赛的人，我相信都会有一种"尖峰时刻"的感受，进而得到良好的情绪体验。

3. 篮球运动对社会适应能力的影响

（1）篮球运动对社会价值观念的影响：

①篮球运动对价值观的影响：篮球运动具有强烈的教育性，我们不难发现篮球运动是一项集体性质的体育运动形式，对于培养学生的组织性、纪律性以及集体主义精神都有着重要的作用。

大多数的青少年都具有较强的上进心、好奇心以及活泼好动的心理和生理特征，所以很多青少年都会比较喜欢篮球运动，与此同时，在学校的教育中，有意识地增加一些学校篮球的教学课程，并且定期组织一些篮球竞赛，这样能够培养学生的竞争意识和积极进取、不怕困难、用于拼搏的精神。"胜不骄，败不馁"是对人意志素质方面的要求。

积极的参加篮球运动能够很好的激励青少年力争上游、顽强拼搏的竞争精神，同时对于培养他们的责任感、义务感以及集体荣誉感等都有积极的作用。篮球竞赛能够给广大的学生带来精神的上的满足以及情感上的愉快，进而激发他们积极参加身体锻炼的愿望。

通过实践，人们逐渐认识篮球运动的教育价值，主要有以下几个方面。

篮球运动是集体项目，其运动行为是通过集体对抗的形式表现出来的，因而从事篮球运动能够增强集体意识，强调人与人之间的相互配合、相互信任、相互协作。

篮球运动是在严格、统一竞赛规则的规范下进行的"文明"运动，能够培养运动者良好的行为规范和组织能力。

篮球运动是一项高体能、高智慧的运动，从事篮球运动能提高人的智能和体能。

篮球运动的这些特性使参与者和观赏者都能从心理上得到享受和满足，给人一种美的享受，促进人格的培养和个性的完善，形成良好的人生价值观。

②篮球运动对竞争能力和合作意识的培养：所谓的合作就是两个或者两个以上的人为了能够达到预先设定的目标，在行动上、思想上、语言上等通过一种相互配合的方式，达到自己的预期目标。合作和竞争是一样的，都是人和人之间的相互作用的基本形式，合作和竞争在形式上是相互对立的，但是在社会生活中却是经常如影随形。

人类社会的不断发展证明了一个永恒不变的真理，这个真理就是个人的作用和贡献是有限的，真正能够发挥作用的还是集体，合作是人类社会中最为常见的一种现象。即使是这样，并不是所有的人都能够明白它其中的含义，尤其是当代的大学生，在这一代人种，他们赶上了国家计划生育的政策，大多数都是独生子女，我们知道独生子女的自私心理是非常重的，总是"以自我为中心"的意识比较强，缺乏一定的和他人合作的意识和习惯。

即使现在很多的大学生在一些学校的文体活动中选择性地参与了一些合作，但是这并不完全等于他们拥有了真正的合作意识，按照事实情况来说，他们可能还不能深刻地理解合作的更深层次的含义。

因此，必须让学生理解合作是人类生存的必要条件，理解合作有利于提高竞争者的竞争能力，有利于维护竞争者的心理健康，懂得合作中的竞争与竞争中的合作是社会主义社会的道德要求。

篮球运动中时刻充满了竞争与合作，我们在进行篮球运动的时候只有学会了竞争与合作之间的精髓，发扬团队合作的精神，才有可能在比赛中获得成功。

篮球运动是一个集体的项目，在比赛过程中始终要贯穿着集体之间的相互配合。例如在篮球运动中的传切、掩护等配合都是需要两个人或者三个人才能完成的动作，只有团队的合作才能取得相对比较好的结果，综合多变的防守和进攻战术体系更是需要团队的配合才能够成功地执行。

集体队员之间的相互配合，依靠个体之间统一的目标、统一的思想等，进而形成一个有机的整体，展开和对手之间激烈的竞争和对抗，这种队员之间的相互沟通、理解与合作具有很大的社会意义，个体之间的合作是保证集体能够取得胜利的关键，个体行为上的相互合作会直接影响人的心灵和情感上的沟通，最终促进集体之间的凝聚力。

除此之外，在人们进行篮球比赛的时候，看台上的成千上万的观众的热情也会随着比赛的激烈程度而变化，他们把自己的情绪和激情都与比赛的氛围联系到一起，全力支持自己喜欢的球队，甚至把自己视为球队中的一员，与这支球队同呼吸、同命运，所以无形中就加强了人与人之间的凝聚力。

我们不难发现，在进行篮球比赛的时候，参与者必须要抛弃相对狭隘的意识，不断开阔自己的眼界，从心底里认知并执行团队与合作的理念，这才是团队获得成功的必要条件。

③篮球运动对创新意识和创新能力的培养：篮球技战术的不断变化就是不断创新的过程。篮球运动员在进行比赛的时候，对于教练制定的篮球战术要随着比赛节奏的变化而随时改变，不要一味地死守规则，完全遵从教条主义是一种很愚蠢的行为，对于比赛节奏和场面的变化队员们要及时果断地做出反应，根据场上现有的局面来进行分析，进而做出能够改变糟糕局面的组合动作。

我们从运动的结构上来看，在篮球的技术中有些动作是相对固定的，但是在实际的运用当中，整个技术的动作又会表现出很多不同的动作成分。我们在相同的条件下，队员做出的动作组合往往是不尽相同的，这就需要我们的队员在进行比赛的时候要学会随机应变，争取在比赛的过程中再创造出一种新型的、巧妙的动作或者是配合。

所以我们说，篮球运动能够很好地培养人的良好思维、应变能力以及创新精神。同时来讲，篮球运动不仅是一个有高度的全面抗衡，同时也是个人和个人之间的一种竞技较量，队员们可以在球场上根据自身的特点尽情地展示自己的才华。

从这个意义上说，篮球运动有助于培养学生的竞争意识和开拓精神。这些优秀品质不仅表现在球场上，而且也会转移到日常的工作和生活中，有利于培养敢于尝试、不断创新的精神。

（2）篮球运动对社会规范的影响：

①篮球运动可以规范人的行为：

篮球竞赛规则对人的社会行为具有约束力：在进行篮球运动的时候，个人的行为一定要符合整个团队的规则和理念，每个人都要养成自觉遵守规则的习惯。每个人在进行篮球运动的时候，行为上一定要体现出一种敬业的精神和责任感，进而表现出踏踏实实、拼尽全力的精神，取得队友的认同、社会的认同，尽量控制自己违反规则的行为。

我们都知道篮球运动是一项比赛比较激烈的对抗性运动，个人之间的身体对抗是在所难免的，在进行激烈对抗的时候，我们要尽量占据比较有利的位置，千万不能为了达到胜利的目的去故意伤害对手，或者为了某一次的球权或者得分采用一种投机取巧的手段，这不仅违反了篮球运动的规则，更加违反了体育的道德精神。

在比赛的过程中经常会因为比赛情绪的变化而导致暴力事件的发生，这些越轨的行为不仅会受到比赛规则的制约，同时在社会上还会受到严厉的指责，情况特别严重者，还会受到法律的制裁。

体育道德精神对人的社会行为具有影响力：人类的攻击性是人性的特点之一，篮球运动能够很好地体现出这种攻击性，在设计了一系列的社会行为的控制器、调节阀（篮球体育运动的竞赛规则和体育道德精神）之后，从更深意义的层次来讲还有文化的约束力，如信仰、宗教、道德、法律等。

体育的道德精神和竞争精神的规则很好地保证了竞争双方在公平公正的条件下进行比赛，要想赢得比赛的胜利需要靠篮球运动的技巧和智慧取得比赛的胜利，积极地保护健康文明的行为，坚决抵制粗暴的、不礼貌的、恶意的不道德行为，限制一切的投机取巧行为。

②篮球运动有利于促进良好的社会关系：个体在社会化的进程中首先要面对的就是要建立好人际的关系。人际关系能够很好地反映人与人之间的互动中所表现出来的心理满足状态。如果没有相互之间的交往，个体社会化的进程就没有办法得到实现，在现实的社会活动中，人们相互认识、交往的过程一定会产生出必要的心理效应，人们在日常的生活中以及社会活动中谋求一种与他人建立一定情感练习的过程，进而满足生理上的需求。

友好和亲近的关系一定会给人们带来正能量，促进人的身心健康发展，但是，厌恶或者是仇视的态度则会给人带来一种压力和焦虑，对于人的身体健康是百害无一利的。所以，人际关系的本质是人的情感的社会交换，良好的人际关系是拥有良好社会交际的一种具体表现。

在进行篮球运动或者比赛的时候，人们的沟通行为就会变得越来越明显，同时这样的运动形式也给人们之间的相互交流提供了一个很好的平台。在篮球比赛中要想实现个人的目标，必须依赖于机体目标的实现，而机体目标的实现又是全队人员的一种集体努力的结果，两者是相辅相成的。

篮球运动在全世界范围内现已成为人与人、团体与团体、国家与国家之间相互交流的工具，成为建立理解、信任、团结与友谊的手段。不同的国家、地区，不同的语言、肤色，人们都可以通过篮球"语言"进行交流，增进相互间的交往。

凡是能够亲身参加篮球运动的人或者能够观看篮球比赛的人，都可以在这个比赛的过程中得到快乐，并且在进行比赛或者观看的过程中还有可能会收获友谊，他们之间相互建立起友谊，并且产生共同的语言。

经常处在一个气氛相对和谐的环境下对人的身心健康和情绪上的影响是很大的，想要获得良好的人际关系，队员之间就要和谐相处，相互关心，只有这样我们才能够在篮球运动中收获友谊，并且建立一种积极健康向上的生活态度，良好的社会关系得到进一步的巩固。

③篮球运动有助于角色的定位与转移：在篮球运动过程中，每位参与者都担任了不同的角色。如中锋、前锋、后卫等，每个角色都有各自的分工、位置和任务。在有些情况下，场上的位置需要进行调整，相应的任务就会出现变化，角色的功能也需要发生变化。

例如，前锋与后卫之间的调整，场上队员与场下替补队员之间的调整等。通过担任篮球运动中不同的角色，可以使参与者理解篮球场上角色的定位和转换。

同样，社会角色的定位与角色的转换也是根据社会的需要确定的，它是与人们的某种社会地位、身份相适应的。

在一定的条件下，角色是可以发生变化的。经常参加篮球竞赛将有助于理解角色的含义，尽快地适应周围环境，并能通过自己的努力，适应不同的社会角色。

（3）篮球运动对现代生活方式的影响：

①篮球运动已成为现代人生活中的一项重要内容：人们喜爱篮球更多的是追求对这种文化现象的体验，追求身心的完善发展。生活节奏加快是现代社会的主要特征之一。

而篮球运动无疑是人们缓解和转移这种威胁的积极有效的方式之一。篮球运动的快节奏有利于提高人们适应环境的能力，它的趣味性则有利于释放人们的这种身心压力。

②篮球运动与终身体育："生命在于运动"这句话很好地诠释了体育锻炼的真谛，随着社会的不断发展和人们生活水平的不断提高以及全面健身计划的逐渐实施，体育锻炼已经成为人们生产和生活中不可或缺的重要组成部分，终身体育的意识已经慢慢开始在人们的脑海中蔓延开来。

篮球运动是全面健身的重要组成部分之一，在一定程度上受到了很多人的喜爱，来自于不同年龄段、不同性别的人对于篮球运动的热爱都有很高的积极性，篮球运动有着很高的健身价值，对于增强人们的体质以及身体的各项生理机能都有非常重要的作用。

因此，经常参加篮球运动对增进健康、提高工作效率具有十分重要的意义。篮球运动是人们实现终身体育的良好载体。

三、现代篮球运动的发展趋势

（一）比赛对抗日趋强烈

发展到现在，篮球比赛对抗性越来越激烈，攻防节奏日益加快，经常可见人仰马翻和犯规的情况，在这样的情况下，只有敢于和善于拼斗才能得分，进而取得比赛的胜利。

篮球运动自从建立一定的规则之后，倡导勇敢进攻，强调大胆投篮，这是无可非议的。为此，随着进攻意识的普遍增强，在世界范围内不断围绕强化进攻创新发展了许多进攻理论、技术与战术，并由此不断改变组建球队的人员配置，形成现代篮球比赛智、快、准、全、变的普遍特点。

随着篮球运动的拼斗性特点逐渐明显，一定会刺激各国的教练和运动员同时考虑到防守的技术动作以及教练员对于篮球运动战术上的创新和拼搏精神的培养，普遍把运动员强悍作风反映在整体与个体防守拼斗能力的提高和控制篮板球拼斗能力强弱上，并且将这种拼斗性视作衡量整个篮球团队实力强弱以及能否获得比赛胜利的标志，并且对应地变革和创新了各种各样的充满拼斗性质的防守技术和战术。

如提倡运用平步追防，身体主动用力抢位、堵截与积极错位抢断的个人防守技术，防守中不断采用综合防守战术制约对手，从而使现代篮球比赛类似战争中的短兵格斗，增强了专项竞技魅力和观赏的文化、教育价值。

拼斗性观念的确立，促使国际篮坛呈现出呼唤"拼斗、拼斗""防守、防守""篮板球、篮板球"的意识与行动。

现代篮球比赛防守过程的主动性、凶悍性、力量性和破坏性更日趋激烈，防守的个人技、战术与技能能力及整体配合的创新发展在加速。

1. 防守理论观点创新

首先是防守理论观点创新，意识加强，提出了"进攻好能得分赢球，同时防守好才能获冠军"的防守新观点。为此，以强壮的体魄、正确的动机、符实的信念和坚韧的毅力、凶悍的作风为基础的个人防守技术与能力的训练更受到重视。

2. 防守战术阵势综合多变

普遍以抢断球、封盖球和抢篮板球为重点组建杀伤力强的凶悍性防守战术配合，形成控内、堵外，促使无球队员不能随意向篮下和有球区穿插反跑或挡插，以求将其挤离有球区和篮筐，切断进攻点、面、线的联系，伺机抢断、追截。

对有球队员全力凶悍追击，近身平步扩展地面防守位置区域，积极判断进攻意图，身体主动用力，凶狠封、逼、盖、追，终止其投篮、传球、运球行动方位，破坏其设想中的攻击目的。

3. 防守策略和防守整体协同配合

在我们重视个人防守能力逐渐提高的同时，还要重点关注整体的防守策略和整体的配合。在由进攻转变为防守的过程中，速度逐渐加快，当失去前场篮板的时候，一定要对获得球权的人加强防守，回到后场，在防守的时候要重点防守组织进攻的核心球员，并且以卡两侧、堵中路的方式打乱对方的排兵布阵，尽量拖延对方进攻的速度，一旦这种方法没有能够奏效，则全员紧缩防守，即使调整防守的阵势，力求每一次的防守都要做到运动积极性高、破坏性大、防守到位。

重视提高拼斗意识和拼斗意志的教育与训练水平，创新攻守技术、战术手段，成为教练员思考的新课题。

（二）智能化方向发展

篮球运动强调运动员的智谋，即要求运动员、教练员掌握科学文化，形成个性化的独特篮球智慧，这就是篮球运动的智能化发展。

篮球是体育科学中的一门重要学科。篮球运动的过程充满着哲理以及矛盾的相互转化。因此，认识与解决矛盾就要靠知识，靠智慧，有谋略，有方法，善于预测，善于应变。两强相遇，智勇结合者胜。

只有用头脑、用意识打球才会使自己更充分显示出独特的运动才华，变得更聪明。

发展到现在，篮球运动对抗愈来愈激烈，运动员在比赛中的对抗和碰撞越来越多，运动员只有善思考、有智慧、有技艺、动脑子、有胆识，才能不断超越自我、充实自我，才能提高自己的技能水平。总体来看，篮球运动的智能化发展是不可磨灭的。

（三）高度化方向发展

所谓的运动员的高度化发展就是重视运动员的身高和滞空能力的高低。现代化的篮球竞争已经逐渐形成了没有高度就没有篮球的共同意识，在进行篮球比赛的时候中锋的作用是不可忽视的，对于职业篮球而言一个能力强的中锋是保证赢得比赛的前提，这也是篮球这个运动竞赛形式的本质所决定的，篮球运动对于高度的要求已经成为众所周知的事情。

由此，高智慧、高形态、高速度、高体能、高强度、高空配合、高比分也成为现代篮球竞技的基本表现形式。

现代篮球运动注重高度化发展，主要体现在以下几个方面。

1. 重视身高的增长

国内外强队普遍重视球队整体平均身高的增长。据统计，世界男子强队平均身高稳定在 2.05 米左右，中锋队员保持在 2.10~2.20 米，超高度的中锋队员达 2.20~2.30 米，全队 2 米以上的队员通常保持 6—8 名；女子队平均身高稳定在 1.90 米左右，中锋队员保持在 1.90~2.00 米，全队 1.90 米以上的队员通常保持 4~6 名。因而形成得高水平的高中锋即"得天下"的论点被实践认可。

2. 重视控制力的提高

重视运动员制空能力的提高，强化力量和弹跳能力的增长，以使自己的攻守都处于制空的优势状态。因此，随着高大运动员的增多，制空能力提高，空间拼斗更为激烈，防守时的空间封盖与拼抢、进攻时立体型的空间配合和超高度的不同角度的技巧性扣篮，使得现代篮球运动增加了许多丰富的内容，同时也充实了现代篮球运动技术和战术上的进攻和防守手段。

3. 重视运动员的特殊训练

普遍重视高大运动员综合性、多元化的特殊训练。

①强化高、壮、快、巧的体能素质训练，以适应高空拼斗，扩大立体性空间与地面拼斗的范围。

②重视高大运动员力量、弹跳、速度和个人技能与能力个性特点的培养，以提高他们在本队基本战术打法中的适应性和机动应变的需要。

随着篮球运动的竞争程度越来越激烈，运动员的身体素质以及篮球智商也要随之变化，许多优秀的教练员都会强调不仅要重视身材高大的运动员的能力锻炼，还要重视身材相对矮小的运动员的能力培养，在今后的比赛过程中是需要高个子队员和矮个子队员相互配合的，身材较小的队员能够里突外投，身材高大的运动员在篮下拥有较好的枪篮板的能力，两者之间的相互配合对于战术的成功实施会起到一定的促进作用。这一篮球训练思想和观念将在未来得到深入地贯彻与发展。

（四）投篮准确性逐步提高

投篮准确性的提高是取得比赛胜利的关键，在平时的训练中，要求篮球运动员必须加强投篮的准确性练习。

投篮的准确性是取得比赛胜利的关键，众多国际大赛高比分的形成就在于投篮的准确性。在篮球比赛中，往往一分就能对篮球比赛的胜利产生重大的影响。这一分的胜负包括着无数的"准"字内容：

①表现为三分球投手多，命中率普遍提高，投距远，投点广。

②攻守转换快，特别是进攻速度加快、次数增多，投篮机会增多，远、中、近都配有强投攻击手。

③十分重视投篮基本功训练，既要求投篮技术方法能变化，更要求动作扎实、正确和规范，而且要求在训练中对抗条件下投篮的数量和高质量。

世界上比较优秀的篮球队他们都会培养一批比较优秀的投手，比如现役的勇士队库里，马刺队丹尼格林，热火队怀特塞德等都是世界上比较优秀的投手，他们运用自己的投篮技术为比赛增添了浓重的一笔，这些人掌握的投篮技术已经可以达到艺术的角度了。这些人投篮的特点普遍具有在对抗条件下投篮方式多、变化多、机会多、区点多、出手点高、心态稳、投速快、突然性强和命中率指数大的特点。

另外，现代篮球运动投篮的"准"还要求掌握个体动作既规范又准确，扩大"准"的全面要求，例如运用技术时机的准确性高，转换技术、战术判断时间的准确性高，特别是外围三分球投篮命中率提高。远、中、近多点，多面投篮相呼应，已成为战术变化的基础和转危为安、反败为胜的主要手段。

（五）技战术多样化发展

现代篮球运动还非常重视技战术的多样化发展，即要求战术阵势机动化、应变多样化、攻守配合实效化。

据世界大赛的统计，实力相当的男子球队每场比赛各队进攻次数平均在 120 次左右，其中60%左右是个人变化攻击和运用两三个人变换配合结束攻击，得分占全队总得分的60%～65%，罚球得分占20%～25%，其他快攻和整体型的阵地配合得分占15%～20%；而我国篮球职业联赛的现状也与世界篮球运动现状发展的趋势相似，其中八一队更为明显。

由于个人战术变化攻击能力提高，得分能力加强、两三个人之间的战术组织既机动又简便快速，便于应变，因此攻击的威胁性强，成功率高。

总之，现代篮球技战术越来越趋于多样化发展，要将技战术配合与全队统一起来进行。在战术指导思想上既不能忽视传统的整体行动，又要更加重视个体和两三人的作战组合，战术配合力求简练、快速、机动、多变、杀伤力强。

传统固定套路和队员固定分位的战术配合也将相对模糊，对运动员要求技术更全面、战术意识更聪慧。

（六）攻防转换节奏加快

发展到现在，篮球运动既强调提高整体攻守阶段速度，又强调有节奏地加快攻守转换速度，从而快攻反击次数增多，快攻得分率提高，也就是说，篮球比赛攻防转换的节奏正在逐步加快。

在现代篮球运动中，尤其重视提高高大队员参与快攻的全面意识和速度，在高速度、高强度中对抗拼搏，在高速度下转换技术与战术，在高速度、高强度对抗中保持较高的投篮命中率，以速度争取主动，以争取时间来控制空间，赢得胜利，这些已是现代篮球比赛对抗的又一特点和趋势。

随着篮球规则对进攻时间限制的规定，进攻必须提高进攻与防守的速度，才有可能抢占先机，从而取得比赛的胜利。

在这样的情况下，篮球运动必然会全方位地提高快的意识，革新在快速运动中运用新的技战术的手段与行动要求。

（七）运动员综合能力全面提升

篮球比赛中一个队只能允许 5 个人在场上，并且允许使用替补球员。拥有多位全面多能的明星队员成为每个篮球队的追求。

随着世界篮球运动对抗强度进一步发展，各国普遍重视运动员个体与球队整体的全面素质、素养和技能能力综合化、多样化的全面提高，具体表现在以下几个方面。

1. 球队成员整体的社会文化氛围浓厚

世界上很多篮球强队，诸如美国职业男篮等，他们的队员都具有比较全面的文化基础知识，对于现代篮球的发展特点以及文化内涵都有着深刻的理解，科学知识的熏陶使他们在进行篮球比赛之后更加容易做出正确的判断，无论是在战术上还是在技术上都有着与常人不同的理解，而且他们在文化知识的作用下更加具有拼搏奋进、勇于挑战的敬业精神。

2. 重视体能素质水平的全面提高

特别重视每名运动员制空高度和意识的提高，同时又重视其他专项身体体能如体重、力量、速度、灵活性、反应力、心理承受力等方面的提高，尤其是拼抢力量和快速爆发力量的提高，认为这是衡量其体能训练水平高低与能力强弱的标志，从而使许多高大运动员达到既高又壮、捷、敏的要求。

3. 掌握攻防技术和对抗意识

掌握与运用全面而具有杀伤力的攻守技术进行比赛对抗意识强。当今世界篮球运动的一个重要发展趋势是运动员重视对抗、敢于对抗、善于对抗，主动争取对抗的意识十分强烈，在普遍重视进攻对抗的同时，十分重视防守中和抢篮板球时的对抗。

认为防守是基础，进攻是根本，要求全队攻守平衡，做到攻得准、守得牢。而且要求每名优秀运动员攻守技术全面，做到能攻善防。

21 世纪以来，国际篮球界更呼唤重视防守，以适应规则的变化，不断呼唤防守、篮板球、抢断、封盖，甚至提出了"进攻能赢一场球，而防守能获冠军"的理念。

4. 扎实的基本功

全面扎实的基本功包括手、腰、脚、眼等各个身体部分的协调和能力的展现，全面型的运动员在对抗中运用篮球技巧和团队战术的最基本保证就是拥有扎实的基本功，同时也是促使自己不断在实践中提炼创新、变异发展的手段。进而形成一种特殊的技能和别具一格的篮球运动风格，让大家熟知，这也是培养超级巨星的一种保障。

前公牛队世界超级巨星乔丹具有惊人的身体素质和超高的篮球运动智商，他利用独创的跨步仰身投篮获得了巨大的成功；与之搭档的皮蓬在防守、抢断和助攻上都有出色的成绩；罗德曼在滞空抢篮板的能力上也非常强大；奥尼尔拥有强大的篮下统治能力，等等。这些超级巨星都被大家称为当时 NBA 不同类型的篮球"技师"，成为了世界上众多喜欢篮球运动的球迷所追捧的偶像。

综上所述，我们得知全面素质、全面技术的提高和拥有球队球星数量的多少以及球队质量层次的高低，已经是球队实力对比的一种标志，培养全面的球星和具有一定特长的球星，已经成为现代篮球运动取得胜利的关键所在。

（八）重视教练员的培养和发展

发展到现在，篮球教练员的作用越来越大，各个篮球运动队都非常重视篮球教练员的引进和培养。每个篮球队都希望能聘用把握篮球运动发展规律、有个性篮球理念和管理、训练风格特点的智谋型教练员做统帅。

美国的职业篮球队集中了全世界最为优秀的教练员，他们经过美国篮球教育思想的熏陶以及在职业篮球队中多年的助教经验，形成了各自独特的思想体系，这个强大的篮球运动智囊团都拥有自己独创的篮球理念和风范，在美国职业篮球历史上比较有名的像波比·奈特，还有现役的马刺队教练波波维奇、勇士队教练史蒂夫·科尔，等等，他们都是运用自己的篮球哲学和理念去指导自己的球队，这些人都可以称得上篮球运动史上的超级教练。

而 20 世纪 90 年代以来，在 NBA 职业赛中最具影响力的教练员之一菲尔·杰克逊，由于他用智慧、才干、人格魅力团聚乔丹、皮蓬、罗德曼以及奥尼尔、科比、马龙等世界超级球星，在征战 NBA 总决赛中，开创了"公牛王朝"和"湖人时代"。

纵观现今整个篮球运动，教练员越来越受到重视。优秀的球员是非常多的，但是优秀的教练却少之又少，尤其是拥有无限智慧、聪明、好学、善思、正身、敬业、自强的教练更是紧缺，优秀的教练已经是篮球运动发展兴旺的或者是把控篮球比赛胜利与否的基本保障，强将手下无弱兵，已经成为了人们心中的一种共识。

第二节　篮球技术训练

一、篮球运动的基础动作分析

（一）移动技术

1. 移动技术

移动技术是运动员在篮球比赛中，为控制身体平衡，改变自身的姿势、位置、方向、速度和争取高度时，所运用的各种脚步动作方法。主要包括走、跑、急停、转身、跳、跨步、滑步和后撤步等各种脚步动作。

（1）起动：在起动的时候首先要上体前倾，在重心前移的同时，脚跟离地，脚掌用力蹬地，双臂有节奏地摆动，迅速向前迈。在进行迈步的时候前两步一定要短促、快速，重心逐渐向前移动，上体慢慢抬起，力争在较短的时间内快速起动，发挥自身的速度优势。

（2）跑：

①侧身跑：侧身跑时，脚尖指向跑动方向，头部和上体自然向有球方向扭转（靠近边线跑动时，身体向场内扭转），有利于观察场上情况。

②后退跑：两脚提踵，用两脚的前脚掌交替蹬地提膝向后跑动，上体放松直立，两臂屈肘相应摆动，保持身体平衡，两眼平视，注意场上情况。

③变速跑：加速时，要用前脚掌短促有力地向后蹬地，同时上体迅速前倾，手臂相应摆动，前两三步要小，以加快跑的频率。减速时，上体逐渐抬起，步幅加大，用前脚掌抵地，减缓向前的冲力，从而降低跑速。

（3）急停：

①跨步急停：所谓的跨步急停又被称为两步急停，跨步急停的技术动作为：首先身体向前跨出一大步，在进行跨第一步的同时，先用脚跟着地，紧接着就过渡到全脚掌触地，随之降低身体的重心，身体稍微后仰；在进行第二次跨步的时候，在脚掌落地的同时，双膝内扣屈膝，身体稍微进行侧转，脚尖向着自然舒适的角度张开，双脚前脚掌着地，用力制动，上体后仰，两臂张开，帮助身体保持平衡（图8-6）。

图8-6

②跳步急停：也称一步急停。停步时上体稍后仰，两臂自然摆动，两脚同时平衡（略比肩宽）落地。两膝弯曲，两臂屈肘张开，保持身体平衡。

（4）转身：转身是利用一脚做中枢脚，另一脚蹬地向不同方向跨移，改变原来自身方向的一种方法。

①前转身：转身时，中枢脚前脚掌用力碾地，移动脚蹬地并迅速跨步，同时转腰转肩并保持身体平衡。

②后转身：向右做后转身时，左脚为中枢脚，重心移到左脚，左脚前脚掌用力碾地，右脚掌内侧蹬地，同时用力向右后方转跨、转肩；右脚蹬地后，迅速从左脚后面跨步落地，身体不要上下起伏。

（5）跳：

①双脚起跳：两脚自然开立，两膝深屈或微屈，重心下降，两臂弯曲并稍向后摆。起跳时双脚蹬地，两臂用力上摆，提腰展体。落地时屈膝缓冲。

②单脚起跳：单脚起跳多在助跑情况下进行。助跑时，最后一步一般较小，用脚跟先着地过渡到前脚掌蹬地，两臂上摆提腰，另一腿屈膝上提，当身体到达最高点时，摆动腿自然下放，落地时屈膝缓冲。

（6）滑步：

①侧滑步：以向左侧滑步为例。首先要双脚平行站立，双腿稍稍弯曲，保持上体前倾的姿势，双臂向两侧伸出。在进行左侧滑步的时候，首先右脚掌要内侧蹬地，左脚向左跨步，在左脚落地的同时右脚紧随其后向左跨出，在距离左脚一定的距离之后落地，然后左脚再次跨出依次重复。

②前、后滑步：前、后滑步的动作方法和要点与侧滑步相仿，只是方向不同。

（7）后撤步：用前脚内侧蹬地，加上腰部用力向后转动，同时后脚碾蹬地，后撤前脚，紧接着滑步，保持身体平衡与防守姿势。

2. 移动技术训练方法

（1）原地做各种脚步动作，听到信号后突然快速起动练习。

（2）全场徒手一对一。做变向、变速、侧身跑摆脱防守练习。

（3）慢跑3~5步做跨步急停、跳步急停练习。

（4）由攻转守综合性脚步练习（图8-7）。

（5）半场摆脱与防摆脱练习（图8-8）。

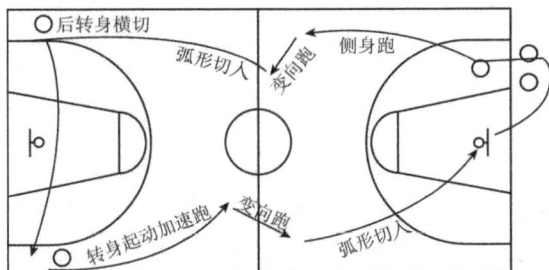

图8-7

图8-8

（6）进攻跑动及换位综合性移动练习（图8-9）。

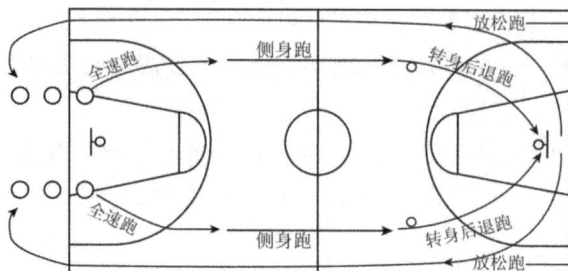

图 8 – 9

（二）接球技术

1. 双手接球

最基本的接球方法就是用双手来接球，双手接球动作也是在比赛中最常用的一种方法，双手接球的优点是握球比较牢固，比较容易进行下一个动作。在进行双手接球的时候，首先要两眼注视来球的方向，双臂伸出迎接来球，手指自然张开，双手的拇指呈"八"字形，手指向前上方伸出，双手成一个半圆形。当手指接触到来球之后，双臂稍屈，缓冲来球的力量，双手持球在胸前。

我们需要特别注意的就是在迎接来球的同时一定要保持身体的平衡，做好随时传球、突破以及投篮的准备，当来球的高度不同时，双臂伸出的角度也应该随之变化（图 8 – 10、图 8 – 11）。

图 8 – 10

图 8 – 11

2. 单手接球

单手接球控制的范围大，能接不同方向的来球。但是单手接球不如双手接球牢稳，因此，在一般情况下应尽量用双手接球。如用右手接球，则右脚向来球方向迈出，双眼注视来球的方向，在接球的时候，手掌要呈现出一种勺的形状，手指要自然张开，右臂向前伸出，迎接来球。当手指触到来球时，手臂微屈，将球向后向下引，同时左手马上握球，双手将球握于胸前，保持基本持球姿势（图 8 - 12）。

接球是终止球在空中运行的方法。不论是双手或单手接球，必须沿着球飞行的相反方向对球施加相应的阻力，致使来球的速度减弱为零。球作用在手上的力与手的缓冲距离有一定的关系，接球时减少这个力就要增大对这个力的作用距离。伸臂屈肘的迎球和顺势向后引球，进一步屈肘缓冲，正是减弱来球力量为零的过程。如果来球力量较大，速度较快，则要加大迎球幅度，以便有更长距离来缓冲。

图 8 - 12

（三）传接球技术

1. 传接球技术介绍

（1）传球技术：

①单手传球：单手持球的后下方，利用蹬地扭腰、转肩动作，向前甩臂、扣腕将球传出（图 8 - 13）。

图 8 - 13

②双手传球：如图 8 - 14 所示为胸前传球，双手持球于胸腹之间，两肘自然弯曲于体侧，身体成基本站立姿势，眼平视传球目标。

图 8 - 14

③行进间传球：所谓的行进间传球实质上也只在考验传球双方的配合默契程度，在进行传球的时候可以用单手传球，也可以用双手来传球，在进行篮球比赛的时候为了加快进攻的节奏，缩短传球的时间，行进间传球也是一种比较常见的传球方式。

（2）接球技术：

①单手接球：伸手迎向来球，当手接触球的同时迅速借来球惯性将球后引至胸前，成双手持球姿势。

②双手接球：首先要两眼注视来球的方向，双臂伸出迎接来球，手指自然张开，双手的拇指呈"八"字形，手指向前上方伸出，双手成一个半圆形。当手指接触到来球之后，双臂稍屈，缓冲来球的力量，双手持球在胸前。

2. 传接球技术训练方法

（1）徒手练习：

①原地徒手双手持球动作的模仿练习。体会不持球时，能否正确地做出双手持球的徒手模仿动作。

②双手持球的徒手模仿动作，做向来球方向伸臂→主动回收手臂的徒手模仿接球动作。

（2）原地持球练习：

①原地双手持球基本姿势的练习。每人一球，双手持球于胸前，体会双手持球的正确动作方法。

②每人一球，成基本站立姿势。双手持球于胸前，做传球发力时的抖腕动作，但球不离开手。

③两人一组一球。两人四只手共持一球，一人做传球动作，一人做接球动作，两人的手都不离开球，像拉锯一样一传一接连续做。

④两人一组一球。两人距离4米逐渐扩大到8米，然后再从8米逐渐缩小到4米，用双手胸前传、接球。

⑤两人一组一球，相距5米左右，用双手胸前传、接球，在1min内看哪组传球次数多（记两人总次数）。

（3）行进间传接球练习：

①两人一组一球，一人原地传球，另一人向左、右、前、后移动做接球练习。两人相距4~6米，传接球一定次数后，相互交换。

②迎面上步传接球练习。练习者排成纵队，教师持球距纵队5~7米。排头队员上步接教师传来的球并回传给教师，然后跑回队尾，接着第二名队员进行练习，以此类推。此

练习还可要求练习者跑动接球、急停、上步传球，以加大练习难度。

③全场三人传接球练习。每传一次球都要通过中间人。在 3 人传球推进的过程中，要保持好三角队形，中间人保持在稍后，两边在前。

④全场四角传接球。④斜插接⑤的球后传给对角的⑥，并跑到⑥的排尾；⑤传球给④后跑向④的排尾（图 8 - 15）。依此反复进行。

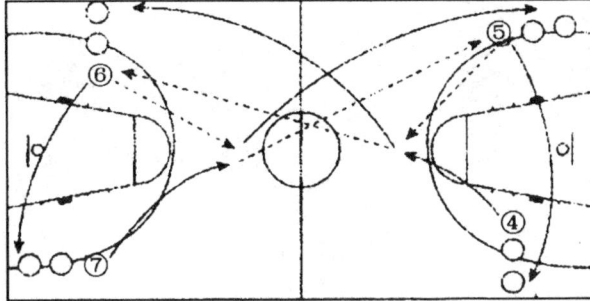

图 8 - 15

（四）运球技术

1. 运球技术介绍

（1）低运球（图 8 - 16）：用低运球技术运球时，球反弹的高度在膝关节以下的，叫低运球。常在遇到有对手紧逼或接近防守队员时采用这种运球方法，用以保护球或摆脱防守。

图 8 - 16

（2）高运球（8 - 17）：高运球是在无防守干扰的情况下，因整体战术需要，为加快向前推进速度所采用的一种运球方法。其特点是：运球队员身体重心较高，按拍球力量大，球反弹高度在胸腹之间，运球速度快，便于观察场上情况。

图 8 - 17

（3）背后运球（图 8 - 18）：背后运球，当防守者堵截运球一侧，且距离较近，无法采用体前变向运球时，可采用背后突然改变运球方向，突破防守的运球方法。以右手运球为例。当球运至防守者左侧时，右脚在前，右手将球拉到身体右侧后，迅速转腕按拍球的右后方。在左脚上步的同时，将球从身后拍至左侧前方，换左手加速运球超越对手。

图 8 - 18

（4）胯下运球（图 8 - 19）：当防守队员迎面堵截时。可用胯下运球摆脱对手。以右手运球为例。变向时，左脚在前，右手按拍球的右侧上方，将球从两腿之间运至身体左侧，然后上右脚，换手运球，加速前进。

图 8 - 19

（5）运球急转急停（图 8 - 20）：在快速运球中突然停止，迫使防守队员被动减速停住而重心不稳时，再突然起动加速运球，摆脱防守。运球急停时，用手快速按拍球的正上方，同时两脚做跨步急停，并转入低运球，用臂、腿和身体来保护球；运球急起时，后脚用力蹬地，重心迅速前移，按拍球的后上方，加速运球，超越防守球员。

图 8 - 20

（6）运球转身：当对手逼近不能用体前变向运球突破，而且距离又较近时，可迅速改用运球转身来突破防守。当对手堵右侧突破时，迅速上左脚，微屈膝，重心移至左脚，并以左脚前脚掌为轴做后转身，右手将球拉至身体的后侧方，并按拍球落在身体的外侧方，然后换左手运球，加速超越防守。

2. 运球技术训练

（1）熟悉球性：

①原地拍起静止不动的球。原地单蹲，将球放地使之静止不动，然后用腕、指不断地拍球，利用球的反弹作用将球拍起。反复练习。

②单臂支撑旋转运球。运球者单臂支撑成侧卧撑，以支撑手为轴，另一手运球旋转移动，然后换手支撑，反复练习。

③直臂对墙运球。一手托球于头前上方，利用腕、指力量对墙进行运球。速度由慢到快，两手交替练习，最后双手同时对墙练习。

（2）原地运球：

①原地高、低运球，左右手交替进行原地体前左右手变向运球，体会基本动作。反复练习。

②原地双手运两个球，提高控球能力。

③原地"8"字运球，即在两腿的外侧和中间交错运球，提高控制球能力。

④原地胯下左、右运球。运球者两脚前后开立成弓箭步，右手持球加力使球从胯下向左反弹，左手迎引球后，再加力使球从胯下向右反弹回，依次两手交替运球。动作速率可逐渐加快。

⑤原地背后换手变向运球。运球者两脚左右开立，约与肩同宽，左手持球向左挥摆至体侧，然后用手指、手腕加力，使球经身体左侧向后右下方落于体前，使球向右侧上方反弹，右手在背后右侧控制球，然后再加力向左运拍。依次在背后交替换手运球，反复练习。

（3）行进间运球：

①全场直线运球

练习者分成若干组，作直线高、低运球练习。

②弧线运球

沿罚球圈中圈作弧形运球到对面的底线，再沿边线直线运球返回。

③运球急停急起

每人一球，根据老师信号练习急停急起或变速运球。

④全场一攻一守练习

两人一组，进行全场一攻一守的练习，然后分别站到对组的排尾。依次轮流练习。

⑤全场两防一的练习

一人运球，两人防守，进行全场攻守练习。

二、篮球运动的进攻技术分析

（一）抢球、打球、断球技术

1. 抢、打、断球技术的动作原理

防守技术在篮球运动中的作用越来越受到重视，因此抢、打、断球技术在篮球竞赛中的运用也更加普遍。

毋庸置疑，在防守的时候，不仅要干扰和阻挠对方传球、运球和投篮，还要从对方手中抢、打、断球。

从整体上而言，准确的判断、快速的移动、合理的手部动作，是构成抢球、打球、断球技术的 3 个基本环节。

在篮球快速的移动时，起动要突然，移动的步频要快。只有突然跃出，才能使对方猝不及防。

值得注意的是，抢、打、断球还具有各自的动作原理与特点，其具体内容如下。

（1）抢球技术的动作原理：一般来说，当对方刚接到球时；当对方持球转身时；当对手跳起接球下落时；当对方运球停止时；当持球队员只注意防守其他的队员，而忽略其他防守队员时，都可以抢球。

抢球分为从对方手中抢球和与对方争抢地板上的球两种。其中，抢对方手中球又可分为拉抢和转抢两种。

（2）打球技术的动作原理：篮球运动员将对方的球击落的一种方法，即打球。当进攻队员持球、运球、投篮时，防守队员可以用快速的脚步移动，抢占有利位置，进行打球。打球时，动作不可过大，用力不要过猛。

打球主要分为两种：打掉对方手中的球和打掉对方投篮的球。

篮球运动员通常采用两种方法打掉对方手中的球：由上向下打掉对方手中的球；由下向上的挑掉对方手中的球。

①打掉对方手中的球：抢位、出击和击球是打掉对方手中的球的 3 个动作环节。

篮球运动员在打球前，应采用快速灵活的脚步移动和身体姿势抢占有利的打球位置。

抢占有利位置后，手腕带动前臂和上臂向球的方向快速出击。

手指一触到球，手腕即快速挥动将球打掉。

②打掉对方投篮的球：打掉投篮的球通常称"盖帽"，篮球运动员在"盖帽"前应注意选择有利的位置。"盖帽"之前，与进攻队员之间的距离，要看进攻队员是处在内线还是外线，是面向球篮还是侧向球篮。

对方离篮较近或侧向球篮时，以距对方 30 ~ 40 厘米为宜，如果对方离篮较远或面向球篮，可离他较远一些，以 50 厘米左右或更远些为宜。除此之外，还要考虑双方的身高、弹跳和伸展能力。总的来说对手伸臂投篮时，防守队员要能打到球，这是最合适的距离。

篮球运动员在"盖帽"时还要合理把握起跳时间。当进攻队员起跳时，立即随之起跳或晚些起跳。如何掌握起跳时间，做到不早不晚，恰到好处，这决定于准确的判断。

这就需要运动员眼睛要多注意球的移动，不要被对方假动作迷惑。对投篮出手慢的队员，起跳时间可适当晚些，对出手动作快的队员，可以早些起跳。打不到球也给对方一个威胁，影响其投篮动作和出手角度。

进行"盖帽"时，篮球运动员应依据不同情况采取不同的打球方式。盖帽可根据不同情况采用按压式、上挑式、侧击式、封盖式拍打球。

（3）断球技术的动作原理：

①起跳：起跳分向侧、向前、向后和向上起跳几种。起跳的方法有单脚起跳和双脚起跳。

②手触球：起跳后，快速伸展肢体，同时两手快速伸向球。手指一触到球，两手紧紧握住，手臂用力向自己胸前回收。

③落地：落地采用双脚落地。在这里，需要引起我们注意的是，落地时一定要控制好身体平衡，并注意马上衔接下一个动作。

2. 抢球

经过长期的分析与研究，我们将抢球的技术方法做出了总结，主要归纳为两个方面，具体如下。

（1）拉抢：在进行拉抢前，防守队员看准对手的持球空隙部位，迅速用两手抓住球后突然猛拉，将球抢夺过来。

（2）转抢：防守队员抓住球的同时，应利用手臂后拉和两手转动的力量，将球抢过来。

抢球时，为了加大夺球的力量，可以利用转体动作，迫使对方无法握球。如果抢球不成功，应力争与对手造成"争球"。

在转抢时，防守队员还应注意动作的快速、准确和突然。（图8-21）。

图 8 - 21

3. 打球

所谓的打球就是用尽一切方法和手段，在不违规的前提下切掉运球者手中的球，其中打球又可以分为三种。

（1）打掉原地持球运动员手中的球（图8-22）。

（2）打掉运球者手中的球（图8-23）。

（3）打掉上篮队员手中的球（图8-24）。

图 8 - 22

图 8 - 23

图 8 - 24

　　打球时接近对手是前提，要掌握好时机，根据对手持球部位的高低和走势、运球中反弹的方向与速度、投篮举球到出手前的过程等，分别由下向上、由上向下或从侧面快速伸出前臂用腕、指的力量拍击球，动作要快而短促。

　　4. 断球

　　经过长期的分析与研究，我们将断球的技术方法作出了总结，主要归纳为三个方面，具体如下：

（1）横断球（图8-25）：在进行横断球的时候，要尽量使球员的中心下降，当球从队员手中传出来的一瞬间，要单脚或者是双脚用力蹬地，使身体扑出去，然后身体伸展开来，两臂向前伸，截获传球。

图 8-25

（2）纵断球（图8-26）：当防守人从接球人的左侧来断球的时候，左脚要向左侧跨出半步，然后侧身跨出右脚再绕到接球人的前面。右脚或双脚用力蹬地向前跃出，身体伸展，两臂前伸，将球截获。在纵断球时，防守队员应注意蹬地要快而有力，伸展身体，并保持平衡。

图 8-26

（3）封断球：防守队员进行封断球时，防守队员可在对方球出手的一瞬间，突然起动，伸臂封盖或将球截获。封断球时，防守队员应注意掌握好断球时机，动作应快速突然。

（二）持球突破技术

该技术动作具有很强的攻击性，毋庸置疑，持球突破可以打乱对方的防守部署，对本方有利。

为了使突破技术更加灵活多变和具有攻击性，篮球运动员常将其与投篮、传球、假动作等技术动作结合起来运用。

1. 持球突破技术的动作原理

经过长期的分析与研究，我们将持球突破技术的动作原理作出了总结，主要归纳为四个方面，具体如下。

（1）蹬跨：进行突破前，队员的双脚要保持左右开立，且略宽于肩，屈膝降低身体重心，重心落于两脚之间，两脚踵稍提起。双手持球于胸腹间。

（2）转体探肩：转体探肩动作需要与蹬地跨步、上体前移同时进行，使身体重心继续前移，这样一来，便能够有效地使突破速度有所提升。

（3）推按球：在这里，需要引起注意的是，球的反弹高度不可过高，也不可过低，必须将其控制在腰膝之间。

（4）加速：完成以上三个环节后，篮球运动员此时中枢脚应进行快速、有力的蹬地，加速超越对手。毋庸置疑，只有熟练地掌握这四个环节，并做到动作连贯顺畅，才可能实现快速突破。

2. 持球突破技术的方法

经过长期的分析与研究，我们将持球突破技术的方法作出了总结，主要归纳为三个方面，具体如下。

（1）原地持球顺步（同侧步）突破：突破时，右脚向右前方跨出一步，向右转体探肩，重心前移，右手运球，左脚前脚掌迅速蹬地，向右前方跨出，突破防守（图8－27）。

图 8－27

原地持球顺步（同侧步）突破的技术要点是：移动脚向前跨步，转体探肩，重心向前移。

（2）原地持球交叉步突破：在进行突破的时候，左脚的前脚掌内侧要迅速蹬地，然后上体稍微向右转，左肩向前下方压低，重心随之向前移动，右脚外侧蹬地，把球运至左侧，左脚蹬地向前跨出，摆脱防守人（图8－28）。

原地持球交叉步突破的技术要点是：屈膝降低重心，移动脚迅速蹬地，中枢脚向前跨出。顺序为蹬、转、探、拍、蹬。

（3）行进间突破：与原地持球突破相比，突然性和攻击性较强是行进间突破的优点。

在快速的移动过程中，当我们看到来自队员的传球时，应该快速地向着来球的方向去伸开双臂，迎接球，同时还要用一只脚蹬地，两只脚稍稍离开地面，向着侧方或前方接球，形成和防守队员之间的位置上的差别，最后两只脚同时或者先后落地。根据防守位置，运用交叉步或同侧步突破防守。

图 8－28

（三）投篮技术

提到"投篮"，想必我们并不陌生。投篮指的是篮球运动员为了实现进攻将球投入对方球篮而采取的各种专门动作方法。很显然，投篮的多少对篮球比赛的胜负起着决定作用。

篮球运动员只有全面熟练地掌握投篮技术，才能不断提高投篮命中率。

1. 投篮技术的动作原理

全面掌握投篮技术需要篮球运动员做到以下几点：正确的持球方法、准确的瞄篮点、合理的出手角度和出手速度、投篮出手时适宜的飞行弧线和入篮角度以及正确运用球的规律性旋转。

（1）正确规范的持球方法：篮球运动员掌握投篮技术的前提就是持球方法要正确。投篮时，应使球尽可能在手中保持稳定。

（2）单手持球方法：以原地单手肩上投篮为例。投篮手五指自然分开，手心空出，手腕后仰，大、小拇指间的夹角约为80°，用指根及其以上部位托球的后下方，球体的重力作用线近乎落在食指和中指的指根部位，肘关节自然下垂，另一手扶住球的侧上部，置球于同侧头或肩的前上方。

（3）双手持球方法：以原地双手胸前投篮为例。两手手指自然分开，拇指相对成八字形二用指根以上部位握球的两侧后下方，手心空出，两臂自然屈肘，肘关节下垂，置球于胸与下巴之间。

2. 准确的瞄篮点

我们或多或少地了解到，瞄篮点是投篮时眼睛注视篮圈或篮板的某一点，以提高投篮命中率。

在投空心篮时，通常以篮圈前沿作为瞄篮点，碰板投篮的瞄准点在篮板正面；若投篮距离远碰板角度小，应相应提高瞄篮点；若投篮距离近，碰板角度大，瞄篮点则相应降低。

3. 合理的出手角度与出手速度

出手角度与出手速度对篮球运动员的投篮也具有十分重要的影响。出手角度是指投篮出手时，球离手一瞬间球体重心飞行轨迹的切线与出手点水平面所构成的夹角。

所谓的出手角度就是依靠于手指最后作用在球体的力，这个力使得球的运转方向发生了变化，篮球产生偏角的大小取决于用力的高低，与用力的大小没有任何的关系，用力的方向主要是根据出手角度和出手的速度来决定的。

所谓的出手速度是指在投篮出手的一瞬间，身体上的各个部位的综合肌肉的能力经过手腕和手指的相互作用，使得球在离开手时获得一定的初速度，这个初速度就是出手速度。

投篮出手速度的运用应在提高出手角度的基础上，加快出手速度，同时要善于根据不同情况，合理调控投篮的用力部位、投篮动作的幅度等，或增大出手角度，提高出手点；或加大下肢蹬伸力量，加快伸臂举球动作速度。

4. 投篮出手时适宜的弧线与入篮角

篮球运动员投篮时球出手后在空间飞行的弧线轨道，即投篮抛物线。

抛物线的高低，直接关系到能否取得合适的入篮角，也影响着篮球运动员的投篮命中率。而抛物线的高低取决于投篮出手角度、出手速度和出手力量，同时还与投篮距离和出手高度有关。

因此，投篮时必须根据不同的投篮距离，投出不同的抛物线。通常情况下，投篮弧线可分为高、中、低3种。

中、远距离投篮一般应在球离手时使上臂与身体的垂直线成30°角左右，弧线最高点在篮圈水平面上方1.2~2米最为适宜。

同时，由于学生的身高、投篮距离的不同及受防守干扰等原因，要求学生进行投篮练习时要善于从实战出发，掌握投篮弧线的一般规律，找出投篮准确时的感觉，多投多练。

5. 协调投篮出手用力动作

为了使投篮动作更加连贯以及方便记忆，可将这一过程简单概括为"蹬、提、伸、屈、拨"几个字。

（1）蹬："蹬"是指双脚用力平稳蹬地，身体保持直立。
（2）提："提"是指向投篮出手方向伸展身体，使下肢和躯干、上肢协调配合。
（3）伸："伸"是指向投篮出手方向伸展手臂，柔和用力。
（4）屈："屈"是指手腕向下压，指向篮圈方向。
（5）拨："拨"是指5个手指协调地向篮圈方向用力，弹拨球，使球正方向下旋。

6. 正确运用球的规律性旋转

除上述因素外，球的旋转也会对投篮命中率产生直接的影响，而腕指的最后用力则决定球的不同旋转方向与速度。

投篮出手后，球的旋转都应是向正后方向（下旋）。后旋能增加球的飞行速度，保持合理的飞行弧线，并且在触及篮板或篮圈后沿时也有利于向下反弹落入篮圈。

（四）投篮技术的方法

1. 原地双手胸前投篮

两脚左右或前后站立，两腿微屈，前脚掌着地，上体稍向前倾，眼睛注视瞄准点，两手五指自然张开，捏球两侧稍后部位，两拇指相对成八字形，用手指和手掌接触球，手心空出，持球于胸前，屈肘靠近身体。

投篮时，两脚蹬地身体伸展，同时两臂向前上方伸出，两拇指向前上方用力推送，手腕稍有外翻，使球从拇指、食指、中指的指尖投出，向后旋转飞行。

原地双手胸前投篮的技术要点是：原地双手胸前投篮一般用于女子或者力量较小的篮球学习者。由于出手低，因此需要把握好弧度，不然有碍于投球的命中。还容易被封盖，所以要注意对手的站位。对手靠得远的时候，投篮较好。

2. 原地单手肩上投篮

在进行投篮的时候下肢要用力蹬伸，同时伸展腰腹部，抬肘向上伸出前臂，手腕向前用力，手指顺势拨动球，通过食指和中指用恰当的力度将球投出（图8-29）。

图 8-29

原地单手肩上投篮的技术要点是：手腕要有力，球的飞行要有一定的弧度。

3. 行进间投篮

（1）行进间单手肩上高手投篮：当球在空中运行的时候，右脚向着来球的方向跨出，方便接到来球，接到球之后，左脚向前跨步，脚跟先着地，上体稍后仰，并用力蹬地起跳，右腿屈膝，左脚蹬离地面。

同时双手向前上方举球，腾空后，右臂向前上方伸展，腕、指动作同原地单手投篮。投篮出手后，两脚同时落地，两腿弯曲，以缓冲落地的力量。

行进间单手肩上高手投篮的技术要点是：节奏清楚，起跳充分，举球、伸臂、屈腕、拨球动作连贯，用力适度。

（2）行进间单脚起跳单手低手投篮：行进间单脚起跳单手低手投篮常常被篮球运动员用于在快速移动中超越对手并接近篮下时。

同时用力起跳，随之充分伸展身体，右臂伸直向篮圈方向举球，当举球手接近篮圈时，用向上挑腕和以中间三指为主的拨球动作使球通过指端投出（图8-30）。

图8-30

行进间单脚起跳单手低手投篮的技术要点是：一跨二跳接球牢，挑拨球是力要巧。

（3）行进间勾手投篮：行进间勾手投篮技术是篮球运动员进行持球突破至篮下或空切至近篮区背向或侧向篮圈接球后常采用的一种篮下投篮方法，该技术较适用于投空心篮和碰板投篮。

以右手投篮为例。接球或停止运球后，以左脚向便于投篮的方位跨出一步并起跳，用左肩靠近防守队员，右腿顺势自然上提，注视篮圈，左手离球，右手持球向右肩侧上方伸出，当举球至头的侧上方时挥前臂，以屈腕、压指动作通过食指、中指拨球将球投出。

如在篮侧投碰板球，则要利用手指不同的拨球动作，使球向相应方向旋转碰板入篮。

行进间勾手投篮的技术要点是：跨步蹬地，起跳要与举球动作的协调一致；腕、指动作和力量对球的旋转方向、弧线及落点的良好控制。

4. 跳起投篮

跳起投篮简称跳投，可以适用于不同距离和各种角度。跳起投篮主要指跳起单手投篮，其出手动作与原地单手投篮基本相同，只是在动作结构上增加了起跳部分，投篮动作要在空中完成。

运用跳起投篮时，要善于结合移动和假动作，掌握好投篮时机，动作衔接要快而突然，协调连贯。

注意身体的稳定性，保证出手时腕、指柔和而准确地屈拨用力，跳起投篮可在行进间接球或运球急停时跳起完成投篮动作。

当身体升至最高点或接近最高点时，左手离球，右臂向前上方伸直，同时用突发性力量屈腕、压指，使球通过指端投出（图8-31）。

跳起投篮的技术要点是：将篮球抛掷入安置在篮板上的篮圈之中。

我们都清楚，在一般情况下，投篮的出手点是低于篮圈高度的，因此要将球投进篮圈之中，就必须注意身体的稳定性，球出手时腕、指柔和而准确地屈拨用力。

5. 补篮

补篮是指投篮未中，球刚从篮圈或篮板弹出时，在空中运用单手或双手将球托入、拨入或扣入篮圈的一种投篮方法。

在进行补篮时，篮球运动员应根据腾空后人、球、篮的相对位置、角度、高度与防守情况，灵活地选择补篮的方法。

图 8 - 31

（1）单手补篮：以右手为例。及时起跳，占据空中一定的优势，尽量伸展身体和手臂，准确判断球反弹的方向和高度，尽快用右手的腕、指力量触球，并用托球、点拨球、扣篮的方法将球投向篮圈。

（2）双手补篮：起跳后，球反弹方向在头的正上方时多采用双手补篮。用双手触球后可用扣篮或拨球的方式将球投向篮圈，其他动作与单手补篮基本相同。

（五）抢进攻篮板球

1. 观察判断

（1）判断篮球动向形成三面包抄：要学会观察对方的防守动作，正确判断来球的方向和速度，对于篮球的走向有一个大致的判断，然后找到合适的进攻地点，选择三面包抄的形式去接近篮球，对篮球进行争夺。

（2）预测篮球反弹点：相信经常进行篮球运动的人对于篮球的反弹点已经很熟悉了，在进行抢进攻篮板的时候我们就要正确判断篮球的反弹点，即使不能达到精确的判断，但是大致的走向是确定的。

2. 迂回起动

我们要学会根据对球的反弹判断以及对手防守的态势做出正确的判断和应对措施，进攻队员在这个时候采取的最有效的方法就是迂回快速启动，尽量在进攻的位置上取得比较好的优势。无论采取什么样的动作一定要摆脱你的防守人，心中有一种强行挤过、抢过的意识，并且在做动作的时候，一定要迅速、简洁。

3. 抢位冲抢

在进攻篮板争抢的时候，强行拉抢和直接冲抢都是比较常见的动作或者说成是环节，这不仅是迂回起动的继续，同时也是争取起跳的准备。在我们进行抢位的时候，首先需要注意的就是降低自身的重心，然后用肩膀或者是背部主动去接触防守人，最后用力蹬地，争取在空中抢得一个比较有利的抢篮板位置。

4. 抢球猛狠

在进行抢球的时候一定要把自己的身体充分伸展开来，在空中尽量高的位置获得球权，手臂以及手腕的力量要充分发挥出来，紧紧握住篮球，防止被切掉，抢到篮球之后屈臂，将球紧握手中，当球在空中没有被抢到时，屈膝落地，再次争抢（图8-32）。

图 8-32

三、篮球运动的防守技术分析

（一）防守有球队员技术

1. 防守有球队员的动作原理

在篮球比赛中，主动争取控制球权，制造对方的错误或抢到球并发动反击，是防守有球队员的主要任务和目的。

具体来说，在防守有球队员时，应注意以下几个方面的动作环节。

（1）防守位置的选择：当进攻队员接球的一瞬间，防守队员应及时站位于对手与球篮之间，保持适当的距离，并用正确的防守姿势，积极移动，阻截和干扰对手进攻。

同时，防守的位置要根据所防对手的特点和本队战术的需要作适当的调整，以能控制对手为原则。

如进攻队员投篮较准而运球突破技术较差，应大胆靠近投篮队员，封盖其投篮；如进攻队员运球突破技术强，又习惯于向右侧突破，防守队员应距离对手稍远些，并站在其向右侧突破的路线上。

如进攻队员不习惯左手运球，防守队员在移动过程中应尽量迫使其用左手运球，以便制造进攻队员的失误或给本队队员造成夹击的机会。

（2）步法的运用：防守有球队员的步法要根据进攻队员在场上的位置、距离球篮的远近、持球队员的特点等进行合理选用。

通常采用的步法有平步和斜步两种。不管采用何种步法，都要以灵活的脚步动作作为基础，抢占有利的防守位置，争取防守的主动权。

①平步步法：两脚平行开立，这具有防守面积大，便于左右移动的优点。

②斜步步法：两脚前后开立。这种步法便于前后移动，对防投篮较为有利。

此外，在防有球队员时，还需要掌握以下两个方面的原则。

①最大限度地阻挠、干扰、破坏有球队员的传球、运球、投篮、突破等动作，策略上做到逼停球、逼减速、逼边线角、逼违例、逼失误。

②及时发现和摸清有球对手的技术特点，如要弄清对手是善投还是善切，是善运还是善突，善于用什么方式、在何处投篮，善于用什么方式、从哪一侧突破防守等，只有如此，才能掌握主动。

2. 防守有球队员的方法

经过长期的分析与研究，我们将防守有球队员的方法作出了总结，主要归纳为三个方面，具体如下。

（1）防传球：在进行防传球防守的时候，我们不应该把重点放在不让对手轻易传球的点上，当进攻的队员接到来自队友的传球时，首先要正确的选择自己的位置，保持好适当的距离，然后调整重心，并且根据对手的位置，来选择自己的站位，进而正确地判断对方将要传球的路线，然后挥舞手臂进行干扰。

（2）防运球：在进行防运球的突破之时，最重要的就是学会降低球的运行速度，不断改变运球的方向，最大限度地阻止运动员向篮球运动的行进路线，防止对方队员在运球的同时进行突破。

防守队员往往积极超前追防，并在移动中降低重心，侧对或面对运球者。

注意不要用交叉步移动，而要用撤步与滑步，在移动的同时一定要抢占好时间和空间，在预判到运球者的意图之后，抢先半步移动至恰当的位置进行阻挡，使运球者不得不向人多的位置或者投篮点不好的位置移动。

特别在新规则对防守队员由前场退防至自己后场有技术性要求后，就要格外注意超前距离的追截堵位。在这个过程中，不要轻易去打球，以免失去平衡或犯规。

当进攻队员利用变速变向、急起急停等方法来摆脱自己防守时，在他变换动作时要及时抢前向后移动，占据有利位置和控制好身体平衡，合理而迅速地变换步法继续进行阻截。此外，在防运球过程中还应遵循以下两条原则。

一是堵强手，迫使其换弱手运球，变被动为主动。

二是堵中放边，控制其速度，终止其运球。

（3）防突破：防守队员防守进攻队员的持球突破，即防突破技术。当进攻队员获得球后，有背对球篮和面向球篮两种情况，要分别采取不同的防守方法。

①防守背对球篮突破的持球队员：通常是在近篮区背向或侧向球篮接球时的防守，防

守队员要保持有利位置，要与对手有适当的距离。

对手接球后是两脚前后站立时，如果后脚可以作为中枢脚转身突破，则必须对其转身一侧多加防范，与对手同侧的脚向后撤半步，手臂侧伸，另一手臂封锁住对手一侧，近以防投篮为主，远以防突破为重点，要注意对手的假动作和向两侧转身的突破。

②防守面向球篮的持球队员：对防守队员来说，进攻队员接球的瞬间往往是突破最有威胁的时机，关键就在于防守好对手突破的第一步，抢先站在对手的侧前方，并且在抢占有力位置的时候一定要快而凶狠。一旦对手跨出第二步，就要立刻用力蹬地，利用滑步来紧贴对手，防止对手起跳，并伺机打球。

综上所述，防突破的关键是选好位（选择有利的位置与适当的距离），堵强手（一般是堵右手运球突破），放一边（即让他向外侧突破），快移动（要及时果断地采用侧滑步、撤步等步法）以及堵路线（堵截对手突破的路线）。

（二）防守无球队员技术

1. 防守无球队员的动作原理

尽一切努力破坏对方接球是防守无球队员的主要目的。防无球队员进攻的任务是积极抢占有利位置，利用快速灵活的脚步动作与对手争夺时间和空间，全力阻挠和破坏对手接球，并发动反击。

防守无球队员时，防守队员应采取以下几个技术环节。

（1）防守位置的选择：

①弱侧防守位置的选择

弱侧防守无球队员的位置选择，应站在与对手相对远的位置，靠近篮筐。

②强侧防守位置的选择

强侧防守无球队员的位置选择，应站在对手与篮筐之间，偏向球一侧。离球近则近，离球远则远。

对手与持球队员之间没有进攻队员，防守时要能达到干扰对方之间传递球，形成球、对手与防守者之间的三角形关系。

（2）防守姿势：

①弱侧（无球侧）防守姿势

当我们在防守距离比较远的对方球员时，一般采用的是侧向对手站立或者面向球的方向站立，具体的站姿为：两脚开立，基本与肩同宽，两腿稍微弯曲，双臂展开于体侧，掌心向着来球的方向。把自己的注意力高度集中在球和人的动向上面，并且要随着球的转移而不断变换自己的脚步和防守的位置。

②强侧（有球侧）防守姿势

靠近球侧的脚在前，屈膝，重心在两脚之间，便于随时起动；堵截对手摆脱移动的接球路线。

（3）移动步法的运用：防守队员一定要眼观六路，根据人的移动规律，利用自己的脚步移动提前占据有利的防守位置，争取防守的主动性，通常来说，在防守无球队员的时候，最常用的移动步法有滑步、快跑和转身等。每种步法的运用都是针对一定的进攻行动的。

通过以上内容可以看出，在防守无球队员时，防守队员的防守位置、姿势与移动步法三者有着十分密切的内在联系。

因此，在防无球队员时一定要了解自己所处的位置是在强侧还是弱侧，再采用相应的防守姿势，确定自己的防守重点，然后根据进攻队员的移动变化防守步法和动作，以限制无球进攻队员摆脱或接球进攻，达到控制对手的目的。不同位置、不同姿势、不同步法的运用与变化，构成了对无球队员的完整防守。

2. 防守无球队员的方法

经过长期的分析与研究，我们将防守无球队员的方法做出了总结，主要归纳为三个方面，具体如下。

（1）防摆脱：在篮球比赛中，要想完全控制进攻队员无球时的行动是很困难的，关键是不能失去对防守队员有利的位置。

如阵地进攻时，对手采取先下后上、先左后右的摆脱，即便是对手接到球，但还可以继续进行防守；内线队员向外移动，可以采取错位防守或利用绕步、攻击步抢前防守，近球一侧手臂干扰其接球，另一手臂则应伸出防其转身、背切等行动，关键在于不让他抢占有利位置，尽可能封堵接球路线，不让他轻易接到球。

（2）防接球：防接球是防守无球队员的首要任务。首先，要求预测性强并积极采取行动去限制或减少对手接触球；其次，当接球队员处于被动情况时，防守队员也要积极跟防、追堵，破坏对手顺利地接球。

防接球时，要注意始终保持对手和球在自己的视线范围之内，在运动中始终保持在对手与球之间偏向对手的断球路线上，同时伸出同侧手臂形成"球——我——他"的钝角三角形的防守选位（图8-33）。

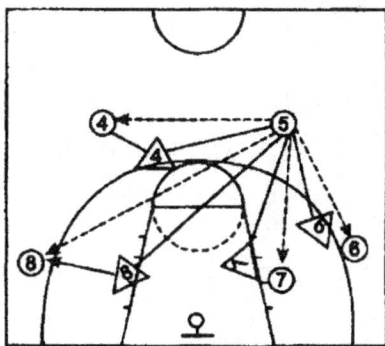

图8-33

（3）防止切入：防切入是指对进攻队员试图切入或已摆脱切入的防守。

关于溜底线的切入，主要有两种跟防方法。

①背向球，面向对手、观其眼神，封阻其接球。

②用后转身，面向球，背靠防守用手触摸，紧贴其身跟随移动。

防反切则以后脚为轴快速向内侧转身，快速堵逼，抢占近球内侧位置，不让对手接球，并准备断球和打球。

第三节　篮球战术训练

一、进攻战术基础配合

在篮球比赛中进攻队员两三人之间所组成的简单配合方法就是进攻基础配合。这种方法是组成全队整体进攻战术配合的基础。

因此，要使队员的进攻战术配合能力和战术意识从整体上得到提升，首先必须熟练掌握和灵活运用基础配合。

（一）传切配合

传切配合有两种形式，一种是一传一切配合，另一种是空切配合，具体如下。

1. 一传一切配合

⑤传球给④后，立刻摆脱对手❺向篮下切入，接同伴④的回传球投篮（图8-34）。

2. 空切配合

④传球给⑤时，⑥乘其对手❻不备之机，突然横切或从底线切向篮下接⑤的传球投篮（图8-35）。

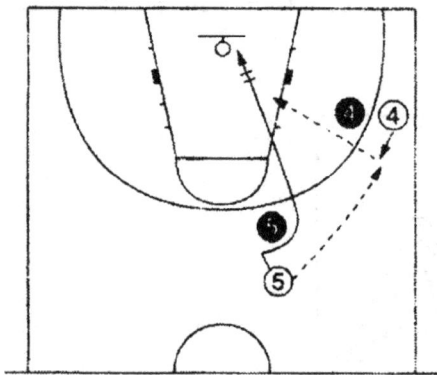

图8-34

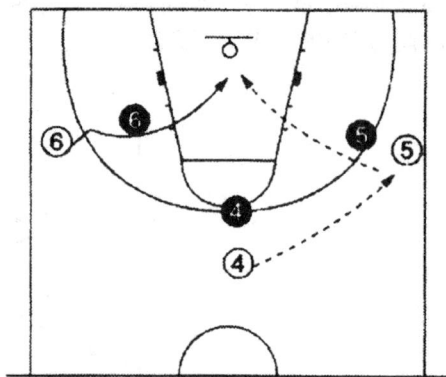

图8-35

（二）策应配合

一般是高大的中锋采用这个战术，策应配合的运用主要有两种形式，具体如下。

如图8-36所示，④传球给策应者⑤，并从⑤身边切入篮下，⑥向底线下压后绕出，⑤可将球传给④做篮下进攻或传给⑥外围投篮，也可以自己进攻。

如图8-37所示，④摆脱防守插到罚球线做策应，⑤将球传给④，并立即空切篮下，接④的策应传球投篮。

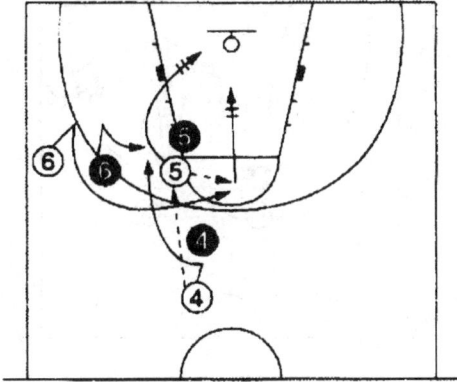

图 8 - 36

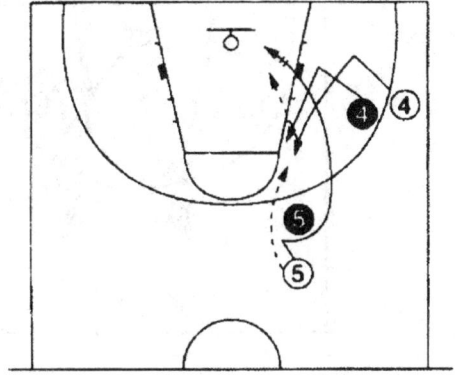

图 8 - 37

(三) 掩护配合

这种配合方法的运动形式很多，可以根据场上实际情况进行灵活的调整和变换，下面就对几种运用较为广泛的掩护配合形式进行介绍。

1. 前掩护配合

如图 8 - 38 所示，⑥跑到⑤的前面给⑤做前掩护，⑤利用掩护拉出，接④传来的球投篮或做其他攻击动作。

2. 后掩护配合

后掩护配合是前锋为后卫做后掩护的一种掩护方式。

如图 8 - 39 所示，⑤传球给⑥时，④跑到⑤身后给⑤做后掩护，⑤传球后做向左切入假动作吸引❺的防守，当④掩护到位时突然向右侧切入篮下接⑥的传球投篮。

如图 8 - 40 所示，④给⑤做后掩护时，❹与❺换防，④及时转身切向篮下，接⑥的传球投篮（掩护后出现的第二次机会）。

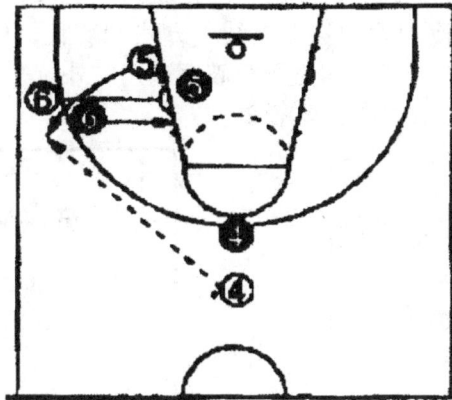

图 8 - 38

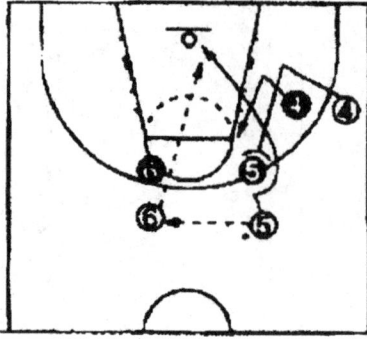

图 8－39

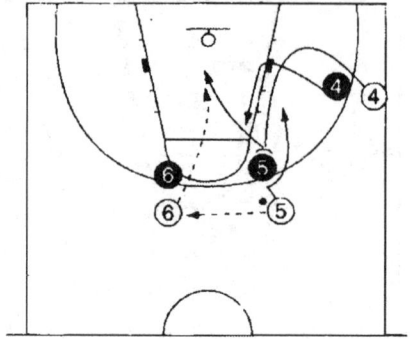

图 8－40

3. 侧掩护配合

如图 8－41 所示，给持球队员做侧掩护。⑤传球给④后跑到❹的侧面做掩护，④接球后做投篮或突破的动作，吸引❹的防守，当⑤掩护到位时，④持球从❹的右侧突破投篮。⑤掩护后及时移动到有利的位置去接球或抢篮板球。

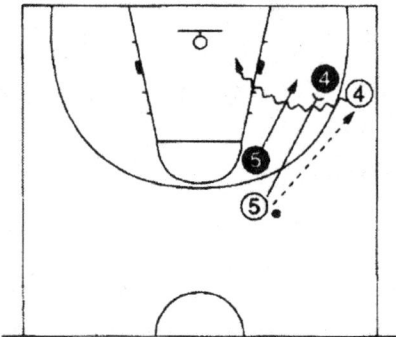

图 8－41

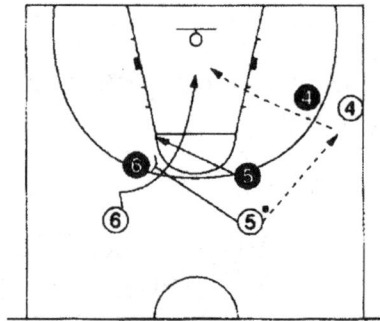

图 8－42

如图 8－42 所示，给无球队员做侧掩护（反掩护），⑤传球给④后即向相反方向跑动给⑥做侧掩护，当⑤跑到⑥侧面掩护位置时，⑥摆脱防守切入篮下接④的传球投篮。

如图 8－43 所示，根据掩护者的移动路线、方法和变化，掩护后经常出现第二次机会。⑤做掩护后对方换防时，④就不向篮下突破而适当向外拉开运球。⑤则及时利用转身把❹挡在身后而向篮下切入，接④的传球投篮。

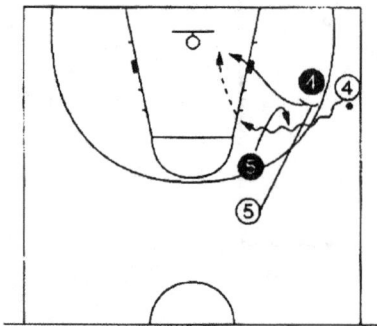

图 8－43

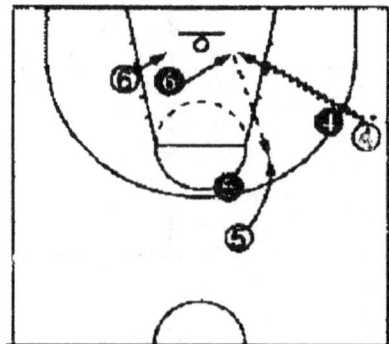

图 8－44

（四）突分配合

突分配合的灵活性较强，在比赛中的运用也较为广泛。

如图 8 - 44 所示，④持球从底线突破❹后遇到❺补防时，及时传球给纵插到有利位置的⑤投篮。

二、快攻战术

（一）长传快攻

如图 8 - 45 所示，抢篮板球后长传快攻。④抢到篮板球后，首先应观察全场情况，掌握发动快攻的时机，⑦和⑧及时快攻超越防守。④根据情况，长传球给⑦或⑧进行投篮。④⑤⑥应随后插空跟进。

（二）短传快攻

短传配合具有灵活多变、层次清楚、易成功的特点。

如图 8 - 46 所示，④抢到篮板球后，将球传给接应的⑥，⑥又把球传给插中路的⑤运球推进。⑦和⑧沿边线快下，⑤根据情况将球传给⑧或⑦投篮，④和⑥随后跟进。

（三）运球突破快攻

中路与边线结合推进。如图 8 - 47 所示，④抢到篮板球后，⑤插中接应并将球传给沿边线跑动的⑧，⑧再回传给⑤从中路推进，⑦和⑧沿边线快下，⑥和④随后跟进。

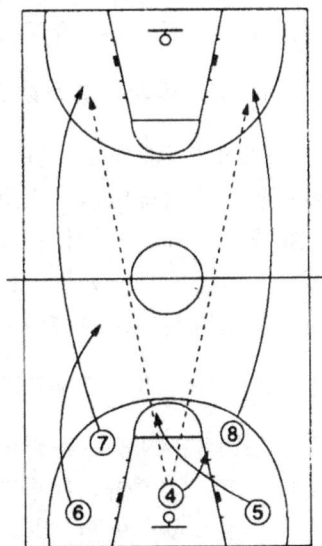

图 8 - 45　长传快攻

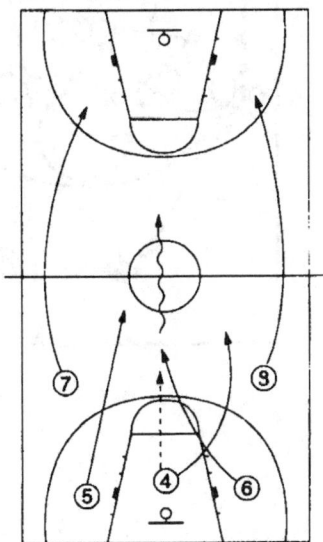

图 8 - 46

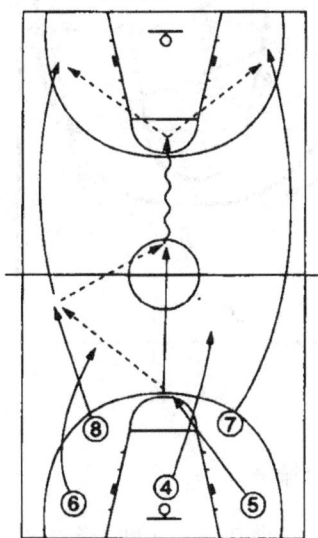

图 8 - 47

三、进攻人盯人防守战术

进攻人盯人防守是根据对方防守的防区范围、防守阵势和队员的防守能力，结合本队实际，扬长避短，以我为主设计的一种有组织的全队进攻战术。进攻人盯人防守战术的运用形式主要有两种，一种是进攻半场人盯人防守，一种是进攻全场人盯人防守。

（一）进攻半场人盯人防守

进攻半场人盯人防守的战术运用形式多种多样，具体可以根据场上的实际情况进行适当的调整。下面主要介绍几种在比赛中较为常见的战术运用形式。

1. 运用掩护、策应配合进攻

如图 8－48 所示，⑥传球给⑦，⑦传球给摆脱防守横切限制区的④后，立即跑去给⑧做掩护，④得球以后，根据防守的情况可投篮或突破。如果对方围守④，④可传球给利用掩护摆脱防守的⑧投篮；如果防守者采取换防的措施，④就传球给掩护后转身的⑦投篮。⑥要冲抢篮板球。如果上面几个机会都没有实现，⑤应向外移动，⑦沿底线移到⑤原来的位置，形成与原来对称的队形，在左侧用同样的方法进攻。

2. 底线"8"字掩护进攻法

如图 8－49 所示，当球在左侧前锋队员⑧手中时，同侧的内中锋⑦积极要球，如果⑧传球给⑦，⑦攻击。如果⑦没有机会，立即移动给⑥掩护，⑥向篮下空切接⑧的球攻击。

如果⑥没有机会，⑧将球传给后卫位置上的⑤，然后利用⑥的掩护空切篮下，接⑤或④的球攻击。如果⑧没有机会，可落在右侧内的中锋位置上给⑦做掩护。⑦向篮下空切，⑤④在外线传球，一是及时将球传给空切篮下的队员攻击；二是同伴在底线打"8"字掩护时，抓住机会做中、远距离投篮或突破投篮。

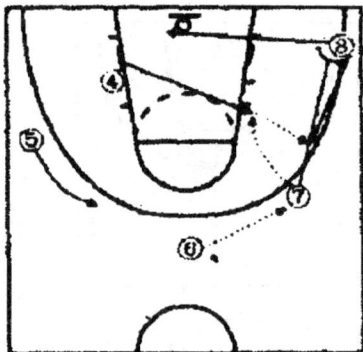

图 8－48

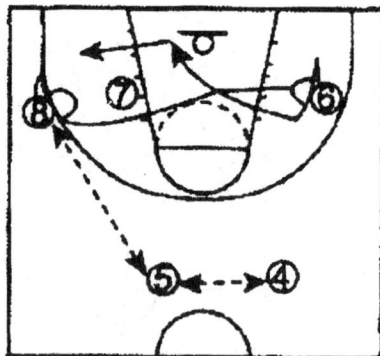

图 8－49

3. 通过中锋进攻法

（1）单中锋进攻法：单中锋进攻法的落位有很多种，比如"2—3""2—2—1"和"2—1—2"队形，下面就以"2—1—2"落位为例来具体介绍此战术的运用形式。

如图 8－50 所示，中锋⑥落外中锋位置。后卫队员⑤传球给外中锋队员⑥后，利用前锋队员⑧的后掩护向篮下空切，⑥策应接球后转身，并将球传给空切篮下的⑤，⑤接球后上篮。

另一后卫④注意向弧顶一带移动，其目的：一是可与⑥打策应跳投，二是保持攻守平衡。另一前锋⑦应向左侧45°移动调整位置，另外可以向篮下移动冲抢篮板球。

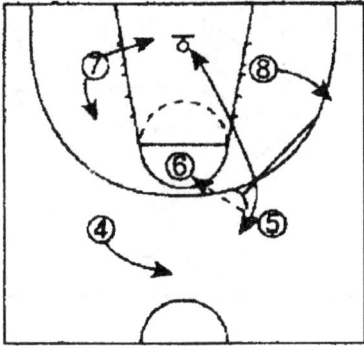

图 8 – 50

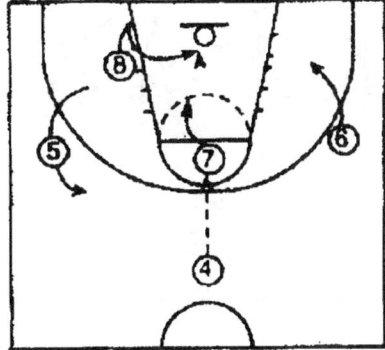

图 8 – 51

（2）双中锋进攻法：双中锋进攻法的落位形式也有很多种，如"1—3—1""1—2—2"和"1—4"。下面就以"1—3—1"落位为例来介绍其具体的战术运用形式。

如图 8 - 51 所示，后卫队员④将球传给外中锋⑦，⑦接球后转身面对篮，这时内中锋⑧突然摆脱空切篮下，⑦应将球及时传给⑧进攻。同时前锋⑤和⑥也根据机会向底线或篮下移动接⑦或⑧的分球投篮。投篮时⑥、⑦和⑧应冲抢篮板球，这时，④和⑤应注意保持攻守平衡。

（3）无固定中锋的马蹄形进攻方法：

①"1—2—2"落位的双中锋进攻法

如图 8 - 52 所示，中锋⑧接⑥的球后可以强攻，或传给内线横插的⑦投篮，同时⑥、⑦和⑧准备抢篮板球，④与⑤注意回防，保持场上的攻守平衡。

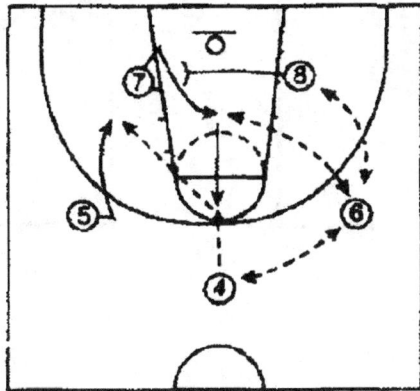

图 8 – 52

②"1—4"落位双中锋机动进攻法

双中锋落位于罚球线两侧，进攻时中锋⑧给⑥掩护，⑥及时摆脱接④的球，⑥接球投篮，也可以及时传给中锋⑧（图 8 – 53）。

如果进攻受阻，另一侧的⑦可以自己切入或给⑤掩护，为⑤创造进攻的机会。此方法也可以从左侧开始，⑤摆脱后接球，同时⑦下顺 A 点，如果受阻，⑧横移接球跳投（图 8 −54）。

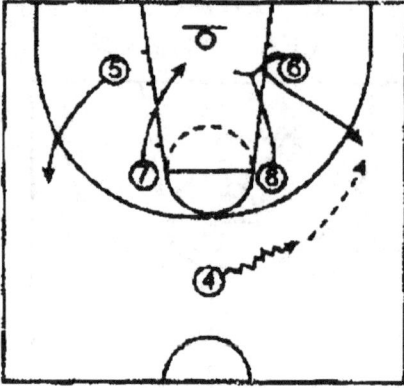
图 8 −53

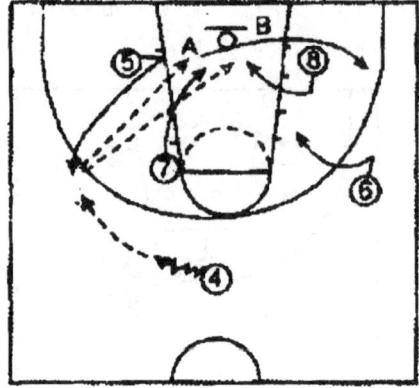
图 8 −54

4. 外线 "8" 字运球掩护进攻法

如图 8 −55 所示，⑤运球给⑥掩护，⑥运球给④掩护，④运球给⑤掩护④、⑤和⑥这 3 人在外线运球掩护的轨迹呈 8 字形。

3 人在运球的过程中，将对方的防区压缩，瞅准机会做中、远距离跳投，或抓住机会突破上篮，同时在运球掩护的过程中注意观察⑦与⑧的配合，一旦空切篮下，立即将球传给篮下队员攻击。

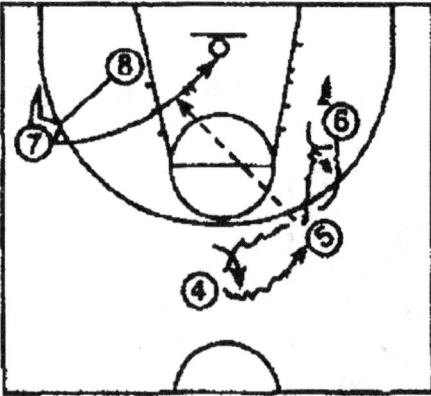
图 8 −55

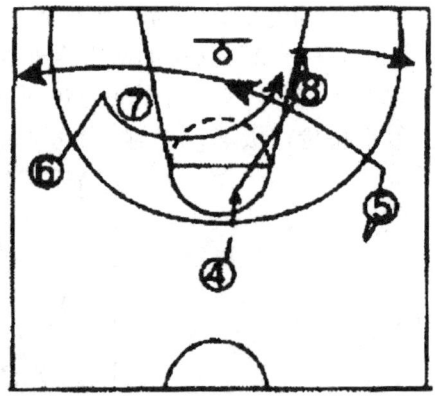
图 8 −56

5. 综合进攻法

综合进攻法的方法很多。这里主要以 "1—2—2" 变 "1—3—1" 落位为例，来具体介绍一下将策应、空切和掩护综合起来进攻的方法。

如图 8 −56 所示，④传球给策应的⑧，⑧接球后一是自己攻击，二是传给空切的⑤攻击。

如果⑤空切没有机会，这时左侧的⑥利用内中锋⑦的掩护空切篮下接⑧的球攻击。如果⑥没有机会，⑥移动到右侧；这时⑧可将球传给移动到左侧底线一带的⑤投篮，或⑤传给内中锋⑦，由⑦攻击。⑥、⑦和⑧抢篮板球，④⑤保持攻守平衡。

（二）进攻全场紧逼人盯人防守

这一战术在篮球进攻体系中运用较为广泛，下面就介绍几种比赛中较为常见的组织形式和具体运用方法。

1. 快速进攻法

由守转攻时动用快攻战术展开攻击的方法，就是所谓的快速进攻法。其具体的战术运用方法与快攻基本相同。这一战术的主要作用是用来对全场紧逼人盯人防守进行破坏，并且往往能够取得较为理想的效果。

2. "逐步"进攻法

由守转攻没有快速反击机会时，队员迅速落位，有目的地运用传切、突破、掩护、策应等配合突破对方紧逼人盯人防守的方法，即为"逐步"进攻法。其战术运用形式主要有以下两种。

（1）掩护、突破、策应进攻：如图 8 - 57 所示，⑥利用⑤的掩护摆脱，接④的传球，⑥运球突破遇阻时，可运球给④做掩护，④看到⑥给自己做掩护时应及时反跑，并利用⑥的掩护摆脱接⑥的传球后，从中路突破，如遇阻，⑦及时上提做策应接④的传球。

⑦策应后转身可传球给两侧快下的⑤或⑥进攻，如机会不好，把球传给组织后卫，迅速部署进攻阵型展开攻击。

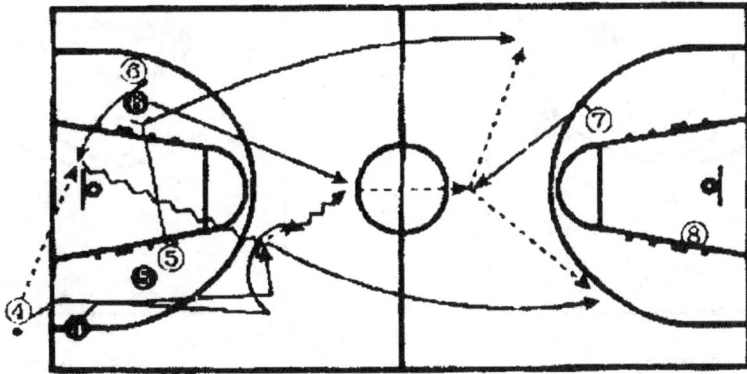

图 8-57

（2）两侧掩护结合中路突破进攻：如图 8 - 58 所示，⑧掷端线界外球，⑥⑦在罚球线两侧接应一传，④⑤分别站在距⑥⑦3 ~ 4 米处。配合开始时，④和⑤同时给⑥和⑦作掩护，⑥和⑦摆脱快下。

⑤掩护后转身摆脱防守接⑧的传球，④斜插中路接⑤的传球，并从中路运球突破到前场。④如不能直接突破投篮，可传球给两侧快下的⑥和⑦进攻。如机会不好，④把进攻节奏减慢，把球传给组织后卫组织进攻。

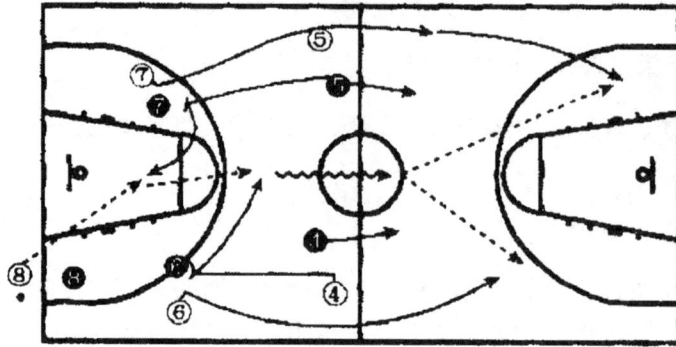

图 8 - 58

四、进攻区域联防战术

快攻是最好的进攻区域联防的方法，在对方还没有来得及落入防守阵地时，迅速快攻得分。但是，快攻并不是那么容易打的，对手会运用各种区域联防来防止对方的快攻。

（一）进攻区域联防的基本阵型

进攻区域联防的战术阵型常用的有："1—2—2"（图 8 - 59）；"2—2—1"（图 8 - 60）；"1—3—1"（图 8 - 61）；"2—3"（图 8 - 62）。

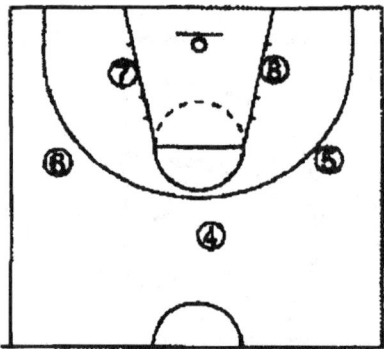

图 8 - 59

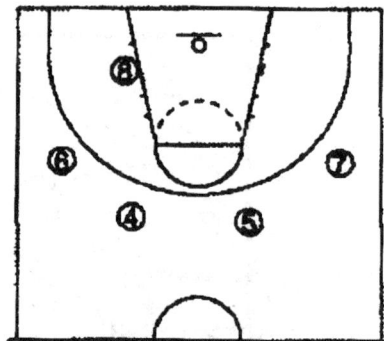

图 8 - 60

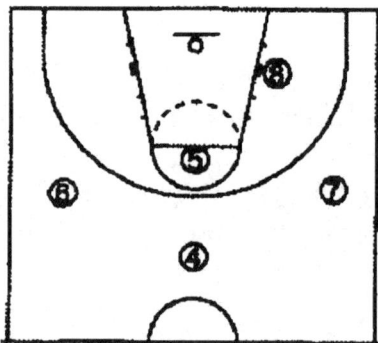

图 8 - 61

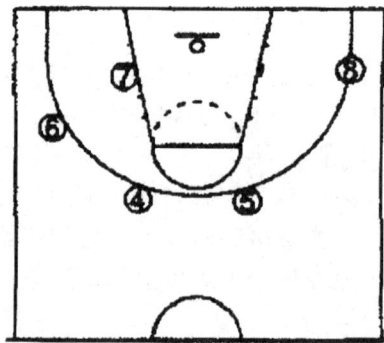

图 8 - 62

（二）进攻区域联防

区域联防的阵型有四种，这里主要以"1—3—1"落位进攻"2—1—2"联防为例来具体介绍一下进攻区域联防的战术打法。

1. "1—3—1"阵型的落位

按照这一形式进行落位的优点主要表现为：队员分布面广，④、⑤、⑥和⑦都占据防守的薄弱地区，攻击点多，内外结合，在局部形成二对一、三对二的有利局面，有利于组织抢篮板球，保持攻守平衡。具体如图8-63所示。

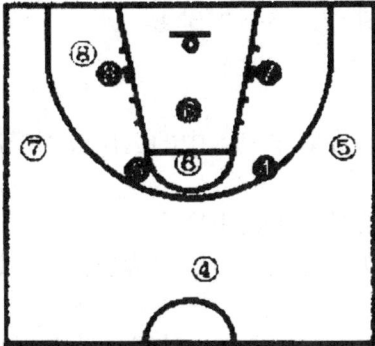

图 8 – 63

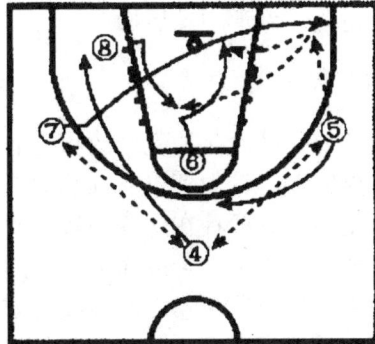

图 8 – 64

2. "1—3—1"进攻

"1—3—1"进攻的方法主要有以下两种。

（1）组织背插、溜底线进攻：如图8-64所示，外线队员④、⑤和⑦在传球过程中调动防守，组织中、远距离投篮，迫使对方扩大防区。如果没有机会，当⑤接球时，⑦背插至右侧底角，接⑤的传球后，可传给⑥或⑧，也可以远投或回传给⑤重新组织进攻。

（2）组织中锋策应进攻：如图8-65所示，外围队员将球传给中锋⑥，⑥接球后，除个人攻击外有3个传球点，第一点传给横切队员⑧，第二点传给空切篮下队员⑦，第三点传给后卫队员④，在策应过程中也可个人进攻。

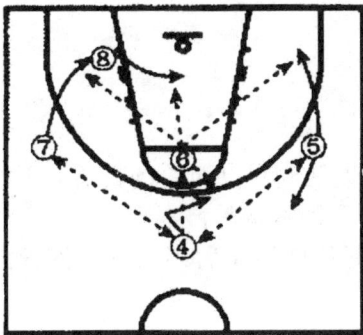

图 8 – 65

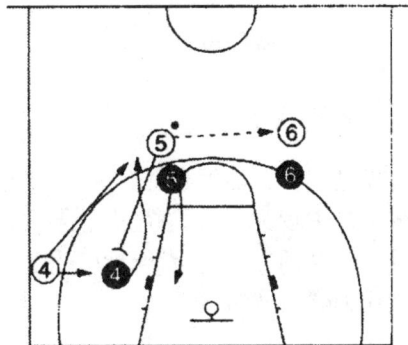

图 8 – 66

五、防守战术基础配合

（一）防守掩护配合战术

1. 穿过配合战术

通过穿过配合，能够达到破坏掩护配合、及时防住自己对手的目的。这种配合一般在无投篮威胁时运用，其具体战术运用方法如下。

如图 8－66 所示，⑤传球给⑥后去给④做掩护，❺要提醒同伴，并离❺远一点。❹当⑤掩护到位前一刹那主动后撤一步，从⑤和❺中间穿过，继续防守④。

2. 挤过配合战术

挤过配合是破坏掩护配合的积极有效方法之一。在防守战术中的运用较为广泛。运用得当往往能够取得较为理想的训练效果。

下面主要介绍两种在此赛中较为常见的挤过配合的战术运用形式。

如图 8－67 所示，④传球给⑤后跑去给⑥做掩护，❹发现后要提醒❻注意。❻在④临近的一刹那，迅速抢在④之前继续防守⑥。

如图 8－68 所示，⑤接球后向右侧运球，④上前来掩护，此时❹要及时提醒❺，❺在④临近的刹那，迅速靠近⑤，从④和❹之间抢过，继续防守⑤，❹配合行动。

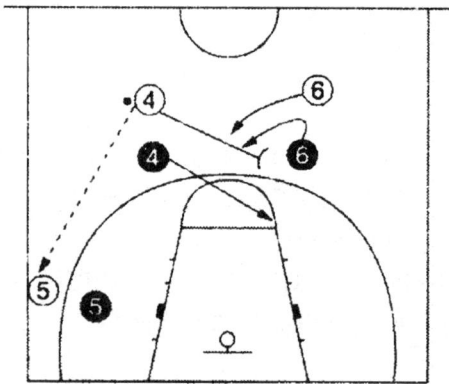

图 8－67

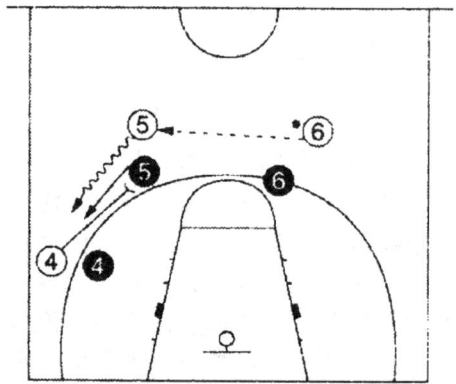

图 8－68

3. 绕过配合战术

通过绕过配合，能够达到破坏对方掩护配合、及时防守自己对手的目的。下面主要介绍两种在比赛中较为常见的绕过配合的战术运用形式，具体如下。

如图 8－69 所示，⑥传球给⑤并给他做掩护，⑤传球给④后利用⑥的掩护向篮下切入，❺从⑥和❻旁绕过。

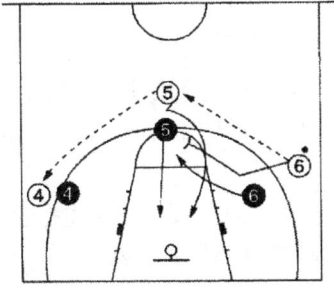

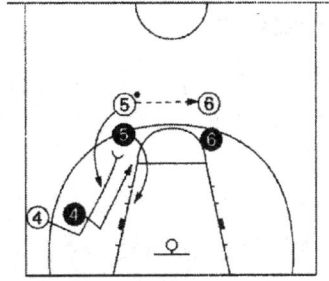

图 8 - 69　　　　　　　　　　　　图 8 - 70

如图 8 - 70 所示，⑤传球给⑥后利用④的掩护切入篮下，❺封堵⑤向内切的路线，迫使其向另一侧切入，此时❹要贴住④，❺从④和❹身旁绕过继续防守⑤。

4. 交换配合战术

下面主要介绍两种在比赛中较为常用的交换配合的战术运用方法。

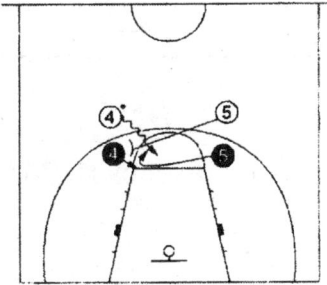

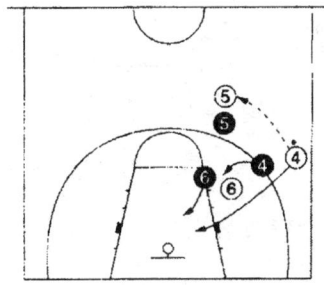

图 8 - 71　　　　　　　　　　　　图 8 - 72

如图 8 - 71 所示，⑤给④做掩护，❺要主动发出换人信号，及时封堵④向篮下突破的路线，此时❹应及时调整自己的防守位置，防止⑤向篮下空切。

如图 8 - 72 所示，④传球给⑤后利用⑥的定位掩护切入篮下，此时❻看到❹被掩护住，应主动招呼同伴换防，❻防④在篮下接球，❹调整位置防⑥。

（二）关门配合战术

关门配合主要用于区域联防，是一种两名防守队员靠拢协同防守突破的配合方法。如图 8 - 73 所示，当⑤从正面突破时，❹和❺或❺和❻。进行关门配合。

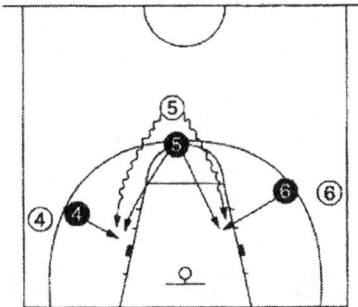

图 8 - 73

（三）夹击配合战术

夹击配合主要是在边角区域运用的，是两名防守队员有目的地同时采取突然的行动积极防守一名进攻队员的一种配合方法。下面就具体介绍两种比赛中较为常见的夹击配合的战术运用方法。

（1）如图 8 – 74 所示，④从底线突破，❹封堵底线，迫使④停球，❺同时迅速向底线跑去与同伴❹协同夹击对手④，封堵其传球路线，迫使其违例或失误。

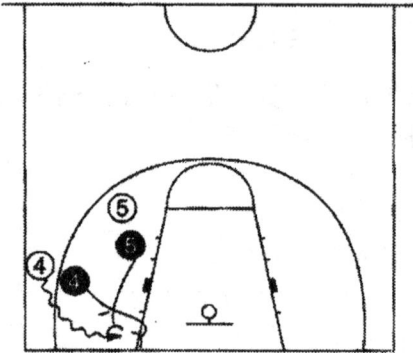

图 8 – 74

图 8 – 75

（2）如图 8 – 75 所示，⑤发边线球，❺协同❻夹击⑥，两人积极封堵⑥的接球。

（四）补防配合战术

补防配合在比赛中的运用较为广泛，运用率也较高，具体来说这是一种防守队员在同伴漏防时，立即放弃自己的对手，去补防那个威胁最大的进攻者，而漏人的防守队员及时换防的协同防守方法。

下面就详细介绍两种比赛中经常运用的补防配合的战术运用方法，具体如下。

如图 8 – 76 所示，⑤传球给④后，突然摆脱❺的防守直插篮下，此时❻放弃对⑥的防守而补防⑤，❺补防⑥。

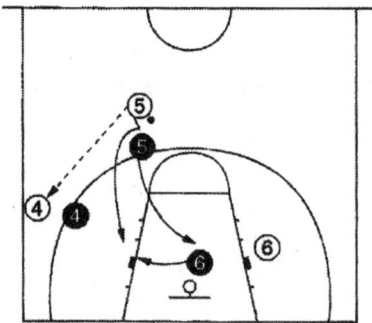

图 8 – 76

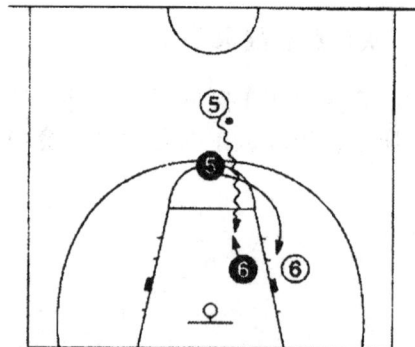

图 8 – 77

如图 8 – 77 所示，⑤持球突破❺，直接威胁球篮，❻放弃对⑥的防守而补防⑤，❺立即补防⑥。

六、防守快攻战术

在运用防守快攻战术时，通常会用到以少防多的形式，因此以少防多的能力在防守快攻中具有非常重要的作用。这里主要介绍几种比赛中运用较为广泛的以少防多的战术运用方法，具体如下。

以二防三为例：防守快攻战术的二防三配合的战术运用形式主要有 3 种，即两人平行站位防守、两人斜线站位防守、两人重叠站位防守。

（一）两人平行站位防守

如图 8 - 78 所示，❺防守⑤运球突破，❹兼顾⑥和⑧的行动，随球的转移积极防守有球队员。由于这种防守战术运用形式具有中路防守较弱的特点，因此，通常适用于对付两侧边线突破能力较强的队员。

图 8 - 78

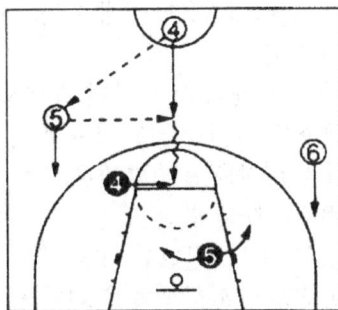

图 8 - 79

（二）两人斜线站位防守

如图 8 - 79 所示，当④和⑤进行短传推进时，❹先选择偏左的位置防守，当⑤将球传给④时，❹要立即移动堵截④，❺选择有利位置兼防⑥和⑤。

（三）两人重叠站位防守

如图 8 - 80 所示，当⑥中路运球推进，⑦和⑧沿边线快下时，❹上前堵截中路，❺在后兼顾⑦和⑧的行动。当⑥将球传给⑦时，❺则立即前去防⑦，❹后撤控制好篮下并兼顾⑧和⑥。

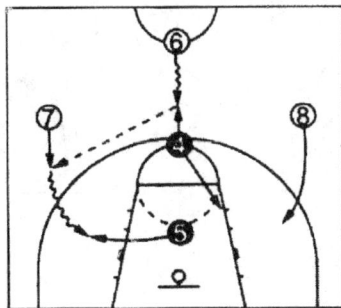

图 8 - 80

七、人盯人防守

（一）半场人盯人防守

半场人盯人防守是一种非常有效的整体防守战术，具有分工明确、针对性强、协同互补性强的特点，因此在比赛中的使用率较高。

以防守区域的大小为主要依据，可以将半场人盯人防守分为两大类，一类是半场扩大人盯人防守，另一类则是半场缩小人盯人防守，具体如下。

1. 半场扩大人盯人防守

扩大人盯人的战术形式是 5 名队员在中线一带有针对性地分别站位，盯住进入自己防区的队员，极力阻挠进攻队员的战术行动和落位布阵。

下面就对几种比赛中较为常见的、运用比较广泛的半场扩大人盯人防守战术打法进行详细的分析和介绍。

（1）进攻队员进入 A 区时的防守战术：由攻转守时，防守队员迅速退回后场，并立即找到自己要防守的对手。如果对手开始进入 A 区，防守队员就应该开始对对手进行紧逼。但是，并不是对所有的进攻队员都采用这一种防守措施，要具体问题具体分析，有针对性地采取相应的防守措施。

（2）进攻队员进入 B 区时的防守战术：当进攻队员进入如图 8 - 81 所示的 B 区时，就需要每名防守队员都采取相应的措施，进行积极的防守。通常情况下，经常采取的防守措施主要包括以下两个方面。

①根据球的位置，以不让对手轻易接球为目的，阻挠和切断其传接球路线。

②紧逼对手，破坏对方的习惯进攻配合，阻挠对手落位到习惯的攻击点。

（3）进攻队员进入底角时的防守战术：如果运球队员被逼入图 8 - 82 中的底角时，防守队员可以组织夹击。将运球队员逼向左底角，近球防守队员❼和❽可以下移夹击⑧，❻准备断⑧传给⑦的球，并要防止自己所盯防的⑥切入，❹准备断⑧传给⑥的球，并要防止自己所盯防的④向篮下切入，❺防止⑤插向异侧进攻。

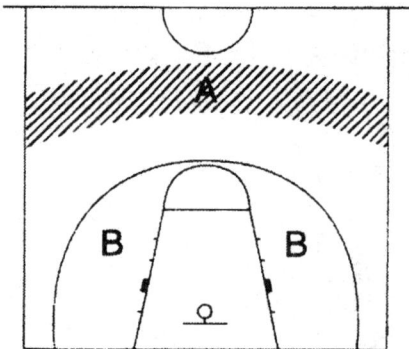

图 8 - 81

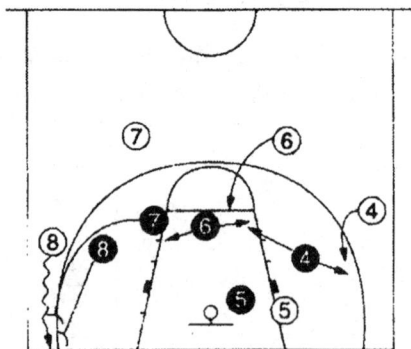

图 8 - 82

2. 半场缩小人盯人防守的战术运用

这种防守方法的控制区域较小，一般为距离篮筐 6 米左右的地方。另外，需要注意的是，采用这种防守战术，伸缩性要强，防有球对手时要紧贴上去，防无球队员时则应该做到"人球兼顾"。

下面就详细介绍几种比赛中较为常见的半场缩小人盯人防守战术运用方法，具体如下。

（1）球在正面时所采用的防守战术：如图8-83所示，球在正面右侧罚球线延长线以上的⑧手中，❽逼近⑧，用手罩住⑧手中的球。

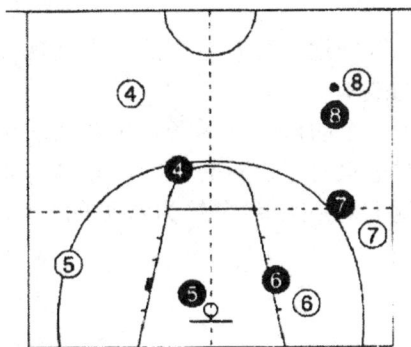

图 8-83

❼与❻位于强侧、罚球线延长线以下区进攻，因此，❼要错位防守⑦，不让⑦接球，掌握近球者紧的防守原则，❻要抢前防守⑥，切断其接球路线，掌握球在强侧的防守原则。

❹与❺位于弱侧，因此，❹要向纵轴线靠近⑧方向后撤，协助同伴❽防止⑧从中路突破，❺要向纵轴线靠近⑥的方向后撤，协助❻防止⑥反切篮下，❺还要注意⑤，防止⑤背插限制区进攻。

（2）球在底角时所采用的防守战术：如图8-84所示，④将球从侧面传到底角⑤手中。此时，❺要防止⑤从底线运球突破，❹要缩下来协助❺，阻止⑤从中间突破，❻、❼和❽都应紧缩篮下，"面向球、兼顾人、堵背插"，严密防守⑥、⑦和⑧插入中区进攻。

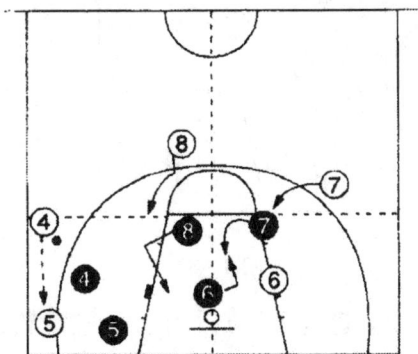

图 8-84

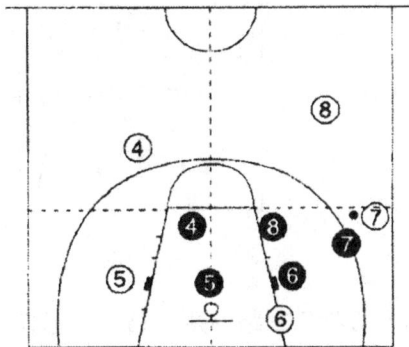

图 8-85

（3）球在侧面时所采用的防守战术：如图8-85所示，球在侧面罚球线延长线以下的⑦手中，❼逼近⑦，阻止他将球传入内线。❽虽然处于强侧，但由于球在罚球线延长线以下，因此要缩回来防守，掌握内紧外松的防守原则，这样做一是可以协助❼防止⑦从中路突破，二是主动协助围守中锋⑥。❻要抢前防守⑥，如果用侧前防守⑥，那么另一侧要❽

或❺协防。

❺处于弱侧，❺要向纵轴靠近❻的方向移动，当❻绕前防守时要保护篮下，以防⑦高吊传球给⑥；当❻侧前防守时要协防另一侧篮下，并注意防守⑤背插限制区进攻。❹处于弱侧，❹要缩回来协防限制区，以防④空切限制区，同时协防⑤，阻止其在限制区背插进攻。

（二）全场紧逼人盯人防守

全场紧逼人盯人防守在比赛中运用得较为广泛，它是现代篮球防守战术中人盯人防守体系里最具攻击性和破坏性的战术。

一般来说，全场可以分为3个防区，即后场、中场和前场（图8-86）。

这样的分区对于更好地对进攻对手进行有效的防守具有非常积极的促进作用。下面就以此为主要依据来详细介绍这几种在比赛中较为常见的全场紧逼人盯人防守战术的运用方法。

1. 前场防守战术

如果对方发端线界外球，就可以采用以下几种战术打法来进行有效的防守。具体应该根据场上的实际情况和需要进行有针对性的选择，以达到最理想的防守效果。

（1）对发端线界外球的进攻队员进行紧逼防守所采用的防守战术，如图8-87所示，在对方⑧跑到端线外准备发端线界外球的这段时间里，防守队员应该迅速找到自己的对手，选择好有利的防守位置，❽要挥动手臂，封堵传球角度，迫使⑧向边侧传球。

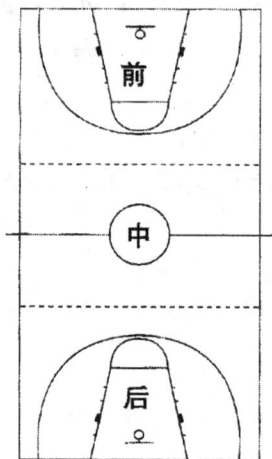

图 8-86

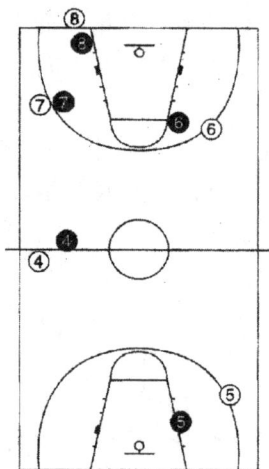

图 8-87

❼要切断⑦中路的接球路线，逼使⑦向边侧移动。❻也要切断⑥中路的接球路线，迫使⑥沿另一侧边线移动。❹在中线附近紧逼④。❺在后场盯住⑤，并注意断⑧远吊给⑤的长传球。如果⑧将球传给⑦或⑥，则❻或❼都应堵住中路，迫使对方沿边线运球。

（2）对发端线界外球的进攻队员放弃防守所采用的防守战术，如图8-88所示，假设⑦是一名进攻核心队员，❽可以放弃防守掷界外球的⑧，与❼夹击⑦，在第一防区就破坏对方组织的进攻。

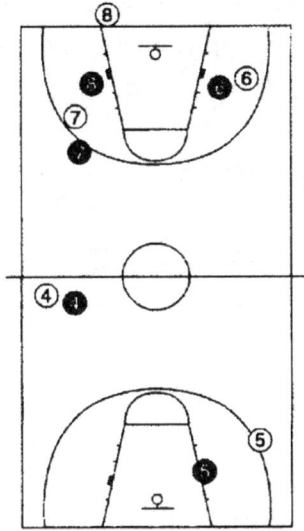

图 8－88

2. 后场防守战术

在全场紧逼人盯人防守中，一旦球进入第三防区，防守队应按照半场紧逼（扩大）人盯人防守的方法进行后场紧逼人盯人防守。

3. 中场防守战术

如果在中场对进攻队员进行积极有效的防守，就可以采取以下几种防守打法。具体应该根据场上的实际情况和需要进行有针对性的选择，以期取得理想的训练效果。

（1）合理利用中场夹击与轮转补防的协同配合：如图 8－89 所示，当⑤运球刚过中线时，❼堵住⑤，并与❺一起夹击⑤，❽补防⑦，❻补防⑧，❺应尽量封堵⑤传球给⑥的路线，迫使⑤传球失误或违例。一旦⑤传球给⑥，则❺补防⑥，形成顺时针轮转补防，仍然保持"一对一"形式的全场紧逼人盯人队形。

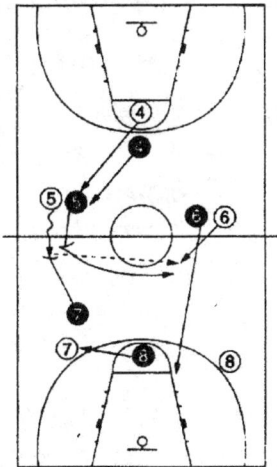

图 8－89

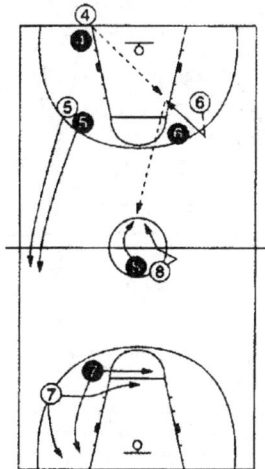

图 8－90

（2）防中路策应：如图8－90所示，如果对方采用高大队员在第二防区的中路策应进攻，那么，防守的主要战术运用即为：掷界外球的队员④传球给⑥，⑥传球给在中场线附近的高大队员⑧，企图用中路策应的配合攻破第二防区。此时❻要积极封堵⑥向中路的传球路线。

❽要错位防守，切断⑥策应的接球路线。如果⑧接到球，❺与❻要防止⑤与⑥从第一防区向第二、第三防区空切。

❼要紧盯⑦，切断这个策应队员再度从第三防区中路策应的接球路线，并要防守其空切篮下。

八、区域联防战术

（一）区域联防的阵型

区域联防战术的方法较多，不同的联防阵型决定了不同的防守配合和方法。

下面主要介绍篮球比赛中经常用到的几种区域联防的阵型。这几种联防阵型可以根据场上的实际情况和需要进行灵活的转换和调整，运用得当往往能够取得理想的防守效果。

1.“2—3”联防阵型（图8－91）

这种联防阵型是由前面2名队员，后面3名队员组成的，其主要特点是篮下防守力量较强。

2.“3—2”联防阵型（图8－92）

这种联防阵型是由前面3名队员，后面2名队员组成的。这种防守形式比较适用于对外围投篮准的队的防守和堵截，并且能够起到干扰其传球的作用。

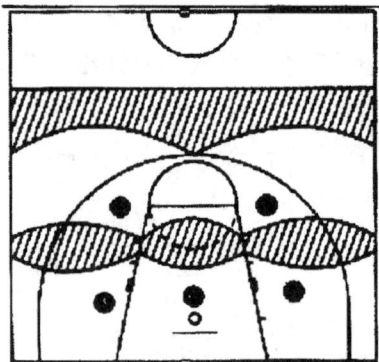

图8－91

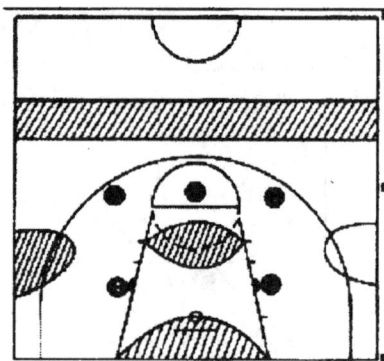

图8－92

3.“2—1—2”联防阵型（图8－93）

这种联防阵型是由前边2名队员、中间1名队员、后边2名队员组成的。“2—1—2”区域联防的特点主要表现为：5名队员分布比较均衡，以中间的一名高大队员为中心，把前排两名锋线队员和后排两名卫线队员有机地组成一个能够前后呼应、左右联系、便于相互协作防守的阵型。

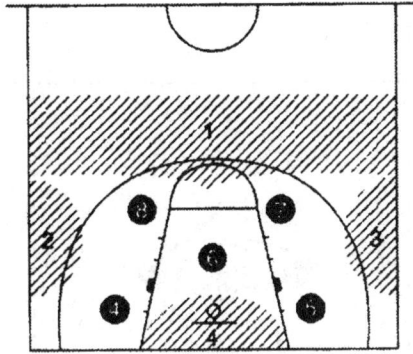

图 8－93

如果这一防守阵型运用得当，往往具有有效对付内外线攻击力量较强的队的重要作用，因此，这一防守阵型在对正面突破和篮下威胁较大而"两腰"攻击力较弱的队进行堵截时，往往能够取得较为理想的效果。

（二）"2—1—2"区域联防

在"2—1—2"区域联防中，对于运动员的安排是：快速、灵活的素质，并善于抢断球和组织快攻反击的两名运动员要进行突前防守；身材高大、善于补位和抢篮板球的队员要位于中间，他的主要任务是防守对方的中锋；身材高大、善于盖帽和抢篮板球、发动快攻的两名队员应放在后排。

按照以上区域联防阵型对运动员的安排，为了取得较为理想的防守效果，可以根据球的位置以及进攻队员的进攻情况，有针对性地采取相应的防守措施，具体如下。

1. 对外中锋进行防守时所采用的战术

如图 8－91 所示，⑧传球给外中锋⑤，❻要上步阻止⑤投篮，❼和❽协防⑤，❹要防止④插入内线，❺防止⑦切入内线，迫使外中锋⑤将球传上线。

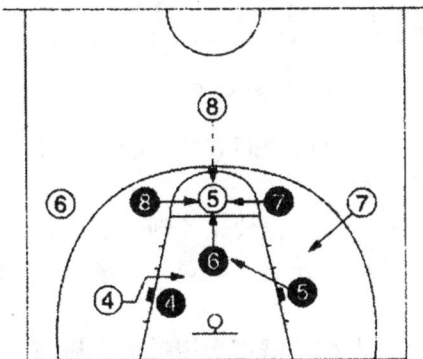

图 8－91

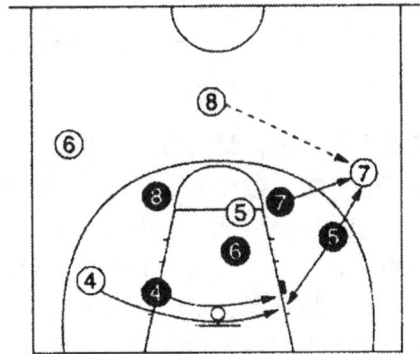

图 8－92

2. 对溜底线进行防守所采用的战术

如图 8－92 所示，⑧传球给⑦，④溜底线向有球一侧切入，要防溜底线的④。❹上步防守⑦，❺等到⑦回防⑦时再从右腰撤回篮下防守溜底线过来的④。

3. 球在正面弧顶所采用的防守战术

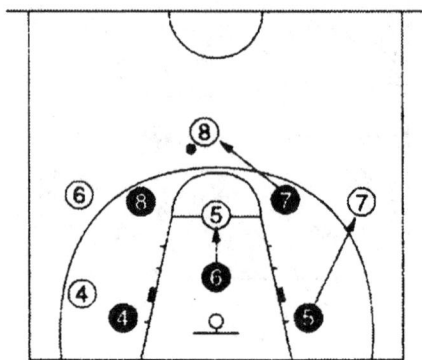

图 8 - 93

如图 8 - 93 所示，❽持球进攻，❼应上步防守❽，❺应上步防守❼，❽应防守❻兼防⑤，❻应上步防守外中锋⑤，❹防守底线的④。

4. 球在侧面两腰时所采用的防守战术

（1）如图 8 - 94 所示，❽传球给⑥，❽迅速上去防守⑥。❼退回原来位置或协防⑤，以防⑤下移后⑦背插进攻。❺要防止⑤下移接球，设法切断⑤的接球路线。

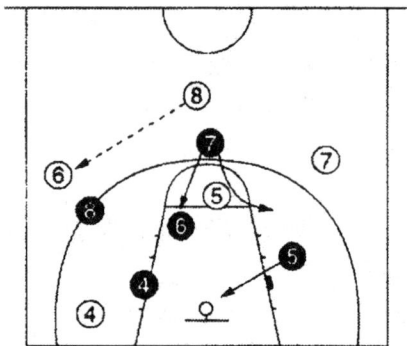

图 8 - 94

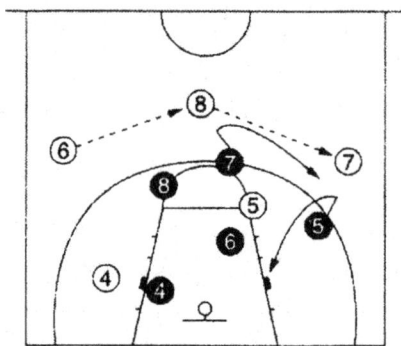

图 8 - 95

❹阻止④接球，❺向有球一侧的篮下移动，运动中，可以抢断⑥给⑦的横传球。如果⑥投篮，❹、❺和❻在篮下形成三角形包围圈，抢篮板球。

（2）如图 8 - 95 所示，⑥回传球给⑧时，防守应按照战术需要来移动。如果⑧投篮不准，则❼应上前一步阻挠，准备在⑧传球给⑦后快速移动，赶上去防守⑦。❺应该在❼未赶到前防⑦，❼赶到后则退回篮下防守。

也可以采用"伸缩性联防"阵势的特殊移动方法，即❹与❼都采用横滑步移动，封住两腰⑥和⑦的投篮点，放弃防守弧顶投篮不准的⑧。如果⑧投篮较准，⑦投篮欠佳，在⑧传球给⑦后，则应由一名后卫❼上步防守⑦，但❼松动防守协防⑤，以便在⑦接球回传给弧顶投篮手时上步继续防守⑧。

5. 球在底角时所采用的防守战术

如图 8 - 96 所示，⑥传球给底角④，❹上步防守④，防止④底线突破。❽应退后协防，❻严密防守。如⑤在内线接球，则向篮下移动防止⑦背插。❼向限制区中间移动，防止⑧和⑦插入篮下。

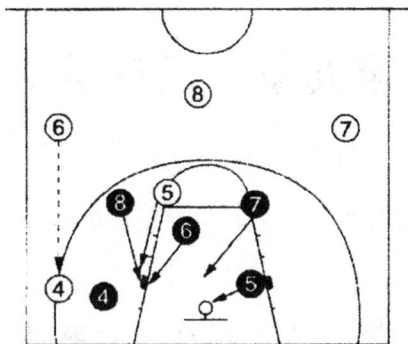

图 8－96

第九章　足球运动

本章主要围绕足球运动进行具体介绍，内容包括足球运动概述、足球运动技术训练以及足球运动战术训练。

第一节　足球运动概述

足球运动是以脚为主支配球的运动。足球比赛对抗性强，运动员在比赛中采用规则所允许的各种动作，包括奔跑、急停、转身、倒地、跳跃、冲撞等，与对手进行激烈的争夺。足球运动已成为人们生活中不可缺少的组成部分。据不完全统计，现在世界上经常参加比赛的球队约80万支，登记注册的运动员约4 000万人，其中职业运动员约10万人。

一、足球运动的起源与发展

（一）足球运动起源于中国

关于足球运动的起源可谓众说纷纭。在中国古代史料中曾有"蹴鞠"运动的记载，当时的"蹴鞠"运动有两种活动方式：一种是不用"蹴域"，以一个人或几个人控制球表演为主的游戏，类似于今天的颠球表演；另一种是有一定场地和规则的"蹴鞠"比赛。国际足联主席布拉特在《世界足球发展史》的报告中明确指出"足球发源于中国，由于战争而传入西方"。1985年国际足联前主席阿维兰热在北京举行的首届16岁以下世界青少年足球锦标赛上致词说："这项体育运动起源于中国，它在贵国已有千年的历史。"

1. 我国古代的足球游戏

我国古代就有足球游戏，从殷墟出土的文物中，可以考察到殷代就创造了"足球舞"，这是古代足球游戏的前身。殷代的"足球舞"被刻在甲骨上。一直到东汉在石牌上也有"足球舞"的记载。

2. 战国时期的足球游戏

在《战国策》和《史记》中，对古代足球游戏的名称和球的制造方法都有较明确的解释。足球游戏称为"蹴鞠"或"踢鞠"，"蹴"和"踢"都是脚踢的意思，"鞠"就是球。"蹴"，足蹴之也；"鞠"，以革为之，中实以物，蹴蹋为戏乐也。

3. 汉代的足球游戏

西汉刘邦曾在宫廷内大规模修建"蹴域"，专供竞赛之用，还有专门论述足球游戏的《蹴鞠铭》等图书出版。《蹴鞠新书》和《射法》《速弩》《剑道》《手搏》等著作一并列入《兵技巧十三家》之内。

4. 唐代的足球游戏

在唐代，场地器材设备逐渐完善，此时有了两种创造。一是有了灌气的球。在徐坚的《初学记》里具体地说明了用嘴吹动物的尿泡使之成为"球"。由于吹气很费力，后改为"打揎法"。"打揎者，添气也，事虽易，而实难，不可太坚，坚则健色浮急，蹴之损力；不可太宽，宽则健色虚泛，蹴之不起；须用九分着气，乃为适中。"健色指的是球，打揎指用一种鼓风箱来打气。二是球门的设立。有球门成队的比赛叫"筑球"，比赛时两队隔门站立，踢过球门落入对方场区。如果球在本方场区落地，就算输一"筹"。比赛几筹赛前由球头商定。

5. 宋代的足球游戏

从宋代开始，出现了以表演踢球为职业的踢球艺人，有官、私两种。官家主要是在宫廷中表演，私人主要在瓦子（城市中的大街小巷、娱乐场所）以卖艺为生。宋代诗人陆游也是一位蹴鞠迷，他在许多诗中都有对"蹴鞠"的记载，如：在《剑南诗稿·春晚往事》中说"寒食梁州十万家，秋千蹴鞠尚豪华"；在《残春》中描写"乡村年少那知此，处处喧呼蹴鞠场"；在《晚春感事》中说"少年骑马入咸阳，鹘似身轻蝶似狂；蹴鞠场边万人看，秋千旗下一春忙"。在胡廷晖所绘《宋太祖蹴鞠图》中，有太祖、赵普、石守信等人。图中太祖在与一人对踢，其他人为观看状。

6. 元、明、清时期的足球游戏

元、明、清时期足球活动逐渐衰落，元代以后蹴鞠游戏由直接对抗转变为射门比赛或技巧表演，失去了练武、增强意志的特点，降低了其社会功能，逐渐演变为街头艺人借以谋生的手段。明代虽然也有几个皇帝喜欢蹴鞠，但没有像唐、宋时期那样开展起来。到了清代，顺治帝入关以后，经常举行狩猎、骑射、摔跤、滑冰等活动，对流行于中原地区的蹴鞠、相扑、赛龙舟、武术等体育活动严令禁止，此举加速了蹴鞠活动的衰败。

7. 1840 年至 1949 年前的足球运动

1840 年鸦片战争以后，随着英帝国主义侵略中国，现代足球运动开始传入中国。香港和上海是中国最早开展足球运动的城市。最初的足球运动是从教会学校中开始发展的。

1910 年，在南京南洋劝业场举行的全国学校分区队第一次体育同盟会（"中华民国"第一届全国运动会，第一届为辛亥革命后追认）中，竞赛项目只有足球、网球和田径三个项目。这次比赛是中国各地球队接触的开始，以后一直到 1948 年的近 40 年内，举行了七次全国运动会，每次都有足球比赛。

（二）现代足球运动的起源与发展

1. 起源

1863 年 10 月 26 日，在英国伦敦成立了世界上第一个足球运动组织——英格兰足球协会，并统一了规则，现代足球运动正式确立。英格兰足球协会在伦敦召开了现代足球史上十分重要的会议。草拟了比赛规程，但规程中有些条文与今天的规则相距甚远。如当时有这样一条：当球从球门柱之间进入或在上面的空间越过时，不论高度如何，只要不是被手扔、击、运进去的，都算赢一球。当时球员的位置与阵形也不同于今天。当时规定每队有一名守门员、一名后卫、一名前卫和八名前锋。制定规则不久，阵形有所改变：一名守门员、两名后卫、三名前卫和五名前锋。掷界外球，最初只用一只手，但有些球员能巧妙地把球从四五十码（1 码等于 0.9144 米）以外掷入球门，因此规则又做了变动，必须双手掷界外球。最早的球门也不同于今天，1883 年球门的横梁还是用一根绳子代替。由于绳子太细，一些球从上面过去还是从下面过去，一时很难判断，直到 1890 年才设置了球网。比赛由每队各出一名副裁判和主裁判担任"执法官"，1891 年，才出现持中立态度的现在意义上的裁判：一名裁判和两名助理裁判员。早期的球队均是由业余球员组成的，而现代足球有了职业球员，即以踢球为职业的运动员。

2. 发展

现代足球运动诞生时，英国正处于世界头号强国的巅峰期，国内的退伍军人、商人向英联邦国家如新西兰、印度、澳大利亚和南美洲移居，并同当地人进行足球比赛。由于足球的开展不需要特别的设备和器材，所以很容易被这些国家的民众所接受。如当时阿根廷所有的地方足球俱乐部都是由英国人开办的铁路公司的英国雇员组成的，而且，阿根廷足球协会也是由一名英国人创建的。

1857 年，英国成立了世界上第一个足球俱乐部。1885 年，英格兰又成立了第一个足球职业俱乐部。1872 年 11 月 30 日，英格兰和苏格兰在苏格兰西部板球俱乐部进行了现代足球史上第一场国际比赛，比赛结果为 0 比 0。1884 年，英格兰、苏格兰、威尔士和爱尔兰四个队开始比赛以争夺"不列颠冠军"。

1892 年，英国人在意大利成立了足球俱乐部，但由于对手极少，没有很多正规的比赛。1896 年，俱乐部听取多方意见，吸收了 50 多名当地居民参加俱乐部，使球队增加，比赛增多。1897 年，意大利都灵市民成立了自己的俱乐部，即当时还不显赫的尤文图斯俱乐部。之后，各地俱乐部相继成立，意大利足球协会也随之宣告成立。

3. 国际足球联合会的成立

在英国的带动下，到 19 世纪末，荷兰、丹麦、新西兰、阿根廷、比利时和意大利等国相继成立了足球协会。随着世界足球运动的发展，建立一个国际性的组织以协调各国足球运动的开展，组织国际的足球竞赛活动显得非常必要。为适应足球发展的需要，1904 年 5 月 21 日，法国、比利时、丹麦、荷兰、西班牙、瑞典、瑞士七个国家的足协代表在法国巴黎聚会，发起成立了"国际足球联合会"（简称国际足联），法文缩写为"FIFA"，并决定将国际足联总部设在瑞士苏黎世。1909 年，英国足协各会员也相继加入国际足联，使得国际足联成为真正意义上的国际单项体育组织。国际足联的宗旨是促进世界足球运动的发展，加强各国足球协会之间的联系。

二、足球运动的特点与规律

（一）足球运动的特点

足球运动的特点包括以下几个方面。

1. 集体合作的前提性

足球比赛是以每队 11 人上场参赛的集体球类项目。场上 11 人虽位置、职责、分工不同，但必须按照既定的战术策略和要求协同一致，形成一个严密的整体，才能取得比赛的主动权。

2. 对抗的特殊性

对抗的特殊性主要体现在以下三个方面。
（1）一对一的对抗到整体的对抗。
（2）有球的对抗到无球的对抗。
（3）同队的压力、对手的压力、环境的压力、心理的压力，都会作用到一次简单的动作中。

3. 个人能力的综合性

个人能力是足球运动的基础，独特的个性特征与个人竞技能力要与集体技战术有机结合，才能充分发挥个人的综合能力。

4. 多变性

技术多样，战术多变，胜负难测是当今足球运动的另一特点。足球比赛攻守转换快速而频繁，运动员的位置和职责随着比赛进程的变化而变化，技术能力的全面提高和多变的战术打法，使比赛充满活力和悬念。

5. 艰苦性

研究表明，一场激烈的足球比赛，运动员活动距离长达 9000～14000 米，快速冲刺距离在 2500 米以上，完成技术动作近百余次，运动员心率在 180 次/分以上时间约有 32min，氧消耗超过 300 升，热量消耗达 1500～2000 千卡，体重下降 2～5 千克。

6. 技战术体能的专项性

技战术体能的专项性主要表现在体能训练的技术化、体能训练的阶段性。体能训练水平与技战术水平的提高必须同步进行。

7. 比赛技术环境的不可重复性

训练中的技术运用不能等同于比赛中的技术运用，许多特定的比赛环境是不容易再现的，某一场比赛的情境是无法还原的。

8. 比赛技术和训练技术的非一致性

训练虽然是为了解决比赛中存在的问题，但训练与比赛有着极大的区别，期间的心理感受模式及情绪体验是不能同日而语的。

9. 对抗中的及时性、准确性

在激烈的比赛对抗中，一切动作都有一个及时性与准确性的问题。传球不及时，得分机会稍纵即逝；回位不盯人，对方就有可乘之机。

10. 易行性

足球比赛器材、设备要求简单，比赛易于开展。一般性足球比赛可以不受时间、人数、场地、器材的限制，是一项深受人们喜爱的群众性体育项目。

（二）足球运动的规律

（1）足球运动具有以有氧耐力为基础，以有氧无氧和混合氧供能为特征，突出非乳酸能速度耐力训练的生理变化规律。

（2）足球运动具有以技术、技巧为基础，以战术意识为灵魂，以身体、心理和意志力为保证，突出综合性技战术训练的运动规律。

（3）足球运动具有以变化性、整体性、对抗性为特点，突出高强度对抗性的规律。

（4）足球运动具有以训练为基础，以比赛为目标，以比赛带动训练，突出比赛实用技术运用的规律。

三、现代足球运动发展趋势

（一）足球全球化是足球运动发展的必然趋势

所谓足球全球化，是指足球运动突破国家和地区的界限和局限，逐渐融为一体的漫长发展进程，也可以称为全球足球一体化。其包括足球人才的全球化、职业俱乐部的全球化及足球技战术的全球化等。

（二）足球人才的全球化

足球人才包括优秀的球员、教练员、经纪人等，其中起主导作用的是球员。球员作为一支球队的主体，现已不仅作为赢得比赛胜利的条件，而且已逐渐成为俱乐部经营的重要砝码。足球全球化的发展促进了各国优秀球员的广泛交流。而适时更换球员对于一个职业足球俱乐部的生存和发展来说非常重要，只有通过不断的人员流动，优化组合，才能组建最理想、最强大的阵容。据意大利足协不完全统计，在意大利，球员的转会率每三年一个周期为 75% ~80% 。另一方面，俱乐部明星球员越多，与一个俱乐部竞赛成绩不成正比，但与俱乐部经济效益成正比的现象也随之产生。这是全球化带给世界足坛的鲜活特色。

教练员的交流也日益频繁。依靠外力提高本国水平，这已经是包括足球在内的体育领域的一大通行做法。不仅足球落后的国家如此，连强大的英格兰队也不例外，埃里克森是现代足球发源地英格兰的首任外籍主教练。日韩世界杯上，表现甚佳的塞内加尔队的主教练是法国人。希丁克的例子应该是最生动的，在他的带领下，一群从未获得过世界杯赛胜利的韩国球员变成了战斗力极强而且纪律严明的勇士，这可以被看作是亚洲足球聘请外籍教练后球队产生巨变的最成功例子。

足球经纪人这项职业也正在蓬勃发展起来。随着足球的职业化、商业化的进程加快，足球产业的规模日益庞大，经纪人逐渐成为职业足球必不可少的人才。

（三）足球文化的交融

随着世界经济的发展和信息时代的到来，足球文化也随之相互交融，取长补短。欧洲文化容纳了南美文化的激情和创造性，造就了英格兰的新形象，其打法不再是呆板与单调的"力量"型足球，大打技术足球的变革使之充满了生机。南美文化也在逐步吸纳欧洲文化的理性和纪律。以阿根廷为代表，在保持原有技术特色的同时，讲究足球规律，遵守整体纪律，以更加务实的精神来改变南美足球的形象。他们既拥有杰出的个人技巧，又提高了整体战术；既保持个人的即兴发挥，又遵守足球规律和纪律。

（四）足球经营管理国际化

各国足球联赛是足球运动发展的基础，足球俱乐部是联赛的主体，经营管理是俱乐部运作的主要环节。如果经营管理得当，全球化将为这项运动在足球设施曾经寥寥无几、足球天才被埋没的国家提供更多的发展机会。足球产业化是未来足球发展的必由之路，现在足球产业已经成为世界上最有前途的产业之一，在意大利、英国、法国、西班牙等国家中，这一产业已经成为资本市场的重要成员。

（五）全球化发展的不均衡性及区域化倾向

尽管足球全球化在世界范围内广泛发展，但由于历史和文化的差异，它的发展仍有很大的不均衡性和区域化倾向。英格兰俱乐部球员的国际化趋势与不受约束的全球化进程并不吻合。英格兰的足球俱乐部更偏重于吸纳不列颠三岛、北欧和英联邦国家的球员，因为这些国家在文化取向、天气、语言及足球风格上都与英格兰颇为相近。在欧洲大陆和南美，也许是因为大西洋两岸传统的殖民关系，西班牙和葡萄牙长期以来一直是南美球员出国踢球的首选目的地；而顶级的非洲球员则纷纷效力于欧洲各大联赛，特别是在法国、比利时、荷兰和西班牙等；而巴西和阿根廷，则继续吸收一些来自乌拉圭等周边小国的足球精英。这种区域性的倾向减少了各国足球间的交流，在一定程度上限制了足球运动的发展。因此，必须加大区域间的合作，使各国优秀球员能在更大的范围内交流。

（六）足球全球化的"马太效应"

"马太效应"是经济学界经常提及的，它的原创者是美国著名科学家罗伯特·默顿。自从足球进入商业化时代以来，大量资金的投入将这项运动的发展推向一个新的时代。在足球经济的带动下，足球全球化的发展出现了不平衡性，依据经济发展的规律。资金只涌到能够赚钱的地方。世界上一些足球环境欠佳的国家和地区乏人问津，都有逐渐被边缘化的危险。甚至在一个国家里面，足球运动开展较好的、经济发达的地区越来越"繁荣"，而那些经济落后的地区的足球运动则越来越难以生存。欧洲联赛已成为世界最高水平联赛的代名词，本国联赛甚至本国球员都有被边缘化的趋势。随着资金投入的不平衡，这种差距越来越大，形成了所谓的"马太效应"。

足球全球化既是机遇也是挑战。足球全球化的发展和其他领域的全球化进程一样，它是世界足球运动发展的一个新阶段。对于足球落后的国家和地区来说，足球全球化是它们快速成长的机遇，国外的高水平联赛为它们提供了更开放的交流平台，使它们的水平有机会在这个环境中得到成长；同时，借鉴国外足球的管理经验和联赛的运行机制，可以迅速提高本国足球运动管理水平，从而帮助本国足球运动健康发展。

第二节　足球技术训练

一、踢球

踢球的方法很多，但无论哪一种踢球技术方法都是由助跑、支撑、摆腿、脚触球和踢球后的随前动作五个环节组成。比赛中经常用脚的各个相应部位踢定位球、地滚球、空中球、反弹球和蹭球。

（一）常用部位踢球的技术动作分析

不同部位踢球时其技术动作方法有所不同。在初级班主要学习原地脚内侧踢球和脚背内侧踢定位球。以下介绍这两种部位踢各种不同形式的球。

1. 脚内侧踢球（脚弓踢球）

动作要领：直线助跑，支撑脚的最后一步稍大一些，支撑脚站在球的侧面约 15 厘米处，脚尖正对触球方向，踢球脚的脚跟与支撑脚的内侧呈 90°，支撑脚膝关节微屈。踢球脚大腿带动小腿由后向前摆动，在前摆的过程中大腿外展，当膝关节的摆动接近球的正上方时小腿做爆发式摆动，在触球前将脚跟送出使得脚内侧部位所形成的平面与出球方向垂直，踢球脚底与地面平行，脚尖微微跷起，踝关节功能性的紧张使脚型固定，触击球后身体跟随移动，髋关节向前送。

（1）敲击法踢球：敲击动作的突出表现是后摆小、前摆快，击球动作急而快速，击球后具有较明显的突停和控制脚的动作。这种击球动作出球平直而急，多用于直接传球和近距离射门。在触球时身体的重心保持在支撑脚上，以保证击球脚可以任意摆踢（图 9 - 1）。

图 9 - 1

（2）推送法踢球：推击球动作的突出表现是踢球脚必须随球前送。当脚触球时，运用支撑脚后蹬所产生的身体重心向前平移的速度平稳推球，一般传远距离的地滚球采用此技术动作。在触球的一瞬间身体重心落在支撑脚上，上身稍后倒，击球时踢球腿和身体随球前移（图 9 - 2）。

图 9 - 2

（3）脚内侧踢凌空球：直接踢空中球时，大腿在踢球前先抬起，小腿拖在后面，脚内侧对正出球方向，利用小腿的摆动平敲球的中部。如果要踢出低球或高球，可踢球的中上部或中下部（图 9 - 3）。

图 9 - 3

2. 脚背内侧踢球（内脚背踢球）

动作要领：斜线助跑，助跑方向与出球方向约呈45°角（图9－4），脚触球部位如图9－5所示，最后一步稍大，以支撑脚积极着地支撑，脚尖指向出球方向，距球内侧后方20～25厘米，膝关节微屈。在支撑同时，踢球腿已完成后摆，并开始以髋关节为轴，大腿带动小腿由后向前摆动，当大腿摆至与支撑腿接近同一平面时，小腿做爆发式摆动，此时脚尖外转，脚背绷直，以脚背内侧部位触击球（图9－6、图9－7）。击球后踢球腿及身体继续随球向前。

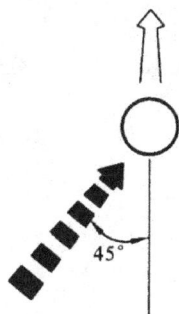

图 9 - 4

图 9 - 5

图 9 - 6

图 9 - 7

（二）踢球的技术动作分析

1. 脚背正面踢球（正脚背踢球）

动作要领：直线助跑，最后一步稍大些，支撑脚积极着地支撑，在球的侧面 10 ～ 12 厘米处，脚尖正对出球方向，膝关节微屈，踢球脚随跑动方向摆动，小腿屈曲，踢球脚以髋关节为轴，大腿带动小腿由后向前摆动，当膝关节摆至接近球的正上方时，小腿做爆发式摆动，脚趾屈，以脚背正面部位击球的后中部。击球后身体及踢球腿随球前移（图 9 - 8）。

图 9 - 8

2. 脚背外侧踢球（外脚背踢球）

动作要领：助跑，支撑脚站位及踢球腿摆动均与脚背正面踢球技术的三个环节相同，脚触球时用脚背外侧部位。此时要求膝关节和脚尖内转，脚背绷紧，脚趾紧屈并提膝，触击球后身体随踢球腿的摆动前移（图 9 - 9）。

图 9 - 9

3. 脚尖踢球（脚尖捅球）

脚尖踢球（脚尖捅球）是一种用脚尖部位接触球的方法。由于脚尖踢球时出球非常迅速，在比赛中很少使用，只是在场地泥泞或身体离球较远又有对方争夺时使用。小腿做爆发式摆动是脚尖踢好球的关键。在对方球门区也可采用此技术射门。

4. 脚跟踢球

脚跟踢球是用脚跟部位将球踢到身体后面的踢球方法。球在支撑脚内侧时踢球脚自然前跨到球的前方，然后以膝关节为轴，小腿突然快速后摆，踝关节紧张用力，以脚跟触球的前中部，将球向后踢出。用脚跟踢球时应注意动作的隐蔽性，其主要目的是欺骗防守者，达到出其不意的效果。脚跟传球一般多在前场和中场使用。

二、运球及运球过人

运球是队员在跑动中用脚向跑动前方推击球，使球始终处在自己身体的控制范围之内的技术。运球是个人控制球能力和个人进攻能力的集中体现，其目的是完成战术配合，控制比赛节奏，选择传球时机和线路，寻找对方防守薄弱点实施过人突破，达到瓦解对方整个防线的战术意图。

（一）运球的技术动作分析

1. 脚背正面运球

动作要领：运球时身体保持正常跑动姿势，上身稍前倾，步幅不宜过大，运球脚提起，膝关节稍屈，髋关节前送，脚跟提起，脚尖下指，在着地前用脚背正面部位触球后中部将球推送前进。脚背正面运球多在越过对手之后，前方纵深距离较长，仍需快速运球前进的情况下使用。

2. 脚背外侧运球

动作要领：运球时身体保持正常跑动姿势，上身稍前倾，步幅不宜过大，运球脚提起，膝关节稍屈，髋关节前送，脚跟提起，脚尖内转下指，在运球脚落地前用脚背外侧推拨球的后中下部。脚背外侧运球多在快速跑动和向外改变方向时使用（图 9 - 10）。

3. 脚背内侧运球

动作要领：身体稍侧转并自然协调放松，步幅小，上身前倾，运球脚提起外展，膝微屈外转，脚跟提起，脚尖外转，使脚背内侧正对运球方向，在运球脚落地前用脚背内侧推拨球，使球随身体前进。
脚背内侧运球多在向内改变方向并需要用身体掩护球时使用。

4. 脚内侧运球

动作要领：要求在运球前进时支撑脚始终领先于球，位于球的侧前方，肩部指向运球方向，支撑脚的膝关节微屈，重心放在支撑脚上，另一条腿提起屈膝，用脚内侧推球前进（图 9 - 11）。

图 9 – 10

图 9 – 11

5. 其他

（1）拨球：利用脚踝关节向内侧的转动，用脚背内侧或脚背外侧触球，将球拨向身体的前方、侧方、侧后方（图 9 – 12、图 9 – 13）。

（2）拉球：一般是指用脚底将球从前方往后拖的动作，或用脚内侧将球由身体右侧拖向左侧和用脚外侧由左侧拖至右侧的动作（图 9 – 14）。

向前运球或原地控制球时，如果遇对手伸脚抢球，运球或控球者则可用拉球动作将球拉向一侧，然后改变球方向突破对手（图 9 – 15）。

图 9 – 12

图 9 – 13

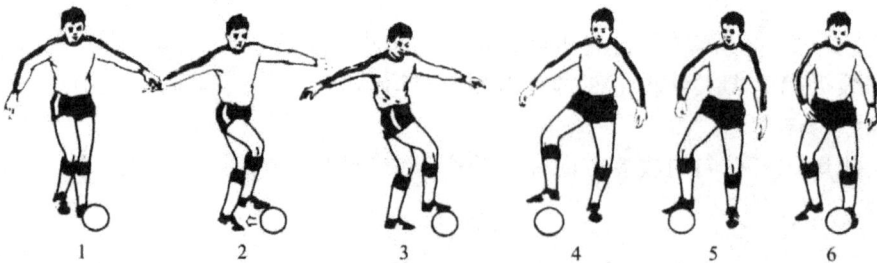

图 9 – 14

图 9 - 15

（3）扣球：这是运用转身和脚踝急转压扣的动作，以脚内侧或外侧部位触球，将球迅速停住或改变方向。

用脚背内侧（脚内侧）扣球称为里扣；用脚背外侧（脚外侧）扣球称为外扣。如果遇对方队员在侧面抢截时，可采用向里扣或向外侧回扣的方法摆脱对手（图 9 - 16、图 9 - 17）。

图 9 - 16

图 9 - 17

（4）挑球：这是用脚尖上跷或用脚背上撩的动作，使球向上改变方向，从对手的身侧或头上越过。在比赛中，一般要在对手上来争抢空中球或对手正面冲上来抢反弹球或是跳动的球时，采用挑球的方法过人。

（5）推球或捅球：这是用脚尖或脚内侧推球的动作。一般是在对手从正面或侧面上来抢球时，控球者的起动速度快，并且他的前面纵深距离较长的情况下，可采用推球的方法越过对手。如果遇离控球者稍远的对方队员时，则可用脚尖捅球的动作越过对手。

（二）运球过人的技术动作方法

1. 强行突破

强行突破是指以突然的推拨球与快速起跑相结合的动作越过对手。

2. 运球假动作突破

利用腿部、上身和头部的虚晃动作来迷惑对手，使其产生错误判断，当其移向一侧而露出空隙时，立即运球从另一侧突破（图 9 – 18）。

图 9 – 18

3. 快速拉、扣、拨、挑、推球突破

以单双脚快速拉、扣、拨、挑、推的变化，使对手很难判断控球者的突破方向，当对手在堵截中露出空隙时控球者快速运球突破。

4. 变速运球突破

当对手在自己的侧面时，利用运球速度的变化，急起急停，以及运球的假动作等，以摆脱对手，实现突破。

5. 穿裆突破

对手从正面抢截、两脚平行站立且空隙较大时，可突然推球从其胯下穿过，并快速越过对手得球。

6. 人球分路突破

人和球分别从对手的左右两侧越过而突破对手。

三、抢截球

抢截球技术是指在规则允许的范围内，使用身体的合理部位，采取合理的动作方法将对手的控球权夺过来或破坏掉。

（一）抢截球的技术动作分析

1. 正面跨步堵抢

动作要领：抢球者两脚前后开立，迎着运球者而站，两膝微屈，身体重心下降并置于两脚间。当运球者与抢球者间的距离缩小到一定范围（即抢球者上前跨一大步可能触及球），运球者脚触球后即将落地或刚刚落地时，抢球者后脚用力蹬地并跨步上前，以脚内侧去堵截球。两人对脚堵住球时，则抢球者应将另一只脚迅速前移做支撑脚，抢球脚在不脱离球的情况下迅速向上提拉，使球从对手脚面滚过，身体重心也迅速跟上并将球控制好（图 9 – 19）。

图 9 – 19

2. 合理冲撞抢球

动作要领：当防守者并肩与运球者跑动追球时，防守者重心稍下降，靠近对手一侧的手臂紧贴身体，利用对方同侧脚离地的过程，用肘关节以上部位适当冲撞对手同样部位，使对手身体失去平衡，乘机将球控制住（图 9 – 20）。

图 9 – 20

3. 正面铲球

动作要领：移动接近控球者，膝关节微屈，重心下降。当控球者触球脚触球后尚未落地时，抢球者双脚沿地面向球滑铲，随即用手扶地做向一侧的翻滚，并尽快起身。

4. 异侧脚铲球

动作要领：当双方脚不能用正常的动作触球时（指跑动中），防守者应根据与球的距离，同侧脚用力蹬地使身体跃出，异侧脚向前沿地面对着球滑出，用脚底将球铲出，然后小腿外侧、大腿外侧、手依次着地。或铲出球后，身体向铲球脚一侧翻转，手撑地后立即起身，使身体恢复到与下一个动作衔接的状态和位置（图 9 – 21）。

图 9 – 21

5. 同侧脚铲球

动作要领：防守者在跑动中根据双方离球的距离做出判断，当对手不能立即触球时，用异侧脚蹬地，使身体向前方跃出，同侧脚沿地面向前滑出的同时向外摆踢（脚踝应有向外的动作），用脚背外侧将球踢出。也可用脚尖将球捅出，接着向对手一侧翻转，手撑地迅速恢复到下一个动作所需要的位置（图 9 – 22）。

图 9 – 22

在激烈的比赛中，由于铲球可以更大限度地争取时间和扩大控制面，所以被广泛地运用到踢球、接球、运球、抢球技术中去，这项技术应引起队员的高度重视。

（二）抢截球应注意的问题

（1）正面堵抢时，易产生堵抢触球部位不准确造成失误。当双方同时接触球时，未能及时提拉球而被对方提拉护球成功造成堵抢失误。还有堵抢时间不对，或迟、或早都会造成堵抢失误。

（2）侧面抢截冲撞时，冲撞动作不正确造成犯规。时机选择不当，如选择在对手同侧支撑脚时抢截失误。

（3）铲球时易犯的错误如下。

①铲球脚离地面超过球的高度，易伤害对手造成犯规。

②由于时机选择不当或时机与实施的动作配合不当，未能触及球而铲到对手造成犯规。

③动作不协调造成失误或影响下一个动作的衔接。

④着地动作不正确易使抢球者受伤。

⑤不是从侧后方或侧后铲球，而是从正后方铲球，容易伤害对方。

（4）"抢断"球的时机选择不当，以及出击时机与动作配合不及时、不协调造成失误，以致扑空。

（5）抢球脚的踝关节紧张度不够，使抢球无力。

（6）冲撞时，用手或肘、臂推对方，造成犯规。

四、头顶球

头顶球是指运动员有目的地用前额将球击向预定的目标的动作。足球比赛中不仅要处理各种各样不同形式和不同状态的地滚球，同时也要处理各种空中球。当遇到胸以下部位不能触及或规则不允许触及的，或一些需要用头来处理的球时，就需要用头部来处理，因为头是人体最高的一个部位，额骨的前面较为平坦，只要掌握好头顶球技术，就能发挥头球的最大作用。现代足球比赛对时间与空间的争夺异常激烈，头顶球技术的合理运用不仅能使运动员占据更多的空间，而且还能赢得时间，从而在足球场上获得更多的控球权。因此，头顶球是处理高空球及争取获得最快时间、最大空间的最重要手段。

（一）头顶球的部位

如图 9 – 23 所示，头顶球的部位可以是前额正面和前额侧面。

（二）头顶球的技术动作分析

1. 原地头顶球

（1）前额正面顶球：动作要领：身体正对来球，两脚前后开立，膝关节微屈，上身后仰，重心放在后脚上，两臂自然张开，两眼注视来球。顶球时，蹬地、收腹、屈体、重心前移。击球时，颈部肌肉保持紧张，两眼注视来球方向快速甩头，击球后中部，身体随球前摆，两眼目送顶出的球（图9－24）。

图9－23

（2）前额侧面顶球：动作要领：上身和头部向触球方向的异侧稍转动，击球时上身向出球方向扭转，同时甩头，击球点在同侧肩的上方（图9－25）。

图9－24

图9－25

2. 跳起头顶球

（1）跳起前额正面顶球：动作要领：身体正对来球，重心下降，两脚或单脚用力蹬地跳起，在跳起上升的过程中，上身后仰呈弓形，两臂自然张开，两眼注视来球。顶球时收腹、屈体，颈部保持紧张，快速甩头，击球后中部，然后屈踝缓冲落地（图9－26）。

图 9 – 26

（2）跳起前额侧面顶球：动作要领：在跳起的过程中，上身侧屈，侧对来球。顶球时，急速转体、甩头，用前额侧面将球顶出，然后屈膝缓冲落地（图 9 – 27）。

图 9 – 27

3. 向后顶球

动作要领：身体向后伸展，挺胸、扬头，击球底部，将球顶出（图 9 – 28）。

图 9 – 28

4. 头顶球应注意的问题

(1) 由于心里害怕，顶球时闭眼，以致造成顶球的部位不准确。

(2) 对运行中球的速度、轨迹判断不准确，因而不能很好地选择顶球位置与起跳位置，顶不着球。

(3) 掌握不好起跳时机，造成顶不着球（或早或迟）。有时虽可顶着球，但因没有用正确的部位顶球，使球的速度和力度达不到自己所期望的目标。

(4) 身体摆动环节不能协调有力地进行，影响顶球力量。

(5) 由于习惯性闭眼或害怕缩颈，因而接触球部位不准，影响头顶球准确性。

(6) 跳起来用头顶球时，由于不能很好地控制身体，容易产生不协调的摆动，不仅影响出球的力量，也影响出球的准确性。

五、射门

射门是完成进攻中最关键的技术，射门技术完成的好坏，直接关系到整个进攻的成效。各种踢球方法（包括头顶球）都可以射门。

射门的技术动作分析如下。

（一）运球射门

动作要领：运球至最后一步，推球力量稍大，距离稍远，以便于助跑发力。由于运球射门时球是向前滚动的，所以支撑脚着地较球适当靠前，留出一定的提前量。运球射门运用较多的踢球方法是脚背正面和脚背内、外侧踢球。脚背正面踢球时支撑脚脚尖正对出球方向，膝稍屈。支撑脚着地的同时，踢球脚向后摆动，小腿屈膝折叠，前摆时，大腿带动小腿，当大腿前摆接近垂直时，小腿加速前摆，脚跟立起，脚尖向下，用脚背正面部位击球的后中部。击球时身体不要后仰。踢球后，身体随前移动，以便衔接下个动作。

脚背内侧与脚背外侧踢球方法在传球章节中已经叙述，基本动作相同。有区别的是运球至最后一步推球时，将球推向斜线，使人和球形成一定的角度。例如，用右脚射门时，应将球推向右脚的外侧斜线，以便助跑上去用脚背内侧击球，并击球的后中部。

（二）直接射门

直接射门是指对来球不需调整，直接踢球射门。

动作要领：直接射迎面来的地滚球时，主动上前迎球踢球，支撑脚着地较球靠前，留取一定的提前量，可用脚背正面。脚背内、外侧和脚内侧踢球等方法射门。无论是用哪种方法，都要考虑到因为是迎面来球，触球时会有反作用力的因素。所以，射门时身体要稍前倾，摆腿时前摆不要太大。击球的后中部，以保证射出的球的高度不超过球门横梁。

直接踢射迎面来的地滚球时，支撑脚着地位置要视球来的方向而定，留出提前量，要在完成摆腿动作，即将击球时，滚动中的球正好处在适当的位置。

直接射门如遇到高球时，可采用踢凌空球和反弹球方法。

踢正面凌空球时，要准确判断球的落点。其动作与用脚背正面踢地滚球基本相似，只是摆腿击球时踢球脚的膝关节向上提，待球下落时击球的后下部，使击出的球在空中带有一定的飘性，并可在空中突然下沉（俗称落叶球）。踢侧身凌空球时，身体侧对出球方向，支撑脚脚尖指向出球方向，上身向支撑脚一侧倾斜，倾斜度视来球的高低决定。来球越高，倾斜度越大。摆腿踢球时身体随出球方向扭转，大腿抬起并带动小腿向触球方向挥摆，用脚背正面击球的后中部。

踢反弹球时，先判断好球的落点。当球落地时，踢球脚大腿带动小腿急速前摆，在球落地后反弹离地的瞬间，用脚背正面或脚背内、外侧击球的后中部。

（三）接球射门

动作要领：接球射门关键在接球与射门两技术之间的衔接，接球要将球接到自己所需要的位置，尽量一次触球就将球接平稳，身体迅速跟上球。原则上，球所接到的位置应远离防守者，即以身体为屏障，以远离防守者的脚射门。

若处在防守者比较密集的情况下接球，则将球接在离身体较近的位置，以便能迅速起脚射门。

（四）任意球射门

动作要领：大力踢球和踢弧线球是任意球射门能取得成功的主要方法。大力踢球时主要采用脚背正面、脚背内侧和脚背内外侧部位踢球。射门时助跑距离可适当大一些，主要采用脚背内侧和脚背外侧部位踢弧线球。

第三节　足球战术训练

一、比赛阵形

比赛阵形是指在比赛中对人员的布局和位置排列。比赛阵形的确定不是凭空想象出来的，更不可随意效仿，必须根据本队打法特点、队员的能力及比赛对手方的相应情况，有选择、有针对性地运用。

在足球运动发展的进程中，比赛阵形也随之不断地发生变革和创新，表明了比赛阵形有着鲜明的时代特征。

比赛阵形在比赛中也不是一成不变的，针对具体情况或需要，比赛阵形也可灵活机动地进行变换。如防守时采用5-3-2阵形，由守转攻时又可变为3-5-2阵形。

在整体、快速的全攻全守战术思想指导下，世界各国采用较多的大体有三种比赛阵形，即4-4-2、5-3-2、3-5-2。

（一）常用比赛阵形

1. 4-4-2

4-4-2即指有四个后卫、四个前卫、两个前锋。其特点是针对足球"攻难守易"的特点，体现了中、后场的人数优势，防线较为稳固，中场攻、防兼顾，前锋虽只有两人，但是后场人员随时都可插上，不仅前锋有较大机动性，也大大增强了进攻的隐蔽性和突然性。中场四名前卫一般呈菱形站位，前面队员称为进攻前卫（前腰），拖后队员称为防守前卫（后腰），攻可上、退可守，承上启下。两名前锋可机动站位，根据情况可能站中间，也可偏向一侧，一边一中。4-4-2是世界上较为流行的阵形。

2. 5 – 3 – 2

5 – 3 – 2 即指有五个后卫、三个前卫、两个前锋。其特点是以重兵加强防守,确保防线稳固,并在稳固防守的基础上打防守反击。由守转攻时,同样具有 4 – 4 – 2 阵形的功用。在球向前发展的异侧边后卫插上至中场,充当前卫职责。

应当注意的是,当边后卫上前时,临近中卫适当拉边,一方面兼顾由于边卫上前所留下的空位,另一方面保证各方位的平衡布局。也可以在由守转攻时,两侧边后卫都由边插至中场,形成 3 – 5 – 2,加强中场控制。

3. 3 – 5 – 2

3 – 5 – 2 即指有三个后卫、五个前卫、两个前锋。其特点是注重中场控制,加强进攻力量。三名后卫是针对对方采用两名前锋,且本方后卫人员个人防守能力特别强而设定的。防守上,在短时间内用两名后卫紧盯对方两名前锋,由另一后卫拖后进行保护,并等待前卫回撤支援。一般来说,由攻转守时,至少有一名前卫队员视球的发展情况,回撤到边路或中路,协助防守。也可回撤两名前卫,形成 5 – 3 – 2 阵形。

(二) 各位置的战术要求及职责

尽管现代足球发展以来,比赛阵形在不断地变革,但基本上是按场区(后场、中场、前场)划分,进行不同的布局。我国习惯地将布局在后场的人员称为后卫,中场的人员称为前卫,前场的人员称为前锋。同一场区也有左、中、右之分。全攻全守、全面型打法的兴起,要求各个位置上的队员的打法要全面、多变,不受本身位置的局限。但在比赛中,每名队员都应有各自的主要职责分工,各个位置也有不同的战术要求。

1. 守门员

守门员的主要职责是守住本方球门,阻止对方一切可能进入本方球门的球。守门员应充分发挥在罚球区内可以用手处理球的优势,特别是争夺球门区附近的高球。守门员还应扩大自己的活动范围,以起到协助后卫防守的作用。由守转攻时,守门员往往又是进攻的组织者或发动者,并由于处在全队的最后一线,能较清楚地观察全局,因而也应是场上的指挥者。

2. 后卫

后卫的职责是运用封堵、抢断、破坏等技术阻止对方的进攻。边后卫主要防守对方的边路进攻,同时要善于保护本方最危险的中路地区,当对方从边路发动进攻时异侧边后卫应适当内收。以保护中后卫身后区域。全面型打法要求,后卫应在由守转攻时积极投入进攻。由守转攻时,活动余地最大、最机动的当属边后卫,所以在进攻时边后卫可进入中场协助前卫,也可沿边路插上助攻。乃至沿边路下底传中或射门。进攻后应快速回位,不让对方有机可乘。

中后卫是防守的核心人物,主要是保护门前最危险的地区,阻止和封堵对方在中间地区起脚射门。盯人中卫要紧逼对方最有威胁的前锋,不让其有转身、突破或射门的机会。拖后中卫是防守的最后一关,要随时准确地向盯人中卫、边后卫补位保护,并应是全队防守的组织者和指挥者。由守转攻时,也可伺机插上助攻。中后卫助攻时须谨慎,上去则要起到作用，回防要及时。

3. 前卫

前卫的职责是控制中场，组织进攻，积极防守。前卫是后卫与前锋之间的桥梁，承上启下、前后接应，成为全队的枢纽。防守上应成为本方后卫线前沿的一道屏障，争取在中场就瓦解对方的进攻，阻止对方继续渗透，并在有威胁的地区封堵对方队员起脚射门。前卫还要随时向本方后防补位，特别是应注意补邻近的本方已助攻到中、前场的后卫的位置。中场往往是双方争夺的重要地区，前卫应做到对口盯人，围抢时，一抢全抢，互相支援；进攻时，前卫应是主要的组织者和参与者，应传球准确，转移及时，随时插上进攻，充当前锋。前卫应具备前锋的一切技术能力，如突破过人、射门和远距离射门的技术能力。

4. 前锋

前锋的主要职责是突破、射门、接应中场。前锋位于进攻的最前线，应成为全队的尖刀。在没有射门机会时应积极跑动，交叉换位，扰乱对方防守阵线，为本队同伴创造射门机会。前锋应有较强的控制球能力，孤军作战时应将球控制好，不轻易丢球，以待本方的同伴跟上时再组织新的进攻。

由攻转守时，应积极在前场进行反抢或堵截，形成全队防守的第一道防线。除此之外，前锋还应随对方进攻的推进，回防至中场，特别是本方前卫插上进攻较深暂未回位时，前锋应及时回防补位。

二、个人进攻战术

个人进攻战术包括控制球时有目的、合理地运用技术，以及无球时具有战略意义的行动。个人战术的集合必将体现整体战术水平的高低。因此，提高个人战术水平对比赛的质量有着重要意义。

个人进攻战术分析如下。

(一) 跑空当

突然起动，摆脱身边的防守者，向无人的空位上跑动接应。进攻队员 A 跑空当接应队员 B 的传球，跑位时可能同时存在几个空当，队员 A 可根据当时情况及防守队员的移动情况选择接应空当。队员 A 可向前接应，也可向后接应；可向左接应，也可向右接应。

如果在跑动接应中一旦发现有同伴已跑向同一空位时，应立即变向，选择另外空位接应。队员 A 跑空当接应但途中发现队员 C 也跑向该位时，立即变向再选位跑动，或是站在原地不动。

(二) 跑第二空当 (间接空当)

在对方紧逼的情况下，直接空当接应往往效果较差，此时需要跑第二空当。当队员 C 跑位时将身边防守队员扯出，队员 A 即突然起动，摆脱防守，跑向由队员 C 扯出的空当；当队员 C 横向移动时，队员 A 跑向由队员 C 扯出的边路空当。

（三）交叉换位跑动

在跑动接应时，往往是一动全动。队员可根据同伴跑动的方向进行交叉换位跑动，使对方防守引起混乱，达到接应的目的。队员 A 可以与队员 B 横向交叉，也可以纵向交叉。

（四）持球队员行动准则

（1）在前场罚球区附近的持球队员首先选择射门。

（2）在前场的持球者面对只有一位防守者防守，而又暂无本方队员接应队员时，应坚决进行一打一突破射门。

（3）在前场的持球队员面临较多防守者，而又暂无本方队员接应队员接应时，应将球护好，以待本方队员接应、支援。

（4）在任何时候、任何地点，有同伴比自己位置更好，更能获得向前或射门机会时，要坚决传球。

（5）传球时应传出使同伴更容易接和更有利于进攻位置的球。

（6）能向前传时绝不横传或回传。

（7）能快传时绝不延误战机。

（8）所在区域防守队员密集时应长传转移。

（9）能直接传球或直接射门时尽量不调整传球射门。

（10）主动迎球、接球，尽快接触球，绝不等球。

三、接应的技巧

接应持球队员的时候，要考虑到与持球队员的距离、角度，时刻保持呼应。

（一）接应的距离

接应的距离，与接应时的场区、防守压力有密切关系。在前场，由于受时间、空间的限制，距离一般为 4～5 米，它可随时提供即刻的接应和援助。在中场，由于有较大的空间，距离一般可在 8～12 米，这一区域通常为攻、防的过渡区，接应队员的位置，对及时的转移改变攻击方向能起到积极作用。在后场，由于对手的减少，争抢的压力要少于上述两个区域，接应者的距离可为 10～25 米，这样更有利于掌握好进攻面。接应距离多少最为适合，取决于场上防守压力和个人习惯。但掌握好接应距离，是做好接应的重要保证。同时，场地的条件对接应距离也会有影响。在不平的场地上比赛时，队员就需要稍多的时间来控好球，接应队员应处于稍远的位置。在球速慢、潮湿的场地比赛时，接应距离应比球速快、离干燥的场地更近些。

（二）接应的角度

在制造进攻宽度的前提下，接应的角度一般应是靠内，这样会有以下好处。

（1）持球队员很容易看到接应者。

（2）便于持球者向接应者传球。

（3）传球范围大。

（4）场上视野广，有利于观察和控制场上情况。

（5）一旦持球者丢球，便于转换成防守者。

（6）当对手进行强强对抗紧逼时，接应队员应坚决前插，打对手的身后球或是进行区域渗透。

（三）接应时的呼应

接应时的呼应是接应技巧的组成部分，是与同伴联系的信号。比赛呼应用语要简练、洪亮。呼应不仅可为持球者提供信息和技术提示，也可增强同伴的信心和勇气。

四、局部进攻配合

局部战术是指场地范围不大，参与人数不多的攻、防配合行动。局部战术是整体攻、防战术的基础，在某些时候，也是直接结束战斗的重要手段。如在比赛中 2 名或 3 名队员通过运球、传球、跑位等配合，突破 1 名或 2 名防守队员的方法。局部进攻配合有二人配合和三人配合。

局部进攻配合战术分析如下。

足球比赛中，全队的进攻战术配合都由若干局部进攻配合所构成。无论多么复杂、精细的全队进攻配合，都必须通过局部进攻配合来完成。所谓局部进攻配合是指在局部区域中，2 名或 3 名队员，通过运球、传球、跑位等配合，突破 1 名或 2 名防守队员的方法。

比赛中经常采用的二人配合进攻方法有传切配合二过一、踢墙式配合二过一、回传反切二过一。二过一是足球比赛中最常用、最有效、最简捷的进攻配合方法。不论在球场任何一个区域、任何两名同队队员都可以采用。在局部区域，二人进攻配合能力的强弱，直接反映了全队进攻配合的质量，也反映了队员的技术水平、战术意识及配合默契的程度。

（一）传切配合二过一

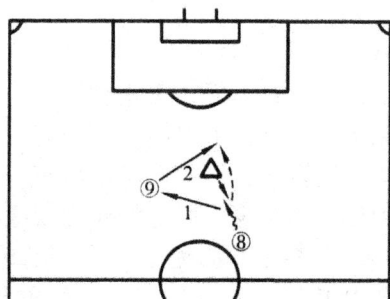

图 9 - 29

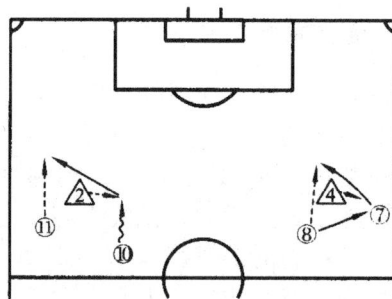

图 9 - 30

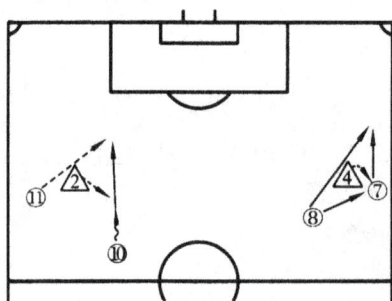

图 9 - 31

传切配合二过一是两名进攻队员通过一传、一切配合越过一名防守队员的配合方法，如图9-29所示。

（1）斜传直插二过一，如图9-30所示。

（2）盲传斜插二过一，如图9-31所示。

斜传直插二过一和直传斜插二过一都是只通过一次传球和穿插就越过一名防守队员，配合十分简捷和有效。在进行配合时，两名进攻队员要保持适当的距离。控球队员可采用运球或其他动作，诱使防守者上前阻截。插入的队员必须突然、快速起动，但应避免越位。

（二）踢墙式配合二过一

踢墙式配合二过一是两名进攻队员通过两次传球越过一名防守队员的配合方法。

对持球队员的要求如下。

（1）带球逼近防守队员，把防守队员吸引过来，距离2~3米处传球。

（2）最好传地滚球，力量适度，方向准确。

（3）传球后立即快速插入，准备接球。

对接应队员（即做墙队员）的要求如下。

（1）当控球同伴带球逼近防守队员时，接应队员要突然摆脱防守者，与持球同伴形成三角形位置，并侧对进攻方向，以利于观察传球。

（2）一次触球，力量适当，传球到位，尽量传地滚球。

（3）传球后立即跑位，寻找再次进攻配合的有利位置。

（三）回传反切二过一

回传反切二过一是通过三次（或两次）传球组成的配合方法，如图9-32所示。

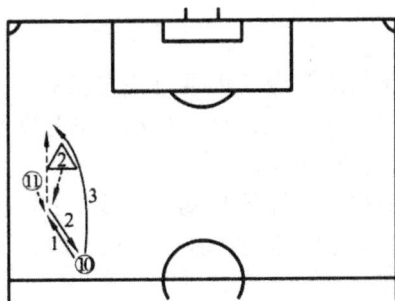

图9-32

对持球队员的要求如下。

（1）持球队员距接球队员8~10米处传球。

（2）要向接球队员脚下传球，力量应稍大些。

（3）传后时，要立即将球传到防守队员身后的空当，传球要到位，力量要适当。

对反切队员的要求如下。

（1）接球要逼真，以引诱防守队员实施紧逼，制造防守队员身后的空当。

（2）应传脚下球，传球力量稍大些。

（3）回传后，迅速转身，插向防守队员身后的空当。

运用回传反切二过一配合时，要有一定的纵深距离。特别是在罚球区前中路地区，要估计到守门员可能出来断截的情况。

五、创造和利用空间

为达到取胜目的，就必须制造和利用整个场地的空间，而无球跑位正是这种行动的具体体现。

（一）跑位的目的

（1）灵活机动的跑位可以在无人防守的情况下接球、控球。

（2）巧妙摆脱防守的同时，可帮助并策应本方有球队员。

（3）通过无球队员的积极跑动，可达到牵制防守一方，使有球队员获得利用所制造空当的机会。

（二）跑位的原则

（1）以球的动向而动。比赛中双方始终围绕控球权进行激烈争夺，攻、守双方的角色也随之在不断互换。因此，每名队员也在频繁移动、变换位置。但不能自乱阵脚，一定要按球的动向而动。

（2）以近球者而动。近球者是对方紧盯看守的对象，因为他能较快和容易得到球。所以近球者的及时策应跑动更容易吸引对手，制造空当。而距离远的同伴则根据近球者而动，利用其所制造的空当，达到进攻的目的。

（3）以前者动而动。在球发展到进攻方向的前面时，应根据前者的动而动。前者跑到左面，后者跑到右面，前者插到右方，后者就冲到左方，前者拉插到边线，后者就换位到中间。

（三）跑位的特征

（1）跑位不仅可以为同伴制造空当，也可以为自己利用空当创造条件。

（2）跑位需要高度的整体配合意识，这一行动有效性需要同伴间的默契配合，同时也要求每名队员必须拥有良好的整体意识。

（3）跑位需要宽广的视野和突然性的起动。有宽广的视野才能及时制造和利用空当。而决策一旦做出，队员就必须有突然性的摆脱、起动，以捕捉有利的空当。特别是在防守严密的门前，机会常出现于瞬间。

（4）跑位必须有随时接球的准备。跑位的每一瞬间，除了对持球队员不失时机的传球有特别要求外，也需要跑位队员有在快速跑动中接好球的能力。

（四）跑位的要求

（1）在快速的攻防转换过程中保持整体的严密队形。这就要求每名队员必须具有整体的战术意识，高度的责任心、纪律性，顽强的意志和充沛的体力。

（2）前锋队员要敢于前进、前插。要以向前、向对方身后插为主。而且要有拉有插，拉插的时机要及时，做到突然摆脱对手，主动快速迎球、接球。

（3）攻守平衡，机动灵活。在攻守转化过程中，三条线的各个位置必须根据球的移动而变化，要攻中有守、守中带攻、动中善变、机动灵活。

（4）射门必须跟进、包抄。要集中攻击点，控制攻击面。争顶高球要有插、有挺、有靠、有接、有补。若两人同时接一球，前者让反切、反插让后者。

六、定位球的进攻

根据有关研究资料表明，有40%～50%的人球来自定位球配合。特别是在许多关键性的比赛中，胜负常常是任意球、角球、掷界外球配合后攻入的。这是因为定位球进攻与一般的配合进攻有以下五个方面的有利条件。

（1）球在罚出或掷出时处在死球状态下，不存在控球问题。

（2）除掷界外球外，对手都必须在距离球9.15米以外的位置，无法对罚球队员施加防守压力。

（3）投入的进攻人数较多，一般有8～9名队员，向前进入攻击位置。

（4）队员可以在预先设计的进攻点站位，以最大限度地发挥每个队员的作用。

（5）通过训练可达到很高水平的协同行动与把握时机的能力。

这五个有利条件的综合作用，使得防守队员对定位球的防守难度极大。若进攻队员在配合中投入得更多，防守定位球的难度会更加提高。教练员可以对罚球队员、接应队员、插上队员等进行针对性的安排与训练，这样往往会取得良好的效果。

定位球进攻战术分析如下。

（一）角球战术

1. 直接传中

由传球技术较好的队员主罚角球，直接将球传向球门区附近，一般有三个威胁点，具体如下。

（1）球门区近角，称为"近端"。

（2）球门区远角，称为"远端"。

（3）罚球点附近区域，称为"中间"。

为便于与本方队员联系，可用某种信号予以代替，如出手指"1"表示"近端"，"2"表示"远端"等。由头顶球技术较好的队员对传中的球进行冲顶，其他进攻队员冲击包抄，以补射或"捡漏"。对传球三个点的选择，取决于攻、守双方的具体情况。若守方中路防守力量坚强，且有高大身材的队员，头顶球能力较强时，则应选择传"中间"，进行强攻。传向中路的球，其地点应是对方守门员出击比较困难，但离球门又不是太远的位置，否则同伴即使顶到球也不能对对方守门员构成威胁。

2. 短传配合

在队员主罚角球时，另一队友应快速跑上靠近主罚队员，接住传给自己的球，其中有两个目的：一是缩短再次传中的距离，以增强传中球的准确性；二是在小范围内进行"二打一"再下底线，逼迫对方有队员从中路扯出补位，以造成对方中路防守出现混乱，并即时传中，由中路进攻队员进行冲击射（顶）门。

（二）前场任意球战术

1. 直接射门

直接射门可采用两种办法：一是获直接任意球时，根据规则允许，不经裁判员鸣哨，在对方还未组织好防守，未引起注意时，突然快速起脚射门；二是利用"人墙"的漏洞或守门员站位的不当，采用踢弧线球技术，绕过"人墙"射门。

2. 配合射门

任意球配合射门的方法，可以设计多种。无论设计什么方法都应遵循以下两条原则。
（1）路线简单，技术简练，传球次数不要过多，至多2~3次传递即完成射门。
（2）声东击西，避实就虚，避开"人墙"或破坏"人墙"，创造射门机会。

3. 两侧斜传强攻

当罚球点处于罚球区附近两侧时，可采取斜传冲击方法。斜传时一般传空中球，中路由身材高大、头顶球技术较好的进攻队员进行冲顶，其他进攻队员有层次地插上进行冲击，造成对方门前混战，以寻找得分机会。

（三）前场掷界外球战术

1. 大力掷球传中

在靠近对方罚球区的边线掷界外球时，掷球队员助跑掷球，大力掷向对方的罚球区，其威胁和作用相当于一次罚角球进攻。

2. 向对方纵深掷球下底

由于规则规定掷界外球时进攻一方直接接的界外球是没有越位的，所以接球队员可通过突然起动，摆脱跑位，或者通过同伴的扯动跑位下底接掷出的界外球，并直接传中或造成角球。

第十章　乒乓球运动

第一节　乒乓球运动概述

一、乒乓球运动的起源与发展

(一) 乒乓球运动的起源

乒乓球运动于 19 世纪末起源于英国，流行于欧洲。据国际乒乓球联合会（简称"国际乒联"）有关资料分析，乒乓球运动的起源与网球有着密切的联系，乒乓球运动英文名为 Table Tennis，即为桌上网球。据记载，大约在 19 世纪后半叶，由于受到网球运动的启示，在一些英国大学生中，流行着一种极类似现在乒乓球的室内游戏。发球时，可将球直接发到对方台面，亦可把球先发到本方台面再跳至对方台面。球拍是空心的，用羊皮纸贴成，形状为长柄椭圆形。为了不损坏家具，在橡胶或软木实心球外，往往包一层轻而结实的毛线。有时，在饭桌上支起网来打；有时索性就在地板上用两个椅子当作支柱，中间挂起网来打。虽然打起来不十分激烈，但颇有一番乐趣。

一位名叫詹姆斯·吉布的英格兰人到美国旅行时，偶然发现了一种用赛璐珞制成的空心玩具球，弹性很强。于是，他就将这种球稍加改进后，代替了软木球和橡胶球，逐步在英国和世界各地推广起来。由于拍击球和球碰桌面时发出的是"乒""乓"的声音，所以"乒乓"的名字也就由此产生了。最初乒乓球是一种宫廷游戏，欧洲贵族间的一种娱乐活动，后来逐渐流入民间。

(二) 乒乓球运动的发展

1. 世界乒乓球运动的发展

世界乒乓球运动，从 1926 年第 1 届世界乒乓球锦标赛开始至今，大致可概括为以下几个时期。

(1) 欧洲全盛期：乒乓球是从欧洲兴起并向世界传播的。1926—1951 年共举行了 18 届世界乒乓球锦标赛，参赛队主要来自欧洲。在 7 个正式比赛项目中，先后共产生了 117 个冠军，除美国选手获得过 8 项冠军外，其余都由欧洲选手夺得。这一阶段的前期，欧洲选手主要靠稳削下旋球取胜对手，力争自己不失误，致使比赛时间打得很长。第 11 届世界锦标赛后，国际乒联对规则做了修改：球从软球改为硬球，球网由 17 厘米降为 15.25 厘米，球台由 146.4 厘米放宽到 152.5 厘米，对比赛时间也做出规定：一场比赛三局两胜的单打，不得超过 1 小时，五局三胜的比赛不得超过 1 小时 45min，禁止发球抛球时用手旋转。规则的变化，为新技术和新打法的发展开辟了道路，并对世界乒乓球运动的发展起到了促进作用。

（2）日本称雄期：1952年第19届世界锦标赛中，日本队利用海绵拍，采用远台长抽打法和灵活的脚步移动，一举夺得女团、男单、男双、女双4项冠军。

这一时期日本选手利用革新的球拍，加快了进攻的节奏，打破了欧洲选手的统治地位，使乒乓球运动的优势从欧洲转到了亚洲。在第21届世界乒乓球锦标赛上，日本队同时获得男女团体冠军。一直到第25届世界锦标赛获得男团冠军，并多次获得5个单项的冠军，共计24项次。

（3）中国崛起期：1959年，中国运动员容国团在第25届世界乒乓球锦标赛男单比赛中，连续战胜了许多世界名将，为中国夺得了历史上第一个世界冠军。这一时期，中国队以直拍近台快攻打法开始登上世界乒坛。1961—1965年中国队又以此打法夺得11项冠军，成为当时世界上拥有最先进的打法的乒乓球队，它代表了世界乒乓球技术的新潮流。其中在1965年的第28届世界乒乓球锦标赛中，中国队夺得5项冠军，4项亚军，7项季军，在世界上引起很大轰动。中国选手过了欧洲削球关，又战胜了日本远台长抽和弧圈球打法，这标志着中国近台快攻打法把世界乒乓球技术大大地向前推进了一步。

当时，国际舆论普遍认为"中国是世界头号乒乓球国家"。许多外国朋友把乒乓球称为中国的"国球"。

（4）欧洲复兴及欧亚对抗期：20世纪70年代，欧洲各国经过反复摸索，吸取了日本的弧圈球技术和中国的近台快攻打法，创造了以弧圈球为主结合快攻，及以快攻为主结合弧圈球的打法。在第31届世界乒乓球锦标赛上，瑞典、匈牙利、南斯拉夫、捷克斯洛伐克、前苏联涌现出一大批富有实力的年轻选手。其中瑞典19岁的本格森连续战胜了中国队和日本队的强手，一举夺得男单冠军。在第32届世界乒乓球锦标赛上，瑞典男队打破了亚洲保持长达20年的团体冠军纪录。到了第33届，男单决赛是在约尼尔和斯蒂潘契奇之间进行的。在第35届世界乒乓球锦标赛上，匈牙利队在失去男团冠军整整27个年头之后，从中国男队手中又夺回了斯韦思林奖杯。

欧洲乒乓球的复兴，也促进了中国、日本、朝鲜以及世界各国乒乓球技术的发展。20世纪70年代的5届世界乒乓球锦标赛，在总共35项冠军中，中国队获得16.5项，匈牙利和日本各获4项，瑞典队获得3项，朝鲜获2.5项。欧洲具有悠久的乒乓球运动历史，在弧圈球技术、战术方面有了很大的提高，他们把旋转和速度紧密地结合起来，旋转较强，速度较快，能拉能打，把乒乓球技术提高到了一个新的水平。

（5）"中国打世界，世界打中国"期：1981年中国队在第36届世界乒乓球锦标赛上囊括7项冠军和5个单项的亚军，创造了中国乒乓球历史上的一个奇迹。此后，在第37届、38届、39届世界乒乓球锦标赛上，又连续3次夺得6项世界冠军。中国队攀上世界高峰，逐渐形成了"中国打世界"的局面。

1988年，乒乓球运动被列入奥运会正式比赛项目，推动了世界各国乒乓球运动的开展。随着欧洲乒乓职业化的迅速发展，出现了"世界打中国"的现象。1989年，第40届世界乒乓球锦标赛上，中国男队痛失了团体、单打、双打冠军，中国男队从顶峰跌入低谷。第41、42届接连两届又失男团冠军。

在20世纪90年代初，中国男队走出低谷，在第42届世界乒乓球锦标赛上，中国男双项目有所突破，获得了男双金、银、铜牌以及混双的金牌。在第43届世乒赛上，中国队夺得全部比赛的7项冠军，改变了自20世纪80年代末90年代中期世界乒坛的实力次序。在44届世乒赛上，中国男女队再次保持荣誉，夺得6金。1999年第45届世乒赛单项比赛中，中国队又一次大获全胜，包揽了 5 个单项的冠亚军。2005 年第 48 届世乒赛、2007 年第 49 届世乒赛中国包揽全部金牌。几十年来，中国乒乓球震惊了国际乒坛，创下了世乒赛绝无仅有的纪录。

综观世界乒乓球运动技术与战术发展趋势，它正朝着更加积极主动、快速多变、技术全面、特长突出、无明显漏洞的方向发展。世界强队的打法是在技术全面的基础上，把速度和旋转结合得更好，"世界打中国"的局面还在继续。

2. 我国乒乓球运动的发展

（1）新中国成立前：1904 年，乒乓球运动从日本传入中国。随后，这项运动就逐渐在北京、天津、青岛、上海和广州等地开展起来，并举行了不同规模、一定数量的国内、国际乒乓球比赛。1925 年，中华全国乒乓球协进会成立，发起并组织了新中国成立前的第 1 届全国乒乓球比赛。当时的中国乒乓球运动技术水平较低，组织比赛的能力较差。

1935 年 1 月，国际乒联主席蒙塔古先生曾致电邀请中国加入国际乒联，并参加第 9 届世乒赛，但都没有成功。

（2）新中国成立后：新中国成立后，在党和人民政府的关怀下，乒乓球运动得到了迅速的普及和提高。1952 年 10 月，举行了新中国的第一次全国乒乓球比赛大会。赛后组建了中国乒乓球队。

从中国乒乓球队第一次参加世乒赛至今，其战斗历程大体可分为以下 4 个时期。

1. 起步期

在 1953—1957 年的短短 4 年时间里，中国乒乓球队的进步是很大的。

1953 年，中国队第一次参加了世乒赛。结果，男队被评为一级第十名，女队被评为二级第三名。

当时，中国乒乓球队的技术水平虽然不高，但是他们并没有盲目地跟在外国人后面跑，而是以中国选手的习惯和特点为基础，认真研究乒乓球运动的客观规律，注意吸取外国队的长处，不断进行自我丰富和强大。

1956 年，中国队参加了第 23 届世乒赛。赛后，男队被评为一级第六名，女队被评为一级第十一名。这届比赛，使当时的中国队认识到，必须在原来快与狠的基础上，加强基本功的训练，提高击球的准确性。

1957 年，中国队参加了第 24 届世乒赛，男、女队都取得了决赛权。赛后，男队被评为一级第四名，女队为一级第三名。

2. 腾飞期

1961—1965 年，是中国乒乓球运动的第一次高峰，无论直拍快攻，还是防守型削球打法，都取得了好成绩。

1959 年第 25 届世乒赛，容国团为祖国夺得了第一个世界冠军。容国团是我国率先提出要夺取世界冠军的运动员。他为丰富和发展我国的传统快攻打法做出了重要贡献，他用实践为"快、准、狠"的技术风格又加了一个"变"字。他那句掷地有声的豪言壮语："人生能有几回搏？现在是搏的时候了！"至今仍在激励着人们前进。此外，中国队还在男团、女团、女单、女双和混双 5 个项目上都获得了第三名。

第 26 届世乒赛是中国第一次举办的世界比赛，获得圆满成功。中国队获得男团、男单、女单 3 项冠军，4 项亚军和 8 个季军。这一胜利极大地鼓舞了全国人民，也极大地推动了乒乓球运动的发展，在中国掀起了"乒乓球热"。

第 27 届世乒赛，男队获得全面胜利。男团决赛，中国队除了两名直拍快攻选手外，还有一名被称作"魔术师"的直拍削球手张燮林，比上届比赛显示了更大的优势。男双冠军由两名削球选手张燮林和王志良获得。但只要有女队员的（女团、女单、女双和混双），皆与冠军无缘。这对女队震动很大。在第 28 届世乒赛上女队打了一个漂亮的翻身仗，中国队共获 5 项冠军、4 项亚军和 7 个第三名。

这一时期，乒乓球的各种类型打法得到相互促进、竞相发展。

3. 重整旗鼓期

1970 年底，与世界乒坛隔绝 4 年的中国队参加了斯堪的纳维亚公开赛，受到了欧洲选手强有力的挑战。

为此，20 世纪 70 年代初，中国乒乓球界展开了一场学术性的讨论。徐寅生同志力主在原来"快、准、狠、变"的指导思想上再加一个"转"字，并提出了用反胶打快攻的设想。随后，直拍正胶增加了拉上旋小弧圈和快带、盖打、推挤等对付弧圈球的技术，具有创新精神的直拍反胶快攻亦取得了可喜的成绩。

1971 年第 31 届世乒赛，中国队艰难地夺得了男团冠军，同时还获得女单、女双和混双冠军。1973 年第 32 届世乒赛，中国队仅取得男女单打和混双 3 项冠军。1975 年第 33 届世乒赛只获得男女团体冠军。1977 年第 34 届世乒赛保住了男女团体冠军，还夺得男双和女双冠军。1979 年第 35 届世乒赛，中国队在有女子参赛的项目中皆获冠军，而 3 个男子项目的第一名都被外国选手夺走。中国男队的这次全面失利，引起了乒乓界的震动。中国男队在认真分析了失利的原因后，提出要"苦练意志、苦练技术、苦练身体"，争取在最短的时间内夺回世界冠军！

4. 重铸辉煌期

这一时期，堪称中国乒乓球运动的第二次高峰。中国队取得好成绩的主要原因是，大胆启用新人，人新球艺新。

第 36 届与匈牙利队争夺男团冠军时，3 名上场队员的平均年龄只有 20 岁，其中的蔡振华、谢赛克均为第一次参加世乒赛。第 37 届男团决赛，第一次参加世界比赛的江嘉良和分别以 2∶1 和 2∶0 战胜瓦尔德内尔和阿佩伊伦，为中国队再次获得斯韦思林杯立下汗马功劳。第 38 届男队新人陈新华能攻善守、灵活多变；陈龙灿直拍正胶快攻，速度快、球路刁。二陈与江嘉良合作，在团体决赛中以 5∶0 大胜瑞典队。女队由横拍两面拉弧圈球的新人何智丽与老将童玲、戴丽丽、耿丽娟组成，在团体赛中盘盘皆胜。第 39 届，中国男队由新老结合的滕毅、江嘉良、陈龙灿组成，再次以 5∶0 大胜瑞典队。女队由新老结合的李惠芬、焦志敏、戴丽丽组成，以 3∶0 打败了由强手梁英子和玄静和组成的韩国队。

总之，在 1981 年第 36 届世乒赛中，中国队一举夺得全部比赛项目的 7 个冠军和 5 个单项的全部亚军，创造了世乒赛历史的新纪录。在以后的 3 次世乒赛中，中国队每届都获得 6 项冠军。4 届比赛共有锦标 28 个，中国队夺得 25 个，占冠军总数的 89.29%。当时，各国都加强了对中国队的研究，并以在个项目中的任何一项、任何一轮打败中国选手为荣。

5. 新历程期

1988 年第 24 届奥运会，乒乓球第一次被列为正式比赛项目。中国选手在 4 个比赛项目中获得了男双金牌（陈龙灿、韦晴光）和女单的金、银、铜牌。陈静、李惠芬、焦志敏同时登上了领奖台，义勇军进行曲在汉城赛场高奏，3 面五星红旗同时升起。

欧洲男选手经过一段时间的磨炼，技术更加全面，打法日趋成熟。中国队在长期的胜利中隐藏了失败的因素。尽管在 1992 年第 25 届奥运会乒乓球比赛中，中国队夺得了 4 个比赛项目中的 3 枚金牌，但中国男队在世乒赛中连续 3 届（第 40、41、42 届）与含金量最高的团体和单打冠军无缘；中国女队在第 41 届世乒赛中痛失团体冠军；享有"双保险"之称的邓亚萍和乔红在第 42 届的单打比赛中，均遭淘汰，整个中国女队无人进入单打决赛。为使男队尽快走出困境，女队早日摆脱困扰，1993 年末 1994 年初，中国乒协及时举办了全国乒乓球奥运会重点省市男队主教练和业余体校的教练员研讨班。中国乒协主席徐寅生、副主席李富荣做了重要讲话。这次会议，对中国乒乓球运动的发展起到了重要的作用。

1995 年第 43 届世乒赛在天津举行，这是第二次在中国举办的世乒赛。中国队囊括了全部冠军。中国队终于走出低谷，迎来了中国乒乓球运动的第三次高峰。

1996 年的第 26 届奥运会，中国队首次在这项全世界最重大的赛事中夺得了所有乒乓球赛的金牌。第 44 届、45 届世乒赛，中国队都取得了 6 项冠军的好成绩。

2000 年的第 27 届奥运会，中国队第二次囊括了所有乒乓球金牌，为中国队在小球时代画上了圆满的句号！

2001 年的第 46 届世乒赛，中国队第三次实现了多项冠军的大包揽！

2003 年的第 47 届世乒赛的单项赛，是在世乒赛中第一次执行 11 分制和无遮挡发球规则，中国队又获得 4 个冠军（仅失男单冠军，这说明中国队非常适应新规则）。

在 2008 年北京奥运会上，男团和女团分别获得冠军，还有两项是男单和女单获得冠军，又一次实现大包揽。在 2012 年伦敦奥运会上，中国乒乓球队再创佳绩，包揽全部金牌。面对国际乒联的一系列重大改革，中国乒乓球队提出第二次创业的口号，可以用"雄关漫道真如铁，而今迈步从头越"来形容中国乒乓球队的战斗历程。

二、乒乓球运动的特点与价值

（一）乒乓球运动的特点

1. 球体小、球速快

乒乓球系最小的体育球类，以往球体直径仅为 38 毫米，重 2.5 克。从 2000 年 10 月 1 日开始使用 40 毫米大球，球重 2.7 克。乒乓球球体小、速度快、变化多，其球速最快可达 50 米/秒左右，加转弧圈球的转速高达 176 转/秒，各种不同的旋转多达 26 种。要求练习者在短时间内对瞬息万变的击球有较强反应能力和应变能力，运动的趣味性高。

2. 器材设备简单

乒乓球运动所需要的场地空间不大，在场地方面的限制性是非常小的，室内室外都可以进行，运动量可大可小，不同年龄、性别和身体条件的人都可以参加，很容易被大众所接受，具有较强的普遍性。

3. 竞技性较强

乒乓球比赛设有单打、双打、团体项目。比赛双方运用的球拍种类繁多，打法多种多样，技战术复杂、变幻莫测，整场比赛充满着适应与反适应、控制与反控制的矛盾，这对每一个参赛者来说，的确是一种很好的考验锻炼的机会，可以培养独立思考、单独作战及集体主义精神，通过比赛更能锻炼一个人的思想、作风、意志和智慧。

（二）乒乓球运动的价值

1. 健身价值

乒乓球运动和其他体育运动一样，首先是能够强身健体。任何一项体育运动的这种健身属性，即健身价值。

（1）改善心血管系统的机能：经常参加乒乓球运动，能使心血管系统的结构和机能得到改善，心肌变得发达有力，心容量加大，脉搏输出量增多，一般健康成年男子安静时心率在 65~75 次/秒，成年女子为 75~85 次/秒；受过乒乓球训练的人，安静时，男子心率为 55~65 次/秒，女子为 70 次/秒左右。心搏徐缓和血压降低，能提高心脏的工作效率，有利于身体的新陈代谢，提高整个身体机能水平。

（2）增强神经系统的灵活性：打乒乓球时，球在空中飞行的速度是很快的，正手攻球只需 0.15 秒就可到达对方台面。在这样短暂的时间内，要求运动员对高速运动的来球的方向、旋转、力量、落点等全面进行观察，迅速做出判断，并及时采取对策，迅速移动步法，调整击球的位置与拍面角度，进行合理的还击，而这一切活动都是在大脑指挥下进行的，经常从事乒乓球练习，可大大提高神经系统的反应速度。

（3）促进身体素质的发展：长期参加乒乓球运动，随着水平的不断提高，活动范围的加大，运动量的增加，全身肌肉和关节组织得到活动，不仅相应地提高了速度素质、力量素质和身体的灵敏性、协调性，而且使肌肉发达、结实、健壮，关节更加灵活稳固，从而提高了动作的速度和上下肢活动的能力。

2. 健心价值

乒乓球是竞技运动，由于激烈的竞争，成功和失败的条件经常转换，参赛者情绪状态也非常复杂，参赛者经受这些变幻莫测、胜负难料的激烈竞争的锻炼，体验了种种情绪，同时，在比赛中要对对方战术意图进行揣摩，把握自己的战术应用，因此使练习者的心理素质得到了很好的锻炼。

3. 竞赛价值

竞赛价值来源于社会上专门组织的各种比赛，它们使乒乓球的健身运动变成了竞赛运动。

这种竞赛运动可以使人获得一定的荣誉或物质奖励。这时运动就有了展示水平或确认某种地位的一些新特点，而这些新特点就使乒乓球运动有了另一种重要的社会属性，即竞赛价值。

4. 社会交往价值

经常参加乒乓球运动，与队友可以相互交流经验，切磋球技，彼此学习先进的技术，分享经验，共同提高乒乓球技术水平，有利于相互交流，增进人际交往，从而建立良好的人际关系。

此外，乒乓球团体项目通过个体来实现，所以乒乓球项目可以培养运动者独立思考、单独作战及集体主义的精神。

第二节　乒乓球技术训练

一、乒乓球运动技术训练

（一）握拍技术

1. 握拍技术分析

乒乓球运动的握拍技术是指运动员手握乒乓球拍的方法，它可以分为直拍握法和横拍握法两种，不同的握法具有不同的优点，适用于不同的打法和不同技术特点的运动员。正确的握拍技术对掌握乒乓球技术和提高乒乓球技巧至关重要。

（1）直拍握法：直拍握法的特点是出手快速，攻球有力，拍面变化不大，对手难以判断。

①直拍快攻型握拍法：拇指第一指节和食指第二指节握拍，使拍柄压住虎口，拇指与食指之间的距离要适当；其他三指自然弯曲，中指第一指节顶住球拍的后上部（图 10 - 1）。

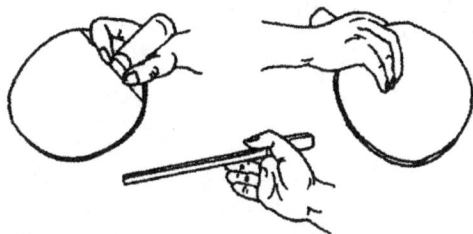
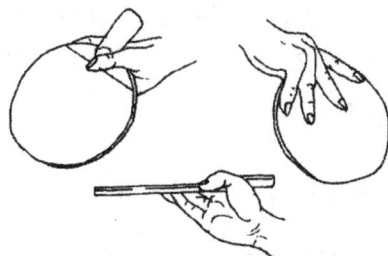

图 10 - 1　　　　　　　　　　　　　　图 10 - 2

②直拍削球型握拍法：大拇指和其余四指分开握球拍的两面。大拇指弯曲，紧贴在拍柄的左侧并用力压拍；其他四指自然分开，托住拍的后面。正手削球时前臂旋后使球拍后仰，反手削球时拍后四指灵活抖拍，使拍柄向下（图 10 - 2）。

③直拍弧圈球型握拍法：拇指紧贴于拍柄左侧，食指扣住拍柄，形成一个小环状紧握拍柄；其他三指自然伸直，中指第一指节顶住球拍的背面约1/3处（图 10 - 3）。

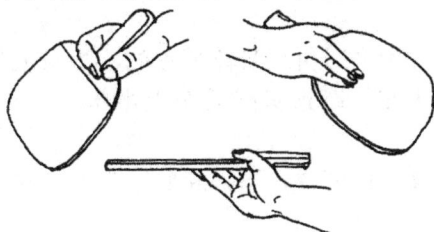

图 10 - 3　　　　　　　　　　　　　　图 10 - 4

④直拍横打握拍法：拇指斜向轻压拍面，拍柄的左侧紧贴虎口，食指伸直轻按于右侧拍沿上；其他三指伸展开来，中指和无名指指尖抵住板面，夹紧球板固定板型并形成合力（图 10 – 4）。

（2）横拍握法：横拍握法的也称"八字"式握法，特点是正反手攻球力量大，攻削球时握法变化小，反手攻球容易发力，便于拉弧；但正反手交替击球时，需变换击球拍面，调节拍形幅度大，易被对方识破。横拍握法分深握和浅握两种。

横拍握拍方法是中指、无名指和小指自然弯曲握住拍柄，虎口贴住拍肩；拇指在球拍的正面轻贴于中指旁，食指自然伸直，斜放于球拍背面。深握时，虎口紧贴球拍（图 10 – 5）；浅握时，虎口轻微贴拍（图 10 – 6）。

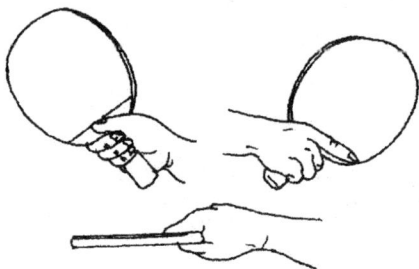 

图 10 – 5   图 10 – 6

2. 握拍技术练习

（1）徒手模仿练习，检查自己握拍时各收支的位置以及用力情况。

（2）两人一组，分别练习正、反手平提球或正手攻球，相互纠错。

（3）观看优秀乒乓球运动员握拍技术的录像。

（二）基本步法

1. 基本步法分析

步法是乒乓球的生命，步法移动是击球的基本环节之一，是正确使用和衔接各项技术动作的枢纽，更是执行各项战术的有效保证。

（1）单步：单步动作简单、移动范围小，在近网短球、推挡球、侧身攻球以及球落点位于中路稍偏左等时常用。以一只脚为轴，另一只脚向各个方向移动，身体重心随之落于移动脚上（图 10 – 7）。

（2）并步：并步的移动幅度比单步大、比跳步小，移动时不腾空，便于保持身体重心稳定。要求运动员一脚先向另一脚并半步或一小步，另一脚在并步脚落地后随即向来球方向移动一步（图 10 – 8）。

（3）跨步：跨步动作幅度和移动范围都较大，常用来对付离身体稍远的、力量大的来球。基本动作为一脚蹬地，另一脚向移动方向跨一大步，蹬地脚随后跟上半步或一小步，以保持身体平衡（图 10 – 9）。

（4）跳步：跳步移动范围比单步和并步都大，移动速度快。当判断好来球方向时，一脚用力蹬地，使两脚离开地面向来球方向跳动（图 10 – 10）。

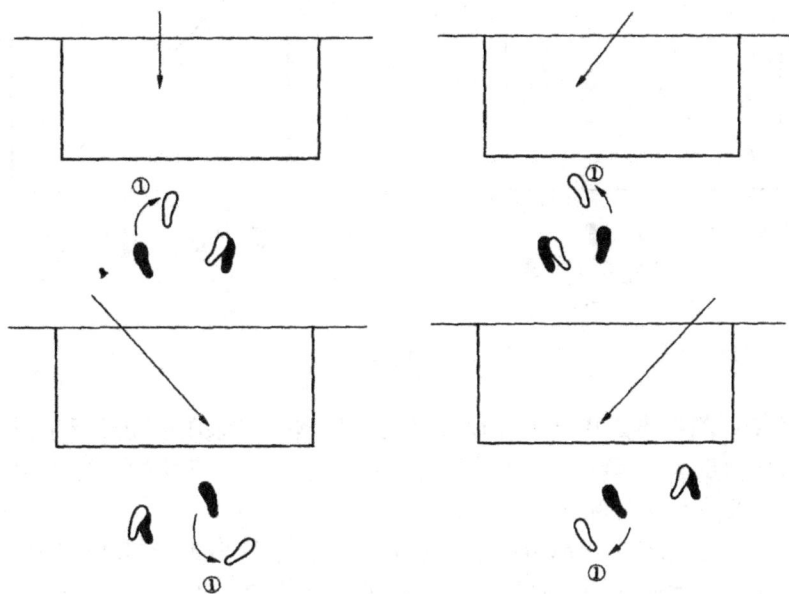

图 10 - 7

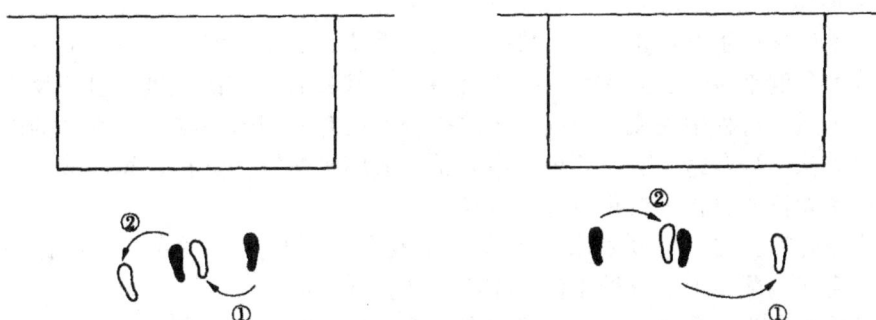

图 10 - 8

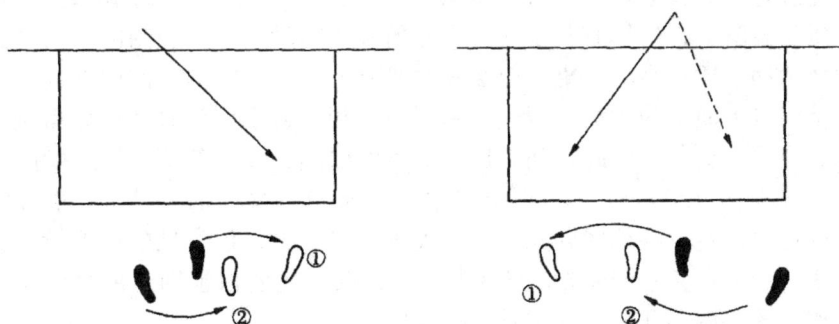

图 10 - 9

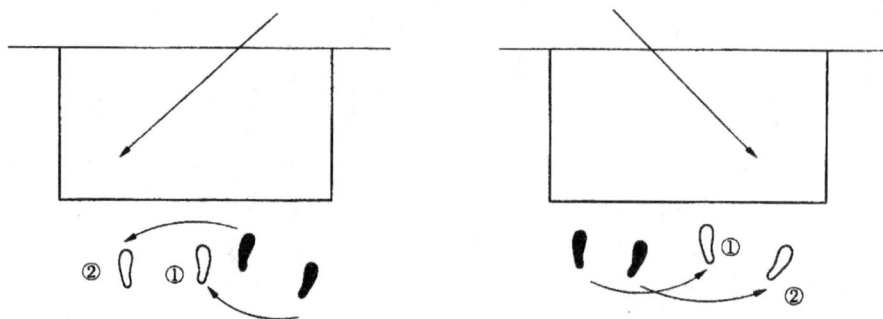

图 10 - 10

（5）侧身步：侧身步是指当来球逼近运动员身体或来球在运动员反手位时，运动员侧身正手攻球的移动步法。运动中，运动员可根据来球距自己身体的远近采用单步侧身、并步侧身、跨步侧身或交叉步侧身。

（6）小碎步：小碎步是运动员向前后左右的高频率的小跑步移动步法，是以上几种步法的组合形式，它能迅速地调节身体重心、调节击球位置、击球时间、击球力量，具有起动快、发力大、击球准的特点。这种结合步移动范围比任何一种步法都大，便于攻防的转换需求，能灵活运用于各种打法。

（7）凌波微步：

①正手挑后接反手撕：正手上步挑打后接反手位撕的步法实际上是"前后步法"中的一种。从技术角度来讲，"正手挑"和"反手撕"都具有一定的难度，且正反手的拍形转换要从前后的撤步过程中完成。因此，步法是否到位对使用这两项技术水平的高低具有很重要的作用。从步法套路上看，这种前后调整还适用于摆短、劈长、晃撇等近台技术过渡到中台正反手相持的过程中，很具有实战意义。

在上步进行挑打时，可以采用"一步上"或者"两步上"的步法。相比而言，一步上的效果更直接；两步上更有助于促进重心的调整和还原。

在挑打后的撤步过程中右脚要先蹬地向后撤一步。左脚紧接着向左迈出，使双脚基本保持在同一直线上。同时，板形要完成从正手位向反手位的转换。

由于需要挑打的球普遍偏短，所以步幅一定要上够。击球时，左脚跟抬起后，身体重心已经完全压于右脚上，这样有利于重心充分前倾，辅助击球并控制击球路线。

反撕的技术动作要求小巧紧凑，但爆发力要充分。击球时两脚跟的抬起，说明拉球时要运用身体重心自上而下的力量。因此，利用前臂和手腕摩擦球时就可以得到更多的力量支持。击球后，重心要落于两脚之间，保持适度的前倾，以准备下一板的衔接。

②正手交叉步："交叉步"是乒乓球步法中活动范围最大的一种，一般在运动员反手位或侧身位进攻中，对方将球回到其正手位大角度时使用，最常见的情形就是大家平常所说的"扑正手"。由于移动范围要横跨整张球台，期间还要保证回球的命中率。所以该步法对运动员整体的协调性和灵活性都具有很高的要求。

对于交叉步的运用，在交换重心时使右脚顺势先垫一小步的过程是非常重要的。很多人使用交叉步时都是在反手位或者侧身位击球后直接向正手位大角度跨过去，总是感觉跑不到位或者跑起来不顺。原因就在于没有这个交叉步之前的垫步调整。它不仅有助于上一板击球后的重心还原，而且还可以在移动过程中减轻较大的步幅压力，为"交叉"的过程提供启动的保证。

垫步调整后左脚蹬地向右前方倾斜，起动交叉步的调整，右脚顺势抬起准备跟进。在这个过程中，手臂充分向后引拍，利用身体重心移动的惯性完成击球。

在右脚顺势跟上来的过程中，身体也跟着转腰的动作面向球台，随后，右脚再次蹬地，将双脚还原到平行站位，重新稳固住身体重心，准备下一板击球。

交叉步不但可以从正手位跑到反手位，还可以从正手位跑回反手位。但无论方向如何，中间"垫步"的环节是不能够省略的，它对于交叉步的完成质量至关重要。在大范围移动中，上半身的动作一定要保持紧凑，不能等到步法到位后再去准备击球动作，只有根据来球的情况充分引拍和调整拍形，才能配合步法在移动中完成高质量的回球。

2. 基本步法练习

（1）单个或组合步法的模仿练习。如挥拍做跳步、并步结合侧身步、侧身步结合交叉步等。

（2）看手势练习快速变换前、后、左、右移动。

（3）做规定步法的次数或组数练习；或做规定时间的步法练习。

（4）做步法与手臂摆速的结合练习。如站于每张球台边线一端。听口令后，练习者采用并步、交叉步或小跑步、并步结合跨步等步法移动，用一只手或两只手分别触摸边线两端。

（5）加强腿部力量练习，采用蛙跳、蹬跨、单足起、杠铃蹲起等练习提高爆发力。

（6）观看优秀乒乓球运动员录像，学习步法移动时重心的移动、步法的衔接。

（三）准备姿势

1. 准备姿势分析

正确的基本姿势能保证击球者迅速移动、选择合理的击球位置、有效地完成击球动作。在乒乓球运动实践中，击球者的身体条件和技术特点不同，其准备姿势也会有所差异。但无论何种姿势，都应包括以下几个方面。

（1）下肢：两脚开立，身体位于两脚之间或比肩略宽，但不宜超过肩宽的 1.5 倍，身体重心位于两脚间，保持在稍靠前的腿上；两脚的前脚掌内侧着地，脚跟略提起，以便于快速起动。

（2）躯干：上体稍前倾，适度收腹含胸。既不能站得过直，重心过高，也不能挺出腹部，全身松散，以免降低动作的灵活性，影响击球。

（3）上肢：两肩基本同高，保持自然，避免耸肩，未击球时不应刻意地沉肩，下颌稍向后收，两眼注视来球；持拍手臂自然弯曲，置于身体右侧，大臂与躯干的夹角成60°左右，上臂与前臂的夹角接近90°；手腕放松（但不能无力下垂而形成"吊腕"），持拍于腹前偏右侧，离身体30～35厘米。侧身抢攻较多的运动员，执拍手的位置应更偏正手位；球拍位于台面水平面上，非持拍手自然放于腹前，与执拍手基本同高。

2. 准备姿势练习

（1）看手势做徒手模仿练习，由准备姿势开始向各个方向移动，要求在移动过程中保持重心平稳。

（2）做规定板数的推、攻、搓技术练习，体会正确的准备姿势。

（3）观看优秀乒乓球运动员的录像，建立准备姿势的正确概念。

二、乒乓球运动有球技术训练

（一）发球技术

1. 发球技术分析

乒乓球发球技术是一项先发制人的技术，它不受对方的制约和限制。发球者可根据自己的意图选择合适的站位，并按照既定的战术意图发出各种不同力量、速度、旋转、路线、落点的球，以控制对方，为自己创造得分机会。

（1）发平击球：

①正手发平击球：以左脚在前的近台站位为例，身体稍微右转，重心偏右脚。左手的掌心托球放于体前偏右侧，右手持拍于身体右侧。左手将球向上抛起，同时右臂稍向后引拍；当球开始回落时，持拍手由身体的右后向前挥拍；在球下降接近球网高度时，将拍形稍前倾，击球的中上部。击球后，前臂和手腕应随势向前挥动，身体重心随之移向前面的脚。

②反手发平击球：以右脚在前的近台靠中线偏左站位为例，身体稍微向左转，左手掌心托球放于身体前方偏左侧，右手持拍于身体前方。左手将球向上抛起，同时右臂外旋，并向身体左侧后方引拍；当球开始回落时，持拍手由身体的左侧后方向右前方挥拍，拍形稍前倾成半横状；在球下降接近球网高度时，击球的中上部，同时向右前方发力。击球后，手臂随势前挥，身体迅速还原，重心随之移至前面的脚上。

（2）发急球：

①正手发急球：以左脚在前的近台站位为例，左手掌心托球放于身体前方稍微偏右侧，身体略向右转，将球抛起后，持拍手向右后方引拍，前臂放松，使球拍顺势下降，当球降至约与球网高度相同时，手臂迅速向左前方挥动，拇指压拍，使拍面略向左偏斜。拍触球的同时手腕向左上方抖动，使拍从球的右侧中上部摩擦，球的第一落点靠近端线处。击球后前臂和手腕随势前挥。

②反手发急球：以右脚在前的站位为例，身体稍向左转，左手掌心托球置于身体前方偏左侧，持拍手置于体前。抛球的同时持拍手向左后方引拍，拍形稍前倾，当球降至约与球网相同高度时，用前臂和手腕发力，击球左侧中上部，拍触球的同时前臂加速向右前上方横摆，手腕抖动使拍面摩擦球，第一落点靠近本台端线。击球后前臂和手腕随势前挥。

（3）发转与不转球：

①正手发转与不转球：以右手持拍、站位靠近左半台为例，左脚在前，右脚在侧后，抛球的同时执拍手向后上方引拍。要求拍面后仰，手腕适当外展，手臂放松，腰向右转。当球降至球网高度时，执拍手迅速用力向前或向下挥拍，发球后快速还原至准备姿势，以备下一次击球。

②反手发转与不转球：以右脚在前、左脚在后为例，向上抛球的同时执拍手向左后上方引拍，身体随之左转，球拍稍后仰。当球下落时，手臂自左上方向右下方挥拍，在球拍触球的瞬间加大前臂、手腕、手指的爆发力，增强球的摩擦力量。发球后快速还原至准备姿势，以备下一次击球。

（4）发侧旋球：

①正手发左侧上（下）旋球：以正手发左侧上旋球为例，左脚在前，持拍手抛球的同

时向右上方引拍，手腕略向外展；球回落时，右手迅速向左下方挥动，食指压拍，拍面略向左偏斜约与球网相同高度时击球，前臂和手腕用力向左挥动，同时前臂略向外旋，使拍从球的正中部向左侧上摩擦，拍触球的刹那间，前臂略向外旋，球的第一落点靠近端线。

发左侧上旋球与发左侧下旋球的区别在于手臂应从右后方向前下挥动，使拍从球的中下部向左侧下摩擦（图10－11）。

②反手发右侧上（下）旋球：以反手发右侧上旋球为例，右脚稍前，持拍手位于身前，持球手位于身体左侧。发球时，拍与球接触的刹那间，前臂带动手腕用力向右下方挥动，同时前臂略向内旋，拇指压拍，使拍面逐渐向左倾斜，使拍从球的正中部向右上方摩擦，球的第一落点靠近端线（图10－12）。

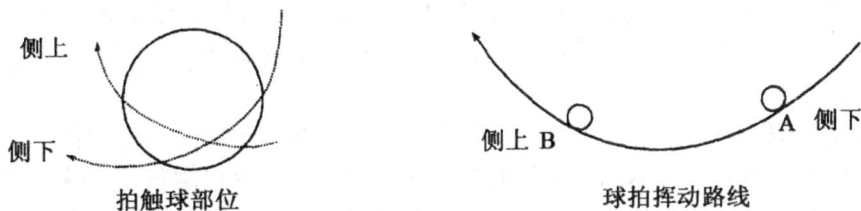

图 10－11

图 10－12

反手发右侧上旋球与反手发右侧下旋球的区别在于触球瞬间，拍面略后仰，拍从球的中下部向右侧下摩擦（图10－13）。

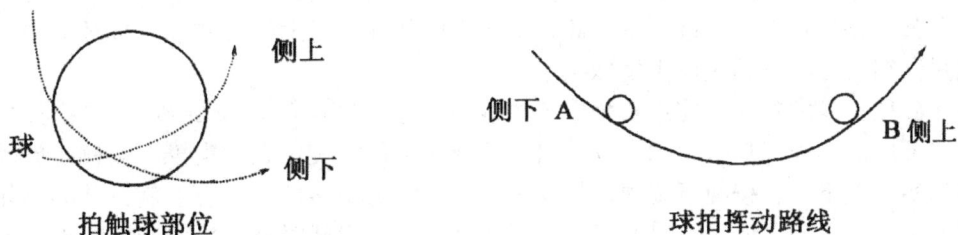

图 10－13

（5）高抛发球：

①正手高抛发球：正手高抛发球首先应注意抛球的稳健性，抛球手的肘部要贴近身体左侧，尽量让球在抛起时接近于垂直状态，使球在身体的右侧前方降落。当球下降至大约与头部高度相同时，执拍手由右上方向左下方挥动。其次，运动员要避免击球点离身体过远，一般在右侧腰前15厘米左右为宜。对于不同的正手高抛发球，应分别注意以下几点。

a. 发左侧上旋球时，注意球拍从球的右侧中下部向左侧上部摩擦。

b. 发左侧下旋球时，注意球拍从球的右侧中下部向左侧下部摩擦。

c. 发直线长短球时，注意球拍击球高度和用力方向、拍形变化及第一落点一气呵成，增强发出的球的威胁性。

②反手高抛发球：多采取右脚在前，左脚稍后的站位。持拍手同力向上抛球，当球开始下降时，执拍手向左上方挥拍，上体略左转，以增大击球的距离。对于不同的反手高抛发球，应分别注意以下几点。

a. 发右侧上旋球时，注意当球下降到头部高度时，执拍手从左上方经身前向右下方挥拍，球拍触球的左中下部并向右侧上部摩擦。击球瞬间手腕由左向右挥动可增大球的旋转。

b. 发右侧下旋球时，注意执拍手从左后上方向前下方挥摆，使球拍从球的左侧中下部向右侧下部摩擦。击球瞬间手腕由左向右抖动可增大球的旋转。

（6）下蹲发球：

①下蹲发右侧上旋球和右侧下旋球：以左脚稍前、右脚稍后的站位为例，身体略向左偏斜，球向后上方抛起，将球拍上举至肩高，同时两膝弯曲成深蹲状，当球下降至头部高度时，执拍手快速由左向右挥拍，手腕放松，挥拍路线呈半圆形。下蹲发右侧不同方位的球时应注意以下两点。

a. 发右侧上旋球时，拍从球的左中部向右上摩擦，越网后向对方偏左侧前进。

b. 发右侧下旋球时，拍从球的正中部向右下摩擦，越网后向对方偏左侧前进。

②下蹲发左侧上旋球和右侧下旋球：以身体正对球台的站位为例，向后抛球时，执拍手向右下方引拍，两膝弯曲成深蹲状，当球下降至头部高度时，执拍手由右后方向左前方挥拍。下蹲发左侧不同方位的球应注意以下两点。

a. 发左侧上旋球时，拍从球的右中向左侧上摩擦，越网后向对方偏右侧前进。

b. 发左侧下旋球时，拍从球的正中向左侧下摩擦，越网后向对方偏右侧前进。

（7）逆旋转发球：以左脚在前，右脚在侧后方的站位为例，运动员引拍后肘部抬起，手腕应向内后引动，触球时向外侧发力。注意发侧下旋时，触球的中下部，向下用力；发侧上旋时，触球的左侧上部，向前用力。

（8）直板长胶正反手发球：在实战过程中，以"怪、变"而著称的长胶每时每刻都在发挥着其独特的功效。于进攻中如此，于防守中如此，于发接发的前三板环节中更是如此。这里介绍直板长胶的正反手发球技术。

由于胶皮本身的特性，使用长胶发球的威胁在于其产生的"反旋转"，是指如果按照反胶发侧下旋的动作，那么使用长胶发出去的球实为侧上旋。以此类推，按侧上旋动作发出去的球实为侧下旋，按纯下旋球动作发出去的球实为不转球，按急上旋奔球的动作发出去的球实又带着下旋。所以，只要对手一不留神，在接发球时就有可能判断失误。即使有时判断出正确的旋转，也会因为对旋转程度的模糊判断导致直接或间接吃发球。这也正是长胶发球的作用所在。

在业余乒乓圈中，很多人在接长胶发球时都比较头疼，因为其"灵活性"确实比较强。由于力量可虚可实；旋转可强可弱；弧线可坠可顶；轨迹可飘可晃，所以长期以来大家都用一个最精练且最具代表性的字来形容长胶发球——"骗"。

（9）正手发球抢攻：

①发球时手腕手指要用力。在比赛中，无论发哪一种球，身体和手都要配合好。为了不让对手有直接抢攻的机会，击球点要尽量低一些，保证出球的弧线。触球时，手腕手指

的发力很重要。特别是手指，除了调节击球拍形，还要给球足够的劲道。

②发球要有套路配合。实战中，除非对手对自己的某一种发球吃得非常厉害，否则发球时一定要有所变化。一般发球轮次的两个球可以用侧上侧下，一长一短或者顺侧逆侧来配合，尽量少发一个落点或是一定区域范围内的球。

③发球抢攻要找好点。准备使用发球抢攻时，一定要把身体位置和击球点找好。发球后，要迅速判断对方回过来的球到自己球台上的点，根据对手的回球节奏调整好自己的步法，保证最佳的击球时机，如果对方回球质量一般，发力可以多带一些前冲性。这样即使衔接到第三板，也会保持给对方足够压力。

2. 发球技术练习

（1）徒手做抛球及发球前的准备动作练习。

（2）在台前用多球进行发球练习。

（3）练习各种旋转性能的球的发球。

（4）规定距离，如离墙 2 米，对墙做各种发球练习。

（5）规定手法，如同一手法发不同旋转和落点的球。

（6）不同的发球练习结合进行。练习发斜线球，后练习发直线球；先练发不定点球，后练发定点球。

（7）观看优秀乒乓球运动员的录像，体会其发球要点。

（二）接发球技术

1. 接发球技术分析

乒乓球接发球技术是一项被动中求主动的技术。接发球者应力争破坏对方的发球，限制对方特长技术的发挥。接发球技术的好坏对接发球者在比赛中能否变被动为主动非常重要。如果接发球技术不好，就很容易给对方造成较多的进攻机会或因技术差而导致紧张、引起不必要的失误。

（1）接上旋（奔球）球时，可采用正反手攻球或推挡回接，接发球时拍面适当前倾，击球的中上部。

（2）接下旋长球时，可用搓球、削球、提拉球回接，搓或削球时多向前用力。

（3）接转与不转球时，如果判断不准，可轻轻地托一板或撇一板，但要注意弧线和落点。

（4）接左侧上、下旋球时，可用攻球和推挡（搓球或拉球）回接，接发球时拍面稍前倾（后仰）并略向左倾，击球偏右中上（下）部位，以抵消来球的旋力。

（5）接右侧上、下旋球时，可用攻球或推挡（搓球或拉球）回接；接发球时拍面稍前倾（后仰）并向右偏斜，击球偏左中上（下）部位；其他同接左侧上、下旋球。

（6）接近网短球时，可用快搓、快点或台内突击回接，接发球时主要靠手腕和前臂的力量击球。

2. 接发球技术练习

（1）固定一种技术（如推挡、削球、搓球等）去接对方的单一发球。

（2）练习回接对方的平击发球。

（3）练习接对方用近似手法发出的两种不同旋转的球，以提高适应能力。

（4）练习用不同的技术方法回接对方发来的旋转球，以提高适应能力。

（5）由定点定性能的接发球练习逐渐过渡到不定点不定性能的接发球练习，以加强对对方来球旋转和落点的判断。

（6）两人一组进行发球和接发球练习，提高防御对方强攻的能力。

（三）推挡球技术

1. 推挡球技术分析

（1）快推：以在球台中间或偏左、身体距台约 40 厘米的站位为例。该技术要求运动员两脚平站或右脚稍微向前，两膝微屈，收腹含胸，身体向前或稍微向左转。右上臂和肘关节靠近身体右侧，手臂自然弯曲引拍至身前或偏左，与此同时，前臂外旋，使拍面稍前倾，当对方的来球从台面上弹起后，前臂和手腕向前或向前兼略向上挥拍迎球，在来球的上升前期，以稍前倾的拍形推击球的中上部。击球瞬间，前臂和手腕自然向前或向前兼略向上发力，并主要借用来球的反弹力量将来球快速击回。击球后，手和臂顺势向前挥动，并迅速还原成准备姿势以备下次击球。快推技术动作过程中，身体重心始终放在双脚上（图 10 – 14）。

图 10 – 14

（2）挡球：

①正手挡球：以在球台中间或偏左、身体离台约 40~50 厘米的站位为例。该技术要求运动员两脚开立，左脚略前，两膝微屈，收腹含胸，上体略向右转。右臂自然弯曲并内旋，使拍面接近垂直，置于身体右侧前方。当对方的来球从台面弹起后，前臂向前，以拍迎球，在来球的上升期，以接近垂直的拍形推击球的中部。只以前臂和手腕轻轻用力，借助来球的反弹力将来球挡回。击球后，手和臂顺势前挥，并迅速还原成准备姿势以备下次击球。

②反手挡球：以在球台中间或偏左、身体离台约 40~50 厘米的站位为例。该技术要求运动员两脚开立，比肩稍宽，右脚略前或两脚平站，两膝微屈，收腹含胸，上体略向左转。右臂自然弯曲引拍至身体前方或略偏左，同时前臂外旋，使拍形接近垂直状态。当来球从台面弹起后，前臂向前，以拍迎球，在来球的上升期，以接近垂直的拍形推击球的中部。击球瞬间只以前臂和手腕轻轻用力，主要借助来球的反弹力将来球挡回。击球后，手和臂顺势前挥，并迅速还原成准备姿势以备下次击球。

（3）推挤：推挤技术要求运动员看准来球，在来球触台后弹起的上升期，触球的左侧中上部，沿球体向左下方用力，以摩擦为主（挤摩球体）。触球瞬间，中指应用力顶住球拍。

（4）加力推：以在球台中间或偏左、身体离台约 50 厘米的站位为例。该技术要求运动员两脚平站或右脚稍前，两膝微屈，收腹含胸，身体向前或稍微向左转。右上臂和肘关节靠近身体右侧，前臂外旋并向上提起将引拍至身前或偏左，当球拍引至球网同高或略高时，拍面稍前倾。看准来球，来球飞越球网时，上臂、前臂和手腕向前挥拍迎球，同时，腰、髋向左转动，在来球的上升后期或高点期，以前倾拍形推击来球的中上部。击球瞬间，上臂、前臂和手腕向下方发力推压，腰、髋协助用力。击球后，手和臂顺势向前下方挥动，并迅速还原成准备姿势以备下次击球（图 10 - 15）。

图 10 - 15

（5）减力挡：以在球台中间或偏左、身体离台约 40 厘米的站位为例。该技术要求运动员两脚平站或右脚略前，两膝微屈，收腹含胸，身体向前或稍微向左转。右上臂和肘关节靠近身体右侧，手臂自然弯曲引拍至身前或偏左，同时前臂外旋，使拍面稍微向前倾。当来球从台面弹起后，前臂和手腕向前挥拍迎球，在来球的上升期，以前倾拍形推击来球的中上部。球拍击球瞬间，前臂和手腕轻轻后移，以减小来球的反弹力使其轻轻飞回。击球后，迅速还原成准备姿势以备下次击球。

2. 推挡球技术练习

（1）挥拍模仿推挡练习，体会击球的动作要领。
（2）两人一组进行对推练习。
（3）两人一组，一人以平击发球喂球，另一人挡平击发球。
（4）两人一组，一人攻球，另一人推挡对方攻球。
（5）两人一组，进行推落点练习，由一点推对方球台不同落点。
（6）进行各种推挡球方法的结合练习。

（四）弧圈球技术

1. 弧圈球技术分析

（1）正手弧圈球：

①正手拉加转弧圈球：击球者两脚分开，两膝内收微曲，重心放于前脚内侧，左脚在前，稍微提起脚后跟，身体略右转，手腕外展后拉引拍至右后方，当来球跳至高点期或下降前期时，腰髋带动上臂、前臂由后向前挥动击球的中上部或中部，击球瞬间向前上方发力，与此同时右脚掌内侧用力蹬地，稍伸膝，重心随之由右脚转向左脚（图 10 - 16）。

图 10 - 16

②正手前冲弧圈球：以击球者为直握拍者为例，击球前前臂在腰、髋的带动下向右后方引拍，身体重心移至右脚，比拉加转弧圈球时稍高。当球拍与来球高度相同或稍低于来球时，拍形稍前倾于拉加转弧圈球，手腕屈（横握拍者手腕内收）；击球时，前臂在腰、髋和大臂的带动下在来球的上升后期和高点期，在身体侧前方向左前上方挥拍，以向前为主，略向上发力摩擦击球的中上部。击球瞬间，肘关节呈 110°～140°，手腕伸（横握拍者手腕外展），手指手腕快速摩擦球；击球后手臂随势向左前上方挥动，保证力量充分作用到来球上，并迅速还原以备下次击球（图 10 - 17）。

图 10 - 17

（2）反手弧圈球：

①反手拉加转弧圈球：以在球台偏左部位，距台约 60 厘米的站位为例。该技术要求运动员两脚基本平站，左脚稍前，右脚稍后，身体重心落双脚，双膝微屈，腹内收，腰、上身略向左转，前臂置腹前自然弯曲，手腕稍向后拉，引拍至腹部左侧下方，肘关节略向前，屈手腕，拍下垂，拍形稍前倾，重心略左脚，于球的下降前期触球中上部，触球瞬间脚用力蹬地，伸膝、转腹，腰髋带动上、前臂向前上方发力，拍撞球后迅速转为向前上方摩擦，重心略上提前移并转至右脚，迅速还原成准备姿势以备下次击球。

②反手拉前冲弧圈球：两脚分开，右脚略前，重心置于左脚，上体稍微左转，手臂自然弯曲，肘关节略近身，手腕内收，前臂外旋引拍左后方，拍形前倾。当来球弹起于高点期或上升后期时，触来球的中上部，随后腰髋由左向右前上方转动，上臂带动前臂，以前臂为主加速向前略向上摩擦球，触球后，手腕向前加力摩擦，重心由左脚转至右脚迅速还原成准备姿势以备下次击球。

2. 弧圈球技术练习

（1）徒手模仿拉弧圈球技术的动作。

（2）在原地做上肢徒手动作的基础上，结合下肢步法做移动中的模仿练习。

（3）单个动作练习，规定一人发球，一人练拉弧圈球，然后再重新发球。

（4）一人挡球，另一人练连续拉弧圈球。

（5）一人削球，另一人练连续拉弧圈球。

（6）一人发中路出台的下旋球，另一人连续拉弧圈球。

（7）2人对搓，固定一人搓中拉弧圈球。

（8）结合其他技术，如发球抢拉、接发球抢拉，拉攻中等练习拉弧圈球。

第三节　乒乓球战术训练

一、乒乓球运动基本战术训练

（一）发球抢攻战术

发球抢攻战术是指运动员发球后立即采取进攻的手段和方法。发球抢攻战术是以旋转、线路、落点及速度不同的发球来增加对方回击的难度，使其出现机会球，或降低回球质量，然后抢先进攻，以争取主动或直接得分。发球抢攻战术运用得好对整个比赛的走向具有重要的战略性意义。一般来说，发球抢攻战术主要有以下几种。

1. 手发转与不转球后抢攻

此战术一般以发至对方中路或右方短球为主，配合左方长球。此种战术开始先发短的下旋球为好，以控制对方不能抢攻或抢拉，然后再发不转球抢攻。不转球，一般也先发短的，或发至对方攻势较弱的一面，伺机抢攻。

2. 正手发高、低抛左侧上、下旋球后抢攻

正手发高、低抛左侧上、下旋球后抢攻战术可发至对方中左短、左大角、中左长、中右（向侧拐弯飞行正好至对方怀中）和右短，配合一个直线奔球，若抢攻和发球落点方向相反的落点则威胁更大。

除此之外，左手执拍的选手采用此种发球抢攻的战术，效果较好，一般多用侧身发高抛至对方右近网并拐出边线，待对方轻拉起来，可用反手狠压一板直线，也可侧身用正手反拉，或直接得分，或为下板球的连续进攻制造机会。

3. 下蹲发球后抢攻

该战术可以将左侧上、下旋与右侧上、下旋球结合运用，落点有长短变化。对于常用搓球接发球的选手，应以发上旋为主。抢攻的落点要灵活变化，攻击对方的弱点或声东击西。

4. 反手发急上、下旋后抢攻或抢推

该战术在以下两种情况下运用。

（1）反手发急上旋至对方反手后，侧身抢攻。急球必须发得快、力量大、线路长，且能有一个直线急球配合。

（2）擅长反手推挡的选手，或遇到对方反手推攻较差的选手，可发急下旋球，若对方搓球回接，必然不好控制短球，可用正手或侧身抢攻；若对方向上轻托，可推挡加推压或侧身抢攻。

5. 反手发右侧上、下旋后抢攻

该战术一般发至对方中右近网处或半出台落点，配合发两大角长球。两面攻选手，特别是擅长反手进攻的选手常采用此战术。利用发球旋转的变化正反手两面上手，抢拉、抢冲或反拉、反撕，尤其反手起板，出手快，突然性强，使对方较难防御。

（二）接发球战术

接发球战术是与发球抢攻相抗衡的一项战术，目的是破坏对方的发球抢攻，争取在接发球轮形成相持或主动的局面。

1. 接短球

此战术是在对方为控制我方的抢攻而发短球时所采用的积极回球的方法，可分为以下两种。

（1）快摆结合劈长。在对方发较转的短球时，可以快摆为主结合劈长。

（2）挑打或晃撇。在对方发侧上或不转短球时，可大胆挑打；对于不转球还可以利用身体的晃动，将球撇至对方反手大角，由于伴有身体的晃动，使对方不敢轻易侧身。

2. 稳健控制法

利用拉、推、拱、搓、削等技术接发球，主要注重接发球的命中率，以稳为主，但也需加强手法、落点的变化和对弧线的控制，以防对方抢攻。一般为攻对削、削对攻或削对削时采用。

3. 接发球抢攻

接发球抢攻是一种最为积极主动的接发球打法，发展到现在，世界各国的优秀选手都十分重视接发球抢攻战术的重要性。需要注意的是，在运用此战术时，对于对方发球的旋转要判断清楚，步法移动要迅速，以保证用最佳的击球点和击球时间击球。

（三）搓攻战术

搓攻战术主要运用"转、低、快、变"的搓球控制对方，以寻找战机，然后采用低突、快点或拉攻等技术展开攻势并进入连续进攻；在搓球中遇到机会球时进行扣杀，常常带有突然性，往往可以直接得分。

1. 搓转与不转后抢攻

搓强烈下旋球后配合假动作不转球，给对方的抢攻制造困难，自己伺机起板。这里应特别指出，对高水平的选手来说，单纯的旋转难以控制住对方进攻（包括抢拉、抢冲和抢攻），所以旋转变化必须结合落点控制。

2. 搓至对方进攻的薄弱环节，自己抢先进攻

摆短、劈切大角度、控制对方反手等，总之是搓至对方进攻的薄弱环节，限制对方的进攻，之后自己争取抢攻。

3. 先搓反手大角，再变直线，伺机进攻

主要用来对付反手不擅长进攻的选手。先逼住对方反手大角，视其准备侧身攻或将注意力都放到了反手后，就变线至其正手，伺机抢攻。

4. 下旋转为上旋

（1）搓中先拉一板弧圈或小上旋，迫使对方打快攻。

（2）搓中突击。直拍正胶快攻选手，在遇到旋转不特别强烈或位置比较合适的搓球时，应大胆运用搓中突击或快点的技术，由此而转入连续进攻。

（3）搓中变推。遇对方搓过来的不转球（包括长胶、防弧圈球拍搓过来的球），直拍进攻型选手可用推挡应对，由搓变推，转为快攻。

（4）2 名削球手或一攻一削相遇，对搓中拉或拱一板，之后转为拉攻或拉搓吊结合，再依具体情况实施相应战术。

（四）拉攻战术

拉攻是对付削球打法的主要战术，即通过拉球落点、旋转和力量变化制造机会，伺机突击、抢冲和扣杀，从而达到控制对方，争取主动的一种重要手段。

1. 拉直杀斜或拉斜杀直

一般来说，拉斜杀直时的拉球比较保险、稳健，杀直线虽威胁大但技术难度也较大；拉直杀斜时拉球难度稍大，但杀斜线的难度降低，命中率高。因此，在运用此种战术时，要根据对手和比赛场上的具体情况而定。

2. 拉左杀右或拉右杀左

拉左杀右或拉右杀左战术是拉对方一边杀另一边。一般先拉削球旋转变化不强或攻势较弱的一边，出现机会后杀另一边。

3. 拉中路压两角或拉两角攻击中路

拉中路压两角，是从中路寻找机会，然后杀两角得分；拉两角攻击中路，是先从两角找机会，然后突击中路得分。

4. 变化拉球的旋转和长短落点，伺机突击

该战术是在拉球中拉出真（强烈上旋）、假（不转）及侧旋弧圈，用旋转的变化来增加对方削球的难度；也可用托球长短落点的变化来创造机会，即先拉长球至对方端线处，迫使对方后退削，再突然拉一板中路偏右的短球；或先拉刚出台的轻球，再发力拉靠近端线的长球，从中伺机突击。

（五）对攻战术

对攻战术主要是用于快攻类和弧圈类打法的运动员，快攻类打法依靠正、反手攻球和反手推挡、快拨等技术，要充分发挥速度的优势，调动压制对方来达到攻击的目的。弧圈类打法依靠正、反手的拉弧圈球技术，发挥旋转的威力来牵制对方，最终达到攻击目的。

1. 攻两角战术

（1）对角攻击

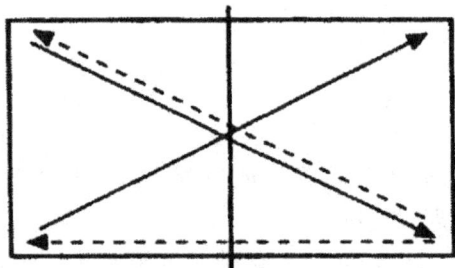

图 10 - 18

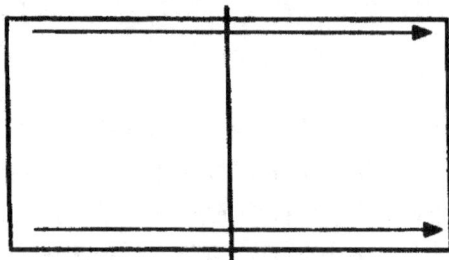

图 10 - 19

紧压对方反手一侧的角，不能给对方进攻机会，结合突然的大角度变线，再攻其另一角（图 10 - 18）。

（2）双边直线：先攻直线一角，再运用直线来攻另一角（图 10 - 19）。

（3）逢斜变直，逢直变斜：这是大角度变换，袭击对方空当的一种有效战术。无论是斜线变直线，还是直线变斜线，回球的落点都应在球台的角上（图 10 - 20）。

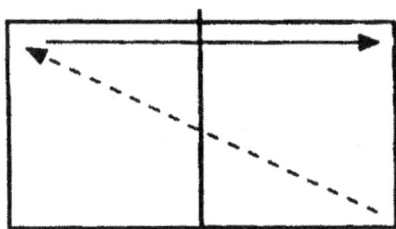

(1)

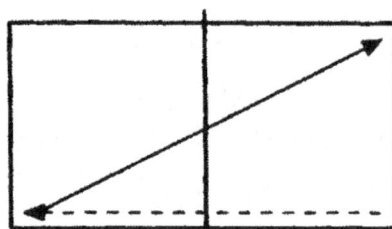

(2)

图 10 - 20

（4）调右压左和调左压右：

这两种战术的采用应根据对手的实际情况来决定。

①调右压左：是把右手执拍的选手调到正手位，并被迫离台，然后再打反手，让对方同样不能发挥反手攻的特长（图 10 - 21）。

②调左压右：若对手是左手执拍且擅长侧身攻，采用此战术对付对手会取得非常好的效果（图 10 - 22）。

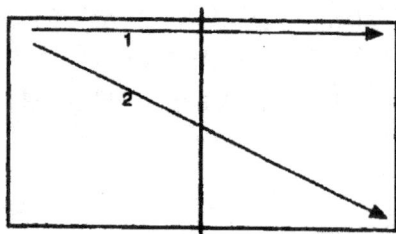

图 10 - 21

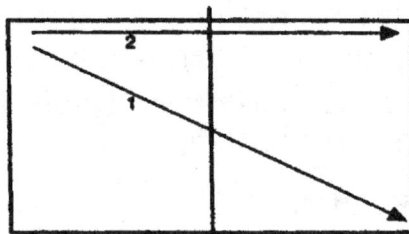

图 10 - 22

调右压左和调左压右，都需要把对手调到正手位后再压反手位。调正手和压反手两者之间是紧密联系和相辅相成的，但要有明确调正手的目的。不论是用推挡、反手攻，还是侧身攻，都要速度快，并且回球角度要大，这样才能起到调动对方，达到争取主动的目的。

2. 攻追身战术

（1）攻追身杀两角：先要攻对方中路追身，再去扣杀左角或右角（图 10 - 23）。

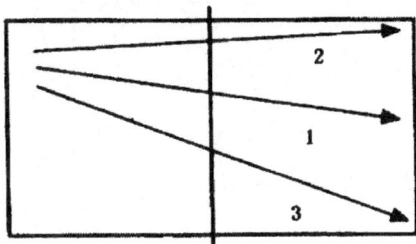 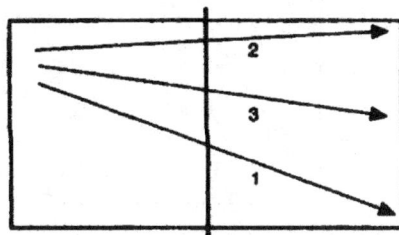

图 10 - 23　　　　　　　　　　　　　图 10 - 24

（2）攻两角杀中路（追身）：先要攻对方左、右两大角，再伺机去扣杀中路（图 10 - 24）。

（3）攻追身杀追身：连续攻追身，再连续攻中路，伺机进行发力，扣杀中路或两大角（图 10 - 25）。

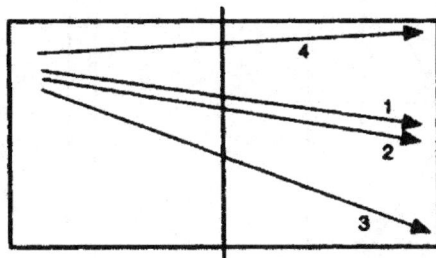

图 10 - 25

（六）弧圈球战术

弧圈球战术能够把速度和旋转有效地结合起来，稳健性好，适应性强。目前，许多著名乒乓球选手已经用这一战术去代替攻球或扣杀。

1. 发球抢拉战术

发球抢拉战术主要是正手（或侧身）发强烈的下旋球至对方左侧近网处。迫使对方以搓回击，然后拉加转弧圈球到对方反手或中路；反手发右侧上、下旋球至对方中路偏右或偏左的地方，然后拉前冲弧圈球至对方两大角；反手拉急下旋球至对方偏右或左大角，当对方以搓球回击时，拉前冲弧圈球至对方正手。一般用速度快、落点长的球，使对方退守，然后根据对方的站位和适应弧圈球的能力，决定拉哪种弧圈球向对方攻击。图 10 - 26、图 10 - 27、图 10 - 28 和图 10 - 29 是四种最为常见的发球抢拉战术。

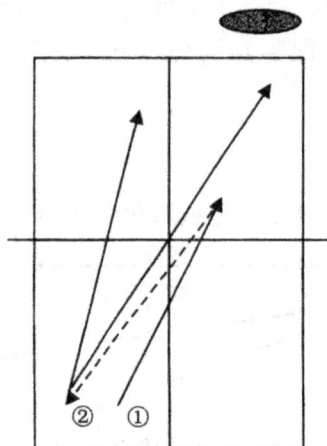

①发短球至对方左半台近网处
②用正反手拉加转弧圈球到对方反手或中路

图 10 – 26

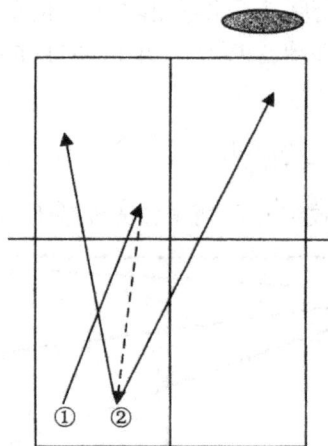

①发短球至对方中路近网处
②用正手抢拉前冲弧圈球至对方两大角

图 10 – 27

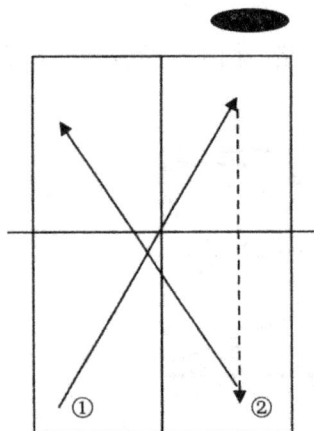

①发长球至对方左大角
②用正手抢拉前冲弧圈球至对方正手

图 10 – 28

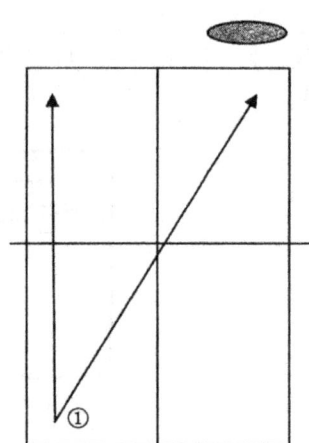

①发两个大角度长球再用正手抢拉

图 10 – 29

2. 接发球抢位战术

接发球抢拉战术是与发球抢拉战术相抗衡的一项战术，其目的就是攻在前面，破坏对方发球抢拉战术的运用，自己则争取主动直至最后胜利。当对方发侧上旋球和不太转的球时，用前冲弧圈球回击；当对方发侧下旋球或强烈下旋球时，用前冲弧圈球回击；当对方发侧下旋球或强烈下旋球时，用拉加转弧圈球回击（图 10 – 30）。

3. 对攻相持战术

在对付从两面进攻的打法时，应充分利用正手位弧圈球攻其中路，再压其反手或突击正手；对付左推右攻打法时，可先以弧圈球拉住对方左角，然后转拉中路靠右或正手；如果对方正手攻弧圈球技术较差，可连续使用拉、冲对方正手，再转攻反手。图 10 – 31、图

10 – 32 和图 10 – 33 是三种最为常见的对攻相持战术。

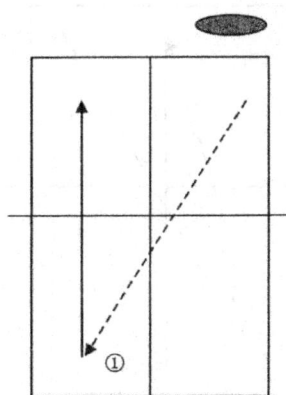

①用侧身前冲弧圈球或拉加转弧圈球回击

图 10 – 30

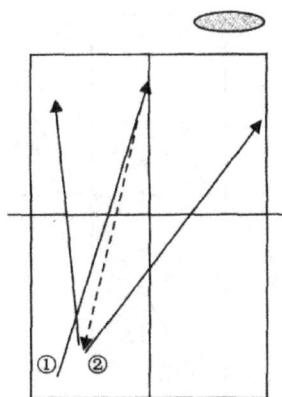

①回搓近网短球
②用正手位拉弧圈球至对方反手

图 10 – 31

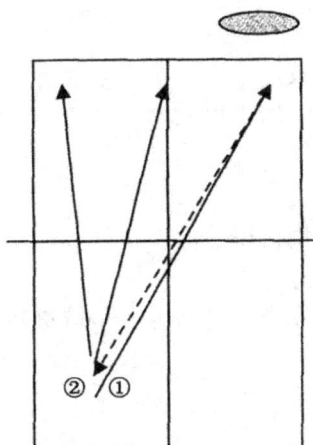

①用弧圈球拉反手位
②用正手位冲中路或正手位

图 10 – 32

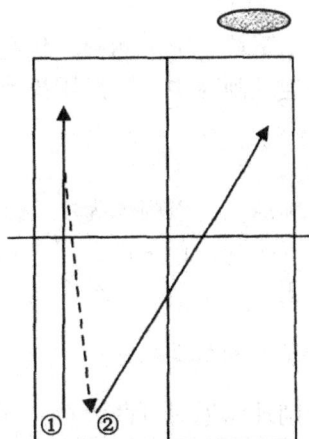

①正手拉直线球　②正手反攻对方反手位

图 10 – 33

4. 弧圈球结合扣杀战术

用前冲弧圈球迫使对方远台回击，然后放短球，再加杀；用拉加转弧圈球与不转球相结合，伺机扣杀（图 10 – 34）。

（七）削、攻结合战术

这是削攻结合打法的主要战术之一，主要是以削球旋转的变化来牵制并控制对方，同时为进攻创造有利机会。

1. 削转与不转伺机反攻

（1）以先削加转，后送不转，结合落点进行变化，伺机反攻。

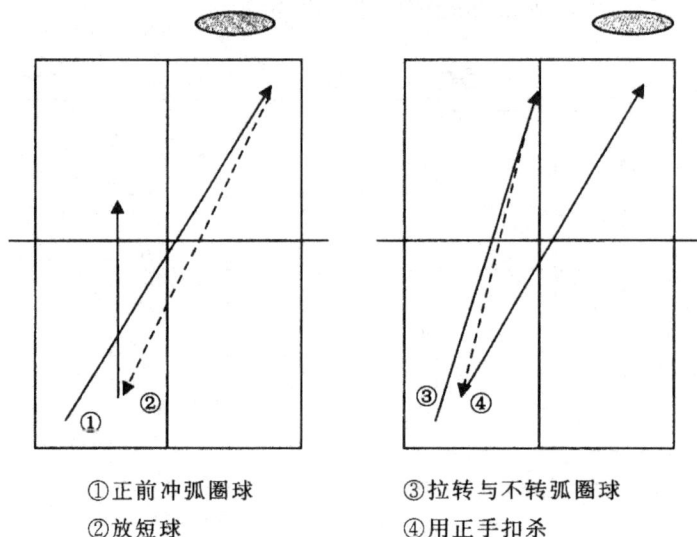

①正前冲弧圈球
②放短球

③拉转与不转弧圈球
④用正手扣杀

图 10 – 34

（2）用削下旋、突削侧旋，扰乱对手，伺机反攻。

（3）在连续削球中，突然用拱或带来扰乱对手，伺机反攻。

2. 削、攻结合

（1）在削球时，以削球为主，削攻相互结合，伺机得分。

（2）以反手削，正手攻，削攻相结合，伺机得分。

（3）以正、反手削、攻结合运用旋转和节奏变化来扰乱对方，争取进攻得分。

3. 削两角，伺机反攻

（1）用削球紧逼对方两大角，伺机抢攻。

（2）用削球紧压对方左角（右角）突变右角（左角），伺机进行反攻。

4. 削长、短球伺机反攻

（1）用削同线、异线长、短球，伺机反攻。

（2）用削近身长、短球，伺机反攻。

二、乒乓球运动双打战术训练

双打是两人合作共同进行比赛的项目，首先要强调两个人的团结合作，互相配合，互相鼓励，互相谅解，互相信任。只有这样，才能在训练和比赛中做到思想上和行动上的协调一致和默契配合。通过双打的练习和比赛，不仅能锻炼身体，还能培养学生的良好品质和集体主义精神。

双打是以单打技术为基础的，但又不完全是两名选手单打技术的相加之和。两名最优秀的单打选手，并不一定就是最理想的双打配对。所以，双打战术的运用需要根据两位选手的风格、技术特点来确定，尽量充分发挥配对者各自的优势与特长。下面是几种常用的基本战术。

（一）发球抢攻战术

发球者以发侧上、下旋或转与不转的近网短球为主，配合发长球至对方的右大角和中路稍偏右的位置。要求发球要短、旋转变化应大、动作尽可能逼真，并通过暗示及时传递给同伴。抢攻者有意识地根据回球的落点、长短及旋转进行有目的、有准备的抢攻，击球用力大小、速度快慢、旋转强弱要根据来球进行调节。

双打的发球要出手快、弧度低，落点以近网或似出台而未出台且接近中线的球为宜，以抑制对方接发球抢攻，为本方队员抢攻创造有利机会。对付进攻型或弧圈型打法的选手，应以发侧上、侧下旋转或转与不转的近网球为主，配合发急球至对方右大角或中线偏右的位置，伺机抢攻、抢冲。对付削球型打法的选手，以发侧上旋、急下旋长球为主，配合各种近网短球，伺机进行抢攻和抢冲。

运用此战术时必须注意和同伴的默契配合，可用手势暗示同伴发球的种类和落点，实现发球抢攻战术的成功运用。

（二）接发球抢攻战术

接发球抢攻是指运动员在判断清楚来球的旋转方向、速度、落点时，果断进行抢攻，以获得进攻主动权的方法。运用此战术的主要目的是攻击对方的空当，以制造杀机。遇到长球用快攻或快拉回击；遇到短球，以快点为主，配合摆短或撇一板。如果对方发球质量很高，不能直接抢攻时，可变化接发球手段，控制好弧线和落点，避免因盲目硬攻而造成的失误。

（三）控制强者、攻击弱者

双打中，两人的实力总会有强有弱，这就要求运动员在比赛中通过观察发现其中的破绽，将强者和弱者区别开来。正确的战术是，严密控制对方的强者，力争对其先行攻击，尽量不给或减少给强的对手主动进攻的机会。而把对方相对的弱者作为我方的突破口，力争在他身上得分或为下板球的扣杀制造有利机会。打对方强者时要适当凶狠些，打对方弱者时可凶中带稳。

（四）攻正手、打空当

这是对付不同执拍手配对时所运用的战术。一左一右手配对，通常是左手执拍者站位球台右侧，右手执拍者站位球台左侧，以充分发挥各自正手攻球的优势。由于对手过多地注意了各自的侧身位，以至真正的正手位反倒由实变虚。因此，攻击其正手位往往可获得成功。

（五）紧压一角、突袭空当或追身中路

连续攻击对方一角，迫使对方两人挤在一起，伺机打其空当或追身。如果能紧压对方较弱的一面，效果会更好。

（六）不同类型打法的主要战术

1. 快攻类打法对快弧类打法的主要战术

（1）发球抢攻战术。双打发球的总体要求是"短、旋转变化大、对同伴有暗示"。抢

攻以对方空当和两人结合部为主。

（2）接发球抢攻战术。力争以快点为主或用快拉去回击，亦可运用摆短、切、撇等过渡一板。要求落点好、具有突然性，使对手不容易抢攻，为同伴下一板进攻创造机会。

（3）从中路突破再变线战术。应严格控制台内短球，伺机抢先突击，力争主动打至对方中路，使对方处于被动防守的局面后，突击变线，从而为扣杀创造更多的机会。

（4）以近网短球控制为主突击变各条线路战术。针对削球或中台防御型选手所采用的战术。发球应以侧上旋为主，伺机攻击各条线路。

2. 弧圈类打法对弧圈类打法的主要战术

（1）发球抢攻战术。

（2）接发球抢攻战术。抢先上手，用滑板、快拉、挑、点等打对方的空当，为同伴进攻创造机会。

（3）对拉中交叉攻击两大角战术。充分运用拉两条斜线，迫使对方大范围跑动，造成回球质量不高，从而有利于本方进攻。

（4）对拉中拉一点突然变线战术。即用强烈的前冲弧圈球连续攻击对方的一条线路，然后突然变线的战术。

3. 以削球为主打法对快攻类、弧圈类打法的战术

（1）发球抢攻的战术。当比赛处于被动局面或比赛进入关键时刻时，以发近网转与不转短球为主，配合突然性发球扰乱对手，由同伴进行抢攻，往往能扭转败局出奇制胜。

（2）接发球抢攻的战术。这种战术常会打乱对方的作战计划，从心理上给对方造成很大压力，同时也能给同伴创造机会，使自己增强信心和提高削球的主动性。

（3）逼削两大角伺机反攻的战术。比赛中要有意识地击球至对方二人各自的弱点处，寻机扣杀。在对攻中要有意变化击球的速度、旋转或弧线（或落点）长短，调动对方，为扣杀创造有利机会。还有在关键时刻（如决胜局的最后阶段，9 平、10 平……）一般不宜过多、过急地发力，最好可以凶中带稳。因为此时双方的心理压力都很大，技术发挥必然受到影响，这时哪一方击球的命中率高，哪方便容易获得优势，并取得胜利。但在遇到机会球时（如对方回球高且慢），就应毫不犹豫地发力猛扣或抢冲，争取直接获得分数。

第十一章　排球运动

本章主要围绕排球运动进行介绍，内容包括排球运动概述、排球技术训练以及排球战术训练。

第一节　排球运动概述

一、排球运动的概念

排球运动是参与者以身体的任何部位（手、手臂为主）在空中击球，使球不落地，既可隔网进行集体的攻防对抗性比赛，也可不设球网相互进行击球游戏的一种体育运动项目。排球运动形式多种多样，主要以竞赛规则、比赛形式、参与人数、运动目的等的不同而分类。一般来说，通过运动训练来提高技、战术水平，以获取最佳竞赛成绩为目的，并在国际上有统一竞赛规则的运动形式称为竞技排球，如6人制排球、沙滩排球、残奥会坐式排球等。而主要以健身娱乐为目的，尽可享受技击的乐趣，国际上还没有统一竞赛规则的运动形式称为娱乐排球，如软式排球、气排球、妈妈排球、4人制排球、9人制排球、草地排球、泥地排球、雪地排球、墙排球等。

二、排球运动的特点

排球运动按项群分类是属于技能主导类隔网对抗性的集体项目，与篮球、足球等球类运动相比，有其自身的特点。

（一）击球技术特点

（1）空中击球且触球时间短促：无论是在排球比赛还是在排球游戏中运用的各种击球方式，都必须是击在空中的球。因此，参加排球运动的人在时间和空间感觉上得到的锻炼和提高是其他球类项目不可比拟的。排球竞赛规则不允许"持球"，即不允许在击球部位停留的时间过长。这一特点既能提高运动员在短暂的触球时间内对来球的力量、速度、角度因素的准确判断能力，又能提高运动员把来球准确地击向预定目标的控制能力。

（2）允许身体任何部位击球：目前所有的球类运动都有其规则限定的身体合法触球部位，唯独排球竞赛规则规定运动员全身任何部位均可触球。因此，排球运动能使参加该项运动的人，在击球过程中充分体现自我才能和展现各种高超的击球技巧。

（二）战术配合特点

排球比赛双方都在利用规则允许的3次击球机会，通过精心设计和巧妙配合，在瞬息间完成精美的战术组合和激烈的攻防转换，体现了运动员高度的战术意识、队员之间合作的默契程度和准确程度，具有高度的技巧性和严密的集体性。

（三）竞赛规则的特点

在比赛过程中，各项排球技术既能得分，又能失分，具有攻防两重性。也就是说，每项技术攻中有防，防中有攻，相互转化、相互制约。这就要求排球运动员必须具有扎实的基本功，熟练和全面地掌握技术。

（四）场地器材设备的特点

场地可设在室内或室外，只要有一块空间，地板上、沙地上、草地上都可以进行排球活动。根据运动的目的，可选择多种球（如软式排球、气排球等）活动，比赛规则也易于简化和变通。参加人数可多可少，运动负荷能大能小，适合不同年龄、性别、体质和训练程度的人在不同场地上进行活动。

总之，排球运动具有形式的多样性和广泛的群众性；技术的全面性和高度的技巧性；激烈的对抗性和严密的集体性；休闲娱乐性和开展活动的便利性等特点。

三、排球运动的功能

（一）具有振奋民族精神的作用

追溯历史，排球运动对国人的精神产生过较大的影响。1981 年 3 月 20 日，中国男子排球队在争夺世界杯排球赛亚洲区预赛的关键一战中，先输两局，后奋起直追，扳回 3 局，最终以 3∶2 战胜韩国队，取得了参加世界杯排球赛的资格。比赛结束后，激动的北京大学学子喊出了"团结起来，振兴中华"的口号，一夜之间，传遍大江南北，极大地鼓舞了刚刚改革开放，搞"四个现代化"的国人。在 20 世纪 80 年代，中国女排的"五连冠"产生了深远的影响，在国人的心目中，中国女排的精神就是拼搏的精神。2003 年，中国女排重新夺得世界冠军；2004 年，中国女排在雅典奥运会上，团结拼搏，上演大翻盘，以 3∶2 战胜俄罗斯，又一次夺得奥运会冠军。女排的胜利给伟大的中华民族复兴增添了光彩。

（二）培养勤奋、助人、团结拼搏的优秀品质

排球比赛中，球不能落地而且击球至多 3 次必须过网的特有规定，使参加排球比赛的人总要随时准备弥补同伴判断错误而无法接，或因其他原因没有接到位的球，为了发挥本方的进攻力量而不惜奔跑扑救，给下一次击球的人创造方便条件。因此经常参加排球运动，可以培养人的良好体育道德作风和团结协作的集体主义精神以及顽强拼搏的优秀品质。

（三）培养人的信息意识、提高配合及应变能力

排球运动在某种意义上是一项依靠判断的运动，尤其是在现代的排球比赛中，准确的判断已成为制胜的因素之一。判断的基础是眼观六路、耳听八方，通过观察对方和同伴的动作、击球的声音、场上的布局等，预测将要发生的事情而快速做出决策。排球比赛也是一项靠集体配合取胜的球类竞赛，个人特长的发挥往往是在同伴发挥特长的前提下取得的。因此，运动员在场上要相互协调，并不断观察同伴的意图，才能默契地与之合作。而

排球比赛中，球既不能落地，又不能持球，使参加比赛的人必须具备应变能力，因此经常参加排球运动的人，既锻炼了体魄，愉悦了身心，又能提高机敏、应变、协调、配合的能力。

（四）培养与锻炼良好的心理素质

经常参加排球运动的训练或比赛，会学到很多控制自己情绪和调节自身心理的手段和方法，如连续失误时，如何使自己尽快冷静下来而且不灰心；比分落后时的沉着和不气馁；关键比分时进攻不手软的自信心等，都是对自身形成良好心理品质的培养和锻炼。

（五）增进健康、强健体魄

排球运动具有竞技与娱乐并存的特点，不同年龄、不同性别、不同技术水平的人都能参与，或活动，或比赛。经常参加排球运动，不仅能改善人体中枢神经系统和内脏器官的功能状况，同时又能提高人的力量、速度、弹跳、灵敏、耐力等专项身体素质和运动能力。总之，经常参加排球运动会使人在兴奋与愉快中增进健康，强健体魄。

四、排球运动比赛的基本方法

排球运动有多种比赛方式，其基本方法是由两支人数相等的球队在被球网隔开的两块均等的场区内站成两排，根据规则以身体任何部位，将球从网上击入对方场区。比赛开始是由后排的右边队员在发球区内用一只手或手臂将球击过网，以后每方最多击球 3 次（拦网触球除外）使球过网，不能持球和连击。比赛应不间断地进行，直至球落地、出界或某队犯规。

排球比赛的发球队胜一球后，该队发球的队员继续发球。接发球队胜一球后，场上队员要轮转发球。排球比赛有五局三胜制、三局二胜制和一局胜负制。国际 6 人制排球比赛采用五局三胜制，沙滩排球采用三局两胜制，排球比赛均采用每球得分制。

第二节　排球技术训练

一、排球技术概述

排球技术是在排球规则允许的条件下，运动员采用的各种合理的击球动作和其他配合动作的总称。发球、垫球、传球、扣球、拦网等技术称为有球技术；准备姿势与移动称为无球技术。

排球技术主要由手法和步法两部分组成。手法是指击球时手指、手腕、手臂用力和控制球的动作手法；步法是指快速灵活的脚步移动和助跑起跳动作。

全面、熟练、准确、实用是我国排球技术的指导思想，这是在长期的运动实践中总结出来的，是掌握多项技术应遵循的基本原则，它们互相影响，互相促进，缺一不可。

随着世界排球运动技术水平的迅猛发展和竞赛规则的不断修改完善，运动员技能和体能的提高，世界男女排在发展各自特长和优势的同时积极借鉴，改造，创新技术、战术，不断完善各自独特风格和打法，在发球、垫球、传球、扣球、拦网等技术方面表现出了很高的水准，呈现的发展趋势如下。

（1）传球技术娴熟、动作隐蔽、分球合理、传速快。

（2）垫球技术多样、合理、实用。

（3）发球技术趋于高点、力大、速度快、弧度平、落点刁。

（4）扣球技术体现全、高、快、狠、变。

（5）栏网技术高度化、滞空化、手型合理化。

二、准备姿势与移动

准备姿势和移动是排球基本技术内容之一，又称无球技术。准备姿势和移动的关系密切，不可分割。准备姿势是为了更好地移动和完成各种击球技术，要迅速移动和使技术动作规范化就必须做好准备姿势。准备姿势和移动是在比赛中用得最多、影响技术效果最大的技术。

（一）赛中准备姿势和移动的分类

如图 11 - 1 所示，为赛中准备姿势和移动的分类。

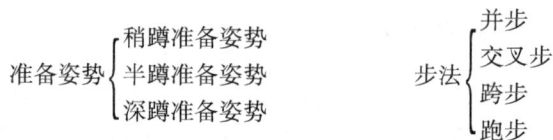

$$
准备姿势
\begin{cases}
稍蹲准备姿势 \\
半蹲准备姿势 \\
深蹲准备姿势
\end{cases}
\qquad
步法
\begin{cases}
并步 \\
交叉步 \\
跨步 \\
跑步
\end{cases}
$$

图 11 - 1

（二）各种准备姿势的动作分析

1. 稍蹲准备姿势

（1）动作方法：两脚左右开立与肩同宽，一脚在前，两膝微屈，身体重心位于两脚之间，并稍靠近前脚，后脚跟稍提起，上体稍前倾，两臂放松，自然弯曲置于腹前。两眼注视球并兼顾场上各种情况，两脚保持微动状态（图 11 - 2）。

（2）技术分析：稍蹲准备姿势身体重心比半蹲、深蹲准备姿势高，便于进行距离较长的移动而不便于接低球。稍蹲准备姿势，双手比其他准备姿势靠近身体，以便于快速移动。两膝不宜过多弯曲，上体前倾也不要太大，注意省力。做到既有充分准备，又不过多消耗体力。

（3）技术要领：脚开立，膝稍屈，脚跟离地，重心偏前。体前倾，臂弯曲，两眼注视来球，人处于微动状态。

2. 半蹲准备姿势

（1）动作方法：两脚开立略比肩宽，两膝弯曲，脚跟自然提起，上体前倾，重心靠前，膝部的垂直线应在脚尖前面，两臂放松，自然弯曲置于腹前，两眼平视，注意来球，两脚始终保持微动（图 11 - 3）。

（2）技术分析：准备姿势，膝部的垂直影线应落在脚尖前面，身体重心稍前倾，这样有利于向前和斜前方快速起动、移步或做倒地动作。

（3）技术要领：重心低于稍蹲，膝部超过脚尖，精力高度集中，肌肉适当放松。

3. 深蹲准备姿势

（1）动作方法：身体重心比稍蹲、半蹲准备姿势更低更靠前，两脚左右、前后的距离更宽一些，膝部弯曲的程度大于稍蹲、半蹲准备姿势，身体重心要更靠前，肩部垂直线过膝，膝部垂直线超过脚尖，两手臂置于胸腹之间（图 11 - 4）。

图 11 - 2　　　　　　　　图 11 - 3　　　　　　　　图 11 - 4

（2）技术分析：由于在场上防守的位置不同，在前场保护时要求上体应基本直立，重心要平稳，便于观察和快速伸臂接落点靠近球网的拦回球。

（3）技术要领：重心低，屈膝深，不蹲死，肩过膝，膝过脚，前场保护上体宜直。

（三）各种移动步法的动作分析

移动的目的是及时接近球，保持好人与球的位置，以便击球，同时也是为了迅速占据场上有利位置。起动后，应根据临场技、战术的需要，灵活地采用多种移动步法进行移动。移动的主要步法如下。

1. 并步

（1）技术方法：两脚前后站立与肩同宽，两膝微屈，上体稍前倾，两手自然放松置于腰腹。并步时，前脚向来球方向跨出一步，后脚迅速蹬地跟上，并做好击球前的姿势。并步的特点是容易保持身体平衡，便于做击球动作。并步可向前、后、左、右各方向移动。

（2）技术分析：并步主要用于短距离移动。其特点是转身变换方向快，容易保持身体平衡，便于制动和向各个方向移动。

（3）技术要领：移步快，转身活，重心稳，对准球。

2. 交叉步

（1）技术方法：两脚左右开立。向右侧交叉步移动时上体稍向右转，左脚从右脚前向右交叉迈出一步，然后右脚再向右侧方向跨出一大步，同时重心移至右脚，身体转向来球方向，保持击球前的姿势（图 11 - 5）。交叉步的特点是步子大，动作快，便于制动。

（2）技术分析：当来球在体侧 2 ~ 3 米距离时，采用交叉步去接近球最为适宜。它只适于向侧移动，特点是步子大、速度快、制动好，便于观察及对准球。交叉步在起动时（以向右移动为例）除身体应稍向右转动和倾斜外，右脚尖也应自然向右转动，这样便于左脚的交叉和右腿的蹬地发力。

（3）技术要领：屈膝交叉步子大，弯腰移动重心稳。

图 11 - 5

图 11 - 6

3. 跨步

（1）动作方法：跨步前膝部弯曲，上体前倾，身体重心移至跨出的脚上。跨步时，一腿用力蹬地，另一腿向来球方向跨出一大步，后腿随重心前移自然跟上，两臂做好迎球动作（图 11 -6）。跨步的特点是跨距大，便于向前、斜前方降低重心进行低点击球。

（2）技术分析：在短距离移动中，跨步的速度最快，其中又以向前和斜前方跨步最为方便，它跨距大，便于降低重心进行低点击球。但由于跨步后两腿不宜再做其他步法移动，故一般在并步、交叉步、跑步的最后，借助跨步来接近球和进行制动。

（3）技术要领：蹬地猛，跨步大，体前倾，重心低。

4. 跑步

（1）动作方法：跑步时一脚蹬地起动，另一脚迅速向前迈出，两脚交替进行，两臂配合摆动，不要过早做击球动作的准备，以免影响跑步速度。球在侧方或后方时，应边转身观察球边跑，跑步的特点是移动速度快，便于随时改变方向。

（2）技术分析：在球离身体较远时采用跑步动作，其优点是速度快，可随时改变方向，但因跑步时重心较高，故快速跑动后制动比较困难，需要做 2～3 步减速缓冲后才能制动，所以它便于击高球，而不便于迅速降低重心击低球。

（3）技术要领：起跑的步频要快，步幅应由小到大，转身跑步必须回头看球。

三、发球

队员在发球区用一只手将自己抛起的球直接击入对方场区的技术动作称为发球。发球是排球比赛的一项重要的进攻性技术。

（一）发球的种类

发球技术根据动作结构大体可分为 6 种（图 11 -7）。

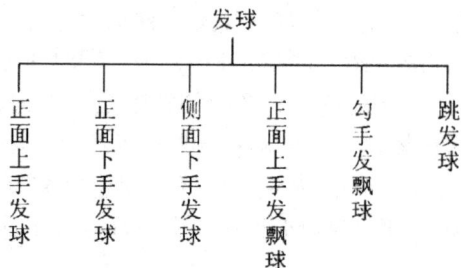

图 11 -7

（二）各种发球技术动作分析

1. 正面上手发球

正面上手发球是指发球队员面对球网站立，利用收腹转体动作带动手臂加速挥动，在头的右前上方用全手掌击球过网的发球方法。这种发球击球点高，可以充分利用胸腹和上肢的爆发力，加之运用手掌的推压动作使球呈上旋飞行，不易出界，因此它具有较大的攻击性和准确性。

（1）动作方法（图11-8）：准备姿势：面对球网，两脚自然开立，左脚在前，左手托球于体前。

图 11-8

抛球与引臂：左手将球平稳地抛于右肩的前上方，高度适中，同时右臂抬起，屈肘后引，肘与肩平，上体稍向右侧转动，抬头、挺胸、展腹、手掌自然张开。

挥臂击球：利用蹬地，使上体向左转动，同时收腹，带动手臂向前上方快速挥动。在右肩前上方伸直手臂的最高点处，用全掌击球的后中下部。击球时，手指和手掌要张开与球吻合，手腕要迅速做推压动作（图11-9），使击出的球呈上旋飞行。击球后，随着重心前移，迅速入场。

（2）技术分析：准备姿势和发球的取位：准备姿势应把左脚置前，这样便于引臂和身体自然右转。发球的取位应根据对方接发球布阵情况和攻击目标以及发球队员自身的特点来选定，在端线后9

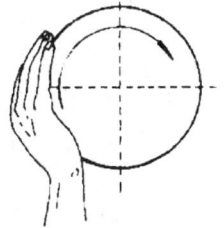

图 11-9

米宽的区域内，可以站在左右两侧，也可站在中央发球。前后位距要根据个人发球特点和性能变化来确定。

抛球与引臂：抛球应以手臂上抬、手掌平托上送的动作将球抛在身前30厘米处，球离手约1米左右高度为宜。球一定要平稳上抛，不要屈腕，以免球体旋转和偏离上抛垂直线，造成击球不准。抛球过前，会造成手臂推球而不易过网；抛球过后，不能充分发挥转体收腹力量；抛球过高，不易掌握动作节奏和击球时机；抛球过低，不能充分发挥击球的力量和提高击球点。右臂后引时，应有屈肘上抬的动作，要充分拉长胸腹和肩关节前侧的肌肉，便于增加工作距离和击球力量。

挥臂击球：挥臂肘，发力是从两足蹬地开始，上体迅速向左侧旋转，同时收腹，以腰胸带动肩、肩带动上臂、上臂带动前臂、前臂带动手腕，最后将力量传送到手上。

击球时，前臂和手腕动作要稳定，不要左右转动。手腕推压动作的大小，应根据击球点的位置进行调整，击球点高或离身体近时，手腕向前推压的动作要稍大；击球偏前或较低时，手腕向前推压动作要稍小，以免击球出界或入网。

（3）技术要领：手托上抛高一米，同时抬臂右旋体；转体收腹带挥臂，弧形鞭甩应加速；全掌击球中下部，手腕推压要积极。

2. 正面下手发球

正面下手发球是指发球队员面对球网，手臂由后下方向前摆动，在体前腹部高度击球过网的发球方法。特点是动作简单，容易掌握，准确性大。由于击球点低，球速慢，攻击性不强，这种发球方法适合初学者。初学者学习这种技术后，有利于进行接发球练习和教学比赛。

（1）动作方法（图11-10）：

图 11-10

准备姿势：面对球网，两脚前后开立，左脚在前，两膝弯曲，上体前倾，左手持球置于腹前。

抛球：左手将球轻轻抛起在体前右侧，球离手约一球左右高度，同时右臂伸直，以肩为轴向后摆。

击球：右脚蹬地，身体重心随着右臂由后向前摆动而前移，在腹前以全手掌击球后下部。击球后，随击球动作重心前移，迅速进场比赛。

（2）技术分析：击球手臂应以肩为轴向后摆起，再以肩为轴直臂向前摆动，在击球前手臂不应有屈肘动作，这样有利于加快挥臂速度和控制击球出手角度和路线并加强准确性和攻击性。

手触球时，手指、手腕要紧张，手成勺形，以掌根部位击球。

（3）技术要领：左手抛球低出手，右臂摆动肩为轴；击球一刹不屈肘，掌根部位击准球。

3. 侧面下手发球

这种发球动作较简单，容易掌握，可借助转体力量来击球，便于用力，适合于女子初学者。发球失误少，但攻击性不强。

（1）动作方法（图11-11）：

准备姿势：左肩对网，两脚左右开立，约与肩同宽，两膝微屈，上体稍前倾，重心落在两脚之间，左手持球置于腹前。

抛球：左手将球平稳上抛于胸前，距身体约一臂远，球离手高度约一个半球。抛球同时，右臂摆至右侧后下方。

挥臂击球：利用右脚蹬地向左转体的力量，带动右臂向前上方摆动，在腹前用全掌、虎口或掌根击球后下方。击球后，身体转向球网，并顺势进场。

（2）技术分析：利用蹬地转体动作带动手臂挥摆，可增加发球的力量，击球手臂应由体侧右下方向斜前上方挥动。

图 11 - 11

击球点不应超过肩的高度，并注意控制击球出手的角度和路线，球出手时仰角大，球飞行就高，仰角太小，则不易过网。

（3）技术要领：腹前低抛球，转体带摆臂；击球后下部，控制球路线。

四、垫球

用除手指弹击动作外的身体任何部位击球的动作称为垫球。垫球是排球的基本技术之一，最常用的是前臂垫球。

（一）垫球的种类

按照动作方法，可将垫球分为正面双手垫球、体侧双手垫球、背向双手垫球、跨步垫球、让垫、单手垫球、低姿垫球、侧倒垫球、前扑垫球、滚翻垫球、鱼跃垫球、挡球以及其他部位垫球；按照用途，可将其分为接发球、接扣球、接拦回球以及接其他球。

（二）各种垫球技术动作分析

1. 正面双手垫球

正面双手垫球是指运动员用双手在腹前将球垫起的动作方法。它是最基本的垫球方法，是各项垫球技术的基础，适合于接发球、扣球和拦回球，有时也用于垫二传。正面双手垫球在垫不同力量来球时，动作方法是有区别的。

（1）动作方法（图 11 - 12）：

图 11 - 12

准备姿势：面对来球，成半蹲或稍蹲姿势站立。

垫球手型：两手掌根相靠，两手手指重叠，手掌互握，两拇指平行向前，手腕下压，两前臂外翻成一个平面。

垫球动作：当球飞到腹前约一臂距离时，两臂夹紧前伸，插入球下，同时配合蹬地、跟腰、提肩、顶肘、压腕、抬臂等全身协调动作迎向来球，身体重心随着击球动作向前上方移动。

击球点：保持在腹前高度。

球触手臂部位和击球部位：用前臂的手腕关节以上 10 厘米左右的两小臂桡骨内侧所构成的平面击球的后下部（图 11 - 13）。

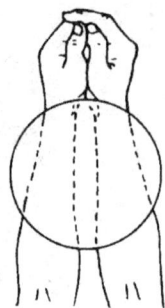

击球后动作：在击球瞬间，两臂要保持稳定，身体重心继续协调地向抬臂方向伴送球。垫击动作结束后，立即松开双臂做好下一动作的准备。

图 11 - 13

①垫中等力量球

准备姿势、击球点和手型与垫轻球相同。由于来球有一定力量，手臂迎击球动作的速度要慢，手臂要适当放松，主要靠来球本身的反弹力将球垫起。击球时，要运用蹬地、跟腰、提肩、压腕、向前抬臂的动作击球的后下部。

②垫重球

采用半蹲或低蹲的准备姿势，两臂放松置于腹前。击球用力时，由于来球速度快，力量大，触球后球体自身的反弹力也大，因此不但不能主动用力迎击来球，还应采用含胸收腹的动作，帮助手臂随球后撤并适当放松肌肉，以缓冲来球力量。同时，用手臂和手腕动作来控制垫球的方向和角度。击球的手型和部位，应根据来球的情况而做变动。当击球点稍高并靠近身体时，仍可用前臂垫球；当击球点低而距身体较远时，就要用屈肘翘腕的动作把球垫在手腕部位的虎口处。

（2）技术分析：准备姿势的运用要根据不同情况而有所变化。垫击一般的轻球，身体重心可稍高。接扣球和吊球时，应采用半蹲或低蹲准备姿势，两膝的弯曲度和重心的高低应根据来球的高度和角度以及腿部力量大小而定，要求在不影响快速起动的前提下，重心适当降低，这样有利于快速插入球下垫低球，也便于高点挡球。

正面双手垫球的击球点位置应尽量保持在腹前高度，离身体不宜太远或太近。这样便于控制用力，也便于调整手臂角度和垫出球的方向、落点。如果来球高于腰部以上时，可用高位正垫，垫击球时利用蹬地伸膝提高身体重心，必要时还可跳起在腹前用小臂垫出。

常用的双手垫球手型有三种。除前面已介绍的叠指式（图 11 - 14），还有抱拳式和互靠式。

①抱拳式。两手抱拳互握，两拇指平行向前，两掌根和小臂外旋紧靠，手腕下压，使前臂形成一个垫击平面（图 11 - 15）。

②互靠式。两手腕紧靠，两手自然放松，手腕下压，两臂外翻，前臂形成一个垫击平面（图 11 - 16）。

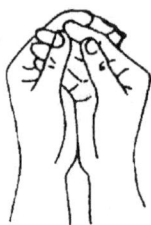

图 11 - 14   图 11 - 15   图 11 - 16

在上述三种垫球手型中，普遍常用的是叠指式和抱拳式。它们适应范围广，便于初学者掌握，在接发球、接扣球以及接一般球时都可采用。

（3）技术要领：两臂前伸插球下，两臂夹紧腕下压；蹬地跟腰前臂垫，击点尽量在腹前；撤臂缓冲接重球，轻球主动抬送臂。

2. 体侧双手垫球

在身体侧面用双手垫球称体侧双手垫球。当来球飞向体侧，队员来不及移动对正来球时，可采用体侧双手垫球。其特点是伸臂动作快，控制范围大，但不易控制垫球方向，准确性不如正面垫球。

（1）动作方法（图 11 – 17）：左侧垫球时，先以右脚前脚掌内侧蹬地，左脚向左跨出一步，重心移至左脚，保持两膝弯曲，同时，两臂向左侧伸出，左臂高于右臂，右肩微向下倾斜。击球时，用右转体和收腹的动作，配合提肩抬臂在身体左侧稍前的位置截住来球，用两前臂垫击球的后下部。来球在右侧时，以相反方向的动作击球。

图 11 – 17

（2）技术分析：体侧垫球的击球点应在体侧前方，双臂要抢先在体侧稍前的位置截击来球，不能当球飞到体侧时再摆臂去击球，这样容易造成球触手后向侧方飞出。垫球时，要注意调整和控制好两臂组成的垫击面，使球准确地垫向目标。

（3）技术要领：向侧跨步侧前伸臂，向内转体提肩击球。

3. 背向双手垫球

背对垫球目标，从体前向背后双手垫球称为背向双手垫球。在接应同伴起球后，球飞得较远而又无法正面垫球时，以及须将球处理过网时运用较多。其特点是垫击点较高，准确性稍差。

图 11 – 18

（1）动作方法（图11-18）：背垫球时，要判断好来球的方向，快速移动到球的落点处，背对垫出球的方向，两臂夹紧伸直。击球时，用蹬地、抬头挺胸、展腹和上体后仰的动作带动两臂向后上方摆动抬送，以前臂触球的前下方，将球向后上方击出。背垫的击球点一般应在肩前上方。

背向垫球中，应根据垫球目标的远近和不同的高度变化击球点的高低。如要垫出高远球时，可适当降低击球点；要垫出平弧度球时，应升高击球点。在无法调整击球点高度时，可利用腰部和手臂的动作来控制出球的高度和距离。若遇低远的来球，需要向后上方高处垫出时，可采用屈肘屈腕的动作，以腕部虎口处将球向后上方垫起。

由于背垫球是背对垫球的目标，不利于观察场上的情况和垫出球的方向落点，要特别强调垫球时的方位感觉，判断好球、网、目标三者之间的位置关系，才能提高准确性。

（2）技术要领：蹬挺抬仰两臂摆，背对目标肩上击。

五、传球

利用全身协调力量并通过手指手腕的弹力，将球传至一定目标的击球动作称为传球。它是排球运动中的重要基本技术之一，是组织进攻战术的基础。

（一）传球的分类

如图11-19所示，为传球的分类。

（二）各种传球技术动作分析

1. 正面传球

面对目标的传球称正面传球。它是传球中最基本的方法，是掌握和运用其他各种传球技术的基础。

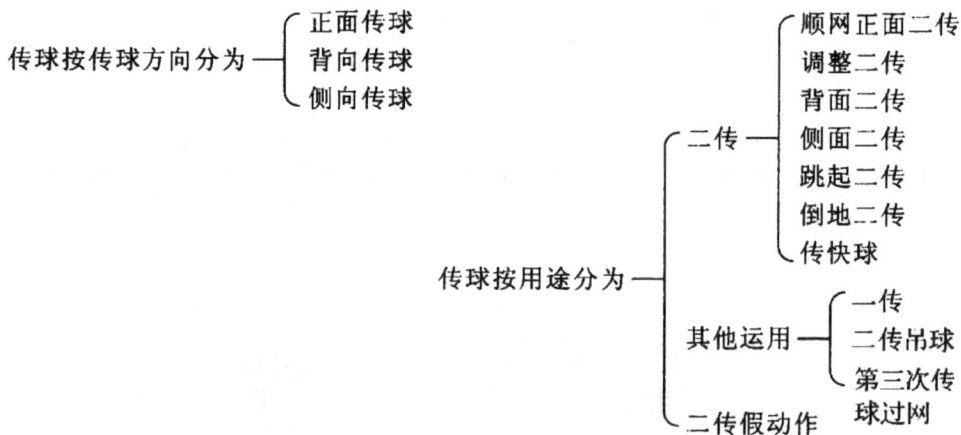

图11-19

（1）动作方法（图11-20）：准备姿势：采用稍蹲姿势，上体稍挺起，仰头看球，两手自然抬起，屈肘，放松置于额前。

图 11 - 20

迎球动作：当来球接近额前时，开始蹬地、伸膝、伸臂，手指微张从脸前向前上方迎出。全身各部位动作应协调一致。

击球点：在额前上方约一球距离处。

手型：手触球时，十指应自然张开使两手成半球状，手腕稍后仰，以拇指内侧、食指全部、中指的二、三指节触球的后下部，无名指和小指在球两侧辅助控制球的方向。两拇指相对近"一"字形（图 11 - 21）。

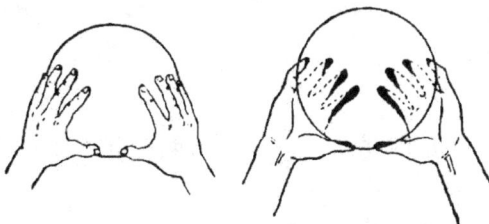

图 11 - 21

用力方法：在迎球动作的基础上，当手和球即将接触前，手腕和手指要有前屈迎球的动作，当手和球接触时，各大关节应继续伸展，最后用手指、手腕的弹力将球击出。

（2）技术分析：击球点：初学传球时，击球点尽量保持在前额的正前上方约一球距离处。其优点：一是便于在观察来球的同时也能看清手和传球的目标，有利于对准球和控制传球方向；二是便于全身协调用力，击球点与两肩保持相等的距离，有利于提高传球的准确性和稳定性；三是肘关节尚有一定弯曲度，便于继续伸臂用力，有利于变化传球的方向。如击球点过高或太前，则两臂已伸得太直，不便于向前上方发力做伴送动作；若击球点过低，则不便于运用全身的协调力量。

指、腕的击球动作：手指、手腕灵巧的击球动作是传球技术的难点，也是进一步提高控球能力的关键。手指、手腕屈伸动作的大小和紧张度对传球的质量影响很大。触球前，手指、手腕配合其他关节应有一个前屈的迎球动作，其动作要小，但要做得及时，动作顺序应由手腕的前屈带动手指的前屈。传球时，手指、手腕应根据来球的速度和传球的距离，保持适当的紧张度。一般情况下，来球轻时，手指、手腕的迎球动作应柔和些；来球重时，手指、手腕要紧张些，用力也应大些。

全身协调用力：传球主要是靠伸臂和指腕的反弹力，配合蹬地的力量。传球的动作从下肢蹬地到手指击球，由下而上要连贯协调，一气呵成。如果全身力量不协调一致，单纯以手臂和手指、手腕动作来传球或是全身用力不连贯，有脱节现象或用力与传球方向不一致，将直接影响传球效果。所以初学者必须养成蹬地、展体、伸臂用全身协调的伸展动作来击球的习惯，并在这一基础上不断提高手指、手腕的控球能力和技巧。

（3）技术要领：蹬地伸臂对正球，额前上方迎击球；触球手型成半球，指腕缓冲控制球。

2. 背传

背对传球目标的传球称背传。背传是传球技术中的一种基本方法，在比赛中运用较多。

（1）动作方法（图 11 – 22）：

图 11 – 22

准备姿势：上体比正面传球时稍后仰，双手自然抬起置于额前。

迎球动作：抬上臂、挺胸、上体后屈。

击球点：在头上方，比正面传球略偏后。

手型：与正面传球相同，但触球时手腕要稍后仰，掌心向上，拇指托在球下，击球的下部。

用力方法：利用蹬腿、展体、抬臂、伸肘和手指、手腕的弹力，把球向后上方传出。

（2）技术分析：背传时，下肢蹬地的方向是接近与地面垂直的，通过展体、挺胸、抬头的动作，使抬臂、伸肘、送肩的协调用力方向偏向后上方。因此，背传的击球点应保持在头上方的位置，这样更便于向后上方用力。

由于背传是从与正面传球完全相反的方向将球传出，因此，传球时腕要始终保持后仰，手指、手腕应向后上方抖动用力，其中拇指用力更多些。

由于背传时看不到传球的目标，因此，传球前必须先观察、判断好传球的方向和距离，尽量使背部对正传球目标。同时，要重视培养运动员良好的方位感觉。

（3）技术要领：上体稍直臂上抬，掌心向上腕后仰；背部对正目标处，协调传球后上方。

3. 侧传

身体侧对传球目标，在不转动身体的情况下，靠双臂向侧方传球的动作称为侧传。

侧传的准备姿势、手型及迎球动作同正面传球，但击球点应偏向传出方向一侧。迎球时，通过下肢蹬地使身体重心向上伸展，上体和双臂向传球方向一侧伸展。异侧手臂动作的幅度要大些，伸展的速度也应快些，以双臂和上体侧屈的协调动作将球传出。

六、扣球

队员跳起在空中，用一只手或手臂将本方场区上空高于球网上沿的球击入对方场区的一种击球方法叫扣球。

（一）扣球的种类

如图 11 – 23 所示，为扣球的种类。

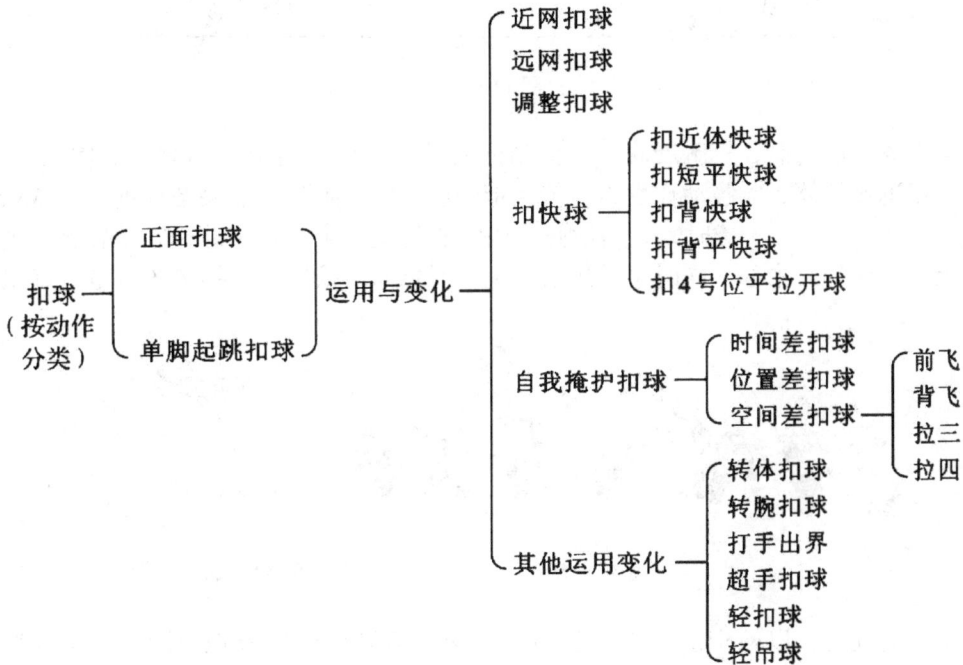

图 11 – 23

（二）各种扣球技术动作的分析

1. 正面扣球

正面扣球是扣球技术中最基本的一种方法。由于面对球网，便于观察，准确性较高。加之正面扣球挥臂动作灵活，能根据对方防守情况，随时改变扣球的路线和力量，控制落点，因而进攻效果较好。初学者必须掌握好正面扣一般球后，再学习其他扣球技术。现以两步助跑，右手扣球为例来分析其动作方法和技术要领。

（1）动作方法（图 11 – 24）：

准备姿势：扣球助跑前采用稍蹲姿势，两臂自然下垂，站在离网 3 米左右处，身体转向来球方向，观察来球，做好向各个方向助跑起跳的准备。

助跑：助跑开始时，左脚先向前迈出一步，紧接着右脚再快速跨出一大步，左脚及时并上，踏在右脚之前，两脚尖稍向右转。两臂绕体侧向上引摆。

起跳：在助跑跨出最后一步（即第二步），左脚并上踏地制动的同时，两臂自后积极向前摆动，随着双腿蹬地向上起跳，两臂配合起跳有力地向上摆动。

图 11 - 24

空中击球：起跳后，挺胸展腹，上体稍向右转，右臂向后上方抬起，身体成反弓形。挥臂时，以迅速转体、收腹动作发力，依次带动肩、肘、腕各部位关节向前上方成鞭甩动作挥动（图 11 - 25）。击球时，五指微张，以掌心为主，全掌包满球，在手臂伸直的最高点的前上方击球的后中部，同时主动用力屈腕、屈指向前推压，使扣出的球呈上旋状（图 11 - 26）。

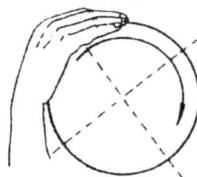

图 11 - 25 　　　　　　　　图 11 - 26

落地：落地时，以两脚前脚掌先着地再迅速过渡到全脚掌着地，同时顺势屈膝、收腹，以缓冲下落的力量，立即做好下一个动作的准备。

（2）技术分析：

①助跑：助跑的目的，一是接近球，选择恰当的起跳点；二是利用助跑的水平速度配合起跳，起到增加弹跳高度的作用。

助跑的步法种类很多，有一步、两步、三步和多步法；有向两侧的跨跳步和并步法；有原地踏跳步和后撤步等。步法的运用要因球而异，因人而异，力求灵活，适应性强。但无论采用几步助跑，第一步要小，最后一步应大。现以两步助跑右手扣球为例，分析如下。

第一步：以左脚向来球的落点方向自然迈出，其主要作用是确定助跑方向。第一步应小，但要对正上步的方向，使静止的身体获得向前起动的速度，故有方向步之称。

第二步：步幅要大，步速要快，使支撑点落在身体重心之前，身体后倾，重心自然后移和降低，从而有利于制动。第二步即最后一步，要以右脚的脚跟先着地，再过渡到全脚掌着地，这样有利于制动身体的前冲力，增加腿部肌肉的张力，提高弹跳高度。这一步起着调整身体与球的距离、决定起跳点的重要作用。

助跑的路线：由于二传来球的落点不同，扣球队员助跑的方向和路线也不相同。以4号队员扣球为例，其主要的助跑路线有三种：扣集中球采用斜线助跑，扣一般球采用直线助跑，扣拉开球采用外绕助跑（图 11 - 27）。

助跑的时机：由于二传来球的高度和速度不同，扣球队员必须掌握不同的起动时机。二传球低或传球速度快时，起动要早一点，球高则要晚一点。同时，还要根据扣球队员的个人动作特点来确定助跑起动时机，动作慢的队员要早一点起动，动作快的队员则应晚一点起动。助跑起动过早或过晚，都会影响起跳扣球的质量。

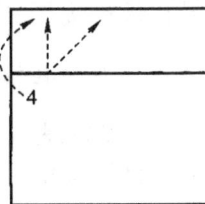

图 11-27

助跑的制动：最后一步既是制动步，又是起跳步，起着制动和起跳两方面的作用。助跑最后一步，双脚落地有三种方法：第一种，由支撑脚的脚跟先着地，过渡到全脚掌蹬地起跳，动作幅度大，制动效果好，有利于增加垂直起跳高度；第二种，由前脚掌着地迅速蹬地起跳，起跳动作快，有利于加快起跳速度，争取起跳时间和向前上方冲跳的高度；第三种，由全脚掌着地蹬地起跳，身体重心较稳定，踏跳有力。

②起跳：起跳的步法：助跑的最后一步称为起跳步，它既是助跑的结束步法又是起跳的准备动作。常用的起跳步法有两种：一种是并步起跳，即一脚跨出一大步后，另一脚迅速向前并步，随即蹬地起跳。这种方法便于调整起跳时间，适应性强，制动效果好，身体重心易保持稳定，但对起跳高度稍有影响。另一种是跨跳步起跳，即一脚跨出一大步的同时，另一脚也跟着跨出去，双脚有一个腾空的阶段，两脚同时着地，蹬地起跳。这种方法能利用人体下落的重力加速度，增加弹跳高度，但不便于加快助跑速度，易影响起跳节奏，不利快攻起跳。

起跳的位置：一般应选择在距离球一臂之远的位置起跳。这样才能保持好身体和球合理的位置关系，便于充分发挥全身的协调力量，保持较高的击球点。

起跳的摆臂：起跳时的手臂摆动一般有两种方法。一种是划弧摆臂：方法是以肩关节为轴，两臂经体侧向后再向前上方划弧摆动。这种摆臂可根据需要来变化划弧的大小，动作连贯协调，便于调整摆臂速度和节奏，适应性强，运用较普遍。另一种是前后摆臂：方法是两臂由体前先向后摆动，然后再由后向前上方直接摆动，这种摆臂振幅较大，摆动较有力，有利于提高弹跳高度。但因动作大，空中的转体动作不便，对及时快速起跳有影响。

③空中击球：挥臂方法：当起跳身体腾空后，左臂摆至身体前方，协助保持上体的空中平稳。此时，击球手臂应屈肘置于头侧，肘高于肩，身体成反弓形。挥臂前合理的屈肘动作，可以缩短挥臂时以肩为轴的转动半径，减少转动惯量，提高挥臂的初速度。随之边挥臂边伸肘，加长转动半径，增加挥臂的线速度。在挥臂转动的角速度不变的情况下，上臂甩得越直，挥动半径越大，线速度也越快，扣球越有力。这种挥臂方法，既能扣高弧度球，也能扣低、平弧度球，适应范围较广。

击球动作：击球时，要求击球的手有巨大的动量和速度，而扣球中全身协调的击球力量是由于手臂的鞭打式动作，最后通过手腕的甩动和加速，由全手掌作用于球体的。因此，只有用全手掌击球，手腕关节才能很好地参与整个鞭打动作，传递并加大击球的力量。

击球点：扣球的击球点应在起跳最高点和手臂甩直的最高点的前上方。

手臂与躯干的夹角约为164°。也可利用击球点附近的垂直空间和水平空间来扩大击球范围，增加扣球路线和角度的变化。一般近网扣球的击球点应略靠前，远网扣球的击球点应保持在头的上方。

（3）技术要领：助跑节奏慢到快，一步定向二步跨；后步跨上猛蹬地，两臂配合向上摆；腰腹发力应领先，协调挥臂如甩鞭；击球保持最高点，全掌包球击上旋。

2. 单脚起跳扣球

单脚起跳扣球是指助跑的最后一步以单脚踏地，另一只脚直接向前上方摆动帮助起跳的一种扣球方法。这种扣球在现代排球中由于各种冲跳扣球的大量采用，更有了新的发展前景。单脚起跳由于第二只脚不再落地而直接上摆，且起跳腿下蹲较浅，因而它比双脚起跳动作快 0.2 秒左右。还由于它能充分利用助跑速度，加上右腿积极上摆的协调动作，比双脚起跳冲得更远，跳得更高。所以它既能高跳扣定点高球，又能追球起跳扣低弧度球，有利于控制时间和空间，兼有位置差和空间差的特点，这对突破和避开拦网有较大作用。单脚起跳扣球，可采用一步、两步或多步助跑。助跑的路线与球网的夹角宜小，以免造成前冲力过大而碰网或过中线犯规。助跑到最后，以左脚向扣球点位置跨出一大步，身体重心稍后倾，在右脚向上摆动时，左脚用力蹬地起跳，两臂积极配合上摆，起跳后的扣球动作与正面扣球基本相似（图 11 – 28）。

图 11 – 28

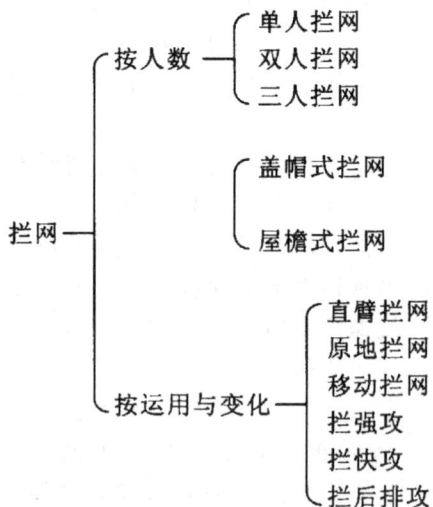

图 11 – 29

七、拦网

靠近球网的队员，将手伸向高于球网处阻挡对方的来球并触及球，称为拦网。拦网是排球运动的基本技术之一。

（一）拦网的种类

如图 11 – 29 所示，为拦网的种类。

（二）各种拦网技术动作分析

1. 单人拦网

（1）动作方法（图 11 – 30）：

图 11 – 30

准备姿势：队员面对球网，两脚左右开立，约与肩同宽，距网 30 ~ 40 厘米，两膝微屈，两臂屈肘置于胸前。

移动：常用的步法有一步、并步、交叉步、跑步等。无论采用哪种移动步法，都要做好制动动作，以保证向上起跳，避免触网和冲撞同队队员。

起跳：原地起跳时，两腿屈膝，重心降低，随即用力蹬地，两臂以肩发力，在体侧近身处，作画弧前后摆动，帮助身体迅速跳起。移动后的起跳，其起跳动作与原地起跳一样，但要注意制动并使移动与起跳动做紧密衔接。

空中动作：起跳时，两手从额前沿球网向上方伸出，两臂伸直并保持平行，两肩上提。拦网时，两臂应伸过网去接近球。两手自然张开，屈指、屈腕成半球状。当手触球时，两手要突然紧张，手腕下压盖在球的前上方。

落地：拦球后，要做含胸动作，以保持身体平衡。手臂要先后摆或上提，从网上收回至本方上空，再屈肘向下收臂，以免触网。与此同时屈膝缓冲，双脚落地，随即转身面向后场，准备接应来球或做下一个动作准备。

（2）技术分析：

①拦网队员的选位：在拦网的预判阶段，拦网队员站位可离网稍远些，约距网 50 厘米。一旦判定对方扣球位置或助跑最后一步制动时，起跳点距网应近些，这样向上起跳，可提高拦网高度，避免漏球。一般情况下，2、3 号队员站在离边线 1.5 米处，3 号位队员居中。但当对方以中路跑动进攻战术为主时，2、4 号位队员应相对靠近中间站位，离边线约 2 ~ 2.5 米处，若对方以近体快或真假交叉进攻结合拉开战术时，4、3 号位队员应稍靠近中间站位，而 2 号位队员则应靠近边线站位。

②拦网队员的移动：拦网的移动方向主要是向两侧和斜前方。移动时采用的步法可归纳为："前一步、近并步、中交叉、远跑步"。

一步移动：为了提高弹跳高度或运用重叠拦网，在准备拦网时，站位可在离网一步远的距离。这样一来，就便于向前或斜前方做一步助跑起跳，但须做好制动动作，保持垂直向上起跳。

并步移动：向两侧近距离移动时采用。其特点是能保持面对球网，便于观察，也便于随时起跳，但移动速度较慢（图 11 − 31）。

交叉步移动：适用于中距离移动时采用。其特点是移动速度快，制动能力强，控制范围大。交叉步移动后，两脚着地时，脚尖应转向球网（图 11 − 32）。

 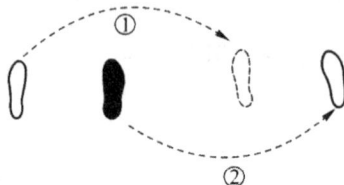

图 11 − 31　　　　　　　　　　　　　图 11 − 32

跑步：移动距离较远时采用。特点是移动距离远、速度快，但对制动要求高。如向右侧跑动时，身体先向右转，顺网跑至起跳位置时，应先跨出左脚（内侧脚）制动，接着右脚再向前跨出一步，使两脚平行站立，脚尖转向球网，随即起跳。若脚尖来不及转向球网，应在起跳过程中边跳边转身，保证跳起后能面向球网进行拦网。为了提高拦网高度，可以将助跑与起跳衔接起来成为助跑起跳。

③拦网的起跳：起跳的位置：在正确判断对方扣球路线的情况下，拦网队员应选择能拦住对方主要进攻路线的位置起跳。在拦一般球时，应迎着对方助跑路线起跳；拦近体快球时，选择在二传队员和扣球手之间起跳；拦短平快球时，应根据扣球者的助跑路线选择距二传手 2 ~ 3 米处起跳；拦拉开球时，应选择距边线 50 ~ 80 厘米处起跳；拦后排队员扣球时，应选择对方队员扣球点与本方场区两底角连接线所形成的夹角中央位置起跳。

起跳的时间：掌握正确的起跳时间，是拦网成功的基础。拦网队员的起跳时间，应根据二传球的高度、离网的远近、扣球者起跳时间和扣球动作特点来决定。如果二传是远网高球，起跳应迟些；如果是近网低球，起跳应早些。一般情况下，拦网者应比扣球者晚跳。但如果是拦快球，拦网者应与扣球者同时起跳。

起跳的动作：拦网起跳前，要充分利用手臂的摆动来帮助起跳，如来不及，可在身体前划小弧用力小摆，以带动身体垂直上跳。一般拦快球采用快速起跳方法，做到浅蹲快跳，以小腿发力为主；拦高举强攻球时，采用深蹲高跳方法。

④拦网的方法：伸臂动作：拦网击球时，两臂应尽量伸直，两肩尽量上提，前臂要靠近球网，两手间距离应小于球体的直径，以防止漏球（图 11 − 33）。伸臂动作要及时，过早容易被打手出界或者被避开拦网手扣球，过晚不易及时阻拦扣球。一般应在对方扣球瞬间伸臂较好。

拦球动作：拦网击球时，两手应主动用力盖帽或捂球，使球反弹角度小，对方保护困难（图 11 − 34）。为了防止对方打手出界，2、4 号位队员的外侧手掌应稍向内转（图 11 − 35）。拦远网球时，为了提高拦网点，可不采用压腕动作，而是尽量向上伸直手臂和手腕。如对方击球点高，不能罩住球时，可采用手腕后仰的方法，堵截扣球路线，将球向上拦起。

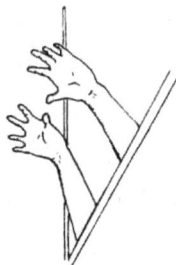  

图 11 – 33　　　　　　　　图 11 – 34　　　　　　　　图 11 – 35

（3）技术要领：判断移动及时跳，两臂摆动伸网沿；提肩压腕张手捂，眼看扣球拦路线。

2. 双人拦网

由前排两个队员互相靠近，同时起跳组成的拦网，称双人拦网。双人拦网是集体拦网的一种，是比赛中最常用的一种拦网形式，主要在对方大力扣球时采用。拦网的技术动作与单人拦网相同。

双人拦网时，应以一人为主拦队员，另一人为配合队员。但主拦队员不是固定的，一般情况下距对方扣球点近的队员应为主拦队员。主拦队员必须抢先移动到对正扣球点的位置，做好起跳准备，配合队员则迅速移动靠近主拦队员准备同时起跳。两队员之间的距离一定要合适：距离太远，跳起后将出现"空门"；距离太近，起跳时互相干扰，致使双方都跳不高。双人拦网起跳时，两人的手臂应该在体前划小弧向上摆伸，都要尽量垂直向上起跳，要防止互相碰撞或干扰。手臂在空中既不能重叠，造成拦击面缩小，又不能间隔太宽，造成中间漏球。扣球靠近边线时，靠边线近的拦网队员外侧的手应适当内转，以防打手出界。

3. 三人拦网

三人拦网是集体拦网的一种形式。它是在对方扣球进攻力强，路线变化多，而且很少轻扣和吊球时才用。三人拦网的动作方法与双人拦网相似。其关键在于迅速移动，取位恰当，配合密切。无论对方从哪个位置进行扣球，一般都以 3 号位队员为主拦队员，2、4 号队员为配合队员。此时，另两个配合队员应及时移动去靠近主拦队员，同时起跳。要注意彼此的配合，防止造成起跳伸臂先后不一、互相干扰等现象的产生。由于三人拦网配合的要求较高，后排防守力量减弱，故要有针对性地采用。

第三节　排球战术训练

排球战术是指运动员在比赛中，根据排球竞赛规则和排球运动的规律、比赛双方的具体情况和临场竞赛的发展变化，合理运用个人技术及集体配合所采取的有意识、有组织的行动。

一、排球战术的分类

（一）按战术的参与人数分类

按照战术的参与人数分类，可将其分为个人战术和集体战术，如图 11 – 36 所示。

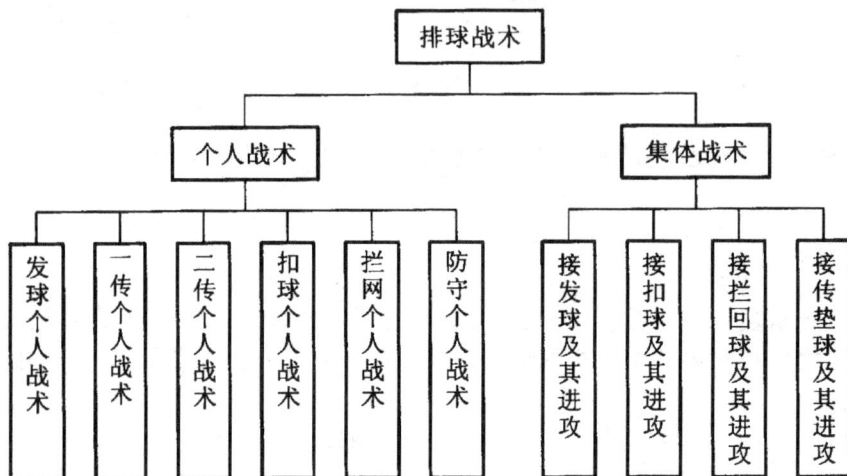

图 11 – 36

（二）按战术的组织形式分类

按照战术的组织形式分类，可将其分为进攻战术和防守战术，如图 11 – 37 所示。

（三）按战术运用分类

按照战术运用分类，可将其分为接发球及其进攻（一攻）、接扣球及其进攻（防反）、拦回球及其进攻（保攻）和接传、垫球及其进攻（推攻），如图 11 – 38 所示。

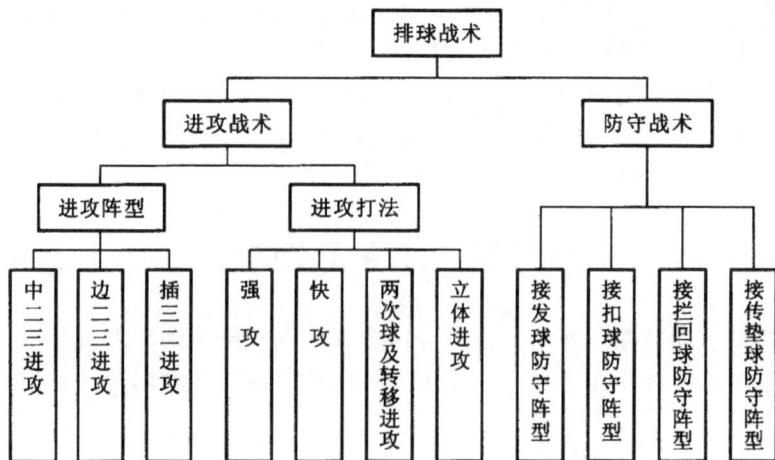

图 11 – 37

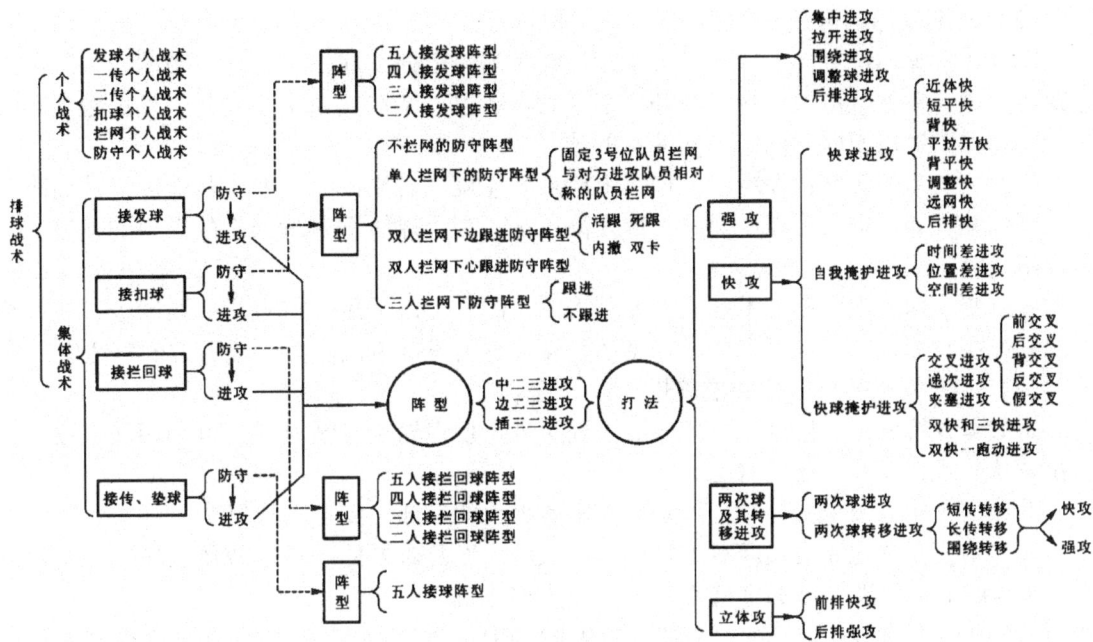

图 11－38

二、个人战术

（一）个人战术的概念

个人战术是指在集体战术配合的基础上，队员根据个人的特点和战术的需要，巧妙地运用个人技术的变化，以达到有效的进攻和防守的目的。

（二）个人战术的分类及内容

1. 发球个人战术

发球技术不受对方和同伴的制约，也没有集体配合的问题，全凭个人技术和个人战术的作用。因此，发球时要树立以我为主的观念。在观察和分析对方的具体情况后，有针对性地采用不同的发球战术，以取得先发制人的效果。比赛中常用的几种发球战术如下。

（1）加强发球的性能：主要体现在发出的球力量大、速度快、弧度低平、旋转性强或飘晃度大，以达到直接得分或破坏对方进攻的效果。

（2）控制发球的落点：

①将球发到对方两个队员之间的连接区，或边线及后场端线附近，以增加接发球到位的难度。

②将球发向对方参加进攻的队员，落在该队员的前、后、左、右，迫使其先接球。

③将球发给对方二传或落在该队员跑动的必经线路上，迫使其接球。这样一来，便可以破对方进攻节奏。

④将球发给身材高大，灵活性差，移动速度慢、垫传技术差、特别是情绪急躁、精力分散或刚换上场的队员，以造成其接发球失误。

（3）改变发球的方法：

①改变发球的位置：发球队员可采用站在距端线近处发球，也可站在距端线中距离或远距离发球。发球队员可站在端线外右半区发球，也可站在其左半区发球。发球距离和方位不同，可以发出不同性能和不同落点的球。

②改变发球的弧度：发球时，加强上旋或发左旋、右旋球，改变飞行弧度，从而降低一传到位率。如上空没有障碍物，可以发高吊球，利用球体下降时产生的重力加速度，使对方不适应。

③改变发球的速度：为了达到先发制人的目的，可以采用击球点高、距网近、速度快的飘球或跳发球技术；也可采用高弧度的、慢速度的发球方法，以造成对方的不适应。

（4）改变发球的攻击性和准确性：

①如本方得分难、比分落后较多或遇到对方进攻强轮次等情况时，可采用加强攻击性的拼发球战术，以改变落后状况。

②如本方比分领先较多时，可采用攻击威力大的发球，以扩大战果。

③如本方发球连续失误或对方暂停、换人后，以及对方处于进攻较弱的轮次或接发球连续失误时，应注意发球的准确性，避免失去得分机会。

④如比赛处于关键时刻，特别是在决胜局时，发球更要注意准确性，不做无谓的失分。

随着接发球技术的提高及新规则，"自由人"的出现使得找人、找区发球战术的效果不十分明显，目前强队大都采用变换发球性能和长短线结合的战术。

2. 一传个人战术

一传个人战术的基本任务是在第一次接对方来球时，为了组成本队的进攻战术而采用有目的、有意识的击球动作。由于各种进攻战术对一传的要求不同，所以一传的方向、弧度、速度、落点也不一样。一传个人战术具体表现如下。

（1）组织快攻战术时，如本方快攻队员来得及进行快攻，一传的弧度要低平，速度稍快，以加快进攻的节奏。如果来不及（防守后的快速反击），则应提高一传弧度。

（2）组织强攻战术时，一传的弧度略高些，为二传队员创造便利条件。

（3）前排队员一传时，力量不宜太大，弧度应稍高。如来球力量不大，可用上手传球，便于进行快攻。后排队员则相反。

（4）当对方第三次传、垫球过网时，一传可用上手传球，以便更准确地组织快速反击或传给网前队员两次进攻。

（5）如果发现对方场区有较大的空当或对方队员无准备时，一传可直接用传、垫、挡等动作将球直接击向对方。

3. 二传个人战术

二传个人战术的基本任务是有效地组织进攻战术，给扣球队员创造有利的进攻条件，突破对方的拦网。二传个人战术主要有以下几种。

（1）根据本方队员的特点和布局情况进行合理的分球，如采用集中与拉开，近网、中网和远网，弧度高与弧度低等传球技术。

（2）根据对方拦网的部署，选择进攻点时应尽量避开对方身材高大，拦网能力强的队员。与本方进攻队员在时间上和位置上进行协调配合，合理选择拦网的突破口，造成以多打少的局面。

（3）根据本方扣球队员的不同起跳时间，采用升点、降点传球给以配合；采用声东击西的隐蔽动作和假动作，打乱对方的拦网布局。

（4）根据本队一传的情况，如到位球或不到位球，高球或低球，近网球或远网球等，合理运用传球技术组织各种战术。

（5）根据对方防守队员的站位，在有利于自己的情况下，突然将球直接传入对方空当。

（6）某种战术打法被对手所适应，且攻击效果不佳时，应及时调整组织变换打法。

4. 扣球个人战术

扣球个人战术的任务是扣球队员根据比赛中对方拦网和防守情况，选择合理的扣球技术和路线，更有效地突破对方的防御。扣球的个人战术主要有以下几种。

（1）扣球线路的变化：

①扣球时采用直线和斜线相结合，长线与短线相结合。

②利用助跑路线与扣球路线不同的方向，迷惑对方拦网和防守队员，如直线助跑扣斜线球；斜线助跑扣直线球等。

③朝防守技术差和意志不顽强的队员扣球，或扣向对方空当和防守薄弱的区域等。

（2）扣球动作的变化：

①运用转体、转腕的扣球技术，突然改变扣球方向避开对方拦网。

②运用超手高点扣球技术，从拦网人手上方进行突破进攻。

③选用正面扣球变为勾手扣球动作，造成对方拦网判断失误。

④利用突然性的两次攻，造成空网或一对一进攻的有利局面。

⑤高点平打，造成球触拦网手后飞向后场远区或有意向两侧打手出界。

⑥突然用单脚起跳扣球，使对方来不及拦网。

⑦有意识地提早或延迟扣球时间，使对方难以掌握拦网的起跳时间。

⑧运用轻扣或吊球技术，使球随拦网队员一同下落，增加拦网队员自我保护球的难度或使球落在对方网前或拦网队员的身后。

⑨利用"时间差""位置差""空间差"个人扣球动作变化，晃开对方拦网。

5. 拦网个人战术

拦网个人战术的任务是拦网队员根据对方扣球的情况，利用时间、空间等变化因素，采用不同手法，达到拦阻对方进攻的目的。拦网个人战术有以下几种方式。

（1）拦网队员可采用拦直线起跳向侧伸臂拦斜线，或在拦斜线位置起跳拦直线的方法，以迷惑对方扣球队员。

（2）改变空中拦网手的位置。如在空中拦直线时突然移动手臂改为拦斜线等。

（3）有时可制造假象，使对方受骗。如假装露出中路空当，引诱对方扣中路，当对方扣球后即突然关门拦中路球。

（4）在发现对方要打手出界时，可在空中及时将手撤回，造成对方扣球出界。

（5）如遇对方采用轻吊球的方法，则拦网队员应主动出击，利用压腕动作把球拦回。倘若来球吊在拦网者身后或旁边不远处，那么，拦网队员可以使用自我保护，将球救起组织反攻。

6. 接扣球防守的个人战术

接扣球防守个人战术的任务是队员在防守时，选择最有利的位置，并采用合理的接球动作，按战术要求把球防起。好的防守队员，不仅勇猛顽强，而且还要善于根据对方进攻及本方拦网的情况，做出正确的判断，并采取相应措施。接扣球防守的个人战术主要包括以下几种。

（1）在选择前后位置时，应根据对方二传球与网的距离和扣球队员击球点的高低选择防守位置。如球离网近，无人拦网时，防守取位可向前；如球离网远或近网球被拦时，防守队员取位可向后。

（2）选择左右位置时，主要根据对方扣球队员的助跑路线和扣球队员起跳的人与球所保持的关系来选择防守位置。一般情况下，防守位置应取在对方扣球队员和球连线的延长线处。

（3）根据对方扣球的特点，采取相应的防守行动，如对方只扣不吊时，则取位要靠后。如对方打吊结合时，要随时准备向前移动。如对方扣球只有斜线，则要弃直防斜等。

（4）防守还应根据本方前排拦网队员的情况，主动选择防守位置加以配合与弥补。重点防守前排拦网的空当。

三、排球集体战术

（一）排球集体战术的概念

集体战术是指运动员在比赛中，为突破对方防守或抑制对方进攻，灵活地运用合理的攻防技术，按照一定的形式采取的有组织、有目的、有针对性的集体配合行动。

（二）排球集体战术的分类

1. 防守战术

（1）接发球防守：当对方发球时，本方处于防守地位，也是组织第一次进攻的开始。事先站好位置，摆好阵型，是接好发球的基础。站位的阵型不仅要有利于接球，也要有利于本方所采用的进攻战术。同时，还要根据对方发球的特点，采取不同的阵型。

（2）接扣球防守：接扣球防守阵型由前排拦网与后排防守组合而成。组织接扣球防守阵型时，首先要针对对方进攻的特点和变化进行部署；其次要充分发挥本方队员的特长，合理地分配力量。同时还要结合本方防守后反攻战术的打法进行布防。

（3）接拦回球防守：接拦回球防守阵型，应根据本方的进攻战术和对方拦回的情况，以及参加防守的人数来确定。本方扣球队员除注意自我保护外，其余队员必须加强保护，尽量组成多道保护防线，积极防起被拦回来的球，并及时组织继续进攻。

（4）接传、垫球防守：接对方传、垫过网的球，根据其运用的时机、条件以及来球性能的差异，可采用5人、4人接球阵型站位。如对方一传将球垫飞，接应队员将球调整至中、后场附近；第三次无法组织有效进攻时，可将球调整到中场附近；因高度限制不能扣球时，采用上手平传过网的方法，本方队员应提前做出预判，后排二传要及时插到网前，前排队员不需要拦网迅速后撤或换位便于防守反击，站成5人或4人接球阵型。抓住这种"机会"球，尽量组织多点进攻战术。

2. 进攻战术

（1）"中二三"进攻（中一二）："中二三"进攻阵型：又称为"中一二"阵型。是指由3号位队员做二传，将球传给4、2号位或后排队员进攻的组织形式（图11－39）。

（2）"边二三"进攻（边一二）："边二三"进攻阵型：在后排进攻广泛运用，称为"边一二"阵型。是指由2号位队员作二传，将球传给4、3号位队员或后排队员进攻的组织形式（图11－40）。

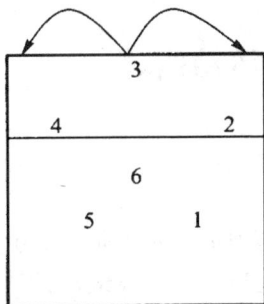

图 11 - 39

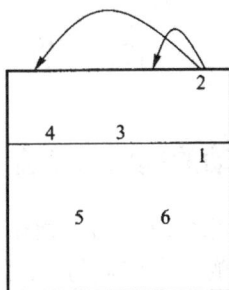

图 11 - 40

（3）"插三二"进攻（插上）："插三二"进攻阵型：又称为"后排插上"阵型。是指由后排队员插到前排2、3号位之间担任二传，将球传给前排3名队员或后排队员进攻的组织形式。有1、6、5号位插上3种方法。这种进攻阵型多被高水平的球队所采用（图11－41～图11－43）。

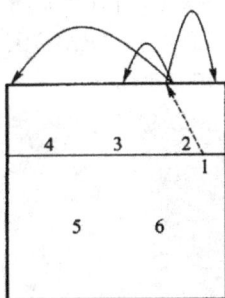

图 11 - 41

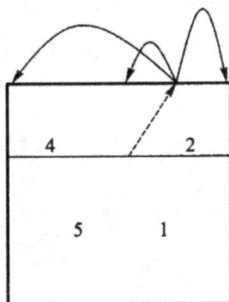

图 11 - 42

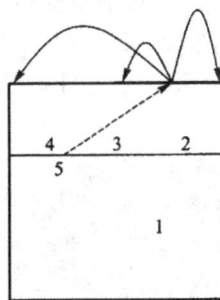

图 11 - 43

第十二章 羽毛球运动

第一节 羽毛球运动概述

一、羽毛球运动的起源与演变

羽毛球运动的起源众说纷纭。相传14—15世纪时，在日本出现了用木制的球拍以及樱桃核插上羽毛制成的球来回对打的运动，这便是当今羽毛球运动的雏形。但由于这种球不够坚固耐用，飞行速度又太快，故风行一时后又逐渐消失了。

大约在18世纪，印度的普那出现了一种与早年日本的羽毛球运动极相似的游戏。当时的球是用直径约6厘米的圆形硬纸板，中间挖个孔，插上羽毛做成，与我国的毽子类似，当时，印度称此项运动为"普那"。

现代羽毛球运动出现于19世纪。大约在1870年，英国出现了用羽毛、软木做的球和穿弦的球拍。1873年，英国公爵鲍弗特在格拉斯哥郡伯明顿镇的庄园里进行了一次羽毛球游戏，当时的场地呈葫芦形，中间狭窄处挂网。从此，羽毛球运动便逐渐开展起来，如图12-1~图12-5所示。"伯明顿"即成了羽毛球的名字，英文的写法是"BADMINTON"。直至1901年，羽毛球运动的场地才改为长方形，如图12-6~图12-8所示。

图 12-1

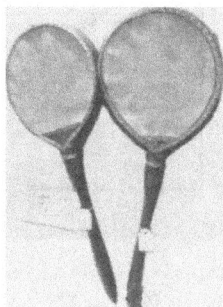

图 12-2

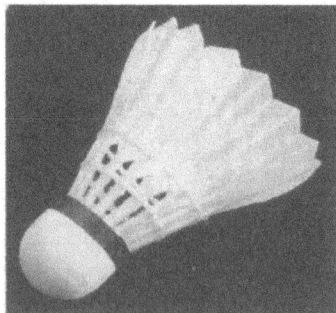

图 12-3

图 12-4

图 12-5

图 12 - 6

图 12 - 7

图 12 - 8

1875 年，世界上第一部羽毛球运动规则草拟于印度普那，3 年后英国又制定了更为完善和统一的规则，当时制定的规则的不少内容至今仍无太大改变。

1893 年，英国的 14 家羽毛球俱乐部倡议组成了世界上第一个正规的羽毛球协会，进一步修订了规则，重新规定了统一的场地标准。1899 年，该协会举办了首届全英羽毛球锦标赛。

1934 年，由英国、加拿大、丹麦、爱尔兰、法国、荷兰、新西兰、苏格兰和威尔士等国家发起并成立了国际羽毛球联合会（简称国际羽联），总部设在伦敦。从此，羽毛球真正成为一项世界性的体育运动。1934—1947 年，这一时期，丹麦、美国、英国、加拿大等欧美选手称雄于国际羽坛。

二、世界羽毛球运动的发展

20 世纪上半叶，羽毛球运动在欧美迅速发展。英国、丹麦、美国、加拿大等国家的羽毛球运动技术水平发展得很快。在 1947 年的全英羽毛球锦标赛上，丹麦取得了 5 个单项中的 4 项冠军，第二年又囊括了全部 5 个单项的冠军。美国继 1949 年全英锦标赛首次夺得男单冠军后，女子又创造了第 1、2、3 届尤伯杯赛的"三连冠"战绩。这一时期，羽毛球技术风格突出的特点是慢和稳，打法多以慢拉慢吊为主。

1948—1949 年，国际羽联在英国普雷斯顿举办了首届世界男子羽毛球团体锦标赛——汤姆斯杯赛。在首届比赛中，马来亚（后改名为马来西亚）队荣获了团体冠军，开辟了亚洲人称雄国际羽坛的新时代。在 1948 年到 1979 年的 11 届汤姆斯杯赛中，印度尼西亚队获得了 7 次冠军，马来西亚队获得了 4 次冠军。

20 世纪 60 年代中后期，中国羽毛球运动开始走向世界。中国选手在学习欧亚强手先进技、战术的基础上，着重在基本手法和步法上进行大胆革新，创造出了一整套独特的训练方法。在"快、狠、准、活"技术风格和"以我为主、以攻为主、以快为主"战术风格的指导下，在双边比赛中两度击败世界冠军印尼队和战胜北欧劲旅丹麦、瑞典等强队。但由于中国当时没有加入国际羽联，不能参加正式的世界比赛，所以这段时期，中国羽毛球运动被誉为世界羽毛球运动的"无冕之王"。

1978 年 2 月，世界羽毛球联合会于中国香港成立，当年在泰国举办第一届世界羽毛球锦标赛，并于第二年在中国杭州举办了世界羽毛球联合会第一届世界杯赛和第二届世界羽毛球锦标赛。

1981 年 5 月 25 日，在各方的共同努力下，国际羽毛球联合会和世界羽毛球联合会正式合并，结束了世界羽毛球界的分裂局面，促进了世界羽毛球运动的发展。

世界羽联和国际羽联合并后，推动了这项运动的发展，而亚洲选手占据了世界羽毛球比赛的优势地位，男子以中国、印尼、韩国、马来西亚为龙头，女子以中国、印尼、韩国和日本为首，几乎垄断了汤姆斯杯、尤伯杯、苏迪曼杯以及世界锦标赛等世界各种大型比赛中的各项桂冠。亚洲选手在原来快攻打法的基础上，全面提高了控制与反控制的技术能力，世界羽毛球运动技、战术都进入了全面发展时期，比赛中的精彩场面不断，极具观赏性，越来越受到人们的喜爱，终于在 1992 年成为奥运会的比赛项目，并设有男子、女子单打和男子、女子双打 4 个比赛项目。1996 年，亚特兰大第 26 届奥运会，羽毛球比赛增设混合双打项目，使其金牌总数达到 5 枚，成为奥运会隔网对抗项目中金牌数量最多的一个竞赛项目。

目前，国际羽联管辖下的世界性羽毛球大赛有：汤姆斯杯赛（即男子团体赛），1948年开始每 3 年举办一届，从 1982 年后改为每两年一届，现已举办过 28 届；尤伯杯赛（即女子团体赛），1956 年开始每 3 年举办一届，从 1982 年后改为每两年举办一届，现已举办过 25 届；世界锦标赛（即 5 个单项比赛），1972 年开始每 3 年举办一届，从 1983 年后改为每两年举办一届，现已举办过 18 届；世界杯赛（即 5 个单项比赛），1981 年开始，每年举办一届，现已举办了 36 届；苏迪曼杯混合团体赛，1989 年开始，每两年举办一届，现已举办了 13 届。

三、羽毛球运动的主要特点与意义

（一）羽毛球运动简介

羽毛球运动是一个进行相互击球的对抗性球类体育运动项目。参加竞赛的双方以 1.55米高的球网为界，分处羽毛球场地的各自半场，用羽毛球拍轮流在空中击打一只羽毛球，每次击球后，球必须从网上方进入对方场区，以球落地或迫使对手回球时将球击出界外为胜。羽毛球比赛不设竞赛时间限制。

（二）羽毛球运动的主要特点

1. 不确定性

在进行羽毛球运动时，从击球时的某一单个的击球手法和移动步法来看，是有一定规律的，但受对方击球后来球的方向有左有右、来球的角度和弧度有大有小、来球的距离有长有短和来球的力量有强有弱等不确定因素的影响，球的落点变化无常，因此运动中技术动作没有固定不变的模式，一切技、战术都是在"动态"的状况下完成的。同一情况可以用几种不同的方法处理，而且由于对手的状况不同，回击球对自己的影响也是不同的。

羽毛球多变和不确定的运动特点，要求选手具有在场上全方位出击的能力，选手必须在极短的时间里，运用交叉步、垫步、跨步、蹬跨步、起跳等各种步法向来球的方向迅速移动到适当的位置，并以发球、前场、中场和后场等技术手法将球击向对方场区。羽毛球运动的这种不确定性特点，决定了速度力量和速度耐力素质是这一运动的基础。

2. 比赛无时限

羽毛球竞赛方式要求选手具备长时间持续运动的能力，随着球忽快忽慢不停地移动击球。羽毛球运动要求的素质不是长跑运动员所具备的周期性运动耐力素质，而是一种符合羽毛球运动特点的专门化速度耐力素质。耐久力很强的长跑健将，在羽毛球场上往往比羽毛球选手更快地感到疲劳，因为长跑运动员习惯于持续的周期运动，而羽毛球选手则具备一种强度经常变化，并与速度和灵敏性紧密结合的专门性速度耐力。其变化幅度的强弱，取决于对方竞赛选手的技、战术质量。

羽毛球比赛通常采用三局两胜制，先得到规定分数的一方为胜方，不受时间的限制。大型比赛中，无论是单打还是双打，双方选手实力相当，久攻不下的情况比比皆是，有时一个球的竞争就要打 100 多拍，得 1 分都非常不容易，一场比赛可能持续一个多小时，甚至两个小时，双方体力消耗巨大。这种发展趋势，使比赛变得更加艰苦，对选手身体和心理素质的要求也就更高了。

3. 快速爆发力量

从羽毛球选手在场上身体运动的动作来观察，选手的上肢运动时通过手臂肌肉运动产生爆发力，并挥动羽毛球拍将球击出；下肢运动是下肢肌肉在力的作用下，产生快速移动，使人体在短时间内到达合适的位置，协调上肢完成击球动作。因此，羽毛球运动员力量素质必须与速度素质紧密联系在一起，是一种动力性的速度力量，即爆发力。这种力量素质要求在短时间内产生强大的爆发性力量。下肢爆发性的起动蹬力，会加速身体的移动速度；上肢爆发性的手指与腕部力量，能使击球更加快速有力。

4. 瞬息万变

羽毛球飞行的速度可达每小时 300 多公里，对选手的灵敏性素质提出了很高的要求。选手在运动中动作转换的快慢、对来球的判断是否准确，都会直接决定对抗中的主动权。每一项技、战术的运用与实施，都离不开选手的判断、反应、启动、移动、蹬跳、击球动作和回动，既要在变幻莫测的瞬间判断来球的方向，迅速向来球方向移动击球，又要根据对手的位置迅速决定回击的路线对策。因此，羽毛球选手只有具备了这种快速灵敏素质和思维决断能力，才能在快节奏的激烈竞争中立于不败之地。

5. 全方位运动

羽毛球属于轻巧型球类运动，具有全方位运动的特点。两个拍子一个球，无论走到哪里，无论是在室内室外，也无论是否架网，只要有空地，就能进行羽毛球运动。

灵动的羽毛球，轻便的球拍，场地方便，器材简单，老少皆宜，充满乐趣，组成了羽毛球特有的风格。它既是集技巧性、智能性和对抗性为一体的竞技比赛项目，又是强身健体、趣味性强、普及面广的大众体育运动项目。任何人都可以根据自己的年龄和身体状况，选择适量的运动强度。羽毛球运动可满足不同年龄、不同训练层次爱好者的需求。

少年儿童进行羽毛球运动，能通过在场上不停地奔跑跳跃击球增强身体的协调能力，提高反应能力和灵敏度，促进生长发育。在此过程中，还能培养他们不怕困难、不甘落后的品质，从小养成运动锻炼的良好习惯，为将来的学习和工作打下良好的身体基础。

青年人进行羽毛球运动，能培养对体育的兴趣爱好，养成健康的生活方式和进行终身体育运动的习惯。一定强度的羽毛球运动，既能提高身体各方面的机能，促进身体健康成长，又能培养顽强的拼搏精神和优良的意志品质，从而提高体能和心理品质，是促进品德、体能和智力发展的良好手段。

成年人利用工作空余时间进行羽毛球运动,不但能加快身体的新陈代谢,保持匀称的体形,还能缓解生活压力,提高工作效率。同时,羽毛球运动可作为一项家庭娱乐活动,它不仅能锻炼身体,还能使家庭成员感情和谐,关系融洽,身心舒畅。

老年人和体弱者从事羽毛球运动时可以放慢运动节奏,进行一些活动量小的击球运动,以达到舒展筋骨的目的。经常参加羽毛球运动能促进血液循环,长期锻炼能保持脑部、眼睛、上下肢体的协调性和敏捷性,有利于身心愉快,延年益寿。

(三) 参加羽毛球运动的主要意义

第一,有助于培养竞争意识和进取精神。公平竞争是促进社会进步与发展的动力,竞争意识是现代人的重要素质。羽毛球运动特有的对抗性、强负荷的锻炼方式,有助于培养充满自信、不怕困难、顽强拼搏、积极进取的现代人才。

第二,有助于强身健体,提高免疫力,缓解疲劳。羽毛球是一项技能性运动,要求脑、眼、手、脚密切协作,全身心地投入。羽毛球运动量大,速度快,能有效地消耗多余的脂肪,调节肌肉密度,塑造优美形体,还有助于缓解眼睛、大脑和颈椎的疲劳。经常参加羽毛球运动,可提高机体的灵敏性、协调性,改善人体技能水平,提高吸氧能力,增强免疫力。

第三,有益于加强文化修养。参加羽毛球运动,了解羽毛球运动的发展历史和文化背景,学习并遵守运动规则,形成尊重对手和尊重裁判的赛场作风,对培养协作、忍让、谦虚、豁达等优良品质大有益处,有利于树立正确的人生观和世界观。

第四,有益于陶冶情操,增添生活情趣。参与羽毛球运动能够保持优美潇洒的姿态和朝气蓬勃的精神状态。无论是参加羽毛球运动,还是观看羽毛球比赛,都能从中体会到灵动的变化之美,感受到这项运动的魅力。

四、场地、球网与网柱

(一) 场地

羽毛球场地长为1340厘米,双打场地宽610厘米、单打场地宽为518厘米,如图12-9所示为羽毛球双打场地,图12-10所示为羽毛球单打场地。

按国际比赛(国际羽联)的规定,整个球场上空高度不得低于9米,在此高度之内不得有任何横梁或其他障碍物,球场四周2米以内不得有任何障碍物。任何并列的两个球场之间,最少应有2米的距离。球场四周的墙壁最好为深色,不能有风。国际重大比赛必须严格按上述规定执行。一般比赛,如场地条件不完全符合标准时,经有关部门批准可以改变。

(二) 球网

羽毛球网长610厘米、宽76厘米,用优质深色的天然或人造纤维制成,网孔大小在15~20毫米之间。羽毛球网的上缘应缝有一道宽75毫米的对折白布边,用绳索或钢丝穿起来,适当拉紧,使之和网柱顶端取平。

(三) 网柱及网高

从球场地面算起,网柱高1.55米,即网高为1.55米。网柱应放置在双打球场的边线上，球网中部上沿离地面高 1.524 米。如不能设置网柱，则必须采用其他办法标志出边线通过网下的位置。

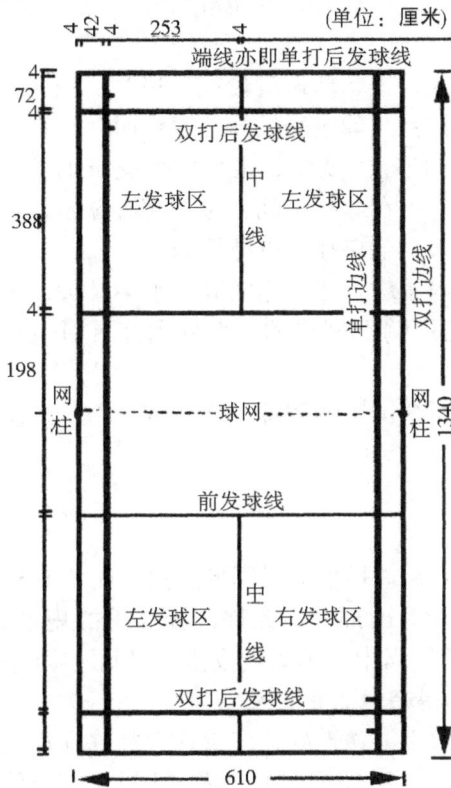

图 12 - 9

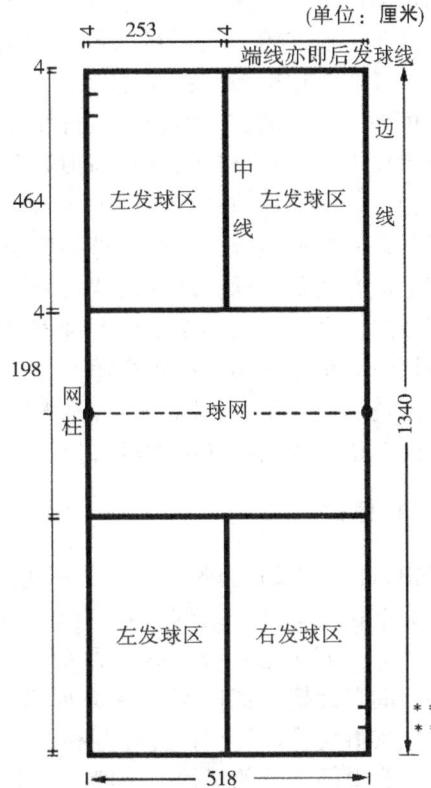

图 12 - 10

五、球与球拍

（一）羽毛球

羽毛球可采用天然材料或人造材料或两者混合制成。

1. 样式规格

羽毛球应用 16 根羽毛插在半球形的软木球托上。软木球托直径 25 ~ 28 毫米，托底为圆形，包有一层白色薄皮革或类似材料制成的皮。羽毛从托面至羽毛尖长 62 ~ 70 毫米。羽毛上端围成圆形，直径为 58 ~ 68 毫米。在球托上 1.25 厘米和 2.5 厘米处，用线或其他材料将羽毛扎牢，一般比赛也可用泡沫头制成的球或尼龙球。

2. 重量

球重应为 4.74 ~ 5.50 克。

3. 飞行速度

当运动员从端线用低手充分向前上方击球与边线平行时，球能落到另一端线线内53～99厘米之间，则应认为此球的飞行速度正常。

在一般业余比赛或非正式比赛中，当球过轻或过重、球速过慢或过快时，经主办单位同意，可采用如下措施，使球的飞行速度变为正常：当球过轻、球速过慢时，可在球托内中间位置加1～2个小钉子，以增加球托的重量，使球速变快，也可向内翻折羽毛，缩小羽毛口径，以增快球速；当球过重、球速过快时，可在球托中间挖去一部分软木，以减轻球托重量，使球速减慢，也可向外翻折羽毛，增大羽毛口径，以减慢球速。

羽毛球有比赛用球和训练用球之分，都是室内用球。比赛用的高级羽毛球大部分是用鹅毛制成的，训练中用的中低级羽毛球大部分是用鸭毛制成的。室外训练有时也用室内球，但用泡沫头球及塑料球较合适。

我国是羽毛球生产大国，品牌甚多，有些是属全国比赛用球，质量均属上等，练习者可根据经济条件和训练环境加以选择。

（二）球拍

球拍总长度不超过68厘米，宽不超过23厘米，球拍框为椭圆形，拍弦面长不超过28厘米，宽不超过22厘米。球拍不允许有附加物和突出部，不允许改变球拍的规定式样。球拍重在78～120克之间（不包括弦的重量）。拍框当中用羊肠线或化纤尼龙线穿织而成。球拍的一端有握把，把长39.5～40厘米，直径不得超过2.8厘米。

要想从事羽毛球运动，首先要有一支称心、适用、弹性好、轻重适宜的好球拍。目前市场上能购得的上弦的球拍，一般都是中低档的，上弦不紧、球弦弹性质量差，致使球拍的弹性也较差，影响球的飞行速度和远度。因此，自己学会选拍、上拍弦，以及修补球拍的断弦，不仅省时省钱，更重要的是称心适用。

下面对选拍、选拍弦做简单的介绍。

1. 球拍的选购

目前，我国市场上出售的羽毛球拍式样繁多，可归纳为4种类型。

第一种是全碳素外加钛、纳米成分一体成型羽毛球拍，目前世界级选手及经济条件许可的爱好者都使用这种类型的球拍，如现在国家队使用的日产YONEX球拍，各省市队使用的威克多、凯胜、波利、佛雷斯、富利特、伟士等国产名牌球拍。

第二种是中档的碳素杆，拍框为铝合金。

第三种是钢杆铝合金拍，为中低档球拍。

第四种是钢杆木框羽毛球拍和木制羽毛球拍。

在挑选球拍时，应根据个人的经济条件和爱好选购不同档次和型号的拍子，无须追求世界名牌产品。一般来讲，全碳素外加钛、纳米成分一体成型的羽毛球拍，其性能差距不大，都较轻，弹性好，牢固性也好，可是价格差别很大。有一定技术水平的选手或爱好者，如属攻击型者，使用的球拍可略重一些，以增加攻击威力；如属守中反攻或防守型者，球拍可选略轻一些的，以利于更灵活地挥拍防守。儿童一般以选用特制的儿童羽毛球拍为宜，其拍柄较细，以利握拍。

在选球拍时还要注意球拍的弹性，主要是看拍杆在掰动时是否有一点儿弯度，几乎没有弯度的拍子弹性差，不好用。由三通连接的球拍，如碳素杆加铝合金框，其连接处较易断裂或脱胶。因此，选拍时应仔细检查：将球拍框轻微扭动一下，有响声或松动的不宜选用。

2. 球弦的选购

羽毛球拍弦种类有很多，主要有化纤弦、尼龙弦、羊肠弦、牛筋弦，目前市场上均有供应。化纤弦是最常用的高档弦，如日产 YONEX 牌 BG65－90 型弦、美国产的雅沙维弦、日产的戈杉弦等多种型号；北京产的羊肠弦弹性好，但易断。尼龙弦是较低档的球弦，其弹性一般，易随气候变化而热胀冷缩，但价格相对便宜一些。

（三）辅助器材

（1）主裁判椅：椅子座位高约 1.4 米，在左右扶手间应设一搁板，让主裁判放置记分板，椅子的四脚应稍微张开，使椅子的重心稳固，这样主裁判在上下椅子时不会摇晃。

（2）发球裁判椅：一般常用的靠背椅子即可，但应注意不要使用铁脚椅子，以免损坏场地。

（3）裁判员椅：要求同发球裁判椅。

（4）衣物筐：衣物筐用于运动员进场后放置备用球拍、毛巾、运动衣以及饮用水等，筐的尺寸是长约 80 厘米，宽约 60 厘米，高 30 厘米，要能容下球拍袋和一般的运动包。单打比赛时在主裁判椅的两侧各放置一个，双打比赛时在主裁判椅的两侧各放置 2 个。

（5）放球箱：临场比赛时的用球一般都由发球裁判保管，所以在发球裁判的椅旁应放置一个球箱。比赛时备用的新球整筒放置，而换下的旧球就直接丢在箱内，在比赛间隙或在一节比赛结束时再收集整理。球箱的长、宽和高都略大于球筒即可。

（6）干拖把：比赛场地表面如果有了水（运动员滴下的汗水、运动员摔倒在地或其他原因使场地潮湿），就应立即用干拖把将水擦干。要保证拖把有良好的吸水性能，每个场地应备有两个拖把，每边一个。

（7）暂停标志：当比赛打成局数 1∶1 时，须放置暂停标志在场地中央的网下，使观众知道现在局数为 1∶1。暂停标志的高度约为 50 厘米，圆锥体、三角形或四面体均可，主要是醒目和便于发球裁判挪放。

（8）量网尺：量网尺是宽 4 厘米、长 1.70 米的木质或铝合金制的直尺，在 1.524 米和 1.55 米处画有标记。

（9）记分垫板：记分垫板是主裁判临场执裁时垫写记分表用，板的尺寸要大于 A4 纸，硬质的有机玻璃或塑料板都可以。

（10）比分显示器：羽毛球比分显示器的分数应由 0~30 组成，局分由 0~2 组成，场分由 0~5 组成。简易的比分显示器可以用手翻动。正式的比赛，电子记分显示器是理想的选择。分数显示器的灯光亮度不能太大，以免影响运动员的视觉。

第二节 羽毛球技术训练

一、单打基本技术

（一）击球前站位准备姿势

羽毛球运动对抗速度极快，击球前合理充分的准备姿势，决定着快速回击对手来球的质量高低，所以准备姿势在比赛过程中具有重要的作用。

接球前的基本准备姿势：两脚自然开立，距离与肩同宽，与持拍手同侧的脚前移半步，两脚后跟自然提起，以前脚掌触地，两膝弯曲，身体重心微降。持拍手稍屈肘展腕，拍头上仰于胸前。持拍处于场地的中间位置，无论对方将球击向这几点的任何一点，都能以最短的距离、最快的速度挥拍击球。

1. 单打基本站位

做接球前的基本准备姿势，考虑到后场击球相对于前场击球稍微困难的情况，可将单打击球前基本站位位置（即中心点）选择在场地二分之一中心点稍偏后一小步的位置上，如图 12－11 所示为单打的基本站位。

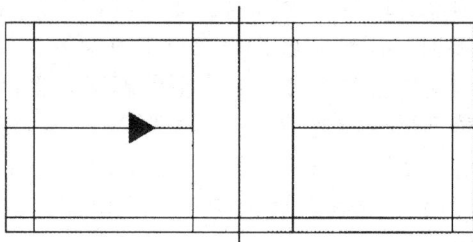

图 12－11 单打基本站位

①进攻站位主动进攻准备时，两脚开立成斜步站位姿势，如图 12－12，以右手持拍为例，做前后方向移动。

2. 防守站位

被动防守准备时，双脚开立应稍大，重心降低，两脚左右开立成平步站位姿势，如图 12－13，以利于向两侧平行移动防守。

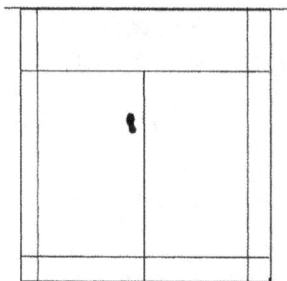 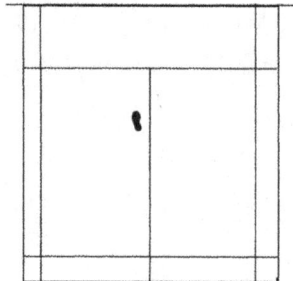

图 12－12　　　　　　　**图 12－13**

在掌握了基本站位方法的基础上，应根据实际情况及战术需要，因时因地地选择单、双打比赛中适当的站位。

（二）单打发球技术

1. 单打发球的姿势和种类

就发球的姿势而言，有正手发球姿势、反手发球姿势之分。一般情况下，单打时多采用正手发球姿势，双打时多采用反手发球姿势。

就球飞行的角度和距离而言，可将发球分为后场高远球、平高球、平射球和前场小球4 种，如图 12 - 14 所示为单打发球落点。

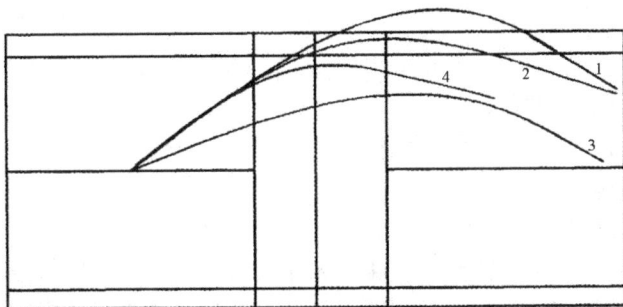

图 12 - 14

（1）发后场高远球：这种发球多用正拍面将球击得又高又远，球飞行至最高点后突然调头垂直落至端线附近（图 12 - 14 中的 1），而有效地调动对方远离中心位置，并削弱其进攻的威力，同时也增大对方衔接下一拍球的难度，所以在单打中被普遍用。

（2）发后场平高球：这是用正、反拍面击出飞行弧线较发后场高远球低的一种发球方法（图 12 - 14 中的 2）。其落点视单、双打发球规则的不同要求有远近之分，分别在单、双发球区域的端线附近。球飞行的高度以对方起跳无法拦截为宜。由于飞行弧线不高和球速相对高远球稍快，所以与发前场小球配合使用能增加对方接发球的难度。

（3）发后场平射球：这是用正、反拍面出击飞行弧线较后场平高球还要低的一种发球方法（图 12 - 14 中的 3）。这种球几乎擦网而过，直射对方后场端线，具有球速快、突击性强的特点，是单、双打发球抢攻战术中常用的一种发球。实战中，当接发球方无准备或是接发球站位出现空当时，发这种球可发挥其快速和突变的威力，使接发球方陷于被动或被迫出现失误。

（4）发前场小球：这是运用正、反拍面摩擦击球，使球轻轻擦网而过，落在对方前发球线附近的一种发球方法（图 12 - 14 中的 4）。由于它的飞行弧线低，距离短，可以有效地限制对方接发球大力的扣杀进攻，所以是单、双打中较常见的一种发球。

2. 单打发球的站位

单打的发球站位距前发球线约 1 米，如图 12 - 15 所示为单打接发球区域。选择场地中部这个位置发球，有利于迎击前后左右等任何距离和落点的来球。但是发球站位也可以根据个人的习惯和场上战术需要自行选择。

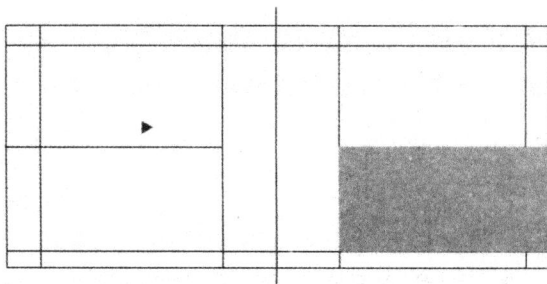

图 12 – 15

3. 正手发球技术

①以发球准备姿势站立，持球的手松手放球，持拍的手上臂外旋带动前臂充分伸腕，自下而上沿半弧形做回环引拍动作。

②同时随引拍动作转体，重心向左脚移动。当拍挥至身体右侧前下方，转体至接近于面对球网时，准备击球。

注意：发球最佳球点在左脚尖的右前下方。

③击球动作。下面分别介绍发平射球、发平高球、发高远球和发小球的击球动作。

正手发平射球击球动作：击球点在规则允许的范围内争取略高，拍面与地面呈近似95度的仰角，前臂内旋，带动手腕快速闪动屈指向前发力击球。关键是击球动作小而快，爆发力和目的性强。

正手发平高球击球动作：击球点须在右前下方略高于发高远球的击球位置。击球时前臂带动手腕发力，拍面与地面呈小于45度的夹角，向前推进击球。关键是控制好球的飞行弧度。如果拍面仰角大，击出的球过高，则达不到战术目的；但拍面仰角小，发出的球较低，容易被对手拦击。

正手发高远球击球动作：当拍面与球接触的瞬间，上臂与前臂迅速内旋，带动手腕快速向前方屈指展腕闪动发力，用正拍面将球击出。

正手发小球击球动作：击球时握拍要松，前臂前摆，以手指控制力量收腕发力，用斜拍面往前推送切击球托，使球轻轻擦网而过，落入对方前发球区内。为了控制好击球力量，引拍动作较发高远球要小而柔和一些，发球后收腕以收腕姿势制动结束。

④击球后，身体重心完全移至左脚上，持拍手随击球后的惯性动作自然向头部左前上方挥动，手腕呈展腕状态。

（三）单打接发球技术

将对方的发球回击至对方场区叫接发球。竞赛是公平的，发球方控制着发球的主动权，接发球方却掌握着第一击球的主动权（将球由半场接发球区域任意还击到对方的整个场区）。

1. 单打接发球种类

根据发球种类的不同，可将接发球分为前场和后场、正手和反手姿势接发球。

接发球搓、放小球：接发球搓小球是当对方发前场小球质量不好、球速慢，我方判断准确、击球点较高时，以斜拍面摩擦击球，使球旋转翻滚，贴网落至对方前场区域的一种接发球。接发球放小球是当对方发前场小球质量较好，我方接球较被动（击球点接近地面）时，抬击球托，使球擦网而过，贴网落至对方前场区域的一种接发球，如图 12 – 16 单打接发球球路中的 3。

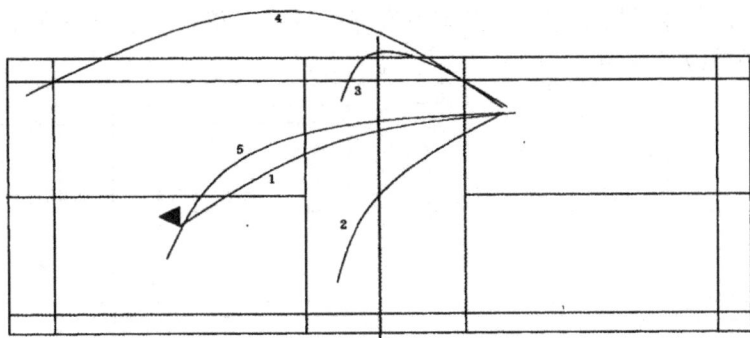

图 12 – 16

接发球勾对角小球：将对方发至前场的小球，以斜对角线路勾至对方前场区的一种接发球，如图 12 – 16 单打接发球球路中的 2。

接发球挑、推后场球：将对方发至前场的小球，以较高或半高的飞行弧线击至对方后场区域的一种接发球，如图 12 – 16 单打接发球球路中的 4 所示。接发球推球弧线比接发球挑球要低一些。

接发球扑球：将对方发至前场网上高弧线小球，以向下飞行的轨迹，将球从网顶部扑至对方场区的一种接发球，如图 12 – 16 单打接发球球路中的 5 所示。

接发后场球回击种类如下。

接发球击高远（平高）球：是将对方发至后场的球，以高或半高弧线回击至对方后场端线附近的一种接发球，如图 12 – 17 回球球路中的 2 所示。接发回击平高球的飞行弧线比接发回击高远球要低一些，速度更快，更富于攻击性。

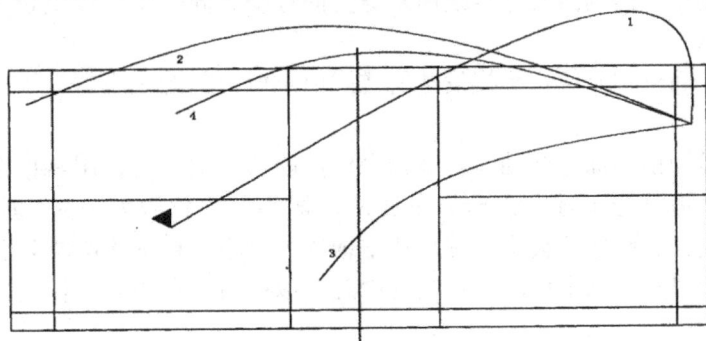

图 12 – 17

接发球击吊球：是将对方发至后场的球，以斜拍面，由上向下的飞行轨迹，击向对方前场区域的一种接发球，如图 12 – 17 回球球路中的 3 所示。

接发球击杀（抽杀）球：是将对方发至后场的球，以由上向下的飞行轨迹，击向对方中场区域的一种接发球，如图 12 – 17 回球球路中的 4 所示。接发后半场高弧线的来球时，可采用扣杀球回击；接发较平弧线的来球时，可采用抽杀球回击。

2. 单打接发球站位

单打接发球站位应距离前发球线 1.5 米。在这发球区接发球，一般选择有效发球区域中心位置站位，如图 12 - 18 所示单打左区域接发球站位，以便能照顾到发至前后左右各种落点的球。在右发球区接发球，选择有效发球区域中心稍靠近中线的位置站位，如图 12 - 19 所示右区域接发球站位。

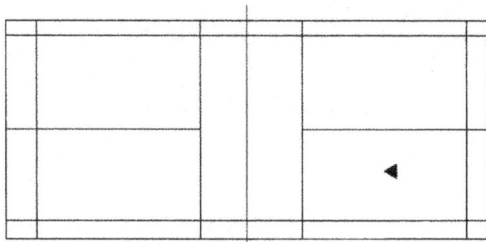

图 12 - 18

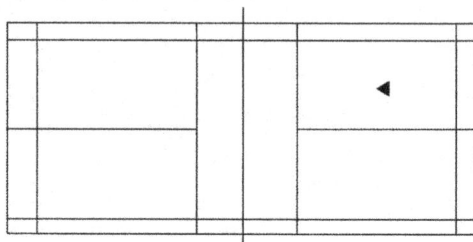

图 12 - 19

3. 接发球准备姿势

左脚在前，全脚掌着地；右脚在后，前脚掌着地。双膝稍屈，重心在左脚上。右手持拍自然举放在胸前，左臂自然屈肘于左侧，保持身体平衡，两眼注视前方，判断对方的发球方向，准备接发球。

(四) 接发球战术

接发球的方法是多种多样、千姿百态的，没有统一固定的模式。接同一种发球，由于选手个人的打法不同、特点不同和技术水平不同，在接发球技术运用上也不同。

1. 前场正手接发球技术

判断起动。用正手前场接发球步法向来球方向移动，同时持拍臂微屈肘，外旋半弧形引拍，准备接发球。

击球动作。下面分别介绍正手接发球的搓网前小球、勾对角小球、挑球、推球和扑球的击球动作。

正手接发球搓网前小球击球动作：结合身体向前跨步的冲力，用斜拍面大于 120 度的仰角拍面，向前摩擦推送击球。击球力量比网前搓小球要稍微大一些，应控制适度的力量，如击球用力过大，则球不会出现旋转；击球用力过小，接发球搓球会不过网。

正手接发球勾对角小球击球动作：收腕内旋，以拇指、食指转动拍柄，向网前斜对角方向发力击球。

正手接发球挑球击球动作：击球点较低，用与地面大于 90 度的仰角拍面，前臂内旋，食指和拇指收紧拍柄，展腕发力击球。

正手接发球推球击球动作：手腕迅速内旋，食指发力拨动拍柄，以球拍与地面呈近似 90 度的夹角内翻拍面击球。

正手接发球扑球击球动作：击球点高于球网顶部，前臂快速内旋，以球拍与地面小于 90 度的夹角拍压击球。

回动。完成接发球动作后，持拍手自然收回体前，向中心位置回动。

2. 前场反手接发球技术

判断起动。反手前场接球时，向来球方向移动，反手握拍向来球方向伸出，同时前臂微屈做内旋半弧引拍动作，准备击球。

击球动作。下面分别介绍反手接发球搓网前小球、勾对角小球、挑球、推球和扑球的击球动作。

反手接发球搓小球击球动作：结合身体向前跨步的冲力，食指、拇指内旋捻动球拍，用近似120度的斜拍面，向前摩擦推送搓球。

反手接发球勾对角小球击球动作：手腕外旋，拇指前顶，其余四指收紧拍柄向网前斜对角方向发力击球。

反手接发球挑球击球动作：击球点较低，前臂外旋，拇指前顶，用与地面呈大于90度的夹面拍面，收腕发力接球。

反手接发球推球击球动作：球拍与地面夹角近似90度，前臂迅速外旋，拇指前顶，手腕向前方外翻拍面击球。

反手接发球扑球击球动作：击球点高于球网顶部，前臂快速外旋，用球拍与地面小于90度的夹角，拇指前顶，向前下方拍压击球。

回动。击球后，持拍手自然收回体前，脚步退回中心位置成接发球前准备姿势。

3. 后场接发球技术

根据不同的来球位置，接发后场可采用正手和头顶两种姿势击球。正手和头顶接发后场球技术的动作轨迹基本相同，只是击球点略有差异。正手接发后场击球点在身体右侧右肩上方，而头顶接发后场击球点在身体左后侧头顶或左肩的上方。

判断起动。用接发后场球步法向来球方向移动，同时上臂外旋带动前臂后仰回环引拍，身体重心在右脚上，准备起跳击球。

击球动作。下面分别介绍接发球回击高远球、平远球、吊球和劈球、杀球、抽杀球的击球动作。

接发球回击高远（平高）球击球动作：击球点在头前上方，上臂带动前臂迅速内旋向上挥动，将力传递至手腕，手指发力，用正拍面于地面呈稍大于90度的夹角（击平高球）和接近120度的仰角（击高远球）将球击出。

接发球回击吊球和劈球击球动作：击球点比回击平高球和高远球靠前约10厘米，上臂带动前臂迅速内旋向上挥动，通过手腕和手指控制击球力量（劈球比吊球力大），用球拍面与地面夹角呈小于90度的斜面（劈球比吊球击球角度更大）切击球托右侧（头顶击球切击球托左后侧）。

接发球回击球杀球击球动作：身体充分后仰呈弓形展开，击球点比回击吊球再靠前约5厘米，上臂带动前臂迅速内旋向上挥动，最后通过手腕手指发力，用与地面呈近似75度的夹角将球击出。

接发球回击抽杀球击球动作：手臂迅速内旋、后倒回环引拍，用与地面呈90度左右的夹角拍面向前挥动击球。

回动。击球后，持拍手随惯性动作向身体左前下方挥动并迅速将拍收回体前，脚步向中心位置跟进回动，做好下次接球的准备。

（五）接发球移动步法

1. 正、反手前场接发球移动步法

以单手接发球准备姿势站立，正手前场接发球时，判断来球方向后左脚蹬地，右脚向身体右前来球方向跨大步击球，如图 12 - 20 正手前场接发球。接球后，脚步向场地中心位置移动，准备接下一个来球。

反手前场接发球时，则判断来球方向后右脚蹬地向身体左前来球方向跨步接球，如图 12 - 21 所示反手前场接发球。

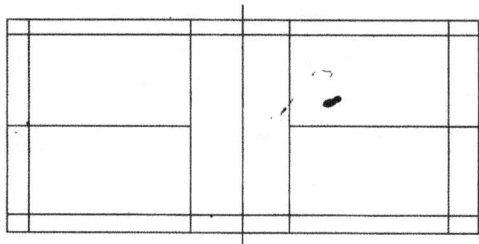 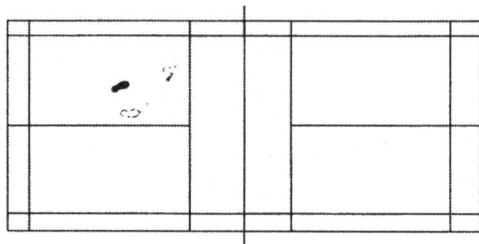

图 12 - 20   图 12 - 21

2. 接头顶、正手后场发球移动步法

以单打接发球准备姿势站立，头顶后场接发球时，双脚蹬地向身体左后侧来球方向起动，同时右脚回退第一步，身体重心在右脚上，配合上肢击球动作，向身体左后侧方向交叉起跳接发球，如图 12 - 22 后场正手头顶接发球 A 所示。

正手后场接发球时，左脚蹬地向身体右后方起动后退第一步，右脚经左脚向来球方向交叉后退第二步，如图 12 - 22 后场正手头顶接发球 B 所示，配合上肢交叉起跳接发球。

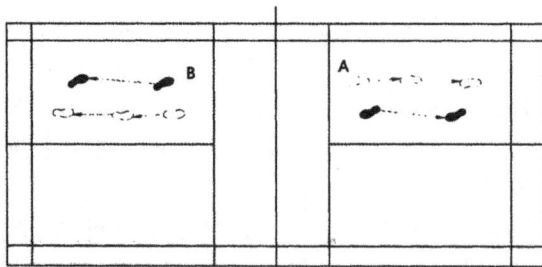

图 12 - 22

第三节　羽毛球战术训练

一、单打战术

（一）接发球抢攻战术

接发球抢攻战术是接发球战术中最有威胁的一种战术，但是，前提是对方发球的质量

欠佳。如发高球时落点不到位；发前场区球过网时过高；发平射球时速度不快，角度不佳；发平高球时节奏、落点、弧度不佳等都会给接发球抢攻造成机会。离开了这一前提条件而盲目地进行抢攻，效果就差，成功率就低。除此以外，还要有积极的、大胆的抢攻意识。要获得抢攻战术的成功（得分），还得根据自己的技术特点和身体条件，同时结合对方的技术特点、身体条件和心理素质。例如，当对方从右场区发一平高球落点欠佳，已造成我方发动抢攻的极好时机，就要运用自己最擅长的技术，抓住对方的弱点，果断大胆地抢攻。

抢攻战术的完成大都要由两三拍抢攻球路的组织才能奏效。所以一旦发动抢攻就要加快速度，扩大控制面，抓住对方的弱点或习惯路线一攻到底，一气呵成地完成整个组合的抢攻战术。

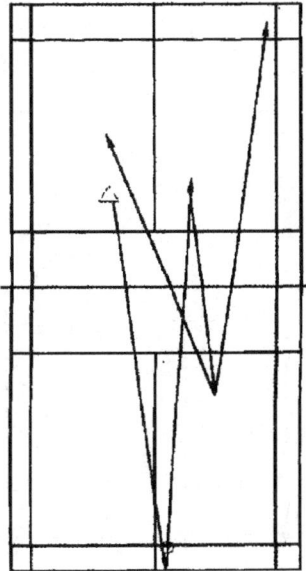

图 12 – 23

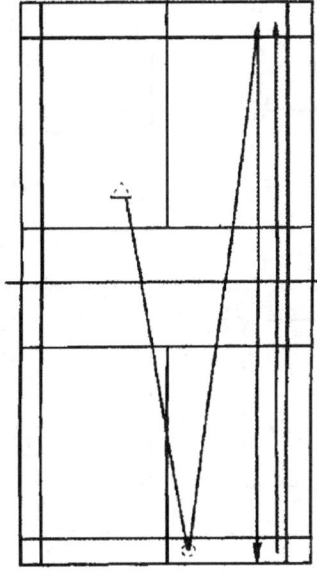

图 12 – 24

如图 12 – 23 发球后抢攻中路所示，发球方从右场区发一平高球，由于控制得不好，使接发球方有了可抢攻的机会，而且发球方防守中路球的能力差，故接发球方可大胆快速地攻击对方的中路弱点，然后快速上网。第一次攻击如果能得分最好，不能得分就要靠快速上网进行第二次攻击，即上网扑球，以达到这个回合的抢攻目的。

（二）单个技术的进攻技术

重复平高球进攻战术：这种战术的特点是以重复平高球进攻对方的同一个后场区，甚至可连续重复数拍，如图 12 – 24 所示发球后抢攻中路，置对方于"死"地，或逼对方击出一个半场高球，以利我方进行最后一击。这种战术对付回动上网快、控制底线能力差，以及侧身后退步法差的对手很有效果。图 12 – 25 ~ 图 12 – 30 所示属于重复平高球战术的例子。

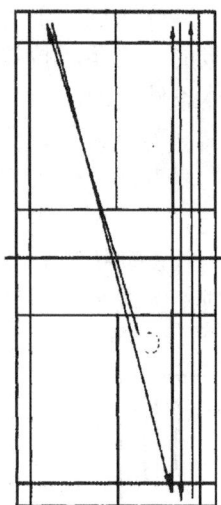

图 12 –25

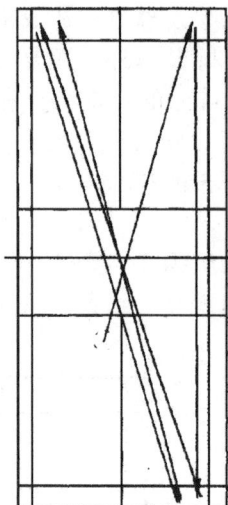

图 12 –26

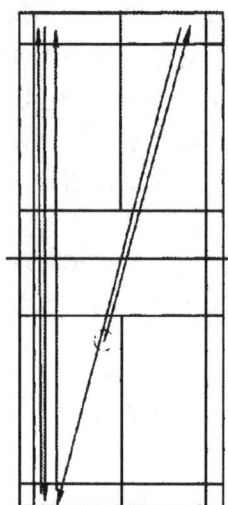

图 12 –27

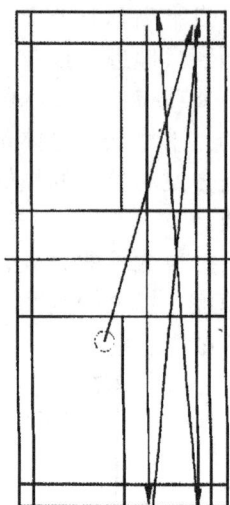

图 12 –28

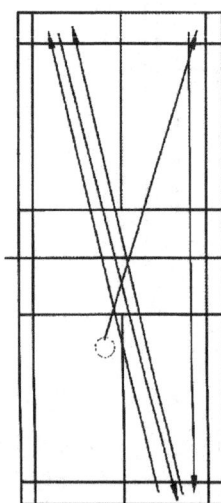

（a）

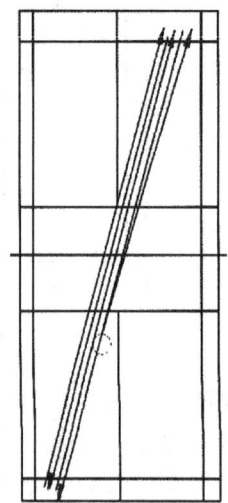

（b）

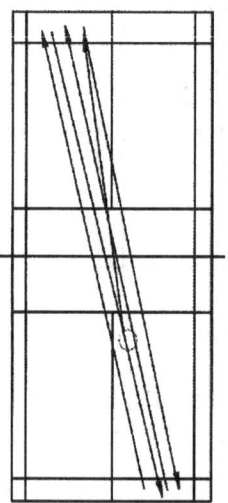

（c）

图 12 –29

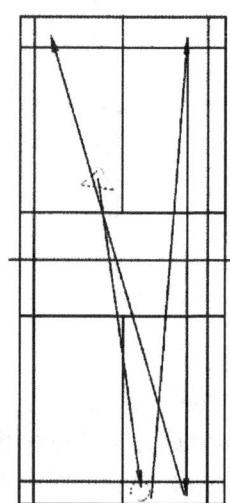

图 12 –30

　　拉开两边平高球进攻战术：这种战术的特点是使用平高球或挑平高球连续攻击对方两边后场底线，以求获得主动权，或逼对方采用被动战术，以利我方进行最后一击，如图 12 –30 所示的两边平高球。

　　采用这种战术，要求击球方控制平高球的出手速度和击球的准确性、爆发力与动作的一致性等都比较好。对付回动上网快但两底线攻击能力差的对手是很有效的。图 12 –31 ～图 12 –37 所示均属于拉开两边平高球战术。

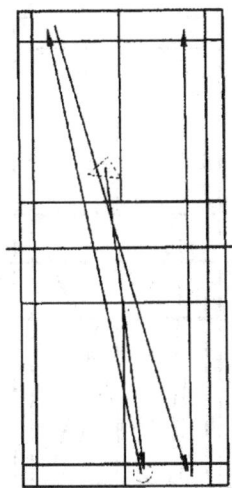 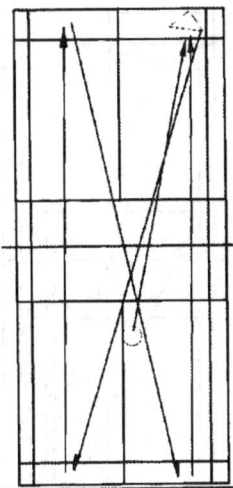 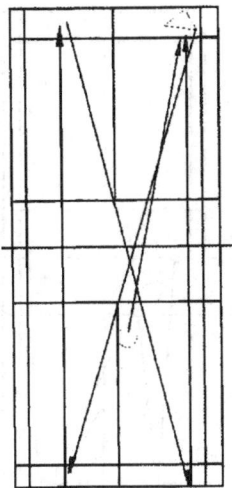 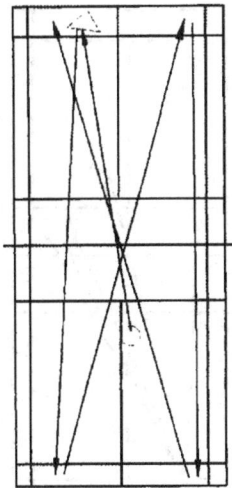

图 12 - 31　　　　　　图 12 - 32　　　　　　图 12 - 33　　　　　　图 12 - 34

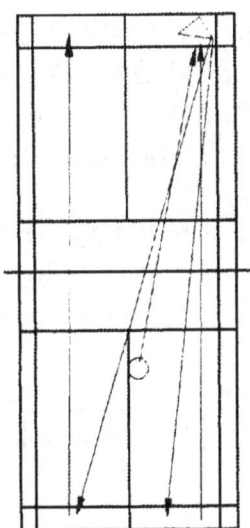 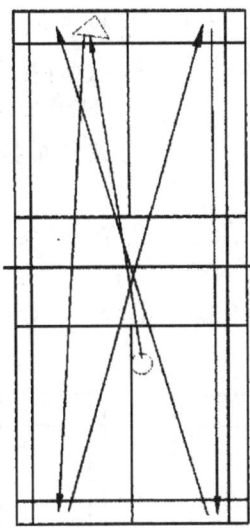 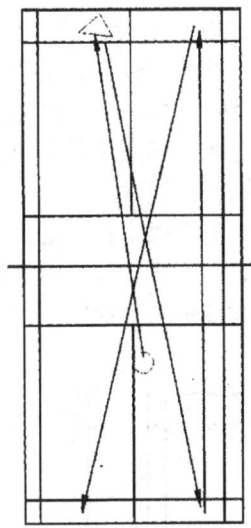

图 12 - 35　　　　　　　图 12 - 36　　　　　　　图 12 - 37

以上例图只以两拍为例，但在实战过程中，有时可以创造出最后一击的机会，有时也需要经过反复数拍才能完成。这种战术，重点是将球击到对方两底线处，迫使其回击出有利于我方进攻的球。另外，这种战术也只以对方回击高球为例，当对方以吊、杀、劈球回击时，运用此战术也可将球压至对方底线处，从而争取主动再采用吊杀劈战术。

重复吊球进攻战术：这种战术的特点是重复进行吊两边或吊一边，以求获得主动攻击权。这种战术对于我方吊球技术较好并能掌握假动作吊球者，对待对方上网步法差，或对方底线球不到位，而急于后退去防守我方的杀球者最为有效，如图 12 - 38 所示的重复吊球，其他球路如图 12 - 39 ~ 图 12 - 45 所示。

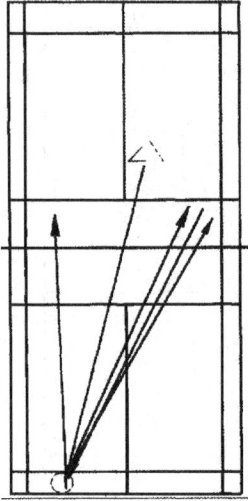 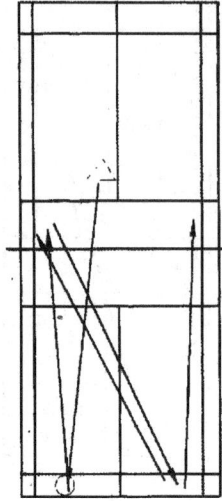 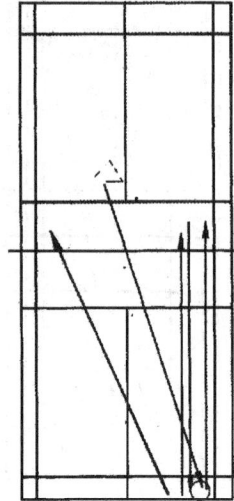 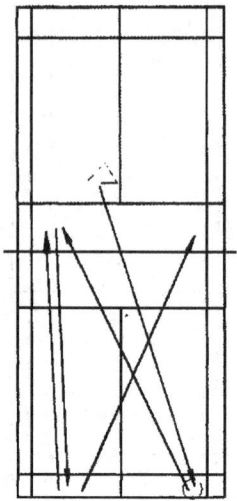

图 12 – 38　　　　　　　图 12 – 39　　　　　　　图 12 – 40　　　　　　　图 12 – 41

慢吊（软吊）结合快吊（劈吊）战术：所谓慢吊（软吊），是指球从后场吊球至网前的速度较慢，且弧度较大，落点离网较近，采用这种技术结合高球是为了达到拉开对方站位的目的，有时也可得分。所谓快吊（劈吊），是指球从后场吊球至网前的速度较快，出球基本成一直线，落点离网较远。这是当对方站位被拉开，而身体重心失去控制的一瞬间，所采用的一种战术。

重复杀球进攻战术：当遇上一位防守时经常习惯反拉后场球的对手时，就可采用重复杀球的进攻战术（图 12 – 46、图 12 – 47）。采用这种战术首先要了解对手的这一情况，然后先运用轻杀或短杀，此时，我方不能急于上网，而要调整好自己的位置，以利于采用重复杀的战术。

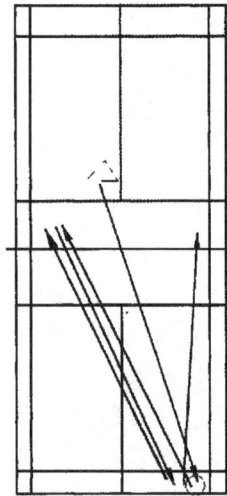 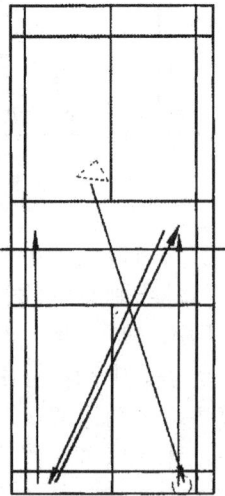 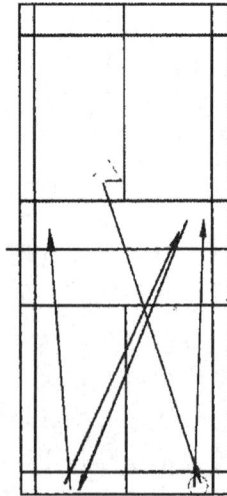 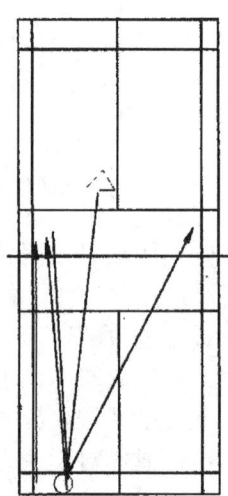

图 12 – 42　　　　　　　图 12 – 43　　　　　　　图 12 – 44　　　　　　　图 12 – 45

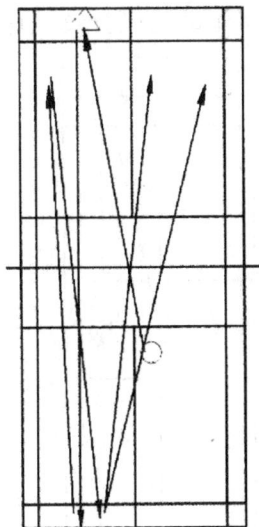
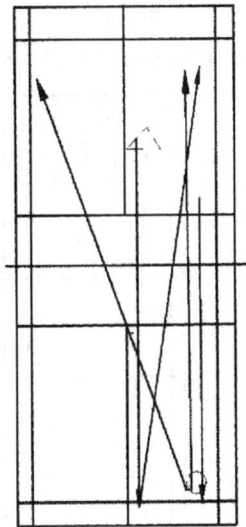

图 12 – 46　　　　　　　　　图 12 – 47

　　长杀结合短杀（点杀、劈杀）的进攻战术：长杀结合短杀（点杀、劈杀）战术，概括地说，就是"直线长杀，对角短杀"。它比起直线短杀结合对角长杀效果会更好。因为"直线长杀结合对角短杀"造成对方接杀时，需要移动的距离比较远，如图 12 – 48 所示的长杀结合短杀，增加了防守的难度，而直线短杀结合对角长杀所需移动的距离，如图 12 – 49 所示的长杀结合短杀则较短，从图 12 – 49 中也可清楚地看到这两种方法的对比。

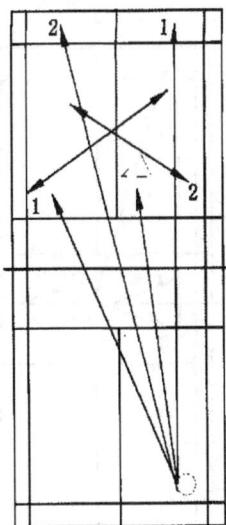
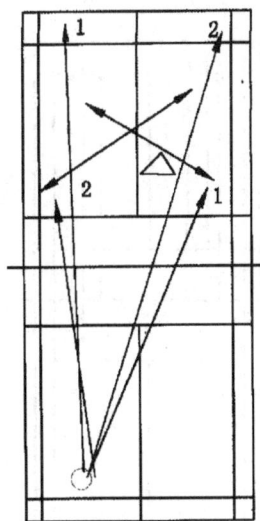

图 12 – 48　　　　　　　　　图 12 – 49

　　重杀与轻杀的进攻战术：半场重杀，后场轻杀是这一战术的概括。当我方通过拉吊创造出半场球的机会时，应该采用重杀战术；反之，球在后场我方还想采用杀球时，一般多用轻杀。因为半场球用重杀，哪怕是失去身体重心，也不至于造成控制不了网前的局面，但是，如果在后场采用重杀，万一失去身体重心，上网慢了就控制不住网前。而轻杀可使自己保持较好的身体重心位置，以利于下一步控制网前。

重复搓球进攻战术：当碰到对方上网搓球之后习惯很快退后的对手时，我方就可采用重复搓球的战术，如图 12-50 所示，以达到获得主动的机会及破坏对方后退进攻的意图的目的，其他情况如图 12-51 ~ 图 12-54 所示。

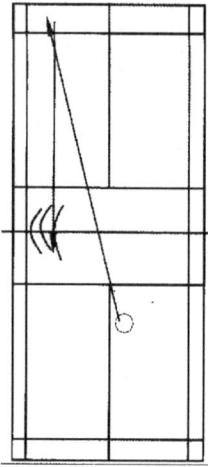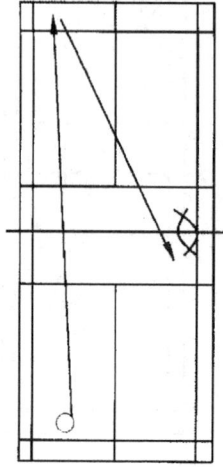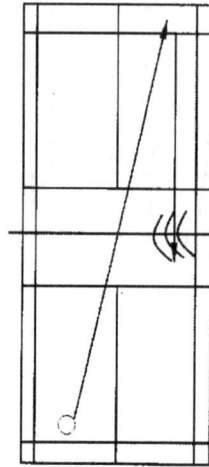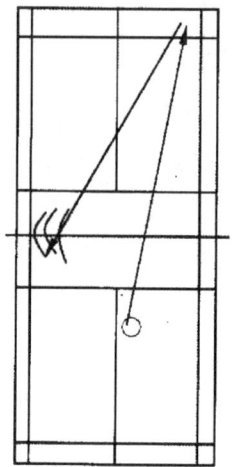

图 12-50　　　　　　图 12-51　　　　　　图 12-52　　　　　　图 12-53

重复推球进攻战术：当碰到对方从后场拦网前球之后迅速回动至中心的对手时，我方就可采用重复推球的战术，特别是反手网前推直线球威胁更大，图 12-54。

两边勾球进攻战术：当我方从网前勾对角网前球，对方回搓一直线网前并退后想进攻时，我方可以再勾一对角线球。运用这一战术来对付转体差的对手时更有效果（图 12-55）。

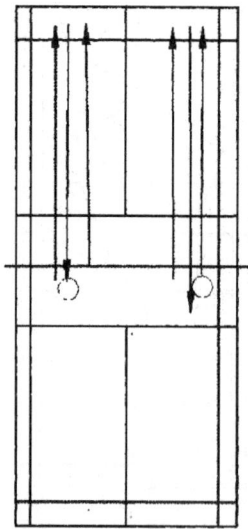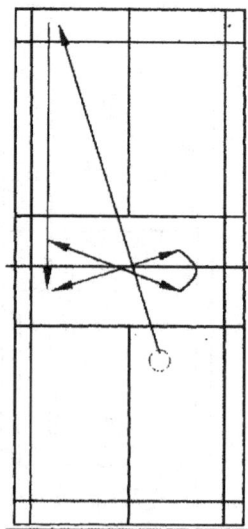

图 12-54　　　　　　　　　图 12-55

以上所介绍的单个技术的进攻战术主要是指各种技术的重复战术。要想运用好，首先要练好该技术的基本功，然后根据比赛场上对手的实际情况采取某一种单一重复战术，以发挥更大的威力。

组合技术的进攻战术应变如下。

（1）以平高球开始组织的进攻战术：所谓"快拉快吊结合突击"的打法，包括平高结合突击战术（图12-56）、平高结合劈吊战术（图12-57）和平高结合杀吊战术（图12-58），实际上就是以平高球开始组织进攻的战术。单打比赛中，一个球的争夺一般有3个阶段，即控制与反控制阶段，主动一击阶段以及最后致命一击阶段。

例如，我方从正手后场区以直线平高球攻击对方头顶区，对方想摆脱被动局面反打一对角平高球，企图让我方回击直线高球，恢复其主动地位。此时我方反压对方头顶区（采用重复平高球战术），逼对方回击一直线高球，而且移开了对方的中心位置，获得了主动一击的战机，并迅速地采用吊劈对角球，从而控制了整个局面。此时，对方很被动地接回一个直线网前球，我方判断到对方只能这样回击，很快上网做了个搓球假动作后迅速地推一直线，造成对方被动回击一直线半场高球，形成我方最后一击的形势。我方大力杀中路追身球，对方只能应付挡一网前球，而且回击质量不好，我方迅速上网扑球，终结了这一回合的争夺。

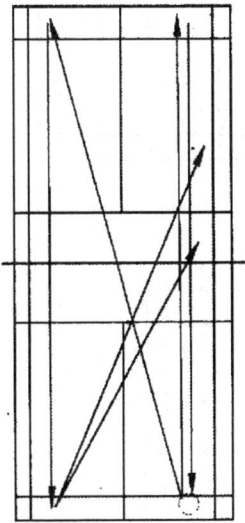 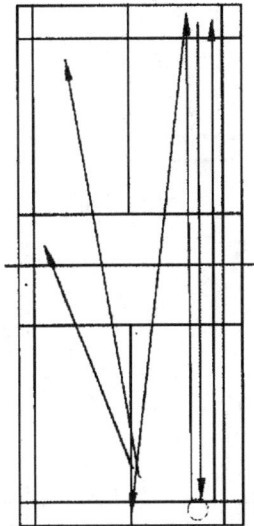 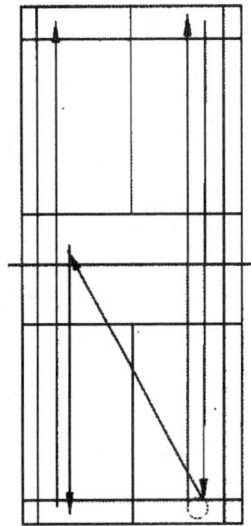

图 12-56   图 12-57   图 12-58

如图12-59所示，1—2拍属控制反控制阶段，3—4拍属主动一击阶段，5—6拍属致命一击阶段。在进行控制反控制争夺主动权时要稳、准、活，一旦获得主动一击的战机之时要快、准，在最后一击时要快、狠。在处理每个球时，要清醒地判断自己所处的情况，不应混淆3个阶段来处理球。如还未获得主动一击的情况下，不应采用主动一击的行动，更不应采用最后一击的行动。总之，在每一个回合的争夺战中，要清醒地处理每个阶段的球。前面说的是不能超越阶段处理，可是，如已处在主动一击时而不用主动一击的行动，或是已处在最后一击情况下而不采用最后一击的行动，都是不对的，都会造成被动或失去主动权。

采用以平高球开始组织进攻的战术，必须考虑如下几个条件：首先是自己具备较好的平高球控制能力，并且有一定的防守对方进攻的能力；其次，对方的后场进攻能力不是太强，不是一个抢攻型队员；最后，对方的步法移动有弱点，通过高吊可以控制对方，否则难以取得比较满意的效果。

（2）以吊劈开始组织进攻的战术：吊杀控制网前进攻战术就是以吊劈开始组织进攻的战术。其中有吊上网搓创造突击进攻战术（图12-60）、吊上网推创造突击进攻战术（12

－61）、吊上网勾创造进攻的战术（图 12－62）、吊杀进攻战术（图 12－63） 等。采用这种战术的条件如下：第一是自己要有较好的吊球或劈吊球技术；第二是对方上网能力较弱；第三是对方后场进攻威力很强，为了不让对方发挥优势而采用这种战术。

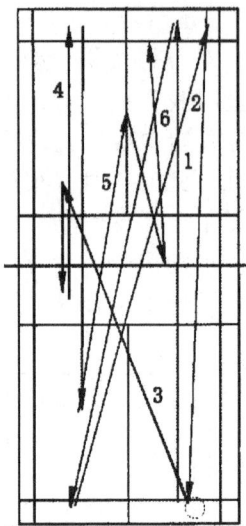
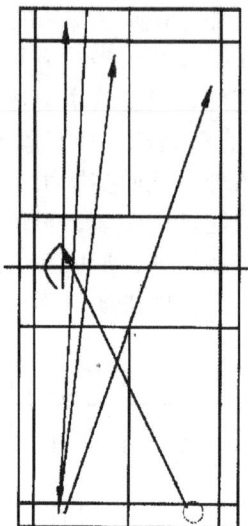
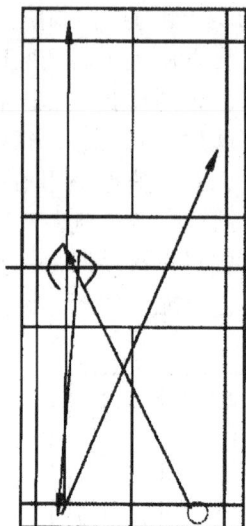

图 12－59   图 12－60   图 12－61

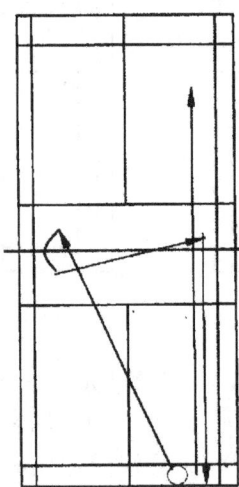
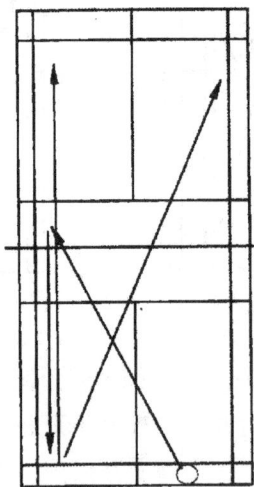

图 12－62   图 12－63

（3）以杀劈开始组织进攻的战术：以杀劈开始组织进攻的战术，是属于抢攻型队员的典型战术。采用这种战术打法必须具备良好的速度耐力，较好的杀劈上网控制网前的技术和步法，是一种威胁性很大的战术，如图 12－64 所示。此战术在 20 世纪 60 年代以方凯祥为代表，但目前已很难看到我国优秀选手中有这种打法。而在印尼选手中却有不少人运用这种打法，以阿尔比为代表，其特点是以快速杀劈上网搓或推、勾、扑控制网前球，创造出第二次的杀劈机会。采用这种打法的队员只要有机会，就采用杀劈技术。

（4）以控制网前球开始组织进攻战术：当对方常发网前球时，我方想组织进攻就必须从控制网前球开始，首先必须具有较快的上网步法，同时还需具有较好的搓、推、勾、扑一致性较强的技术，才能有效组织这一进攻战术。有了这两点才能有效地组织这一战术，如搓扑进攻战术（图12－65）、推杀进攻战术（图12－66）、勾扑进攻战术（图12－67）、扑杀进攻战术（图12－68）等。图12－69表明：在这几个回合击球中，采用了3个网前的主动技术搓、推、勾来创造最后一击的扑杀机会。

（5）以路线和区域组成进攻战术的应变。

①对角路线的进攻战术。无论采用什么技术，都以回击对角路线来组织战术。特别是当对方打直线球时，我方以对角路线回击，对转体差或慢的对手是很有效的一种进攻战术（图12－70）。当然，采用这种战术不能太死板，一旦被对方发现规律，易产生不利于自己的局面。

②三角路线的进攻战术。采用这种战术的原则就是当对方回击直线球时，我方就打对角球；反之，对方回击对角球时，我方就打直线球。这种战术的特点是可以使对方移动的距离最远，难度较大，只要能准确地判断对方回球的路线，采用"三角路线"是一种较有效果的进攻战术（图12－71）。

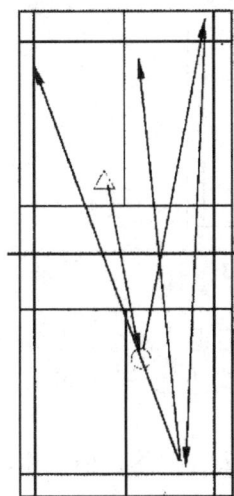
图 12－64

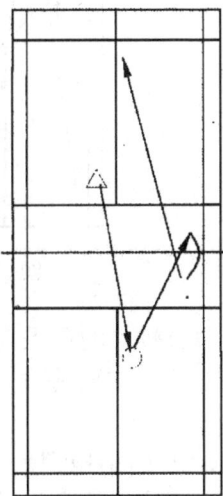
图 12－65

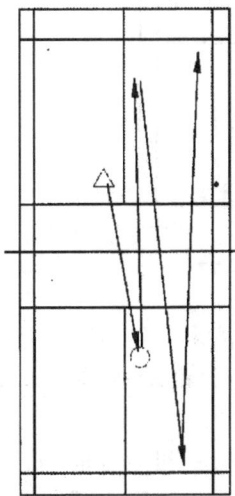
图 12－66

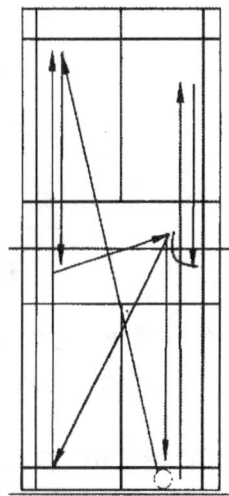
图 12－67

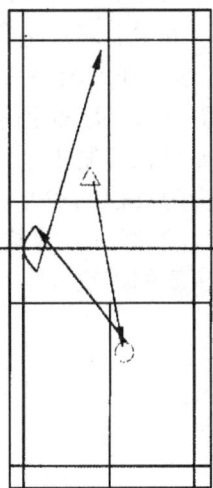
图 12－68

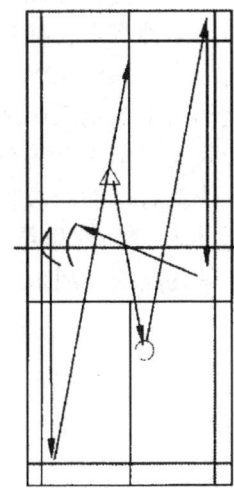
图 12－69

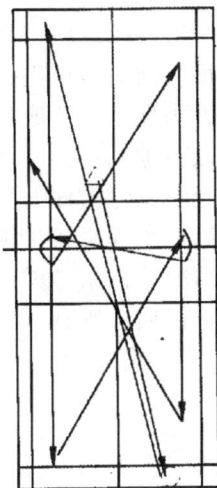
图 12－70

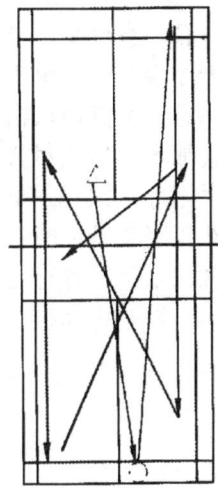
图 12－71

③攻后场反手区进攻战术。针对对方反手区有较大的弱点，如侧身步法差，回击头顶球之后位置易被拉开，反拍技术较差，头项区球路死板等，对我方构不成太大的威胁，采用攻后场反手区进攻战术的成功率就会较高（图 12 – 72）。

④攻后场正手区进攻战术。针对对方后场正手区有较大的弱点，如正手侧身步法差，回击正手区球后位置易被拉开，正手区的球路对我方构不成太大的威胁等因素，采用此战术效果较好（图 12 – 73）。

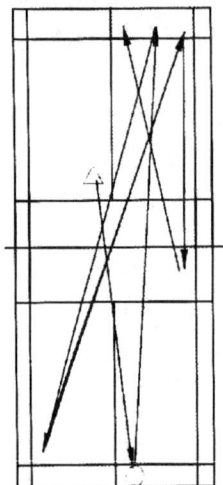

图 12 – 72

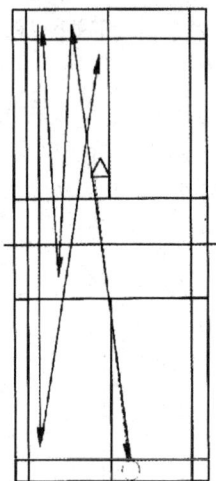

图 12 – 73

⑤攻后场两边的进攻战术。针对对方后场两边有较大的弱点，如后退步法慢，后场手法差，进攻能力和防守能力都较弱等，采用重复压对方两底线战术效果较好（图 12 – 74）。

⑥攻前场区进攻战术。针对对方前场区较弱，如上网速度慢，步法有缺陷，前场手法差，从前场击出的球路及质量对我方威胁不大，采用这一战术效果较好。

以上介绍的单打进攻战术是分解各个技术的简述，其实在比赛中单独使用某一种战术而得分的技术并不多，高水平的运动员双方都是经过多拍的控制和反控制才能获得主动进攻的机会，直至采用致命一击，所以应该组合使用多种战术，抓住对手的主要弱点进行组合攻击才会奏效，也不易很快被对方识破所用的战术。如图 12 – 75 所示，开始的 1—2 拍是使用重复平高球攻击对方头顶区，造成对方被动后第 3 拍采用杀对角战术，4—5 拍采用重复推战术，造成对方陷入更被动局面，第 6 拍采用对角杀劈得分。如果在控制中由于出球质量不好，或对方早已判断到你击球的目的，他就有可能由被控制变为反控制我方。因此，获得了主动权时，要以熟练而准确的基本技术和较强的思维能力，根据对方的站位、技术和战术优缺点与心理情况等，来考虑一个击球的路线，组成灵活多变的进攻战术，才能牢牢地控制主动权，取得最后的胜利。

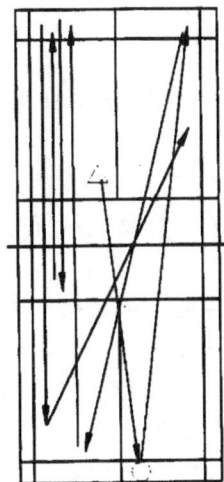

图 12 – 74

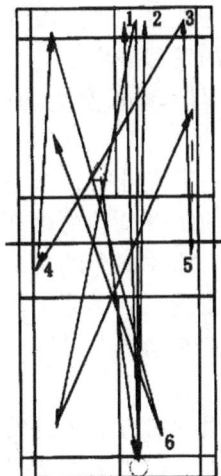

图 12 – 75

二、双打战术

（一）双打发球战术

双打中，发球的战术具有特别重要的意义。发球质量的好坏，从战术意义上讲，直接影响到场上的局势。因此，运用好发球战术，有利于控制整场局势，对获胜有重要意义。

（1）以我为主的发球战术：首先必须清楚地了解自己发球有什么优势，第三拍有什么优点，不应过多地考虑对方接发球的能力，应根据我方发球与第三拍的能力来组织发球技术。

（2）根据对方站位、站法来决定发球战术：目前接发球的站法有 4 种，即一般站位法、抢攻站位法、稳妥站位法和特殊站位法。

①一般站位法：特点是站在离中线和短发球线适当的距离，主导思想是以稳为主，保护后场，对前场以推、搓、放半场为主。发球时要以发近网 1、2 号位为主，多点配合，使对方不能集中精力，这样对方就不可能打出较凶狠的球（除了我方发球偏高之外），这时的主动权取决于第三拍的回击质量。

②抢攻站位法：特点是站位离发球线很近，身体倾斜度较大，目的是要进行抢攻，以扑球、跳杀为主来处理接发球。发球时首先洞察对方站位的目的是要进行抢攻还是怕自己接发球不好陷入困境而想冒险，还是想要以此来威胁恐吓我方，判断准确了才能以恰当的发球手段来对付对手。我方发球应以质量为主，结合时间或假动作，达到破坏对方想抢攻或冒险恐吓的目的。

③稳妥站位法：特点是站在离发球线远一些的位置上，身体倾斜度较小。这是只求把球打过去而进攻意识较差的一种过渡站位法。发球时不要发高远球，应该以发网前球为主，因为对方站位消极，必然起动慢，我方发近网球有利于第三拍的反攻。

④特殊站位法：一般站位都是左脚在前，右脚在后，但特殊站位法改变为右脚在前，左脚在后，这种站位法一般以右脚跳击球，不论上网或后蹬，均以一步蹬跳击球。发球时，在还不了解对方改变站位法的目的及其优缺点的情况下，还是要以我为主发球，但要尽快掌握对方的目的及其优缺点，从而制定有效的发球战术。

（3）根据对方打法弱点制定的战术：

①调动队形的发球战术。

对方情况：甲后场进攻能力较强，网前封网一般。其队形安排为甲在后场，乙在前场。

发球战术：向甲发球时，多发前场区球；反之，向乙发球时多发后场区球。这样，一开始就会把对方的队形调动为甲在前、乙在后，限制对方发挥其队形优势。

②避开特长、抓住弱点的发球战术。

对方状况：在接发后场区 1 号区时扑球较好，接 2 号区一般，接 3 号区较差，接 4 号区一般。而在接发左场区 1 号区时较好，接 2 号区时较差，接 3 号区球路死板且失误多，接 4 号区攻击力差。

发球战术：根据对方上述的发球特点，我方就应该在右场区更多发 3 号区结合发 4 号区，而在左场区则应该更多发 2 号区和 3 号区，以避其长而攻其短。

（4）发球时间变化战术：发球时间变化要做到快慢结合自如，使对方摸不到准确的击球时间。要掌握好这种快慢结合的发球战术，就一定要有熟练的手法动作及合理的用腕技术。否则，即使在时间上起到了破坏对方起动的作用，但因发球质量太差也达不到目的。

以上介绍的有关发球的战术，如果离开了最基本的发球质量，那么发球的战术意义就不大了。

由于双打的后发球线比单打短，在双打中若发高远球，接发球方可以大力扣杀，直接争取主动，同时又有较少的后顾之忧。因此站位往往压在靠近前发球线处，对发球者造成很大的心理上和技术上的威胁。所以，发球质量、路线的配合、弧线的制造、落点的变化对整个双打比赛的胜负意义极其重大。可以毫不夸张地说，比赛的双方若水平差不多，则胜负取决于发球质量。

（二）双打进攻战术

1. 攻人

这是双打中常用的一种战术，就是以人为攻击目标。对付两名技术水平高低不一的对手时，一般都采用这种战术，对付两名实力相当的队员也可采用这一战术。集中进攻对方一名队员，常能起到"集中优势兵力打歼灭战"的作用；在另一队员过来协助时，又会暴露出空档，可在其仓促接应、立足不稳时进行偷袭。

2. 攻中路

（1）守方左右站位时把球打在两人的中间：这种战术可以造成守方两人抢接一球或同时让球，彼此难以协调；限制对手在接杀球时挑大角度高球调动攻方；有利于攻方的封网，由于打对方中路，对方回球的角度也小，网前队员封网的难度就小了。

（2）守方前后站位时把球下压或轻推在边线半场处：这种战术多半是在接发网前球和守中反攻抢网时运用。这种球守方前场队员拦截不到，后场队员又只能以下手击球放网或挑高球，后场两角便会露出很大空当，因而有机可乘，可攻击他的空当或身体位。

（3）攻后场：这种战术常用来对付后场扣杀能力较差的对手，把对方弱者调动到后场后也可以使用。此战术多采用平高球、平推球、挑底线把对方一人紧逼在底线，使其在底线两角移动击球，在其还击出半场高球或网前高球时即可大力扣杀，取得该球的胜利或主动。如在逼底线两角时对方同伴要后退支援，则可攻击网前空当或打后退者的追身球。

（4）后攻前封：后场队员积极大力扣杀创造机会，在对方接杀放网、挑高球或企图反击抽球时，前场队员以扑、搓、勾、推控制网前，或拦截吊、点封住前半场，使整个进攻连贯而又有节奏变化，使对方防不胜防。

（5）防守：

①调整站位。为了摆脱被动，伺机转入反攻，首先要调整好防守时的站位。如果是网前挑高球，那么击球者应该直线后退，切忌对角后退。直线后退路线短、站位快、对角后退路线长，也容易被对方打追身球。另一名队员应根据同伴移动后的情况补到空当位。双打防守时的站位调整，都是一名队员在跑动击球时，另一名队员根据同伴的移动情况填补空当。

②防守球路。

a. 攻方杀球者和封网队员在半边场前后一条直线上，接杀球应打到另半边前场或后场。

b. 攻方杀球者和封网者在前后对角位上，接杀球可还击到杀球者的网前或封网者的后场。

c. 攻方杀球者杀对角后，另一名队员想要退到后场去助攻时，接杀球时可以还击到网前中路或直线网前。

d. 把攻方杀来的直线球挑对角，杀来的对角球挑直线以调动杀球者。

关于防守的方法还有许多，但都是为了破坏攻方的进攻节奏和进攻的势头，在攻方进攻势头一减时即可平抽或蹲挡，若攻方站位混乱出现空当时，守方即可抓住战机转守为攻取得丰动。

（三）双打配合中的几个主要问题

关于防守的方法还有许多，但都是为了破坏攻方的进攻节奏和进攻的势头，在攻方进攻势头一减时即可平抽或蹲挡，若攻方站位混乱出现空当时，守方即可抓住战机转守为攻取得主动。

1. 共同的目标是双打配合的思想基础

首先要增强为国争光的事业心，明确大家都是为了一个共同的目标来攀登羽毛球技术高峰的。有了这个思想基础，思想上的配合问题就能迎刃而解。反之，只考虑个人私利、骄傲自大，只看到自己的长处，看不到自己的短处，就会出现不协调、闹矛盾。如果为了满足其个人主义的要求而拆对又配新同伴，过一段时间新的问题又会出现，配合问题总是得不到解决。因此，只有从根本上克服个人主义思想，提高对打球的目的性的认识和树立事业心，才可能解决双打配合中的其他更细致、更复杂的问题。

2. 要做到互相信任

比赛中如果双方互相不信任，必然会造成在球场上表现失常。例如发球队员对同伴第三拍的技术不放心，总担心他守不住，这样就必然会影响到自己的发球质量；反之，在后面的同伴对发球同伴不信任，怕他发球太高，导致自己处理不好第三拍，结果由于思想不集中或过度紧张反而造成第三拍失误。这都是由于互相不信任造成的。我们提倡在思想上互相信任，如发现同伴某一项技术或战术比较差，就应该帮助他迅速提高，帮助同伴提高的同时也提高了自己。而存在问题的一方也要考虑到如不迅速提高将会对配合产生不利影响，因此，应该更刻苦地训练，尽快掌握、改进技术和战术，以适应战术上的需要。

3. 要互相鼓励、互相补缺

往往有这种情况，同伴由于种种原因未发挥出应有的水平，这时，就会出现两种情况：一种情况是热情鼓励，并以很大的努力来弥补同伴的弱点，使其能在鼓励和帮助之下转变情况而发挥得比较正常；另一种情况是当同伴发挥不正常时，就埋怨，态度很生硬、很冷淡，总认为球打不好都是同伴的原因，这样，不只是同伴改变不了情况，埋怨者本人也会因此而没劲儿，所以往往是以埋怨开始而以泄气告终。因此，碰到这种情况无一不失败的。

弥补同伴弱点的办法有两种：一是加强攻势，以减轻防守压力；二是在不得不防守时，尽量把球送到和同伴成对角的落点上，以减少对方进攻同伴的机会和降低威胁，使同伴也能守得住，从而增加信心。若同伴的体力较差，又常被对方逼到底线，造成很大困难，这时体力较好的一方应主动要求同伴进攻对角线，后上网，自己退后进行左右移动进攻，让同伴回到网前以调整和恢复体力。

以上类似的情况有时会在一场比赛中都出现，也可能出现某一种情况，这时若不能很好地处理，势必造成失败。因此，提倡在碰到困难时要做到互相鼓励、互相弥补缺点，不埋怨、不泄气。

4. 在战术上要做到互相了解

在一场比赛中，两个人要配合得默契，除了以上3点之外，在战术上应该互相了解，特别是在前场封网者一定要能做到了解后场同伴这时会打出什么路线的球，是扣杀还是打吊球，是攻直线还是攻对角，打完球之后是能够左右移动还是不能，后场是否要网前的人去补，如此等等都要在一瞬间做出准确的判断。如果这种判断正确的话，那么，配合就算默契。总之，要两人的想法一致才能打好双打，才能解决好双打的配合问题。

第十三章　网球运动

网球作为一项有氧和无氧交替的运动，更是一种男女老少皆宜的运动，正在受到越来越多的人的喜欢。本章，我们就对网球运动进行一下基本的认识。

第一节　网球运动概述

一、网球运动的起源

对于网球运动的起源，历史学家们相对集中的观点认为，这项运动起源于 12 世纪法国传教士所玩的用手掌击打一种类似小球的物体的游戏，方法是：在空地上，两人之间横拉一根绳子，然后用手掌将用层层的布包裹制成的实心球打来打去，以此来调节单调的生活。这种庭院网球后来由于王室贵族的参与而盛行于宫中。13 世纪，法国围王路易五世因网球游戏传播到民间后变成了一种赌博游戏，便将其定为王室运动，禁止平民参与。到了 14 世纪中叶，法国王储将这种游戏使用的球赠给英皇亨利五世，于是这种游戏便传入英国。网球游戏受到英国王室成员的喜爱，当时的宫廷、教堂和皇家园林建有网球场，贵族、僧侣们也热衷于此道。16—17 世纪是这项运动的兴旺时期，逐渐形成了一种比赛。由于这种活动只是在法国和英国的宫廷中流行，所以网球运动又称为"宫廷网球"或"皇家网球"的贵族运动。正是由于这段历史，现代网球运动长期保持一种文明、礼貌、高雅的文化氛围，加上现代网球运动对场地、球拍和球的要求较高，因此，网球运动也被称为"贵族运动"。

网球运动历史研究者对网球运动的起源众说纷纭，而对记分制的产生却意见一致。记分术语是从法语词来的，"Love"来自"L'oeuf"一词，意思是鸡蛋或零。"Deuce"来自"adeux"，意思是两个或共同。法国早期的货币也是采取这种 15、30、40 的增量方法，因此，有些法国人认为原始的记分制是仿效他们的货币而来的。

二、网球运动的发展

1896 年在希腊雅典举行的第一届奥运会上，网球单打与双打被列为正式比赛项目。后来，由于国际奥委会和国际网球联合会在"业余运动员"的定义上有分歧，已经连续 7 届奥运会进行的网球比赛被取消。直到 1984 年的洛杉矶奥运会上，网球才被列为表演项目。1988 年汉城奥运会，网球重又被列入正式比赛项目。

20 世纪 40 年代至 60 年代，网球趋向职业化。1968 年温布尔顿比赛首先实行不区分业余选手和职业选手的参赛制度，同年，法国和美国的网球赛以及次年的澳大利亚网球赛都向职业选手开放从而成为公开赛，突破了职业选手不能参加正式比赛的规定。1972 年，国际男子职业网球选手协会（ATP）成立，为男子职业运动员提供比赛的机会和条件，组织管理运动员的参赛资格、积分、排名、奖金分配以及制定比赛规则等，号称"球员工会"。1973 年，国际女子网球协会（WTA）成立。两个协会的成立使国际性、职业性的赛事大量增加，在空间和时间上覆盖着全球和全年。职业网球协会的成立激发了球员职业化、赛事商业化、网球运动市场化和产业化等连锁反应。

特别指出的是，1988 年第二十四届汉城奥运会上，网球恢复为正式比赛项目，结束了自从 1928 年第九届奥运会开始的职业与非职业网球运动员之间长达 60 年的分歧，经历了曲折的突破过程，网球运动开始全面步入职业化。

综上所述，网球运动的起源与发展可以用四句话来概括：孕育在法国，诞生在英国，开始普及和形成高潮在美国，现在盛行全世界。

三、我国高校网球运动的发展

中国大学生网球协会是中国大学生体育协会下属的一个分会，中国大学生体育协会网球分会成立于 1994 年，经教育部中国大学生体育协会决定并批准，主席单位原由浙江大学担任，现由上海大学担任。中国大学生体育协会网球分会是全国高等院校群众性体育团体，是中国大学生体育协会的分支机构之一。中国大学生体育协会网球分会前身为全国高校网球协会，从 1989 年开始相继在上海大学（1989 年）、广州中山大学（1991 年）和上海大学（1992 年）举办过三届网球邀请赛。此时，网球运动已广受大学生青睐。

2006 年 12 月，为使中国大学生体育协会网球分会主席单位的工作能顺利地开展，由上海大学推荐，经中国大学生体协批准［2007 年 20 号文］，上海大学副校长汪敏教授接替协会原主席壮云乾教授，担任中国大学生体育网球分会主席。

此阶段，网球分会在赛事组织与策划方面取得了突破性进展：2007 年 4—6 月，由中国大学生体育协会主办，由中国大学生体育协会网球分会协办，由北京、上海、广东和四川教委、教育厅及相关大学生体育协会承办，由索尼移动通信公司冠名赞助举办了第一届索尼爱立信中国大学生网球联赛，分别在上海大学（东区）、华南理工大学（南区）、西南石油大学（西区）、中央民族大学（北区）举行了分区赛，来自 19 个省市 73 所学校的 162 支队伍参加了各分区赛，各分区各组别前两名的代表队参加了在清华大学举办的总决赛。

多年来，中国大学生体育协会网球分会在教育部、中国大学生体育协会的支持下，在各会员单位的共同努力下，围绕"服务全国高校师生"的原则，准确定位，制定了切合实际的发展目标，逐步实施了"先普及，后提高，再走出国门交流"的"三步走"工作战略，把普及推广高校网球运动作为工作的首要任务，实现了协会不断发展的战略目标。目前，网球分会的会员单位已从网协成立之初的 20 所高校发展到如今的 181 余所。至 2013 年，已成功举办了 18 次全国大学生网球锦标赛、13 次（年）全国高校"校长杯"网球赛、7 次（年）全国高校校长网球邀请赛。

为高校教师构建学术交流平台，充分展示高校网球协会的特色，2009 年、2010 年，中国大学生体育协会网球分会科研论文报告会也得到了各高校领导、教师的重视和关注，近两年来，科报会递交论文累计达 260 余篇，每年参会代表达百人之多，得到了高校广大体育教师的积极响应，达到了科学办会、和谐建会的目的，为网球运动在全国高校中推广、普及和提高发挥了重要作用。

此外，中国大学生体育协会网球分会为鼓励各会员单位和广大大学生积极参与网球运动并取得优异成绩，倡议开展"四个一"工程活动，即"组织（参加）一个大学生网球社团或俱乐部、组织（参加）一次全校网球竞赛、组织（参加）一次校外网球活动（观摩或交流）、组织（参加）一次全国大学生比赛"，并取得了良好成效：通过大网协这几年的努力，网球运动已在全国高校蔚然成风，受益学生逐年增多。网球，这个十几年前在中国不甚流行的体育运动，已逐渐成为广大大学生日常健身和休闲生活的重要选择；网球运动和网球文化符合了 21 世纪人们生活的主题——"生命、生活、运动、休闲"，丰富和拓展了大学校园文化，大大促进了大学生的身心健康，深受广大学生的喜爱。

展望未来，协会工作任重而道远。伴随着协会规模的不断壮大和各项工作的日益增多，网球分会将继续开拓进取，不断创新，提高自身管理水平和工作效率，增强服务意识，协同各常委会成员和会员单位群策群力，积极探索赛事改革方案，寻求与国内外体育组织交流合作，拓展协会发展空间，为促进中国大学生网球事业的繁荣与发展作出更新、更大的贡献。

四、网球运动的特点价值

（一）网球运动的特点

1. 参与人群的广泛性

网球运动与高尔夫、保龄球、台球并称为世界四大绅士运动，其特有的魅力早已深入人心。网球项目参与人群不受年龄的限制，上至白发老者，下到少年儿童，均能在球场上充分体验到网球带给人们的乐趣，所以说网球运动是一种老少皆宜的体育运动项目。

2. 运动负荷的可调性

网球运动对于参加者的体能要求并不太高，身强力壮的年轻人可以将球打得又刁又重，拼尽全力扑救任何来球，尽情散发自己的青春气息；年老体弱的练习者可以把球轻轻地击来打去，根据自己的要求来变换击球节奏，从而达到锻炼身体、延年益寿的功效，既活动了身体，又娱乐了心情。不同年龄、不同性别的人都能在网球运动中找到乐趣，并且运动量和强度可以得到有效的调节和控制，参与者可根据自己的实际能力来确定运动量和强度，所以网球运动可以使不同年龄段、不同水平的参与者都乐在其中，体会这项有氧运动的乐趣。

3. 运动方式的休闲性

随着人们物质生活水平的提高，人们对生活质量的追求也越来越高，网球运动作为一项绅士运动，得到越来越多的人喜爱和推崇，网球人口也在迅速地增长，人们已经把网球运动作为一种休闲、娱乐的方式。网球运动既可采用单兵作战（两人对练），亦可集体会战（双打练习或三人对三人对练）。单人对练时，练习者可以随心所欲地打出任何弧线、任何远度、任何力量、任何速度和任何落点的球来。集体会战可以使练习者养成协调配合的习惯，培养集体主义精神。不同年龄、不同性别的人都能在网球运动中找到乐趣。

4. 场地器材的受限性

与其他运动项目相比，网球场的造价较高，运动本身对场地的要求也较高，因此在发展中国家，各级学校以及社区有网球场的寥寥无几，网球场馆的数量远远达不到人们休闲、娱乐、生活的要求。不过近年来，这种局面有了很大的改观，但只限一些重视网球项目的地区。

5. 自然环境的影响性

由于网球运动是室外运动，网球场馆大多建在露天的环境下，所以，天气等自然环境的变化对网球运动的影响较大。过去四大满贯中的法国公开赛等常常因为天气的原因而推迟比赛，各站的大师杯也是如此，比赛中球员抱怨天气的情况屡见不鲜。但现在，随着高科技的大力发展，室内防雨棚设备问世，已解决了这一问题。户外活动可以使锻炼者吸入新鲜空气，受到阳光照射，改善人体的血液循环与新陈代谢，同时感受大自然的美丽，在运动中怡心健体。室内活动可以使锻炼者保持身心清静，在祥和的氛围里展示自己、找回自我、陶冶情操。

6. 运动健身的锻炼性

球小能锻炼练习者的反应、观察能力，速度快能锻炼练习者的应变能力以及起动和动作速度，变化多则能锻炼练习者的判断力和思维能力，通过网球运动不仅可以提高技术，而且能很好地发展身体素质、增进健康。经常从事这项运动，能使人的身心都得到良好的锻炼。

7. 运动项目的智能性

网球因其球小、速度快、变化多，故对参加者的智力水准要求极高。球小能锻炼练习者的反应，这样小的球在很短的时间内发生许多精细的变化，没有"头脑"的人是很难从事该项运动的。欧洲人把网球运动称为聪明人的运动，即可见网球运动智能性之一斑。

8. 职业比赛的可观赏性

随着网球赛制和赛程的规范化、场地器材的改变，职业比赛越来越多，球员的技术水平越来越高，他们之间比赛的精彩程度也随之提高，使网球比赛有了更高的可观赏性。另外，电视转播技术的提高也使网球比赛吸引了更多的爱好者。

9. 比赛时间的不可控性

网球比赛无论是正式的比赛还是平时的娱乐，只要比赛双方实力接近，要想分出胜负，都将费时很长。正式比赛时男子为五盘三胜，女子为三盘两胜。一般比赛时间在 3～5 小时，大满贯赛事中因为比赛时间太长、太晚而在当天中止比赛、第二天继续比赛的情况也屡见不鲜。

10. 心理素质的高要求性

网球比赛除了团体比赛在交换场地时教练可以进行场外指导外，其他任何时候的比赛都不允许有教练进行指导，哪怕是手势也不行。整个比赛过程球员必须自己独立完成，没有好的心理素质，要想取得比赛的胜利是不可能的。

（二）网球运动的价值

网球运动是一项需要上肢、下肢协调配合的隔网对抗性体育项目。长期参与网球运动，可以增强人体的新陈代谢，促进人体机能的正常运转，改善神经系统的功能，保持人体内部环境与外部环境的平衡，对增进人体的身心健康、发展智力、培养坚忍的意志品质具有积极的促进作用。

1. 提高呼吸系统的功能

网球运动是一项以有氧、无氧运动相互交替，但以有氧运动为主的运动。经常进行网球运动，可以使呼吸系统的机能得到改善和提高。运动中，随着身体对氧气的需要量逐渐增加，呼吸系统的机能也便随着呼吸肌力量的增大、胸廓运动能力的增强、肺泡弹性的增强而得到加强。所以，经常进行网球运动能有效地增强人体的摄氧能力。普通人的肺活量为 3000 ~ 4000 毫升，而网球运动员一般可达 5000 ~ 6000 毫升。一些高水平的运动员为了适应激烈的比赛，经常要进行一些登山、游泳等运动，以增大肺活量从而促进体能的发展。可见，网球运动是提高呼吸系统功能的一项很有效的运动。

2. 发展身体素质

身体素质是身体发育状况和生理功能状况的综合表现。坚持网球运动，可大大提高速度、力量、耐力、柔韧性、灵敏性等各项身体素质，从而提高人体的运动能力。

网球运动有利于提高个体的力量素质。网球球拍比其他小球项目的球拍如羽毛球拍、乒乓球拍要重，这需要用更大的力量去挥动。经常打网球，可以促进肌肉力量的发展。这也是网球运动员比一般的乒乓球、羽毛球运动员看起来更为强壮的原因。

网球运动有利于发展个体的耐力素质。职业网球运动员在打五盘三胜制的比赛中往往要打满 5 盘，需要 4 ~ 5 小时的比赛时间。很多网球比赛是在 30% 左右的高温下进行的，一个运动员若没有良好的耐力素质，在高温下进行长时间、高强度的对抗是不可能的。在比赛中，往往谁跑得快，跑得远，跑得准确，谁便占据了较大的比赛优势，这对于个体的速度素质不仅是一种考验，也是一种锻炼。

网球运动有利于提高个体的柔韧性素质。网球运动要求动作能够充分伸展，如发球时的背弓动作，对运动员的肩关节和腰部的柔韧性要求很高；再如救一些大角度的来球或上网截击时，就要求选手要有良好的下肢柔韧性。

网球运动有利于提高个体的灵敏素质。由于网球运动中来球速度快，线路变化多，所以快速、灵敏、准确的反应能力尤为重要。经常参与网球运动，对个体灵敏素质的提高具有良好的作用。

3. 促进人的心理健康

近年来，由于社会的都市化，人们的生活越来越紧张忙碌，此时人们的身体与心灵上通常会出现一些反应，如疼痛、疲惫、忧虑、不安等。这些现象称为压力的表现形态。研究表明，适当的运动可以增进体能并增强免疫系统的活化作用。因此，选择适合自己的运动并配以充足的休息，是疏解压力、调节免疫的最佳手段。网球运动由于其运动强度适当、无身体接触、趣味性强、室内外都可进行等特点，成为人们调节心理健康的重要途径。

4. 提高人的社会交往能力

在现实生活中，当一些人出现孤独、人际关系不良等障碍时，很少有人会考虑通过体育手段来加以消除。事实上，体育运动既是身心运动，也是社会运动，不仅有利于身心健康，而且对人的社会健康具有积极的促进作用。网球场上，人们通过切磋球技而相识、交流，球友之间没有年龄的界限，没有性别的障碍，没有门第的高低，网球运动以其自身的特点，对提高人的社会交往能力产生着积极的影响。

第二节　网球技术训练

一、正手击球

正手击球是网球技术中最基本的击球技术，是初学者最先学习的击球技术。正手击球的特点是击球有力、速度快。一场网球比赛，正手击球的机会最多，有经验的运动员是依靠正拍来创造机会进而得分制胜的。对初学者来说，最重要的是先把球打过网并且要落在球场内，而正手击球恰恰容易做到这一点。

（一）正手击球技术要领

正手击球动作技术由 4 个环节组成：准备姿势、后摆引拍、挥拍击球和随挥跟进（图13 - 1）。

1. 准备姿势

面对球网，两脚自然开立与肩同宽或略大于肩宽，两膝放松，重心稍前移，落在前脚掌上，左手扶住拍颈，拍面与地面垂直，拍头指向对方，注意对方来球，做好击球准备。

2. 后摆引拍

当判断来球需要用正拍回击时，向右转肩，转髋带动球拍向后向上弧线引拍，引拍要迅速，球拍指向球场后端的挡网，拍底正对着球网，拍头向上稍高于手腕；同时移动双肩，重心后移，左脚前踏（与端线成45度角），左肩对网，尽量保持侧身迎击球，左手一定要随着侧身转体而指向前面的来球。

3. 挥拍击球

击球时应转动身体，用力蹬腿，以肩关节为轴，手腕固定，用大臂挥动带动小臂，沿着来球的轨迹挥出去，一般在左脚右侧前方与腰齐高的高度击球，当来球较高时，就快速后退；当来球较低时，应上前并屈膝，始终保持在与腰齐高的高度击球。

图 13 - 1

4. 随挥跟进

球触拍后，使拍面平行于网的时间尽量长些，挥拍沿着球的飞行方向前送，重心前移落在左脚上，身体转向球网，拍头随着惯性挥到左肩的前上方，肘关节向前向上，用左手扶着拍颈，随挥跟进结束，立即恢复到准备姿势。

（二）正手击球技术类型

1. 正手上旋球

正手上旋球的特点是飞行弧线高，下降陡，落地后反弹高且远，前冲力较大。正手上旋球具有较强的攻击性而失误很少。正手上旋球技术同正手击球的 4 个技术环节相似。面对球网，两脚自然开立，重心稍前移，落在前脚掌上，左手扶住拍颈，注意对方来球。当来球时，迅速向后引拍，向来球方向迈出前脚，侧对球网，屈膝降低重心；向前挥拍时，重心移向前脚，在前脚右侧前方击球，拍面稍后仰，球拍从下向上、向前擦击球的后上部，击球后要有完整的随挥动作，重心全部落在前脚上，球拍挥到左前上方（图 13 - 2）。

图 13 - 2

2. 正手平击球

正手平击球的特点是速度快，球落地后前冲力大，球的飞行路线较直，在击球过程中球拍几乎是水平运动，但其准确性和控制力较差。当需打正拍击球时，眼睛应注视着来球，迅速转体向后引拍，球拍要收紧腋下，直线向后，抬头对着身后挡网，左脚向右前方迈出一步，约与端线成 45 度角，右脚约与端线平行；向前挥拍击球时，击球点在左脚右侧前方与腰齐高的位置，球拍触球时手腕要绷紧，拍面与地面基本垂直；击球后必须要有随挥动作，使球拍挥至左肩前方，肘关节向前，重心移至前脚上；完成随挥动作后，身体转向球网（图 13 - 3）。

图 13 - 3

3. 正手削球（下旋球）

正手削球的特点是挥拍时使球由后上方至前下方产生旋转，球过网时很低，球落地后弹起也很低并伴有回弹现象。下旋球落点容易控制，能打出长球或短球，常用于随球上网，击球时比较省力。缺点是攻击力量不大。正手削球可以同上旋球和平击球交替使用，来转换球的旋转和击球节奏，扰乱对方的节奏，使对手难以回球。

正手削球的准备动作与前面几种击球方法相似，一般采用大陆式握拍法。当来球时，要引拍转体，左肩对球网，重心落在右脚上，球拍高于击球点，锁紧手腕；左脚向右前方跨出的同时，左手指向前面来球，以保持身体的平衡，由后上方向前下方挥拍，击球点在左脚右侧前方，击球的后上部，用球拍把球包住，使球有在拍上滑动的感觉；身体重心移至前脚，击球后拍头应随球挥至身体左侧；完成随挥动作后，身体恢复到准备姿势（图13-4）。

图 13 - 4

（三）正手击球技术要点

①击球全过程眼睛要始终盯住球。
②使用正确的移动步法，进入到正确的击球位置。
③获得身体平衡。
④尽早、尽快地后摆引拍，在体前捕捉到击球点。
⑤击球时，握紧球拍，绷紧手腕，能够加速挥拍，触球后好像用球拍向前推出一样加速前挥。
⑥完整、彻底的随挥动作。

二、反手击球

（一）反手击球技术要领

反手击球动作技术由4个环节组成：准备姿势、后摆引拍、挥拍击球和随挥跟进（图13-5）。

1. 准备姿势

反手击球准备姿势与正手击球相同。面向球网，两脚分开与肩同宽，屈膝，上体稍前倾，重心落在前脚掌上，左手扶住球拍拍颈，拍头指向对方，拍面与地面垂直。眼睛密切注意对方的来球。

2. 后摆引拍

当判断对方来球朝你的反手方向飞来时，扶住拍颈的左手应迅速帮助右手由正手握拍变换为反手握拍，向左转肩、转髋带动球拍向左后方摆动；后摆时肘关节自然弯曲，拍头稍翘起，指向后方，右脚向左前方上步，右肩或右背对着球网，重心在左脚；打反手的后摆动作应比正手的后摆动作要早，整个动作要连贯、协调，左手始终扶住拍颈，直到开始做前挥动作为止。

3. 挥拍击球

球拍由后向前上方挥出，向前挥拍时手臂仍保持弯曲，直到随挥动作结束后才伸直；击球点在右脚左侧前方，击球时球拍与右脚应在一条直线上，高度在膝与腰部之间（比正手击球稍低）；拍触球时手腕绷紧，拍面与地面保持垂直，击在球的中部，用转体和转肩的力量使重心前移右脚上。

4. 随挥跟进

击球后，球拍沿着球的飞行方向向前、向上送，重心前移落在右脚上，挥拍在右肩上方结束，身体转向球网，恢复原先的准备姿势。

图 13 – 5

（二）反手击球技术类型

1. 反手上旋球

反手上旋击球的特点与前面的正手上旋球基本一样，球落地后反弹又高又远，容易加力控制。当对方来球飞向你的反拍时，要迅速转肩转体，扶拍颈部的左手帮助右手正手握拍换成反手握拍；向后引拍，重心移向左脚，屈膝降低重心，右脚向左侧前方跨一步，在右脚的左侧前方击球，拍面稍向后倾斜；拍触球时，应尽可能地保持球与拍弦的接触时间，手腕绷紧；击球时，前肩应该像一个卷曲的弹簧被放开一样，平滑地转动，这个放开动作产生了拍头出去的速度，并把力量作用于击球；击球完成后，球拍不要停止向前，应继续向前上方做随挥动作，一直挥拍到身体的右前上方为止，然后面对球网准备下一次击球。

2. 反手平击球

反手平击球的特点是球速快，球的飞行路线平直，球落地后的前冲力量大，但稳定性较差，容易下网或出界。

当对方来球飞向你的反手时，要立刻转肩转体并引拍，同时右脚向左前方跨出，扶拍颈的左手帮助右手换握成反手握拍并将拍拉向身体的左后方，重心移向左脚，左脚掌转至与端线平行，右肩或右背对着球网，拍面几乎与地面垂直；球拍触球时，手腕绷紧，挥拍击球的路线是从后向前上方比较平缓地挥击，左臂自然展开，保持身体的平衡；击球后，球拍应随着惯性挥至右肩上方，做完完整的随挥动作后，恢复成准备姿势（图13-6）。

图 13-6

3. 反手削球（下旋球）

反手削球的特点是球过网时很低，既能打较深的球，又能打短球，落点容易控制，打球省力，控制范围大，稳健准确，但球速一般不快；可以与上旋球结合使用，变换旋转和节奏，来扰乱对方的回球质量。

当来球飞向你的反手时，要迅速转体引拍，引拍要比上旋反拍高，球拍要远离身体，拍头向上高于手腕，拍面稍后仰；右脚向左前方跨出，扶住拍颈的左手放开，右手向前下方挥拍，在右脚左侧前方与腰齐高处触球，手腕绷紧，球拍与球接触的时间尽可能地长一些，要有球在球拍上滑动的感觉；挥拍时不要用球拍向下"斩球"，要有向下前送的动作，眼睛始终盯住球；击球后，球拍随着球出去的方向向前上方挥出，随挥动作要充分，结束在高处，然后面对球网，恢复成准备姿势（图13-7）。

图 13-7

4. 双手握拍打反手

（1）双手握拍打反手的特点：由于双手反手击球是具强大爆发力和超强稳定的一种击球方法，所以越来越多的人愿意采用双反击球。双反击球时有另外一只手扶持，可以抵挡住对方凶猛的来球，击球固定，球拍更稳，对手很难判断挥拍动作及击球的角度，有较好的隐蔽性，击球的准确性和攻击力增强，提高了主动进攻的意识。但对脚步移动和判断能力的要求很高，体力消耗较大，扩大了对方的攻击范围。目前，塞尔维亚的德约科维奇和白俄罗斯的维多利亚·阿扎伦卡都是反手双手握拍，但像费德勒等高手是用单手反手击。

单手反拍和双手反拍各有长处，一般来说，初学者还是尽可能地先学习正规的双手反拍击球，有了一定基础后，根据自己的打法和自己的习惯，选择单手或双手打（图13－8）。

图 13－8

（2）握拍方法：双手打反拍最好是右手用东方式反手握法，左手是东方式正手握法。一旦来球向你的反手方向飞来时，右手要立即换成反手握法；向后拉拍时，左手顺着拍柄向下滑，直到双手相接，左手掌贴在拍柄背面以东方式正手握拍法握拍，双手靠拢紧握球拍。

（3）击球技术要领：直线向后拉拍，早点收拍，这是击球的关键，靠肩的转动使手臂后拉，将拍拉至与手腕齐平的高度，手腕要固定，手臂要放松，平伸向后，右脚要向边线方向跨出一步，两膝稍屈，使身体侧身对网，右肩前探，拍头稍低于击球点；用手臂和手腕由低向高向前挥拍，身体重心前移，眼睛始终看球，保持低头姿势，击球点比单手握拍要靠近身体或稍后一些；击球时双手紧握球拍，最理想的击球高度是与腰齐，还击不同高度的来球时，要用身体重心的高低来调节，不能用拍头的高低来调节，拍头一定要随着球飞离的轨迹出去，这有助于延长球与拍的接触时间；开始跟进动作时，是使后肩向着球飞出的方向绕出而完成的，弧线挥拍向上，把球拍带到身体的另一侧，在高处结束随挥动作，动作与右手单手打正拍基本一致。

（三）反手击球技术要点

①在以东方式握拍法反手击球时使用拇指支撑。
②握拍法的变换由不握拍的手协助完成。
③转体、转肩要迅速，球拍及早后摆。

④眼睛在整个击球过程中要紧盯住球。

⑤握紧球拍，绷紧手腕。

⑥向上挥拍，球拍随球送出（反拍下旋球是向下向前挥拍）。

⑦随挥动作在旁侧的高处结束。

三、发球

（一）发球技术的种类

发球技术一般分为平击发球、切削发球和上旋发球三种。

1. 平击发球

平击发球几乎没有旋转，球差不多笔直地下去，力量大，往往贴着网才能进入场内，在绝大多数场地上球的反弹较小。发球击球时的击球落点应在身体的右眼前上方，以拍面中心平直对准球，击球的后中上部。因此，手腕的向前抖甩和前臂的"旋内鞭打"非常重要；此外，身体要充分向上向前伸展，以获得最高的击球点，提高发球命中率。

2. 切削发球

切削发球是一般运动员经常使用的一种发球技术，它可以用于第一发球和第二发球，是每个初学者必须要经常练习和掌握的技术。切削发球带有侧旋，因为它以曲线进入发球区，发球成功率较高，并且将对方右手握拍的接球者拉出场外（右区），造成对方回球困难。但球速往往较慢。发球时把球抛到右侧斜上方，球拍快速从右侧中上方至左下方挥动。击球部位在球的中部偏右侧，使球产生右侧旋转。

3. 上旋发球

上旋发球球过网后产生明显的下坠，反弹很高，前冲很大，稳定性也很高，职业选手的第二发球一般都采用这种发球。发上旋球时把球抛到头后偏左的位置，击球时身体尽量后仰呈弓形，利用杠杆的力量使球旋转，球拍快速从左向右上方挥动，从下向上擦击球的背面，并向右带出，使球产生右侧上旋。

（二）发球技术的要领

发球基本技术中包括握拍方法、准备姿势与站位、引拍和抛球、击球动作和随挥动作等技术，介绍如下。

1. 握拍方法

初学者可以采用东方式正手握拍法，随着水平的提高可以采用大陆式握拍。大陆式握拍时，拍面稍朝向上方；左手托住拍颈，手臂轻轻前伸。拍柄部分置于左腿前方，伸出右手握住拍柄。这样就形成了封闭式站位。

2. 准备姿势与站位

采用大陆式握拍时，手腕适度弯曲，全身放松，以封闭式站位做好准备后，侧身站立在端线外中场标记近旁边（单打），左肩对着左侧网柱，面向右侧网柱，两脚分开约同肩宽。在右区发球时，左脚与右区端线约成 45 度角；在左区发球时，左脚与左区端线约平行，重心在左脚上。左手持球轻托球拍在腰部，拍头指向前方。呼吸均匀，精神集中。

3. 引拍和抛球

抛球与后摆拉拍动作是同步开始的，持球手的拇指、食指和中指三指轻轻托住球，掌心向上。当球拍向下向后引拍时，持球手同时下降至右腿处，紧接着当球拍从身后向头上方作大弧度摆动，身体作转体、屈膝、展肩时，持球手柔和地在身前左脚前上举，直至高及头顶。抛球动作要协调、平稳，球送至最高点再离开手指抛向空中。此时右肘向后外展约同肩高，拍头指向天空，左侧腰、胯呈弓形，身体重心随着抛球开始先移向右脚，然后平稳地开始前移。此刻，肩与球网成直角（图 13 - 9）。

图 13 - 9

4. 击球动作

当左手抛出球时，球拍继续向上摆起，这时握拍子的肘关节放松，可以使向前移动的身体和右肩自动地使手臂产生一个完美的绕圈（注意不是故意让拍子去做搔背动作）。当球下降至击球点时，迅速向上挥拍击球，左脚上蹬，使手臂和身体充分伸展；当身体向前上方伸展击球时，肩、手臂已经回转，双肩与球网平行。挥拍击球时，持拍手腕带动小臂有一个旋内的"鞭打"动作，这就是发球发力的关键动作，也是其他诸如重心前移、蹬腿、转体、挥拍等力量聚集的总和（图 13 - 10）。

图 13 - 10

高水平的运动员都会在击球前一刻以向上、向外的动作击出一个快速有力的发球，这一动作会使得球向前旋转。击球前，球拍向上偏 5 度角会引起球最大程度地向前旋转，同时使击球后球拍的轨迹向上偏 2 度角。

5. 随挥动作

击球发出后，继续保持连续、完整地向前上方伸展的随挥，并在身体左侧结束，球拍挥动呈弧形，身体重心完全落在前脚上（图 13 – 11）。初学者后脚跟指向后方，这样可以保持身体平衡并提高抛球稳定性和加强控球的能力。随着发球水平的提高，为加快发球速度，后右脚可以跟进到场地里。

图 13 – 11

（三）发球技术要点

①使用大陆式或东方式反手握拍法。
②用指尖轻轻地拿住球，抛球到位。
③球拍正确地置于背后并抬起肘关节。
④保持抬头看球。
⑤击球时，在身体前击球做扣腕动作，并使重心跟进。
⑥球拍横挥至身体的另一侧，完成随挥动作。

四、接发球

（一）接发球技术类型

接发球技术类型有两种：进攻型的接发球和防守型的接发球。

进攻型的接发球的主要目的是给发球一方施加压力，通常使用它来对付力量小的一发和二发。当使用进攻型的接发球时，球员常采用侧身攻的方法把球击向发球一方最弱的一侧。

防守型的接发球的主要目的是接好发来的球。通常用它来对付威力极大的一发和大角度的二发。当使用防守型的接发球时，球员常用挡击来控制球速。如果对手站在后场，防守型的接发球可以打高、打深；如果对手发球后上网，可以挑高球。

站位和步法对这两种类型的接发球都是非常重要的。球员必须有一个稳健的准备姿势，以便快速地回击任何类型的发球，并将全部的注意力集中在发球员的抛球动作上。发球员击球时，接球员应向前跨步，触球时应力求将整个身体的重心前移，以便在击球时获得能量。

（二）接发球技术要领

接发球动作技术有握拍方法、准备姿势与站位、引拍与击球动作和随挥跟进 4 个环节。

1. 握拍方法

应根据各人习惯选择最适合自己的握拍方法，可以选择东方式正手握拍法，也可以采用东方式反手握拍法。习惯正手击球的，在等待对方发球时，用正手握拍。但对方发球时，往往发你的反手，因此采用东方式反手握拍比较好，从反手换成正手握拍也比较容易，握拍不要太紧，应以舒适为好。

2. 准备姿势与站位

两脚自然开立与肩同宽，双膝稍屈，脚跟离地，重心前倾，拍头约与腰同高并指向对方，两脚不停地轻轻跳动或身体微微晃动，两眼紧紧地注视着对方的抛球动作，包括抛球的高度、方向和拍面等。如果对方拍面有角度即为切削发球，可准备向边上移（图 13 - 12）。

图 13 - 12

接发球最理想的站位是半封闭式站位，稳定性强。球拍在来球飞行轨迹的延长线上停留的时间长，这样可以保证球拍的中心触球，提高击球质量。在左右方向应站在发球员与左右落点连线夹角的角平分线上，这样站位，正反拍接发球距离相等，不会出现明显的空当，或者站在略偏于反手的位置上。前后方向的站位要根据对手发球方式和力量大小来确定，如接大力发球，要站在底线后 1~2 米处；接其他球，一般站在底线前后即可。接第二发球时，要向前踏进一大步，因为第二发球多半是较慢地落在近网的地方，如果发球特别软，则向前再进几步。

3. 引拍与击球动作

进攻型接发球时的击球动作与正常击上旋球动作基本相似。当对方球发出后，接球员要向预测击球点及时启动，迅速做出转体引拍动作，只是后摆距离要短一些，幅度大小要根据对方不同的发球来调整，握紧球拍，手腕固定，并向击球方向踏出异侧脚；同时向前迎击球，击球点应更高、更靠前。对着球击出的方向送出球拍，尽量加长球拍触球的时间，要像打落地球那样，做好随挥动作。防守型接发球的向前挥拍通常是采用阻挡式动作，即和截击球打法相似，不要作过大的挥动，因为在接球时根本没有足够的时间做出正常的引拍击球动作，只要控制好球拍拍面，握紧球拍，绷紧手腕，借力把球挡回去，球速也会很快。不论是快速来球，还是较慢的旋转发球，接球员的眼睛必须盯住球，从球离开发球员手之前，一直到球被拍击到时，眼睛始终不能离开球（图 13 – 13）。

图 13 – 13

4. 随挥跟进

进攻型接发球的随挥动作与击上旋球的随挥动作相似，拍头竖起，顺势结束在较高处，身体重心在前脚掌上，脚跟离地，准备对方下一次回击，并立刻移动到自己场地的中央，或随球上网。防守型接发球的随挥动作与截击球的随挥动作相似，并要尽快复位准备再次击球。

五、截击球

（一）截击球技术类型

击球动作包括正手截击、反手截击、高空截击、低空截击、近身截击、中场截击、抽球截击等多种截击球。

1. 正手截击

当判明对方来球方向后，立即转肩，以转肩带动球拍后摆，但后摆动作不要过肩，如果引拍过大，反而会增大失误的可能性；左脚朝来球方向跨出，以增加击球的力量，拍头要高于握拍手，握紧球拍，绷紧手腕，在身体的前面迎击球（前腿前 15 ~ 30 厘米处）；截击球的动作是挡击或撞击，球拍在与球短促撞击的同时微微向下，有点像切削球，击球时保持拍头上翘，拍面稍向后斜。击球后有一个幅度较小的随挥动作，拍子对着球击出的方向撞出去，并恢复成准备姿势。

网前截击球分进攻型和防守型两种打法，当截击高于网的来球时，便处于进攻型的打法，这是得分机会球，可以打成决定性一击；如果截击的是低于网高的球，就处在防守地位，首先保证回球具备一定的深度，再准备下一拍截击（图 13 – 14）。

图 13 – 14

2. 反手截击

一般来说，反手截击比正手截击更容易，因为反手挥拍简短而不复杂，更加符合人体的解剖特点。当球来到反手一边时，用扶拍手向后拉球拍的同时转肩，球拍开始作短短的后摆，拍头高于握拍手，眼睛看球。有时间的话，可以上步击球以增加力量，球与球拍接触时，握紧球拍，手腕绷紧，在身体前面 15～30 厘米处撞击球，向前撞击时，左手向后方摆动，保持身体的平衡。击球后球拍对着球的撞击方向送出去，随挥动作要简短，以便能恢复到准备姿势，打下一次球（图 13 – 15）。

图 13 – 15

3. 高空截击

如果对方来球高度较高，但又不够高压的高度球时，必须在身体前面截击。截击高球要有一定的后摆，触球时要握紧球拍，手腕绷紧并朝上；击球时球拍要对准球，重心向前，然后用简短的随挥动作，对着球推击并向前下方送出，准备下一次回击。

反手截击高球时，扶拍手帮助球拍向后摆，同时控制好拍面，球拍后摆幅度不要太大，拍头朝上，眼睛盯住球，击球挥拍时扶拍手放开，触球的一刹那，手腕绷紧，球拍从高到低向前下击球并随挥出去（图 13 – 16）。

图 13 – 16

4. 低空截击

截击低球比截击高球难度要大一些。击低于网的来球，首先应降低身体重心，屈膝至适当高度，如果不降低重心，仅靠垂下拍头去击球，那么就会以无力的手腕动作将球向上托起。在采用弓步击球时，有时后膝盖可能触及地面，拍头略低于手腕，拍面放开些，在身体前面击球，击球时最好加上旋或侧旋，尽量要把球回击向深处以迫使对手向上击球，击球后球拍随着球出去的方向做短促的随挥动作（图 13 – 17）。

图 13 – 17

5. 近身截击

近身球就是对方击出朝着自己身体中央快速飞来的球。在网前截击时，会经常遇到这种朝身体飞来的空中球，即"追身球"，这时没有时间往一侧跨步去打正规的正拍截击或反拍截击。对付这种"追身球"的最好办法是把球拍放在身体的前面用反拍截击，保持手腕笔直和绷紧，拍面在体前正对着球截击，如要加力截击，身体向左转，没有后摆动作直接把球击出，击球后，身体前倾，球拍对准球落地的方向随挥出去（图 13 – 18）。

在体前击球时，左手一定要向前伸出，即使左手靠近球拍也没关系，运用好双手的配合动作才可实现控制。但经常看到有人在截击时，左手停在原处不动，这样很容易造成右手出拍迟，难以保证在体前截击。此外，左手前伸可以起到限制身体打开的作用。

图 13 – 18

6. 中场截击

中场截击指在本方发球线附近的截击球，多在发球上网战术中使用。中场截击球大部分是在腰部以下的部位击球，要注意精确的击球点和拍面的角度，尽量回击到对方深区的空当，以便及时抢占网前有利位置。

7. 抽球截击

抽球截击现在已当仁不让地成为一种击球方式，是两种击球技术的结合，通常采用正手，是极具攻击性的截击，能使球带有上旋效果。当遇到对手软弱无力的球来到头部高度或肩部附近时，不要犹豫，挥拍去击。挥拍的轨迹由下向上，击球点在身前，用击落地球的要领挥拍（握拍法与击落地球相同），但不要忘记夹紧腋下击球。在击球时充分地夹紧腋下，可使挥拍稳定有力，击球后拍子要大幅度地随挥。

另外，在击球的同时前脚要大跨步，为迅速向后引拍做准备，牢固地确定作为"轴足"的右脚的位置，重心移到左脚的同时开始挥拍，击球时把全部重心转移到球上，还要注意由下向上挥拍击球。为了使截击球更加有力，要注意步法，根据球速协调地向后引拍，并首先确定"轴足"，然后在击球的同时前脚大幅度地向前跨步，如果重心落在后脚上，球可能飞出底线，不要忘记自己是处在进攻状态，要果断地跨步击球。

（二）截击球技术要领

截击球的动作技术包括握拍方法、准备姿势与站位、引拍动作、击球动作以及随挥动作。

1. 握拍方法

初学者可采用东方式正手握拍，随着水平的提高可采用大陆式握拍。网前截击时，有时来球很快，没有时间改变握拍方法，而大陆式握拍法就符合这个要求。大陆式握拍法的优点：正反手截击都可以使用，在快速的近网截击时，不需要变换握拍方法。因此，在网前截击时要采用大陆式握拍法。

2. 准备姿势与站位

面对球网，两脚自然开立约与肩同宽，双膝微屈，上体前倾，球拍放在身体前面，略高于正反拍底线击球的准备姿势，拍头朝前并高于握拍手，左手轻托拍颈，眼睛注视来球。当对手击球的一刹那，应该从对手的击球位置、挥拍动作判断出来球的方向、高度和路线，以便及早起步、快速移动。应该说网前截击稍靠前的为好，因为越靠近网，控制的角度就越大，对方就越被动。但太靠近网也容易导致球拍触网。两眼注视来球，准备迎击。

3. 引拍动作

肩部稍作转动，球拍与肩平行，放在球后，后拉拍要稳固，引拍幅度要小，不超过肩，正手引拍结束时，球拍几乎与地面垂直。

4. 击球动作

击球时，球拍向下向前移动，同时左（右）脚朝球飞行的方向跨出一步。保持手腕稳固并在身体前方击球。右（左）肩向前转，肘部伸展，拍面稍开使球产生下旋。

5. 随挥动作

随挥动作要短，球拍向前向下移动，身体各部分逐渐减速，并快速回到接下一个来球的准备姿势。

（三）截击球技术要点

①眼睛始终盯球。
②握紧球拍，绷紧手腕。
③在身体前面击球。
④保持拍头向上。
⑤用较短的撞击或推击动作击球。

六、高压球

（一）高压球技术类型

根据对方挑过来的球的高低程度不同，高压球可分为凌空高压、落地高压两种。

1. 凌空高压球

（1）近网高压球：对方挑高球落点位于发球线之前，就可迎上去大力扣杀直接置对方于死地。这种高压球的击球点可偏前，以便击球时向下扣压（图13-19）。

（2）后场高压球：对方挑高球落点位于发球线之后，此时要大胆、果断，就像打正常的高压球一样，击球点可稍后些，步法及时移动到位，迅速跳起给予猛击，击球后的跟进动作要长些，向前向下扣压（图13-20）。

（3）反手高压球：反手高压堪称网球各项技术中难度最大的一项，需要移动到正常的击球位置。击球手臂保持在较高的位置，手腕轻轻用力，让球拍加速击球，而不要用大力量。使用反手高压时，首先考虑的是把球安全地回到对方场地，让这一分继续（图13-21）。

图13-19　　　　　　　图13-20　　　　　　　图13-21

由于反手高压不容易发力且易失误，故在比赛中运用较少，一般都及时侧身后退，打头顶高压球。当对方挑高球至左侧场边线，需被迫使用反手高压球时，应及时向左侧身，提肩抬肘，拍子低于手腕与肘关节，击球点在左上侧，击球时前臂和手腕迅速向上挥起，手腕紧固，集中精神和力量打落点和准确率。

击球后，高压球的随挥动作就像平击球一样，扣腕动作要继续，并让球拍绕过身体，使它在结束时在身体的左侧并指向身后的挡网。

2. 落地高压球

当遇到刮风、阳光刺眼、对方挑出直上直下很高或落点很深的球时，可以采用等球落地弹起后再打高压球的方式。这样可增加打高压球的把握和信心。一般地，这种高球落地后跳起弧线是直线向上的，所以步法移动要迅速，退至球的后面，调整好击球点的位置，然后向前还击球，像发球一样向前向下击球，落点对准发球线与底线之间，这样才能提高击球的成功率。

（二）高压球技术要领

①高压球的动作与发球动作相似，握拍也与发球握拍相同。当对方挑高球时，应立即侧身转体并用短促的垫步向后退，同时持拍手上举至头部向后引拍，重心在两脚前脚掌

上，后退弯曲，随时准备扣杀。

②准备击球时，非持拍手上举指向来球的方向和高度，碎步调整位置。击球动作与发球一样，击球点在右眼前上方。如果跳起高压，用后脚起跳，转体、收腹，击球后用左脚着地，同时右脚向前跨，准备再上网截击。

③近网高压球击球点可偏前，便于下扣动作的完成，远网后场高压的击球点可稍后些，击球动作向前下方挥击，以防下网。

④击球后的跟进动作尽量像发球那样完整，起跳高压时要保持身体平衡。

打高压球最好是站在地上打，但有些球过来时，如不跳起来增加高度，球就会从球拍顶端漏过去，失去主动进攻的机会。当判断来球时，快速侧身垫步或滑步向后跳起和挥拍同时进行，争取在最高点击球，利用手腕扣压动作，将球压入对方场区。

（三）高压球技术要点

①眼睛自始至终盯住球。
②当对方挑高球就马上后退侧身对网。
③调整好步法，跟进重心，在身体前面击球，要用力扣腕。
④充分完成好随挥动作。

七、挑高球

（一）挑高球技术类型及技术要领

1. 防守性挑高球

当跑到离场地很远的地方接一个非常被动的球时，势必要使用防守性挑高球。此时眼睛要注视着球，在跑向球时要使球拍后摆，直到球拍后摆指向身后的挡网，击球动作与普通的正反手球相似，使对手不知道你是抽球还是挑高球，只是拍面要打得更开些；击球时击球的下部，可以打下旋球，手腕绷紧，球拍与球接触的时间要长一些，拍和手向前上方送出，眼睛始终盯住球，尽量往高处和深处打（图 13－22）。

图 13－22

球拍顺着球飞行路线向上做随挥动作，在身体前面高处结束，然后迅速跑回场地的有利位置上。挑高球时，不要考虑对手的位置和高度，而应将目标定在底线内 1 米的区域内，这样击出的球自然会具有足够的高度和距离。这时要挑出带有上旋的高球。

2. 进攻性挑高球

进攻性挑高球又称为上旋挑高球，技术难度大，一般只被高水平选手所使用。上旋挑高球采用西方式握拍法，击球前拍头低于来球，击球时抖动手腕，采用手腕与前臂的滚翻动作，由后向前上方挥拍，做弧形鞭击球动作，产生很大的摩擦力，使球剧烈地向前旋转（图13－23）。

无论是防守性还是进攻性的挑高球，都应做到动作隐蔽，防止对方过早识破，从而增加挑球过顶的难度。另外，挑高球必须有一定的深度，否则很容易被对方高压截击，从而陷入更加被动的境地。

图 13－23

（二）挑高球技术要点

①眼睛盯住球，边移动边向后引拍。
②击球时，手腕固定。
③加长击球时间。
④跟着球出去的方向，向高处做随挥动作。
⑤击球后，迅速回防。

第三节　网球战术训练

一、网球运动战术的作用

影响比赛结果的因素不仅取决于自身水平发挥的好坏，在很大程度上，客观因素起着不可忽视的作用。例如，对手水平的发挥也直接影响到比赛的进程，所以，可以在稳定自身的基础上，利用"合法"的手段，破坏对手的战术、打法，这也是一种控制局势、赢得比赛的重要方法。

（1）改变战术的方法。当对方的底线球又快、又猛、又准，使你只能"疲于奔命"而陷入被动时，可以利用上网战术破坏对方的击球节奏。如果你来到网前，对手的心理会马上出现变化，他会考虑穿越球的角度、力度等因素，同时，距离的拉近也会使他不会像以前那么从容地大力击球了，这样的心理变化会使他的击球质量降低，甚至直接失误，使他击球的信心大大下降，以至失去主动。

（2）合理利用规则的方法。当对方打得很顺、连续得分时，要想办法去阻止对方的势头，常用的办法是合理地拖延比赛时间，例如，在对方准备发球时系鞋带；在场上来回走一走，放松一下身体；用毛巾擦汗；申请处理伤病等。

（3）变化击球节奏的方法。当对手攻势很紧、击球点及站位都靠前、节奏很快时，可以利用深远的上旋弧线球减慢对方的节奏，迫使对手站位后移，很难抢前点击球；或采用削下旋球的手段使球过网后反弹很低，让对方只能拉上旋球回击。这两点都可以抑制对方快节奏的进攻，削弱对手的进攻势头。

当然，比赛中对手也可能会使用这些战术，所以面对场上的变化，首先要保证自己心态的稳定，急躁、焦虑只能损害自己而有利于对手。另外，在平时的训练中也要不断努力提高自己面对困境的能力，积极应对场上的各种不利和变化，从而使自己的水平得到最充分的发挥。

与此同时，了解赛场的环境对比赛是很重要的。例如，太阳在哪里？风从哪个方向吹来？这对击球以及你和对手如何处理球都有影响，所以这两个因素非常重要，不论你抛硬币决定选择权时是赢还是输，都要以这两个因素为基础立刻作出决定。如果抛硬币赢了，你有 3 种选择，即一方选择发球或接发球，另一方选择场地。一般来说，赢得场地选择权都会选对自己不利的一面，因为第一局结束后，便会有两局比赛在有利的场地一面，有些人也会首先选择好的场地以便顺利地拿下第一局，树立信心。无论怎样，不要轻易选择，一定要考虑好。

此外，在打球过程中，风向、风速、气温和场地同样会对比赛过程和结果造成影响，只有合理利用有利形势，才能取得理想的比赛效果。

二、网球比赛的一般战术

网球比赛的一般战术包括单打战术和双打战术。

（一）单打战术

1. 发球战术

当今网球比赛的发球已经成为最直接、简便、有效的得分武器。相反，丢掉一个发球局便意味着处于整盘甚至整场比赛的不利地位，所以发球在比赛中至关重要。

制订、练习和应用发球战术应考虑以下几方面因素：发球不受对方支配，可通过力量、速度和准确性达到得分的目的；针对对方弱点，攻击其薄弱处；注重落点、旋转和节奏变化，使对手难以捉摸，攻其不备，利用自然条件（风向、场地）给对手的接发球制造困难。

最好的发球是速度、落点及旋转的完美结合。一般来说，比赛中的第一发球采用速度较快的平击发球，发向对方场地的内角或外角；第二发球都采用旋转强烈且稳定性高的上旋球，发向对手的中路或其薄弱之处。

（1）发球的站位：单打发球的站位一般来说距中点较近，因为有利于准备下一次击球。但根据自身的特点和对手的站位可以有所改变。例如，右区选手向边线一侧站位，有利于发出角度更大的外角球，可以充分地将对手拉出场地左区、靠近边线，更有利于下一板球的正手进攻。

（2）发球的落点：发球的落点通常取决于球的旋转类型和飞行路线。球拍的角度决定球的旋转和方向。在右区，通常用平击球发对手的内角，用带切的发球发对手的外角，用稳健的上旋球发对手的中路追身；在左区，通常用平击球发对手的外角，用带切的发球发对手的内角，用稳健的上旋球发对手的中路追身或外角。

（3）发球上网：是否要发球上网在发球之前就应该决定，这种发球通常抛球要更靠前一些，并尽量向前上方跳起，然后向网前冲去；在对方击球时，应该立刻跳步停住，以便判断来球的方向，然后再对着球，向前去作网前第一次截击。至于移动到什么地方击球，则取决于发球的落点和接球员回球的角度。要注意的是：不要希望在第一次截击时得分，除非对方回球又高又软，否则应当力图把球打深，但尽量击向对手的弱处，使对手留在端线，迫使其回球质量不高，同时使自己可以来到网前，站在更具有威胁性的位置上，再通过第二板击垮对手。大部分中上水平的运动员，特别是专业运动员，都会利用第一发球的成功，立即上网截击。

下面是发球上网战术运用的几个例子。

例1：S 站在右区，当他的第一发球有力地击向对方右发球区中线附近时，立即沿中线向靠左一些的前场跑动。对方把球击向反手边，S 在前场截击，把球击向对方左发球区端线附近（图 13 - 24）。

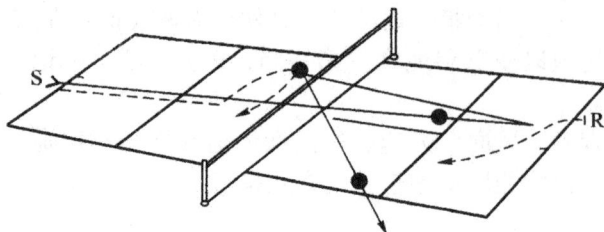

图 13 - 24

例2：当 S 站在右区发球，以强有力的侧旋球或平击球使对方离开场区去接发球时，立即上网，直接跑向自己的左前场，封住对方回球的角度，把球击向对方左发球区端线附近（图 13 - 25）。

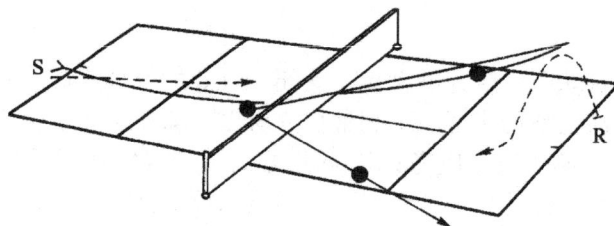

图 13 - 25

例3：当 S 站在左区发球，对方球员站位太靠左时，第一发球采用平击，迫使他跑动接球，并果断地上网截击，跑向自己的右前场封网，把回球截击到对方右发球区边线附近（图 13 - 26）。

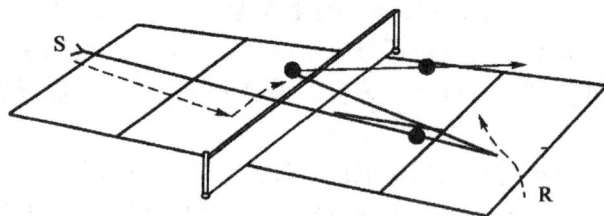

图 13 - 26

例4：当发现对方的反手较弱、回球力量不大时，S 在左区应采用平击发球，把球击向对方左区边线附近。同时果断地上网截击，直接奔向自己的右前场把球截击到对方右发球区边线附近（图 13 - 27）。

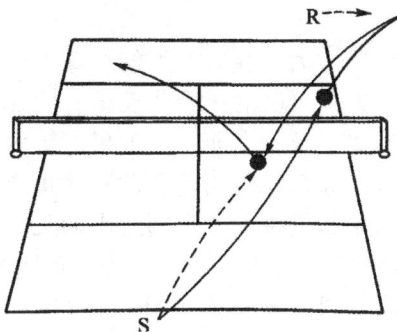

图 13 – 27

例 5：若对方不适应反手高弹球或上旋发球，S 应采用强烈的旋转球或加强侧旋，使球高高弹起，同时上网。但要提防对方使用挑高球作为防御手段。一旦对方挑高球，应立即垫步退后，把球击向对方右底角附近。有一定水平的运动员还应采用高压击球（图 13 – 28）。

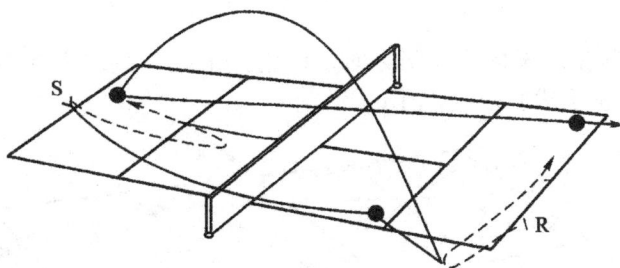

图 13 – 28

2. 接发球战术

接发球一般处于被动地位，但处理得好会减少被动，甚至变被动为主动。接发球战术取决于如下几点：

①对手是发凶狠性的球还是稳定性的球。

②对手发球后是上网还是留在底线。

③接发球是准备马上得分还是仅仅想把球打回去。

对付大力发球，应在比赛开始阶段尽快熟悉对手的球路，如果对手不是发球上网、，那么就应该攻击他的反手深处；如果对手发球上网，除非有十足的把握，否则不应考虑直接破网得分，而应打刚刚过网的脚下，这种球最能使发球上网者感到"恼火"，使其难以回出高质量的反弹球。如果对手这类球回得很好，让你找不到机会，那么你就应该在对手抛球时向前移动 1~2 步，在场地以内接球，缩短球的飞行距离，使对手没有充足的时间上网。采用什么办法接发球破网，要根据情况而定，要注意的是挑高球的次数不宜过多。此外，有时可以采取过渡的办法。当 S 发球上网后，R 以有力的正手击球还击。击球要有一定的力量和深度，使上网者不能从容截击，只能把球挡回来，这样 R 就有机会再进行第二次截击，瞄准 S 正手空当击直线球破网得分。

最安全的接发球是打斜线球，因为斜线球都从球网中间通过，而球网中间的高度比两侧低 15 厘米，同时斜线距离长，也不容易出界，落点也相对开阔，当意识到对手已有所防范，可突击直线。

接发球要选择好接发球的位置，大致在对方可能把球发到的角度的角平分线上，使正手和反手各有1/2的机会接球。如果自己的正手或反手有明显的优势，则可适当让出一些位置，接球距离根据对手的发球水平及特点而定。如果对手发球强劲，则可适当退后一些距离；如果对手的发球速度不快，那么就要向前移动一些距离，同时适当采用接发球上网战术和接发球放小球战术。下面是运用接发球上网战术的几个例子。

例1：当S在右区发球发向中线附近时，R以有力的反手击球把球击向对方端线右角，随即上网，奔向左前场把球截击向对方左前场（图13-29）。

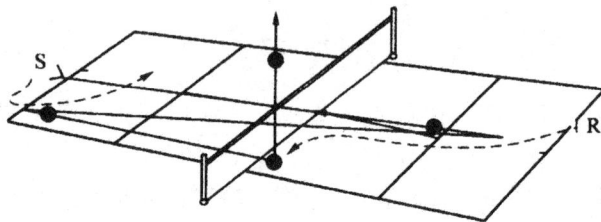

图13-29

例2：当S在右区把球发向边线附近时，R用正手把球直线击向对方底线附近，随即上网把球截击至对方正手边底线（图13-30）。

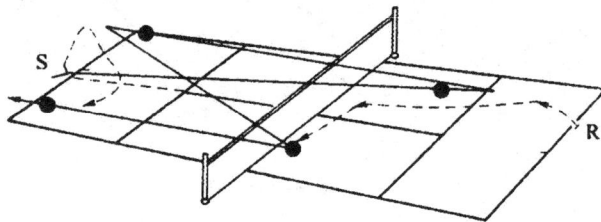

图13-30

例3：S在左区发球，R以反手把球有力地击向对方反手，随即上网，把球截击至对方右前（图13-31）。

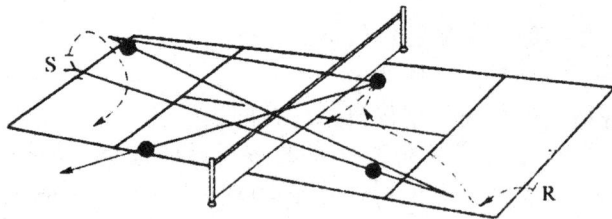

图13-31

例4：当S在左区发球，把球发向中线附近，R以正手把球击向对方反手底线附近，随即上网。一旦对方挑高球，R应立即垫步后退，从底线附近把球截击至对方正手底线附近。有可能时，应高压扣杀（图13-32）。

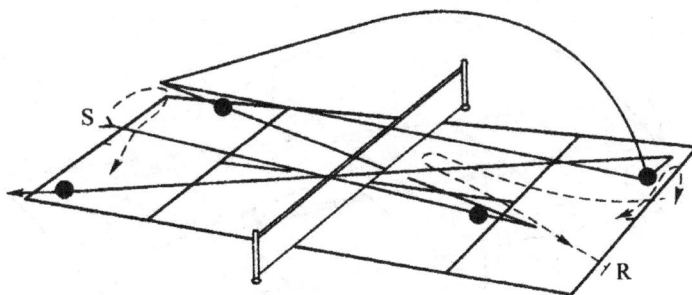

图 13 – 32

3. 底线战术

当今网坛的所有女选手及 80% 以上的男选手都是以打底线为主的运动员。底线型选手可分为积极进攻型和防守反击型两种，以阿加西、萨芬及大威廉姆斯、小威廉姆斯为代表的积极进攻型打法的球员，战术以进攻为前提，以快速、大力、准确、凶狠取胜。

（1）积极进攻型选手常采用的底线战术：

①压制反手、突击正手的战术。这种战术适用于对付反手较弱的对手，集中力量攻击对方反手，迫使对方逐步离开场区的位置。

在集中力量攻击对方反手时，击球落点要深，力量及旋转性要适当加大，使对方只能招架，无法有力回击。但要记住，不要冒险地把球击向离边线 60 厘米以内的地段。

②对角线战术。为了最大限度地调动对方，消耗其体力，应该设法让对手作对角线跑动。

下面是对角线战术运用的几个例子。

例 1：A 先把球击向 B 的反手底线，接着把回球斜线击向 B 的右发球区附近，接着再把回球击向 B 的反手底角（图 13 – 33）。

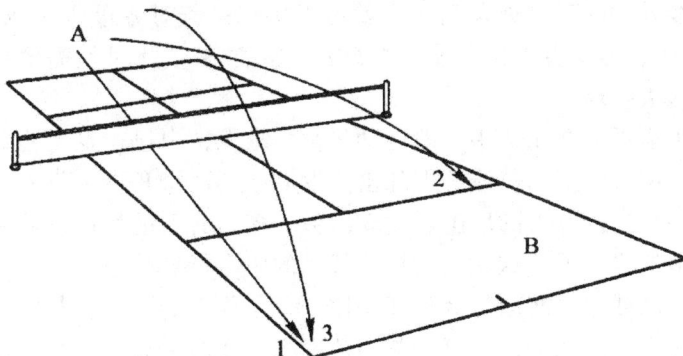

图 13 – 33

例 2：当 S 把球发向 R 左区的中线附近时，R 有意放小球至 S 的发球区后挑高球把球回到 S 右后场区底线附近，迫使 S 作对角线跑动（图 13 – 34）。

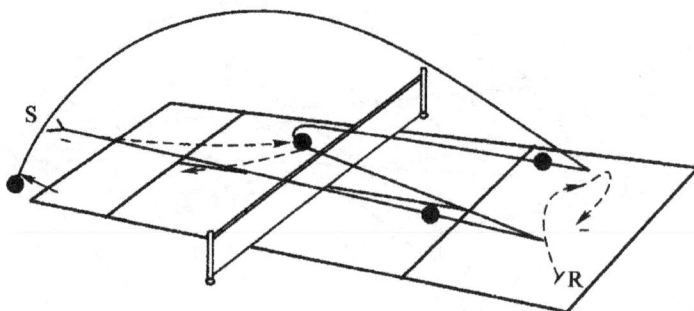

图 13-34

例3：S 在左区把球发向对方左发球区边线附近，当 R 回球过来时，即把球击向对方右角，再击向右发球区边线附近，最后击向左角，不断调动对方（图 13-35）。

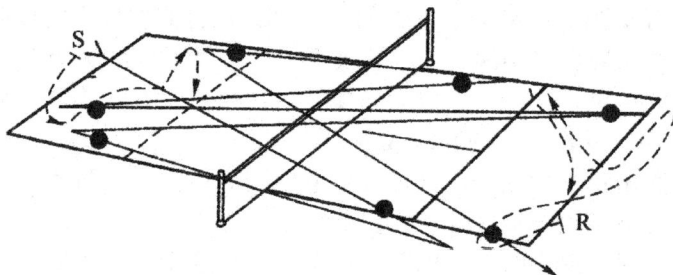

图 13-35

底线的积极进攻，要求把球打得很深，所有的落点都要接近底线，而不是发球线。高水平选手球的落点总在离对方端线 60～90 厘米的区域内，把对方压在端线后面。著名教练维克·布雷顿把打深球的好处归纳为 3 点：a. 使自己有充裕的时间对回击作出反应；b. 防止对方上网；c. 迫使对方缩减回球的角度。

当对方从底线外击球时，你移动 3 步就可以接球；若对方进入中场发球线附近击球，你就得移动 5～7 步；若对方上网截击，把球凌空击过来，此时就需要移动 8～11 步，甚至要完全离开场区去接球了。

正是因为这个道理，在比赛中一般运动员都力求保持自己击球落点的深度，只是在对方已压过中场时才用大角度的斜线球把球击向发球区的两个角，调动对方，从而使对方在来回前后跑动中很难进行有力的反击。跑动次数一多，身后的场区就容易露出空当，这时就会有置他于死地的机会了。这就是对角线战术的中心指导思想。

③看准机会上网截击。网球与乒乓球相比，一个很大的区别就是它可以在球落地前进行截击。网球比赛中上网截击，不仅击球的范围大，使对手疲于奔命，自己还可以以逸待劳，而且从心理上占了优势，使对方处于被动地位。尤其是当自己与对手打底线球无便宜可占时，上网截击不失为一个好的办法，但时机一定要把握好。

对于初学者，应克服恐惧心理，积极地上网截击。开始可以找较弱的对手进行比赛。上网时腰、膝要尽量弯曲，利用网作为自己身体的掩护，球拍始终保持在自己身前，起"护身"作用。用不了多久，你就会发现球是不太容易击中自己的，胆子就会大起来。当上网截击的次数多了，信心与技术与日俱增，自然而然地会把争取上网截击作为自己比赛的战略指导思想。

④绕过反手用正手进攻的战术。这种战术通常应用于慢速场地，且需要球员有快速的步法。如果你的正手攻击很有力，那么绕过反手用正手击球不仅可以避免反手的弱点，而且能够利用凶狠的正手抽击，将球击到对手球场的开阔区域，从而取得优势。如果攻击斜线，击球后要迅速回位，以免对方回球至你的正手位深处。当有把握时，也可以攻击直线并随球上网，这种战术会给对手以很大的压力，对手必须将球回到很深的位置上，否则，一个短球就会给对方造成正手攻击的机会。

⑤接第二发球直接进攻战术。有经验的球员在接发球时，不会让对手得到任何的机会。由于大多数球员的第二发球都不是特别凶狠，因此进攻欲望强烈的球员往往会移动至底线里面接球，当球刚刚跳起时就马上将球击回至对方底线，或者接发球削球上网，同样也能奏效。当第二发球短而软时，不妨尽量使用正手击出快速有力的回球。同时，为了接第二发球直接抢攻，身体重心也要稍稍靠前，尽量在球的上升期击出，给对手时间上的压力。网球初学者和一般水平选手的第二发球都很弱，因此，不要放过这个机会。

进攻性打法要注意以下几点：让第一发球进区，并变化其旋转和落点；用最可靠的击球方法进行命中率高的比赛；冲向网前的过程中要有一个停步动作，以判断对方的来球方向；除非能用大角度击球直接得分，一般以打深为首要条件；根据对手的击球位置和可能回球的方向，调整好自己的站位。

（2）防守反击型选手常采用的底线战术：以休伊特和辛吉斯为代表的防守反击型选手常采用底线战术。

①打法要稳。许多选手，特别是已经掌握了一定基本战术的选手，总希望自己在场上能把对方"压着打"，用刁钻有力的击球打得对方喘不过气来。这种打法确实能在场上博得观众的掌声，但实际上，这样做加大了自己失误的可能性。

有经验的教师作过统计，在初学者及中等水平的选手中，自己失误与对方直接得分之比为20∶1，甚至达到30∶1。即每场比赛的胜负实际上是看谁"自杀"得少些。即使是职业选手进行比赛，因对手无谓失误或被迫失误所得的分也远远多于自己的直接得分。因此，优秀选手的击球落点一般都落人他们心目中的安全场区内，不会冒险地把球击向靠近边线或端线60厘米以内的区域。

②要积极地调动对方。这种打法的攻击性主要依靠落点的变化和准确，虽然球速不如进攻性球手的快，但经常会让对手在运动中击球，降低了对手的击球成功率。发球或接发球后，如果自己不上网，应该让对方也留在端线后面，这样，对方打出直接得分球的机会就大大减少。事实上，在一次多拍的底线来回球中，常会使对方失去耐心，急于取胜而犯错。所以，防守型打法的球员要利用强烈的上旋深球把对手牢牢地控制在底线和左右两个大角以充分调动对手。在多拍对打中，对手也在想尽办法调动你，迫使你失误，这种情况下，要将球尽量打得弧度大些，落向对方的中路，在为自己赢得回位时间的同时，减小对方的击球角度。当然，如果你保持把球打得很深，对方就难以打出大角度的球了。

③等待浅球出现。防守性底线型选手的取胜诀窍就是耐心，使对手陷入没完没了的、耗费精力的来回球当中。一旦对手出现浅球，便可迅速冲上去打随击球，把球打得很深，使对手只能在底线后1米以外接球，造成对手回球质量不高。许多初学者错误地认为在慢速场地不可能上网，实际上，即使在慢速的沙土球场上，也可以抓住打浅球上网的机会来得分。如果随击球打得很深，并进入球网与发球线之间的有利截击位置，对方就不一定有把握打出能得分的"破网球"。无论如何，都不要犯冲上前去打了浅球又退回底线的错误，这不仅会失去一个主动得分的机会，而且当遇到对方打出一个很深的球到角上时，自己就

不得不仓促而别扭地向后退着跑了。

④挑高球技术。对那种用上网战术把你固定在端线的人该怎么办呢？他不仅在发球后上网，接发球也上网。对付这种打法的方法是：使上网人离开前场，利用挑高球让他离开网前，即使对手高压得分，也要这样做，因为不能让对手毫无顾忌地上网截击，让他知道过于靠近球网就有可能被挑过顶球，使他有所顾虑，降低上网的成功率。如果对手顾虑高球而向后退，则就更容易破网或打其脚下球了。

4. 善用各项技术

比如放小球技术在一次比赛中应当怎样使用？同样，挑高球应该怎样打？这些技术在比赛中虽然不能频繁地使用，但却具有相当重要的作用。如同前面讲述的那样，这些技术在比赛中是能够改变比赛局势的技术。在处于劣势时，一个刁狠的小球就改变比赛局势的情况也是经常有的。

这些技术为什么会有改变比赛局势的威力呢？因为这些技术能够给予对手以很大的心理影响。比如对于你精湛的发球得分，对手会是怎样的心理状态呢？"发了个好球，刚才没注意，下次接过去。"对于如此精彩的胜利，对方并不会多想什么，他会端正姿势，准备更充分。

但是当你放小球得分的时候，对方会是怎样的心理状态呢？"见鬼，居然以一个小球让他得分，真烦人。好吧，我也还你一个球。"类似这样心态变化的运动员非常多。

放小球和放高球的球速比较慢，从击出到这个球得分需要一些时间。这个时间会引起对手产生各种心理变化。但是放小球和放高球不宜频繁使用，趁对方不备的时候出其不意地使用，这是本方控制比赛局势的窍门。

（二）双打战术

网球双打比赛和单打比赛一样具有悠久的历史，无论是四大网球公开赛、戴维斯杯、联合会杯比赛，双打都占有重要的位置。双打不像单打那样为人们所熟悉，但双打在业余比赛中却是主要项目，它比单打更具有社交性，对体能的要求不高，但乐趣很大。

广大网球爱好者，无论是中老年或年轻的朋友们都很喜欢双打比赛，因为4个人分队比赛可充分地利用场地，既切磋了球艺，又增加了情趣。在网球发达国家，双打更是五花八门，除了各年龄组的比赛，还专门设有父子、母女、兄弟、姐妹的双打比赛及母子、父女的混合双打比赛，参加者都异常活跃。

尽管双打比赛比较普及，却很少有网球初学者去专钻双打的技、战术。其实，只要从事双打比赛，就要了解和掌握双打的技战术，它与单打的明显区别是：首先场地扩大了，人数增加了；其次是击球的落点有所不同；战术特点与分类不同；技术要求更加全面。本节介绍双打的基本战术，以使读者了解双打战术的基本要点。

1. 双打的站位

在双打比赛中，哪方占据了网前的主动，哪方就控制了整个局势，所以进行双打比赛的运动员要将此规律贯彻到比赛的战术中去。

（1）发球员A位于中点和单打线中间，准备发球后直接上网。发球员的同伴B站在发球线与球网之间稍偏向边线，以便封网。接发球员C在右区接发球时，站在习惯的接发球位置，接发球员的同伴站在发球线与球网之间靠近边线处，以便封网。这是最普遍的站位方式（图 13 – 36）。

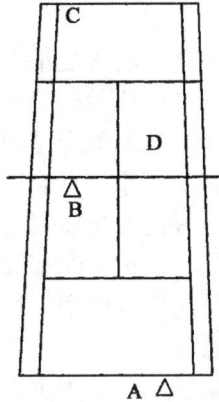

图 13 – 36

（2）双底线站位。网前信心不足但底线技术出众的选手多使用双底线战术。但这种战术已较落后，现已很少使用（图 13 – 37）。

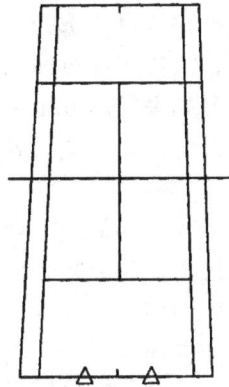

图 13 – 37

（3）奥式站位。B 蹲于中线处但离网很近，发球后按预定好的计划移动抢网，打对方措手不及；同伴 A 向相反方向移动（图 13 – 38）。

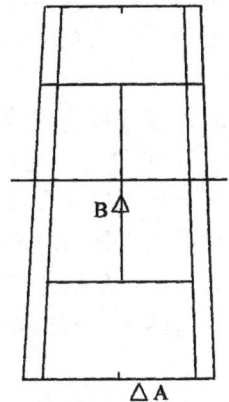

图 13 – 38

2. 双打协作配合战术

双打需要两个队员配合默契，把两个人的长处结合起来，才能打出比任何一个人单打都高的水平。由于双打战术机动灵活，变化比单打复杂得多，无论是在高水平的双上网的对攻战和中低水平的攻防中，能做到瞬间默契配合是很不容易的。而这一点正是双打战术的突出特点，是双打战术成功的关键。而"默契配合"是建立在两人相互了解和信任基础上的，是通过长期的配合磨炼出来的。好的双打应紧密合作，互创条件，相辅相成；在场上有呼有应，气势如虹，作为一个整体，无论何时都要并肩战斗，移动要一致，相互间的距离不能超过3.5米。可以将双打球员想象成两个人被一根松弛的绳子所联结，这根绳子使他们一块向前、向后、向左、向右移动。

（1）发球的配合：双打的发球以旋转和落点为主，因为相对于单打，每个人需要控制的面积缩小，不容易接发球抢攻直接得分，所以不必死拼发球。发球前要让同伴了解自己发球的落点，以便同伴有备于抢网。在双打比赛中，发球技术好的球员应作为每队的第一个发球员，每次发球比单打更注重一发成功率，落点以内角和中路居多，以使对手无法击出大角度的回球，有利于同伴抢网得分。

（2）接发球的配合：接发球有4种路线可供选择：①打斜线给正向前跑的发球员；②打直线穿越网前者或打网前者的脚下；③挑高球过网前者头顶；④打上网后发球方两人的中路。接发球最好的选择是打斜线球，如果发球方抢网很凶的话，可通过抽击直线抑制对手抢网。当发觉对手已形成双上网的态势，最佳选择就是将球击向对手中路的脚下，这是最令双上网者头疼的地方。

（3）协同防守：如果同伴出现十分被动的局面，要给予支持和援助。当同伴被迫挑高球时，自己要立刻后退，使自己一方处于被动的防守位置，退回底线虽然被动了，若一旦出现浅球，两人可马上一块上网，回到网前。

如果同伴被拉到边线，自己要立即向同伴靠近，给同伴以支援。否则，在自己与同伴之间会留下很大的空当，使对手很容易打出破网球。同时，根据被动的局面，要适当后退，等待机会。

（4）抢网战术：①发球前要作出是否抢网的决定。抢网是指网前者横向或向斜前方移动，拦截对方打过来的斜线球。

它要求网前者有敏捷的思维、准确的判断及快速的步法，所以是否抢网两人要事先商定。但需要注意的是，千万不能让对方猜透你的意图或听见你们的交流，而且一旦作出决定就要坚决执行。

②防守空当区域。当网前者抢网时，很容易造成他的那半块场地空出，无人防守，所以发球员发球之后，不应直接向前冲，而应向前跑几步，然后向同伴留下的那半场跑去，并继续向网前移动。抢网的球员在拦截之后要进入发球员的场区，两人交叉换位，防守对方可能回击的直线球以及抢网人第一次截击没能得分后的回击球。

③抢网时机。抢网时，需要在对方球员击球的一瞬间启动，而不要在接球员击球之前移动，把自己的行动意图暴露给对方，否则对方击出直线球便很有可能得分；同时也不能起动得过晚，否则便抢不到球。

④抢网击球路线。如果能够抢到，最佳的击球路线是对方网前者的脚下，因为这样的球使对手十分难受，经常能直接置对手于死地，至少可使对手无法发动进攻。如果抢网的同时，对手的接发球员仍在底线，那么接发球方网前球员的背后也是他们的"死穴"。对

于手感很好的网前者，也可截击至接发球者一方的小斜线，如果接发球者上网很快，那么他们的中路则是最薄弱的地方，是攻击的重点。

（5）扣杀高压球：无论对方是进攻性挑高球还是防守性挑高球，网前者都要尽力不让球落地，在空中将球扣杀过网。因为双打有两人进行防守，所以经常出现一两板高压球也不能得分的状况，这时不能着急，要紧紧地把握住网前优势。高压球的战术与打落地球不同，要尽量压斜线球才有威胁，而不要像打落地球那样攻击对手中路。

（6）运用双打战术的要点：

①提高一发的成功率，旋转、落点要有变化。

②接发球要求低而斜地打在发球员的脚下。

③与同伴一起向前、一起后退，一起左右移动守住球场。

④尽力控制网前。

⑤迫使对方后退。

3. 双打抢网的交流

在双打比赛中，发球员与同伴的配合非常重要，特别是在同伴抢网的时候。抢网会给对手回球造成很大的压力，其成功的关键要点在于良好的交流、逼真的假动作以及清晰的防守区域概念。

交流的形式有两种：一是语言交流，二是手势信号交流。比赛中，我们经常看到发球方的两位球员在一起窃窃私语，通过口头语言交流来确定发球方向、采用的战术、是否抢网等。职业比赛中，球员们有普遍认同的固定的手势信号，通常是发球员同伴在网前用左手在背后的手势来表达。

①握拳示意自己在网前保持不动，防守自己的区域。

②五指分开伸手掌：准备在发球后偷袭对方的斜线接发球，发球员必须做好换位防守准备。

③连续交替握拳和五指分开伸手掌：示意准备做偷袭的假动作。

④伸大拇指示意发球员把球发向接发球员的反手。

⑤伸食指示意发球员发对方的近身球。

⑥伸小指示意发球员把球发向接发球员的正手。

参考文献

［1］程黎明．篮球持球突破技术运用问题探析［J］．吕梁教育学院学报．2016（04）．

［2］安涛．常见羽毛球运动损伤处理措施探析［J］．当代体育科技．2017（03）．

［3］林祥芸，王虹．大学体育运动教程［M］．北京：科学出版社，2011.

［4］宛祝平．结构式体育与健康教程［M］．长春：吉林科学技术出版社，2003.

［5］金烨．影响我国居民体质状况的生活方式研究［M］．北京：高等教育出版社，2009.

［6］刘华，郝文亭．体育测量与评价［M］．桂林：广西师范大学出版社，2005.

［7］曲小锋，罗平，白永恒．民族传统体育研究［M］．北京：中国商务出版社，2007.

［8］程建．普通高校羽毛球教学中常用方法研究［J］．当代体育科技．2016（36）．

［9］吴纪尧．大学生健康教育［M］．北京：高等教育出版社，2005.

［10］孙耀，刘琪，杨鸣．大众健身行为的理论研究［M］．北京：中国商务出版社，2008.

［11］冯赟，王厚雷．大学生羽毛球运动常见运动损伤成因及预防措施［J］．体育科技．2016（03）．

［12］陈惠玉．现代排球运动教学理论与训练方法［M］．北京：原子能出版社，2008.

［13］沈纲，唐成．浅析中西方文化差异对我国网球运动发展的影响［J］．湖北体育科技．2004（04）．

［14］张岳，李新荣，娄春风．初高级足球重点技战术解析［M］．北京：中国商务出版社，2008.

［15］王保金，张军，邱宏军．中国网球文化发展方向思考［J］．体育文化导刊．2008（05）．

［16］孙成友，仲鹏飞，董先龙．大学体育理论与实践教程［M］．武汉：华中科技大学出版社，2011.

［17］金宗强，姜卫芬，王延军，李振彪．我国竞技体育后备人才培养的基础建设［J］．山东体育科技．2002（01）．

［18］曹拜，许庆发．羽毛球［M］．桂林：广西师范大学出版社，2005.

［19］孙民治．篮球运动教程［M］．北京：人民体育出版社，2006.

［20］李祥主．学校体育学［M］．北京：高等教育出版社，2001.

［21］刘亚云，黄晓丽．小球运动［M］．长沙：湖南师范大学出版社，2007.

［22］吴亚娟．大学健美操教程［M］．西安：西北工业大学出版社，2009.

［23］田祖国，郭功兵，杨峰．球类竞技与健身［M］．长春：吉林文史出版

社，2006.

　　[24] 刘华，郭宝财．乒乓球运动与人体健康 [J]．白城师范学院学报．2007 (03)．

　　[25] 王颖．高校体育教程 [M]．汕头：汕头大学出版社，2000.

　　[26] 钟伯光，翁庆章．高原训练的理论与实践 [M]．北京：人民体育出版社，2002.

　　[27] 孙麒麟．体育教材实践教程 [M]．大连：大连理工大学出版社，2001.

　　[28] 卢祖宽．大学体育手册 [M]．海口：南海出版社，1995.

　　[29] 杨则宜，王启荣．足球运动的体能与营养 [M]．北京：北京体育大学出版社，2004.

　　[30] 黄茂武，陈智勇．大学体育理论与实践教程 [M]．广州：中山大学出版社，2003.

　　[31] 邹继豪，孙麒麟．体育与健康教程 [M]．沈阳：辽宁大学出版社，2004.

　　[32] 王家宏．球类运动——篮球 [M]．北京：高等教育出版社，2005.

　　[33] 陈家鸣．乒乓球比赛战术的博弈分析 [J]．北京体育大学．2008.